THE HOLY SPIRIT: POWER FROM ON HIGH

성령, 위로부터 오는 능력

KB192521

세계
기독교
고전

36

THE HOLY SPIRIT: POWER FROM ON HIGH

성령, 위로부터 오는 능력

앨버트 심프슨 | 김원주 옮김

CH북스
크리스천
다이제스트

제2부 신약

서문

심프슨(Albert B. Simpson) 박사가 쓴 이 책은 성령의 인격과 사역에 관한 많은 책들 가운데 비교할 수 없을 정도로 중요한 자리를 차지하고 있다. 깔끔한 문체, 폭넓은 논의, 영적인 메시지가 책의 특징을 이루고 있는데, 그것은 저자의 다른 책들에서도 공통적으로 나타나는 특징이다. 성경을 깊이 공부하는 사람이나 새로 믿기 시작한 사람이나 저자의 책들을 읽고 풍성한 영적 교훈을 받았다. 심프슨의 이 훌륭한 해설서 『성령, 위로부터 오는 능력』은 구약의 모형과 상징과 예언, 신약의 약속과 기록, 그리고 계시에 나타난 성령을 독자로 하여금 깨닫게 해준다. 영적 사역을 갈망하는 모든 사역자의 서재에는 이 기념비적인 책이 있어야 할 것이며, 승리하는 삶을 갈구하는 모든 그리스도인은 기도하는 심정으로 이 책을 정독해야 한다. 한 페이지씩 읽을 때마다 죄를 깨닫고, 영감을 받고, 새로운 느낌을 받을 것이다.

책의 각 장은 뉴욕의 가스펠 태버너클 강단에서 행한 뜨거운 메시지로서, 설명하고 있는 진리를 회중이 직접 경험하게 하려는 의도로 작성되었다. 심프슨 박사는 청중들이 성령을 충만히 그리고 분명히 받아들이기를 바라면서 주일마다 성경을 가르치고 훈계하는 일에 온 마음을 쏟았다. 그의 삶은 자신이 선포하는 메시지로 타올랐다. 그러므로 이 책은 심프슨 박사의 목회적 진수를 담고 있다. 이러한 배경 때문에, 이 책의 각 페이지에는 마음을 꿰뚫는 날카로움과 영혼을 감동시키는 능력이 있다.

이 책은 물론이고 심프슨 박사의 책을 읽는 사람들은 심프슨 박사에게서 시작된 운동이 지속적으로 증가하는 이유를 쉽게 이해할 것이다. 그는 죽었지만 그의 메시지는 살아 있다. 그는 성경의 영원한 진리들을 타오르는 말로 다시 말하였다. 그는 새로운 메시지를 전한 것이 아니라 온전히 계시된 옛이야기에 귀를 기울이라고 교회에 촉구한 사람이었다. 앨버트 심프슨은 그 세대에게 루터나 웨슬리와 같은 존재였다. 심프슨 박사의 저술들은, 갈라디아서에 대한 루터의 저술과, 존 웨슬리의 불후의 설교들처럼 신성한 유산이다. 이토록 귀한 유산들 중에서도 그리스도인들에게 가장 중요하고 널리 보급할 가치가 있는 책이 이 책이다.

월터 M. 턴불

제 1 부

구약

제 1 장

비둘기처럼

그 땅이 혼돈하고 공허하며 흑암이 깊음 위에 있고 하나님의 영은 수면 위에
운행하시니라 (창 1:2)

신약성경에서 성령을 나타내는 첫 번째 상징은 비둘기로서, 예수께서 요
단 강에서 세례 받으실 때 성령이 비둘기같이 그의 머리에 임하였다고 묘사
되어 있다.

구약성경에서 성령을 나타내는 첫 번째 상징도 비둘기이다. 창조 기사에
는 이렇게 쓰여 있다.

"그 땅이 혼돈하고 공허하며 흑암이 깊음 위에 있고 하나님의 영은 수면
위에 운행하시니라"(창 1:2).

둥지를 품어 새끼를 돌보는 어미 비둘기의 모습, 그런데 그런 모습에 비해
이 그림은 얼마나 이상한 배경인가! 혼돈, 황량함, 소용돌이치는 물, 타오르
는 화염, 심연, 별빛 하나 없는 흑암, 폐허와 죽음과 황량함이 지배하는 상
태!

영원한 사랑과 평화의 어미 비둘기가 둥지를 짓기 시작한 배경은 바로 이
런 장면이었다. 어미 비둘기는 그 폐허에서 밝고 행복한 세계, 순수하고 천
상의 행복과 희망을 지닌 낙원, 그곳에 거주하는 인간 가족에게 미소짓는 낙
원을 전개하고 나서야 비로소 쉼을 얻었다.

창세기 8장으로 넘어가면, 또 다른 황량함과 폐허의 장면이 나온다. 대홍
수가 전세계를 뒤덮는다. 2000년 동안의 과정과 결과가 끔찍한 홍수에 잠겼
고, 수많은 사람이 홍수에 잠겨 죽어가고 있다. 단 한 척의 배가 지구상에서

살아남은 여덟 사람만을 태우고 풍랑에 흔들리고 있다.

여기에 다시 한 번 비둘기가 나타난다. 창세기 8:6-12은 이렇게 적고 있다.

> 사십 일을 지나서 노아가 그 방주에 낸 창문을 열고 까마귀를 내놓으매 까마귀가 물이 땅에서 마르기까지 날아 왕래하였더라 그가 또 비둘기를 내놓아 지면에서 물이 줄어들었는지를 알고자 하매 온 지면에 물이 있으므로 비둘기가 발 붙일 곳을 찾지 못하고 방주로 돌아와 그에게로 오는지라 그가 손을 내밀어 방주 안 자기에게로 받아들이고 또 칠 일을 기다려 다시 비둘기를 방주에서 내놓으매 저녁때에 비둘기가 그에게로 돌아왔는데 그 입에 감람나무 새 잎사귀가 있는지라 이에 노아가 땅에 물이 줄어든 줄을 알았으며 또 칠 일을 기다려 비둘기를 내놓으매 다시는 그에게로 돌아오지 아니하였더라.

비둘기와 함께 다른 존재가 하나 더 나온다. 비둘기는 성령의 상징인데 비해 검은 까마귀는 사탄의 상징이다.

노아가 비둘기를 보낸 일에는 뚜렷이 구분되는 세 단계가 있으며, 각 단계는 성령을 주심에 대해 말하는 것으로 보인다.

첫째, 비둘기가 방주에서 나가 쉴 곳을 찾지 못하는 단계, 곧 죄와 심판의 험하고 거친 쓰레기만이 떠다니는 단계다. 이것은 죄로 가득한 이 세상을 성령께서 방문하셨으나 쉴 곳을 찾지 못하고 하나님의 품으로 다시 돌아가신 구약시대를 나타낸다.

둘째, 비둘기가 나가 평화와 화해의 상징이자 보증이며 심판이 지나가고 평화가 오고 있다는 표시인 감람나무 잎사귀를 입에 물고 돌아온 단계다. 이 단계는 성령께서 예수 그리스도의 사역과 부활의 소식을 가지고 나아가 죄로 가득한 세상에 화해를 선포하신 것을 아름답게 묘사한다.

그러나 성령은 아직 죄의 저주를 받은 이 땅에 자유롭게 머무실 수 없었다. 그러므로 비둘기가 방주에서 나가 결국 돌아오지 않고 세상을 자기 집으로 삼아 인간의 거처 한가운데 둥지를 트는 세 번째 단계가 있다. 이 단계가 바로 성령께서 복된 사역을 하는 현재의 세 번째 단계이다.

그러므로 성령께서 이제 하나님께로부터 나오신 것은, 죄로 가득한 이 세상에 방문하셨다가 다시 하늘나라로 돌아가시기 위함이 아니라, 세상을 자신의 거처로 삼으시기 위함이다. 그리스도께서 지상에서 활동하실 때, 성령은 그리스도 안에 계셨고 사람들 안에 계시지는 않았다. 예수께서는 자기가 제자들과 함께 계신다고 말씀하신 동시에, "그는 … 너희 속에 계시겠음이라"(요 14:17)고 덧붙이신다. 방주에 머물면서 땅을 방문하기 위해서만 밖으로 나가는 노아의 비둘기처럼, 성령께서는 예수 안에 거하시면서 가끔씩 사람들의 마음을 감동시키셨다.

그러나 이제 예수께서 성령을 내보내셨고, 따라서 성령의 거처는 더 이상 하늘이 아니라 신자의 마음속이며 교회의 가슴속이다. 그분의 집은 이제 이 세상, 죄 많고 고통당하는 인간들 속이다. 그리고 그 비둘기는 둥지를 짓고 새끼를 품어 키우고 있다. 언젠가 하늘로 솟아올라 하나님의 빛 안에서 노래할 새끼들을 말이다.

비둘기 상징으로부터 얻을 교훈

구약의 이 처음 두 장면에서 성령에 대한 상징적인 묘사는 말한 바와 같다. 이제는 비둘기 상징으로부터 가장 핵심이 되는 교훈과 암시를 살펴보자.

1. 모성에 대한 암시

우선 모성을 생각할 수 있다. 성령을 상징하는 것은 어미 비둘기의 형상이다. 드러먼드(Drummond)는 최근에 쓴 아주 훌륭한 작품에서, 자연의 목적은 언제나 모성이라는 생각을 충분히 전개한다.

초목의 생성에서, 모든 것은 씨앗과 열매를 향해 움직여 간다. 꽃은 살아 있는 싹의 요람이자 포대기에 불과하다. 식물은 단지 또 다른 식물의 생명을 발전시키고 자신을 번식하기 위해 살 뿐이다.

그와 같이 자연 세계에서 제일 처음으로 사랑이 나타난 것은 성관계에서가 아니라 모성 관계에서이다. 마찬가지로 하나님께서 크게 생각하시는 것은 모성애이다. 하나님은 창조시에 나타내신 바로 그 참된 본성을 지니고 계신다.

거룩한 삼위일체 안에는 인간 관계에 상응하는 인격이 있다. 인간의 부성은 성부 하나님에게서 먼저 볼 수 있다. 인간의 모성은 성령에서 시작된다. 인간의 형제애, 그리고 남편과 신랑이라는 더 고귀하고 친밀한 관계는 그리스도 곧 우리의 형제이자 신랑이신 하나님의 아들 안에서 이루어진다. 거룩한 삼위일체를 논리적 추론을 통해서는 알 수 없으나 하나님은 우리가 영적 직관으로 실재를 인식할 수 있게 하신다.

우리의 억압된 영이 아버지의 힘과 사랑을 갈구하면서 "내 아버지가 여기 계시기만 한다면, 금방 나를 도와주실 텐데" 하고 부르짖는 때가 있다. 그때 우리 아버지 하나님께서 그 외침에 응답하신다.

고아가 된 아이의 영혼에게는 어머니의 좀 더 섬세하고 부드러운 손길이 필요할 때가 있다. 그때 우리는 옛날에 어머니가 다른 어떤 친구도 흉내낼 수 없도록 우리를 위로하고 돕곤 했던 것을 생각한다. 그래서 우리에게는 하나님의 어머니 같은 마음이 필요하다.

나는 다 자라 버려서 어머니의 사랑이 필요한 연약함을 잃어버린 사람을 부러워하지 않는다. 그런 사람의 마음은 이런 물음에 아무런 답변을 내놓지 못한다.

누가 온유한 가슴으로 나를 먹여 키웠는가?
누가 팔에 안겨 쉬도록 나를 가르쳤는가?
내 입술에 달콤한 입맞춤을 준 이는 누구인가?
내 어머니이시다.

내가 넘어졌을 때 달려와서 나를 일으켜 세우고
위로의 말을 해 주고
다친 곳에 입맞추어 낫게 해 주는 분은 누구인가?
내 어머니이시다.

어머니의 마음과 아이의 의존하는 사랑을 지어내신 분인 성령은 이제 다 자라서 어린 시절을 벗어났지만 여전히 고아처럼 하나님을 바라보며 사랑과 동정을 구하는 우리 마음의 깊은 필요를 채워 주실 수 있다.

또한 누구에게나 사람의 마음에는 용감하고 진실된 형제에 대한 기억이 있고, "형제보다 친밀한"(잠 18:24) 사랑으로 우리를 붙들어 줄 수 있는 하나님의 팔에 대한 갈망이 있다. 그렇다. 더욱 친밀한 우정과 더욱 소중한 교제를 갖고자 하는 깊은 갈망이 있다. 이 갈망을 예수님이 거룩한 남편으로서 풀어 주신다.

성경이 성령에 대해 우리에게 보여 주는 모든 표현은 하나님의 모성이라는 이 사상과 조화를 이루고 있다.

영혼의 중생은 새로운 탄생으로 묘사된다. 그래서 성령은 이같이 우리를 새롭게 낳는 어머니이시다. 중생 후에 따르는 성령의 인도와 양육은 보육원과 가정에서 빌려온 언어로 묘사된다. 영혼의 한층 깊은 문제들에서 성령의 위로는 어머니의 보살핌과 사랑이라는 이미지로 설명된다. "어머니가 자식을 위로함 같이 내가 너희를 위로할 것인즉 너희가 예루살렘에서 위로를 받으리니"(사 66:13).

다음으로 우리가 성령으로 충만해지면 우리 자신이 다른 사람에 대해 어머니의 심정으로 우리가 받은 복을 반영하고 위로를 베풀어 줄 수 있게 된다. 다른 사람을 위한 우리의 기도는 어머니다운 갈망이고, 산고이며 영혼의 출산이다. 그리고 우리는 사도와 같이 말하는 법을 배운다. "나의 자녀들아 너희 속에 그리스도의 형상을 이루기까지 다시 너희를 위하여 해산하는 수고를 하노니"(갈 4:19). 우리는 이 같은 말이 무엇을 의미하는지 이해하게 된다. "그러나 시온은 진통하는 즉시 그 아들을 순산하였도다"(사 66:8).

성령은 헌신하는 마음속에서 어머니로서의 괴로움과 사랑의 고통만큼 아주 현실적으로 다른 사람들을 위한 갈망을 느끼며 길 잃은 자들과 시험받는 자들을 위하여 종종 기도하고 싶게 만드신다.

2. 평화에 대한 암시

비둘기의 비유는 평화를 암시한다. 방주에서 나온 비둘기는 평화를 전하는 사신이었고, 화해의 상징으로 감람나무 가지를 물고 돌아왔다. 이와 같이 성령은 주 예수 그리스도로 말미암은 하나님과의 평화를 전하는 사자이시다. 성령은 우리가 자비의 메시지를 이해하고 받아들이며 하나님의 평안을 발견하도록 인도하신다. 그리하여 성령께서는 "모든 지각에 뛰어난 하나님의 평강"(빌 4:7)을 가져다 주신다. 성령이 통치하시는 곳은 어디든지 평안이 있다.

이 비둘기의 그림 뒤에는 끊임없이 왔다갔다하는 까마귀가 있다. 까마귀는 죄의 쾌락 가운데서도 안식을 얻지 못하고 항상 들떠서 몰려다니며 헛되이 안식을 추구하는 불안한 악의 영을 표상한다. 마침내 그 영은 영원한 파멸의 거친 바다에 내던져져 영구한 요동과 불안에 삼켜지고 만다.

그러나 성령께서 다스리시는 영은 안식을 누린다. 그 안식은 어떤 것도 훼방할 수 없는 평안, 곧 "모든 지각에 뛰어난 하나님의 평강"(4:7)이다.

3. 순결의 상징

비둘기는 순결의 상징이다. "비둘기 같이 순결하라"(마 10:16)는 것이 이 아름다운 상징에 대한 그리스도의 해석이다. 순결 그 자체이신 하나님의 성령은 불결한 마음속에 살 수 없다. 자연적인 마음에 거하실 수 없다. 구약 시대에 기름 부음에 대해 "사람의 몸에 붓지 말며"(출 30:32)라는 규례가 있었다.

성령께서 가져오시는 순결은 거름더미에서 혹은 칙칙한 흙에서 천사의 날개처럼 깨끗하게 그 투명한 표면에 한 점 불결함도 없이 자라나는 희고 흠없는 작은 식물과 같다.

이와 같이 성령은 스스로 보호벽을 형성하는 마음의 순결을 주신다. 왜냐하면 순결한 마음은 주위에서 자라는 악한 것들과는 본질적으로 다르기 때문이다. 순결한 마음은 사방으로 악이 둘러싸고 있을지라도 그 본성이 본질적으로 거룩하고 신성하기 때문에 오염되지 않고 순결하다. 순결한 마음은 마치 비둘기의 깃털과 같아서 더럽혀질 수 없다. 비둘기의 깃털은 기름진 보호막이 있어서 진흙탕에서 나올지라도 더럽혀지거나 더러운 물이 묻지 않고 더러운 것은 모두 털어 버려 한 점 얼룩도 묻지 않게 한다.

4. 온유함의 상징

비둘기는 온유함의 상징이다. 위로자이신 성령은 온유하고 친절하고 인내와 사랑이 충만하시다. 심지어 죄인들에 대해서까지 하나님은 얼마나 온유하게 대하시는지! 하나님의 인내는 얼마나 끈기 있는지! 잘못을 저지르는 자녀들에 대한 하나님의 권징은 얼마나 부드러운지! 하나님께서 야곱, 요셉, 이스라엘, 다윗, 엘리야, 그 밖에 옛적의 모든 종들을 인도하시되 그들이 진심으로 "주의 온유함이 나를 크게 하셨나이다"(삼하 22:36)라고 외칠 때까지 온유하게 인도하셨다.

성령께서 거하시는 마음은 언제나 관대함, 겸손함, 조용함, 온유함, 인내가 특징으로 나타난다. 무례하고 빈정거리는 정신, 무뚝뚝한 태도, 매서운 말대꾸, 불친절한 반박, 이런 모든 태도는 육신에 속한다. 이런 것은 성령의 온유한 가르침과는 공통된 점이 전혀 없다.

비둘기 같으신 성령은 시끄럽고 소란스러우며 흥분하고 앙갚음하는 영들을 피하고 평화로운 영혼의 겸손한 가슴에 거처를 정하신다. "성령의 열매는 … 양선과 … 온유"(갈 5:22-23)이다.

5. 사랑의 성령

성령은 사랑의 영이시다. 비둘기는 애정에 대한 특별한 상징이다. 거룩한 위로자의 특별한 목적은 "하나님의 사랑이 우리 마음에 부은 바 됨"(롬 5:5)이며 "성령의 열매는 사랑"(갈 5:22)이라는 것을 보여 준 것이다. 성령이 계시는 곳 어디서든지 비이기적인 성향, 다른 사람들에 대한 고려, 사랑하는 심정으로 돕는 친절한 태도를 찾아볼 수 있다. 그래서 성령은 우리에게 사랑을 바라신다. 성령은 봉사를 요구하기보다 교제를 요구하신다. 많은 사람들이 성령을 섬기려고 한다. 그러나 성령께서는 우리가 당신을 사랑하고 우리에 대한 성령의 부드러운 사랑을 받아들이기를 원하신다. 성령은 우리의 애정을 바라신다. 그래서 우리가 성령께 사랑이 아닌 다른 것을 드릴 때 실망하신다.

비둘기의 상징과 관련이 있는, 성령에 대한 한 가지 바르고 아름다운 생각은 성경에 비둘기의 울음에 대한 암시가 많다는 것이다. 비둘기는 슬픔의 새이다. 그래서 비둘기의 애처로운 울음소리는 다른 새들의 소리보다 슬픈 기색이 더 역력하다. 비둘기의 구구거리는 울음 소리를 들어본 사람은 누구나 그 애조띤 소리의 슬픔을 결코 잊지 못할 것이다.

그런데 어떻게 이 사실이 성령과 어울릴 수 있는가? 그것은 사랑은 언제나 고통에 예민하기 때문이다. 사람은 사랑하면 할수록 그만큼 더 슬퍼하게 되는데, 특별히 사랑하는 사람이 우리의 기대나 애정을 실망시킬 때 더욱 슬프다. 외톨이 비둘기는 잃어버린 짝 때문에 울고, 뿔뿔이 흩어진 제 새끼 때문에 슬퍼한다.

이렇게 성령은 극단적인 슬픔을 겪으시기까지 우리를 사랑하시는 것으로 묘사된다. 성령이 분노하신다는 말씀은 보이지 않지만 성령께서 근심하신다는 말씀은 보인다. "그들이 반역하여 주의 성령을 근심하게 하였으므로"(사 63:10). 또 우리는 "하나님의 성령을 근심하게 하지 말라 그 안에서 너희가 구원의 날까지 인치심을 받았느니라"(엡 4:30)는 경고의 말씀을 듣는다.

야고보서에는 "우리 속에 거하게 하신 성령이 시기하기까지 사모한다"(4:5)는 아름다운 구절이 있다. 그것은 사랑하는 대상에 대한 강한 관심 때문에 고통받는 사랑에 대한 비유적 표현이다.

성령께서는 우리 속에서 또 우리를 위하여 하나님의 지극히 높은 뜻을 성취하고 우리에게서 우리의 거룩한 남편이신 그리스도를 향한 지극히 참된 사랑을 얻기에 매우 열심이시다. 그래서 성령은 우리가 어떤 식으로든 당신을 실망시키거나 당신에 대한 사랑을 다른 대상과 나눌 때 시기하신다. 그래서 바로 앞 구절에 이 말씀이 나온다. "간음한 여인들아 세상과 벗된 것이 하나님과 원수 됨을 알지 못하느냐"(약 4:4).

아, 우리는 그처럼 친절한 친구이신 성령을 근심하시게 만들 것인가? 그토록 사랑하시는 남편을 실망시킬 것인가? 그처럼 온유하고 비이기적이신 분을 시기하게 만들 것인가? 우리는 그분이 우리에게 주시는 사랑으로써 그분을 대하고 온전하고 무한한 애정으로 보답하지 않겠는가?

하나님께서 우리에게 그토록 사랑을 간청하셔야 한다는 것이 참으로 기이하다. 온 천지가 경배하는 그분이 자신이 창조한 자녀들과 오로지 자신의 무한한 자비에 의존하여 살아가는 존재들의 마음속에 경쟁자를 두어야 한다는 것이 참으로 이상한 일이다! 그처럼 온유하신 친구께서 그토록 오랫동안 그토록 친절하게 우리의 사랑을 간청하시는 것이 참으로 기이하다!
  회개하는 사랑을 가지고 성령께 돌이키고 이같이 부르짖자.

    천상의 비둘기이신 성령이여 오소서
    소생시키는 당신의 모든 능력을 가지고
    신성한 사랑의 불을 지피소서
    우리의 이 냉랭한 마음속에.

제 2 장

하나님의 숨

(창세기)

여호와 하나님이 땅의 흙으로 사람을 지으시고 생기를 그 코에 불어넣으시니 사람이 생령이 되니라(창 2:7).

바람이 임의로 불매 네가 그 소리는 들어도 어디서 와서 어디로 가는지 알지 못하나니 성령으로 난 사람도 다 그러하니라(요 3:8).

이 말씀을 하시고 그들을 향하사 숨을 내쉬며 이르시되 성령을 받으라 (20:22).

윗 구절들 가운데 첫 번째 구절은 구약에서 성령에 대한 두 번째 언급이고, 다른 두 구절은 창세기에 나오는 아름다운 표현을 성령의 인격과 사역에 적용하고 있다.

여기서 성령을 표현하는데 사용하는 상징은 숨과 공기이다. 즉 그 두 가지는 우리가 살고 있는 대기이며, 우리가 들이쉬고 내쉼으로써 생명을 유지하고 원기를 얻는 활동이다.

공기의 가치와 중요성은 자명한 사실이다. 사람이 음식물 없이는 며칠을 살 수 있고, 보지 못하거나 듣지 못할지라도 평생을 살 수 있지만 공기 없이는 단 한 시간도 살 수 없다. 숨쉬기는 신체의 모든 기능에 가장 필수다. 따라서 성경에서 '숨쉬다' 라는 말은 생명과 거의 동의어로 쓰인다.

"호흡이 있는 자마다 여호와를 찬양할지어다"(시 150:6)와 같은 표현을 성경에서 거듭거듭 보게 된다. 호흡은 볼 수 없다. 느낄 수도 없다. 그러나 우리 주위에는 공기의 바다가 있다. 이 공기가 없으면 사람은 존재할 수 없고, 사람의 모든 감각은 보지도 듣지도 못하여 쓸데없게 된다. 소리는 공기가 없으면 전달되지 못한다. 그래서 우리가 불러왔던 아름다운 찬송은 표현될 수도, 들을 수도 없을 것이고, 친구의 목소리는 결코 우리에게 전달되지 못하고 음악의 화음은 죽어서 들리지 않는다.

보는 것 또한 대기에 달려 있다. 태양은 지구의 대기를 벗어나면 검은 휘장 한가운데서 불타는 공처럼 보인다.

태양 광선을 받아들이는 대기는 투명하고 훌륭한 렌즈처럼 사람들의 시각 기관을 위해 그 광선을 넓게 퍼트린다.

대기가 없다면 열을 감지할 수 없을 것이다. 대기권 밖은 태양에 더 가까이 있는 것처럼 보일지라도 극한 지대이다. 태양의 열기를 받고 퍼트리는 대기권을 지나가는 순간 우리 몸속의 핏방울은 떨어지는 즉시 얼어 버릴 것이다.

성령을 묘사하는데 사용하는 이 인상적이고 아름다운 상은 그런 것이다. 성령께서는 우리의 영과 혼과 몸을 위하여 생명의 모든 호흡을 주시고, 우리가 하나님의 일들을 보고 하나님의 음성을 들으며 하나님의 사랑의 온기와 광휘 가운데서 살 수 있게 하는 대기를 창조하신다.

인간의 독창적인 창조

본문은 인간의 독창적인 창조에서 성령의 사역을 설명하고, 성령의 회복하고 소생시키는 은혜를 더욱 고귀하게 펼치는 일에서 성령의 활동도 시사한다.

우리가 본문에서 보게 되는 첫 번째 사실은 인간의 창조와 다른 동물의 창조 사이에 나타나는 두드러진 구별이다. 동물들은 창조의 말씀 한마디에 곧바로 존재하고 더 이상의 주의나 논평 없이 자연의 큰 섭리 가운데 제자리를 찾아갔다.

그러나 사람의 창조는 시작부터 모든 것이 달랐다. 잠깐 이야기를 중단함으로써 지극히 중요한 국면에 주의를 기울이도록 요구한다. 그 다음에 한 걸

24

음 한 걸음 계약이 성사되고, 첫 인류가 하나님의 직접적인 손길로부터 인간의 다양한 본성을 온전히 갖추고 하나님의 놀라운 작품으로 나오는 것을 본다.

심지어 창조주께서 친히 새로운 이름과 전혀 새로운 모습으로 나타나시는 것을 본다. 고등비평가들은 창세기 2장에서 하나님이 전혀 새로운 이름으로 등장한다는 이유로 창세기의 통일성을 의심하기 좋아했다. 창세기 2장에 여호와 하나님이라는 이름이 나오기 때문에 고등비평가들은 이 하나님은 1장에 나오는 하나님과 다르며, 따라서 2장은 틀림없이 저자가 다르다는 가설을 수립하였다. 이들은 또한 창세기 2장이 옛적부터 내려오는 단편적인 히브리 구전들 가운데 한 가지로 바벨론과 이집트의 두루마리와 서판들과 함께 우리에게 전해진 것이고, 이 사실은 모세가 창세기 1장과 2장을 모두 쓴 것이 아님을 분명히 증거한다고 한다.

아, 하나님의 생각은 얼마나 깊은지! 고등비평가들은 넷째 날 태양의 창조는 빛이 처음에 형성되었다는 진술과 모순된다고 말하곤 하였다. 그러나 최근의 과학에 따르면 빛은 태양보다 먼저 존재하였고 심지어는 태양과 별도로 존재한다는 것이 발견되었다. 이와 같이 고등비평가들의 지혜는 황폐하고 어리석은 흙무덤에 떨어졌다.

게다가 공손하고 하늘의 가르침을 받은 학자들은 창세기 2장에서 하나님의 이름이 바뀐 데는 무한히 지혜롭고 아름다운 이유가 있다는 것을 발견하였다. 1장에서 저자는 영혼이 없는 죽어 있는 물질에 대해 이야기하고 있으므로 그와 같이 하나님을 물질의 창조주로 이야기하는 것은 지극히 당연한 일이다.

2장에서 저자는 하나님을 그 자녀와의 직접적인 관계에서 다룬다. 그것은 바로 아버지가 가정에 오시는 것이다. 영적 본성을 지닌 인간이 이제 창조되고, 하나님과 사람에 대한 모든 영적 관계들 안에서 소개된다. 그러므로 하나님께서 사람과 맺으신 인간의 관계들 속으로 내려오시고 자신의 이름을 여호와 하나님으로, 곧 무한한 사랑과 자비의 하나님, 자신의 아들 우리 구주 예수 그리스도를 보내시려는 하나님으로 계시하는 것은 바로 아버지로서 하시는 일이다. 그렇게 하나님의 이름이 바뀌는 것은 지극히 친절한 계획의 표시이며 지극히 다정한 사랑의 증거이다.

다음에 인간의 몸이 땅의 티끌로 형성되는 것을 본다. 물질의 요소들은 무에서 나왔으나 사람은 이미 존재하고 있는 요소들로써 만들어졌다. 그러나 한층 고등한 인간 존재를 발생시킨 진화의 과정에 의해서가 아니라 즉시 완벽한 형태의 인간으로 만들어졌다. 인간의 몸은 하나님께서 입술에서 생기를 불어넣기 전까지는 생명이 없었다. 이것은 마치 에스겔의 이상에서 보는 것과 같다. 그 이상에서 마지막 부활에 대한 묘사를 보면 먼저 몸이 그 모든 구성 요소들로 재조직된다. "이 뼈, 저 뼈가 들어 맞아 뼈들이 서로 연결되더라 내가 또 보니 그 뼈에 힘줄이 생기고 살이 오르며 그 위에 가죽이 덮이나 그 속에 생기는 없더라"(37:7-8).

여기에는 진화가 없고 즉각적인 창조의 활동만 있을 뿐이다. 즉 생기와 영감이 있고, 또 영혼이 없는 물질을 영원한 생명으로 소생시키시는 하나님의 활동이 있을 뿐이다.

여기서 확실히 우리는 인간 몸의 신성함, 그리고 생명의 가치와 중요함을 본다. 인간은 성령의 직접적인 활동의 선물이다. 그러므로 사람의 생명은 짐승의 생명보다 무한히 가치 있다. 그래서 하나님은 살인이라는 죄를 하나님 자신의 생명을 치는 것으로 보고 그에 대해 지극히 두렵게 보복하신다.

그러므로 자살이라는 무모한 행위는 창조주를 모욕하는 것이며 하나님의 지극히 위대한 작품을 분별없이 파괴하는 일이다. 사람이 다른 사람을 죽이는 일을 할 뿐만 아니라 신앙 없는 지도자들이 공적 언론을 통해서 자살 문제를 다루면서 사람이 자신의 생명을 가지고 무엇을 할 것인지는 전적으로 개인의 권한이라고 공공연히 말할 정도가 되었다는 것은 우리 시대의 두려운 징표 중의 하나이다. 그런 논의가 있은 다음에 우리 가운데 자살률이 급속히 증가했다는 것은 이상한 일이 아니다. 그런 사람들은 목숨이 아까운 줄도 모르고 그 같은 반역과 범죄에 가담함으로 하나님의 어전에 불려가 심판을 당할 두려운 사람들이다.

사람은 단 한 순간이라도 그런 생각을 마음에 품을 권한이 없다. 생명은 하나님의 선물이자 중요한 위탁물로서 하나님을 위해 사용하고 마지막에는 하나님께 돌려드리고 대대적으로 계산을 해야 할 것이다.

여기서 우리는 인간의 생명이 사람의 몸을 통해서가 아니라 영혼을 통해서 오며, 창조주의 직접적인 손길과 전능자의 숨으로부터 생기는 것을 본다.

사람의 생명은 짐승들의 것처럼 신체적 기관의 일부가 아니다. 인간의 신체적 기관들은 생명의 접촉을 받기 전부터 완벽하게 갖추어져 있었다. 우리의 생명은 땅으로부터 오지 않고 물리적 힘과 기능으로부터도 오지 않으며 하나님께서 인간 영혼에 직접 숨을 불어넣으심으로써 생긴다.

사람의 생명은 하나님의 사랑에서 나온 직접적인 선물이고 하나님의 생명을 전달하는 전달체이기 때문에 매우 신성하다.

마음과 영혼의 창조자

여기서는 성령이 생명의 창조주이실 뿐만 아니라 마음과 영혼의 창조주로도 소개된다. 성령께서 창조에 관여하셨다는 사상이 성령에 대한 개념을 얼마나 영광스럽게 하는지! 욥은 이렇게 말한다. "그의 입김으로 하늘을 맑게 하시고"(26:13). 빛나는 별, 아름다운 하늘, 무지개, 금빛 태양, 하얀 달, 빛나는 석양의 구름은 하나님의 무한한 지혜와 심미안을 보여 주는 솜씨일 뿐이다.

최고 지성들의 재능과 능력, 곧 이사야와 요한 같은 사람들의 거룩하고 고상한 사상뿐 아니라 호메로스나 밀턴 같은 작가들의 빛나는 재주, 페이디아스나 렘브란트 같은 이들의 세련된 심미안, 하이든이나 베토벤 같은 작곡가들의 장엄한 음악적 하모니, 이런 것들도 모두 성령에서 나왔다. 따라서 이모든 것은 성령의 무한한 속성을 이루는 지혜와 은혜, 영광 같은 더 고귀한 자질들을 반영한다.

참으로 사람은 이런 빛나는 재능들을 왜곡하였고 종종 그것을 이기적이고 부정하게 심지어는 악마적으로까지 사용하였다. 그럴지라도 그 재능과 능력은 찬란하며, 원래 성령의 선물들이고, 따라서 성령의 지혜와 능력을 증거한다.

우리의 마음을 충만하게 하는 이 성령은 단순히 영적 황홀경이나 정서적 기쁨 같은 감정이 아니라 모든 지성의 원천인 위대한 지성이시고, 모든 영혼의 창조자인 전능한 영혼이시며, 모든 존재를 조성하시는 무한한 영이시라는 사실을 아는 것은 고무적인 일이다. 무지개가 구름에 걸려 있고, 푸르른 신록이 산꼭대기를 덮고 있으며, 향기로운 꽃들이 골짜기와 바위틈과 온 들판에서 미소짓고 있는 것을 볼 때 이런 것들은 모두 성령의 영광스런 의복일 뿐이라는 사실을 생각하도록 하자. 이들은 우리에게 성령의 영광을 조금 계시해 주고, 이 같은 생각을 하도록 만든다. "복되신 성령은 참으로 아름답고 참으로 영광스러우며 참으로 무한하시다!"

바로 이 성령께서 여러분의 영혼을 지으셨다. 성령께서 여러분에게 지성을 주셨고, 자신과 자신의 고귀한 목적을 위해 여러분 속에 재능과 능력을 창조해 주셨다. 여러분은 성령께서 맡기신 이것들을 가지고 무엇을 하고 있는가? 성령께서 여러분에게 맡기신 것을 돌려달라고 요구하며 여러분의 청지기직에 대해 회계하자고 하실 때 여러분은 어떠한 답변을 내놓을 수 있는가?

살아 있는 영혼

우리는 여기서 독창적으로 창조된 사람의 독특한 특징을 본다. "사람이 생령이 되니라"(창 2:7). 신약 성경에서 새 사람의 주요한 특징이 "영"(spirit)이라는 말로 표현되었듯이 자연적인 사람의 주요한 특징은 "영혼"(soul)이라는 말로 표현된다.

영혼은 사람을 구성하고 있는 지적 요소와 정서적 요소를 나타낸다. 영은 우리를 하나님과 직접 연결시키고 따라서 우리로 하여금 신성한 것들을 알고 관계를 맺을 수 있게 하는 더 고귀한 신적 생명을 나타낸다.

독창적으로 창조된 사람은 더 고귀한 영적 본성도 가지고 있었음이 분명하다. 이 구절을 제대로 번역하면 "여호와 하나님이 생기를 그 코에 불어넣으시니 사람이 생령이 되니라"(2:7)는 말이 되기 때문이다. 사람의 생명은 다중적이다. 사람에게는 신체적 생명이 있고 지적 생명도 있으며 영적 생명도 있었다. 그러나 지배적인 요소는 영혼이었다. 그래서 고린도전서에 이 같은 말씀이 나온다. "첫 사람 아담은 생령이 되었다 함과 같이 마지막 아담은 살려 주는 영이 되었나니"(고전 15:45).

자연적인 사람이 영적이지 않았던 것은 사람이 타락할 때 영적 생명을 잃

어버렸거나 아니면 적어도 그 생명이 아주 철저하게 영혼적인 본성에 종속
되어 버렸기 때문인 것으로 보인다. 사람은 하나님의 성령으로 말미암아 위
로부터 태어나고, 구원받기 위해서는 새로운 영적 존재를 받아야 할 필요가
있다.

아담은 지극히 높은 신분에 있었음에도 고귀한 영이라기보다는 살아 있는
영혼으로 구별되었다. 그에게는 영혼의 생명이 주요한 특징이었던 것이다.
그 생명이 죄가 없고 하나님께 충성스러웠지만 구속받은 사람들이 지금 누
리는 생명보다는 낮은 것이었다.

그럴지라도 그것은 성령의 매우 중요하고 영광스런 접촉을 통해서 받은
것이므로 영광스런 생명이었다. "여호와 하나님이 생기를 그 코에 불어넣으
시니"(창 2:7). 위대한 예술가가 질좋은 찰흙으로 겉모양을 빚고 모든 특징과
기능을 완벽하게 구비시킨 다음, 다정한 어머니처럼 그 입술에 성령의 따뜻
한 생기를 불어넣어 자신의 영원한 생명의 불꽃이 타오르게 하신 것이다. 그
러자, 보라! 성령의 품으로부터 아름다운 모양이 나왔고, 사람이 그의 사랑
하는 창조주의 살아 있는 자녀가 되었다.

사람을 다른 무엇보다도 하나님의 무한한 사랑과 관심의 특별한 대상으로
구별시킨 것은 오직 생명의 접촉, 곧 사랑의 접촉뿐이었다.

주님, 사람이 무엇입니까? 사람의 신비한 본성 속에는
아주 멀리 있는 양극단이 함께 만나고 있나이다.
사람의 육신은 벌레와 티끌과 동류를 이루고 있으나
그의 영혼은 불멸이고 신성합니다.

새로운 창조

최초의 인간 창조에서 성령의 활동은 앞에서 말한 바와 같았다. 본문을 보
면 신약 성경이 새로운 창조에서 성령의 더 고귀한 활동을 아주 상세하게 설
명하고 있는 것을 알 수 있다. 주 예수께서는 요한복음 3장에서 새로운 출생
에 관해 이야기하면서 본문에 나오는 바로 그 비유를 사용하여 성령의 이 활
동에 대한 아주 중요한 암시를 말씀하고 계신다. 거기에서 주님은 성령으로

말미암은 인간 영혼의 중생을 보이지 않지만 아주 강력한 힘을 지닌 바람의
비유를 사용하여 소개하신다.

요한복음 20장에서는 제자들과의 대화를 마치시면서 이같이 말씀하셨다.
"그들을 향하사 숨을 내쉬며 이르시되 성령을 받으라"(20:22). 그 그림은 본
문의 그림과 아주 흡사해서 하나가 다른 하나를 보충하는 것처럼 보인다. 구
약에서는 성령께서 옛 창조물에 생기를 불어넣어 생명을 만드셨고, 신약에
서는 새로운 창조물에게 하나님의 생명과 더 고귀한 본질의 능력을 불어 넣
으셨다.

새로운 창조에 대한 비유는 바울의 서신들 전편에 줄곧 나타난다. "그런
즉 누구든지 그리스도 안에 있으면 새로운 피조물이라"(고후 5:17). 바울은
에베소 교인들에게 그들이 "하나님을 따라 의와 진리의 거룩함으로 지으심
을 받은 새 사람을 입으라"(엡 4:24)고 배웠다는 사실을 상기시킨다. "하나님
을 따라"라는 말은 하나님을 닮았다는 것뿐만 아니라 하나님에게서 나왔다
는 것도 명백히 암시하고 있다.

그러면, 성령께서 이 새로운 피조물 속에서 수행하시는 일은 무엇인가?
그것은 아담의 본성을 온전히 회복시키는 일인가 아니면 더 고귀하고 신성
한 어떤 일인가? 후자의 일임이 확실하다. 사도는 이같이 말한다. "첫 사람
은 땅에서 났으니 흙에 속한 자이거니와 둘째 사람은 하늘에서 나셨느니라"
(고전 15:47). "첫 사람 아담은 생령이 되었다 함과 같이 마지막 아담은 살려
주는 영이 되었나니"(15:45). 이어서 사도는 이 같은 말씀을 덧붙인다. "우리
가 흙에 속한 자의 형상을 입은 것 같이 또한 하늘에 속한 이의 형상을 입으
리라"(15:49).

아담의 생명은 기껏해야 인간의 생명일 뿐이었다. 그러나 그리스도의 생
명은 하나님의 생명이었다. 자연적인 생명은 영혼의 생명이고 하나님의 생
명은 성령의 생명이다.

신약에서 자연적인 사람에 관해 이야기할 때 반드시 그것이 천하고 더러
우며 육욕적이고 돼지 같은 욕망에 빠져 사는 짐승 같은 사람을 의미하지는
않는다. 자연적인 사람은 셰익스피어 같은 시인이거나 모차르트 같은 작곡
가, 페이디아스 같은 조각가, 라파엘로 같은 화가, 렌 같은 건축가, 키케로

같은 웅변가 혹은 천사처럼 아름다운 얼굴과 대리석 조상처럼 고결하고 흠 없는 생명을 지닌 사람이면서도 순전히 자연적인 사람, 곧 땅에서 났으므로 단지 영혼적인 사람일 수 있는 것이다.

사도가 "육에 속한 사람은 하나님의 성령의 일들을 받지 아니하나니 이는 그것들이 그에게는 어리석게 보임이요, 또 그는 그것들을 알 수도 없나니 그러한 일은 영적으로 분별되기 때문이라"(2:14)고 말할 때 "영혼의" (psychical) 사람이라는 단어를 사용한다. 사실, 프시케(psyche)가 쾌락주의 를 뜻하는 비유적 표현이 아니라 미와 덕과 도덕적 순결을 뜻하는 말임은 누구나 알고 있는 사실이다.

영적인 사람은 이 모든 것과는 전적으로 구별된다. 그의 생명은 언제나 하나님 안에 중심을 두고 있고 하나님의 뜻과 교제를 기쁨으로 삼고 있다. 영적인 사람의 존재 영역은 이 땅이 아니라 오는 세상, 곧 하나님의 나라이다. 그것은 여기에 속해 있지 않다. 영적인 사람의 본능은 더 높은 곳을 향한다. 영적 생명은 자연적인 애정과 자질들을 갖고 있다. 그러나 그런 것들은 죽음으로 말미암아 더 고귀한 생명으로 변화되었고, 옛 생명에서 새 생명으로, 임시적인 생명에서 영원한 생명으로 올라갔다. 사실의 본질을 놓고 생각해 볼 때 "영을 따르는 자는 영의 일을 생각하나니"(롬 8:5)라는 말은 참이다.

강이 흘러 바다로 가듯이, 불이 타서 하늘로 올라가듯이

하나님에게서 난 영혼은
하나님의 영광스런 얼굴 보기를 갈망하며
하나님의 거처로 올라가고자 하는 경향이 있으니
이것은 그의 품 안에서 쉬고자 함이라

이와 같이 영적인 사람의 주요 특징은 자신의 거처를 성령께 두고 있다. 고귀한 성품과 하늘의 능력을 구성하는 것은 사람 자신이라기보다는 사람에게 덧붙여지는 어떤 것이다. 영적 사람은 강한 영적 성품을 지니고 있는 사람이라기보다는 성령으로 충만한 사람이다. 그래서 사도는 이같이 말한다. "만일 너희 속에 하나님의 영이 거하시면 너희가 육신에 있지 아니하고

영에 있나니"(8:9).

새로운 창조의 영광

그렇다면 새로운 창조의 영광은 인간의 영을 다시 창조한다는 사실뿐만 아니라 인간의 영을 하나님께서 거하실 만한 곳으로 만들고 꽃이 해를 의존하고 자녀가 어머니를 의존하듯이 그 생명이 하나님을 의존하게 만든다는 사실에도 있다. 그러므로 최고의 영성은 아주 철저한 무력함과 전적인 의존, 그리고 성령께 완전히 소유되는 것에 있다. 제자들을 향하여 숨을 쉬며 자신 안에 있는 성령을 제자들에게 나누어 주시는 그리스도의 아름다운 행동은 새로운 창조의 더할 수 없는 영광을 아주 생생하게 보여 준다. 이와 같이 성령께서 우리를 소유하실 때는 우리 존재의 모든 부분을 채우신다. 우리의 영은 성령이 거하시는 중심 보좌이며, 우리의 영혼은 성령의 통제를 받고 몸까지도 "성령의 전"(고전 6:19)이 된다. 이같이 하여 우리는 전적으로 거룩해질 수 있다. 즉 온전한 사람이 될 수 있다. 그래서 우리의 "온 영과 혼과 몸이 우리 주 예수 그리스도께서 강림하실 때에 흠 없게 보전"(살전 5:23) 될 수 있다.

이 영광스런 성령의 내주하심의 마지막 단계는 에스겔의 이상이 성취되는 때, 성령께서 부활의 몸에 영광스런 불멸의 생명을 불어넣으실 때 이루어질 것이다. "그가 나타나시면 우리가 그와 같을 줄을 아는 것은 그의 참모습 그대로 볼 것이기 때문이니"(요일 3:2).

우리가 이 비유에서 그리고 이 전체 주제로부터 배울 수 있는 몇 가지 교훈이 있다.

1. 낮은 것은 높은 것에 의존되어 있으므로 낮은 것은 높은 것에 종속된다.

사람의 신체적 틀은 더 높은 본성, 곧 영혼이 그 안에 들어갈 때까지는 생기가 없었다. 영혼이 들어간 다음에야 사람이 살았다. 그와 같이 우리의 생명은 우리의 더 고귀한 존재에 의존되어 있다. 생명과 건강은 아래에서 오지 않고 위로부터 오며 안으로부터 나온다.

이것이 신적 치유의 본질적인 원칙이다. 이것은 창조의 대법칙에 기초를 두고 있으며, 그리스도께서 그 자신과 우리의 생명에 관한 마귀의 시험에 대한 답변에서 나타난 것과 같다. "사람이 떡으로만 살 것이 아니요 하나님의 입으로부터 나오는 모든 말씀으로 살 것이라"(마 4:4, 신 8:3).

우리의 더 고귀한 영적 본성이 영혼을 통제한다. 영혼이 몸보다 위에 있듯이 영이 영혼보다 뛰어나다. 자연적인 생명의 치명적인 결함은 영혼이 주도적이고 자연적인 마음이 영과 몸을 통제한다는 것이다. 그러므로 교양 있는 아테네 사람도 육신으로는 뉴기니아 출신의 야만적인 석기 시대 부족과 같다.

참된 생명은 몸과 영혼이 다같이 영의 통제를 받고, 영은 성령의 통제를 받는다는 사실, 즉 성령과 하나님의 생명이 내주하심에 있다.

2. 숨과 공기의 아름다운 비유는 성령을 받는 일에 관해 실제적인 몇 가지 교훈을 가르쳐 준다.

공기는 언제나 빈 공간을 채운다는 것은 자연의 단순한 법칙이다. 공기를 데워서 위로 올라가게 하고 찬공기가 들어와 그 자리를 채우게 하면 언제나 공기를 통풍시킬 수 있다. 이와 같이 우리도 빈 공간을 만듦으로써 언제나 성령으로 충만해질 수 있다. 이 숨은 여러분이 새로운 공기를 들이마시기 전에 이미 호흡한 공기를 다 써 버리는 것에 달려 있다. 그와 마찬가지로 우리는 이미 받은 성령의 마지막 숨을 마음에서 비워야 한다. 왜냐하면 그 숨은 받아들인 순간 불결해져서 영적 질식을 막기 위해 내뱉고 새 공기를 들이마셔야 할 필요가 있기 때문이다.

우리는 숨을 들이쉬는 것 뿐 아니라 내쉬는 비결도 배워야 한다. 들이쉬는 것과 내쉬는 것 중 어느 하나가 제대로 이루어지면 계속해서 숨을 쉴 수 있을 것이다. 성령을 모셔들이는 공간을 만드는 최선의 방법 중 한 가지는 생활 속의 여러 필요를 성령께서 채우실 빈 공간으로 인식하는 것이다. 우리는 주변에서 채워야 할 많은 필요들을 발견할 수 있을 것이다. 거룩한 봉사에 우리 생활을 다 쏟아 부으면 성령께서 자신의 생명을 충만히 우리 속에 쏟아 부으실 것이다.

교회 당회에서 예배당에 난방장치와 보일러를 설치하고 난방이 공급되기 시작했다고 알렸다. 그런데 예배당 안은 헛간처럼 추웠다. 배기관이 열려 있고 보일러도 뜨겁게 가동되고 있는데도 더운 바람이 들어오지 않았다. 전문가를 불러들였다. 그 사람은 조용히 당회원들에게 말했다.

"그들은 공기가 들어오게 하는 장치는 설치했지만 건물 안에 있는 공기를 밖으로 내보는 장치는 전혀 설치하지 않았습니다. 그래서 이미 더워진 공기가 밖으로 배출되지 않았고 새 공기가 들어올 수 없었습니다. 그 때문에 여러분은 추위에 덜덜 떨면서 앉아 있었던 것입니다."

우리 가운데는 추위에 덜덜 떨면서 왜 성령께서 우리를 충만히 채우시지 않는지 의아해 하는 사람들이 있다. 우리는 충분히 받고 있으면서도 그것을 내보내지 않고 있다. 여러분은 받은 복을 내주어야 한다. 봉사와 복을 나누어 주기 위한 계획을 더 많이 짜기 시작하라. 머지않아 여러분은 성령께서 여러분 앞에 계시며, 여러분에게 선을 베풀 수 있는 복들을 선물로 주시고, 여러분에게 모든 것을 맡겨 다른 사람들에게 베풀도록 하시는 것을 발견하게 될 것이다.

바람의 신 아에올루스의 하프 소리처럼 천상적인 음악은 없다. 이 하프는 화음을 이루도록 현을 맞춘 다음 이리저리 부는 바람이라는 보이지 않는 손가락에 건드려져 소리를 내도록 만든 일종의 현악기 같은 것이다. 하늘의 숨이 이 줄들 사이로 퍼질 때 마치 천사들의 합창대가 주변을 맴돌다가 줄을 타고 있는 것처럼 하늘의 선율이 공중에 퍼진다고 했다.

우리의 마음을 그처럼 항상 열어두면 성령께서 자신의 뜻대로 연주하실 수 있을 것이다. 우리가 성령께서 일하시는 길에 조용히 기다리고 있으면 거듭거듭 보이지 않는 손의 접촉이 우리 속에서 메아리를 일깨우고, 하늘의 노래가 우리 존재 깊은 곳에서 울려나며 우리는 그 기이한 기쁨에 어찌할 줄 모르게 될 것이다. 그것은 전적으로 하나님께 헌신하고 하나님께 가락을 맞춘 마음이 성령의 손길과 숨결을 받아 울려내는 음악이다.

다음의 말씀이 바로 그 의미이다.

너의 하나님 여호와가 너의 가운데에 계시니

그는 구원을 베푸실 전능자이시라
그가 너로 말미암아 기쁨을 이기지 못하시며
너를 잠잠히 사랑하시며
너로 말미암아 즐거이 부르며 기뻐하시리라 (습 3:17).

제 3 장

성령의 검
(출애굽기와 민수기)

이같이 하나님이 그 사람을 쫓아내시고 에덴 동산 동쪽에 그룹들과 두루 도
는 불 칼을 두어 생명 나무의 길을 지키게 하시니라(창 3:24).

성령의 검 곧 하나님의 말씀을 가지라(엡 6:17).

하나님의 말씀은 살아 있고 활력이 있어 좌우에 날선 어떤 검보다도 예리하
여 혼과 영과 및 관절과 골수를 찔러 쪼개기까지 하며 또 마음의 생각과 뜻을
판단하나니(히 4:12).

우리는 에덴 동산의 이 장면을 공포와 심판의 그림으로 생각하는데 익숙
해 있다. 도망치는 이 한 쌍이 두려운 저주 아래 몸을 움츠리고서 더 이상 돌
아갈 수 없는 행복한 에덴의 집을 서둘러 떠나는 모습이 그림 전면에 나온
다.

한편 영원히 그들이 들어오지 못하도록 닫혀 있는 문 위에는 불타는 검이
맹렬한 기세로 번쩍이며 생명나무에 이르는 길을 가로막고 있어서 이후로
는 그들이 무덤에까지 이르는 슬픈 여행길에서 다시 그리로 돌이키지 못하
게 만들고 있다.

그러나 그 영광스런 상징을 다시 한 번 더 보면 거기에는 좀 더 밝은 면이
있다. 그래서 잠시 후에 우리는 그것을 은혜의 상징으로 보고 심판의 상징으
로 보지 않게 된다. 틀림없이 그것은 이 두 사람에게 은혜의 상징이 되었다.

오래지 않아 에덴 동편 문은 그들이 언약의 하나님을 만나기 위해 오는 예배 장소로, 하나님의 임재를 상징하는 곳이 되었을 것이다.

이 장에서 처음 나오는 그룹들의 형상은 이후 성경에서 하나님의 언약의 사랑과 명백한 임재의 표시가 된다. 우리는 이 표시가 광야 성막에서 속죄소 위에 나타나는 것을 본다. 하나님의 보좌와 관련하여 이사야와 에스겔의 이상들에서 그 상징을 본다. 그리고 그 상징은 계시록에 나오는 하늘의 영광에 대한 이상에서 다시 나온다.

이 상징이 아담과 하와가 잃어버린 에덴 동편 문에 나타났을 때, 우리 첫 조상에게 그것은 그리스도에 대한 상징, 곧 약속된 여인의 후손에 대한 상징이었다. 이 여인의 후손을 통해서 잃어버린 기업을 다시 찾고 빼앗긴 낙원을 다시 얻게 될 것이었다. 그들이 에덴 동산에서 쫓겨났다고 해서 생명 나무를 영원히 상실했다는 것을 의미하지 않았다. 오히려 그것은 그룹들의 길에 의해, 즉 주 예수 그리스도의 구속 사역을 통해 생명 나무를 다시 얻는 새로운 길을 의미하였다.

검의 상징

그룹이 그리스도를 표상하였듯이 검은 성령의 표상이자 상징이었다. 히브리어에서 이 단어는 하나님의 영광, 그룹, 화염검을 가리킨다. 이것은 후에 지성소에 나타난 바로 그 영광이었다. 그러므로 이 화염검은 바로 성령과 함께 하시는 하나님의 직접적인 임재를 나타내는 특별한 상징이었다.

따라서 그것은 심판의 상징이라기보다는 은혜의 상징이다. 그것은 본래 범죄한 인류가 더 이상 옛날 방식으로 생명나무의 실과를 먹도록 허용할 수 없는 하나님의 의로운 법을 나타내고 있지만 또한 그것은 주님의 피와 성령의 거듭나게 하시는 은혜로 말미암아 범죄한 사람들에게까지 자비의 문을 열게 하시는 예수 그리스도로 말미암은 장래의 구속과 준비를 가리키고 있었다.

에덴 동편 문에 있는 이 화염검은 십자가의 상징이다. 그 검은 자비가 있기 전에 반드시 심판이 와야 하고, 죽음을 지나서 생명의 문에 이르러야 한다는 위대한 진리, 옛적의 자연적 생명이 불타는 검 앞에서 떨어진 뒤에야 우리가 새 낙원의 문으로 들어가 더럽혀지지 않는 영원한 생명나무 실과를 먹을 수 있다는 위대한 진리를 강조하였다.

1. 검의 죽이는 능력

검은 성령의 죽이는 능력을 나타낸다. 검은 죽음의 상징이고, 죽음은 그리스도의 위대한 구원의 가장 깊은 계시이다. 무덤은 영원히 복음의 상징이고, 십자가는 그리스도의 죽음뿐만 아니라 우리의 죽음도 상징한다. 그러므로 사탄은 십자가를 싫어했고, 그래서 베드로를 시켜 주께서 자신의 죽음에 대해 이야기하는 것을 만류하여 십자가를 거부하게 하려고 하였다. 그러나 예수께서는 베드로의 생각을 거절하고 그 생각이 사탄에게서 나왔다고 말씀하셨다(막 8:31-38).

사람들이 자신들의 새 복음에서 십자가와 피를 빼려고 하는 이유는 그들이 그리스도를 위한 십자가가 있듯이 자기들을 위한 십자가도 있으리라는 약삭빠른 의심을 갖고 있기 때문이다. 그러나 십자가 외에는 다른 어떤 방법으로도 영원한 생명에 들어갈 수 없다. 육신에서 나온 것은 모두가 육신이고 저주 아래 있다. 자연적인 생명에서 나온 것은 어떤 조각이나 실 한 오라기라도 모두 악하다. 여러분은 자연적인 생명에 아첨하고 듣기 좋은 말을 할 수 있다. 그러면 그 생명이 여러분을 향하여 미소지을 수 있지만 어느 날 그 생명의 뜻을 반대하면 그 생명은 여러분에게 달려들어 칠 것이다.

그러므로 모든 아담의 후손에게 사형 선고가 내려졌다. 새 생명이 들어오고 영광스런 그룹들 뒤에 있는 생명 나무의 실과를 먹기 전에 먼저 옛 인류의 모든 자취를 남김 없이 멸해야 했다.

자아의 생명과 죄를 멸하는 이것이 성령의 사역이다. 우리는 그 일을 할 수 없고 오직 성령만 하실 수 있다. 우리는 자신을 십자가에 못 박고 수 천 번도 더 자신을 절단낼 수 있다. 그러나 우리가 치명적인 부분을 맞히지 못하는 한, 옛 사람인 나는 그 과정을 거치면서 여전히 생생하게 살아날 것이다. 오직 화염검만이 자연적인 사람의 자기 중심적이고 자기 파괴적인 생명을 쳐서 죽일 수 있다. 그래서 로마서에 이 같은 말씀이 있다. "너희가 육신대로 살면 반드시 죽을 것이로되 영으로써 몸의 행실을 죽이면 살리니"

(8:13).

우리는 이 진리가 구약 전체를 통해서 예시되었다는 것을 안다. 홍수로 인한 인류의 멸망은 하나의 비유였다. 사도 베드로는 이것을 참된 세례라고 말한다. "물은 예수 그리스도께서 부활하심으로 말미암아 이제 너희를 구원하는 표니 곧 세례라"(벧전 3:21). 그러므로 홍수를 거친 여덟 명의 영혼은 물로부터 구원 받은 것이 아니라 물에 의해 구원 받았다고 사도는 암시한다.

모든 것을 타락시키는 죄 많은 인류를 멸하고 쓸어버린 홍수는 파멸을 통해 구원을 보내시는 하나님의 자비로운 심판이었다. 하나님께서 친히 이같이 말씀하셨다. "내가 그들을 땅과 함께 멸하리라"(창 6:13). 대홍수는 점점 타락하여 마침내 심한 악취가 나는 거대한 인류의 사체를 죽이고 매장하는 처사였던 것이다.

모리아 산에서의 제사는 자기 부인을 통해서 오는 생명에 대한 또 다른 예시였다. 요셉이 겪은 많은 고난은 그의 승진과 즉위에 이르는 길이었을 뿐이다. 홍해를 통과하는 여행은 이스라엘이 죽음의 세례를 받는 일이었다. 장자의 죽음과 홍해의 물 속에서 애굽 군대가 멸망한 일은 동일한 비유를 생생하게 강조하였다. 그리고 이스라엘 장자의 구속은 이스라엘 전체가 죽은 것으로 간주되고 죽은 자들 가운데서 구원받았다는 사실에 대해 하나님께서 친히 보여 주신 인상적인 비유였다.

이스라엘이 가나안에 들어가기 전에 애굽에서 자란 세대는 죽었고 새 세대가 가데스의 문을 지나갔다. 요단 강을 건넌 것은 더 깊은 죽음에 대한 예표에 지나지 않았다. 모세의 죽음과 여호수아의 계승은 더 나아가서 이스라엘과 우리의 더 고귀한 기업의 다른 측면을 강조한다. 여호수아는 이스라엘을 이끌고 약속의 땅에 들어갈 수 있는 유일한 인물이었다.

할례는 우리의 자연적 생명에 하나님께서 치명적인 타격을 가하시는 행사였다. 모든 교회법에는 죽음의 표지가 따라다녔다. 히브리 예배자들과 아론 계통의 제사장들은 번제와 속죄제, 화목제의 피를 통해 특혜 받는 위치에 들어가고 하나님의 받아들이심을 얻었다.

문둥병자를 정결하게 하는 예식에는 작은 새 한 마리를 잡고, 또 한 마리 새의 피를 찍어 예물 드리는 자에게 뿌리는 일이 수반되었다. 이 두 새는 하나님께서 사람의 죄악된 마음을 정결케 하는 일에 대한 비유였다. 문둥병자가 예배자들 가운데 들어가려면 자연적인 힘을 나타내는 머리카락을 완전히 깎아야 했다. 그리고 붉은 암송아지에 대한 규례에서는, 죄를 상징하는 붉은 양털뿐만 아니라 우리의 자연적 생명을 나타내는 우슬초와 자연적 생명의 힘과 아름다움을 나타내는 가는 덩굴손들을 암송아지와 함께 불태워야 했다. "풀은 마르고 꽃이 시듦은 여호와의 기운이 그 위에 붊이라"(사 40:7). 사형 선고는 자연적 생명의 추함과 육욕에 대해서뿐 아니라 자연적 생명의 아름다움과 꽃에 대해서도 실행되어야 했다.

아무리 좋은 최상의 것들이라도 자연적인 손과 마음과 자기 중심적인 영으로써 붙들고 있는 한 우리에게 저주가 된다. 하나님께서 여러분에게 사랑하라고 가르치신 사랑스럽고 순진무구한 아이도 단순히 여러분의 자녀가 아니라 하나님의 자녀가 되며 여러분의 사랑을 꺾고 하나님을 위해 부활의 생명으로 그를 붙잡고 사랑하되 이기적인 기쁨을 주는 대상으로서가 아니라 하나님께로부터 받은 신성한 위탁물로서 사랑하기를 배울 때까지는 우상이 될 뿐이다.

하나님께서 여러분의 작은 손을 굳게 붙잡도록 맡긴 남편도 여러분이 자신의 이기적인 애정에 대해 죽고 자신의 만족이나 남편의 만족을 위해서 그를 사랑하지 않고 하나님 안에서, 하나님을 위하여 그리고 하나님의 지극히 고귀한 선을 위해 사랑하는 것을 배우기 전까지는 하나님을 대신하는 존재가 되고 여러분을 하나님과 떼어놓는 영향력으로 작용할 수 있다.

여러분이 돈 자체를 사랑하면 돈이 여러분을 해칠 수 있다. 여러분을 해치는 것은 여러분의 재산이 아니라 재물에 대한 집착이다. 집착하는 마음이 살아 있는 한 얼마 안 되는 적은 소득도 대궐 같은 집과 막대한 투자금만큼이나 여러분에게 장애물이 된다. 하나님께서 보시는 것은 돈의 액수가 아니라 재물이 여러분의 마음을 채우고 있는 정도이다.

그리스도인으로서 여러분의 영향력, 곧 하나님의 일꾼이라는 여러분의 평판과 형제들 가운데서 차지하고 있는 여러분의 위치도 여러분에게 우상이 될 수 있으므로 거기에 대해서 죽어야만 오직 하나님을 위해 자유롭게 살 수 있다.

사람마다 속에 숨어있는 '자기' 라는 것이 있다. 사람들 각자가 이 숨어있는 '자기' 에 집착하며 그로 인해서 만족하고 정말로 그것을 중요하게 생각한다.

이 '자기' 가 예수 그리스도의 경쟁자이며 성령의 적이고 동시에 우리의 평안과 생명의 적이다. 그러므로 하나님께서는 그것을 죽이라고 명하셨고 그래서 성령은 화염검을 들고서 우리가 문을 지나 생명나무에 이를 수 있도록 그것을 죽이려고 기다리고 계신다.

어떻게 하면 이 일을 이룰 수 있는가?

우리가 직접 그 일에 동의해야 한다. 생명의 참된 본성과 악한 일의 참된 속성을 깨달아야 한다. 이 자기 생명을 죽이는 일에 동의하고 아브라함이 이삭에게 하였듯이 자기 생명을 하나님의 발 앞에 자발적인 제사로 바쳐야 한다.

이것이 자연적인 마음에는 힘든 일이다. 그러나 의지를 꺾고 선택을 결정한 순간 죽음을 통과하게 된다. 그때 우리는 고통은 끝나고 죽음이 이미 실행되었다는 사실을 발견하고 놀라게 된다.

대체로 그런 경우에 생명의 위기는 단 한 순간에 달려 있다. 하나님께서는 상처받은 죽음에 고통을 가하기 위해 수없이 우리를 치실 필요가 없다. 마음에 연결되는 한 지점이 있는데, 보통 하나님께서는 바로 그 지점을 치신다. 즉 우리가 생활에서 가장 소중히 여기는 것, 우리 계획에서 결정적인 일, 의지의 성채, 곧 마음의 중심점을 치신다. 우리가 거기에서 무릎 꿇으면 다른 어디에서도 양보할 것이 별로 없다. 그런데 이 지점에서 무릎 꿇기를 거부하면 회피와 타협의 영이 생활의 나머지 모든 부분에 침투하게 된다.

결정적인 지점에서 정직하게 전적으로 하나님을 마주한 사람은 언제나 다른 모든 위기에서 타협 없이 철저하게 설 수 있다. 절반만 복종하고 시작한 사람은 후에라도 어떤 시기에 하나님을 만나 이미 시작했어야 하는 지점에서 다시 시작하지 않는 한 언제나 마음에 유보지를 끝까지 숨겨 두고 있을 것이다.

사울이 파멸하게 된 원인은 하나님께 순종하여 아각과 아말렉을 처단하는 일을 행하지 않은 데 있었다. 사울은 모든 과정에서 하나님의 명령을 수행했으나 한 가지는 보류하였다. 사울은 용감하게 싸웠고 전투를 능숙하게 이끌었고 아말렉을 정복하고 아각을 사로잡았으며 적의 수중에 아무것도 남겨두지 않았다. 그러나 그는 전리품 가운데 최상의 것은 남겨두고 하나님을 예배하기 위함인 척하면서 자신의 만족을 위해 아각의 생명을 살려 두었다.

이것이 사울이 파멸한 원인이었다. 늙은 사무엘은 큰칼을 들어 사울이 보는 앞에서 아각을 쳐서 죽이고 비겁한 왕에게 다음과 같이 말하여 하나님께서 뜻하신 바를 후 세대들에게 교훈으로 주었다. "순종이 제사보다 낫고 듣는 것이 숫양의 기름보다 나으니"(삼상 15:22).

언젠가 나는 수년 동안 만족할 만한 영적 경험을 체험하고자 애쓰고 있던 소중한 한 친구와 이야기하는 가운데 친구가 자신이 너무 낙망되고 불만스럽다고 하는 말을 들었다. 친구의 진지한 얼굴을 들여다보고 있자니 여기에는 틀림없이 무언가 장애물이 있다고 말하는 것 같았다. 그래서 나는 그녀가 전적으로 헌신하는 일에서 무언가 유보하고 남겨둔 것이 있지 않느냐고 물었다. 친구의 대답을 기다릴 필요가 없었다. 그 답이 저절로 드러났기 때문이다. 이어서 나는 그녀에게 그녀가 마지막 줄을 놓아버리고, 어떤 대가를 치르더라도 자신을 무조건 그리스도께 드리고, 특별히 죽어도 놓을 수 없다고 생각하는 바로 그것을 버릴 만큼 용감하지 못한 것이 아니냐고 물었다. 친구는 아주 슬픈 얼굴로 말했다.

"그럴 용기가 없어."

슬프게도 그것은 옛날부터 자주 반복되어 온 얘기다. 하나님의 온유한 칼을 회피하는 비겁한 마음은 아직도 말할 수 없이 혹독한 고난을 겪어야 하고 생각만 해도 고통스런 슬픔을 감내해야 할 것이다.

단번에 그리고 영원히 죽으려고 하는 용감한 마음은 지혜롭고 행복한 마음이며, 주님의 "내 멍에는 쉽고 내 짐은 가벼움이라"(마 11:30)는 말씀을 깨닫는 마음이다.

친애하는 형제들이여, 여러분은 기꺼이 죽으려는가? 즉 여러분의 마음과 생활과 의지 속에서 자연적인 생명에 힘을 공급하고 여러분의 존재의 축을 구성하고 있는 것을 죽음에 처하게 하려고 하는가?

여러분이 자신을 죽음에 내어주면 하나님께서 여러분을 받아들이고 성령께서 그 일을 맡아 진정으로 성취하신다는 것을 믿어야 한다. 성경의 명령은 이 점에서 매우 단순하고 명백하다. "너희 자신을 죄에 대하여는 죽은 자요 그리스도 예수 안에서 하나님께 대하여는 살아 있는 자로 여길지어다"(롬 6:11).

이것은 순전히 믿음의 문제이다. 믿음과 보는 것은 언제나 다르다. 그래서 보는 것으로는 사실로 여겨지지 않지만 믿음으로 그것을 참으로 여겨야 한다. 이것은 붙잡기가 매우 어려운 태도이다. 오직 하나님을 철저히 믿을 때라야 우리는 하나님의 말씀과 사역을 그렇게 간주할 수 있다. 그같이 할 때 믿음이 믿는 바를 사실로 바꿀 것이고 실제로 그와 같이 될 것이다.

"내어주다"와 "여기다"라는 이 두 마디는 부활의 생명으로 들어가는 암호이다. 이 두 마디는 우리가 그리스도와 함께 십자가에 못 박히는 경험을 할 수 있게 하는 "성령의 검"의 양날과 같다.

신약 성경을 보면 내어주는 이 행위와 믿음으로 간주하는 일은 영적 생활에서 매우 명확한 갈림길을 만든다. 그렇다고 해서 우리가 계속해서 죽는 일을 겪어야 한다는 뜻은 아니다. 명확하게 한 번 죽은 일이 있어야 하고, 그 다음에는 자신을 죽은 자로 여기고 모든 일을 이 관점에서 대해야 하는 지속적인 습관이 있어야 한다.

로마서 6장에서 사도는 우리가 죽은 자들 가운데서 살아나고 그래서 십자가에 못 박힘의 이익을 누리는 자들로서 하나님을 만나야 한다는 입장을 취하고 있다. 단번에 우리는 죄와 자아, 우리의 모든 소유를 성령께 넘겨드려야 한다. 그리고 이후로는 우리 속에서 나오는 것은 무엇이든지 그것을 우리 자신의 일부로 간주해서는 안 되고 계속해서 그것을 인정하기를 거절하고 단지 하나의 시험으로 여기도록 해야 한다. 그와 같이 할 때 우리는 그 시험을 이길 수 있고 순결과 승리에 대한 의식을 흔들림 없이 유지할 수 있을 것이다.

어떤 악이 나오고 부정한 일에 대한 생각이 마음 속 깊은 곳에 일어날 때 즉시 그것을 성령께 넘겨드리고 이미 그리스도와 함께 십자가에 못 박힌 것으로 예수께 내려놓는 것은 우리의 특권이다. 그러면 옛적에 속죄제의 경우에서처럼 그 악이나 생각은 진 밖으로 가져다가 불태워질 것이다.

그 과정에서 깊은 고통이 있을 수 있고, 고통이 오래 갈 수 있으며, 그것이 매우 현실적일 수 있다. 그러나 그 과정 내내 하나님의 임재를 매우 즐겁고 신성하게 느낄 것이며, 우리의 온 영이 매우 정결하다는 의식이, 우리가 불 태워지고 있는 악에서 구별되었다는 의식이 생길 것이다. 참으로 악은 진 밖에 버려지므로 그 악을 태우는 냄새조차도 성별된 마음의 성소를 더럽히지 못할 것이다. 우리의 옷은 한 점 불탄 흔적도 없이 불에서 나올 것이다.

성령께서 악한 일들을 멸하시도록 하는 것은 참으로 복된 일이다. 성령의 검 외에 어떤 검도 우리와 악을 그처럼 완벽하게 갈라내어 우리의 영을 조금도 다치지 않고 악을 불태울 수 없다. 마음이 대담하고 예리한 도구를 가진 능숙한 의사가 근육 조직을 전혀 베지 않고 또 어떤 기관에도 손상을 입히지 않고 아주 정교하게 동맥과 정맥 사이를 가를 수 있는 것처럼 복되신 성령께서 그리고 오직 그분만이 악과 선을 분리해 내고 "혼과 영과 및 관절과 골수를 찔러 쪼개기까지"(히 4:12) 하실 수 있다.

2. 성령의 감찰하는 능력

이제 우리는 성령의 감찰하시는 능력을 살펴보게 되었다. 왜냐하면 이 화염검은 죄를 멸하는 능력일 뿐 아니라 마음을 살피는 무기이기도 하기 때문이다.

앞에서 인용한 히브리서 4장의 구절은 옛적의 이 화염검을 가리키는 것이 분명하다. "하나님의 말씀은 살아 있고 활력이 있어 좌우에 날선 어떤 검보다도 예리하여 혼과 영과 및 관절과 골수를 찔러 쪼개기까지 하며 또 마음의 생각과 뜻을 판단하나니 지으신 것이 하나도 그 앞에 나타나지 않음이 없고 우리의 결산을 받으실 이의 눈 앞에 만물이 벌거벗은 것 같이 드러나느니라"(4:12-13).

두 물체를 찾아내고 구별하며 비정상적이고 건강하지 못한 상태를 탐지하는 전기적 불빛에는 강하고 미묘한 능력이 있다. 전기 탐지기가 사람의 몸 위로 지나갈 때 건강한 곳에서는 아무 느낌도 주지 않지만 병이 있는 곳은 어디든지 그곳에 멈추어서 조사하고 미묘한 촉감으로, 많은 경우에는 아주 예리한 통증과 함께 그곳을 침투한다.

마찬가지로 우리 존재 가운데 옳고 정결한 부분들은 아무 저항을 느끼지 않은 채, 혹은 아무 느낌 없이 지나가실 것이다. 성령께서는 마치 우리 자신의 의식과 어우러지는 것처럼 우리 속에서 자유롭게 활동하신다. 그러나 어떤 것이든 잘못된 것에 이르면 즉각적으로 저항이 있다. 그래서 성령께서 그 부위를 손으로 누르시면 강한 고통이 느껴지는 것이다.

성령의 검은 마치 군대의 전위 부대가 사격과 유도 공격으로 적을 끌어내어 자신의 위치를 드러내지 않을 수 없도록 만들 듯이 악을 찾아내어 스스로 모습을 나타내지 않을 수 없게 만든다.

영적 생활과 진보에 가장 큰 장애는 적이 모습을 가장하고 나타나는 것과 우리 자신의 본성의 속임에 있다. 악을 깨닫고 진단하며 밝은 데로 끌고 나와 죽음에 넘겨주기 전까지는 악을 십자가에 못박을 수 없다.

자아는 여러 모습으로 수없이 자신을 변장하기 때문에 성령의 꿰뚫는 검과 성경이 아니고는 어떤 것도 자아가 제 위치에 서서 자신의 악한 본성을 드러내게 만들 수 없다.

사물을 제 이름으로 부르는 것이 인생의 싸움에 절반을 차지한다고 말한 사람이 있다. 성령께서는 우리의 죄들을 추적하시며 득의만면한 우리의 자아가 결코 의심하지 않았던 많은 곳에서 죄들을 찾아내신다. 성령께서는 십계명과 의의 율법과 직접적으로 관계가 있는 좀 더 천한 부도덕과 불순종을 찾아내고 정죄하실 뿐만 아니라 우리가 사랑의 율법을 직접 대면하도록 만드신다. 성령께서는 불친절한 생각마저도 살인이고, 용서하지 않는 정신은 용서할 수 없는 죄이며, 자신을 위하여 사는 생활은 하나님께 대한 반역이고, 지극히 거룩한 행동에서조차 나타날 수 있는 이기적인 동기는 영혼을 더럽히는 죄라는 것을 보여 주신다.

성령은 우리가 믿음의 율법을 직접 대면하게 하시고 하나님을 의심하는 것이 죄악이며, 내일에 대한 염려를 쌓아두는 것은 악이고 불신앙으로 기도하는 것은 하나님의 이름을 헛되이 부르는 것이며, 간단히 말해서 "믿음을 따라 하지 아니하는 것은 다 죄"(롬 14:23)라고 가르치신다.

성령은 우리가 진리와 오류의 영역을 구분하도록 하신다. 또 거짓을 간파하고 사탄이 성경을 인용하는 것에 대해서조차 그리스도께서 친히 사용하신 무기 곧 "기록된 바"(눅 4:4,8)라는 말씀으로 대답하는 법을 배울 수 있게 하는 시금석을 주신다.

성령께서는 거짓 평안과 참 평안을 구별하고, 세상적인 기쁨과 썩지 않는 기쁨을 구별하며, 순전히 자연적인 본능인 사랑과 결코 약해지지 않는 그리스도의 사랑인 자비를 구별하신다. 또 성령께서는 이기적인 열정에 지나지 않는 예후의 열심과 우리를 영광에 이르게 할 때와 똑같이 아무도 인정해 주지 않는 때에도 강렬하게 타오르고 우리의 목숨을 희생해야 하는 때에도 굳게 서 있는 거룩한 열심의 차이가 어떤 것인지를 보여 주신다. 또 거짓 예배와 진정한 예배를 구별한다. 성령의 감동을 받아 은밀한 중에 보시는 아버지 하나님께 드리는 기도는 종교적 감정과는 다르다. 웅변적인 설교, 감동적인 이야기, 감정적인 호소나 마음은 하나님과 형제들에 대해서는 돌처럼 굳어 있으면서 장엄한 교향곡에 눈물을 흘리는 심미적인 본성에 불붙는 종교적 감정과는 다르다.

성령은 참된 순종과 거짓 순종의 차이를 보여 주며 병과 마귀에게 굴복하는 약함을 보여 준다. 반면에 성령께서는 우리에게 사랑하는 마음으로 하나님의 뜻에 복종하고 적이 자신에게 지우는 짐을 거부하는 참된 인내를 가르치신다.

성령께서는 우리가 시편 기자처럼 기도하도록 인도하신다. "하나님이여 나를 살피사 내 마음을 아시며 나를 시험하사 내 뜻을 아옵소서 내게 무슨 악한 행위가 있나 보시고 나를 영원한 길로 인도하소서"(시 139:23-24).

성령께서는 기꺼이 자신의 속이 감찰되도록 하고 하나님의 눈에 깨끗하게 드러나는 것을 기뻐하며 "내게 무슨 악한 행위가 있나 보시라"고 부르짖는 완전한 자기 포기의 영을 우리에게 주신다. 악한 일들에서뿐만 아니라 세상적인 일들에서도 거룩해지는 것은 우리를 기쁘게 만든다. 그러면 모든 자아 중심의 생활에서 구별되어 고통에 이를 수 있는 모든 길을 예방하고 우리를 해칠 수 있는 우리 속의 모든 것을 진압하게 될 것이다.

헌신하는 마음을 소유하는 복되신 성령께서는 우리의 지극히 고귀한 생활에 깊은 관심을 보이고, 예민하고 심지어는 질투하시기까지 하는 사랑을 가지고 우리를 지켜보신다. 야고보서에 나오는 "우리 속에 거하게 하신 성령이 시기하기까지 사모한다"(4:5)는 말씀은 참으로 아름답다.

성령은 우리를 한 점 흠없이 보호하고 하나님의 가장 고귀한 뜻을 아는 데로 인도하는 일에 큰 관심을 보이신다.

하늘의 신랑은 자신의 교회를 한 점 흠없이 깨끗하게 하실 뿐만 아니라 "티나 주름 잡힌 것"(엡 5:27)도 없이 깨끗하게 하실 것이다. 점은 죄의 표지이지만 주름잡힌 것은 약함, 나이, 부패의 표시이다. 성령은 자신의 사랑하는 자들의 거룩한 성품에 어떠한 손상도 생기는 것을 원치 않으신다. 그러므로 하나님의 뜻을 실행하시는 분이며, 사람을 보내어 자기 신부를 부르고 구별하며 집으로 인도하여 들이는 하나님의 사자는 우리 속에 주님의 모든 뜻을 성취하는 일에 질투하시기까지 관심을 갖고 계신다. 성령께서는 항상 동정하는 마음과 진지하게 염려하는 심정으로 우리를 살피시고 숨어 있는 잘못과 채워지지 않은 결함이 있는지 찾고 우리가 충만한 영적 인간성에 이르고 어린양의 혼인 잔치를 위해 온전히 준비하도록 만드신다.

성령의 애정어린 감찰과 신실한 관심을 환영하지 않겠는가? 그렇다면 이렇게 소리치자.

> 나를 살피소서, 오 하나님이여, 나를 살피사 내 마음을 아소서
> 나를 감찰하사 내 숨은 마음을 시험하소서
> 나를 정결케 하시고 주와 같이 거룩하게 하옵시며
> 그 길로 영원히 나를 인도하소서.

3. 성령의 정복하는 능력

성령은 하나님의 백성의 구원과 성화를 위해서 일할 뿐만 아니라 죄인들의 정죄, 악인들에 대한 심판, 하나님의 원수들의 멸망, 마귀와 그의 천사들에게 마지막 형벌을 실행하는 하나님의 집행자이시다.

이 검은 짐짓 죄를 짓는 교만한 자를 쳐서 자비의 발 앞에 굴복시키는 하나님의 무기이다. 우리는 사람들을 즐겁게 하고 흥미를 일으키게 할 수는 있지만 사람들에게 죄를 깨닫게 하고 마음 깊숙한 곳에 뚫고 들어가 영혼을 구원하는 깊은 양심의 가책을 일깨울 수 있는 분은 오직 성령뿐이시다. 강력한

검을 가지고 거룩한 말씀을 충실하게 전할 때 그 말씀을 통해 검을 사용하여 죄인의 마음을 찢고 그를 예수의 발 아래 데려오는 분이 계시다는 사실이 너무도 기쁘다.

그러나 성령은 또한 하나님께서 자신의 명예를 위하여 악한 자들에게 보복하고 자기에게 불순종하며 자기 백성을 해치는 자들을 형벌하시는 하나님의 손이기도 하다. 오순절 때에 아나니아와 삽비라를 친 바로 그 능력이 지금도 여전히 교회와 이 세상에 있다. 그래서 하나님의 임재가 있는 곳은 어디든지 그의 심판이 아주 현저하게 나타난다.

성령을 거스르는 것은 아주 심각한 일이다. 성령은 인간 생명의 조성자이시다. 따라서 한 순간에 그 생명을 취해 가실 수 있다. 하나님께서 친히 이같이 말씀하셨다. "내가 내 번쩍이는 칼을 갈며 내 손이 정의를 붙들고"(신 32:41), "내 손에서 능히 빼앗을 자가 없도다"(32:39). 그것은 참되고 두려운 말이다. "원수 갚는 것이 내게 있으니 내가 갚으리라고 주께서 말씀하시니라"(롬 12:19; 신 32:35). 그리고 다시 한 번 가르친다. "이 일에 분수를 넘어서 형제를 해하지 말라 이 모든 일에 주께서 신원하여 주심이라"(살전 4:6).

나는 고아된 아이들과 과부된 여자들이 나를 원망하며 하나님께 부르짖게 하고 싶지 않다. 나는 아무 죄없이 학대받은 아이들이 내게 벌을 내려주시라고 하늘에 호소하도록 만들고 싶지 않다. 분별없이 하나님의 종에 대해 악한 말을 한 후에 다음과 같이 엄청난 선고를 듣고 싶지 않다. "나의 기름 부은 자에게 손을 대지 말며 나의 선지자를 해하지 말라 하셨도다"(대상 16:22; 시 105:15). 나는 어떤 하나님의 종에 대해서든 함부로 악한 말을 하거나 수많은 그리스도인들이 다른 사람들에게 던져서 영혼과 몸에 상처를 입히는 중상의 화살을 쏘기보다는 차라리 무섭게 번개 치는 들판에서 놀거나 고압 전류가 흐르는 전선을 잡는 편이 낫다.

어쩌면 종종 여러분은 왜 병이 낫지 않는지, 여러분의 영이 왜 성령의 기쁨으로 충만하지 않은지 혹은 여러분의 생활이 복되고 번성하지 않은지 궁금할 수 있다. 그것은 여러분이 언젠가 분노한 목소리나 혹은 한가한 잡담 가운데 날렸던 신랄한 화살과 모든 악하고 게으른 말이, 언제나 근원지로 되돌아가는 원처럼 여러분을 추적하여 날아왔기 때문일 수도 있다.

우리가 하나님의 자녀를 핍박하거나 해칠 때 그것은 하나님을 핍박하고 훨씬 더 우리 자신을 해치고 있는 것이라는 사실을 기억하자.

마지막으로, "그날에 여호와께서 그의 견고하고 크고 강한 칼로 날랜 뱀 리워야단 곧 꼬불꼬불한 뱀 리워야단을 벌하시며 바다에 있는 용을 죽이실"(사 27:1) 때가 오고 있다.

그때가 되면 사탄도 인간을 파멸한 두려운 죄를 범하고 에덴 동산을 나올 때 처음으로 두렵게 번뜩이는 모습을 보았던 그 화염검의 날카롭고 맹렬한 힘과 화염검이 앞으로 시행할 무서운 저주를 직접 느낄 것이다.

그 시간이 아직 충분히 이르지는 않았다. 아직 이르지는 않았지만 감사하게도 복되신 성령이 여기 계시면서 그 파괴자를 저지하고 그 능력을 정복하신다.

성령은 그리스도께서 광야에서 전투를 치를 때 힘을 공급하고 방어해 주신 분이다. 성령께서 친히 이렇게 말씀하셨다. "여호와께서 그 기운에 몰려 급히 흐르는 강물 같이 오실 것임이로다"(사 59:19)

하나님만이 시들게 하실 수 있는 것들이 있다. 그리스도께서 행하신 유일한 심판의 기적, 곧 무화과나무를 시들게 하신 일과 관련해서 그리스도께서는 사람의 믿음에 관해 강력하기 짝이 없는 교훈을 주셨고 우리도 그처럼 열매맺지 못하는 무화과나무를 시들게 하고 너무 강력해서 우리가 감당할 수 없었던 악의 세력들을 멸할 믿음을 달라고 구할 수 있다고 하셨다는 것은 지극히 복된 일이다.

우리를 깨끗하고 정결하게 하실 뿐만 아니라 영적 원수들을 멸하고 심지어 우리의 인간적인 적들을 다루는 방법을 아시는 하나님이 계시다는 것은 복된 일이다. "하나님은 소멸하는 불이심이라"(히 12:29). "여호와께서 자기 백성을 판단하시고"(신 32:36).

이 두려운 말씀이 의미하는 바가 무엇인지 깨달을 수만 있다면 우리는 우리에게 잘못을 행하는 사람에 대해 매우 안타깝게 생각하여 그에게 어떤 해도 미치지 않기를 바라고 그에 대한 심판을 생각하고 두려워 떨 것이다. 그리고 무릎 꿇고 그에게 자비를 베풀어주시기를 하나님께 호소할 것이다.

친애하는 형제들이여, 주저하지 말고 이 화염검을 지나가자. 그때 우리는 화염검의 위력이 우리를 해치리라고 생각하지 않을 것이다. 뿐만 아니라 화염검은 모든 적과 악에 대항하는 우리의 강력한 무기가 되고, 주님 나라의 승리와 사람들의 봉사를 위한 우리의 적극적인 전투 능력이 될 것이다.

제 4 장

구름기둥과 불기둥

(출애굽기와 민수기)

여호와께서 그들 앞에서 가시며 낮에는 구름기둥으로 그들의 길을 인도하시고 밤에는 불 기둥으로 그들에게 비추사 낮이나 밤이나 진행하게 하시니 낮에는 구름 기둥, 밤에는 불 기둥이 백성 앞에서 떠나지 아니하니라(출 13:21-22).

이스라엘 진 앞에 행하던 하나님의 사자가 그들의 뒤로 옮겨 가매 구름 기둥도 앞에서 그 뒤로 옮겨 애굽 진과 이스라엘 진 사이에 이르러 서니 저쪽에는 구름과 흑암이 있고 이쪽에는 밤이 밝으므로 밤새도록 저쪽이 이쪽에 가까이 못하였더라(14:19-20).

구름이 회막에 덮이고 여호와의 영광이 성막에 충만하매 모세가 회막에 들어갈 수 없었으니 이는 구름이 회막 위에 덮이고 여호와의 영광이 성막에 충만함이었으며

구름이 성막 위에서 떠오를 때에는 이스라엘 자손이 그 모든 행진하는 길에 앞으로 나아갔고 구름이 떠오르지 않을 때에는 떠오르는 날까지 나아가지 아니하였으며 낮에는 여호와의 구름이 성막 위에 있고 밤에는 불이 그 구름 가운데에 있음을 이스라엘의 온 족속이 그 모든 행진하는 길에서 그들의 눈으로 보았더라(40:34-38).

그들이 진영을 떠날 때에 낮에는 여호와의 구름이 그 위에 덮였었더라.
궤가 떠날 때에는 모세가 말하되

여호와여 일어나사
주의 대적들을 흩으시고
주를 미워하는 자로 주의 앞에서 도망하게 하소서 하였고

궤가 쉴 때에는 말하되

여호와여
이스라엘 종족들에게로 돌아오소서 하였더라(민 10:34-36).

형제들아 나는 너희가 알지 못하기를 원하지 아니하노니 우리 조상들이 다
구름 아래 있고 바다 가운데로 지나며 모세에게 속하여 다 구름과 바다에서
세례를 받고(고전 10:1-2).

이 아름다운 구절과 그 구절들 전체에 흐르는 장엄한 비유적 표현이 성령
께 적용된다는 사실은 선지자 이사야의 말에 의해 명백하게 드러난다.

그들의 모든 환난에 동참하사
자기 앞의 사자로 하여금 그들을 구원하시며
그의 사랑과 그의 자비로 그들을 구원하시고
옛적 모든 날에
그들을 드시며 안으셨으나
그들이 반역하여
주의 성령을 근심하게 하였으므로
그가 돌이켜 그들의 대적이 되사
친히 그들을 치셨더니
백성이 옛적
모세의 때를 기억하여 이르되

백성과 양 떼의 목자를
바다에서 올라오게 하신 이가 이제 어디 계시냐
그들 가운데에 성령을 두신 이가 이제 어디 계시냐
그의 영광의 팔이
모세의 오른손을 이끄시며
그의 이름을 영원하게 하려 하사
그들 앞에서 물로 갈라지게 하시고
그들을 깊음으로 인도하시되
광야에 있는 말 같이
넘어지지 않게 하신 이가
이제 어디 계시냐
여호와의 영이 그들을
골짜기로 내려가는 가축 같이 편히 쉬게 하셨도다
주께서 이와 같이 주의 백성을 인도하사
이름을 영화롭게 하셨나이다 하였느니라(63:9-14).

선지자는 성령께서 이스라엘 가운데 거하시고 그들을 홍해 바다와 광야로 인도하여 가신 분으로 명백히 인정하였다.

이 구절들에서 성령을 소개할 때 사용한 비유적 표현은 인상적이고 장엄하다. 특별히 밤에 외국 땅을 행진해서 지나갈 때는 검붉은 연기와 불꽃을 피우며 행진하는 군대 앞에 수많은 햇불로 밤을 밝히며 나가는 것이 고대 군대의 관습적인 일이었다.

그러므로 이스라엘 군대가 전방에서 구름기둥과 불기둥의 장엄한 표지를 보는 것은 전혀 놀라운 일이 아니었다. 그렇지만 이는 단지 사람들이 불붙인 햇불이 아니었다. 불기둥은 이 세상 것이 아닌 신성한 엄위를 가지고 하늘까지 닿았고 마치 야간 보초처럼 군대 앞에서 나아갔으며 군대가 쉬어야 할 때는 멈추고 군대가 나아갈 때에는 움직이면서 이스라엘 군대와 적들을 갈라 놓고 때로는 거대한 하늘의 장막처럼 군대의 머리 위에 주름을 펴 사막의 태양의 혹독한 열기로부터 그들을 보호하였다.

1. 초자연적인 상징

그것은 초자연적인 상징이었다. 이스라엘은 이후로는 친히 여호와의 인도를 받을 것이었다. "여호와께서 홀로 그를 인도하셨고"(신 32:12). 이것이 그들만이 지닌 독특한 특징이었다. 이것이 바로 모세가 이스라엘 백성을 위해 하나님께 중재할 때 호소한 이유였다. "주께서 친히 가지 아니하시려거든 우리를 이곳에서 올려 보내지 마옵소서 나와 주의 백성이 주의 목전에 은총 입은 줄을 무엇으로 알리이까 주께서 우리와 함께 행하심으로 나와 주의 백성을 천하 만민 중에 구별하심이 아니니이까"(출 33:15-16). 이에 대해 하나님께서 은혜로운 답변을 주셨다. "내가 친히 가리라 내가 너를 쉬게 하리라"(33:14).

구름기둥과 불기둥은 천사의 인도와 보호를 나타내지 않았다. 그것은 하나님 자신의 인도와 보호의 표지였다.

그와 똑같이 살아 계신 하나님의 교회에는 초자연적인 지도력이 따른다. 그리스도인에게는 신성한 안내자가 있다. 우리의 거룩한 기독교 신앙은 현명한 인간 견해의 집합이 아니고 가장 강력한 인간 지혜와 능력의 힘들을 한데 결합시킨 체제도 아니다. 그것이 하나님께 속한 것이 아니라면 아무것도 아니다. 우리에게 초자연적인 종교를 달라. 그렇게 할 수 없다면 아무것도 주지 말라.

사도들의 교회는 살아 있는 기적이었다. 그래서 19세기의 교회도 그와 같이 되어야 한다. 그보다 못한 어떤 것도 그리고 그것이 아닌 다른 어떤 것도 하나님께 실망이며 진실한 사람에게도 실망이 된다.

옛적에 그랬던 것과는 달리 지금은 성령께서 그런 초자연적인 징조 없이 나타나신다. 그럴지라도 그의 백성들의 마음 속에 그리고 하나님의 섭리의 사건들 속에서 나타나는 성령의 살아 계신 임재와 그의 강력한 활동은 현실적이다.

모세 시대보다 그리고 여호수아의 승리와 오순절의 기적들에서보다 오늘날 하나님을 덜 현실적이고 덜 영광스러운 분으로 생각해야 할 이유가 있는가? 이제 하나님께 진심어린 기도를 드리도록 하자.

여호와의 팔이여
깨소서 깨소서 능력을 베푸소서
옛날 옛시대에 깨신 것 같이 하소서(사 51:9).

우리에 대한 소환 명령을 하나님의 답변으로 듣도록 하자.

시온이여 깰지어다 깰지어다
네 힘을 낼지어다.
네 아름다운 옷을 입을지어다.
거룩한 성 예루살렘이여(사 52:1).

2. 빛과 진리와 인도의 원천

구름기둥과 불기둥은 빛의 원천이었다. 즉 하나님의 백성들에게 진리와
인도의 원천이었다. 야만적인 미신은 놀라운 일들을 즐거워하지만 하나님의
능력은 실제적이고 유용한 일들에서 나타난다. 하나님은 마술사들이 놀라는
관객들을 데리고 놀듯이 우리를 대하려 하시지 않고 목자가 양무리를 인도
하듯이 인도하시고자 한다. 하나님께서는 우리에게 자신의 생명을 주고자
하시기 때문에 근본적으로 우리의 호기심을 만족시키는 주제에 관해서는
거의 말하지 않고, 주로 우리의 지성과 이해력과 마음에 대해 말한다.

성령께서 오시는 것은 특별한 현상을 보여 주기 위해서가 아니라 생명과
빛을 주시기 위해서이다. 우리가 성령께 가까이 갈수록 그만큼 더 성령의 조
명과 인도는 단순해질 것이다. 성령께서 오시는 것은 "모든 진리 가운데로
인도하시기"(요 16:13) 위해서이다. 성령은 오셔서 우리 마음에 빛을 비추고
우리에게 우리 자신을 보여 주신다. 성령은 오셔서 그리스도를 계시하며 성
경을 주시고, 그 다음에는 성경에 빛을 비추어 신성한 사실들을 우리가 영적
으로 분명히 알도록 하신다. 성령은 그리스도 안에 있는 지혜와 계시의 영으
로 오신다. "너희 마음의 눈을 밝히사 그의 부르심의 소망이 무엇이며 성도
안에서 그 기업의 영광의 풍성함이 무엇이며 그의 힘의 위력으로 역사하심
을 따라 믿는 우리에게 베푸신 능력의 지극히 크심이 어떠한 것을 너희로 알

게 하시기를 구하노라"(엡 1:18-19).

성령이 없으면 참된 빛도 없다. 이 거룩한 신비들, 곧 우리에게 그처럼 소중하고 신성한 사실들은 아무리 총명한 사람도 자신의 지성으로는 도무지 이해할 수 없는 것들이다. 두 사람이 나란히 앉아서 똑같은 진리를 듣고 같은 말씀을 읽으며 동일한 종교적 영향력을 받으며 산다. 그런데 한 사람에게는 그것이 전혀 흥미롭지 않고 비현실적인 데 반해 다른 한 사람에게는 바로 그의 생명이 된다.

옛적에, 곧 같은 구름 기둥이 이스라엘에게는 빛이었고 애굽 사람들에게는 어둠이어서 "밤새도록 저쪽이 이쪽에 가까이 못하였더라"(출 14:20)는 것처럼, 다음의 말씀도 여전히 참이다. "육에 속한 사람은 하나님의 성령의 일들을 받지 아니하나니 이는 그것들이 그에게는 어리석게 보임이요, 또 그는 그것들을 알 수도 없나니 그러한 일은 영적으로 분별되기 때문이라 신령한 자는 모든 것을 판단하나 자기는 아무에게도 판단을 받지 아니하느니라"(고전 2:14-15).

3. 빛뿐 아니라 어둠도 되심

그것이 빛의 기둥일 뿐 아니라 구름기둥이었듯이 성령이 성도에게는 빛인 만큼 불신자에게는 어둠이다. 하나님의 일들이 참된 제자에게는 아름답고 분명한 사실인 만큼 세상에는 어두운 일들이다. 그리고 하나님의 자녀들에게조차 밝은 빛뿐 아니라 어둠의 요소가 있다.

구름에 가린 태양처럼 때로 장막에 가린 빛이 필요한 때가 있다. 성령을 주신 것은 많은 것을 계시하시기 위함이었다. "지금은 너희가 감당하지 못하리라"(요 16:12). 성령께서는 우리가 감당하고 이해할 수 있기 전에는 더 깊은 교훈들을 유보하신다. 우리가 항상 자신이 가는 길을 아는 것은 아니다. 그리고 그것을 모르는 것이 더 나을 때가 있다. 우리는 구름 속에 있을 때도 신뢰할 뿐만 아니라 배워야 한다. 믿음에 대한 가장 고귀한 교훈은 장막에 가린 빛에 의해, 우리가 이해할 수 없는 길에 의해 배우게 된다. 신뢰하는 모든 자녀에게 성령의 말씀은 여전히 인도자가 된다. "내가 그들의 알지 못하는 첩경으로 인도하리라." 성령께서는 이 말씀을 덧붙이신다. "내가 이 일을 행하여 그들을 버리지 아니하리니"(사 42:16).

여러분의 하늘을 드리우고 있는 구름과 여러분의 길에 서 있는 시련은 바로 여러분이 구름 기둥을 따르고 있으며 하나님의 임재 앞에서 걷고 있음을 보여 주는 최상의 증거이다. 그리스도의 제자들은 변화산의 영광을 보기 전에 먼저 구름 속으로 들어가야 했다. 잠시 후에 구름은 강림하시는 주님을 영접하는 전차가 되었고, 장차 주님의 영광스런 재림을 모실 전차로 여전히 기다리고 있다.

"구름과 흑암이 그를 둘렀고"(시 97:2). "인자함과 진실함이 주 앞에 있나이다"(89:14).

구름의 가장 아름답고 은혜로운 용도는 아마도 뜨거운 햇빛으로부터 백성을 보호하는 역할이었을 것이다. 거대한 우산처럼 장엄한 구름이 진 위로 차일을 폈고 나무 한 그루 없는 사막에서 불타는 열기를 가로막는 차일막이 되었다. 동양의 햇빛을 경험하지 못한 사람은 열기를 피하게 하는 그늘이 무엇을 의미하는지 충분히 알 수 없다.

그와 같이 성령은 타는 듯이 맹렬한 고통과 시험의 광선 사이를 막아 우리를 보호하신다. 그래서 우리는 그늘에 앉아 이같이 노래한다.

> 내 모든 소망이 주께 있으며
> 내 모든 도움이 주로부터 나오니
> 주의 날개 그늘로
> 헐벗은 내 머리를 덮으소서.

4. 불기둥

그것은 불기둥이었다. 불은 빛 이상의 것이다. 불은 빛을 비출 뿐 아니라 따뜻하게 하고 정결하게도 하고 파괴하기도 한다. 물과 불로 세례를 주는 분이 바로 이 성령이시다. 그러나 세례의 정도가 똑같은 것은 아니다. 불 세례는 우리 존재의 가장 깊은 조직을 꿰뚫고 들어가 옛 생명을 불사르고 우리의 전 존재를 깨끗하게 하고 생명을 주며 위로부터 내리는 능력을 입혀준다.

하나님께서는 우리 각 사람을 불을 두려워하지 않는 그런 자리로 데려가고자 하신다. 왜냐하면 불 세례를 통해서 타기 쉬운 모든 것은 다 타버렸을 것이기 때문이다.

5. 불기둥이 백성들 앞에 나갔다

구름기둥과 불기둥은 백성들 앞에서 갔다. 백성들은 자기들 앞에 있는 기둥을 먼저 보았다. 자기들에게서 멀리 떨어져 있고 위로 높이 서 있는 기둥을 보았다.

그와 같이 성령은 죄짓는 생활을 하는 우리에게 오셔서 우리를 이 세상에서 이끌고 나와 그리스도께 데려가고, 약속의 땅으로 가는 순례 여행을 시작하게 하신다.

성령의 임재가 처음으로 나타나는 현상은 멀리 있다. 그래서 어쩌면 우리는 성령께서 만질 수 있을 만큼 가까이 오면 움츠린다. 우리는 성령이 하나님의 지식과 그리스도의 메시지, 구원의 소망을 가져다주며, 그리스도인의 생활로 들어가는 첫걸음을 인도하시는 분으로 알고 있다. 그러나 우리는 아직까지 성령께서 우리 속에 계시는 손님이고 우리의 영원한 위로자이시라는 사실은 깨닫지 못하였다.

6. 구름기둥은 백성에게 세례를 베풀었다

구름기둥은 백성들에게 점점 더 가까이 다가와 진을 통과하였고 그 면전에서 백성에게 세례를 베푼 다음 지나가서 백성들 뒤에 섰다. 이것은 마치 백성들이 홍해 바다를 통과하여 간 것과 같았다. 고통의 시간이 닥치고 백성들이 마치 살아 있는 죽음과 같은 곳을 믿음으로 내려갔을 때 그들의 영광스런 안내자께서 그들의 떨리는 가슴에 더욱 가까이 오셔서 친히 그들을 감싸고 마치 적들을 향해 쌓아올린 방어벽처럼 그들 뒤에 서셨다.

이와 같이 우리가 살아 있는 믿음으로 걸어 나와 과거와 죄악된 생활에서 우리를 갈라내는 홍해 바다를 건너고, 예수와 함께 죽음의 바다에 내려갈 때 성령께서 더욱 가까이 오셔서 우리에게 그의 접촉과 임재로 세례를 베푸신다.

죽음을 표상하는 물의 세례는 성령의 세례를 표시한다. 예수께서 요단 강에 내려가 요한의 손에서 세례를 받으셨을 때 "하늘이 열리고 하나님의 성령이 비둘기 같이 내려 자기 위에 임하심을 보시더니"(마 3:16). 사도행전에 나오는 성령에 대한 약속은 세례와 관계되어 있었다. "너희가 회개하여 각각 예수 그리스도의 이름으로 세례를 받고 죄 사함을 받으라 그리하면 성령의 선물을 받으리니"(2:38). 그래서 우리는 이 말씀을 보게 된다. "모세에게 속하여 다 구름과 바다에서 세례를 받았다"(고전 10:2). 백성들이 걸어서 홍해로 들어갔을 때 하늘의 구름이 백성들을 자락으로 감쌌으며 그들은 가라앉아 구름과 바다의 세례를 다 같이 받았다. 아마도 구름이 백성의 진 가운데로 지나갔을 때 백성들은 구름이 자기들 앞에 서 있을 때 느꼈던 것보다 구름의 임재를 덜 의식하였을지도 모른다.

그와 같이 우리는 구름 속을 지나갈 때 구름을 별로 의식하지 못한다. 우리가 알 수 있는 것은 안개와 어둠뿐이다. 그래서 흔히 성령을 받을 때 우리는 지금 어떤 일이 일어나고 있는지 직접적으로 의식하지 못한다. 어쩌면 우리가 어둠에 아주 깊이 빠져있고 굶주림과 갈망으로 불타오르며, 끊임없이 하나님께 이르고자 하기에 우리는 자신의 상태를 깨닫지 못할 것이다.

언젠가 한 친구가 이렇게 말했다.

"나는 너무 허기가 져. 성령 세례를 너무나 받고 싶어."

"무엇 때문에 그렇게 허기 지게 되었는가? 그런 갈망을 누가 자네에게 주었는가? 바로 성령께서 주신 것이지. 성령께서는 복의 그늘진 편에서 이미 자네와 함께 계시다네. 그런 갈망을 주신 분이 친히 그 갈망을 채우고 만족스럽게 하시기 위해 가까이 계시는 것일세."

7. 기둥이 백성들 뒤에 섰다

기둥이 백성들 뒤에 섰다. 성령은 언제나 우리의 후위로 계신다. 우리의 과거를 가져다가 우리가 보지 못하도록 감추신다. 애굽과 애굽 군대를 백성 뒤에다 놓으셨다. 즉 과거의 죄와 수치, 백성의 모든 적과 함께 모든 과거를 백성 뒤에 놓으신 것이다.

이와 같이 성령은 과거에 우리에게 속해 있던 모든 것과 우리에게 불리하게 작용할 수 있는 모든 것으로부터 우리를 차단하신다. 아, 여러분과 여러분의 죄 사이에, 여러분과 여러분의 걱정 사이에, 여러분과 여러분의 기억 사이에 성령을 모시고, 성령을 여러분의 영광스런 후위로 모신다는 것이 얼마나 복된 일인지!

8. 기둥은 백성들 가운데 있었다

구름기둥과 불기둥은 조금 뒤에 와서 백성들 가운데 자리를 잡았다. 날이 왔다. 그날은 이스라엘 역사에서 획기적인 날이었다. 그 기둥의 위치에 놀라운 변화가 일어난 때였다. 이스라엘 역사 제 2년의 1월 1일이었다.

백성들은 장막 세우는 일을 이제 막 마쳤다. 단순하고 신성하게 설계된 작은 이 성소는 교회와 개인 성도를 나타내는 하나님의 완벽한 모형이자 표상이었다. 판자와 걸쇠, 고리, 휘장 하나하나 모두 하나님의 정확한 명령대로 마무리되었고 배치되었다. 가구의 모든 품목도 제자리에 놓였고, 백성들은 가구에서 손을 떼고 성령께서 그 제물을 받고 열납하셨다는 표시로 기름을 붓고 하나님께 드렸다.

그러자 번쩍이는 영광으로 산꼭대기를 두르고 있고 하늘 높이 웅대한 모습으로 떠다니던 장엄한 구름이 즉시 하늘로부터 내려와 성소로 들어갔다. 기둥은 지성소에서 그룹의 날개와 속죄소 사이에 신비한 빛과 두려운 불꽃으로 타오르는 셰키나의 영광으로 자리를 잡았다. 그때부터 기둥은 하나님의 직접적인 임재를 나타내는 초자연적인 표지가 되었고 초자연적인 빛과 영광으로 지성소를 밝혔다. 하나님께서 받으신 거룩하게 구별된 자신의 거처에 들어가신 것이다. 그때로부터 하나님은 더 이상 멀리 영광의 보좌에 계시지 않고 이스라엘 가운데 은혜의 보좌에 앉아 계셨다.

다음 장 초두에서 우리는 하나님께서 산 위에서나 구름에서가 아니라 장막에서 모세에게 말씀하신 사실을 읽는다. 신비 중의 신비이고 은사 중의 은사이다! 이루 다 말할 수 없는 거룩한 특전이다! 이는 하나님께서 마침내 자신의 교회와 백성을 위하여 성취하신 약속이고, 모든 신자가 이제 개인적으로 주장할 수 있는 약속이다.

너희는 너희가 하나님의 성전인 것과 하나님의 성령이 너희 안에 계시

는 것을 알지 못하느냐?(고전 3:16)

또 내 영을 너희 속에 두어 너희로 내 율례를 행하게 하리니 너희가 내 규례를 지켜 행할지라(겔 36:27).

내가 내 성막을 너희 중에 세우리니 내 마음이 너희를 싫어하지 아니할 것이며 나는 너희 중에 행하여 너희의 하나님이 되고 너희는 내 백성이 될 것이니라(레 26:11-12).

누구든지 내 음성을 듣고 문을 열면 내가 그에게로 들어가 그와 더불어 먹고 그는 나와 더불어 먹으리라(계 3:20).

그러나 너희는 그를 아나니 그는 너희와 함께 거하심이요 또 너희 속에 계시겠음이라(요 14:7).

그날에는 내가 아버지 안에, 너희가 내 안에, 내가 너희 안에 있는 것을 너희가 알리라(14:20).

사람이 나를 사랑하면 내 말을 지키리니 내 아버지께서 그를 사랑하실 것이요 우리가 그에게 가서 거처를 그와 함께 하리라(14:23).

여러분의 하나님은 어디에 계시는가? 저기 하늘 높은 곳, 영광의 보좌에 계시는가? 아니면 여러분 마음의 성소, 여러분 속의 보좌에 계시는가?

그렇다. 이것은 그리스도인 생활의 두 번째 위대한 시기, 곧 제2년의 첫날이다. 첫해는 피를 뿌리고 예수를 구주로 영접한 유월절이었다. 그것은 이스라엘 역사의 시작이었다. 왜냐하면 하나님께서 유월절이 한 해의 시작이 되어야 한다고 말씀하셨기 때문이다. 그러나 이것은 두 번째 축복, 곧 첫 번째 만큼이나 분명한 갈림길이고, 첫 번째 만큼이나 획기적인 시기이고, 첫 번째 만큼이나 영원히 기념할 만한 일이다. 첫 번째는 갈보리였고, 두 번째는 오순절이다.

두 번째 축복에는 그 시기가 있다. 오순절이 온전히 임한 날이 있었다. 그 사실을 안 사람은 어느 누구도 이 복을 잘못 알거나 잊어버릴 수 없다.

친애하는 형제들이여, 이날이 여러분에게 임했는가? 더 정확히 말해서 하나님께서 오셔서 여러분 속에 영원히 거하고 계시는가?

9. 기둥은 이스라엘의 모든 여정에서 백성들을 인도하였다

그 이후 구름기둥과 불기둥은 이스라엘 백성의 모든 여정에서 계속해서 그들을 인도하였다. 백성이 행진해야 할 때 기둥은 백성들 앞에서 나갔다. 백성이 쉬어야 할 때는 기둥이 멈추고 마치 어미새가 새끼를 품듯 그 자락을 백성들 위에 펼쳤고, 그 거대한 하늘의 장막 아래 백성들이 모였다.

그와 같이 성령은 우리의 안내자이고 지도자이며 우리의 안식처이시다. 성령께서 우리의 등을 떠밀며 기도로, 봉사로, 고난으로, 새로운 경험과 새로운 의무, 새로운 믿음과 소망과 사랑의 주장으로 나가도록 하시는 때가 있다. 그러나 활동을 그치도록 우리를 막고 그늘진 날개 아래 쉬게 하고 지극히 높으신 이의 은밀한 장소에서 우리를 진정시키시는 때가 있다. 그곳에서 성령은 우리에게 새로운 교훈을 가르치며 더 깊은 힘이나 충만함을 들이쉬게 하고 그 다음에 성령의 명령에 따라 계속 가도록 우리를 인도하신다. 성령은 성도의 참된 안내자요 교회의 참된 지도자이시며, 우리의 놀라운 조언자이고 올곧은 친구이시다. 하나님의 말씀을 우리의 유일한 안내자로 높이 받들기 위해 성령의 인격적인 인도를 부인하려고 하는 사람은 또 다른 약속의 말씀, 곧 그의 양은 그의 목소리를 알 것이며, 주의 말씀을 청종하고 순종하는 자녀의 뒤에서 "여기가 그 길이니 이리로 걸어가라"는 음성을 들으리라는 약속의 말씀을 불명예스럽게 할 것임에 틀림없다.

장막에 들어간 구름 기둥은 거기에 그대로 머물며, 볼 수 있도록 외적으로 나타나는 일을 그치지 않았다. 오히려 셰키나의 영광은 빛나는 어전에서 일어나 그 위를 맴돌다가 내적 임재뿐 아니라 외적 임재의 상징으로 전처럼 하늘 위에 자락을 펼쳤다.

차이점은 이것이었다. 첫 번째 단계에서 기둥은 오직 외적 표지일 뿐이었다. 그 다음에 그것은 외적 임재가 되었다. 마지막으로 그것은 내적, 외적 임재가 되었으니, 곧 장막 안에는 셰키나의 영광이 있었고 장막 위에는 구름이 있었다.

그와 같이 초기의 신앙 경험에서 우리는 성령을 멀리서만, 즉 하나님의 섭리적인 지시 가운데서 일어나는 일들이나 오직 말씀에서만 성령을 알았다. 그리고 얼마 후에 우리는 성령을 내적 손님으로 영접하고 그 후 성령은 우리 속에 거하시면서 우리 존재의 가장 깊은 곳에서 우리에게 말씀하신다. 성령의 강력한 외적 활동은 그치지 않고 증가되며 더욱 영광스럽게 보인다. 우리 속에 거하시는 그 능력이 기도에 응답하고 병을 고치며 섭리를 이끌어 가신다. 곧 "우리 가운데서 역사하시는 능력대로 우리가 구하거나 생각하는 모든 것에 더 넘치도록 능히"(엡 3:20) 우리 밖에서 활동하신다.

헌신한 신자에게는 주님의 이중적인 임재가 있다. 주님은 신자의 마음 속에 계시며 또한 생활의 모든 일에서도 강력하게 임재해 계신다. 주님은 우리 속에 계신 그리스도, 곧 하늘과 땅의 모든 권세를 가지고 모든 날 동안 우리와 함께 하시는 그리스도이시다.

구름기둥과 불기둥이 이스라엘을 가는 길 내내 인도하며 적들을 이기고 요단 강을 가르며 약속의 땅에 들어갈 때까지 결코 이들을 떠나지 않았듯이 성령께서는 우리에게 기적을 행하시는 분이며 모든 것이 충족한 하나님이며 보호자이시다. 성령께서는 모세와 다니엘, 바울의 시대에서처럼 오늘날도 사람들의 일에서 놀라운 일을 행하기 위해 기다리고 계신다.

10. 결국 믿음으로만 볼 수 있음

그러나 이스라엘 백성이 약속의 땅에 들어간 후에 하나님의 임재를 나타내는 모든 외적 현상들이 사라졌음을 알게 될 것이다. 여리고를 앞에 두고 여호수아에게 임한 이상, 곧 손에 칼을 빼어든 하나님의 아들의 이상은 이스라엘 백성에게 동일한 임재와 보호와 능력의 표시가 되었다. 그 이후 계속해서 외적 표시는 거두어들여졌고, 그들의 지도자가 그들과 함께 하심을 보는 것으로 알지 않고 믿음으로 알게 되었다.

마찬가지로 그리스도의 충만함에 이를 때 외적 표시는 더 적어지고 놀라운 모양도 더 적어지나 믿음과 능력으로 역사하는 일은 더 많아진다.

하나님께서 자신을 여호수아에게 보여 주시되 빛나는 구름을 통해서가 아니라 여리고 성벽이 무너지고, 벧호른에서 가나안 족속들을 물리치며, 헤브론을 점령하고, 아낙 자손을 정복하고 가나안 왕 삼십일 인을 복종시킨 데서 자신을 나타내 보이셨다. 이런 일들이 하나님의 권능의 기사들이며 임재의 표시들이었다.

하나님께서는 우리를 믿음과 능력의 더 깊은 생활로 인도해 가시면서 우리에게 자신의 마음을 보여 주고 매일 우리를 통해 하시는 일로써 자신의 임재를 나타내실 것이다. 우리 주변 사람들을 구원하시는 일과 교만하고 죄많은 마음을 꺾으시는 일을 통해, 이교도들이 복음에 마음을 열게 하심으로써, 오늘날 많은 사건에서 나타나는 섭리의 역사를 통해서, 세계 복음화를 통해서, 이런 강력한 승리들이 하나님의 아들의 영광스런 재림을 가져올 것이다. 그러나 이 모든 일은 보는 것으로 알 수 없고 믿음으로 알 수 있다. 우리는 성령의 임재를 인지할 수 없는 때에도 성령을 의지하는 법을 배워야 한다.

우리는 앞서 나가는 이 구름에 보조를 맞춰왔는가? 애굽으로부터 홍해 바다를 지나 요단 강에 이르기까지 성령을 따라왔는가? 성령께서 우리를 약속의 땅에 들어가기까지 인도하시도록 하였는가? 성령의 강력한 역사가 우리 안에서 뿐 아니라 우리와 함께 하시는 것을 증명하였는가? 성령께서 우리를 인도하여 우리가 믿음의 승리를 경험하고 성령께서 간절히 바라시는 봉사를 함으로써 예수님을 영화롭게 하고 주의 재림이 속히 임하도록 하였는가? 이 기도를 하나님께 드리자.

성령이여 당신을 환영하오니
오셔서 내 거룩한 손님이 되소서
하늘의 비둘기시여 내 가슴 속에
당신의 거처를 만드시고 둥지를 트소서.

제 5 장

생수

(출애굽기와 민수기)

다 같은 신령한 음식을 먹으며 다 같은 신령한 음료를 마셨으니 이는 그들을 따르는 신령한 반석으로부터 마셨으매 그 반석은 곧 그리스도시라(고전 10:3-4).

그러므로 형제들아 우리가 예수의 피를 힘입어 성소에 들어갈 담력을 얻었나니 그 길은 우리를 위하여 휘장 가운데로 열어 놓으신 새로운 살 길이요 휘장은 곧 그의 육체니라 또 하나님의 집 다스리는 큰 제사장이 계시매 우리가 마음에 뿌림을 받아 악한 양심으로부터 벗어나고 몸은 맑은 물로 씻음을 받았으니 참 마음과 온전한 믿음으로 하나님께 나아가자(히 10:19-22).

성경에서 성령에 대한 표상으로 물만큼 자주 사용된 것은 없다. 물은 자연스럽게 깨끗케 하는 일, 원기를 회복시키는 일, 충만함을 암시하므로 성령의 가장 중요한 직무를 가장 완벽하게 표현한다.

이 표상에 기초를 둔 모든 성경 구절과 사건들을 다 언급할 수는 없다. 그러나 우리의 구속과 완전한 구원에서 성령의 역사를 논리적이고 연대기적 순서로 밝히는 주목할 만한 네 구절을 유의해 볼 것이다.

1. 호렙의 바위

앞에서 인용한 구절들 가운데 첫 번째 구절은 성령의 이러한 표상들 중 처음 세 가지를 가리킨다. 이 일들은 이스라엘이 광야를 지나는 여행에서 발생한 사건들과 관련이 있다.

첫 번째 일은 호렙에서 바위를 친 사건이다. 이 사건은 출애굽기 17장에 기록되어 있다. 이스라엘 백성이 므리바에 있는 샘에 이르렀으나 샘이 말라 있었다. 여느 때와 마찬가지로 이스라엘 백성은 하나님을 의지하고 기도하기보다는 투덜거리고 불평하기 시작하였다. 그때 하나님께서 모세에게 이스라엘 백성을 데리고 호렙의 바위로 가서 모세가 홍해를 가르고 애굽에서 심판의 기적을 행할 때 썼던 막대기로 그 바위를 치라고 명령하셨다. 쪼개진 바위에서 물이 솟았고 백성과 가축이 흡족히 마셨다.

물론 호렙의 바위를 친 일은 주 예수 그리스도를 표상하며, 우리의 죄책을 속하고 자비의 샘이 죄인들에게 열리게 만든 갈보리에서 하나님이 심판의 매를 친 것을 표상한다. 그러나 역시 그 바위에서 흘러나온 물은 우리를 위하여 그리스도의 구속의 지극히 값진 선물로 구입한 성령을 표상하였다.

물은 언제나 성령을 표상한다. 예수께서도 친히 그 상징을 요한복음 7:38-39에서 설명하셨다. 그 구절에서 성령은 믿는 자에게서 흘러나올 생수에 대해 말씀하셨다. 요한 사도는 예수께서 "이는 그를 믿는 자들이 받을 성령을 가리켜 말씀하신 것이라"고 한다.

호렙의 바위에서 흘러나온 물은 그리스도께서 성취하신 구속의 결과로 오순절에 성령을 부어 주신 일을 표상한다. 이것은 오순절 사건의 구약적 의미이다. 우리 그리스도인 생활의 연속적인 시기에 관한 한, 그것은 회심 이후 성령에 대한 우리의 첫 번째 경험을 예표한다.

매우 실제적인 의미에서 성령은 신자가 주 예수 그리스도를 자신의 구주로 영접하자마자 신자에게 주어진다. 그 후에 더 깊은 충만함이 온다. 그러나 우리가 마음을 열어 놓고 성령을 영접하는 한, 성령께서 신자에게 임하실 때 가져오는 다른 실제적인 경험을 의심하거나 거부하는 일은 하지 않도록 하자. 바로 이것이 어린 교회와 오순절의 초신자들에 대한 첫 번째 약속이었다. "너희가 회개하여 각각 예수 그리스도의 이름으로 세례를 받고 죄 사함을 받으라 그리하면 성령의 선물을 받으리니 이 약속은 너희와 너희 자녀와 모든 먼 데 사람 곧 주 우리 하나님이 얼마든지 부르시는 자들에게 하신 것이라"(행 2:38-39). 바로 이 약속이 어떤 신자든지 그 사람을 일으켜 세우고

서 있게 하는 유일한 보장이다. 회개한 사람은 분명히 성령을 받고 하나님의 내주하시는 능력과 임재로 말미암아 구속의 날까지 인치심을 받을 때까지 결코 버림받지 않을 것이다.

2. 가데스의 바위

민수기 20장에서 우리는 첫 번째 사건과 매우 유사하면서도 본질적으로는 다른 두 번째 사건을 본다. 다시 한 번 이스라엘 백성은 궁지에 몰렸다. 그들은 물이 없어 목말라 죽게 생겼다. 또 다시 하나님께서 그들을 구원하기 위해 개입하셨다. 또 한 번 하나님께서는 이들을 바위 있는 데로 이끌고 가셨고, 그들이 모두 흡족히 마실 수 있도록 물이 풍성히 흘렀다. "회중과 그들의 짐승이 마시니라"(민 20:11). 그래서 백성들은 원기를 회복하고 만족하였다. 이 모든 정황이 다른 이적과 꼭 같은 것으로 보인다. 그러나 더 가까이서 면밀히 살펴보면 중대한 차이점들이 있다.

첫째로, 그 사건은 이스라엘 백성의 역사에서 40년 후의 일이다. 첫 번째 기적은 이스라엘이 광야 생활을 시작할 무렵에 발생하였다. 두 번째 기적은 광야 생활의 끝 무렵에 발생하였고, 그러므로 그들의 경험에서 발전된 어떤 단계를 표시하기 위한 것이었다.

그것은 다른 장소, 곧 가데스에서 일어난 일이었다. "가데스"라는 말은 거룩함을 뜻한다. 가데스는 약속의 땅으로 들어가는 문이다. 그러므로 이것은 그리스도인 생활의 한층 진전된 단계와 관련이 있음을 시사할 것이다. 모든 그리스도인의 생활에는 결정적인 어떤 시기가 있다. 하나님께서 우리를 거룩함에 이르게 하고 성령을 우리 속에 거하게 하시며 우리가 하나님의 규례에 따라 행하고 하나님의 판단을 지키고 행하도록 하시는 가데스가 있다. 그 출입구에 가데스, 곧 성령을 받음으로써 그의 충만함에 들어가게 하는 가데스가 있는 약속의 땅이 있다. 우리가 광야에서 나와 "하나님의 백성을 위한 안식"(히 4:9)에 들어가든지 아니면 계속 광야로 나아가 그토록 많은 사람들이 살고 있는 방식인, 실패와 낙심이 끊임없이 반복되는 생활로 들어가는 장소가 있다.

이렇게 성령을 영접하는 것과 회개할 때 성령께서 우리에게 임하시는 것

사이에는 엄청난 차이가 있다. 처음에는 성령이 오셔서 우리의 영접과 사죄를 증거하신다. 그 다음에는 우리 자신을 주께 온전히 드리는 것을 받고 우리를 전적으로 주님 자신의 것으로 삼기 위해 오신다. 성령께서는 우리가 예수 그리스도와 인격적으로 연합하고 순종과 승리 가운데 지내도록 하신다.

또한, 기적의 방식이 전혀 달랐다는 것을 알게 될 것이다. 첫 번째에는 바위를 입법자의 지팡이로 쳤다. 그러나 두 번째 경우에는 바위를 치지 않아야 했다. 모세는 그냥 바위를 향하여 말하기만 하면 되었다. 그러면 바위가 믿음과 기도의 조용한 목소리를 듣고 물을 낼 것이었다. 모세는 이 명령에 불순종하여 바위를 여러 번 맹렬하게 쳤다. "반역한 너희여 들으라 우리가 너희를 위하여 이 반석에서 물을 내랴"(민 20:10). 하나님께서는 모세의 경솔함과 불신앙을 기뻐하지 않으시고 모세가 약속의 땅에 들어가지 않도록 엄하게 징계하셨다. 그렇지만 하나님은 모세의 실패에도 불구하고 백성에게 물을 주심으로써 자신의 약속을 지키셨다.

이 모든 행위는 매우 중요하다. 바위를 다시 쳐서는 안 되었다. 바위는 이미 쳐서 열렸고, 물이 이미 풍성하게 흘러나오고 있었기 때문이다. 필요한 일은 큰 희생으로 이미 확보한 것을 믿음으로 받기만 하면 되는 것이었다. 성령이 주어졌고 제사가 마쳐졌으며 값이 치러졌고 조건이 충족되었고 하늘이 열렸고 성령께서 오셨다.

그리스도를 다시 못박거나 성령을 하늘로부터 다시 내려오시게 하려고 함으로써 그리스도의 죽음의 가치를 무시하는 일을 하지 말자. 우리가 할 일은 그냥 성령을 영접하고 성령께서 들어오시도록 방을 마련하는 것뿐이다. 우리가 할 일은 바위를 치는 것이 아니라 바위에 대고 말하는 것이며, 아주 단순하게 신뢰하며 조용히 기대하는 마음으로 성령께서 들어오시도록 요청하는 것이다. 아버지가 자녀에게 좋은 선물을 주려고 하는 것보다 더 기꺼이 하늘 아버지께서는 자기에게 구하는 자들에게 성령을 주실 것이다. 떠들썩한 소리와 믿음 없는 말을 반복하는 바알의 제사장과는 달리 우리는 하나님께 구하고, 주저 없는 신뢰와 충만한 믿음의 확신으로 하나님이 주려고 기다리고 계시는 것을 받아야 한다.

하나님의 거룩한 처소 중 가장 깊은 성소에 있는 종들은 매우 정교하게 달려 있다. 그래서 거칠게 건드리면 아름다운 줄을 진동시키고 정교한 구조를 깨트리게 된다. 여러분에게 필요한 것은 아주 가볍게 살짝 대기만 하면 된다. 어린 시절에 여러분은 건물에 들어가려고 문을 거칠게 마구 두드렸다. 그러나 이제 여러분은 건물 앞에 가서 작은 버튼을 가볍게 누르기만 한다. 그러면 전류가 여러분의 방문을 가장 높은 층까지 신호로 알려 준다. 하나님의 종은 전류에 응답하여 모두 움직인다. 그러므로 거칠고 서툴게 두드려 대는 일은 여러분의 기도를 방해 할 뿐이다.

성령은 사랑이 언제나 그렇듯이 매우 민감하시다. 들짐승은 몽둥이와 쇠줄로 잡을 수 있다. 그러나 그런 식으로 여자의 마음을 사로잡거나 감수성이 예민한 사람의 사랑을 얻어낼 수는 없다. 그런 여성에 대해서는 신뢰와 애정의 섬세한 접촉으로 애정을 구해야 한다. 그와 같이 성령에 대해서도 온유한 마음만큼이나 섬세하고 예민한 믿음으로 구해야 한다. 단 한 가지의 불신앙적인 생각이나 단 한 번의 성급한 불신이나 두려움의 표현도, 단 한 차례의 서리가 지극히 예민한 장미나 백합의 꽃잎을 시들게 하듯이 성령의 지극히 자유로운 활동을 즉각 멈추게 만들 것이다.

바위를 향하여 말하고 바위를 치지 말라. 성령을 믿고 지극히 애정어린 신뢰와 전혀 흔들림 없는 확신으로 성령을 대하라. 그러면 성령께서 즉각적인 반응과 똑같은 신뢰로써 여러분을 대하실 것이다.

여러분은 가데스에 있는 바위에 가 본 적이 있는가? 여러분은 자신의 존재 전체를 열고서 성령의 충만함을 받으려고 해 본 적이 있는가? 어머니에 대한 어린아이의 신뢰와 남편에 대한 신부의 신뢰, 태양에 대한 꽃의 신뢰를 믿음으로 받아본 적이 있는가? 성령의 복된 생활의 가장 깊은 곳에 있는 충만함과 생명을 마시고 있는가?

3. 브엘의 우물

우리는 다음으로 민수기 21장에서 세 번째 단계에 이른다. 여기서 우리는 작지만 아주 인상적인 그림을 보게 된다.

거기서 브엘에 이르니 브엘은 여호와께서 모세에게 명하시기를 백성을

모으라 내가 그들에게 물을 주리라 하시던 우물이라 그때에 이스라엘
이 노래하여 이르되:

"우물물아 솟아나라!
너희는 그것을 노래하라
이 우물은 지휘관들이 팠고
백성의 귀인들이 규과 지팡이로 판 것이로다."

그들은 광야에서 맛다나에 이르렀고(21:16-18).

처음 볼 때는 그 의미가 약간은 모호하다. 그러나 자세히 들여보다 보면
매우 인상적인 그림이 보인다. 백성들은 가데스에서 계속 진행하였고 다시
한 번 바짝 마른 사막이 온통 주변을 두르고 있었다. 오아시스도 흐르는 냇
물도 보이지 않았다. 백성들은 갈증으로 죽을 지경이었다. 그때 하나님의 명
령이 왔다.
"백성을 모으라 내가 그들에게 물을 주리라."
"백성들을 어디로 모을까요?"
"브엘 우물에 모으라."
"아, 우물은 전혀 보이지 않는데요."
"신경 쓰지 말고, 사막 바로 거기에 백성들을 한데 모으라."
백성의 족장들에게 그들의 순례 지팡이를 가져와서 사막 모래땅에 우물을
파라는 명령이 내려졌다. 그들이 우물을 파는 동안 백성은 그 둘레에 모여서
노래를 부르라고 명령하셨다. 그래서 백성들은 우물을 파며 노래하였고, 노
래하며 팠다. 백성이 부른 노래는 이같이 간단한 후렴구로 우리에게 전해지
고 있다. "우물물아 솟아나라 너희는 그것을 노래하라." 백성들이 노래할 때
우물이 깊은 곳으로부터 터져서 흘러 넘쳤고 백성의 진 사이로 강처럼 흘러
백성이 마시고 노래하며 놀랐다.
이것이 "그들을 따르는 신령한 반석으로부터 마셨으매"(고전 10:4)라고 하
는 본문에 나오는 이상한 표현에 대한 설명이다. 이것이 그 반석이 백성을

따르는 방식이다. 그 반석은 이스라엘 백성의 진 뒤에서 따르며 사막을 통과하지 않았고 우상의 물건이나 우상을 담는 그릇처럼 마차에 실려 백성과 함께 옮겨지지 않았다. 오히려 그 바위의 물이 백성을 따랐다. 그 물은 사막 모래 땅 밑으로, 즉 지하수로 흘렀다. 백성들이 그 물을 땅 위에서 볼 수 없었지만 그 물은 언제나 거기에 있었다. 백성들이 할 일은 그 위에 모여서 막대기로 우물을 파고 믿음과 기도의 노래를 부르는 것뿐이었다. 그러자 보라! 물이 넘치도록 솟아났다.

성령 안에 거하는 삶과 우리의 영적 생명의 지속적인 원천을 아주 아름답게 그린 그림이다! 우리가 성령의 충만함을 받으면 생명과 구원에 대한 바로 그 약속이 광야를 지나는 여행 내내 우리를 따른다. 우리가 항시 그 물을 보거나 강의 수로를 추적할 수 있는 것은 아니다. 그러나 그 물은 우리 발밑에 있다. 작열하는 태양과 뜨거운 사막의 타는 듯한 모래 밑에 물이 있다. 우리가 할 일은 약속의 막대기로 필요한 우물을 파고, 그 다음에는 신뢰의 노래를 부르는 것뿐이다. 그러면 성령께서 우리의 모든 필요에 대해 항상 충만히 공급하시듯이 솟아 나오는 것을 보게 될 것이다.

성경에 나오는 모든 약속은 우리 생활의 어떤 필요를 채우기에 적합하다. 우리가 그 약속을 충실하게 사용하고 간단한 조건들을 채울 때 물이 솟아 나와 우리의 결핍이 생명의 샘으로부터 채움을 받을 것이다.

땅을 파는 것이 항시 즐거운 일만은 아니다. 땅을 많이 파야 하고, 모래를 퍼 올려서 공간을 만들어야 한다. 그와 같이 하나님의 약속에는 은혜로운 충만함뿐 아니라 날카로운 면이 있다. 그러나 그 조건들을 충족시킬 때 하나님의 약속이 신실하고 충만하다는 것을, 즉 "우리가 구하거나 생각하는 모든 것에 더 넘치도록"(엡 3:20) 있다는 것을 언제나 발견할 것이다.

이 광야의 우물에 대한 인상적인 이 그림은 우리에게 성령 안에서 거하는 생활의 비결을 가르쳐 준다. 그리스도 안에서 이루어지는 우리의 더 깊은 생활이 언제나 우리 자신에게조차 분명하게 나타나는 것은 아니다. 왜냐하면 그 삶은 그리스도와 함께 하나님 안에 숨겨져 있기 때문이다.

4. 놋대야의 물

히브리서에서 인용한 구절이 암시하는 성령에 대한 또 한 가지 비유가 있다. 거기서 우리는 예배하는 자가 지성소에 들어갈 때 깨끗한 물로 몸을 씻고서 들어가는 것을 본다. 이것은 장막 입구에 놓아두던 고대의 놋대야를 가리키는데, 그 놋대야는 안으로 들어가는 제사장들이 얼굴과 손을 씻고 성막 안으로 들어갈 때마다 옷에 얼룩과 때를 모두 지우는데 사용되었다. 놋대야는 이스라엘 여인들의 거울로 만들었는데, 아마도 그 겉모양은 표면을 잘 닦은 거울 같았을 것이다. 그래서 자기 모습을 들여다보고 더러운 부분을 살필 수 있었을 것이다.

이 놋대야는 우리를 깨끗케 하는 샘이고 그리스도의 직접적인 임재가 나타나는 거룩한 곳에 우리가 접근하는 방법으로서 성령을 예표하는 것이었다. 그 놋대야를 사용해서 깨끗하게 된 후에야 우리는 하나님의 제사장으로 안에 들어가 생명의 떡을 먹으며 금등잔의 불빛을 받고 살며 알현실을 하늘의 공기로 가득 채우는 아름다운 향을 맡을 수 있다. 또한 그 놋대야는 우리 마음과 생활에 있는 더러운 것들을 드러내고 제거한다. 어떤 의미에서 성령은 단번에 우리를 깨끗케 하신다. 바로 이것이 우리 주님께서 "이미 목욕한 자는 발밖에 씻을 필요가 없느니라"(요 13:10) 말씀하셨을 때의 의미이다.

그러나 죄의 오염이 없을지라도 적어도 끊임없이 세상의 얼룩을 줄여가야 할 책임은 있다. 우리가 숨쉬고 있는 이 공기는 악의 기운이 가득 차 있어서 도무지 우리가 거기에 접촉되고 오염되는 것을 피할 수 없다. 복되신 성령은 마음의 성소에서 섬기고 계시며 매순간 세상이나 악의 아무리 약한 접촉이라도 제거하고 우리를 더럽히지 않고 흠없이 보존하여 성령께서 보시기에 온전히 받아들여질 만하게 씻으실 준비가 되어 있으시다.

"그가 빛 가운데 계신 것 같이 우리도 빛 가운데 행하면 우리가 서로 사귐이 있고 그 아들 예수의 피가 우리를 모든 죄에서 깨끗하게 하실 것이요"(요일 1:70).

이 놋대야는 우리에게 성령의 영속적인 여러 활동을 이야기해 준다. 호렙과 가데스의 바위 그리고 심지어 광야의 우물도 이런 다양한 영적 진리들에 대한 임시적인 표상들에 지나지 않았다. 그러나 놋대야는 하나님의 영구적인 상징이었고, 이스라엘의 미래의 모든 국가 생활을 통해 계속해서 장막 안에 있었다. 놋대야는 하나님께서 우리의 영구한 생명을 위해 행하신 지속적인 준비를 표시한다. 그러므로 우리는 성령을 받고 그 안에 거하자. 성소에서 성령을 기다리자. 깨끗하게 되기 위해 한 번뿐만 아니라 계속해서 오자. 그러면 우리는 성령의 사랑의 지속적인 영향력 아래, 그 사랑의 분위기 속에서 살게 된다. 우리가 모든 죄에서 깨끗케 될 것이다.

장막에 대한 묘사에서 놋대야뿐만 아니라 놋대야의 발도 보게 된다. 놋대야에 발을 단 의도는 무엇인가? 아마도 그 발은 물이 좀 더 쉽게 흘러갈 수 있게 하는 작은 배출구였을 것이다. 놋대야 자체는 매우 높아서 적어도 그 가장자리까지 물이 차고 넘치기는 쉽지 않았다. 아마도 간단한 구조에 의해 열 수 있었을 이 작은 관을 통해 물이 땅으로 흘러 아무리 작은아이라도 놋대야로 오고자 하면 언제든지 다가갈 수 있었다.

이 점이 성령께서 가까이 계시다는 복된 사실을 얼마나 진실되게 예증하는지! 우리는 지극히 높은 하늘에서 성령을 찾을 필요가 없고, 멀리서 하나님께 부르짖을 필요가 없다. 성령은 우리의 보혜사(Paraclete)로 우리 곁에 계신 분이고, 곤궁할 때 돕기 위해 언제나 아주 가까이 계시는 분이다. 우리에게 성령은 이미 하나님의 교회의 중심에 강림하셔서 거룩한 하나님의 임재로 계신다. 빛이 언제든지 열린 창문으로 흘러 들어가고, 햇살이 피기 시작하는 꽃의 화반을 어루만지듯이 성령께서는 복종하고 신뢰하는 마음에 들어가실 준비가 되어 있다. 우리는 진심어린 단순한 기도를 성령께 드리자.

복되신 성령이여
마음에 오소서
마음 속에 영원히
거룩한 손님으로 계시옵소서.

제 6 장

기름 부음
(출애굽기와 레위기)

우리를 **너희**와 함께 그리스도 안에서 굳건하게 하시고 우리에게 기름을 부으신 이는 하나님이시니(고후 1:21).

기름을 사용하는 것은 서양에서보다는 동양에서 더 통상적인 일이다. 감람나무는 팔레스타인에서 흔히 볼 수 있는 나무 가운데 하나이다. 감람나무는 매우 놀라운 점이 있다. 그 나뭇잎은 언제나 광택이 있어서 마치 언제나 기름으로 목욕한 것처럼 보인다. 나무 자체는 거의 부러트릴 수 없는 것처럼 단단해 보인다. 대개 감람나무는 구부러져 있고 옹이투성이에 휘어 있으며 줄기가 사방으로 뻗어 있다. 거의 모든 나무가 속이 비어 있다. 그래서 종종 나무 줄기의 큰 부분이 잡아 찢겨진 것처럼 보이고 뿌리 한 가닥만 겨우 흙에 붙어 있는 것처럼 보인다. 감람나무는 영원히 시들지 않을 나뭇가지와 잎을 울창하게 하늘로 뻗어 있다. 겟세마네의 감람나무들 가운데 어떤 것은 적어도 수령이 1000년은 되었을 것이다. 정말 감람나무는 거의 죽지 않을 것처럼 보인다.

감람나무는 성령에 대한 좋은 표상이며 또한 성령의 생명과 능력으로 기름 부음 받은 영혼에 대한 좋은 표상이기도 하다. 기름 부음 받은 영혼은 시대의 모든 시련을 겪을 수 있지만, 결코 시들지 않는 생명으로 충만하여 잎사귀가 언제나 푸르다. 그 사람은 바짝 마른 땅과 지극히 황량한 지방에서조차 열매 맺기를 그치지 않을 것이다.

기름 붓는 의식은 구약에서 지극히 통상적이면서도 의미있는 예식 가운데 하나였다. 문둥병자가 기름 부음을 받았고, 장막에 기름을 부었으며, 제사장이 기름 부음을 받고, 선지자와 왕이 기름 부음을 받았으며, 손님에게 기름을 부었고, 병자에게도 기름을 부었다. 그것은 성령에 대한 특별한 상징이었고, 기름 부음 받은 사람이 하나님의 봉사와 그의 소유에 바쳐졌음을 상징하는 예식이었다.

기름 부음의 준비

출애굽기 30:22-33에 기름 부음에 대해 상세한 설명이 나온다.

여호와께서 모세에게 또 말씀하여 이르시되 너는 상등 향품을 가지되 액체 몰약 오백 세겔과 그 반수의 향기로운 육계 이백오십 세겔과 향기로운 창포 이백오십 세겔과 계피 오백 세겔을 성소의 세겔로 하고 감람 기름 한 힌을 가지고 그것으로 거룩한 관유를 만들되 향을 제조하는 법대로 향기름을 만들지니 그것이 거룩한 관유가 될지라 너는 그것을 회막과 증거궤에 바르고 법궤 상과 그 모든 기구이며 등잔대와 그 기구이며 분향단과 및 번제단과 그 모든 기구와 물두멍과 그 받침에 발라 그것들을 지극히 거룩한 것으로 구별하라 이것에 접촉하는 것은 모두 거룩하리라 너는 아론과 그의 아들들에게 기름을 발라 그들을 거룩하게 하고 그들이 내게 제사장 직분을 행하게 하고 이스라엘 자손에게 말하여 이르기를 이것은 너희 대대로 내게 거룩한 관유니 사람의 몸에 붓지 말며 이 방법대로 이와 같은 것을 만들지 말라 이는 거룩하니 너희는 거룩히 여기라 이와 같은 것을 만드는 모든 자와 이것을 타인에게 붓는 모든 자는 그 백성 중에서 끊어지리라.

그 방법이 특별히 아주 상세하게 기술되었다. 가짜로 기름을 만드는 일은 아주 엄한 벌로써 금하여졌다. 다음의 사실들을 유의해 보자.

1. 특별히 준비하였다

이 기름은 특별히 준비되었다. 그것은 일반적인 감람유가 아니었다. 다른 재료들, 주로 향료가 첨가되어 매우 향기로웠다. 그래서 기름은 눈에 보일 뿐만 아니라 사람의 후각에도 지극히 향기로운 것이었다. 여기서 향기는 지극히 즐거운 하나님의 임재를 특별히 표시하였다.

예수께서 순전히 신으로 우리에게 오시지 않고 육신을 입은 하나님으로 오시도록 하기 위해 예수님의 몸이 마련되고 성육신이 준비되었듯이, 성령도 우리 속에 행하시는 그의 특별한 활동을 위하여 그와 같은 방식으로 준비되었다. 그런 방식으로 성령께서 오시는 것은 단지 순수한 신성으로만 우리에게 오시는 것이 아니라 육신 안에서 나타난 하나님으로 오시도록 하기 위함이었다. 그와 같이 성령도 우리 속에 거하시며, 우리의 연약한 인간 본성에 가장 적합한 방식으로 우리를 하나님의 어전으로 인도하도록 하기 위해 준비되셨다.

신자 속에 사시는 성령은 신성의 위엄을 입고 보좌로부터 직접 오는 신이실 뿐만 아니라 3년 반 동안 사람이신 그리스도 안에 사신 영이셨으며, 눈물을 흘리며 울고 심한 고통으로 괴로워하며 지혜와 사랑의 말씀을 전하였고 어린아이들을 품에 안으셨으며 병자를 고치고 죽은 자를 살리며 요한이 자신의 가슴에 기대고 앉도록 허락하셨고 둘러싼 제자들에게 "너희는 마음에 근심하지 말라"(요 14:1, 27)고 말씀하신 그 영이셨다. 그러므로 이분은 복되신 예수님과의 연합으로 인해 매우 부드러워지고 인간화되어 우리에게 오시며, 자신을 그리스도의 영으로 부르며, 그럼으로써 그를 영접하는 가운데 우리가 예수의 마음을 받고 예수의 인격을 우리 존재의 가장 깊은 곳에 모셔들이게 하는 영이시다.

성령께서 그처럼 우리의 연약함과 궁핍을 채우며 우리 존재의 모든 결핍을 만족시키기에 적합한 분으로서 우리에게 오시는 것이 얼마나 은혜로운 일인지!

2. 하늘의 즐거움

기름이 향기롭고 유쾌하듯이 성령께서 우리에게 하늘의 지극한 즐거움을 가져다주신다. 이 모든 향료에는 아마도 특별한 의미가 있을 것이다. 우리가 알고 있는 대로 시체를 썩지 않게 보존하는데 사용된 몰약은 성령의 위로를 암시한다. 맛이 달콤한 계피는 성령의 즐겁고 기쁜 영향력을 적절하게 표현한다. 치료제로 쓰이고 건강에 좋은 육계는 건강을 가져다주므로 성화시키는 분으로서 성령을 생각나게 한다.

3. 모방하지 말아야 한다

기름을 비슷하게 만들거나 그대로 흉내내서는 안 된다. 성령을 흉내낼 수는 없다. 사탄은 언제나 하나님의 성령을 흉내내어 여호와 대신 자기를 예배하도록 만들려고 해 왔다. 모세의 때에도 사람들이 때로 이상한 불을 가져왔었다. 그러나 그들은 질투하시는 하나님으로부터 맹렬한 심판을 받았다. 하나님께서는 자신의 거룩한 물건들이 더럽혀지거나 악한 것과 혼동되도록 버려 두시지 않는다. 사람들이 참된 것 대신에 거짓 것을 받아들일 위험은 항상 있다. 강신술과 크리스천 사이언스, 신지학은 부정한 모조품들을 가지고 오지만, 그들의 변장을 간파하는 데에 깊은 분별력이 필요한 것은 아니다. 접촉하는 영혼마다 물집과 상처를 남기는 이런 사술들과 사탄적 속임과 기꺼이 섞이려 하는 사람은 대담한 사람일 것이다.

그 밖에도 눈부시게 빛나거나 대담한 면은 덜하지만 여전히 가짜인 지적 총명, 웅변, 비애감은 종종 성령의 활동을 흉내내고 성령만이 줄 수 있는 인상을 일으키기도 한다. 음악은 많은 사람들이 진실된 경건으로 오해하는 감정과 느낌으로써 우리의 심미적인 본성을 감동시키려고 한다. 건축과 미술은 감각에 호소하는 예배의 극적 효과로서 상상력을 자극하는 역할을 하게 된다. 그러나 이런 것들 가운데 어느 것도 성령의 활동을 하지 못한다. 사람들은 훌륭한 음악과 감동적인 웅변에 눈물을 흘릴 수 있다. 그러나 밖에 나가서는 조금도 달라지지 않고 지극히 이기적이고 매우 불의한 생활을 할 수 있다. 사람들이 거대한 돔이나 살아 있는 듯한 그림 혹은 화려한 예배의식에 일종의 경외심을 느껴 절하면서도 하나님께 대한 두려움은 없을 수 있다. 성령을 대신할 수 있는 것은 없다. 성령만이 양심의 가책을 일깨우고 거룩한 인상과 진정한 신앙심, 이타적인 생활과 경건한 예배를 일으키실 수 있다.

4. 사람의 몸에 부어서는 안 된다

기름을 사람의 몸에 부어서는 안 되었다. 그 기름은 오직 성별된 사람에게만 사용해야 했다. 이방인은 기름 부음을 받을 수 없었다. 그것은 하나님께 구별되었음을 나타내는 표지였다. 그와 같이 성령께서는 구별되고 헌신되며 성별된 마음에 임하신다. 육신적이고 세속적인 영혼으로는 기름 부음을 받을 수 없다. 하나님은 범죄하는 영혼 속에서 살려 하시지 않는다. 악으로부터 자신을 구별하고, 자신을 하나님께 드리며 그리스도와 함께 자신과 죄에 대하여 십자가에 못 박혀야 비로소 성령께서 여러분의 마음을 거처로 삼으신다. 하나님의 약속은 이것이다.

"너희 육신에서 굳은 마음을 제거하고 부드러운 마음을 줄 것이며 또 내 영을 너희 속에 두어 너희로 내 율례를 행하게 하리니 너희가 내 규례를 지켜 행할지라"(겔 36:26-27).

여러분은 거룩함을 받기 전에는 하나님으로부터 능력을 받을 수 없다. 마술사 시몬은 베드로 사도에게서 이 능력을 받기 원했지만 그의 악한 마음은 하나님의 무서운 책망과 다음과 같이 두려운 말만 들었을 뿐이다. "내가 보니 너는 악독이 가득하며 불의에 매인 바 되었도다"(행 8:23). 사람들은 여전히 거룩함 없이 능력을 받으려고 하지만 그것은 실망과 위험만 가져다 줄 뿐이다. 사람들은 능력을 구하지만 마술사 시몬이 그랬던 것처럼 악한 자의 부정한 능력을 받거나 거룩한 하나님의 저주를 받는 것으로 끝이 날 것이다.

성령의 첫 번째 사역은 우리를 깨끗하게 하고 구별하며 거룩하게 하고 우리를 전적으로 하나님께 바치는 일이다. 그 다음에 성령께서 하나님을 위하여 우리를 소유하고 하나님께 대한 봉사와 영광만을 위하여 사용하신다.

기름 부음이 사용된 경우

1. 문둥병자에게 기름 부음

문둥병자에게 기름 붓는 일이 레위기 14장에 기록되어 있다. 이는 성령께서 죄인을 깨끗하게 하고 성별하시는 일을 나타낸다. 진 밖에 쫓겨나서 사는 이 불쌍한 문둥병자는 우리의 지극히 비참한 정황을 나타낸다. 성령께서 오셔서 예수의 모든 충만함을 가져다주시는 것은 그러한 죄인들을 위해서이다.

첫째로, 이 불쌍한 문둥병자를 제사장이 맞이하여 진 안으로 데려와 그에게 물과 피를 뿌렸다. 그 다음에 문둥병자의 오른쪽 귀와 오른쪽 엄지손가락, 오른발 엄지발가락에 피를 뿌리고 나서 기름을 발랐다. 이것은 이해하고 받아들이는 그의 모든 능력(귀로써 표시하였다)과 전유하는 믿음과 거룩한 봉사의 모든 능력(손으로써 표시하였다), 그의 모든 걸음과 길(발로써 표시하였다)을 성별하고 충만케 하심을 의미한다. 이 모든 것을 하나님께 드리고 성령께서 자신의 소유로 취하시는 것을 뜻한다.

기름을 먼저 바르지 않고 피를 먼저 발랐다. 기름을 피 위에 덧바른 것이다. 성령은 예수 그리스도를 영접한 사람들에게만 임하신다. 십자가와 구주를 떠나서 영적 능력이란 없다. 더 높은 계시와 더 깊은 교훈이라면서 갈보리의 피를 무시하는 것들은 하늘에서 오지 않고 아래에서 오는 것이다. 옛날의 성 프란시스처럼 우리는 언제나 못 자국과 창 자국을 보고서 참된 그리스도를 알 수 있다. 그러나 우리에게는 피만큼 기름도 필요하다. 우리의 귀와 손, 발이 하늘로부터 생명을 받고 하늘의 소유가 되며 거룩하게 채움을 받은 후에야 하나님의 말씀을 바르게 듣고 이해할 수 있다. 성령의 기름 부으심을 받을 때 우리는 알고 있는 것들을 바르게 취해서 사용할 수 있고 하나님을 위해서 바르게 일하며 하나님의 거룩한 길로 행할 수 있다.

그러나 이것이 전부가 아니다. 이것은 기름 한 방울에 지나지 않는다. 이제 남은 기름을 깨끗케 되어야 할 사람의 머리에 붓는 일이 있다. 이것은 훨씬 더 큰 충만함이다. "붓는다"는 말 자체가 복의 충만함을 의미하며, 남은 기름은 남겨진 기름 전부, 곧 제사장 손에 있는 기름 전부를 뜻한다. 그 제사장은 다름 아닌 하나님의 아들, 손바닥에 대양을 거머쥐는 전능하신 분이다. 그러므로 주님의 손바닥에 담을 수 있는 남은 기름이란 무한히 충만한 대양이다. 그것은 예수님 자신이 가지고 계신 기름 전부를 우리 머리에 부으신다는 뜻이다. 바로 그 기름이 주님의 머리에 부어졌고, 그래서 주께서 그 기름 부음을 우리에게 나누어 주시는 것이다. 이 모든 것을 불쌍한 문둥병자에게 붓는 것이다!

여러분은 이 남은 기름을 받았는가?

2. 제사장의 기름 부음

제사장의 기름 부음에 대한 설명이 출애굽기 29:7-21과 레위기 8:12, 30에 나온다. 여기서는 그 기름을 다른 방식으로 사용하는 것을 볼 수 있다. 여호와를 모시며 그 어전에서 섬기는 봉사를 할 수 있도록 준비시키는 목적으로 제사장에게 관유를 발랐다. 그와 같이 우리도 깨끗함뿐만 아니라 봉사를 위해 거룩한 기름 부음을 받아야 한다. 성령을 받기 전에는 세상에서 하나님을 나타내고 하나님을 위하여 어떠한 영적 일도 행할 준비가 되어 있지 않다.

기름에 관해서 여기에 두 가지 작용이 나온다. 처음에는 아론이 기름 부음을 받고, 그 다음에는 그의 아들들이 아론과 함께 기름 부음을 받았다. 그리스도께서 먼저 요단 강 가에서 성령의 세례를 받고, 그 후에 동일한 성령을 제자들에게 부어 주셨던 것과 같이 아론 혼자 기름 부음을 받았다. 바로 그와 같이 우리는 이러한 거룩한 기름 부음을 받을 수 있다. 아론의 머리에 부어지는 기름은 흘러내려 의복 끝자락까지 이른다. 머리에 부음 받은 성령을 그리스도께서 제자들에게 부어 주셨다. 제자들 가운데 서서 예수님은 그들을 향하여 숨을 내쉬며 "성령을 받으라"(요 20:22) 말씀하신다. 그때 예수께서는 "아버지께서 나를 보내신 것 같이 나도 너희를 보내노라"(20:21)는 이상하고도 중대한 말씀으로써 이같이 큰 능력과 사명 주심을 설명하신다.

이것은 모든 제사장의 사역 가운데 가장 고귀한 사역과 기도를 위하여 그리고 우리가 하나님을 나타내거나 사람에게 복을 베풀 그 밖의 모든 봉사를 위한 우리의 참된 준비이다. 주님조차도 세상 앞에 서서 이같이 말씀할 수 있기 전에는 자신의 큰 사명을 수행하러 감히 나서지 않으셨다.

> 주의 성령이 내게 임하셨으니
> 이는 가난한 자에게 복음을 전하게 하시려고
> 내게 기름을 부으시고
> 나를 보내사 포로 된 자에게 자유를,
> 눈 먼 자에게 다시 보게 함을 전파하며
> 눌린 자를 자유롭게 하고
> 주의 은혜의 해를 전파하게 하려 하심이라(눅 4:18-19, 사 61:1-2).

누구든지 하나님의 아들을 나타내려 하고, 살아 있는 자와 죽은 자 사이에
서며, 그리스도를 위한 대사로 행동하고, 죽어가고 있는 사람들에게 구원을
전하며 사람들을 어둠에서 빛으로 데려가며 사탄의 권세에서 하나님께로
인도하고자 하는 자가 성령의 기름 부으심 없이 일하려고 하는 것은 지극히
무모하고 외람된 일이다. 그것은 자신이 잘못 나타내는 하나님께나 자기가
속이고 있는 사람들에게 모두 무례하고 주제넘는 일이다.

3. 장막에 기름을 부음

장막에 기름을 붓는 것은 심지어 성결케 하는 일이나 봉사보다 더 고귀한
어떤 것을 나타낸다. 즉 하나님께서 친히 자신의 성별된 성전으로서 신자 안
에 내주하고 거하심을 나타낸다. 이 내용에 대한 충분한 기사를 출애굽기
40:9-16에서 본다. 앞장에서 보았듯이 그것은 큰 날이다. 그것은 이스라엘
민족의 역사에서 특별한 시기를 표시한다. 그 일은 제2년 1월 1일에 행해졌
다. 그것은 새로운 출발과 더 고귀한 경험을 표시하였다. 전에 백성들 앞에
서 나아가거나 백성들 위 구름 속에서 혹은 산 위에서 비추던 영광이 이제는
그들의 진 가운데 지성소 속에 들어가게 되었다. 그러나 그 임재가 와서 백
성들 가운데 있기 전에, 그 영광이 머물 신전과 거처가 될 장막을 모든 부분
에서 하나님의 명령에 따라 완성하고 기름 붓는 거룩한 의식으로써 하나님
께 드리는 일을 해야 했다.

장막을 분명하게 여호와께 바치고, 하나님께서 친히 그 거룩한 건물을 취
하시고 이제부터 그곳을 자신의 개인적인 거처로 삼으셨다는 상징으로서
거룩한 기름을 장막 위에 부었다. 그러자 구름이 내려왔고 장막이 하나님의
임재의 보좌가 되었다.

우리 몸을 "하나님이 기뻐하시는 거룩한 산 제물로"(롬 12:1) 드릴 때 우리
는 거룩하신 이의 신성한 처소가 된다. "너희는 이 세대를 본받지 말고 오직
마음을 새롭게 함으로 변화를 받아"(12:2) 사도가 그같이 헌신된 생활을 하
는 신자에게 주는 영감어린 메시지이다. 그때 생활이 변화되고, 우리는 나가
서 주님처럼 내적 임재의 영광으로 빛을 비추게 된다. 이 내적 임재를 세상
은 이해할 수 없으나 천사는 알고, 그 임재로 말미암아 성별된 마음이 하나

님의 처소와 하늘의 문이 된다. 친애하는 형제들이여, 우리는 이런 자리에
이르렀는가? "너희 안에 계신 그리스도시니 곧 영광의 소망"(골 1:27)인 이
신비의 영광에 이르렀는가?

이방의 고대 지성들은 미와 우아함에 대한 이상을 대리석으로 조각하고,
그것들을 신이라고 불렀을 때 이와 같은 것을 꿈꾸었다. 그것은 하나님을 끌
어내려 사람과 연합시키려고 한 인간 마음의 꿈이었다. 그러나 예수께서는
우리의 형상으로 성육신함으로 그리고 우리 마음에 성령의 내주함으로, 예
수 안에서 성부 하나님의 성육신과 성령으로 말미암아 예수께서 우리 속에
성육신하심으로 그것을 성취하셨다.

이것이 절정이며 완성이고 구속의 더할 바 없는 영광이다. 개인에게서 실
현되고 있지 않은 모든 것이 언젠가 영광스러운 날에 함께 모여 영화롭게 변
화된 개인들의 전체를 이루게 될 것이다. 그때, 곧 그리스도의 온 교회가 만
나고 몸이 완성될 때, 모든 시대가 기다려왔던 광경, 곧 영화된 인성을 입으
신 무한하고 영원하신 하나님을 보게 될 것이다. 그때 하늘이 이같이 소리칠
것이다. "보라 하나님의 장막이 사람들과 함께 있으매 하나님이 그들과 함
께 계시리니 그들은 하나님의 백성이 되고 하나님은 친히 그들과 함께 계셔
서"(계 21:3).

이 밖에도 서너 가지 기름 붓는 예가 있는데, 후에 충분히 생각할 것이므
로 여기서는 간단히 언급하겠다.

4. 선지자에게 기름 부음

고대 선지자들은 기름 부음을 받았다. 이런 식으로 엘리사가 그의 높은 직
임에 부름을 받았다. 그리고 우리는 다른 사람들에게 하나님의 뜻을 알리고
하나님의 말씀을 전하도록 하기 위해 이와 같이 성령으로 말미암아 부름을
받고 자격을 얻는다.

5. 왕에게 기름 부음

다윗이 기름 부음을 받아 하나님의 택한 왕으로 구별되었듯이 왕들도 기
름 부음을 받았다. 마찬가지로 우리도 하나님께 대해 왕이자 제사장이다. 우

리는 장차 올 그리스도의 나라에서 그리스도와 함께 하는 공동 상속자로서 이마에 하나님의 성도로서의 위엄이 표시되어 있고, 사랑과 승리의 생활을 하는 왕 같은 제사장이다.

6. 병자에게 기름 부음

병자가 치료를 위해 기름 부음을 받았다. 성령은 우리에게 생기를 주고 건강을 가져다주는 능력이시다. 성령은 예수의 생명을 죽을 수밖에 없는 우리 몸에 나누어 주고 질병을 쫓아내며 하나님 아들의 거룩한 부활의 생명에 우리를 참여시키신다.

7. 손님에게 기름 부음

손님들에게 기름을 부었다. 우리는 시편 23편에서 왕의 연회에 손님이 앉아서 "주께서 내 원수의 목전에서 내게 상을 차려 주시고 기름을 내 머리에 부으셨으니 내 잔이 넘치나이다"(23:5) 외치는 아름다운 그림을 보게 된다. 예수께서 바리새인에게 이같이 불평하시는 것을 본다. "너는 내 머리에 감람유도 붓지 아니하였으되 그는 향유를 내 발에 부었느니라"(눅 7:46).

고대의 주인은 손님을 특별히 예의를 갖추어 맞이하고 욕실에 들게 하였다. 욕실에서 노정에서 묻은 먼지와 얼룩을 씻어내고 새옷을 입게 하였다. 그 다음에 냄새가 좋은 향유를 손님의 머리에 부었다.

그와 같이 복되신 성령은 우리의 손님이 되실 뿐만 아니라 성령께서 우리를 손님으로 여기고 우리에게 냄새 좋은 향유를 붓고 성령의 사랑에서 나오는 하늘의 연회로 우리를 배불리 먹이신다.

북서 지역의 한 선교사가 내게 자기와 아내는 때때로 인디언들을 방문하여 그들의 가정에서 함께 작은 잔치를 벌였다고 했다. 선교사의 아내는 안식일에 작은 예배당에서 한 인디언 어머니에게 주중에 자기를 위해 저녁 식사 준비를 해 달라고 부탁하곤 하였다. 불쌍한 인디언 여자는 자기에게는 작은 생선 한 마리밖에 대접할 것이 없다고 대답하곤 하였다. 그러나 여선교사는 인디언 여자에게 있는 것으로 준비하고 모든 것을 깨끗하고 밝게 하면 된다고 하였다. 약속한 날에 선교사 아내가 도착하였고, 인디언 여자는 개썰매에서 물건 보따리들을 끌어내렸다. 차와 커피가 있었고, 설탕과 빵이 있었으며, 버터와 가난한 인디언이 지금까지 한 번도 본 적이 없는 맛있는 음식들이 있었다. 모든 것이 준비되었을 때 선교사 남편이 선교부로부터 또 다른 개썰매를 끌고 도착하였다. 곧 잔치가 시작되었고 다같이 저녁을 먹었다. 선교사와 그의 아내가 사실은 손님을 접대하는 주인이었고, 가난한 인디언 가족은 그날까지 한 번도 먹어본 적이 없는 음식을 먹었다. 선교사 부부는 자기들이 가져온 즐거움을 인디언 가족이 기쁘게 누리는 것을 보았다.

아, 바로 그것이 귀하신 우리 주님께서 우리를 대하시는 방식이다. 우리는 주님을 누추한 우리 집에 모셔들이고 기껏해야 볼품없는 것이지만 우리의 최선을 주께 드려야 한다. 그러면 주께서 내려오셔서 그것을 받고 주님의 최선, 곧 하늘이 제공하는 모든 것을 가져다주고 우리를 그의 풍성한 것으로 먹이신다. 그것은 주께서 "내가 그에게로 들어가 그와 더불어 먹고 그는 나와 더불어 먹으리라"(계 3:20)고 약속하신 대로 사실이다. 주님은 우리가 마땅히 드려야 하는 것을 받으시지만 더 풍성한 선물을 우리에게 주신다. 그래서 우리는 주님의 사랑을 의지하여 주의 식탁에 앉아 잔치음식을 먹으면서 시편 기자와 함께 이렇게 노래하게 된다.

> 주께서 내 원수의 목전에서
> 내게 상을 차려 주시고
> 기름을 내 머리에 부으셨으니
> 내 잔이 넘치나이다(23:5).

제 7 장

불로 세례를 줌

그는 성령과 불로 너희에게 세례를 베푸실 것이요(마 3:11).

우리 하나님은 소멸하는 불이심이라(히 12:29).

불은 물질 세계에서 가장 강력하고 인상적인 요소들 가운데 하나이다. 불은 모든 민족의 종교적 개념과 관습에서 언제나 중요하고 미신적인 관심의 대상이었다.

고대 그리스와 로마에서 신성한 불은 성별된 제사장들과 신전의 처녀들이 지켰고, 국가와 가정의 중심이었다. 불이 꺼지면 모든 국사가 중지되었고, 불을 다시 붙여야 했는데, 번갯불이나 햇빛의 집중광선으로부터 혹은 마찰 과정이나 두 나무 조각을 문질러서 불을 붙여야 했다.

외국의 사절은 이 거룩한 불 곁을 지나간 후에야 국가 회의에 들어갈 수 있었다. 슬라브 족과 튜턴 족의 신부는 새집에 들어갈 때 거룩한 불 앞에서 절해야 했다. 아메리카 인디언 족장은 조언을 하거나 공식 방문자와 협의하기 전에 야영 모닥불 주위를 세 번 돌았다.

그리스의 열두 부족들은 열두 횃불을 테세우스에게 가져다주었고, 이렇게 해서 열두 부족이 합병하여 국가를 형성했으며, 그들이 가져온 신성한 불은 델포이의 신탁에 맡겨졌다.

페르시아의 불 숭배자들은 태양과 불꽃을 신성한 물건으로 보았다. 그래서 불에 침을 뱉거나 이 거룩한 요소들 앞에서 어떤 부정한 일을 하는 것은 용서할 수 없는 불경한 행위였다.

불을 생명과 동일한 것으로 간주하였다. 그래서 오늘날 인도의 파르시 교도들(Parsees; 인도에 사는 조로아스터교도)은 거룩한 존경심을 가지고 불을 숭배한다.

하나님께서는 언제나 그의 말씀에서 불을 미신적 관심의 대상이 아니라 자신의 초월적인 영광의 상징으로 그리고 자신의 임재와 성령의 능력의 상징으로 인정하셨다.

과학의 발견과 인간 지식의 발전이 진행되면서 우리는 이 신성한 상징적 의미에서 좀 더 깊은 유추와 중요한 교훈들을 많이 배우게 된다.

불은 우리가 잘 알고 있는 매우 귀중한 물리력이다. 태양에서 불은 전 태양계의 힘의 중심점이다. 거대한 탄광에 쌓아올려진 석탄은 온 세계에 걸쳐 상업적인 엔진과 산업의 바퀴를 돌리는 동력이다. 현대 포병과 어뢰, 폭탄, 다이나마이트, 니트로글리세린, 치명적인 대포의 엄청난 무력에서 우리는 불을 본다. 현대 전쟁의 모든 무기에서 불은 일차적인 요소이다.

전기를 이용한 훨씬 더 고도한 힘들이 무한히 그리고 끊임없이 개조되면서 불은 현대 사업의 모든 방법에 대변혁을 일으키며 거래와 노동의 전과정을 이끌고 있다.

과학계에서는 모든 자연의 궁극적인 세력은 단지 전기이며, 행성들이 제 궤도를 따라 움직이고 별이 제 진로를 따라 움직이게 만드는 힘은 일종의 전기적인 힘일 뿐이라고 믿기 시작하고 있다. 사실, 종국의 결론에 이르게 되면 그들은 하나님께서 이 모든 힘의 인격적인 원천으로서 거기 계시며, 하나님 자신의 뜻에 따라 우주를 끊임없이 움직이게 만드는 이 거대한 전지를 지배하고 계심을 발견하게 될 것이다. 왜냐하면 "권능은 하나님께 속하였"(시 62:11)고, 하나님은 그의 가슴으로부터 다른 모든 힘이 흘러나오는 "소멸하는 불"이시기 때문이다.

고유한 상징

성령께서 친히 이 엄청난 힘에서 성령의 고유한 상징을 깨닫도록 가르치셨다. "그는 성령과 불로 너희에게 세례를 베푸실 것이요"(마 3:11).

불에 대한 이야기와 성령의 시대적인 유추에는 매우 인상적인 것이 있다.

이 자연계의 역사에는 저 하늘의 불이 신비와 불확실과 거의 공포의 대상이 었던 때가 있었다. 하늘의 번개를 실제적인 세력으로 알았지만 그 번개가 언제 칠지 알지 못하였고, 감히 번개를 사용하거나 통제하려고 시도하지 못했다.

이 마지막 날에 과학은 하늘의 비늘을 벗겨내고 번개를 붙잡고 아주 천진난만한 어린아이라도 마음대로 번개를 사용할 수 있는 그런 법칙을 이용하여 엄청난 전기의 힘을 끌어왔다. 이제는 번갯불이 현관문의 초인종을 울리게 하고, 전차를 달리게 하며, 집안과 거리의 불을 밝히고 기계들을 작동시키며 사업이 돌아가도록 만들며 심지어 우리의 메시지를 전선을 통해 온 세계에 전파하는 등 매일의 생활에서 도구가 되었다.

바로 그와 같이, 성령께서 내리시는 하늘의 불이 번개처럼 번쩍이지만 언제 어떤 이유로 그러는지 알지 못할 신비스런 세력으로 존재했던 때가 있었다. 그 성령의 불이 모세에게 임했고 그 다음에는 엘리야에게 임했다. 때로는 그 불이 갈멜 산에서처럼 장엄하고 두려운 모습으로 제단에 떨어졌다. 또 어떤 때는 그 불이 소멸하는 하나님의 진노의 불꽃으로 이스라엘의 진을 쳤다. 그 불은 여호와의 임재를 나타내는 기이하고 신비한 상징으로서 호렙 산의 불붙은 가시떨기나무에 나타났다.

그러나 그리스도께서 강림하신 후, 성령은 아주 분명하게 계시된 율법 아래 우리 가운데 거하기 위해 오셨고, 우리가 모든 세력과 자원을 사용할 수 있도록 하기 위해 우리 가운데 내려오셨다.

분명하고 단순하며 규칙적인 작동 법칙에 따라 지극히 단순한 제자라도 자신의 생활과 필요에 따라 마치 전기의 힘을 쉽게 사용하듯이 성령을 이용할 수 있다. 성령께서는 심지어 "생명의 성령의 법"(롬 8:2)으로 불리기를 기뻐하셨다.

성령께서는 우리의 일상 생활의 수준으로 내려오셨고 우리 존재의 모든 필요를 채울 준비를 하고 계신다. 성령은 우리의 더 고귀한 영적 생명의 창조주이실 뿐만 아니라 세속적인 영역에서든 영적인 영역에서든 매일의 행동과 활동을 지도하고 능력을 주는 분이시다.

먼저 성경에서 이 불에 대한 실례들을 살펴보기로 하되 특별히 모세 율법에서 불의 사용에 대해 알아보자.

모세의 의식법에서 불

출애굽기의 맨 첫 부분에서 하나님은 모세에게 불붙은 떨기나무, 즉 불이 붙어있으나 타지 않는 나무의 상징으로 자신을 계시하셨고, 그럼으로써 불을 이스라엘과 함께 하시는 하나님의 특별한 상징으로 삼으셨다.

구름기둥과 불기둥은 바로 이 영광스런 상징의 장엄한 표현일 뿐이었다. 수 세기 전에 아브라함이 본 밤중의 이상에 나타난 하나님의 임재의 상징은 타는 등불과 연기 나는 풀무였다. 광야를 지나는 동안 내내 하나님께서 자신의 임재를 나타내신 것은 바로 불을 통해서였다.

시내 산에서 하나님은 불 가운데 내려오셨고 불 가운데서 백성들에게 말씀하셨다. 지성소에 있는 셰키나의 영광은 아마도 밝게 타오르는 불꽃이었을 것이다. 하나님이 갈멜 산에서 엘리야의 기도에 응답하신 것은 불을 통해서였다. 하나님은 불로써 삼손의 부모의 제사를 받으셨다. 불은 하나님께서 과거에 자신의 종들에게 자신을 계시하신 상징이었다.

모든 제사와 제물에서 불은 중요한 요소였다. 유월절 어린양은 불로 구웠다. 백성들은 우리를 위해 준비된 그리스도의 육체의 상징으로 알고 유월절 양을 먹었고, 성령께서 우리에게 생명의 떡으로 준비하신 것으로 알고 양을 먹었다.

속죄제물은 진 밖으로 가져가 불로 태웠는데, 이는 우리 죄를 예수께 지우고 성령께서 우리 양심의 울타리 밖에서 불태우는 것을 상징한다. 그렇게 함으로써 우리가 죄와 아무 상관이 없고 죄를 하나님의 어린양에게 지워보낸다는 것을 나타냈다.

번제물은 그리스도의 예표로 불로써 제단에서 태웠는데, 이는 우리 죄를 위해서가 아니라 하나님께서 우리를 받으시도록 하기 위해 바쳐진 그리스도를 예표하고, 또 우리가 성령으로 말미암아 하나님께 자신을 바칠 때 참된 헌신을 예표한다.

불이 늘 타오르도록 지켰듯이, 성별된 영혼 속에 계신 성령께서도 우리의 모든 생활이 하나님께서 받으실 만한 거룩한 산 제사가 되도록 하실 것이다.

화목제 역시 신성한 불과 관련이 있었다. 그것은 우리가 하나님과 갖는 친교를 예표한다. 이 제사에서는 지방과 내장을 하나님께 드리고 제단에서 불로 태웠다. 이것은 신자의 친교에서 하나님의 역할을 예표하는 것이었다. 그 다음에 제물의 어깨와 가슴은 제사장에게 주어 먹게 하였는데, 이것은 이 거룩한 친교에서 우리 신자의 역할을 상징하였다. 그러나 화목제의 진정한 교제를 유지할 수 있고 우리가 먼저 하나님께 합당한 예배와 경의를 드리고, 그 다음에 우리의 역할을 하고 그리스도를 생명의 떡으로 먹을 수 있게 하는 것은 오직 성령뿐이시다.

소제는 불로 태워드리는 제물이었다. 그것은 불로 굽고 기름과 향료를 섞고 효모와 꿀을 넣지 않은 고운 밀가루였다. 그것은 성령의 불로 말미암아 그리스도 자신의 생명으로 우리에게 자양을 공급하고 먹이는 영적 양식인 그리스도를 표상한다.

진리를 먹고사는 것과 그리스도를 먹고사는 것은 다른 일이다. 오직 하나님의 성령만이 그리스도의 생명을 우리의 생명의 떡이 되게 하실 수 있다. 그 차이는 잘 만든 빵 대신에 날곡식을 먹으려고 하는 것과 똑같다. 생명의 떡을 먹도록 우리를 준비시키고 살아 있는 그리스도로서 그 일을 행하는 것은 성령의 사역이다.

모든 제물 가운데 가장 아름다운 것 중의 하나는 성소에서 드린 유향이다. 이것 역시 불로써 드리는 제물이었다. 이 냄새 좋은 향료는 갈아서 만들었고, 그 가운데 어떤 것들은 아주 작게 빻아서 만들었다. 이 향료를 금향로에 태우면 좋은 향내가 주 앞에서 연기를 타고 올라가 성소를 온통 향내로 가득 채웠다.

이것은 먼저 그리스도의 제사장직을 예표하고, 그 다음에는 우리의 참된 기도 사역을 예표한다. 잘게 빻아서 만든 향료처럼 그것은 아주 사소한 일들과 관계가 있을 수 있다.

냄새가 향기롭다는 것 외에 그 이름을 알지 못하고 성격도 알지 못하는 향료처럼, 모든 기도에는 신비로운 점이 많고 기도하는 마음도 다 알지 못하는 점들이 많이 있다. 그렇지만 잘 알지 못했던 유향처럼 기도에는 우리가 잘 알지 못하는 성분과 요소들이 있지만 또한 분명히 알고 구하는 것이 있고 확실히 믿을 수 있는 것들도 있다.

향을 태우는 불은 성령을 예표하는데, 성령이 없으면 우리의 모든 기도는 하늘에 상달되지 못한다. 그러므로 오직 성령을 통해서만 우리의 소원이 하늘의 보좌에 도달하고 하나님께 효력을 미친다.

그리스도인의 생활에서 성령으로 기도하는 이 사역만큼 깊은 경험은 없다. "우리는 마땅히 기도할 바를 알지 못하나 오직 성령이 말할 수 없는 탄식으로 우리를 위하여 친히 간구하시느니라 마음을 살피시는 이가 성령의 생각을 아시나니 이는 성령이 하나님의 뜻대로 성도를 위하여 간구하심이니라"(롬 8:26-27).

다시 한 번 우리는 붉은 암송아지의 의식에서 불이 사용되는 것을 본다. 이 표상은 특별히 광야 생활을 하는 하나님의 백성을 위한 것이었다. 이 붉은 암송아지는 하나님의 제단에서 우리를 위해 죽임 당하고 불태워진 우리의 희생 제물인 그리스도를 나타냈다. 그러나 이 암송아지를 불사를 때, 붉은 양털과 백향목, 우슬초 잎사귀가 나오는데, 이런 것들은 그리스도의 죽음과 함께 불 태워지게 될 어떤 것을 나타냈다.

붉은 양털은 우리의 죄를 상징하고 백향목은 우리의 힘을, 우슬초는 우리의 약함과 우리의 본성에 붙어있는 요소들을 나타낸다.

이 모든 것들은 그리스도와 함께 십자가에 못 박혀야 하는데, 이 일은 오직 성령의 능력으로만 이루어질 수 있다. 우리는 자신을 십자가에 못 박는 일을 할 수 없지만 우리에게 있는 어떤 것이든 주께 넘겨 드릴 수 있고, 그것이 죽어야 한다는 것에 동의할 수 있다. 그러면 성령께서 능력으로 그것을 죽이고 십자가에 못박는 일을 이루신다.

암송아지가 죽은 뒤에도 불을 보존해야 했고, 재를 보존함으로써 불이 계속 남아 있도록 해야 했다. 재란 남아 있는 불씨와 같은 것이다. 재에 물을 부으면 냄새가 강렬하고 손에 닿으면 얼얼한 물질인 잿물이 생긴다. 이제 이 재를 간수하였다가 물을 부어 잿물을 만들어서 누군가가 죄를 범하였거나 부정하게 되었을 때 정결케 하는 물로 사용되었다.

그것은 세속적인 것들에서 묻고 우리가 살고 있는 대기에서 흡수한 더러움이나 오염에서 끊임없이 우리를 깨끗케 하시는 성령의 사역을 상징한다.

정결케 하는 이 일이 항상 즐거운 것만은 아니다. 때때로 그것은 타는 듯이 뜨거운 잿물에 손을 대는 것과 같다. 그러나 그것은 부식제로 교만한 육신을 태워 버리듯이 우리의 본성을 자아와 죄로부터 정결케 하는 유익한 일이다.

이와 같이 더럽혀질 때마다 와서 끊임없이 성령의 정결케 함을 받고, 이로써 우리가 정결케 될 뿐만 아니라 주 예수 그리스도로 말미암아 깨끗함을 유지하게 하여 하나님의 용납하심을 받고 하나님께서 요구하시는 대로 항상 교제와 거룩한 봉사를 할 수 있게 된다는 것은 복된 일이다.

엘리야의 생활에서 불

엘리야의 역사와 관련해서 불이 아주 두드러지게 나타나는 것을 본다. 갈멜 산에서는 불이 하나님께서 제사를 받으셨고 돌아서는 하나님의 백성들에게 자신의 능력을 나타내 보이신다는 특별한 표시로 하늘에서 내렸다. 불이 하늘에서 떨어졌을 때 제물을 불태웠을 뿐만 아니라 도랑에 있는 물까지 깨끗이 핥았다.

여호와에 대한 백성들의 믿음을 완성하기 위해 엘리야는 할 수 있는 대로 제단에 물을 붓고 제단 주변의 도랑에 물이 넘치도록 흐르게 하여 기적이 일어나기 어렵게 만들어 도저히 속이는 일을 할 수 없도록 하였다.

하나님은 자기 종의 믿음에 대한 응답으로 아주 영광스럽고 거룩한 일을 행하여 그 일이 하나님의 손에서 나온 것임을 모든 사람이 분명히 알 수 있게 하셨다. 그래서 큰 무리가 이같이 소리쳤다. "여호와 그는 하나님이시로다 여호와 그는 하나님이시로다"(왕상 18:39).

성령은 이와 같이 우리의 일 속에서 나타나는 하나님의 능력이다. 곧 마귀의 모든 홍수로도 끌 수 없는 불이며, 더할 수 없이 괴로운 장소와 지극히 힘든 일도 기꺼이 떠맡는 불이다.

우리는 불가능한 일에 대해서도 이 같은 능력을 보여달라고 구하기를 두려워할 필요가 없고 지극히 어려운 일일지라도 담대히 하나님께로 가져갈 수 있고 마귀의 지극히 사납고 엄청난 반대에 직면하여 오히려 하나님을 훨씬 더 영화롭게 할 수 있다.

다시 한 번 우리는 불을 파괴의 상징으로 본다. 주제넘은 제사장들이 여호와 앞에 다른 불을 드리려고 했을 때 하나님의 사르는 불이 그들을 덮쳐 죽였다. 그래서 성령은 여전히 하나님의 보수하시는 능력으로 소개된다. 외람되고 위선을 행하는 아나니아와 삽비라를 치신 성령은 교회 안에서 여호와의 집행자로 소개되고, 우리가 모든 적과 세상과 지옥의 모든 미움을 넘겨드려 안전하게 태워 버릴 수 있는 "소멸하는 불"로 소개된다.

이 비유에서 배우는 교훈들

이 비유 자체에서 우리가 배울 수 있는 교훈들은 여러 가지다.

1. 깨끗하게 하는 요소

불은 깨끗하게 하는 요소이다. 물은 겉을 깨끗하게 하는 반면에 불은 내부를 깨끗하게 하고 사물의 본질에 이르기까지 침투하여 물질의 모든 조직과 입자에 이르기까지 본질적으로 정결하게 한다는 점에서 불은 물과 다르다.

요한의 세례는 생활과 행위를 깨끗하게 하였다. 즉 우리의 성격을 개혁하고 법과 진리가 사람의 마음에 작용하는 일을 하였다. 그러나 그리스도의 세례는 불로써 베푸는 것으로 행위의 뿌리까지 미치는 세례였다. 그리스도가 요구하시는 정결에는 동기와 목적, "마음의 생각과 뜻"(히 4:12)도 포함되었다. 그리스도께서는 정결을 요구하실 뿐만 아니라 우리 존재의 깊은 곳으로부터 나오는 정결을 주시기도 한다. 찌꺼기를 불사르고 순수한 금속으로 녹게 만드는 불꽃처럼 성령도 우리를 죄악된 옛 본성의 생활에서 분리시키고 우리 속에 그리스도의 본성과 생명을 새겨 넣으신다.

2. 생명을 불러일으키고 준다

다시 한 번 얘기하지만, 불은 생명을 불러일으키고 준다. 되돌아오는 봄과 태양의 열은 들판과 정원에 묻힌 씨앗에 생명을 불러일으키고, 모든 자연이 아름다움과 결실에 이르게 한다. 따뜻해진 온실은 정원사의 씨앗과 식물들의 싹을 틔우고 싹이 무성히 자라게 만든다. 열의 작용으로 작은 새끼가 알 속에서 부화하게 만들고 새끼에게 양분을 공급하여 생명이 자라게 한다.

그와 같이 성령은 생명을 불러일으키시는 분이다. 우리는 성령으로 거듭났고 하나님의 영으로 말미암아 영적 존재로 기름을 받고 자라며 성숙해진다.

3. 마음에 사랑을 일으킨다

다시 한 번 말하지만, 성령은 마음을 따뜻하게 하고 사랑을 불러일으킨다. 성령께서 마음에 일으키는 변화는 추운 겨울 날씨가 봄의 따뜻한 햇살로 변하는 것과 같다.

두려움과 슬픔의 족쇄를 깨트리고 마음에 그리스도의 사랑과 하늘의 기쁨을 불붙이신다. 새로운 본성의 모든 애정이 따뜻하게 일어나고 하나님의 사랑이 영혼속에 넓게 뿌려져서 사랑이 뜨겁게 달아오른다.

4. 활력을 주는 세력

불은 활력을 주는 세력이다. 불은 힘을 준다. 그와 같이 성령은 힘의 원천이시다. 하나님께서는 자연의 세력들에 엄청난 힘을 주셨다. 태양에는 행성들이 제 궤도를 따라 돌도록 붙잡고, 땅을 따뜻하게 하여 생명과 풍성한 결실을 맺게 하는 힘을 주셨다. 하나님은 번개와 탄광과 대기 속에 인간의 산업을 추진시키는, 아직 반밖에 드러나지 않은 동력을 주셨다. 확실히 하나님은 하나님의 어떤 대리자나 활동보다 많은 일을 하실 수 있다.

하나님께서 주시는 능력 없이 하나님의 일을 하려고 하는 사람들은 참으로 맹인과 다름없다! 사람 열두 명이 자기 몸무게로 돌리던 쳇바퀴로써 오늘날 공장의 거대한 바퀴를 돌리려고 하는 사람들을 보면 얼마나 비웃겠는가! 그런데도 수많은 그리스도인이 자신들의 보잘것없는 손으로 주님의 일을 수행하려고 한다.

옛날에 아르키메데스는 볼록 렌즈로 시라큐스 항구에 정박해 있는 적군의 배들을 불살랐다고 전해진다. 아르키메데스가 볼록 렌즈로 적군의 배에 초점을 맞춤으로 배들이 불타게 되었던 것이다. 그와 같이 우리도 하나님의 적이며 동시에 우리의 적들을 성령의 불로 사르도록 하자.

광대한 초원에 진을 치고 야영하는 작은 무리가 불길이 평원을 쓸어오고 있어서 한두 시간 안에 자신들이 저항할 수 없는 불길에 삼켜져 타 버릴 것을 알고, 주변을 깨끗이 비우고 자기들 진영으로부터 맞불을 놓는다면 지혜로운 사람들이다.

불이 광활한 평원을 가로질러 오면서 길에서 닥치는 대로 태울 수 있는 것은 모조리 불사르며 달려오다가 마침내 맞불을 만나서 두 불길이 한데 어울려 맹렬한 기세로 하늘 높이 타오르다가 연료의 부족으로 결국 소멸하고 만다. 여행자들은 대초원에 안전하게 남았고, 대초원은 불에 연료를 대 줄 것이 하나도 남지 않게 되었다.

그와 같이 우리도 악의 불에 대해 성령의 불로 맞불을 놓도록 하자. 우리에게는 거룩한 자원이 있다. 우리가 인간적인 자원들에 굴복해야 할 이유가 있는가? 우리에게는 우리를 대신해서 싸우시는 하나님이 계시다. 우리가 직접 나서서 싸워야 할 이유가 어디 있는가?

고대 로마에서는 불이 꺼지면 국가의 모든 활동을 중단해야 했다. 로마인들은 신성한 불이 없으면 어떤 일 한 가지도 감히 하려고 하지 않았다. 그와 같이 참된 모든 활동은 성령이 하나님의 교회에서 그리고 그 일의 중심에서 물러나시면 그치게 된다. 하나님은 무엇이든 성령의 능력으로 하지 않는 것은 받지 않으신다.

고대 로마인들은 하늘의 번개나 태양을 이용하거나 두 개의 나무조각을 마찰시켜서 불을 다시 일으켜야 했다. 그와 같이 때때로 하나님은 불꽃을 다시 붙이기 위해 자신의 능력을 전하는 번갯불을 우리에게 보내신다. 종종 이 일은 매우 위험하지만 하나님께서 하나님의 백성들이 자신의 곤경을 깨닫도록 하기 위해 심판의 타격으로 치셔야 할 때가 있다.

우리는 언제나 믿음의 볼록렌즈를 사용하여 의의 아들이신 그리스도로부터 불을 가져올 수 있다. 그리고 하나님께는 우리의 영적 불을 증가시키는 또 다른 방법이 있는데, 그것은 마찰에 의한 것이다.

언젠가 한 도시에서 나는 전차의 엔진을 구동시키기 위해 전기를 생산하는 공장을 소개해 달라는 부탁을 받은 적이 있다. 전기가 순전히 마찰에 의해 생산된다는 것을 그때 알았다. 거대한 바퀴가 끊임없이 돌아가며 서로 마찰하면서 전기를 일으키고 있었다.

그와 같이 하나님은 종종 우리가 하나님께 나아가 그의 생명과 힘을 더 많이 취하게 만드는 시험과 시련을 통해 우리 생활에 활력을 주고 영적 힘을 더욱 깊게 하신다.

그렇다면 우리는 주변 상황에 대해 불평하거나 우리에게 닥친 시련에 대해 슬퍼하지 말고 하나님을 더 굳게 붙잡도록 만들고 우리를 힘있게 하기 위해 오는 모든 것을 활용하고 성령의 능력으로 말미암아 더욱 고귀한 봉사에 나아가고 더욱 유용하게 쓰임 받도록 하자.

제 8 장

지혜의 영

하나님이 우리에게 주신 것은 두려워하는 마음이 아니요 오직 능력과 사랑과
절제하는 마음이니(딤후 1:7).

주의 선한 영을 주사 그들을 가르치시며(느 9:20).

위의 두 본문 중 뒷구절은 광야에서 지낸 이스라엘 백성의 전 역사를 통해
성령께서 하나님 백성의 선생과 인도자로 활동하셨음을 시사한다. 앞 구절
은 광야 40년간의 이스라엘 역사와 뒷구절을 연결시키고, 광야를 지나는 동
안 이스라엘 백성을 인도하였던 구름기둥과 불기둥을 우리의 지도자이시며
인도자이신 성령과 동일시한다.

디모데서에서 인용한 다른 구절은 우리에게 성령을 지혜와 건전한 지성
(한글개역은 ‘근신하는 마음’)으로 소개한다.

구약의 예들

구약에서 하나님의 영을 지혜와 인도의 영으로 계시한 내용을 추적해 보
는 것은 흥미있고 유익한 일이다. 몇 가지 구체적인 예들을 살펴보자.

1. 요셉

첫째는 창세기 41:38-40에서 언급된 요셉의 경우이다. 여기에서 바로는
사람들에게 이같이 물었다. “이와 같이 하나님의 신이 감동한 사람을 우리
가 어찌 얻을 수 있으리요?”

그 다음에 바로는 요셉에게 이같이 말했다. "하나님이 이 모든 것을 네게 보이셨으니 너와 같이 명철하고 지혜 있는 자가 없도다."

여기서 우리는 요셉의 비범한 생활 이면에 놓여 있는 비밀을 얼핏 볼 수 있다. 그것은 바로 하나님의 영이었다. 고통당하는 사람들이 공통적으로 겪는 생활을 요셉만큼 철저하게 경험한 인생은 아마도 없었을 것이다. 우리는 요셉에게서 지극히 격렬한 고통의 훈련을 고스란히 받는 진실되고 고귀한 성품을 본다. 그는 가정과 친구들로부터 생이별을 당한 채 외국에 노예로 끌려가고 오해받고 비웃음을 사며, 부당하게 정죄받고 감옥에 던져져서 이루 말할 수 없이 불의한 치욕과 불명예 가운데 지내게 되었다. 이 모든 사실에도 불구하고 아주 영웅적으로 하나님께 충성하고 의를 굳게 붙들고, 하나님의 신실하심과 사랑을 굳게 믿은 요셉은 감옥에서 명예롭고 영향력있는 자리로 올라섰고 지극히 천한 자리에서 사람으로서 도달할 수 있는 최고의 자리에 이르렀다. 이보다 더 극적인 변화가 있겠는가? 고귀하고 거룩한 성품이 지니는 능력을 이처럼 인상적으로 보여 주는 실물 교육이 더 있는가?

그러나 우리가 인용한 앞의 구절은 이 모든 사실의 비밀을 알려 준다. 그것은 인간 성품의 승리가 아니라 요셉을 그의 모든 걸음에서 인도하고 그가 모든 시련을 극복하고 굳게 서도록 만드신 하나님의 인도의 결과였다. 그것은 인간 생활의 실제적인 일들에서 그리고 우리의 영혼이 겪어야 하는 공통된 영역에서 이루어지는 성령의 활동을 보여 주는 아름다운 본보기였다.

이 모든 일에서 가장 아름다운 사실은 오만하고 불경건한 애굽의 왕 바로가 요셉의 생활에 나타나는 하나님의 임재를 제일 먼저 알아차렸다는 것이다. 요셉이 자기가 성령을 소유한 사람이라고 스스로 떠벌릴 필요가 없었다. 세상 사람들이 요셉을 지켜보고 그들 스스로가 "이와 같이 하나님의 영에 감동된 사람을 우리가 어찌 찾을 수 있으리요"(41:38)라고 말하지 않을 수 없었다.

하나님을 알지 못하는 사람들조차 우리 생활에서 하나님을 보고 하나님께 영광을 돌리지 않을 수 없게 된다면 그것은 지극히 아름다운 일이다. 세상 사람들이 우리 속에서 행하시는 하나님의 능력을 보고 증거하지 않을 수 없게 만드는 것만큼 거룩한 품성이 획득하는 위대한 승리는 없다.

이것이 바로 다니엘의 생활이 거둔 영광이었다. 다니엘의 가장 악한 적들조차 이같이 말하지 않을 수 없었던 것이다. "이 다니엘은 그 하나님의 율법에서 근거를 찾지 못하면 그를 고발할 수 없으리라"(단 6:5). 그리고 사람들이 제 입으로 예수 그리스도에 대해 말하였던 가장 장엄한 증거는 재판장 본디오 빌라도가 한 말이었다. 빌라도는 재판할 때 이같이 말하지 않을 수 없었다. "나는 그에게서 아무 죄도 찾지 못하였노라"(요 18:38; 19:4,6; 눅 23:4,14).

세상 사람들, 즉 미래를 바라보며 가장 고귀한 성공의 비결을 알고자 하는 젊은이들이여, 그대들은 요셉의 걸음을 지도하셨고 그의 고통스런 길 내내 그를 인도하셨던 바로 그 성령을 알기를 바란다. 요셉은 바로의 토굴 감옥과 보디발의 부엌으로부터 애굽 전체, 사실상 온 세계의 총리 자리에 이르렀다. 성령은 그대들의 인도자요 선생이요, 지혜와 여러분의 모든 힘과 성공과 행복의 원천이 되실 준비가 되어 있다.

2. 모세와 아론

다음의 모범은 모세와 아론의 경우이다(출 4:10-16). 이 구절들에서 우리는 하나님께서 모세를 불러 이스라엘을 애굽에서 가나안으로 인도하는 일을 맡기고 바로에게 가서 하나님의 백성을 그 속박에서 해방시키라고 요구하는 특별한 임무를 맡기시는 이야기를 본다. 모세는 자기는 말이 어눌하기 때문에 그 일을 감당할 수 없으니 다른 사람을 보내시라고 하나님께 구한다. 이에 하나님께서 모세에게 이같이 대답하신다. "누가 사람의 입을 지었느냐 누가 말 못 하는 자나 못 듣는 자나 눈 밝은 자나 맹인이 되게 하였느냐 나 여호와가 아니냐 이제 가라 내가 네 입과 함께 있어서 할 말을 가르치리라"(4:11-12).

그래도 모세는 만족스럽지 못하고 마음이 내키지 않았다. 그러자 하나님께서 모세에게 화를 내시며 그의 형 아론을 부르겠다고 말씀하셨다. "너는 그에게 말하고 그의 입에 할 말을 주라 내가 네 입과 그의 입에 함께 있어서 너희들이 행할 일을 가르치리라 그가 너를 대신하여 백성에게 말할 것이니 그는 네 입을 대신할 것이요"(4:15-16).

여기서 우리는 하나님께서 모세에게 지혜가 되어 그가 마땅히 말해야 할 바를 알게 하실 뿐만 아니라 언변의 능력이 되어 할 말을 바르게 하도록 하겠다고 제안하시는 것을 본다. 그러나 모세의 믿음은 이 강력한 약속을 받을 만큼 굳세지 못하였다. 그래서 하나님은 소심하고 믿음이 약한 모세에게 그 임무를 다른 사람과 함께 지게 하고 그에게 아론을 주어 그를 대신해서 말하도록 함으로써 안심시키셨다.

모세는 이 타협안을 받아들임으로써 아주 많은 것을 잃었다. 왜냐하면 아론에게 언변의 능력을 주신 바로 그 하나님께서 모세에게도 그 능력을 주실 수 있었기 때문이다. 그것은 처음부터 끝까지 모두 하나님께 속한 일이었다. 모세는 복을 절반만 가져도 좋았던 것이다. 과연, 후일에 입증되었듯이 아론의 협력은 의심스러운 복이었던 것이다. 왜냐하면 훗날 바로 이 아론이 이스라엘을 시험하고 모세에게 올무가 되었기 때문이다. 시내 산 자락에서 이스라엘 백성을 위하여 금송아지를 만들고 이 금송아지를 이스라엘이 음란하게 예배하도록 만든 사람이 바로 이 아론이었다. 이 행위로 인해 이스라엘의 머리에 하나님의 진노와 심판이 떨어졌다. 그래서 모세가 기댔던 버팀목이 전혀 도움이 되지 못하고 오히려 그 버팀목이 넘어져 모세의 손과 마음을 찌르고 말았다.

이 교훈은 우리에게 매우 실제적이다. 모세를 불러 큰 일을 맡기신 바로 그 성령께서 우리를 보내어 행하게 하시는 그 봉사를 감당할 능력을 주시는 분으로서 우리에게 약속되었다. 성령은 우리에게 "너희의 모든 대적이 능히 대항하거나 변박할 수 없는 구변과 지혜"(눅 21:15)가 되실 수 있다. 그러나 우리가 자신의 힘이나 약함을 보거나 다른 사람의 힘과 지혜를 의지한다면 모세처럼 우리도 세상적으로 의지한 것이 올무가 되는 것을 발견할 것이다. 그리고 고통스런 경험을 통해 "무릇 사람을 믿으며 육신으로 그의 힘을"(렘 17:5) 삼은 비참함을 배우게 될 것이다. 하나님께서 우리를 보내어 맡게 하시는 그 일에 필요한 지혜와 힘의 모든 원천으로 오직 하나님만을 의지하는 데에 안전과 행복이 있다.

3. 70인 장로

지혜의 영에 대한 다음의 예는 민수기 11:11-17, 24-29에서 볼 수 있다. 이 구절은 그 전반적인 의미에서 아론의 경우와 비슷하다. 모세는 이스라엘 백성의 지도자로서 자기에게 지워진 책무의 중압감을 느꼈다. 백성의 불신 앙과 반역이 끊임없이 모세를 괴롭히고 마음을 상하게 하고 있었고, 마침내 모세는 낙심이 되고 화가 나서 하나님께 이같이 소리지른다. "어찌하여 주께서 종을 괴롭게 하시나이까 어찌하여 내게 주의 목전에서 은혜를 입게 아니하시고 이 모든 백성을 내게 맡기사 내가 그 짐을 지게 하시나이까 … 책임이 심히 중하여 나 혼자는 이 모든 백성을 감당할 수 없나이다"(11:11,14). 하나님께서는 언제나 우리의 말을 받아줄 준비가 되어 있으시므로 즉시 모세의 말을 들어주셨다.

하나님께 성급한 말을 하고 낙망과 불신의 말을 하는 것은 심각한 일이다. 하나님께서 우리 어깨에 지워주신 책무에서 우리를 해방시켜 달라고 하나님께 구하는 것은 매우 슬프고 중대한 일이다. 성급함과 불신앙 때문에 우리의 면류관과 일생의 봉사를 놓치기가 매우 쉽다.

"여호와께서 모세에게 이르시되 이스라엘 노인 중에 네가 알기로 백성의 장로와 지도자가 될 만한 자 칠십 명을 모아 내게 데리고 와 회막에 이르러 거기서 너와 함께 서게 하라 내가 강림하여 거기서 너와 말하고 네게 임한 영을 그들에게도 임하게 하리니 그들이 너와 함께 백성의 짐을 담당하고 너 혼자 담당하지 아니하리라"(11:16-17).

그리고 조금 있다가 이 말씀이 나온다. "여호와께서 구름 가운데 강림하사 모세에게 말씀하시고 그에게 임한 영을 칠십 장로에게도 임하게 하시니 영이 임하신 때에 그들이 예언을 하다가 다시는 하지 아니하였더라"(11:25).

그런데 처음 볼 때는 이 모든 일이 모세에게 아주 큰 도움과 능력이 되는 것 같다. 모세는 백성의 짐을 홀로 지지 않고 칠십 인들, 곧 지혜와 경험이 있는 사람들, 다시 말해 모세에게 임한 그 성령을 지닌 사람들이 자기를 돕게 하였다. 그러나 그 일을 조금 더 면밀히 살펴보면, 이 사람들은 부가적인 능력을 조금도 더 받지 못하였고 다만 이미 모세에게 임한 그 성령의 일부만 받았을 뿐이었다. 달리 말하면, 모세가 이미 받아 가지고 있는 능력에서 조금 취하여 많은 사람들에게 나누어 주셨다는 것이다. 그래서 한 사람이 그 능력을 받기보다는 칠십 명의 사람들이 그 능력을 나누어 가진 것이다. 그러나 칠십인들 가운데 있는 능력이 한 사람에게 있던 능력보다 많지는 않았다. 하나님의 모든 지혜와 하나님의 모든 능력을 모세에게 개인적으로 주셨고 하나님께서는 칠십 장로들에게 더 이상의 어떤 것도 주시지 않았다.

하나님께서 모세에게 주신 능력이 조금 더 넓게 퍼졌을 뿐인 것이다. 이 칠십 장로들은 그의 형 아론처럼 모세에게 큰 시련이 되었다. 과연 이 칠십인들은 저 유명한 칠십인 회의의 시초가 되었다. 이 회의가 후에 산헤드린 혹은 칠십 장로 회의로 불렸는데, 바로 이 회의가 하나님의 아들에게 사형을 선고하고 십자가에 못 박는 죄를 지었다. 모세가 불신앙으로 구한 이들 칠십 장로는 실제적인 도움이 되기보다는 장애가 되었을 것이다.

여기서 우리가 배울 수 있는 교훈은 무엇인가? 하나님의 영은 하나님께서 우리를 보내어 맡게 하시는 모든 일을 감당하도록 모든 것을 충족히 공급하시는 분이라는 것과, 단지 한두 사람으로도 많은 사람이 하듯이 하고, 단 한 사람으로도 수많은 사람을 동원하여 하듯이 잘 하실 수 있다는 것이다. 우리는 수나 인간의 지혜를 신뢰하지 않고 하나님 자신의 능력을 신뢰해야 한다. 그 능력이 사람의 힘을 빌리는 일이 없든지 수많은 사람들의 공감과 도움을 통해서 하든지 그것은 상관 없다. 사람들이 하나님의 일에서 우리를 도울 수 있다. 그러나 오직 하나님께서 그들을 보내고 그들에게 하나님의 능력을 채우실 때에만 우리를 도울 수 있다.

이 기사의 조금 뒷부분으로 가면, 즉 26-29절에서 우리는 이 장로들 가운데 두 사람, 엘닷과 메닷의 이야기를 보게 된다. 이들은 자신들이 특별히 임명받은 한계를 넘어서 예언을 하고 있었다. 모세를 지지하는 사람들은 그 두 사람을 책망하고 예언하는 것을 금하게 하고 싶었으나 모세는 하나님의 은사는 종종 모든 일반적인 경로를 넘어서고, 성령을 우리가 타당하다고 생각하는 범위로 국한할 수 없다는 사실을 도량이 넓은 지혜로 깨달았다. 형제들이 우리의 전통적인 형태와 조직의 울타리 밖에서 하나님을 위하여 일하고 진리를 증거하는 것을 볼 때 그들을 그냥 내버려두어야 하듯이 모세도 그 두 사람을 내버려둔다. 하나님의 능력은 우리의 보잘것없는 프로그램보다 크시다. 그러므로 어떤 사람이 성령의 능력으로 그리스도를 영화롭게 하고 그리스도를 증거하고 있다면 그 사람을 우리의 틀 속에 끌어들이려 하거나 우리의 하찮은 잣대로 적으로 선언하려고 하지 말자.

4. 여호수아

이와 같이 하나님께서 능력을 부여하신 일을 보여 주는 다음의 예는 여호수아이다. "여호와께서 모세에게 이르시되 눈의 아들 여호수아는 그 안에 영이 머무는 자니 너는 데려다가 그에게 안수하고 그를 제사장 엘르아살과 온 회중 앞에 세우고 그들의 목전에서 그에게 위탁하여"(민 27:18).

이 구절을 보면 여호수아는 모세가 그를 특별한 책무에 임명하기 전에 이미 성령의 감동을 받은 것을 알 수 있다. 이 사실은 개인적인 준비가 공적 임명에 앞서 이루어져야 한다는 것을 보여 준다. 사람에게 성령을 주는 것은 성직 수임의 행위가 아니고, 사람이 공적으로 성직에 임명될 만한 자격을 주는 것이 바로 성령을 소유하는 것이다. 하나님께서 먼저 친히 능력을 부여하심으로써 목회자를 만드셔야 하는 것이다. 하나님께서 그 사람에게 성령을 주셨을 때는 하나님께서 행하신 일을 깨닫고 특별한 봉사를 위해서 진정으로 성별된 도구로 따로 구별하는 것이 사람이 할 몫이다.

또 다른 구절인 신명기 34:9에서는 진정으로 성별된 사람에게서는 임명의 행위나 임명식이 있는 다음에 복이 더하여지고 성령으로 더 충만해지는 일이 따를 수 있음을 본다. "모세가 눈의 아들 여호수아에게 안수하였으므로 그에게 지혜의 영이 충만하니." 여기서 우리는 모세가 여호수아에게 안수한 뒤에 복이 더욱 충만해졌음을 본다. 그러므로 여호수아의 영적 경력에는 두 단계가 있다. 첫째, 여호수아는 큰 책무를 맡기 전에 성령을 받았다. 다음으로 자신의 책무로 부르심을 받고 나서 더 높은 성령의 충만함을 받았다. 하나님을 위한 특별 봉사를 맡는 영광을 누리고 싶은가? 그렇다면 우리는 항상 성령의 충만함을 받도록 하고 하나님께서 우리에게 어떤 사역을 맡기려고 하시든지 즉각 하나님의 뜻을 따르도록 하자. 그러면 우리가 그런 봉사에 부름을 받게 될 가능성은 더욱 커질 것이다. 이미 그같이 특별한 봉사로 부름을 받았는가? 그렇다면 더 큰 하나님의 은혜를 얻기 위해 자신을 하나님께 맡기고 여호수아처럼 성령의 충만함을 받도록 하자.

바로 이것이 여호수아가 놀라운 생을 산 비결이다. 모세가 지혜의 신으로 자신의 크나큰 직무를 감당할 거룩한 능력을 받고 요셉은 의와 분별과 용기의 신을 받아 자신의 실제 생활에 적합하게 된 반면에 여호수아는 자신의 큰일을 감당할 명확하고 신성한 능력이 필요하였다.

여호수아는 이스라엘 대군의 군사 지도자, 곧 여호와의 당당한 군대의 전사이자 사령관이 되어야 했다. 그래서 여호수아에게는 이 직무를 감당할 수 있는 특별한 능력이 필요했다. 여호수아는 고대의 가장 강력한 족속들, 곧 유력한 히타이트 족의 왕들을 치러 보냄을 받았다. 과거의 기록을 보면 이 왕들은 군사적 용맹에서는 애굽 군대의 맞수였다고 한다. 여호수아는 훈련받지 않은 군대를 이끌고 힘있는 족속들의 견고하기 이를 데 없는 요새를 공격하도록 보냄을 받았다. 불과 몇 해 만에 자신의 승리하는 군대 앞에서 강력하기 짝이 없는 요새들이 함락되었고, 삼십일 명에 이르는 강력한 군주들이 굴복하게 되었다.

이제까지 이보다 큰 전투가 치러진 적이 없었다. 그래서 이 거대한 일을 위해서는 최고의 지혜와 전략, 용기, 믿음, 인내가 필요하였다. 성령께서 주셨다. 성령은 그리스도께서 시대의 투쟁과 왕의 귀환을 위해 군대를 집합시키고 계시는 이 마지막 날의 거대한 사업에서 그리스도의 군사와 하나님의 종들에게 투쟁과 지도력과 봉사를 위해 지금도 이 모든 것을 주실 수 있다.

5. 브살렐과 오홀리압

성령의 실제적인 선물에 대한 예가 한 가지 더 남아 있다. 여러 면에서 그것은 모든 은사 가운데 가장 주목할 만하고 고무적이다. 그 기록을 출애굽기 35:30-35에서 볼 수 있다. 그것은 브살렐과 오홀리압에 대한 이야기이다. 이들은 광야에서 성막을 세우는데 필요한 숙련된 일을 감당할 만큼 아주 능숙한 기술자와 숙련공들이었다.

모세가 이스라엘 자손에게 이르되 볼지어다 여호와께서 유다 지파 훌의 손자요 우리의 아들인 브살렐을 지명하여 부르시고 하나님의 영을 그에게 충만하게 하여 지혜와 총명과 지식으로 여러 가지 일을 하게 하

시되 금과 은과 놋으로 제작하는 기술을 고안하게 하시며 보석을 깎아
물리며 나무를 새기는 여러 가지 정교한 일을 하게 하셨고 또 그와 단
지파 아히사막의 아들 오홀리압을 감동시키사 가르치게 하시며 지혜로
운 마음을 그들에게 충만하게 하사 여러 가지 일을 하게 하시되 조각하
는 일과 세공하는 일과 청색 자색 홍색 실과 가는 베 실로 수 놓는 일과
짜는 일과 그 외에 여러 가지 일을 하게 하시고 정교한 일을 고안하게
하셨느니라.

여기에는 기계적이고 예술적인 온갖 일이 언급된다. 그것은 매우 실제적
인 활동이고 최고의 장식적 예술이다. 즉 보석 세공사나 조각사, 수놓는 사
람, 조각가의 활동이다. 이 모든 것은 교육의 결과가 아니고 면밀한 훈련의
결과도 아니며 다만 직접적인 하나님의 영감의 결과이다.

여기에 애굽의 벽돌 공장 출신인 사람들이 있었다. 이들은 문화 혜택을 받
지 못한 노예 민족이었다. 그러나 하나님께서는 지금까지 사람의 손으로 건
축한 것 가운데 가장 완벽하고 아름다운 건축물을 위한 지극히 정교하고 장
식적인 디자인을 고안하고 제작할 수 있는 능력을 필요할 때 성령으로 이들
에게 부여하셨다.

매일의 생활에서 애쓰는 숙련공이나 힘들게 일하는 그리스도인, 사업가들
에게 참으로 귀중한 교훈이 아닐 수 없다! 여기서 우리는 하나님의 임재가
단지 강단이나 기도회, 기도의 골방에서만 나타나는 것이 아니라 공장이나
작업장, 사무실, 교실 그리고 심지어 부엌에서도 유용하게 나타나는 것을 본
다.

성령은 거룩한 예배와 안식일의 종교적인 일에서 활동하시는 만큼 월요일
부터 토요일까지 힘들게 일하는 시간과 무거운 압박 가운데도 계시다는 것
을 여기서 본다. 하나님의 충족하심이 소위 영적 경험과 종교적 의무들을 위
해서만이 아니라 우리의 일상 생활을 채우는 모든 것을 위해서 존재한다는
것을 여기서 알 수 있다.

우리가 모시고 있는 그리스도께서 나사렛의 목수 작업장에서 땀과 더러운
먼지로 뒤범벅이 된 채 종종 우리가 그렇듯이 육체적으로 지친 상태에서 망

치를 휘두르며 30년을 보내셨고 그래서 단조롭고 고된 일과 육체 노동의 모든 경험을 이해하실 수 있는 분임을 안다는 것은 고된 생활을 하는 우리에게 얼마나 도움이 되고 위로가 되는지! 그리스도는 지금도 우리의 일상적인 일을 함께 지기 원하고 손과 머리로 하는 까다로운 일을 행할 수 있도록 우리를 준비시키기 원하신다!

그렇다. 겸손한 자매여, 주께서는 여러분이 기도할 때 여러분을 도우시는 것만큼 기쁘게 여러분이 빨래판과 부엌에 있을 때도 즐거이 도우실 것이다. 그렇다. 바쁜 기술자여, 주께서는 여러분과 함께 가고 망치를 휘두르거나 톱을 다루거나 혹은 쟁기를 잡고 생활의 노고 가운데 있는 여러분을 도우실 것이다. 여러분은 더 나은 기술자, 더 숙련된 직공, 더 성공하는 사람이 될 것이다. 여러분이 생활의 일상사에 대해서 그리스도의 지혜를 갖기 때문이다. 우리가 섬기는 하나님은 단지 안식일의 하나님이거나 감정과 느낌의 세계의 하나님만이 아니시다.

하나님은 섭리의 하나님이며 자연계의 하나님이시고 인간 생활의 모든 구조를 만들고 지도하시는 분이다. 하나님이 여러분 곁에서, 그리고 여러분의 손과 머리를 통해 일하실 수 없거나 일하려고 하지 않을 장소나 시간은 없다. 또 우리의 모든 필요와 일과 시련에 애정을 가지고 충분히 협력하여 주심으로 우리가 모든 일에 아주 충족함을 증거하도록 하실 수 없고, 하시려고 하지 않는 장소나 시간은 없다.

이와 같이 성령에 대한 구약의 그림은 지혜와 건전한 지성의 성령을 묘사한다. 모세에게서 우리는 하나님이 그의 높은 사명을 감당할 수 있는 위대한 지도자의 자격을 그에게 구비시켜 주시고 몹시 힘든 비상 상황과 압박을 견딜 수 있도록 그를 지지하심을 본다. 여호수아에게서는 하나님이 그의 전투와 싸움에서 강력한 전사로 나서게 하여 찬란한 승리로 그의 경력을 마무리 짓게 만드실 수 있음을 본다. 브살렐과 오홀리압에게서는 하나님께서 세속적인 직업과 평범한 의무의 수준으로 내려오셔서 우리가 생활의 모든 일과 노고를 감당할 수 있게 하심을 본다.

복되신 성령은 우리의 지혜요 인도자이시다! 그러므로 우리는 성령께서 활동하실 수 있는 영역을 넓혀드리도록 하자! 우리 인간 생활의 모든 길이와

넓이에 성령께서 들어오셔서 협력하시도록 하고, 세상에 이 사실을 증거하
도록 하자.

> 우리는 수도원의 골방을 지키기 위해
> 우리의 이웃과 일에 작별을 고할 필요가 없다.
> 매일의 생활과 일상적인 일에서
> 우리에게 필요한 모든 것을 구하고
> 자신을 부인할 여지를 구하며
> 매일의 생활에 하나님을 더 많이 모셔들이는 길을 구하자

제 9 장

사사기에 나타난 성령

그러나 하나님께서 세상의 미련한 것들을 택하사 지혜 있는 자들을 부끄럽게
하려 하시고 세상의 약한 것들을 택하사 강한 것들을 부끄럽게 하려 하시며
하나님께서 세상의 천한 것들과 멸시 받는 것들과 없는 것들을 택하사 있는
것들을 폐하려 하시나니 이는 아무 육체도 하나님 앞에서 자랑하지 못하게
하려 하심이라(고전 1:27-29).

사시기는 앞에 나오는 여호수아서가 이스라엘 역사의 가장 영광스런 승리
를 보여 주듯이 구약 역사의 기록에서 가장 깊은 침체와 타락을 특징적으로
보여 준다. 그 승리는 한편으로는 40년간의 유랑을 담은 광야의 이야기와 다
른 한편으로는 400년간 계속된 타락의 역사를 지닌 사사기 이야기 사이에
서 있다.

가나안 정복에 뒤이은 어두운 구름은 앞서 있었던 것보다 훨씬 더 깊고 어
두운 구름이었고, 그것은 사무엘과 다윗의 지도하에 있었던 종교개혁 시기
에 이르기까지 4세기 반에 걸쳐 지속되었다. 그러나 하나님께서는 자신의
가장 영광스런 무지개가 나타나는 배경으로서 그처럼 칠흑같이 어두운 구
름을 즐겨 사용하신다. 하나님의 은혜가 가장 밝게 빛나는 것은 언제나 적의
가장 맹렬한 공격에 직면해서였다.

엘리야의 사역은 이세벨의 우상숭배에 의한 통치라는 어두운 시기에 이루
어졌다. 예레미야의 이야기는 유다의 포로와 예루살렘 함락이라는 슬픈 장
면을 배경으로 전개된다. 4세기 반에 걸친 우상숭배와 죄의 역사를 지닌 사
사기는 옷니엘, 드보라, 기드온, 바락, 입다, 삼손의 아름다운 사건들을 보여

주었다.

이들 각각의 예는 하나님께서 큰 일을 위해 자신의 대리인과 사자들을 부르고 쓰시는 데서 나타나는 성령의 은혜와 능력에 대한 실물 교육이다.

1. 옷니엘 — 용기의 영

옷니엘은 용기의 영을 대표한다. "여호와의 영이 그에게 임하셨으므로 그가 이스라엘의 사사가 되어 나가서 싸울 때에 여호와께서 메소보다미아 왕 구산 리사다임을 그의 손에 넘겨 주시매 옷니엘의 손이 구산 리사다임을 이기니라"(삿 3:10). 옷니엘은 이스라엘의 첫 번째 사사였고, 성령의 능력으로 아람의 강력한 군주를 정복하였으며 거의 반 세기 동안 나라에 평화를 가져왔다.

이 모든 것은 직접적으로 성령의 능력 덕분이었다. 모세가 입법 활동을 할 수 있도록 하고, 여호수아가 군사적 경력을 수행할 수 있도록 준비시킨 바로 그 능력이 옷니엘이 민족의 대사를 성공적으로 치를 수 있도록 부르고 자격을 구비시키셨다. 그 성령께서 그에게 세상의 가장 강력한 군주에게 도전할 수 있도록 담대한 용기를 주셨다.

그러나 현저한 모든 경력에는 그 이면에 준비가 있었듯이, 옷니엘의 이야기를 보면 그의 모든 경력이 자연스런 결말이 되도록 만든 시간이 있었다. 그 이전의 준비 시간은 여호수아 15:16-17에 나온다. 그것은 가나안의 강력한 요새 가운데 하나를 점령한 작은 사건과 관련이 있다. 갈렙이 헤브론을 정복한 후에 인접한 도시인 기럇세벨을 발견하였는데, 그것은 말 그대로 가나안 족속들의 수도였다. 그 뜻은 "책들의 도시"였다. 그 성읍을 정복한 용감한 전사에게 그는 자신의 아름다운 딸 악사를 주었다. 옷니엘은 도전을 받아들여 이중의 상을 획득한 영웅이었다.

우리는 어떤 공적 인물이 세상 사람들이 보는 앞에서 현저한 봉사를 수행하고, 무명한 데서 한 순간에 명성을 얻는 데로 도약하는 것을 볼 때, 그 빛나는 성공의 이면에는 작은 어떤 사건이 있었다는 사실을 잊기 쉽다. 아마도 수년 전에 작은 어떤 사건이 그 인생의 기조를 움직였고 장차 맡게 될 공적 봉사를 위해 그 사람을 준비시켰을 것이다.

하나님께서는 언제나 당신의 사역자들을 미리 준비시키고 계신다. 때가 무르익으면 하나님은 그들을 무대에 등장시키고, 사람들은 놀랄 만한 승리의 업적을 기이히 여기지만, 하나님은 그 승리를 위해 그들의 일생을 준비해 오셨던 것이다. 그런 사건은 이스라엘에서 놀라운 날이었다. 이날에 죽은 자의 방에서 한 순간 하나님의 음성이 들렸고, 인간의 영이 저세상으로부터 돌아왔고 한 히브리 어머니가 선지자 엘리야의 말을 듣고 살아난 아들을 받았다.

그러나 그런 일이 있기 수년 전으로 돌아가 보면, 그 히브리 가정에서 어느 날 일어났던 작은 사건에서 이 모든 사실의 열쇠를 발견하게 된다. 그 옛 선지자는 길을 지나다가 그 히브리 어머니를 만나서 그녀에게 큰 희생을 요구하였다. 그 어머니는 기근에 시달린 가정에서 마지막 남은 적은 식량으로 선지자를 위해 음식을 만들고 자기 아이는 자기와 함께 굶어 죽으려고 하였다. 그러나 그녀는 그 시험에서 물러나지 않았다. 조금도 주저함이 없이 그녀는 선지자의 명령에 순종하였고, 그 시간부터 그녀와 그녀의 아이는 집에서 하늘의 떡을 먹고 살았다. 아이를 죽음 가운데서 다시 살려낼 믿음이 요구되는 시험이 왔을 때 그녀는 그 시간을 이겨낼 준비가 이미 되어 있었다.

하나님은 지금도 자신의 영웅들을 준비시키고 계신다. 그래서 기회가 오면 순식간에 그들이 자신의 위치를 감당할 수 있게 하시는데, 세상은 이들이 어디에서 왔는지 궁금해 한다. 사랑하는 친구들이여, 성령께서 인생의 모든 훈련을 통해 여러분을 준비시키도록 하라. 그래서 마지막 마무리하는 손질이 대리석에 가해지고 나면 하나님께서 그 대리석을 주춧대와 벽감에 맞게 넣는 일은 쉬울 것이다.

옷니엘처럼 우리도 그리스도와 함께 열방을 심판하고 다스릴 때가 올 것이다. 그 영광스런 날이 오려면 우리는 하나님께서 기럇세벨에서 옷니엘을 준비하셨듯이 우리도 준비시키시도록 해야 한다. 하나님께서는 현재 생활의 시련에서, 매일의 승리에서 그같이 사람을 준비하신다. 그러나 우리는 그 의미를 거의 생각하지 못한다. 적어도 우리는 이 점을 확실히 알아야 한다. 성령께서 옷니엘을 준비시키셨다면 하늘과 땅의 주께서 우리를 위해 보좌를 준비해 놓으셨다는 사실을 확실히 알아야 한다.

2. 드보라 — 여성의 사역

드보라는 여성의 사역이 어떤 것인지를 보여 준다(삿 4장). 드보라는 성령으로 말미암아 공적 봉사에 부름을 받은 첫 번째 여성이다. 사실 미리암은 이스라엘에서 거룩한 노래를 부르는 자들의 지도자로서 이미 알려져 있다. 그러나 이것은 여성이 공적으로 지도자의 역할을 수행하도록 부름 받은 첫 번째 일이었다.

그녀의 뒤를 이어 수없이 많은 고귀한 여성들이 영광스런 그 발자취를 따랐다! 오늘날 교회의 위대한 사역은 거룩한 여성들에 의해 이루어지고 있다. 여성들이 외국 선교지에 나가기 시작한 지 반세기도 못되어 세계에서 외국 선교사의 절반 이상이 여성들이 되었다. 이들은 우리 시대의 가장 능력있고 영적이며 도덕적인 세력이다.

성령께서는 교회에서 사랑하고 고통을 견디며 도고할 뿐만 아니라 예언하고 가르치며 사람들의 몸과 영혼을 위해 적절한 모든 방식으로 섬기는 여성의 위치를 분명하게 인정하셨다. 그렇지만 우리가 이 모든 사실을 말했을 때 진실한 모든 여성이 기꺼이 인정할 것이고 인정하고 있는 제한은 여전히 있다.

여성의 사역과 남성의 사역에는 차이가 있다. 하나님께서 친히 말씀하시기를 모든 여자의 머리는 남자이며 모든 남자의 머리는 그리스도이고 그리스도의 머리는 하나님이시라고 하셨다. "여자가 가르치는 것과 남자를 주관하는 것을 허락하지 아니하노니"(딤전 2:12). 이 문제의 양면에 대해 어떤 말을 할지라도 결국은 여자가 가르치고 증거하고 그리스도 교회의 모든 부문에서 일하는데 제한 없이 부름 받았다는 전체 문제의 실제적인 결론은 남게 된다. 여자는 그리스도 교회의 정부에서 다스리거나 성령께서 교회의 장로나 감독들에게 위임하신 공적 사역을 수행하는 일로는 부름을 받지 않았다. 여자가 자신의 온당한 영역에서 벗어나 공적 지도자의 위치나 집행 정부에서 일하게 될 때마다 여자는 자신의 참된 능력을 약화시키고 자신의 독특한 매력을 잃는다.

그 시대에 최초의 공인이었던 드보라 자신은 매우 지혜로워서 바락을 전면에 내세우고 자신은 뒤에 서서 겸손하게 바락의 활동을 지도하고 결국은

자신이 지도자임을 증명하였다. 드보라를 바락 뒤에 세운다고 해서 여성의
사역을 비방하는 것은 아니다. 여호수아가 아래쪽 평지에서 군대를 지휘하
고 있는 동안 모세는 산에서 하나님을 향하여 손을 들고 있다 하여 그의 사
역이 여호수아의 사역보다 낮다고 누가 말하겠는가? 당시 모세가 사람들의
눈에는 보이지 않았지만 모세야말로 참된 지도자이고 이스라엘 군대 뒤에
있는 진정한 능력이었다. 이것은 드보라의 높은 영예였고, 바락은 그녀의 탁
월함을 누구보다 인정할 준비가 되어 있었다.

이 말세에 주의 재림을 준비하기 위한 여성의 고귀하고 거룩한 사역을 주
께서 더욱더 힘있게 사용하고 지도해 주시기 바란다!

3. 기드온 — 약한 것들

기드온은 성령께서 어떻게 세상의 약한 것들을 쓰셔서 강한 것들을 부끄
럽게 하시는지를 보여 준다. 기드온을 부르시는 장면에는 다소 극적이고 우
스꽝스럽기까지 한 점이 있다. 미디안 사람들을 두려워하여 헛간 뒤에 숨어
있을 때 여호와의 사자가 그에게 나타나 부르셨다. "큰 용사여 여호와께서
너와 함께 계시도다"(삿 6:12). 기드온은 여호와의 사자의 이상한 인사말에
놀랐고, 마치 사자가 자신을 비웃는 것으로 느꼈을 것 같다. 왜냐하면 기드
온은 결코 큰 용사가 아니었고, 사실 그 순간 비굴한 두려움에 사로잡혀 적
앞에서 숨어 있었기 때문이다.

사자에 대한 그의 답변을 보면 이 감정이 나타난다. 그러나 하나님께서 그
에게 안심시키는 말씀을 하신다. "너는 가서 이 너의 힘으로 이스라엘을 미
디안의 손에서 구원하라"(6:14). 하나님께서 그에게 주겠다고 약속하신 새
힘은 하나님 자신의 큰 힘, 곧 성령의 능력이었다. 따라서 이 시간 이후 그의
모든 걸음은 "하나님께서 세상의 약한 것들을 택하사 강한 것들을 부끄럽게
하려"(고전 1:27) 하시는 본문 말씀의 원칙에 대한 실례들에 지나지 않았다.

다음으로 우리는 기드온의 용사들에게서 같은 원칙을 본다. 하나님은 기
드온의 깃발 아래 모인 큰 군대를 사용하실 수 없었다. 그 군대는 너무 많아
서 하나님께서 일하시도록 기회를 드릴 수가 없었다. 그래서 하나님은 삼만
명의 군대를 걸러내고 또 걸러내어서 마침내 군대가 삼백 명으로 줄어들었

다.

성령께서 군대를 어떻게 걸러내시는지 주의해서 보는 것은 아름다운 일이다. 성령께서는 수를 줄이는 자연스런 과정을 통해서 군대들이 스스로 그 일을 하도록 허락하셨다. 첫째로, 겁먹은 사람들은 모두 집으로 돌아가도록 허락되었다. 이렇게 하자 군대는 삼분의 일로 줄어들었다. 다음으로 군사들이 진군해 가는 앞에 놓여 있는 시내에서 물을 마시게 함으로써 그들 가운데 성급하고 분별이 없는 사람들을 시험해서 걸러내었다. 기드온이 지켜본 대로 군사들이 물을 마시는 방식으로써 사람들의 성격을 판별하는 것이 어렵지 않았다.

분별없는 사람들은 잠시 멈춰 서서 자신들의 위험이나 적을 생각하지 않고 그냥 내려가 무릎을 꿇고 손을 짚고서 물을 마셨다. 반대로 사려깊은 사람들은 주의깊게 주위를 둘러보고 적의 기습에 대비하면서 손으로 물을 움켜쥐고 신중하게 사위를 살피며 물을 마셨다. 이렇게 해서 이들은 선택되었고 다른 사람들은 대오에서 떠나게 되었다.

하나님께서는 하나님의 일과 전투를 위해서는 용감할 뿐만 아니라 사려깊은 사람들을 원하신다. 매일매일 우리는 자신에 대해 판단을 내리며 명예와 봉사의 위치에 서도록 스스로를 세우거나 부적합하다는 이유로 고향으로 돌아가도록 만든다. 하나님께서는 자신의 일에 적합한 사람을 원하신다. 그래서 하나님은 모든 사람을 그의 매일의 생활에 대한 시험을 통해서 적합한지 부적합한지를 스스로 증명하도록 하신다. 때로 우리는 경솔한 한 마디, 생각 없는 말, 분별없는 행동이나 비신앙적인 고백 때문에 크게 유용하게 쓰이는 일에 큰 장애를 받고 하나님께서 우리를 준비시켜 맡기려고 하시는 큰 기회를 놓치게 되는 것을 거의 생각하지 못한다.

성령께서 약한 사람을 쓰실지라도 그 사람을 택하여 부르신 후에도 연약한 사람으로 있기를 원하시지는 않는다. 성령은 어리석은 사람을 택하여 지혜있는 자들을 부끄럽게 하실지라도 성령께서 오셔서 지혜와 은혜를 주신 후에도 여전히 우리가 어리석게 지내는 것을 원치 않으신다. 성령께서 설교의 미련한 것을 사용하시지만 설교자의 어리석음을 반드시 쓰시는 것은 아니다. 수많은 사람에게 에너지를 공급할 수 있는 전류처럼 전류는 적절한 전선이 있어야 한다. 아무리 작은 전선도 아주 큰 밧줄보다 나은 법이다.

하나님은 당신의 능력을 받기에 적합한 도구를 원하신다. 즉 복종된 의지와 신뢰하는 마음, 일관성 있는 생활, 하나님의 뜻에 순종하는 입술을 원하신다. 그때서야 하나님은 약한 무기를 사용하실 수 있고 그들에게 "어떤 견고한 진도 무너뜨리는 하나님의 능력"(고후 10:4)을 주실 수 있다.

다시 한 번 하는 얘기지만, 성령께서는 기드온의 전투 무기에서 세상의 약한 것들을 사용하심을 본다. 그 무기들은 지극히 단순한 것들이었다. 고작 등, 항아리, 나팔이었다. 그것이 전부였다. 등, 즉 횃불은 성령의 빛과 불을 나타내는 것이었다. 항아리는 복종시킨 우리의 몸과 생활의 파산한 그릇을 나타내었다. 나팔은 우리가 파송을 받아 선포하도록 한 하나님의 말씀과 복음의 메시지를 의미하였다. 이 무기들은 미디안 군대를 물리치고 쳐부수는 데 충분하였다. 그리고 이것들이 우리의 전투 무기이며, 이 무기들은 하나님으로 인해 요새들을 함락시키는데 여전히 강력하다.

법정에 서 있는 경관은 뒤에 있는 의장의 선언으로 인해 수천 명의 폭도보다 강력한 힘을 발휘한다. 지극히 미천한 종이라도 성령과 하나님의 말씀으로 무장한 주 예수 그리스도의 종은 자기 뒤에 있는 하늘의 온전한 능력을 받아 굳게 선다. 사람들이 그리스도의 메시지를 거부하는 것은 위험을 무릅쓰는 일이다. 왜냐하면 그리스도께서 이같이 말씀하셨기 때문이다. "너희 말을 듣는 자는 곧 내 말을 듣는 것이요 너희를 저버리는 자는 곧 나를 저버리는 것이요"(눅 10:16).

하나님과 사람으로 인해 갖는 모든 능력의 참된 비결은 메시지와 주님 뒤에 서는 것이고 기드온의 항아리처럼 우리 자신이 부서져서 우리 속에 있는 하늘의 횃불이 깨진 항아리를 통해서 빛을 비추도록 하는 것이다.

4. 입다 — 멸시 받는 것들

입다는 성령께서 어떻게 "멸시 받는 것들"(고전 1:28)을 사용하시는지를 보여 주는 예이다.

입다는 비록 자신의 잘못은 아니지만 수치를 안고 태어난 자식이었다. 입다는 그 가슴에 "재수없다"는 표지가 쓰여져 있었고, 아버지 집에서는 버림받은 자였다. 그러나 하나님께서는 사람들이 무시하는 것을 쓰기를 기뻐하셨다. 건축자가 버린 돌이 모퉁잇돌이 되는 경우가 종종 있다. 그것은 바로 장자인 이스마엘이 아니라 이삭이었고, 아버지가 총애하는 에서가 아니라 야곱이었다. 그것은 박해받고 오해받으며 버림받은 요셉이었고, 노예 족속의 아들이며 나일 강가에서 건진 아기 모세였다. 그것은 베들레헴 목동이었고, 이새 집안에서 무시당하는 자 다윗이었다. 이들은 하나님께서 택한 백성들의 역사에서 높은 위치에 서도록 택하신 사람들이었다. 그처럼 길르앗에서 버림받고 법의 보호를 받지 못한 불쌍한 입다가 암몬 사람들로부터 당신의 백성을 구원하도록 택하심을 받았다.

입다의 부르심은 성령에게서 나온 것임이 명백히 드러난다. "이에 여호와의 영이 입다에게 임하시니 입다가 길르앗과 므낫세를 지나서 길르앗의 미스베에 이르고 길르앗의 미스베에서부터 암몬 자손에게로 나아갈 때에 … 여호와께서 그들을 그의 손에 넘겨 주시매"(삿 11:29, 32).

주께서는 멸시받는 것들을 여전히 사용하고 계신다. 나사렛 사람이라는 이름과 그리스도인이라는 이름은 한때 경멸하는 명칭이었다. 어떤 사람도 하나님의 지극히 고귀한 사상을 지니고 있으면서 당대에 인기를 누리는 법은 없었다. 가장 욕을 먹는 사람이 가장 유용하게 쓰임을 받는 경우가 종종 있다. 마귀의 으르렁거림과 세상의 비웃음이야말로 지극히 고귀한 명예에 대한 하나님의 표지이다.

우리가 자신의 어리석음이나 잘못으로 사람들의 비난을 짊어질 필요는 없다. 여러분이 잘하면서도 그로 인해 고통을 당한다면 두려워하지 말고 사람들이 욕하도록 내버려 두라. 다윗도 이같이 말했다. "혹시 여호와께서 나의 원통함을 감찰하시리니 오늘 그 저주 때문에 여호와께서 선으로 내게 갚아 주시리라"(삼하 16:12).

인기가 없고 오해를 받는 것보다 훨씬 더 큰 재난들이 있다. 소수 계층에 속하는 것보다 훨씬 더 나쁜 일들이 있다. 하나님의 지극히 큰 복들 가운데 많은 것이 편견과 비방이라는 마귀의 엄포들 뒤에 놓여 있다. 성령께서는 인기 없는 사람들을 사용하는 것을 부끄러워하시지 않는다. 그리고 성령께서 그런 사람들을 사용하신다면 이들이 사람들에 대해 신경 쓸 필요가 무엇이 있겠는가?

옛날에 영국 군대에 공로 때문에 진급을 했지만 동료 귀족들한테는 멸시받는 대위가 한 사람 있었다. 어느 날 부대의 대령은 그 사실을 발견하고 귀족들의 그런 태도를 중지시키기로 마음먹었다. 그래서 그는 조용히 대위를 불렀고, 그와 함께 팔을 맞추어 위아래로 흔들며 연병장을 걸었다. 그러는 동안 다른 장교들은 두 사람이 곁을 지나갈 때마다 대령과 그 대위에게 경례를 붙이지 않을 수 없었다. 그로 인해 새로 진급한 대위의 위상은 확고해졌다. 그 일이 있은 후로 비꼬거나 멸시하는 태도가 깨끗이 사라졌다. 부대장이 그와 나란히 걸었다는 것만으로 충분하였던 것이다.

아, 우리는 성령의 인정을 받는 데만 마음을 쓰자. 그러면 사람의 이목은 별로 중요하지 않을 것이다. 성령은 사람의 도움과 칭찬에 대해 우리에게 필요한 모든 것을 주실 것이다. 우리는 사람들을 기쁘게 하기 위해 어떤 타협도 하지 말자. 우리는 성령을 대신하여 지극히 어려운 사명을 띠고 가서 지극히 천한 일을 하도록 하자. 성령께서 우리를 사용하고 보내신다는 사실만으로도 그 명예는 충분한 것이다. 오늘날 우리가 진 밖에서 성령을 대신하여 욕을 당하며 그를 따르는 일을 두려워하지 말자. 그러면 머지않아 주께서 하늘과 땅의 무수한 사람들 앞에서 우리의 보잘것없는 이름을 인정하실 것이다.

5. 삼손 — 힘의 원천

삼손은 성령께서 신체적 힘의 원천이심을 실례를 통해 보여 준다.

딤나 출신의 이 불굴의 거인만큼 성경에서 주목할 만한 인물은 없다. 삼손만큼 신체적인 힘과 성령의 임재와 능력이 긴밀한 관계가 있음을 몸으로 보여 준 사람은 없다. 삼손의 힘은 신체적인 양육이나 거대한 체구, 튼튼한 골격과 근육과 사지의 결과가 아니고 전적으로 성령의 임재와 능력이 그 안에 거하며 그를 통해서 활동한 탓이었다. 그의 엄청난 힘의 비밀은 다음과 같은 구절에서 보듯이 그냥 명백하게 주어진 것이었다. 사사기 13:25; 14:6,19; 15:14.

모든 경우에 삼손을 움직이게 하고 그에게 초인적인 힘을 준 분은 성령이셨다는 것을 볼 것이다. 그것은 음식이나 약물에서 나오는 근육이나 골격의 힘이 아니었다. 그것은 하나님께서 친히 그를 통해서 일하시는 직접적인 능력이었다. 이것은 삼손이 전적으로 하나님께 성별 되었고 그가 나실인의 서약을 순종하여 지키는 것과 관련이 있었다. 그러므로 삼손의 힘은 영적 조건을 통해서 주어진 신성한 힘이었고, 의로운 생활과 하나님께 대한 순종에 전적으로 의존되어 있는 힘이었다.

이것은 하나님께서 이 마지막 때인 오늘날 우리에게 가르치고 계시듯이 신적 치유의 원칙이다. 이것은 날 때부터 갖추어진 신체적 구조에서 나온 힘이 아니고, 우리가 세상적인 것과 금지된 것에서 전적으로 구별되어 성령과 접촉하여 살 때 우리의 골격을 채우고 우리의 신체에 활기를 불어넣는 하나님의 임재에서 나오는 초자연적인 힘인 것이다. 그것은 연약한 체질과 선천적으로 약한 사람들도 온전히 누릴 수 있는 능력이다. 그것은 우리의 생명이 아니라 죽을 수밖에 없는 우리의 육신에 나타난 예수의 생명이다. 그것은 매우 신성한 생명이다. 왜냐하면 그 생명은 우리를 끊임없이 세상으로부터 구별하여 하나님께 붙어있도록 하고, 우리 생활의 순결과 순종을 점검하는 기준이기 때문이다.

삼손은 금지된 세상과 드릴라의 무릎에 접촉하는 순간 힘을 잃고 말았다. 우리에게 힘의 비밀은 바로 이것이다. "너희가 너희 하나님 나 여호와의 말을 들어 순종하고 내가 보기에 의를 행하며 내 계명에 귀를 기울이며 내 모든 규례를 지키면 내가 애굽 사람에게 내린 모든 질병 중 하나도 너희에게 내리지 아니하리니 나는 너희를 치료하는 여호와임이라"(출 15:26). 이것이 성령의 복된 사역이다. 첫째로, 우리에게 실제적인 이러한 의를 주고, 우리가 하나님의 온전한 뜻을 행하도록 하고, 그 다음에 순종할 때 주시겠다고 약속한 신체적 생명과 활력을 주시는 것이다. 성령께서 친히 하신 약속은 이것이다. "예수를 죽은 자 가운데서 살리신 이의 영이 너희 안에 거하시면 그리스도 예수를 죽은 자 가운데서 살리신 이가 너희 안에 거하시는 그의 영으로 말미암아 너희 죽을 몸도 살리시리라"(롬 8:11).

이와 같이 사사기라는 이 옛 책에서 전개된 바와 같이 성령의 복되신 충만함이란 바로 그런 것이다. 하물며 오늘날 우리가 성령께 얼마나 풍성하고 충만한 은혜를 기대할 수 있겠는가!

우리는 옷니엘처럼 성령을 용기의 영으로 받으려고 하는가? 드보라처럼 여성의 고귀하고 영광스런 사역을 감당하게 하시는 영으로서 성령을 받을 것인가? 성령께서 기드온과 입다 같은 사람들을 사용하여 세상의 약한 것들을 택하여 강한 것들을 부끄럽게 하고, 멸시받는 것들과 없는 것들을 택하여 있는 것들을 폐하려고(고전 1:27-28) 하신다는 사실을 믿을 수 있는가? 우리는 삼손처럼 "연약한 가운데서 강하게 되기도 하며 전쟁에 용감하게 되어 이방 사람들의 진을 물리치기도"(히 11:34) 하는가?

제 10 장

성령으로 충만한 사람

그러나 사람의 속에는 영이 있고
전능자의 숨결이 사람에게
깨달음을 주시나니(욥 32:8).

하나님의 영이 나를 지으셨고
전능자의 기운이 나를 살리시느니라(33:4).

욥기는 세상에서 가장 오래된 시이다. 욥기는 아브라함과 여호수아 사이의 어느 시기로부터 우리에게 전해져 내려왔다. 욥기는 매우 흥미있는 드라마로서, 하나님의 통치의 가장 중요한 원칙들을 보여 주고, 하나님께서 성령을 통하여 자기 백성을 직접 대하시는 방식을 계시한다.

첫째로, 욥은 매우 고결한 인물의 표상으로, 온전히 의로운 사람, 인간 성품의 최고의 이상형으로 대표되는 인물로 무대에 등장한다.

다음으로, 우리는 하나님께서 이 사람을 시험하여 모든 인간 영혼에 숨어 있는 자아와 죄의 깊이를 드러내시는 것을 본다. 그래서 마침내 욥이 성령의 감찰하시는 빛 아래에서 나타날 때 불쌍한 광경, 곧 질병과 고통뿐만 아니라 자기의와 자기 변호, 하나님께 반역하는 모습을 드러낸다.

여러 인물들이 하나씩 무대에 나타나는데, 이들은 세상의 지혜와 위로, 우정을 표상한다. 사실, 이 모든 것은 우리가 고난 가운데 있을 때 세상이 우리를 돕기 위해 할 수 있는 전부이다. 세상의 지혜와 부, 쾌락을 대표한다고 볼 수 있는 빌닷과 엘리바스, 소발이 등장한다. 그러나 이들은 욥에게 필요한

118

위로와 지침과 훈련을 가져다주지 못한다.

마지막으로, 엘리후가 무대에 등장한다. 처음으로 엘리후가 하나님의 메시지와 도움을 가져다준다. 그의 이름은 바로 하나님을 의미하고, 그의 말은 그의 메시지가 나오는 원천과 일치한다.

우리는 엘리후를 성령께서 내주하고 안에서 활동하며 밖으로 흘러나오는 것에 대한 가장 오래된 예의 하나로 보자.

첫째로, 우리에게는 그 사람이 있다. 둘째로, 우리는 그의 메시지를 생각해 볼 것이다. 그 다음에 그의 메시지가 욥에게 끼친 효과, 즉 이 놀라운 책의 전체 드라마에서 주의해야 할 점을 볼 것이다.

1. 그 사람

첫째로, 그는 자신이 젊은 사람이라고 말한다. "나는 연소하고 당신들은 연로하므로 뒷전에서 나의 의견을 감히 내놓지 못하였노라"(32:6). 하나님은 당신의 제자들 가운데 가장 어린 사람에게라도 말씀하시고 또 그를 통해 말씀하실 수도 있다. 그러나 엘리후의 겸손을 보라. 그는 예민하고 수줍어하며 매우 겸손하였다. 겸손은 언제나 참된 가치 있는 기준이다. 하나님께서 우리를 사용하시면 할수록 그만큼 더 우리는 자의식과 사람들의 이목에서 뒤로 물러나야 한다. 그 다음에, 그의 겸손을 볼 뿐만 아니라 다른 사람들에 대한 존중과, 기다릴 줄 알고 선천적으로 자기보다 나이 많은 사람들에게 지극한 경의를 표하는 아름다운 성품을 보게 된다.

우리에게 성령이 계시고 그의 메시지를 받았다고 해서 우리가 주제넘게 나서야 할 이유는 전혀 없다. 성령으로 충만한 사람은 언제나 겸양과 다른 사람을 존중하는 심정이 가득할 것이다. 사도는 신약의 교회들에게 말하면서 특별히 이 사실을 주의하라고 한다. "예언하는 자들의 영은 예언하는 자들에게 제재를 받나니"(고전 14:32). 하나님은 우리에게 메시지를 주실 때 우리를 기다리게 하실 수 있다. 그와 같이 엘리후는 다른 사람들이 이야기를 마칠 때까지 기다렸다고 그 후에 효과적으로 이야기하였다.

그러나 엘리후는 공손하고 겸손하면서도 다른 사람들의 의견과는 전혀 다르고 담대하였으며, 자신이 깊은 영혼속에서 들은 하나님의 음성을 순종하는데 두려워하지 않았다.

> 나는 결코 사람의 낯을 보지 아니하며
> 사람에게 영광을 돌리지 아니하리니
> 이는 아첨할 줄을 알지 못함이라
> 만일 그리하면
> 나를 지으신 이가 속히 나를 데려가시리로다(욥 32:21-22).

그와 같이 성령으로 충만한 사람은 모든 사람으로부터 자유롭다. 그는 다른 누구를 그대로 본뜨려고 하지 않고 하나님의 말씀과 성령을 통하여 하나님의 목소리를 직접 듣는다. 우리 가운데는 다른 사람들의 의견과 생각을 그대로 따르는 앵무새 같은 사람들이 아주 많다. 하나님은 각 개인의 성품과 각 개인의 메시지를 원하시며 모든 사람이 각각 성령으로 충만하고 가르침 받기를 원하신다.

우리는 엘리후가 성령으로 아주 충만하여서 말을 감추어 둘 수 없는 사람인 것을 본다. 그는 이같이 말한다.

> 내 속에는 말이 가득하니
> 내 영이 나를 압박함이니라
> 보라 내 배는 봉한 포도주통 같고
> 터지게 된 새 가죽 부대 같구나(32:18-19).

이것이 바로 사도가 "우리는 보고 들은 것을 말하지 아니할 수 없다"(행 4:20)고 느낀 방식이다. 우리는 하나님께서 맡기시는 메시지에 힘과 추진력을 주는 이 같은 폭발적인 힘이 필요하다.

다시 한 번, 우리는 엘리후에게서 하나님을 영화롭게 하기를 몹시 열망하고, 욥의 친구들이 욥의 질문에 답변하지 못하고 하나님을 변호하지 못하기 때문에 슬퍼하는 사람의 모습을 본다. 엘리후의 한 가지 소원은 자신의 창조주요 주이신 하나님을 영화롭게 하는 것이다. 그런 사람은 언제나 주께 가르침을 받고 쓰임을 받을 것이다. 성령께서는 바로 그런 사람을 기다리신다.

2. 메시지

엘리후의 메시지는 매우 놀랍다. 그의 메시지는 하나님의 도덕적 통치의 가장 깊은 원칙들을 보여 주며 영감된 웅변의 지극히 고상한 모습을 드러낸다. 하나님께서 자기 자녀를 다루시는 일에 대해 이같이 심오하게 논의한 언급은 달리 없다. 하나님은 항상 자기 백성들에게 말씀하고 계신다. "하나님은 한 번 말씀하시고 다시 말씀하시되 사람은 관심이 없도다"(33:14). 하나님의 백성은 무관심하거나 분별이 없고 귀가 먹어서 아버지의 음성을 알아듣지 못한다. 그러므로 하나님은 질병과 신체적 고통을 통하여 거듭 이야기하시지 않을 수 없다. 33:19-22에서 그러한 그림을 본다.

그것은 고통으로 징계를 받으며 날마다 초췌해지고 기진맥진해져서 마침내 죽어 무덤에 들어가게 될 만큼 고통을 겪는 불쌍한 사람에 대한 묘사이다. 그러나 이것이 하나님의 마지막 음성은 아니다. 또 다른 메시지가 있다. 아, 그러나 하나님의 메시지를 전하는 참된 사자를 발견하는 일이 얼마나 어렵고 드문지! "일천 천사 가운데 하나가"(33:23) 있을 정도이다. 그 천사가 가져오는 메시지는 참으로 복되다! 그 사자는 사람에게 하나님의 의와 징계가 사랑에서 나온 자비임을 보여 주고 그를 회개에 이르게 한다. 그리고 큰 속죄의 복된 메시지를 전개하며 이같이 외친다.

> 하나님이 그 사람을 불쌍히 여기사
> 그를 건져서 구덩이에 내려가지 않게 하라
> 내가 대속물을 얻었다 하시리라
> 그런즉 그의 살이 청년보다 부드러워지며
> 젊음을 회복하리라(33:24-25).

이것이 바로 복된 속죄의 복음이다. 이 속죄는 죄뿐만 아니라 질병에 대한 속죄이기도 하다. 이것이 바로 복된 치유의 복음이다. 이 치유는 영혼뿐 아니라 몸도 치유한다. 그것이 하나님의 옛적 생각이셨고 지금도 변함이 없다.

즉 단순히 믿고 받으려고 하는 모든 사람에 대한 하나님의 뜻이다.

이것이 하나님께서 당신의 자녀들을 대하시는 한결같은 원칙이다.

> 실로 하나님이 사람에게 이 모든 일을
> 재삼 행하심은
> 그들의 영혼을 구덩이에서 이끌어
> 생명의 빛을 그들에게 비춰려 하심이니라(33:29-30).

하나님의 징계는 언제 어디서 떨어질지 모르는 하늘의 번개와 같지 않고 하나님께서 왜 우리를 괴롭게 하시는지를 알려 주시는 아버지의 분별있고 이해할 수 있는 사랑의 손길이다. 하나님께서 친히 신약성경에서 그 같은 사실을 말씀하셨다. "우리가 우리를 살폈으면 판단을 받지 아니하려니와 우리가 판단을 받는 것은 주께 징계를 받는 것이니 이는 우리로 세상과 함께 정죄함을 받지 않게 하려 하심이라"(고전 11:31-32).

이것이 하나님께서 당신의 자녀를 다루시는 목적이다. 즉 잘못된 위치에 있는 자녀를 끌어내어 하나님의 더 높은 뜻을 아는 데로 이끌어 가시는 것이다. 우리가 배워야 할 교훈을 배우는 즉시 하나님은 압박을 제거하고 몸과 영혼에 대한 하나님의 은혜와 복을 충분히 경험하게 하신다. 3천 년도 넘는 오래된 이 엘리후의 메시지 말고 달리 어디서 하나님의 은혜로운 섭리와 사랑으로 신실하게 자녀를 다루시는 손길에 대해 이처럼 지혜롭고 폭넓고 진실되게 설명하는 말을 찾을 수 있겠는가?

그 다음에 엘리후는 좀 더 장대한 강화를 펼친다. 이 강화에서 그는 온 하늘과 전 자연계를 훑고 하나님의 모든 행사에서 하나님의 영광과 위엄을 펼쳐 보인다. 마침내 그의 강화가 절정에 이를 때, 하나님께서 개입하여 회오리바람을 통해 욥에게 그가 더 이상 답변하거나 반박할 수 없는 음성으로 말씀하심으로 훨씬 장대한 결론으로써 엘리후의 장엄한 연설을 끝맺으신다.

3. 메시지의 효과

여기서 우리는 그 메시지가 욥에게 끼친 효과를 보게 된다. 이것이 욥기와 드라마 전체의 중요한 중심 사상이다.

욥은 이 드라마의 중심 인물이자 우리 자신의 예표로 등장한다. 그는 엘리후가 마지막에 가서 하나님의 입장에서 사람을 말하듯이 사람의 입장에서 사람을 이야기한다.

우리는 욥이 의로운 사람, 곧 당대에 최고의 사람, 사람이 하나님의 은혜의 도움을 받아 이를 수 있는 최상의 사람, 곧 자신에 대해 철저히 죽고 친히 하나님과 교제를 경험하는 사람인 것을 본다.

욥에 대한 첫 번째 묘사는 그 자신에 대해서든 다른 모든 사람에 대해서든 호의적이다. 욥은 하나님께서 탐조등을 비추고 외과 수술용 탐침을 그에게 대기 전까지는 아주 의로운 사람으로 보인다. 그러나 하나님께서 그에게 감찰하는 빛을 비추시자 인간적인 다른 모든 것과 마찬가지로 그는 완전히 무너지면서 타락한 우리 인간성의 모든 약함과 무가치함을 그대로 드러낸다. 우리가 욥에게서 발견할 수 있는 최악의 것은 바로 욥 자신이다. 하나님은 그에게 명백한 어떤 죄를 깨닫게 하려고 하신 것이 아니라 그의 자만, 자기의, 자기 자신을 깨닫게 하려고 하셨다. 우리가 부인해야 하는 것은 자아이다. 우리가 그 실체를 알아보고 십자가에 못 박기 가장 어려운 것이 바로 자기 과신이며 완고함이다. 우리는 고통스런 사건과 마음을 낮추게 하는 많은 실패를 겪고 나서야 그것을 깨닫고 충분히 인정하게 된다.

따라서 우리는 하나님의 감찰하시는 빛 아래서 욥이 완전히 무너져 불신앙을 드러내고 자신을 변호하며 심지어 하나님께서 자신을 부당하게 괴롭히신다고 비난하는 것을 본다. 그의 친구들이 한 사람씩 무대에 등장하는데, 이들은 각각 세상의 지혜, 부와 쾌락을 표상한다. 그러나 욥이 그들의 모든 변론의 오류를 발견하고 그들의 메시지를 거부하자 마침내 엘리후가 하나님의 영감된 메시지를 갖고 나타난다. 하나님께서 엘리후의 강화에 뒤이어 욥에게 직접 자신을 계시하고 회오리바람 가운데서 욥이 더 이상 저항할 수 없는 목소리로 말씀하신다.

욥은 하나님의 빛을 받고서 결국 자신이 무가치하고 아무것도 아님을 깨닫고 여호와의 발 아래 조용히 무릎 꿇고 이같이 외친다.

내가 주께 대하여 귀로 듣기만 하였사오나
이제는 눈으로 주를 뵈옵나이다
그러므로 내가 스스로 거두어들이고
티끌과 재 가운데에서 회개하나이다(욥 42:5-6).

이것이 바로 자아의 죽음이다. 이제 하나님은 자기 종을 붙잡고 그의 잘못과 허물을 용서하고 심지어 그의 친구들 앞에서 그를 변호하시고자 한다.

그 다음에 처음으로 우리는 하나님께서 욥을 인정하고 그의 지혜 없는 친구들에게 이같이 말씀하시는 소리를 듣는다. "내가 너와 네 두 친구에게 노하나니 이는 너희가 나를 가리켜 말한 것이 내 종 욥의 말 같이 옳지 못함이니라"(42:7). 욥이 하나님께 대해 한 말 가운데 옳은 것은 무엇이었는가? 그것은 자기 정죄와 겸손, 부인의 말이었다. 욥은 이제 말을 그쳤고 하나님께서 말씀하시기 시작하였다. 하나님은 즉시 은혜와 복으로 욥에게 응답하실 뿐만 아니라 그가 잃었던 모든 재산과 복을 갚아주신다. 욥은 모든 면에서 새로운 위치에 오른다.

이것은 구약의 형태로 전개된 부활의 생명이다. 성령께서 욥처럼 기꺼이 자신의 생명에 대해 죽는 모든 사람에게 주려고 하시는 부활의 생명이다. 하나님은 욥에게서 어떤 공공연한 죄나 극악한 잘못을 찾으려고 하셨던 것이 아니라 우리 모든 사람 속에서 수많은 모습으로 변장하여 숨어 있고 그래서 결코 죽으려 하지 않고 너무도 더디 죽는 교묘한 자아의 생명을 찾아내려고 하셨던 것이다.

하나님께서는 종종 우리를 고난의 장소로, 질병과 고통의 침대로 불러들이실 뿐만 아니라 우리의 의가 무너지는 곳으로도 데려가신다. 우리의 성품이 산산이 부서지는 것은 우리를 티끌 가운데서 겸비하게 하며 우리의 자연적인 생명을 온전히 십자가에 못 박아야 할 필요를 가르쳐 주시기 위해서이다. 그때서야 우리는 예수님의 발 아래에서 예수님을 영접하고 그 안에 거하며 오직 그만을 의지하고 매순간 우리의 모든 생명과 힘을 우리의 살아 계신 머리인 그에게서 받을 수 있다.

베드로가 그 자신이 무너짐으로 말미암아 구원받은 것도 이 같은 이유에서였다. 베드로는 그리스도에 대하여 더욱 온전히 살도록 하기 위해 자신에 대해 죽어야 했다.

우리는 이같이 죽었는가? 자신감에서 나오는 힘을 이같이 포기하였는가? 그같이 했다면 정말로 우리는 행복하다. 우리는 그리스도를 모시게 되고 힘을 얻을 수 있는 그의 모든 원천도 가질 것이기 때문이다. 그러면 하나님은 욥에게 하셨듯이 그의 선하신 모든 부와, 이 세상 생활에서 우리에게 필요한 모든 섭리의 선물을 주실 수 있다.

우리는 선천적으로 받은 것을 가지고 인생을 시작한다. 그 다음에 우리는 영적인 것을 경험한다. 우리가 진정으로 하나님의 나라와 하나님의 의를 받았을 때 선천적인 것이 영적인 것에 추가되고, 하나님의 섭리의 선물과 인생의 복들을 받으면서도 거기에 중심을 두지 않기 때문에 그로 인해 우리가 하나님에게서 떨어지지 않을 수 있다.

이것이 욥의 인생에서 배울 수 있는 즐거운 교훈이다. 이것이 그의 모든 슬픔 뒤에 오는 밝고 행복한 결말이다. 이것이 죽음과 고통의 씨앗이 무르익은 결과이고, 욥의 모든 고통에서 얻는 복된 결실이다. 이것은 신약 성경에서 계시하는 한층 부요한 부활의 생명에 대한 작은 예표에 지나지 않는다.

복되신 성령은 우리를 죽음의 문을 거쳐 생명의 길로 인도하기를 기다리고 계신다. 옛 친구를 방문하였다가 자신의 큰 빌딩을 함께 둘러보자는 친구의 초대를 받은 신사에 대한 이야기가 있다. 위층으로 향하는 층계를 보자 방문한 신사는 즉시 계단을 올라가기 시작하였다. 그때 친구가 "아, 이쪽이야"라고 말하며 작은 옆문을 열고 몇 계단 밑으로 내려가 엘리베이터 쪽으로 연결되어 있는 복도로 인도하였다.

"여기가 이제 우리가 올라갈 길이지."

두 사람은 엘리베이터를 타고 7,8층 되는 건물의 꼭대기로 올라갔다가 한 층 한 층 둘러보며 전혀 힘들이지 않고 다시 내려왔다. 두 사람이 사무실로 돌아왔을 때 신사가 말했다.

"나는 이것이 하나님의 새로운 승천의 방식이라고 줄곧 생각했네. 하나님께서는 먼저 우리를 밑으로 데려간 다음 그의 엘리베이터에 태워서 하나님 자신에게까지 이르도록 올리는 것이지."

이것이 바로 욥의 이야기이다. 바로 예수의 이야기이다. 이것이 바로 진정한 모든 생명의 이야기이다. "한 알의 밀이 땅에 떨어져 죽지 아니하면 한 알 그대로 있고 죽으면 많은 열매를 맺느니라"(요 12:24). 하나님께서는 우리가 죽도록 도우신다. 고통이나 희생, 굴복을 두려워하지 말라. "내가 사망의 음침한 골짜기로 다닐지라도 해를 두려워하지 않을 것은 주께서 나와 함께 하심이라 주의 지팡이와 막대기가 나를 안위하시나이다"(시 23:4).

다른 한편으로 당신은 이렇게 말할 것이다. "내 평생에 선하심과 인자하심이 반드시 나를 따르리니 내가 여호와의 집에 영원히 살리로다"(23:6).

> 아 예수와 함께 죽는 일이 얼마나 즐거운지!
> 세상에 대해, 자아에 대해, 죄에 대해 죽는 일이
> 아, 예수와 함께 사는 일이 얼마나 즐거운지!
> 예수께서 내 안에 살고 통치하시니

제 11 장

사울과 다윗의 삶에 나타난 성령

하나님이여 내 속에 정한 마음을 창조하시고 내 안에 정직한 영을 새롭게 하소서 나를 주 앞에서 쫓아내지 마시며 주의 성령을 내게서 거두지 마소서 주의 구원의 즐거움을 내게 회복시켜 주시고 자원하는 심령을 주사 나를 붙드소서(시 51:1-12).

이 시편은 다윗이 인생의 중요한 시기에 드린 기도이며, 그가 가장 깊은 내면에서 성령과 맺고 있는 관계를 보여 준다. 이 그림 이면에는 또 다른 그림의 희미한 윤곽이 보인다. 즉 성령을 소유했지만 성령의 복은 잃어버린 인생에 대한 그림이 있다. 다윗이 "주의 성신을 내게서 거두지 마소서" 하고 소리친 것은 아마도 이 어둡고 슬픈 배경 때문이었을 것이다. 다른 그림은 사울에 대한 그림이다. 이 두 사람의 인생은 성령께서 상반된 두 인물을 다루시는 방식과 전적으로 반대되는 결과에 이르는 것을 실례로써 보여 주는 한 쌍의 그림이다.

사울

첫째로, 사울의 이야기에서 그에게도 성령이 계시다는 사실을 발견한다. 사울이 부르심을 받고 성령의 부음을 받은 분명한 기사를 본다. 사무엘상 10장에 그 기사가 나온다. 여기서 우리는 성령께서 스스로 원하지도 않았고 영적인 준비가 거의 없는 사람에게 임하시는 것을 본다. 그것은 성령께서 봉사를 맡기기 위해 오고, 사울에게 예언하고 정복하며 다스리는 능력을 주기 위해 오신 것이다. 즉 개인적인 경험을 위해서가 아니라 봉사를 위해 성령을 주신 것이다.

바로 이 점에서 언제나 현실적인 위험이 있다. 단지 성령께서 하나님을 위하여 일할 수 있도록 하기 위해서만 능력을 주려고 하신다는 것은 매우 심각한 일이다. 개인적인 성품과 개인적인 성결을 위하여 성령을 받는 것이 훨씬 더 중요한 일이다. 아마도 사울이 실패한 깊은 비밀은 발람처럼 거룩하게 살고 순종하는 능력보다는 증거하고 일하는 능력을 받았기 때문일 것이다.

하나님의 은혜는 하나님의 선물보다 크고, 적은 사랑이 수많은 예언적인 섬광보다 가치가 있다.

다시 한 번 하는 얘기지만, 사울의 실패의 또 다른 비밀은 능력이 주로 다른 데서 왔다는 사실에 있다. 예언의 영이 그에게 임했던 것은 그가 선지자 무리와 함께 있을 때였다.

사람이 주변 환경으로부터는 많은 것을 흡수하면서도 하나님 안에 중심을 두고 잠잠히 하나님을 생각하고 바라는 일은 거의 하지 않고 살아갈 위험은 언제나 있다. "무릇 사람을 믿으며 육신으로 그의 힘을 삼고 마음이 여호와에게서 떠난 그 사람은 저주를 받을 것이라"(렘 17:5). 사울과 다윗의 차이점은 이것이었다. 다윗은 하나님을 알되 성령의 내주하시는 생명과 순종의 생활에 대한 깊은 개인적 경험을 통해서 하나님을 안 반면, 사울은 자신의 공적 생활을 위한 초자연적인 세력으로서 하나님을 알았다.

이런 결점들에도 불구하고 사울이 성령을 받았다는 것은 매우 깊고 중요한 사실이다. 성령을 받음으로 사울의 생애에 중대한 국면이 발생하였고, 그의 마음이 변하였으며 전혀 다른 사람이 되었다.

하나님께서 사람의 영혼을 참으로 온전히 소유하실 수 있다는 것은 매우 주목할 만한 사실이다. 사람이 귀신에게 사로잡히는 일들이 성경에 나온다. 귀신에게 사로잡히면 사람의 전존재가 열 배의 힘과 긴장을 더할 수 있는 악한 영에게 통제된다. 왜 사람이 마귀에게 사로잡히는 만큼 하나님께 사로잡혀서 사람의 모든 기능과 능력이 성령의 능력으로 충만하여 그의 힘과 역량이 배가될 수는 없는가?

이것은 사울에게 해당되는 경우였다. 그리고 우리에게도 합당한 얘기일 수 있다. 다시 한 번 살펴보지만, 하나님의 거룩한 임재는 어떤 위급한 경우에도 참으로 충분하다. 사무엘은 이같이 말했다. "이 징조가 네게 임하거든 너는 기회를 따라 행하라 하나님이 너와 함께 하시느니라"(삼상 10:7).

우리는 치밀한 계획을 세우거나 자신의 지혜를 의지할 필요가 없다. 하나님께서 우리의 안내자와 친구가 되어 필요할 때마다 우리를 지도하시고, 우리의 모든 길에서 하나님을 인정하면 그가 우리의 길을 지도하실(잠 3:6) 것이기 때문이다.

사울은 인생을 그와 같이 시작하였다. 어떤 사람도 그처럼 훌륭한 인격과 열광적인 백성, 하나님의 명백한 부르심, 과업 수행을 위한 분명한 신적 능력의 부여로 인해 전도가 유망한 출발을 시작한 사람은 없었다. 확실히 사울은 하나님과 사람을 위하여 크나큰 결과를 성취할 기회가 얼마든지 있었다.

그러나 불행하게도, 사울은 실망과 실패로 끝을 맺었다. 그의 나라는 이내 하나님의 손에 찢겨 나갔고, 그의 태양은 암흑과 피 가운데 기울었다. 그의 실패의 원인은 무엇이었으며, 기이한 그의 이 경력에서 배울 수 있는 교훈은 무엇인가?

그의 몰락의 이유

우리는 사울에게 이내 시험이 닥쳐오는 것을 본다. 사무엘은 그에게 큰 임무를 주어 보내며 자신이 도착할 때까지 기다리라고 하였다. 사무엘은 사울에게 7일을 기다리라고 명하였고, 자신이 와서 적군을 향해 진격하기 전에 하나님께 제사를 드리도록 하겠다고 약속하였다. 사울은 기다리던 7일이 다 지나가자 불안하고 걱정이 되어 경솔하게 자신이 직접 제사를 드렸다. 제사를 드리자마자 사무엘이 도착하였고 사무엘은 사울에게 그가 불순종으로 인해 하나님의 인정을 잃고 그의 나라가 영구하지 못할 것이라고 말하였다.

그것이 작은 일로 보일 수 있다. 그러나 작은 일들은 실제적인 원칙과 성품을 드러내는 최상의 기준이기 때문에 언제나 생명의 문제를 결정한다. 인류를 파멸시킨 것은 작은 일에 지나지 않았다. 불순종이라는 하찮은 한 행동, 곧 우리의 첫 조상이 하나님의 계명들 가운데 사소한 한 계명을 자기 방식대로 처리하려고 한 불순종이 인류에게 모든 슬픔을 가져온 반역과 독립의 역정을 시작하였다.

이 행동은 사울의 본질적인 정신을 나타냈다. 그것은 다른 무엇보다 완고라는 말로 표현할 수 있다. 하나님께서 사울을 왕으로 세우셨지만 사울은 자기 스스로가 주인이 되려고 고집했고, 그로 인해 왕으로서 부적합한 것을 입증하였다.

머지않아 두 번째 시험이 왔다. 하나님께서 사울에게 다시 한 번 기회를 주셨다. 하나님께서 사울에게 아말렉을 정벌하도록 보내셨다. 이 아말렉은 예부터 이스라엘의 적이었고, 육신과 세상을 표상하였으며 영혼속에 있는 하나님의 참된 생명을 거스르는 적이었다. 하나님의 지시는 분명하고 단호하였다. 하나님은 아말렉을 철저히 멸망시키려 하셨다. 하나님은 사울의 아말렉 원정에 함께 하셨고 성공으로 보답하여 주셨기 때문에 사울은 아말렉을 정복하고 아말렉의 모든 도시를 폐허로 만들고 의기양양하게 돌아왔다. 그러나 사울은 전리품 가운데 가장 좋은 것들을 가져왔고 자신의 승리를 아름답게 장식하기 위해 아말렉 왕 아각을 살려서 데려왔다.

사울이 자신의 빛나는 성공과 큰 임무 완수를 자축하고 있을 때 사무엘이 도착하였다. 사울은 자신있게 사무엘을 만났지만 사무엘은 그를 엄하게 책망하였다. 사울은 "내가 여호와의 명령을 행하였나이다"(삼상 15:13) 하고 말한다. 그 다음에 하나님께서 사울을 버리셨다는 두려운 통고가 뒤따랐고, 말이 끝난 뒤 사무엘도 떠났다. 사울이 절망적으로 사무엘에게 매달리자 선지자의 옷이 사울의 손에서 찢겨져 나뉘었다. 그러자 사무엘이 그것이 언약이 파기되고 사울이 나라를 잃게 된 것을 보증한다고 단언하였다.

사울은 마지막 호소의 말로써 자신의 마음이 사실은 세상적이라는 것을 드러내고 말았다. 사울은 "이제 청하옵나니 내 백성의 장로들 앞과 이스라엘 앞에서 나를 높이사"(15:30) 하고 외쳤던 것이다. 하나님께서는 그의 요구를 약간 들어주셨고, 이를 두고 그의 천하고 얕은 마음은 한동안 만족하였다. 이 어둡고 두려운 장면에서 참된 순종과 진정한 성공의 요지가 되는 문장이 나온다. "순종이 제사보다 낫고 듣는 것이 숫양의 기름보다 나으니"(15:22).

이것이 사울의 실패의 비밀이었다. 사울에게는 진정으로 귀기울여 듣는 정신과 순종하는 의지가 부족하였던 것이다.

130

그는 자신이 좋아하는 것에 지장을 받지 않는 한에서 어느 정도까지는 하나님과 동행할 뜻이 있었다. 그러나 시험과 희생이 왔을 때 그의 순종은 실패하였고 그는 하나님보다 자신을 기쁘게 하였다. 이것이 사울과 다윗의 본질적인 차이이다. 다윗을 하나님의 마음에 합한 사람으로 만든 것이 바로 이것이었다. 다윗은 하나님께 순종하기를 원했고, 여호와를 기쁘시게 하는 것이 마음의 소원이었다.

사울은 자기 마음을 따르는 자였다. 그래서 그는 보잘것없는 사울이라는 사람을 영화롭게 하려고 했다. 그는 은혜 없는 능력과 거룩함이 없는 선물을 원하는 사람의 대표적인 유형이다.

아각을 살려두려는 마음은 그의 본 정신을 보여 주는 한 표본에 지나지 않았다. 그는 자신을 아끼려고 했던 것이다. 아각은 자기 생명의 표본이었고, 이 전체 이야기는 이처럼 모든 영적 복을 받는 길의 입구에는 자기를 십자가에 못박는 일이 기다리고 있다. 아말렉과 육신은 죽어야 한다. 사울은 그 둘을 죽이는 일을 하려고 하지 않았다. 그래서 사울이 죽어야 했던 것이다. 자기 생명을 아끼려 하는 자는 반드시 죽을 것이다. 그리고 자신의 육신적 생명을 기꺼이 잃으려 하는 자는 세상적 생명이 아니라 영원한 생명을 얻을 것이다(마 16:24-27).

이것이 사울의 경력에서 전환점이었다. 이때부터 하나님의 영이 그를 떠나고 "하나님께서 부리시는 악령이" 그를 사로잡았다. 그것은 사탄의 영이었고, 하나님의 허락 하에 이루어진 일이었다.

우리는 여기서 피할 수 없는 매우 두려운 주제 하나를 만난다. 우리는 성경의 많은 곳에서 사람들이 성령의 인도를 거절하고 자신의 길과 사탄의 길을 택할 때 주께서는 그런 자들이 자기 꾀를 좇게 버려 두고 악한 능력에 넘겨주시는 것을 배운다.

아, 하나님의 거룩한 것들을 소홀히 다루지 말자! 주제넘게 하나님께 불순종하고 있으면서 성도의 궁극적 구원을 가볍게 얘기하지 않도록 하자. 우리가 받아들일 준비가 되어 있을 때 하나님께서는 굴렁쇠가 넘어지지 않도록 이쪽 저쪽을 쳐서 계속 굴러가도록 하는 아이처럼 약속과 위협의 말씀으로 우리를 대하신다.

경솔하고 불순종하는 제자에게 주님은 이같이 아주 엄숙하게 말씀하신다. "그런즉 선 줄로 생각하는 자는 넘어질까 조심하라"(고전 10:12). 그러나 낙망하며 떠는 불쌍한 심령에게는 이같이 외치신다. "내가 결코 너희를 버리지 아니하고 너희를 떠나지 아니하리라"(히 13:5). "내 양은 내 음성을 들으며 나는 그들을 알며 그들은 나를 따르느니라 내가 그들에게 영생을 주노니 영원히 멸망하지 아니할 것이요 또 그들을 내 손에서 빼앗을 자가 없느니라"(요 10:27-28).

번연의 「천로역정」에 나오는 순례자처럼 소망을 가지면서 또한 두려워하도록 하자. 처음 내디딘 걸음을 뒤로 물리지 않도록 하자. 우리는 이 첫걸음이 어디에서 끝나게 될지 전혀 모른다. 사도는 그 길이 파멸에 이를 수도 있음을 시사하며 이같이 호소하신다. "그러므로 너희 담대함을 버리지 말라"(히 10:35). "우리는 뒤로 물러가 멸망할 자가 아니요 오직 영혼을 구원함에 이르는 믿음을 가진 자니라"(10:39).

다윗

다윗도 성령을 경험하였다. 성령께서 사울을 떠나셨음을 말하는 바로 그 단락에서 우리는 이 같은 말씀을 또한 듣는다. "사무엘이 기름 뿔병을 가져다가 그의 형제 중에서 그에게 부었더니 이날 이후로 다윗이 여호와의 영에게 크게 감동되니라"(삼상 16:13).

성령이 다윗에게 임하신 일의 첫 번째 효과가 사무엘상 18:5에 나온다. "다윗은 사울이 보내는 곳마다 가서 지혜롭게 행하매"(18:5).

이것은 능력을 부어 주시는 것일 뿐만 아니라 지혜와 은혜를 주셔서 다윗이 실생활을 잘 영위하고 왕과 모든 신하들에게 좋은 인상을 주게 하는 일이기도 하였다.

이후에 이어지는 다윗의 생애는 바로 성령의 능력이 전개되는 이야기이다. 시편에서 우리는 다윗의 내면 생활을 보며, 역사서에서는 이 내면 생활에 상응하였던 외적 이야기를 본다.

우리는 다윗이 국가적인 모든 성공뿐 아니라 자신의 군사적 업적과 신체적 능력도 모두 자기가 의지하고 있는 하나님의 능력으로 돌리는 것을 본다.

다윗이 자신이 지닌 힘의 비결을 직접 이야기하는 시편 18편만큼 이 사실을 입증하는 좋은 예는 없다.

> 내 손을 가르쳐 싸우게 하시니
> 내 팔이 놋 활을 당기도다
> 또 주께서 주의 구원하는 방패를 내게 주시며
> 주의 오른손이 나를 붙들고
> 주의 온유함이 나를 크게 하셨나이다(18:34-35).

군인이면서 왕인 다윗은 오늘날 주 예수 그리스도의 이름으로 우리에게 주시는 바로 그 능력을 직접 몸으로 받아서 활동하였으므로 자신의 모든 승리를 성령의 능력 때문으로 돌렸다.

다윗이 하나님을 의지한 예들

다윗의 전투 이야기를 보면 그가 끊임없이 하나님의 임재와 성령의 인도를 의지했음이 생생하게 나타난다. 심지어 다윗이 적진 가운데서 망명자로 방랑할 때조차 그가 끊임없이 자신의 모든 이동에 관해 주께 여쭙는 것을 본다. 다윗이 왕위에 오르자 블레셋 군대가 그를 치러왔을 때, 다윗은 즉시 여호와께 호소하며 이같이 묻는다. "다윗이 여호와께 여쭈어 이르되 내가 블레셋 사람에게로 올라가리이까 여호와께서 그들을 내 손에 넘기시겠나이까"(삼하 5:19). 대답이 오기 전에, 움직이라는 명령이 내리기 전에는 다윗은 감히 앞으로 나가려 하지 않았다.

그의 작전 행동이 승리로 마무리지어진 것은 말할 필요도 없다. 1년 후에 똑같은 적이 대거 다시 몰려왔을 때 다윗은 전처럼 나가서 싸우지 않았다. 다시 한 번 주께 나아가 직접적인 인도를 구했으나 이번에는 전혀 다른 지시를 받았다.

"올라가지 말고 그들 뒤로 돌아서 뽕나무 수풀 맞은편에서 그들을 기습하되 뽕나무 꼭대기에서 걸음 걷는 소리가 들리거든 곧 공격하라 그때에 여호와가 너보다 앞서 나아가서 블레셋 군대를 치리라 하신지라"(5:23-24). 확실히 이것은 전쟁에 대한 하나님의 계획이었고 하나님이 거두신 승리였다.

다윗은 이와 같이 전쟁을 하였다. 이와 같이 해서 그는 왕위를 얻었다. 그는 이와 같이 자기 백성을 다스리고 조직하였다. 영광스런 성전을 이와 같이 계획하였다. 그는 신약 시대의 좀 더 충만한 빛 가운데서 우리에게 임하시는 바로 그 성령의 능력으로 영광스런 삶을 살았다.

우리는 시편에서 그의 내면 생활과 성령의 관계를 즐겁게 보여 주는 계시들을 읽는다. 가장 깊은 영적 시들 가운데 한 시에서 이 기도를 본다. "나를 가르쳐 주의 뜻을 행하게 하소서 주의 영은 선하시니 나를 공평한 땅에 인도하소서"(143:10).

우리는 그 시편들 가운데서 우리의 고귀한 기독교적 경험이라는 항해에서 우리에게 등대 구실을 하는 깊은 영적 생활이 계시되는 것을 본다.

우리는 다른 어디에서도 이 시편들에서만큼 믿음에 대한 깊은 개념을 찾아볼 수 없다. 시편 37편은 바로 주 예수 그리스도께서 친히 말씀하신 팔복과 같은 것이다.

차이

두 가지 그림이 있는데 하나는 사울의 이야기에 대한 것이고, 또 하나는 다윗의 심령에 대한 것이다. 한 그림에서 하나님의 종에 대해 음모를 꾸미며 그를 죽이려고 하는 사람이 보인다. 또 다른 그림에서는 악을 행하는 사람들 때문에 초조해 하지 않고 거룩한 순종으로 주를 의지하는 신뢰의 심령이 나온다. 다윗은 자기 길을 주께 맡기고 조용히 하나님을 인내로 기다리며 주님을 의지하고 즐거워하며 주님으로부터 마음의 소원하는 바를 받았다.

이런 시편을 쓸 수 있는 사람은 확실히 성령의 샘에서 흡족히 마신 사람임에 틀림없다.

본문(시 51:9-12)을 보면 다윗의 개인적인 경험에서 나타난 성령에 대한 아주 분명한 설명이 나온다. 성령은 여기서 세 가지 면으로 그리고 명백히 다른 세 이름으로 소개된다. 첫째로 정직한 영으로 묘사된다. "내 안에 정직한 영을 새롭게 하소서." 둘째로, 성신으로 소개된다. "주의 성신을 내게서 거두지 마소서." 셋째로, 자유로운 영으로 묘사된다. 자유로운 영이란 문자적으로 위엄있는 영, 즉 생명과 자유를 전달하는 높고 고결한 영을 뜻한다. "자원하는 심령을 주사 나를 붙드소서"(51:12).

이것은 단순한 반복이 아니다. 첫째로, 정직한 영이 있다. 이것은 깨끗한 마음과 연결되어 있다. 그것은 창조의 활동이다. 그것은 거듭난 영혼의 정신이다. 정결케 된 마음이다. 그것은 성령께서 내주하시는 인격이라기보다는 하나님과 사람을 향하여 정직한 마음을 일으키시는 성령의 사역의 결과이다.

둘째로, 우리에게는 성령이 계시다. 이것은 성령 자신의 인격이다. 성령께서는 정직해진 마음에 들어오시고, 그의 능력과 거룩함으로 우리 안에 거하실 것이다.

거룩함을 가져오시는 분은 바로 성령이시다. 거룩함이란 바로 온전함, 완전함, 곧 하나님의 뜻에 전적으로 순응함을 뜻한다. 다윗은 여기서 사울이 그랬던 것처럼 성령을 잃을 수도 있음을 넌지시 암시한다. 그래서 그는 "주의 성신을 내게서 거두지 마소서" 하고 외친다.

다윗의 신뢰는 매우 아름답다. 다윗은 큰 위기에 봉착한 적이 있었다. 나라를 빼앗겼고 복을 받을 위치도 잃었다. 하나님께 대한 신뢰가 없었다면 절망에 빠졌을 것이다. 다윗은 타락하였다. 얼마나 깊이 타락하였든지 도덕적 본성을 거의 잃어버리고 영적 감수성이 마비되어 자신의 깊은 타락을 의식도 못한 채 4년이 지났을 정도였다. 꿈에서 깨어나 자신의 죄를 무섭게 의식할 때 자신의 불의를 사실로 깨닫는 것은 두려운 일이었다.

다윗은 성령의 빛 안에서 자신을 보고 다시 한 번 이같이 외쳤다. "내가 주께만 범죄하여 주의 목전에 악을 행하였나이다"(51:4). 이같이 어둡고 두려운 광경 앞에서 그는 이전에 어느 누구도 보지 못하였을 하나님의 은혜를 보았다. 그는 죄의 깊은 심연에서 일어나 자비의 고지에 올라 이같이 외칠 수 있었다. "내가 눈보다 희리이다"(51:7). 유다도 죄에 대해 그와 비슷하게 보았으나 자비를 보지 못하였으며, 그래서 그는 넘어지고 다시는 일어나지 못하였다. 그러나 하나님께서는 무한한 자비로 다윗에게 하나님의 사랑을 깨달을 수 있는 믿음을 주셨다. 그래서 그는 죄의 심연에서 일어나 구원의 고지에 오를 수 있었다. 우리는 가나안 여인의 이야기에서 이와 비슷한 사건을

본다. 그 여인에게 주님은 이같이 두려운 말씀을 하셨다. "자녀의 떡을 취하
여 개들에게 던짐이 마땅하지 아니하니라"(마 15:26, 막 7:27). "개들"이라는
표현은 죄와 사악한 범죄의 깊은 구렁텅이를 의미한다. 가나안 여인은 그 사
실을 부인하지 않았다. 그 사실을 겸손한 마음으로 받아들였다. 그 다음에
여인은 자신의 무가치함과 회개의 깊은 구렁에서 하나님의 사랑 안에 있는
지극히 높은 위치로 뛰어올라갔다. 그래서 개일지라도 주인의 떡부스러기를
먹을 수 있다고 주장하였다. 예수께서 놀라서 그녀를 바라보았다. 그 여자가
자신의 무가치함을 보고도 하나님의 자비와 은혜를 받아들일 수 있었기 때
문이다.

바로 이것이 지극히 암울한 시간에도 하나님을 신뢰할 수 있었던 심령이
었고, 바로 그 심령 때문에 다윗이 이전 어느 때보다 하나님께 가까이 다가
갈 수 있었던 것이다.

여기서 성령에 대한 세 번째 명칭이 나온다. "자원하는 심령을 주사 나를
붙드소서"(시 51:12). 그처럼 두려운 상태에서는 다윗이 하나님께로 돌아오
는 일에서 두려워하는 비굴해진 심령을 가지고 나올 위험이 있었다.

그래서 다윗은 하나님께서 자기에게 사랑과 거룩한 자유의 심령을 주시기
를 구한다. 다윗은 돌아와서 지극히 높은 자리에 앉고 가장 좋은 옷을 입으
며 왕의 반지를 끼고 하늘의 잔치에 앉은 탕자이다. 하나님은 우리 모두가
이 심령을 갖기를 바라신다. 그것은 아들의 영이고, 확신의 영이며 중생한
영이고 왕 같은 영이다.

하나님은 예수 그리스도 안에서 우리를 대하시되 "마치 주께서" 우리를
대하시듯이 한다. 하나님께서는 우리를 사랑하시는 자로 받으셨다. 그래서
하나님이 우리에게 주시는 위치를 받아들이고, 우리 자신을 우리 주 예수 그
리스도로 말미암아 하나님의 무한한 사랑과 만족의 대상으로 간주하는 것
만큼 하나님을 영예롭게 해 드리는 일이 달리 없다.

이것이 능력의 영이며 사랑의 영이다. 그 속에 샘이 있고 힘이 있는 영이
며 우리를 자기 희생과 이타적인 사랑으로 인도하는 영이다. 그래서 다윗은
이 말을 덧붙인다. "그리하면 내가 범죄자에게 주의 도를 가르치리니 죄인
들이 주께 돌아오리이다 내 혀가 주의 의를 높이 노래하리이다"(51:13-14).

다윗이 이 놀라운 시편 23편을 작성한 것이 이 경험과 관계가 있었는가? 확실히 우리는 23편에서 생각과 경험이 진보한 것을 본다. 첫째로, 목자의 보호 아래 회복된 양이 푸른 초장에서 기뻐하며 쉴만한 물가에 누워 있는 모습이 나온다. 그 다음에는 전혀 다른 그림이 나온다. 그것은 방황하는 양이다. 그러나 그 양은 회복의 노래 바깥에서는 기억되지 않는다. "내 영혼을 소생시키시고 자기 이름을 위하여 의의 길로 인도하시는도다"(23:3).

위기가 오는 것은 바로 이 부분이다. "사망의 음침한 골짜기"(23:4)가 나온다. 이것은 문자적인 의미의 죽음이 아니다. 참된 모든 생명이 반드시 거쳐야 하는 죽음이다. 그것은 아마 다윗도 우리야와 밧세바의 비극을 겪은 후에 거쳤을 자아와 죄에 대한 깊은 죽음이다.

비록 그것이 매우 어두운 골짜기일지라도 그 모든 것을 통해서 한 가지 밝은 요소가 있다. 그것은 바로 주님의 임재이다. "해를 두려워하지 않을 것은 주께서 나와 함께 하심이라 주의 지팡이와 막대기가 나를 안위하시나이다"(23:4).

여기서 다윗이 2인칭을 쓰는 것을 눈치챘을 것이다. 더 이상 '그가' 라고 말하지 않고 '당신께서' 라고 말한다. 하나님이 이제 곁에 계시고 그의 마음에 계신다는 말이다. 자, 모든 것이 완전히 변했다! 목자가 아니라 아버지이시고, 양우리가 아니라 잔칫집이며 가정이다. 탕자의 고통스런 귀향이 아니라 원수 앞에서 식탁이 차려지고, 머리에 기름을 바르고 넘치는 잔을 드는 것이다. 이것이 "자원하는 심령"이다. 이것은 다 받을 수 없는 넘치는 복이다. 그 앞에 모든 것이 훨씬 더 밝아졌다. 앞으로 다가올 전망을 바라보면서 그는 이같이 외친다. "내 평생에 선하심과 인자하심이 반드시 나를 따르리니 내가 여호와의 집에 영원히 살리로다"(23:6).

친애하는 형제들이여, 이것은 "다윗의 거룩하고 미쁜 은사"(행 13:34; 사 55:3)이다. 주님께서는 바로 그 영, 곧 성령을 주기를 기다리고 계신다. 즉 자원하는 영, 다시 말해 영과 혼과 몸에 충만한 복을 주기를 기다리신다. 아, 우리 가운데 죄와 낙망에 빠진 이들이 다윗처럼 일어서면 좋을 텐데! 그들은 낙망에 굴복하지 말고 몰락 가운데서 자비의 손을 깨닫도록 해야 한다. 그것은 하나님의 사랑이다. 즉 홀로 설 만큼 강하지 못함을 여러분에게 깨우쳐 주고, 여러분을 회복하시되 예전의 자리로 데려가시지 않고 하나님께서 여러분이 걸려 넘어지지 않도록 보호하고 영광스런 어전에 말할 수 없는 기쁨으로 흠없이 나타날 수 있는 자리로 회복시키신다는 것을 보여 주는 하나님의 사랑이다.

복되신 성령은 언제든지 여러분에게 이같이 말씀하실 수 있다. "너희는 나의 율례를 따르며 나의 규례를 지켜 행하고"(겔 20:19). "자유로운 영"(한글개역은 '자원하는 영')은 여러분을 가득 채우기를 바라시는데, 그렇게 함으로써 여러분에게 주실 물이 여러분 속에서 "영생하도록 솟아나는 샘물"(요 4:14)이 되기를 원하신다. 아니, 그 이상이다. 즉 그의 충만함을 마시면 여러분이 그 복을 갖게 되는 것이 아니라 여러분의 가장 깊은 곳에서 생수의 강이 다른 사람에게로 흘러나가게 된다는 것이다. 여러분이 받은 복은 다윗의 노래의 종결부에서 절정에 이른다. "그리하면 내가 범죄자에게 주의 도를 가르치리니 죄인들이 주께 돌아오리이다 … 주여 내 입술을 열어 주소서 내 입이 주를 찬송하여 전파하리이다"(시 51:13,15).

제 12 장

잠언에 나타난 성령

지혜가 길거리에서 부르며
광장에서 소리를 높이며
시끄러운 길목에서 소리를 지르며
성문 어귀와 성중에서 그 소리를 발하여 이르되

너희 어리석은 자들은 어리석음을 좋아하며
거만한 자들은 거만을 기뻐하며
미련한 자들은 지식을 미워하니
어느 때까지 하겠느냐
나의 책망을 듣고 돌이키라
보라 내가 나의 영을 너희에게 부어 주며
내 말을 너희에게 보이리라(잠 1:20-23).

솔로몬의 초기 역사에는 그의 비범한 생애의 비결을 보여 주는 아름다운 사건이 나온다.

솔로몬이 아비 다윗의 위에 오른 직후에 주께서 기브온에서 나타나 그가 어떤 복을 원하든지 주겠다고 하셨다. 솔로몬은 부와 권력, 장수, 적의 목숨을 구하지 않고 단순히 지혜를 구하였다. 하나님께서는 솔로몬이 단순히 그한 가지를 택한 것을 매우 기뻐하시고 그에게 지혜뿐만 아니라 그 밖의 모든 복도 주셨다. 솔로몬은 초인간적인 지혜로 유명하게 되었고, 잠언에는 짧고 금언적인 형태로 이루어진 지혜의 말들이 나온다.

스코틀랜드 사람들은 매일 생활의 인도를 받기 위해 실제적인 지침서로 속옷 주머니에 작은 잠언서를 필수품으로 가지고 다닌다는 말이 있다.

잠언은 생활의 매우 실제적이고 중요한 면을 계시하고, 매일 생활에 영향을 미치는 성령의 교훈과 활동을 준다. 잠언 전체를 이해하는 열쇠는 지혜라는 단어이다. 지혜라는 말이 수십 번 나온다.

지혜라는 말은 독특한 히브리어이며, 본문에서는 그 단어가 의인화되고 실제 이름이 되기까지 한다. 그것은 신약에서 우리 주 예수 그리스도에 적용된 또 다른 용어와 흡사하다. 즉 요한복음 1장에서 말씀 혹은 로고스로 소개된 단어와 같다. 요한복음의 말씀과 잠언의 지혜는 사실상 한 인물, 즉 주 예수 그리스도를 가리킨다. 이 고대의 책은 그리스도께서 태곳적부터 가지셨던 영광을 계시한다. 그러나 주 예수 그리스도는 언제나 성령과의 관계 속에 계신다. 성령께서는 그리스도를 계시하고 그리스도의 지상 사역 동안 그를 충만히 채우고 그를 통하여 말씀하고 일하셨다. 잠언에 나오는 지혜는 예수 그리스도의 의인화일 뿐만 아니라 복되신 성령의 의인화이기도 하다.

오래된 성경 본문에 나오는 이 복되신 분의 그림들 가운데 몇 가지를 살펴보기로 하자.

1. 태곳적부터 가지셨던 인격적 영광

첫째, 그리스도께서 태곳적부터 지니셨던 인격적 영광을 입으신 모습이 나온다. 이 사실이 잠언 8장의 장엄한 광경에서 나타난다. "여호와께서 그 조화의 시작 곧 태초에 일하시기 전에 나를 가지셨으며"(8:22).

이 복되신 분은 창세 전에 계셨다.

> 만세 전부터, 태초부터, 땅이 생기기 전부터
> 내가 세움을 받았나니
> 아직 바다가 생기지 아니하였고
> 큰 샘들이 있기 전에 내가 이미 났으며
> 산이 세워지기 전에,
> 언덕이 생기기 전에 내가 이미 났으니

140

하나님이 아직 땅도, 들도,
세상의 진토의 근원도 짓지 아니하셨을 때에라(8:23-26).

다음으로 우리는 주께서 창조 사역에 관여하심을 본다.

그가 하늘을 지으시며
궁창을 해면에 두르실 때에 내가 거기 있었고
그가 위로 구름 하늘을 견고하게 하시며
바다의 샘들을 힘 있게 하시며
바다의 한계를 정하여 물이 명령을 거스르지 못하게 하시며
또 땅의 기초를 정하실 때에 내가 그 곁에 있어서
창조자가 되어 날마다 그의 기뻐하신 바가 되었으며
항상 그 앞에서 즐거워하였으며
사람이 거처할 땅에서 즐거워하며
인자들을 기뻐하였느니라(8:27-30).

아, 이 빛나는 구절들이 영원부터 성부와 성자와 성령의 관계에 대해 얼마나 풍성한 빛을 던져 주는지! 그리고 이 말씀이 불쌍한 인류에게 얼마나 큰 사랑을 계시해 주는지! "사람이 거처할 땅에서 즐거워하며 인자들을 기뻐하였느니라"(8:31).

여러분의 사랑을 구하는 이 복되신 그리스도, 이 복되신 보혜사는 다름 아니라 영원하신 이위 하나님과 삼위 하나님이시다. 성자 하나님과 성령 하나님에 의해 하늘이 지어졌고 땅이 형성되었다. 자연의 모든 위엄은 다 이 두 분의 손으로 지어졌다. 시대의 모든 지혜는 두 분의 영원한 지성에서 나온 것이다. 이 두 위께서는 하나님의 지혜와 권능을 나타내실 뿐만 아니라 태초부터 우리에 대해 생각하셨고 마지막까지 우리에게 보이실 사랑을 나타내기도 한다.

이 세계가 지어졌을 때, 산이 형성되고 샘과 강이 흐르기 시작했을 때 하나님은 우리를 생각하셨고 성령은 우리의 행복과 복지를 위해 계획을 세우

고 계셨다.

물질적인 전 우주, 곧 자연의 모든 구조, 시대의 모든 섭리는 우리의 창조
와 구속, 영원한 영광을 생각하고 계획된 것이다. 구속은 하나님의 때늦은
생각이 아니다. 하나님께서 이 땅을 만들고 별들이 궤도를 따라 운행되도록
하셨을 때 사람의 창조와 미래의 운명을 예상하고 그같이 하셨다. 아, 하나
님의 영원한 과거를 생각할 때 확실히 우리는 미래를 하나님께 맡길 수 있
다! 아, 확실히 우리는 이 하늘을 측량하고 땅의 기초를 놓으신 이 전능자의
손에 그리고 처음부터 우리를 사랑하셨고 마지막까지 우리를 사랑하시는
영원하신 사랑의 마음에 운명을 맡기는 일에 주저할 필요가 없다!

그러나 우리는 성령의 역할을 창조에서뿐만 아니라 섭리에서도 본다.

> 나로 말미암아 왕들이 치리하며
> 방백들이 공의를 세우며
> 나로 말미암아 재상과 존귀한 자
> 곧 모든 의로운 재판관들이 다스리느니라(8:15-16).

성령의 지혜는 사람의 모든 높고 위대한 생각에 영감을 불어넣는 지혜이
다. 성령의 모든 열정은 인간의 천재적인 감동에 불을 지핀 열정이다. 성령
은 모든 생명과 진리와 지혜와 능력의 원천이시다. 그리고 성령은 우리의 지
혜와 안내자와 능력이 되시며 동시에 우리의 모든 충족하심이 된다.

확실히 우리는 성령께서 영광스런 이 모든 기록의 빛 가운데서 우리를 부
르시는 온유한 음성에 주의를 기울이는 것이 마땅하다.

> 아들들아 이제 내게 들으라
> 내 도를 지키는 자가 복이 있느니라
> 훈계를 들어서 지혜를 얻으라
> 그것을 버리지 말라
> 누구든지 내게 들으며
> 날마다 내 문 곁에서 기다리며

> 문설주 옆에서 기다리는 자는 복이 있나니
> 대저 나를 얻는 자는 생명을 얻고
> 여호와께 은총을 얻을 것임이니라
> 그러나 나를 잃는 자는 자기의 영혼을 해하는 자라
> 나를 미워하는 자는 사망을 사랑하느니라(8:32-36).

2. 집을 세움

다음 장은 집을 세우는 하나님의 지혜를 계시해 준다. 이 거룩한 지혜는 일곱 기둥을 베어 세우고 짐승을 잡으며 상을 차린다. 그 다음에 풍성하고 우아한 잔치에 친구들을 초대한다. 이것 역시 성령에 대한 그림이다. 이 지혜가 세우고 있는 집은 그리스도의 교회이다. 집 앞에 세우는 일곱 기둥은 진리, 의, 생명, 믿음, 사랑, 능력 그리고 희망이다. 그 제사는 그리스도의 제물, 곧 우리의 위대한 구속이다. 준비된 잔치는 그리스도께서 친히 제공하시는 그의 사랑의 잔치, 곧 생명의 떡잔치이고, 성령의 내주하심으로부터 오는 기쁨과 복의 포도주이다. 성령께서는 굶주리는 세상을 이 자비의 복된 집으로, 하늘의 모든 복으로 차려진 식탁으로 초대하고 계시는 것이다.

이 그림의 전면에 서 있는 이 복된 여인과 대조적으로 마지막 구절에 보이는 또 다른 여인이 있다. 그는 잠언의 그림에서 아주 자주 등장하는 여인이다. 즉 인생의 대로에 앉아서 지나가는 사람들에게 자신의 부정한 즐거움에 참여하라고 부르고, 어리석고 단순한 자들에게 그녀의 금지된 쾌락에 참여하라고 초대하며 그들에게 이렇게 말하는 악한 여인이다. "도둑질한 물이 달고 몰래 먹는 떡이 맛이 있다"(9:17).

그러나 그 문 뒤에는 뼈만 앙상한 무서운 해골이 있고, 어리석음과 죄가 거하는 집에서 나오는 두려운 외침이 있다. 왜냐하면 선지자는 이같이 우리에게 말하기 때문이다. "죽은 자들이 거기 있는 것과 그의 객들이 스올 깊은 곳에 있는 것을 알지 못하느니라"(9:18).

그래서 두 집이 인생의 대로에 마주 서 있다. 하늘의 집에서는 성령께서 문앞에 서서 죄와 슬픔의 자녀들 속에서 이러한 말로 초대하고 계신다.

오라 너희 목마른 자들아
물로 나아오라
돈 없는 자도 오라
너희는 와서 사 먹되
돈 없이, 값 없이 와서
포도주와 젖을 사라
너희가 어찌하여 양식이 아닌 것을 위하여
은을 달아 주며
배부르게 하지 못할 것을 위하여 수고하느냐(사 55:1-2).

바로 길 건너편에는 쾌락의 집, 수치의 집, 죄의 집에 수많은 사람들이 몰려 들고 있다. 이들의 발걸음이 지옥의 문 옆에서 울리고 있다.

3. 성령의 의인화

우리는 잠언의 첫 장으로 돌아간다. 성령을 의인화하여 그린 지혜에 대한 또 다른 그림이 있다. 지혜는 이제 큰 도시의 거리에서, 문 입구에서, 광장에서 무심코 지나가는 무리들에게 이같이 외친다.

너희 어리석은 자들은 어리석음을 좋아하며
거만한 자들은 거만을 기뻐하며
미련한 자들은 지식을 미워하니 어느 때까지 하겠느냐
나의 책망을 듣고 돌이키라
보라 내가 나의 영을 너희에게 부어 주며
내 말을 너희에게 보이리라(1:22-23).

이분이 바로 타락하여 멸망해 가는 세상에 호소하시는 성령이다. 이분이 바로 사람들에게 하나님께로 돌이키라고 초대하는 복음을 전하는 자들 속에 계신 하나님의 영이시다. 이것이 복음의 메시지를 통해서 사람을 구원하려고 하는 하나님의 자비에 대한 모습이다.

지혜가 강단 뒤에 서 있거나, 화려한 성당의 대리석 계단 위에 서 있지 않은 것을 유의하여 보라. 죄인에게 가는 지혜의 방식은 이사야가 예언했던 방식이고 요나가 설교했던 방식이며, 예수께서 전도하고 바울이 복음을 선포했던 방식이었다.

우리는 죄악된 세상이 우리 문으로 오기를 기다릴 수 없다. 우리는 빨리 나가서 억지로 그들을 붙잡고 안으로 들어와야 한다. 우리가 성령으로 충만해 있다면 지혜가 부르짖는 것처럼 우리도 길거리에서 부르짖고 많은 무리가 모이는 광장 한가운데서, 들어가는 문 입구에서 소리높여 외칠 것이다. 그것은 오래 전부터 들려왔던 바로 그 외침이다. "회개하라", "나의 책망을 듣고 돌이키라." 그것은 사람들에게 죄에서 돌이키고 하나님께로 가라고 외치는 초청이다. 그 초청과 함께 하나님께서 돌이키는 죄인에게 성령을 주시어 회개하고 믿고 순종하게 하실 것이라는 약속도 온다.

이 메시지에 귀를 기울이며 이 구절을 읽는 범죄한 영혼이 한 사람이라도 있는가? 지혜는 여러분에게 이같이 외친다. "나의 책망을 듣고 돌이키라." 여러분이 스스로 복된 자리에 설 때 하나님께서 성령을 여러분에게 부어 주실 것이다. 하나님께서 이미 주신 빛을 여러분이 계속해서 따르며 복종할 때 여러분에게 말씀을 깨닫게 하고 여러분을 모든 진리 가운데로 인도하실 것이다. 그러나 회개하고 믿기를 거절하는 사람들에 대해서는 똑같이 엄숙한 경고의 말씀이 있다. 이 경고의 외침은 참으로 슬프고 엄숙하다.

> 내가 불렀으나 너희가 듣기 싫어하였고
> 내가 손을 폈으나 돌아보는 자가 없었고
> 도리어 나의 모든 교훈을 멸시하며
> 나의 책망을 받지 아니하였은즉
> 너희가 재앙을 만날 때에 내가 웃을 것이며
> 너희에게 두려움이 임할 때에 내가 비웃으리라
> 너희의 두려움이 광풍 같이 임하겠고
> 너희의 재앙이 폭풍 같이 이르겠고
> 너희에게 근심과 슬픔이 임하리니(1:24-27).

아, 그 분노의 구름이 얼마나 짙게 드리웠는지!

그 다음에는 문장의 구조에 기이하고 무서운 변화가 일어난다. 문장이 2인칭에서 3인칭으로 바뀐다. 이제는 더 이상 여러분이 아니고 그들이다. 이제 하나님께서 아주 멀리 떠나셨으므로 타락한 불쌍한 영혼에게 더 이상 말씀하시지 않고 오직 이 말씀만 하실 뿐이다.

> 그때에 너희가 나를 부르리라 그래도 내가 대답지 아니하겠고
> 부지런히 나를 찾으리라 그래도 나를 만나지 못하리니
> 대저 너희가 지식을 미워하며
> 여호와 경외하기를 즐거워하지 아니하며
> 나의 교훈을 받지 아니하고
> 나의 모든 책망을 업신여겼음이니라
> 그러므로 자기 행위의 열매를 먹으며
> 자기 꾀에 배부르리라(1:28-31).

이것은 성령의 메시지를 거절하고 하나님의 은혜의 복음을 듣지 않는 모든 사람에게 성령께서 발하시는 엄숙한 목소리이다.

그러나 폭풍우를 실은 구름이 쓸려 지나갈 때 어두운 그림자 위로 무지개가 뜬다. 즉 성령의 경고에 주의하고 그의 목소리를 귀담아 들은 사람들에게는 약속의 무지개가 나타난다. 하나님께서는 그 무지개가 여러분에게 하나님의 말씀이 될 수 있고, 그러면 여러분이 그 책망을 듣고 돌이킬 것이라고 인정하신다. "오직 내 말을 듣는 자는 평안히 살며 재앙의 두려움이 없이 안전하리라(1:33). 이는 모든 악으로부터, 악의 그림자와 접촉으로부터 구원을 받게 하는 복된 약속이다.

4. 진리를 찾음

우리는 어떻게 진리를 찾을 것인가? 우리는 이 하늘의 지혜를 어떻게 받을 수 있겠는가? 그 답은 잠언 2장의 처음 9절에서 얻을 수 있다.

146

내 아들아 네가 만일 나의 말을 받으며
나의 계명을 네게 간직하며
네 귀를 지혜에 기울이며
네 마음을 명철에 두며
지식을 불러 구하며
명철을 얻으려고 소리를 높이며
은을 구하는 것 같이 그것을 구하며
감추어진 보배를 찾는 것 같이 그것을 찾으면
여호와 경외하기를 깨달으며
하나님을 알게 되리니(2:1-5).

여기에 거룩한 가르침의 비결이 있는데, 그것은 깊은 열정과 일편단심, 끈질긴 추구이다. 귀와 마음과 전존재를 바쳐야 한다. 우리는 무엇보다 하나님을 바라고 사람들이 보물과 금광을 찾고 은과 금을 구하듯이 하나님을 구해야 한다.

하나님께서는 귀한 모든 것을 감추어 두어 부지런한 사람에게는 보상이 되고 열심인 사람에게는 상이 되며 게으른 자에게는 실망이 되도록 하셨다. 모든 자연은 빈둥거리는 자들과 게으른 자들에게는 거스려 대항한다. 밤은 가시껍질 속에 숨겨져 있고, 진주는 바다의 파도 아래 묻혀 있으며, 금은 산의 바윗속에 갇혀 있다. 보석은 품고 있는 바위를 깨트린 후에야 비로소 얻을 수 있다. 땅은 수고하는 농부에게 근면의 보상으로 수확물을 준다. 진리와 하나님은 부지런히 찾아야 한다. "찾으라 그리하면 찾아낼 것이요 문을 두드리라 그리하면 너희에게 열릴 것이니"(마 7:7).

성령은 뜻과 소원이 참으로 간절하고 확고할 때 충만히 주어진다. 다른 모든 것을 희생하지 않고서는 하나님의 거룩한 것들을 얻을 수 없다. "내가 그를 위하여 모든 것을 잃어버리고 배설물로 여김은 내 주 그리스도 예수를 아는 지식이 가장 고상하기 때문이라"(빌 3:8). 이것이 거룩한 것을 얻을 수 있는 참된 정신이다. 이 상은 모든 사람에게 주어지지 않는다. 모든 사람이 경주하지만 한 사람만 상을 받는다. 하나님은 우리에게 근면과 일편단심, 자기 희생, 목적과 강한 소원을 주신다. 하나님은 진실된 마음에 대해서는 자신을 보상으로 주려고 기다리고 계신다. 그것은 "너희가 온 마음으로 나를 구하면 나를 찾을 것이요 나를 만나리라"(렘 29:13)는 말씀과 같이 언제나 참된 사실이다.

5. 찾는 자에게 주는 메시지
보물을 찾고 구하는 자에게 주는 지혜의 메시지가 잠 3:13-18에 나온다.

> 지혜를 얻은 자와
> 명철을 얻은 자는 복이 있나니
> 이는 지혜를 얻는 것이
> 은을 얻는 것보다 낫고
> 그 이익이 정금보다 나음이니라
> 지혜는 진주보다 귀하니
> 네가 사모하는 모든 것으로 이에 비교할 수 없도다
> 그의 오른손에는 장수가 있고
> 그의 왼손에는 부귀가 있나니
> 그 길은 즐거운 길이요
> 그의 지름길은 다 평강이니라
> 지혜는 그 얻은 자에게 생명 나무라
> 지혜를 가진 자는 복되도다.

또한 8:10-11에도 나온다.

> 너희가 은을 받지 말고 나의 훈계를 받으며
> 정금보다 지식을 얻으라
> 대저 지혜는 진주보다 나으므로
> 원하는 모든 것을 이에 비교할 수 없음이니라.

그리고 18-21절에도 나온다.

> 부귀가 내게 있고
> 장구한 재물과 공의도 그러하니라
> 내 열매는 금이나 정금보다 나으며
> 내 소득은 순은보다 나으니라
> 나는 정의로운 길로 행하며
> 공의로운 길 가운데로 다니나니
> 이는 나를 사랑하는 자로 재물을 얻어서
> 그 곳간에 채우게 하려 함이니라.

이상의 것들은 하늘의 지혜가 진심으로 자기를 찾는 자들에게 주는 보물들이다.

전체 교훈의 요지는 솔로몬의 생애에 잘 나타났다. 솔로몬은 지혜를 구하되 오직 지혜만을 구할 줄 아는 지혜가 있었다. 그리고 하나님께서는 그가 택하지 않은 모든 것도 그에게 추가로 주셨다. 우리가 성령을 구하면 성령께서 우리에게 선한 모든 것의 총계와 본질이 되실 것이다.

성령은 우리에게 평안과 행복과 기쁨과 안식, 건강, 힘, 섭리, 보호, 인도, 공급, 두려움과 염려로부터의 자유가 되실 것이며, 하나님께서 신뢰하는 마음에 주실 수 있는 모든 선물과 복이 되실 것이다.

과부의 기름병처럼, 우리 안에 계신 성령께서는 마음으로 소원하거나 생활에 필요한 모든 것을 채워 주실 것이다. 하나님께서는 우리가 지혜롭고 행복한 선택을 할 수 있도록 도와주시고, 그 안에서 모든 것을 갖고 모든 것 속에서 그분을 얻도록 도우실 것이다. 우리가 하나님의 나라와 그의 의를 구할 때 다른 모든 것을 주실 것이다.

이것으로 솔로몬이 그의 빛나는 인생을 시작했다. 솔로몬이 시작했던 곳에서 인생의 끝을 맺었더라면 일생이 행복하였을 것이다. 그러나 하나님의 복이 바로 그에게 올무가 되었다. 그의 마음이 모든 복의 원천에서 벗어나 복 자체로 돌아선 것이다. 그의 마음이 자기를 둘러싸고 있는 것들에 쏠려

버렸다. 즉 아내와 친구, 보물, 혹은 자신의 지혜에 애정을 쏟았던 것이다. 솔로몬은 창조주에게서 떨어져 나와 피조물에게 함몰되었고, 높은 지혜에서 어리석음과 수치와 슬픔의 구렁텅이로 떨어지고 말았다.

모세는 율법이 아무것도 온전케 하지 못한다는 것을 보여 주지 못했고, 솔로몬은 사람의 아무리 훌륭한 지혜라도 하나님의 자녀에게는 불충분한 것임을 보여 주는데 실패하였다. 감사하게도, "솔로몬보다 더 큰 이가 여기 있느니라"(마 12:42; 눅 11:31). 곧 주 예수 그리스도이시다. 즉 지혜가 있는 것이 아니라 그 자신이 지혜자이시며, 거룩함이 여기 있는 것이 아니라 거룩하신 자가 계시며, 우리의 최상이 하나님의 최선이 아니라 우리 속에 계신 그분 자신이 하나님께 최선이 되신다.

그리스도를 하나님의 지혜로 받아들이고, 그리스도께서 하나님의 지혜이심을 생활로 증거하도록 하자. "너희는 하나님으로부터 나서 그리스도 예수 안에 있고 예수는 하나님으로부터 나와서 우리에게 지혜와 의로움과 거룩함과 구원함이 되셨으니"(고전 1:30).

복되신 성령은 그리스도를 우리 마음에 모셔오고 그를 계시하며 우리 생활 속에서 그분이 기묘자요 전능하신 하나님이요 영생하는 아버지이시며 평강의 왕(사 9:6)이시고 세상의 빛이심을 나타내려고 기다리신다. "나를 따르는 자는 어둠에 다니지 아니하고 생명의 빛을 얻으리라"(요 8:12).

제 13 장

세미한 소리
(열왕기상)

여호와께서 이르시되 너는 나가서 여호와 앞에서 산에 서라 하시더니
여호와께서 지나가시는데 여호와 앞에 크고 강한 바람이 산을 가르고 바위를
부수나 바람 가운데에 여호와께서 계시지 아니하며 바람 후에 지진이 있으나
지진 가운데에도 여호와께서 계시지 아니하며 또 지진 후에 불이 있으나 불
가운데도 여호와께서 계시지 아니하더니 불 후에 세미한 소리가 있는지라 엘
리야가 듣고 겉옷으로 얼굴을 가리고 나가 굴 어귀에 서매
소리가 그에게 임하여 이르시되 엘리야야 네가 어찌하여 여기 있느냐
(왕상 19:11-13).

　"세미한 소리"라는 아름다운 이 표현은 성령을 지칭하는 여러 이름 가운데 하나로 거의 인정되었다. 이 전체 장면은 여러 시대뿐만 아니라 모든 개인의 내적 경험에서도 행하시는 성령의 활동을 보여 주는 좋은 실례이다.

　이 장면은 매우 극적이다. 엘리야는 놀라운 사역의 정점에 이제 막 도달하였다. 갈멜 산의 장엄한 광경에서 엘리야가 그의 경력의 정점에 서 있는 것을 본다. 하나님께서는 엘리야의 믿음과 기도에 대해 불을 내리는 것으로써 응답하셨다. 온 나라가 그의 뜻대로 움직였고 왕조차도 어린아이처럼 어찌할 줄 모르고 그의 명령에 따랐다. 반면에 대중의 폭풍 같은 열광에 항거할 수 없었던 바알의 선지자들은 심판의 칼날에 전멸되었다. 수년 동안 닫혀 있던 하늘도 선지자의 명령에 따라 수문을 열었다. 하늘과 땅의 군대 총사령관처럼 엘리야는 승리의 행렬을 바로 수도의 성문에까지 이끌고 갔다. 그러나

또 다른 장면이 처음과 마찬가지로 극적으로 나타난다.

이스라엘에는 엘리야가 성령에 사로잡혀 있는 만큼 철저하게 마귀에 사로잡혀 있는 마음이 있다. 그녀는 이 놀라운 소식을 듣고도 눈 하나 꿈쩍하지 않는다. 오히려 굳은 얼굴과 강철 같은 마음으로 다음과 같이 사납고 도전적인 말을 내뱉는다. "내가 내일 이맘때에는 반드시 네 생명을 저 사람들 중 한 사람의 생명과 같게 하리라 그렇게 하지 아니하면 신들이 내게 벌 위에 벌을 내림이 마땅하니라 한지라"(왕상 19:2).

그것은 지옥의 포대에서 바로 방향을 잡고 쏜 사격이었다. 한 순간에 그 포격은 두려운 효력을 발휘하였고, 불같던 선지자가 어린아이처럼 무너졌다. 엘리야의 도주에 대한 생생한 묘사를 보면 다소 우스꽝스런 점이 있다. "그가 이 형편을 보고 일어나 자기의 생명을 위해 도망하여"(19:3).

엘리야는 브엘세바 밑에 있는 국경에 이르기까지 도망하는 것을 멈추지 않았다. 거기에서조차 엘리야는 오래 머무르지 않고 사환을 보내고 자신은 급히 광야를 가로질러 갔고 배고픔과 피곤에 완전히 지쳐서 모래땅에 주저앉아 로뎀 나무 밑에 누운 채 절망감에 숨을 헐떡이며 말했다. "넉넉하오니 지금 내 생명을 거두시옵소서 나는 내 조상들보다 낫지 못하니이다"(19:4).

하나님께서는 당신의 지친 자녀를 애정어린 손길로 돌보고 간호하셨다. 엘리야를 잠들게 하신 후 깨워서 천사의 손으로 먹을 것을 공급하시되 그가 여행을 더할 수 있을 만큼 충분히 힘을 얻을 때까지 공급하셨다. 그리고 나서 하나님은 엘리야를 하나님의 산, 호렙으로 보내셨다.

엘리야는 험한 바위산의 한 굴 입구에서 여호와의 메시지를 기다렸다. 엘리야의 심정은 몹시 흔들리고 달아올라 있었다. 엘리야는 자신의 인생이 실패하였다고 느꼈고, 자신이 이룰 수 없다고 느낀 일을 성취할 힘을 갈망하였다. 어쩌면 그는 잠깐이라도 세상을 지배할 수만 있다면 사태는 전혀 달라질 것이라고 생각했을지도 모른다. 엘리야는 그저 어떤 일이 일어나길 바라는 심정 가운데 있었다. 어떤 일이든 이런 침묵보다 낫고, 자연 세력들의 충돌도 이런 심정을 가진 사람에게는 사치스런 휴식처럼 보였을 것이다.

오래지 않아 그의 생각은 이루어져서, 하나님께서 그에게 자연의 목소리를 통해 말씀하시기 시작하였다. 처음에는 강력한 지진이 일어났다. 견고한 땅이 일어나고 바위가 산산이 부서지며 광야의 한복판이 바다의 파도처럼 일어나서, 엘리야 자신이 쉬고 있는 곳에서 내동댕이쳐지고 사방에서 벌어지고 있는 두려운 틈새로 빠져버릴 것 같았다. 그러나 엘리야는 꼼짝하지 않고 일어나고 있는 모든 광경을 똑바로 보았다. 그런 광경에는 그의 영혼을 감동시키는 것이 아무것도 없었다. 지진이 왔다 갔지만 그는 "지진 가운데에도 여호와께서 계시지 아니하다"고 느꼈다.

그 다음에는 강한 폭풍이 왔다. 대기를 온통 모래구름으로 가득 채우고 산 사이를 휩쓸고 지나가며 견고한 바위를 뿌리 채 뽑아버리며 삼림을 흔들어 끝없는 나락으로 내어던지는 무서운 폭풍이 왔다. 대기에는 무시무시한 천둥소리가 울려 퍼지고 두려운 번개로 떨렸다.

그의 귀는 시험하는 자의 무서운 고함소리로 멍멍해졌다. 그러나 이 미친 듯한 혼동 속에서도 선지자는 꼼짝하지 않았다. 어쩌면 그의 불붙은 심정은 그런 무서운 자연 세력에 마음이 편안해졌을지도 모른다. 거기에도 그의 깊은 마음에 와 닿는 것이 없었다. 폭풍이 지나갔지만 "바람 가운데에 여호와께서 계시지 아니하였다."

그 다음에 불이 왔다. 아마도 그것은 하늘의 벼락이었을 것이다. 그것은 번개가 치면서 생긴 불로, 삼림에 불이 붙어 맹렬한 기세로 온 산을 태워 버리는 불이었을 것이다. 그것은 하늘에서 떨어져 맹렬한 기세로 타오르는 초자연적인 두려운 불꽃이었을 것이다. 과거 시내 산 시대, 곧 모세가 율법을 받았던 광야 시대에 내렸던 불길처럼 그의 눈앞에서 떨며 타오르는 불길이었을 것이다. 그러나 이런 광경을 보고도 엘리야는 눈 하나 꿈쩍하지 않았다. 그는 미동도 하지 않고 똑바로 그 불길을 응시하였고, 그의 마음은 여전히 전처럼 조바심이 나 있었다.

그 다음에 폭풍 전야의 고요처럼 혹은 음악적 긴장에서 나오는 강조를 위한 휴지처럼 두려운 침묵이 왔다. 그리고 그때 그의 귀에 생소한 "세미한 소리"가 들렸다. 새 번역 성경들은 그 소리를 "부드럽고 조용한 소리" "부드럽게 속삭이는 소리"라고 표현한다. 곧 저녁종보다 부드럽고 어머니의 목소리보다 달콤하며 가장 온화한 음악적 음표보다 온화한 소리가 들렸던 것이다. 그 소리는 그의 영혼의 감각에도 크게 울렸을 것이다. 그 세미한 소리는 아주 깊고 부드러우면서도 마음을 꿰뚫는 것이어서 엘리야의 가장 깊은 존재를 흔들 정도였다.

그 소리는 엘리야의 온 영혼을 흔들어 예민하고 두렵게 만들었다. 그래서 엘리야는 겉옷으로 얼굴을 가리고 굴 밖으로 나와 여호와의 발 앞에 엎드려 하나님의 메시지를 들었다. 마침내 불같던 마음이 잦아들었고 억센 의지가 무너지고 완고하던 선지자가 어린아이처럼 되었다.

이 놀라운 드라마가 주는 의미는 무엇인가?

교훈

1. 엘리야 자신에 대한 교훈

첫째로 이 장면은 엘리야 자신에 대한 의미가 있다. 엘리야는 진정할 필요가 있었다. 그가 갈망했던 세력은 하나님께서 자유롭게 쓰시는 힘 가운데 최고의 것들이 아님을 알 필요가 있었다. 그의 완고하고 억센 품성은 누그러질 필요가 있었고 온유함과 사랑이 지닌 지극히 깊은 힘을 배울 필요가 있었다.

2. 엘리야와 엘리사에 대한 교훈

둘째로, 그보다 더 중요한 의미가 있었다. 그것은 엘리야와 엘리사, 두 선지자의 사역에 대한 일종의 그림이었다. 엘리야의 사역은 일시적인 시대에 지나지 않았다. 엘리야는 봄 오기 전에 겨울이 오듯이, 씨를 뿌리기 전에 쟁기질을 하듯이, 소나기가 오기 전에 폭풍이 불듯이 온 것이다. 엘리야의 사역은 심판과 파멸의 사역이었다. 그러나 봄의 햇볕은 겨울의 폭풍보다 강력하다. 흙 속에 떨어진 작은 씨앗은 밭고랑을 파는 보습보다 혹은 바위를 깨트리는 다이나마이트보다 강력하다. 그와 같이 엘리야의 뒤를 잇는 엘리사의 온유한 사역은 위대한 선지자 엘리야의 파괴적인 모든 기적보다 강력하고 결실이 풍부하였다. 엘리야는 제자리에 있었다. 그러나 지진과 돌풍과 무서운 심판의 불이 지나가야 했다. 그리고 엘리사의 좀 더 온유한 가르침과 은혜의 기적이라는 "세미한 소리"가 대신 와야 했다.

새시대

154

이 모든 것은 훨씬 더 고귀한 시대에 대한 그리고 한층 거대한 약속에 대한 예언이었다. 왜냐하면 엘리야와 그의 사역은 율법과 모세의 시대를 대표하는 것인 반면에 엘리사는 주 예수 그리스도와 그리스도의 은혜의 복음을 예표하였기 때문이다. 호렙 산에서의 장면은 율법과 은혜, 심판과 자비, 옛 시대와 새시대의 차이를 보여 주는 것이다.

하나님께서는 규율이 사람의 온전한 성품을 이루고 지속적인 의로 이끄는 일에 얼마나 많이 기여하는지, 혹은 얼마나 적게 기여하는지를 이미 입증하신 바 있었다.

고난과 징계가 백성을 정결케 하기 위해 성취할 수 있는 모든 것이 옛 이스라엘에게 행해졌다. 이스라엘의 멸망과 유다의 포로, 예루살렘의 파멸의 기사보다 더 애처로운 이야기가 있을 수 있겠는가? 그러나 불행하게도, 이스라엘 백성에게 미친 그 효과는 얼마나 덧없는 것인가! 백성은 울고 고통당하였고 죽었으며 민족의 마음에 깊이 새겨지는 두려운 기록을 남겼을 뿐이다. 그 다음 세대는 계속해서 같은 죄를 반복했고 자기 조상들의 어리석음을 따르므로 하나님께서는 이같이 외치실 수밖에 없었다.

> 너희가 어찌하여 매를 더 맞으려고
> 패역을 거듭하느냐
> 온 머리는 병들었고
> 온 마음은 피곤하였으며
> 발바닥에서 머리까지
> 성한 곳이 없이
> 상한 것과
> 터진 것과
> 새로 맞은 흔적뿐이거늘
> 그것을 짜며 싸매며
> 기름으로 부드럽게 함을 받지 못하였도다(사 1:5-6).

감사하게도 더 나은 길이 있다. 하나님의 은혜의 복음과 하나님의 온유한 사랑, 성령의 능력이 율법과 공포가 홀로 활동하는 동안 이룰 수 없는 것을 이루었다. 예수님의 사랑의 '세미한 소리'는 시내 산 율법의 두려운 우레 소리보다 강하고, 앗수르나 갈대아의 군대보다 강력하다. "율법은 아무것도 온전하게 못할지라 이에 더 좋은 소망이 생기니"(히 7:19). 지진과 바람과 불이 지나갔다. 갈보리와 오순절의 "세미한 소리"가 수백만 가슴에 말을 전하며 그들에게 하나님께로, 의와 천국으로 돌이키라고 이야기하고 있다.

개인 영혼의 경험

호렙 산에서의 광경은 우리 개인 생활에서도 종종 되풀이된다. 우리도 역시 하나님을 헛되이 찾는 과정에서 지진과 바람과 불을 지나가지 않을 수 없다. 그리고 마침내 우리는 하나님께서 우리 영혼의 깊은 곳에서 울리는 세미한 소리이신 것을 깨닫게 된다. 아마도 그 경험은 우리의 마음을 찢고 영혼을 눌러 뭉개는 크나큰 시련, 곧 내외적인 고통을 통해서 온다. 그러나 고통에는 구원하는 능력이 없다. 사람의 마음은 산산이 찢기면서도 찢겨진 조각 하나하나마다 온 마음에 못지 않은 오만과 반역이 가득할 수 있다.

마음을 바꾸고 영혼을 거룩하게 하려면 성령의 조용하고 신성한 영향력이 필요하다. 성령 없이 겪는 고난은 세상에서 가장 슬프다. 성화로 이끌지 않는 고난은 복을 주지 못하고 황폐하게 하는 번개와 같다.

때때로 하나님과 평강을 찾게 만드는 것은 외적인 고통이라기보다는 은밀한 영혼 속에서 일어나는 갈등이다. 아, 우리는 얼마나 씨름하고 갈망하며 노력하는지! 그러나 우리의 모든 분투 노력이 거둔 최선의 결과는 우리의 그런 노력이 쓸모 없다는 것을 드러내고 우리 자신을 무기력하게 그리스도의 발 앞에 내려놓는 것이다. 그리고 깨어나면 우리는 이 새 경험에는 손으로 만질 수 있거나 아주 뚜렷하게 드러나는 것이 거의 없다는 것을 발견한다. 사실, 가장 빈번하게 겪는 경험은 우리가 참으로 아무것도 아니었다는 것을 깨닫는 것이다. 그 조용함은 지극히 세미한 것이어서 종종 자의식이나 감정을 거의 느낄 수 없을 정도이다. 하나님의 임재는 지극히 조용한 '세미한 소리'여서 그 소리를 들으려면 다른 모든 소리를 없애야 한다.

사실, 최초의 경험은 큰 허탈감, 아무 결실을 거두지 못했다는 생각, 아무

가치가 없다는 느낌인 경우가 종종 있다. 이때 사람은 낙심해서 "믿음의 안식으로써 얻는 것이 겨우 이런 것인가" 하고 말하기 쉽다. 그러나 자신이 아무 가치가 없다는 생각이 하나님의 충족하심을 경험하는 시작 단계에 지나지 않는다는 것을 곧 발견하게 된다. 자신이 아무 가치가 없다는 사실과 하나님의 충족하심을 기꺼이 인정할 때 우리는 그 목소리의 달콤함과 능력을 알기 시작한다.

하나님의 목소리이신 성령

이 놀라운 이야기의 요지는 '목소리' 이다. 지진에도 소리가 있으나 목소리는 없다. 폭풍우와 돌풍은 엄청난 소음을 내었지만 목소리는 없었다. 불은 보이는 모습을 통해서 말을 하고 영혼을 두려움에 차게 만들 수 있지만 마음에 대고 이야기할 목소리는 없었다. 그러나 "세미한 소리"는 그 이면에 판단력이 있는 지성이 있고, 살아 있는 인격이 있으며 사랑하는 마음이 있었다. 그 목소리는 앞서 지나갔던 생명 없는 모든 물리력보다 강력하였다.

아, 목소리의 힘은 참으로 놀랍다! 목소리는 우리 기억 속에 참으로 오래 머문다! 확실한 음성은 주의를 사로잡고 과거의 모든 심금을 일깨운다! 목소리는 우리에게 자연과 계시의 차이를, 천지의 언어와 하나님의 귀한 말씀 언어의 차이가 얼마나 다른지를 말해 준다! 하나님께서는 창조시에 목소리를 발하셨다. 그러나 그것은 지진과 바람과 불의 불분명한 언어와 같을 뿐이다. 하나님께서는 거룩한 말씀과 그의 복되신 아들의 목소리를 통해서 두 번째 말씀하셨다. 이것이 사람에게 빛과 생명과 구원을 가져다주는 메시지이다.

목소리는 메시지보다 낫고 인쇄된 문서보다 낫고 심지어 영감된 책 이상이다. 목소리는 말하는 사람의 임재를 뜻하고 우리에게는 그 사람의 직접적인 말이 되는 것이다. 하나님께서 우리에게 말씀하시되 성경을 통해서만이 아니라 그 자신의 목소리로 친히 말씀하시기도 한다. 그의 양은 그의 목소리를 알아듣는다. 그래서 "타인의 음성은 알지 못하는 고로 타인을 따르지 아니하고 도리어 도망하느니라"(요 10:5).

성경과 그리스도의 계시에는 단순한 진리의 메시지 이상의 것이 있다. 그 것은 또한 사랑에서 우러나온 인격적인 메시지이다. 하나님께는 자신의 자녀 한 사람 한 사람에 대한 특별한 목소리가 있다. 그의 음성을 알아듣는 것은 우리의 특전이다.

아, 그 목소리가 어떻게 우리에게 말할 수 있는지! 그것은 귀로 들을 수 있는 목소리가 아니다. 외적 감각으로는 들을 수 없다. 그 목소리가 어떻게 마음 속에서 이해되도록 만드는지를 모르는 사람에게는 설명할 수 없을 것이다. 그러나 우리가 무릎 꿇고 기도하며 하나님의 지혜를 구할 때, 무거운 마음을 가지고 와서 하나님의 품에 자신을 내맡기고 위로를 구할 때, 간구를 올리고 조용한 목소리로 응답해 주시기를 기다릴 때 그 목소리는 말을 한다. 그 목소리는 우리를 만족시키고, 그 자신을 우리에게 알리며 "주님이시라"(요 21:7) 하고 깨닫게 만든다.

그 목소리는 하나님께서 추천하는 계획이 참되다는 것을 알게 한다. 또 마음에 제시하는 약속을 보증하며, 피흘리는 상처에 붓는 향유처럼 부드럽게 마음에 임한다. 그 목소리가 어떻게 말하는 자의 입에서 나오는 말씀을 우리 마음에 확신시키고, 그 말씀을 하나님의 생생한 메시지로 만드는지! 그 목소리는 우리가 읽는 모든 말씀을 강조하며, 부드럽게 속삭이는 하늘의 음성은 우리 존재의 가장 깊은 곳을 평강과 기쁨과 생명으로 채운다. 그래서 감사하고 기뻐하는 우리의 마음이 이렇게 말할 수 있도록 만든다. "내가 하나님 여호와께서 하실 말씀을 들으리니 무릇 그의 백성, 그의 성도들에게 화평을 말씀하실 것이라"(시 85:8).

온유함의 능력

새 번역 성경은 이 구절을 "온화하고 조용한 소리"라고 번역한다. 그것은 하나님의 온유하심을 말한다. 온유함은 언제나 지극히 고귀한 성격의 특성이다. 매우 용감한 군인, 지극히 고상한 인물은 언제나 단순하고 온유한 어린 아이와 같다. 예수 그리스도는 온순함과 겸손함과 온유함의 성육신이시다.

바울 사도는 제자들에게 아주 강력하게 호소하고자 할 때 "그리스도의 온유와 관용으로"(고후 10:1) 호소하였다. "나는 마음이 온유하고 겸손하니"(마 11:29)라는 말씀은 그리스도께서 친히 하신 가장 고귀한 주장이었다. 그리고

158

이것이 바로 옛 선지자가 묘사한 바이다.

> 그는 외치지 아니하며 목소리를 높이지 아니하며
> 그 소리를 거리에 들리게 하지 아니하며
> 상한 갈대를 꺾지 아니하며
> 꺼져가는 등불을 끄지 아니하고(사 42:2-3; 마 12:19-20).

재판정에서 묵묵히 서 있거나 십자가에 달려서 자기를 죽이는 자들이 극악한 일을 하도록 내버려두고 한마디도 대답하지 않은 고난받는 종만큼 장엄한 광경, 감동적인 장면이 역사에서 또 있겠는가? "마치 도수장으로 끌려가는 어린양과 털 깎는 자 앞에서 잠잠한 양 같이 그의 입을 열지 아니하였도다"(사 53:7).

그리스도의 대행자이신 성령께서도 온유하시다. 성령은 예수님에게 비둘기 모양으로 내려오셨고, 우리 속에서 지극히 친절한 감독자로, 지극히 부드러운 위로자로 거하시며 우리는 성령을 "슬프시게 하고" "애타게 할" 뿐 노하시게 할 수는 없다. 성령께서는 마음을 움직여 순종하도록 호소하신다. 우리는 성령처럼 온유해야 한다. 성령을 대할 때 성령께서 우리 마음을 민감하게 살피신다는 것을 생각하자!

성령은 우리 마음에 강제로 들어오려고 하지 않으신다. 우리의 자유로운 의지를 해치려고 하시지 않는다. 성령께서는 우리가 선택하지 않는 것을 억지로 행하게 하거나 보존하고 싶은 것을 내놓도록 강요하시지 않을 것이다. 성령은 우리 존재의 가장 훌륭한 동기에 호소하고, 우리의 마음 속 깊은 데서 우러나오는 의지에 호소하며, 우리가 얼마든지 즐거이 드리는 순종에 호소하신다.

성령의 온유하심을 본받자. 성령께서 그 온유하심을 우리 속에 전가하여 우리도 "마치 성령처럼" 단순하고 민감하며 동정심이 많고 양보하고 겸손하며 온유하고 어린아이처럼 되게 해 주시기를 성령께 구하자. 그러면 우리의 얼굴과 태도와 목소리, 우리 생활의 모든 면면에 어린양과 비둘기의 정신이 녹아 있게 될 것이다.

조용함의 힘

그것은 "세미한 목소리" 혹은 "온화하고 조용한 소리"였다. 모든 합창에서 어떤 음표이든 강조를 위한 쉼표만큼 강력한 것이 있는가? 모든 시편에서 "셀라"(휴지)라는 한마디만큼 웅변적인 말이 있는가? 폭발적인 소리를 동반하는 폭풍우가 오기 전의 침묵이나 초자연적인 현상 혹은 변동 전에 모든 자연계에 임하는 묘한 침묵만큼 감동적이고 두려운 것이 있는가? 조용함의 능력만큼 마음을 감동시키는 것이 있는가?

그리스도께서 우리에게 가져다주시는 지극히 아름다운 복은 영혼의 안식이다. 창조시의 안식일은 바로 이 영혼의 안식을 예표하였으며, 언약의 땅은 하나님의 위대한 실물 교육이었다. 스스로 일하기를 그치는 마음을 위해서는 "모든 지각에 뛰어난 하나님의 평강"(빌 4:7)이 있고, 모든 힘의 원천인 "평안과 안전"(사 32:17)이 있다. "그들에게 장애물이"(시 119:165)없는 달콤한 평안이 있고, 세상이 주지 못하고 빼앗아 가지도 못하는 깊은 안식이 있다.

영혼의 가장 깊은 중심에는 하나님이 거하신다. 따라서 우리가 거기에 들어가 다른 모든 소리를 잠재우기만 한다면 하나님의 조용하고 작은 음성을 들을 수 있다.

축을 중심으로 아주 빠르게 회전하는 바퀴의 중심에는 전혀 움직이지 않는 위치가 있다. 그리고 지극히 바쁜 생활 속에도 우리가 영원한 고요 가운데 하나님하고만 지내는 장소가 있을 수 있다.

하나님을 아는 단 하나의 길이 있다. "너희는 가만히 있어 내가 하나님 됨을 알지어다"(시 46:10). "오직 여호와는 그 성전에 계시니 온 땅은 그 앞에서 잠잠할지니라"(합 2:20).

오래 전에 한 친구가 내 인생의 전환점이 되게 만든 작은 책을 손에 쥐어 주었다. 책 제목은 「참된 평안」이었다. 그것은 단 한 가지 사상을 지닌 오래된 중세의 메시지였다. 그 한 가지 사상이란 이것이었다. 내 존재의 깊은 곳에서 하나님의 음성을 듣기에 충분할 만큼 아주 고요히 있기만 한다면 하나님이 내게 말씀 하신다는 것이다.

나는 그것이 아주 쉬운 문제일 것이라고 생각하였다. 그래서 나는 고요히 있으려고 하였다. 결심을 실행하기가 무섭게 온갖 목소리가 들렸다. 안팎으로 수많은 고함소리가 나와 소음과 시끄러운 소리밖에 아무것도 들을 수 없었다. 그 소음들 가운데 어떤 것은 내 소리였고, 어떤 것은 내 자신의 질문이었으며, 어떤 것은 내 근심의 목소리였고, 어떤 것은 내 기도소리였다. 그 밖의 소리는 시험하는 자의 제안이었고, 세상의 소동으로 일어나는 소리였다. 이전에는 그토록 많은 일을 한 적도 없고 그토록 많은 말을 한 적도 없으며 그토록 많은 것을 생각한 적도 없었다.

나는 사방으로 밀치고 당겨졌으며, 시끄러운 환호를 받고 말로 다할 수 없는 불안을 맛보았다. 나로서는 그 소리들 가운데 어떤 것들은 듣고 어떤 것들에 대해서는 대답을 해야 할 것 같았다. 그러나 하나님께서는 이같이 말씀하셨다. "너희는 가만히 있어 내가 하나님 됨을 알지어다"(시 46:10). 그러자 그 다음에는 내일에 대한 생각과 의무와 염려가 왔다. 그러나 역시 하나님께서는 "가만히 있으라"고 말씀하셨다. 그 다음에는 쉬지 못하는 내 마음이 하나님을 압박하고 싶어하는 기도가 왔다. 그러나 하나님께서는 "가만히 있으라"고 말씀하셨다.

그리고 나서 내가 주변의 모든 소리에 귀를 닫고서 천천히 순종하기를 배우면서, 얼마 후에 다른 소리들이 그치고 혹은 내가 다른 소리 듣기를 그쳤을 때 내 존재의 깊은 곳에서 말로 다할 수 없는 부드러움과 힘과 위로 가운데서 말하기 시작하는 세미한 소리가 있다는 것을 발견하였다. 귀기울여 듣자 그 세미한 소리가 내게 기도의 소리가 되었고 지혜의 목소리, 의무의 목소리가 되었다. 나는 아주 열심히 생각하거나 열심히 기도하거나 열심히 의지할 필요가 없었다.

내 마음속에서 나오는 성령의 "세미한 소리"는 바로 내 은밀한 영혼 속에서 나오는 하나님의 기도였다. 그것은 내 모든 질문에 대한 하나님의 답변이었고 영혼과 몸에 대한 하나님의 생명이며 힘이었다. 그것은 모든 지식과 모든 기도와 모든 복의 본질이 되었다. 왜냐하면 그 소리는 내 생명이며 내 모든 것은 바로 살아 계신 하나님 자신이었기 때문이다.

이것이 우리 영혼에 가장 절실히 필요한 것이다. 이렇게 해서 우리는 하나님을 아는 것을 배우며, 영적 원기와 양분을 받는 법을 배우게 된다. 우리가 생명의 떡을 받을 때 우리 마음이 자양을 공급받고 살지게 된다. 우리의 몸이 고침을 받고 영혼은 부활하신 주님의 생명을 마신다. 우리는 밤의 그늘을 지나면서 시원하고 수정같이 맑은 이슬을 먹은 꽃처럼 나가서 생활의 투쟁과 의무들을 수행한다. 그러나 폭풍우 치는 밤에는 이슬이 내리지 않듯이, 하나님의 은혜의 이슬도 불안해하는 영혼에는 내리지 않는다.

우리는 고속열차에서 10분 만에 먹는 점심식사로써는 힘차고 상쾌한 생활을 할 수 없다. 지극히 높으신 분이 계시는 은밀한 장소에서 오랜 시간 조용히 주님을 기다려야 한다. 그렇게 할 때 우리는 힘을 새롭게 하고 독수리처럼 날개 치며 올라갔다가 되돌아오고 달려가도 피곤치 않으며 걸어도 약해지지 않는(사 40:31) 법을 배우게 된다.

이같이 조용히 있음으로써 행해지는 최상의 일은 그같이 하여 하나님께 일하실 기회를 드린다는 것이다. "이미 그의 안식에 들어간 자는 하나님이 자기의 일을 쉬심과 같이 그도 자기의 일을 쉬느니라"(히 4:10). 일하기를 그칠 때 하나님께서 우리 안에서 일하신다. 생각하기를 그칠 때 하나님의 생각이 우리에게 온다. 끊임없는 활동을 그치고 조용히 있을 때 하나님이 우리 속에서 활동하여 우리가 하나님의 선한 뜻을 원하고 행하게 하신다. 그러면 우리는 그 선한 뜻을 힘써 이룬다.

하나님의 조용함을 취하자. "지존자의 은밀한 곳"(시 91:1)에 거하자. 하나님을 만나고 그의 영원한 안식에 들어가자. 다른 소리들은 조용히 잠재우도록 하자. 그러면 "세미한 소리"를 들을 수 있을 것이다.

또 다른 종류의 조용함

또 다른 종류의 조용함이 있다. 즉 하나님께서 우리를 위해 일하시고 우리의 평안을 유지하게 하는 조용함이 있다. 이 조용함은 스스로 꾀를 내고 자신을 변호하고 자기 지혜를 의지하는 일을 그친다. 오히려 불친절한 말과 잔인한 타격에 대해 하나님께서 친히 당신의 무한하고 신실한 사랑으로 답변을 하시도록 한다. 우리는 우리 자신의 명분을 내세우고 자신을 방어하고 공격함으로써 얼마나 자주 하나님께서 중재하실 기회를 잃고 마는지 모른다.

나는 그리 오래지 않은 때에 일어났던 사소한 한 장면을 결코 잊지 못한다. 그리스도인인 한 조용한 소녀가 친구들이 벌이는 파티에서 테이블에 앉아 있었다. 친구들은 그 소녀가 깊은 관심을 갖고 있는 기독교 사역에 관해 이야기하고 있었다. 어떤 비판들은 매우 혹독하고 부당하고 불공평하다고 소녀는 생각하였다. 그녀는 그 비판을 바로 잡기 위해 간단히 몇 마디 하였다. 그러나 그 비판은 더욱더 혹독해졌고, 그래서 그녀는 그냥 침묵하고 말았다. 나는 그녀의 낙심한 표정과 그냥 눈물을 흘리고 있는 모습을 보았다. 그 소녀가 얼마든지 재빨리 그리고 날카롭게 답변하려고 했으면 할 수 있으리라 생각하였다. 그러나 하나님의 은혜가 그 어린 소녀의 마음에서 힘있게 작용하였고, 성령께서 그 보좌에 계셨다. 그 소녀는 잠자코 앉아서 그냥 고통을 견디며 기다렸다. 잠시 후에 그녀는 더 이상 고통을 견딜 수 없게 되자 온화하게 애정어린 태도로 일어나서 테이블을 떠나 자신의 구주께 그 짐을 내려놓기 위해 방으로 들어갔다.

이 모든 것을 보고 있던 사람은 퍼뜩 어떤 생각이 떠올랐다. 그 사람은 그녀를 매우 깊이 사랑하는 사람이었다. 그 사람은 자기가 그녀에게 깊은 상처를 주었음을 알았다. 그는 그녀가 몇 달 전이라면 어떻게 대답하였을지 알았다. 그녀의 아름답고 관대한 영혼이 그의 마음을 아프게 하였고 그가 남자답게 기꺼이 인정하는 교훈을 가르쳐 주었다. 그는 두 번 다시 그처럼 경솔한 말을 내뱉지 않을 것이고, 온유함과 침묵이 빚어낸 그 광경을 잊지 못할 것이다.

그녀의 침묵과 온유함은 최고의 변호였고 뿐만 아니라 그녀에게 하늘 면류관의 쇠하지 않는 영광의 보석을 가져다주었다.

성경에서 자기를 헐뜯고 있는 사람들에게 한 번만 하나님의 능력을 보이거나 맹렬한 책망을 한마디만 하면 발 아래 굴복시킬 수 있었음에도 한마디도 대답하지 않고 잠잠히 계셨던 구주의 모습만큼 장엄한 광경은 없다. 주님은 그들이 악한 말을 하고 악행을 하도록 버려 두셨고, 침묵의 능력으로 잠잠히 계시는 하나님의 거룩한 양으로 서 계셨다.

하나님은 우리에게 이 침묵의 능력을 주신다. 이 강력한 자기부인의 능력, 곧 "우리를 사랑하시는 이로 말미암아 우리가 넉넉히"(롬 8:37) 이겨낼 만한 정신을 주신다. 우리의 목소리와 생활이 사람들에게 호렙 산의 "세미한 소리"처럼 온화하고 조용하게 말하도록 하자. 세상의 열기와 투쟁이 끝나면, 사람들은 우리가 아침 이슬과 온화한 빛과 햇빛, 부드러운 저녁 바람, 갈보리의 어린양, 온유하고 거룩한 성령을 기억하는 것처럼 우리를 기억하게 될 것이다.

164

제 14 장

기름병
(열왕기하)

엘리사가 그에게 이르되 내가 너를 위하여 어떻게 하랴 네 집에 무엇이 있는
지 내게 말하라 그가 이르되 계집종의 집에 기름 한 그릇 외에는 아무것도 없
나이다 하니 이르되 너는 밖에 나가서 모든 이웃에게 그릇을 빌리라 빈 그릇
을 빌리되 조금 빌리지 말고 너는 네 두 아들과 함께 들어가서 문을 닫고 그
모든 그릇에 기름을 부어서 차는 대로 옮겨 놓으라 하니라 여인이 물러가서
그의 두 아들과 함께 문을 닫은 후에 그들은 그릇을 그에게로 가져오고 그는
부었더니 그릇에 다 찬지라 여인이 아들에게 이르되 또 그릇을 내게로 가져
오라 아들이 이르되 다른 그릇이 없나이다 하니 기름이 곧 그쳤더라 그 여인
이 하나님의 사람에게 나아가서 말하니 그가 이르되 너는 가서 기름을 팔아
빚을 갚고 남은 것으로 너와 네 두 아들이 생활하라 하였더라(왕하 4:2-7).

엘리사의 생애에서 일어난 여러 사건은 구약의 다른 어떤 인물보다 그리
스도 생애의 사건들과 닮았다. 엘리야가 주의 영과 세례자 요한의 사역, 곧
심판과 불의 사역을 나타내었듯이 엘리사는 주 예수 그리스도의 온유하고
자비하며 은혜로운 사역을 대표하였다. 엘리사의 아름다운 기적들 가운데
많은 기적은 확실히 우리 주님의 기적들과 비슷하다. 이 기적들은 같은 교훈
을 전하고 사랑과 자비라는 같은 정신을 담고 있다.

본문의 구절은 성령께서 우리의 모든 필요를 채우시는데 충족하시다는 것
을 인상적인 실물 교육을 통해 보여 준다.

1. 과부의 필요

첫째로, 가난한 과부에게서 큰 곤경의 예를 본다. 과부는 빚과 위험과 비탄에 빠진 아주 절망적인 상황이었다. 하나님께 가는 길밖에 없었고, 하나님께서 그녀를 구해 주시지 않으면 아주 극단적인 상황이 될 수밖에 없었다. 그것은 하나님의 자녀가 처할 수 있는 최악의 절망적인 상황이었다. 그러나 그런 상황은 종종 크나큰 복이 되기도 한다. 왜냐하면 그런 상황으로 인해 우리가 하나님께로 나아가 하나님의 충족한 은혜를 의지할 수밖에 없기 때문이다.

성경에서 볼 수 있는 위대한 믿음과 승리를 거둔 은혜에 대한 모든 예들은 극한 곤경과 재난의 상황에서 나왔다. 하나님은 힘든 처지에 있는 자들을 사랑하시고, 믿음은 대개 위험과 극한 곤경에서 나오곤 한다.

야곱이 브니엘의 싸움에서 이스라엘로 변화된 것이 그러하였다. 이스라엘 백성이 벽돌 할당량이 배로 증가하고 풀무불이 더욱 뜨거워짐으로 인해서 애굽의 속박으로부터 구속해 주시기를 기도하게 된 것이 그러하였다. 다윗이 자신의 하나님을 알고 이같이 증거할 수 있게 된 것도 그와 같은 연유에서였다. "주께서 … 환난 중에 있는 내 영혼을 아셨으며"(시 31:7). 곤경을 당했을 때 낙심하지 말고, 곤경을 언제나 불운이라고 생각하지 말자. 그러한 곤경을 믿음에 대한 도전으로 받아들이고, 하나님께는 어려운 일이 아무것도 없음을 보여 주기 위해 우리에게 주신 기회로 생각하자.

2. 과부의 자원

그때 과부에게는 아무것도 남은 것이 없었는가? 자원이라곤 전혀 없었는가? "네 집에 무엇이 있는지 내게 고하라." 이에 과부는 대답하였다. "계집종의 집에 기름 한 그릇 외에는 아무것도 없나이다"(왕하 4:2).

그녀에게는 아무것도 아닌 것처럼 보였지만 그녀에게 필요한 모든 것을 채워 줄 만한 것을 담고 있었다. 하나님께서는 우리에게 이미 주신 모든 자원을 활용하고 낭비하지 않기를 기뻐하신다.

뛰어난 장인이 아주 평범한 도구를 사용하여 탁월한 작품을 많이 만들어 낼 수 있듯이 하나님께서도 아주 단순한 도구를 사용하여 일하실 수 있다.

하나님은 우리가 하나님으로부터 이미 받은 것을 활용하기 원하신다. 모세가 가지고 있었던 것은 지극히 미미한 것이었다. 그러나 그 보잘것없는 막대기는 홍해를 가르고 바로의 권력을 깨트리는데 충분하였다. 갈릴리 해변에서 어린 소년이 그날에 가지고 있었던 것은 지극히 적은 것이었다. 그러나 떡 다섯 덩이와 물고기 두 마리는 오천 명을 먹이기에 충분하였다. 그것을 예수께서 쓰시도록 드렸던 것이다. 하나님께서 온전히 통제하시도록 맡겨드린다면 우리의 지극히 적은 것이라도 하나님께는 충분한 것이다.

그 작은 기름병은 작은 것이 아니었다. 그것은 성령의 능력, 곧 하나님 자신의 무한한 속성을 나타냈다.

기름이 성령에 대한 성경적 상징이라는 것을 증명하기 위해 멈출 필요는 없다. 이 작은 기름병은 성령의 임재와 능력을 나타내었다. 신자는 모두가 성령의 임재와 능력을 가질 수 있고 또 어느 정도 갖고 있다. 우리가 성령을 활용할 줄만 안다면 성령의 능력은 우리의 모든 상황과 그리스도인 생활의 모든 필요를 다 채워줄 수 있다. 그러나 너무도 많은 경우에 우리는 이 능력을 사용하지 않는다.

극심한 곤경 가운데서 목사에게 찾아가 자신의 곤궁한 형편을 이야기했던 불쌍한 스코틀랜드 여인에 대한 이야기가 있다. 목사는 그녀를 부양하거나 도와줄 친구나 가족이 없는지 친절하게 물었다. 그녀는 귀여운 아들이 하나 있는데, 인도에서 공무원으로 일하고 있다고 말하였다.

"그러면 아들이 당신에게 편지를 쓰지 않습니까?"

"아니요, 쓰지요. 아들은 제게 자주 편지하는데, 아주 다정한 말을 쓰고 편지 속에 사진도 부쳐줍니다. 그러나 저는 자존심이 너무 강해서 아들에게 제가 참으로 가난하다는 말을 하지 못합니다. 물론 저는 아들이 돈을 부쳐줄 것이라고 기대하지 않았습니다."

"제게 아들의 사진을 보여 줄 수 있습니까?"

그래서 자넷은 성경이 있는 데로 가서 성경 갈피 속에서 많은 영국 지폐를 아주 조심스럽게 가져왔다. 그리고 말했다.

"이게 그 사진들이에요."

"부인, 당신은 나보다 부자예요. 이 사진들은 돈입니다. 이 사진 하나하나가 돈이 될 수 있어요. 부인은 필요한 것을 모두 살 수 있을 겁니다. 부인은 성경 갈피 속에 행운을 지니고 있으면서 몰랐던 것입니다."

그처럼, 우리 가운데 많은 사람들이 성경 속에 큰 재산을 가지고 있으면서 그것을 알지 못하거나 무한 자원을 사용하고 있지 않다. 성령을 우리에게 주신 것은 곤궁할 때마다 사용하도록 주신 것이다. 그러나 하늘의 모든 능력을 언제나 사용할 수 있음에도 불구하고 우리 가운데 많은 사람들은 단순히 보물을 알지 못하고 대속의 권리를 사용하지 못하기 때문에 거의 굶어 죽어가고 있다. 사도는 우리에게 이같이 묻는다. "너희 몸은 성령의 전인 줄을 알지 못하느냐"(고전 6:19).

우리가 이미 받아 간직하고 있는, 즉 예수의 이름 뒤에 있는 이 능력과 하나님의 약속들을 사용하기만 한다면 더 이상 실패하지 않을 것이고 더 이상 두려워하지 않을 것이며 이 세상에서 낙담하게 되지 않을 뿐만 아니라 주님의 이름에 불명예가 되지 않고 오히려 일어나 승리하고 이같이 외칠 것이다. "항상 우리를 그리스도 안에서 이기게 하시는 하나님께 감사하노라"(고후 2:14).

우리 시대와 할아버지 시대의 차이점은 무엇인가? 그것은 간단히 말해서 우리는 자연으로부터 배웠다는 점이다. 우리는 이제 모든 산업 활동에서 증기와 전기, 다양한 응용 과학의 큰 비밀들을 사용하고 있다. 그래서 아버지 시대에 스무 명이 달려들어서 해야 할 일을 오늘날에는 한 사람이 할 수 있을 정도이다. 사업가가 사무실에 앉아서 전화로 아주 멀리 떨어져 있는 사람과 통화하고, 축음기에 기록하여 앞으로 올 세대들이 들을 수 있도록 하므로 시간과 공간의 간격을 무색하게 만든다.

비통한 슬픔에 잠겨 있던 하갈에게 무엇이 문제였는가? 아주 간단하였다. 하갈은 아주 지척에 있는 샘을 볼 수 없었던 것이다. 하갈과 그의 아들은 목이 말라 죽어가고 있었다. 천사가 와서 샘을 파 줄 필요가 없었고, 다만 하갈의 눈을 열어 샘을 발견하고 그 물을 마시게 해 주기만 하면 되었다.

마라의 물가에서 하나님은 먹을 수 있는 물을 내는 샘을 만들어 주실 필요가 없었다. 필요했던 것은 모세가 이미 거기에 있던 치료하는 나뭇가지를 보는 일뿐이었다. 모세가 그 나뭇가지를 물에 넣자 백성들이 치료를 받았다.

엘리사가 산중턱에 있을 때 그를 돕기 위해서 천사의 군대가 올 필요가 없었다. 천사들은 이미 거기 있었다. 다만 엘리사의 종이 눈을 떠서 자기들을 둘러 보호하고 있는 하늘의 군대를 보는 일이 필요할 뿐이었다. 마찬가지로 생명샘도 우리가 와서 마시기를 기다리고 있다. 치료의 물과 나뭇가지가 바로 가까이 있고, 천군이 우리를 두르고 있다. 우리에게 필요한 것은 그 샘과 군대를 보고 샘과 군대가 우리의 구속의 권리를 실현시키기 위해 거기 있음을 알고 하나님의 이름으로 그 샘과 군대를 요청하며 승리하는 일뿐이다. 하나님은 지금 이같이 말씀하고 계신다. "일어나라 빛을 발하라 이는 네 빛이 이르렀고"(사 60:1). 그리스도께서 나타나셨다! 성령께서 오셨다! 우리가 할 일이라곤 하나님의 대위임을 알고 받고 사용하는 것뿐이다.

3. 하나님의 도움을 받고 실현하는 조건들

첫째로, 그 여인은 준비하라는 지시를 받았다. 여자는 그릇을 준비하되, 곧 공급받을 빈 그릇을 준비해야 했다. 우리의 가장 큰 곤경은 하나님이 채우실 공간을 만들기 위한 것이다. 사실, 하나님은 새로운 곤경의 그릇을 만듦으로써 자신을 위한 공간을 만드신다. 우리에게 임하는 모든 시련은 하나님께서 채우실 공간일 뿐이고, 하나님께서 우리를 어떻게 대하고 어떤 일을 하실 수 있는지를 보여 주시는 기회일 뿐이다. 그러나 곤경에 처하는 것만으로는 충분치 않다. 우리는 또한 비어 있어야 한다. 우리는 우리의 필요를 인식해야 하고, 하나님만이 우리의 필요를 채우실 수 있다는 것을 깨달아야 한다. 자의식과 사람을 의지하는 심정을 비워야 한다. 전적으로 주님의 발 앞에 엎드릴 때 주께서 "주의 손이 참으로 지혜롭고 강하다"는 것을 증명하실 것이다.

다시 한 번 말하지만, 하나님을 의지하고 하나님께서 우리의 필요를 채워주실 것을 기대하고 앞으로 나아가는 믿음이 있어야 한다. 이 여인은 기름이 자기 집의 작은 병에 흘러 넘칠 때까지 기다리지 않았다. 미리 그릇들을 준비함으로써 그 여인은 마치 무한한 공급을 받을 것처럼 행동하였다. 주님의 제자들도 그와 같이 보리떡 다섯 개와 생선 두 마리를 가지고 많은 무리를 먹이러 앞으로 나가야 했다. 제자들은 아직 나타나지 않았지만 주께서 공급해 주실 것을 믿어야 했다. 우리는 하나님의 성취를 내다보고 하나님께서 미리 지불해 주실 것이라고 충분히 신뢰해야 한다. 그러면 하나님께서 그의 영광스럽고 늘 흘러 넘치는 은혜로써 우리의 기대를 충족시켜 주신다.

또한 우리는 믿음을 가져야 할 뿐만 아니라 사심 없는 사랑을 가져야 한다. 이것이 빌려온 그릇들이다. 그녀만 곤경에 처해 있는 것이 아니었다. 그 그릇들이 집으로 돌아갈 때 그냥 빈 그릇으로 돌아가지 않았을 것이 틀림없다. 하나님은 우리가 다른 사람들에게 줄 수 있도록 하기 위해 우리에게 주기를 좋아하신다.

하나님께 관하여 가장 복된 사실은 이것이 틀림없다. 즉 하나님은 어떤 부족도 없고, 항상 주시며 항상 복을 베풀고 충만한 하나님의 생명을 부어 주실 새로운 통로를 늘 찾고 계시다는 사실이다. 우리가 하나님의 충만함을 받는다면 하나님처럼 우리도 후하게 주는 사람이 되어야 한다. 기쁨의 비결은 자신을 위해서는 아무것도 원하지 않고 하나님의 은혜와 복을 나누어 주는 일에 부자가 되는 것이다. 우리는 다른 사람들을 위해 살아야 하고, 하나님의 마음과 우리 마음에서 흘러 넘치는 것으로써 다른 사람들의 곤경의 그릇을 채워야 한다. 한밤중에 찾아온 친구에 대한 비유의 아름다움은 바로 이 점에 있다. 즉 그가 곤경에 처해 있는 다른 사람에게 주기 위해 친구에게 빵을 구했다는 것이다. 마찬가지로 스스로 어떻게 할 수 없는 사람을 위해 은혜와 도움을 구하기 위해 온다면 하나님께서 하늘의 창문을 열고 더 이상 받을 공간이 없을 때까지 복을 부어 주시리라는 것을 알게 될 것이다.

또 한 번 하는 얘기지만, 여인에게 믿음이 필요하였다. 여인은 작은 병에 들어 있는 내용물을 더 큰 그릇에 붓기 시작함으로써 믿음을 보여야 했다. 기름을 부었을 때 기름은 모든 그릇이 찰 때까지 계속해서 흘러나왔고, 흘러 넘치는 기름을 담을 그릇만 더 있었더라면 계속해서 흘러나왔을 것이다.

이와 같이 믿음은 앞서 나가고 그 신뢰하는 바를 실행해야 하며, 위험을 무릅쓰고 어떤 일을 행하고 하나님께서 실제적인 도움을 주실 위치로 나가야 한다. 그것은 가나 혼인 잔치에서 물을 부었을 때 물이 포도주가 된 것과 같은 사실이다. 그것은 사람이 손을 뻗쳤을 때 나음을 얻은 것과 같다. 문둥병자들이 믿고 자기 길을 갈 때 몸이 온전해진 것과 같은 이치이다. 아버지

가 집으로 돌아갈 때 사자가 와서 아들이 살아났다고 말을 전해 준 것과 같
은 이치이다.

옛 조상들이 약속들을 확신하고 "그것들을 환영하며"(히 11:13) 혹은 새번
역 성경이 번역하고 있는 대로 "달려가 맞이하였다"는 취지를 나타내는 히
브리어는 아름답다. 우리는 달려가 하나님의 약속을 맞이하자. 하나님의 약
속을 받을 수 있도록 합당한 자가 되자. 우리의 믿는 바를 실천하자. 그러면
하나님께서 그의 신실하심과 은혜로 더 많은 것을 우리에게 주실 것이다.

아직 한 가지 교훈이 더 남아 있는데, 무엇보다 중요한 교훈이다. "가서 기
름을 팔아 빚을 갚고 남은 것으로 너와 네 두 아들이 생활하라"(왕하 4:7). 기
름은 대표적인 가치로, 그 여인에게 필요한 모든 것으로 바꿀 수 있다. 기름
은 돈이나 음식, 집, 옷, 땅과 같은 가치있고 그 여인의 곤경을 해결해 줄 수
있는 어떤 것과 같았다. 성령의 복은 우리가 얻을 수 있는 모든 것과 호환할
수 있다.

마태복음과 누가복음에는 중요한 교훈을 가르치는 이와 유사한 구절들이
있다. 그 구절에는 다음과 같은 말씀이 나온다. "너희가 악할지라도 좋은 것
을 자식에게 줄 줄 알거든 하물며 너희 하늘 아버지께서 구하는 자에게 성령
을 주시지 않겠느냐"(눅 11:13). 다른 복음서의 비슷한 본문에서는 "성령" 대
신에 "구하는 자에게 좋은 것으로 주시지 않겠느냐"(마 7:11)라고 기록하고
있다. 말하자면 성령께서 좋은 모든 것을 주시고, 성령은 우리에게 필요한
모든 것이 되신다. 우리에게 구원이 필요한가? 성령은 우리를 그리스도에게
로 인도하고 하나님께서 우리를 영접하셨음을 증거하신다. 우리에게 평안이
필요한가? 성령께서 마음에 하나님의 평안을 가져다주실 것이다. 정결이 필
요한가? 성령께서 우리를 성결케 하시고 하나님의 말씀대로 우리에게 행하
실 것이다. "내 영을 너희 속에 두어 너희로 내 율례를 행하게 하리니 너희
가 내 규례를 지켜 행할지라"(겔 36:27).

우리에게 힘이 필요한가? 성령은 권능의 영이시다. 빛이 필요한가? 성령
은 선생이며 상담자이고 안내자이시다. 믿음이 필요한가? 성령은 믿음의 영
이시다. 사랑이 필요한가? "성령으로 말미암아 하나님의 사랑이 우리 마음
에 부은 바 됨이니"(롬 5:5). 기도하고 그 응답을 받고 싶은가? "성령이 말할

수 없는 탄식으로 우리를 위하여 친히 간구하시느니라"(8:26). 건강이 필요한가? 하나님께서는 우리 속에 거하시는 영으로 말미암아 우리 죽을 몸에 활기를 불어넣으신다. 용기가 필요한가? 성령께서 우리에게 믿음을 주실 것이다. 즉 우리에게 필요한 모든 것을 공급해 주실 것을 믿는 기도로써 요청하는 믿음을 주실 것이다.

하나님의 섭리의 활동으로 말미암아 변화되는 환경이 필요한가? 성령은 능력의 영이시다. 사람들의 마음이 성령의 손안에 있으므로 성령께서는 강의 물길처럼 사람의 마음을 바꿀 수 있으며 하나님을 사랑하는 자들에게는 모든 것이 합력하여 선을 이루도록 하실 수 있다.

성령은 전능한 영이시다. 곧 하나님의 집행자이시므로 마음 속에 성령이 계실 때 하나님께서는 "우리 가운데서 역사하시는 능력대로"(엡 3:20) 우리를 위하여 넘치도록 능히 하실 수 있다.

우리는 순간적인 감정의 고양이나 소위 말하는 영적 경험을 위해서 뿐만 아니라 우리 생활의 모든 영역에서도 성령을 하나님의 집행자, 곧 우리의 승리하는 믿음을 위한 충족한 지도자로 활용하자!

여기서 가르치고 있는 교훈이 또 한 가지 있다. 즉 우리는 성령께서 우리에게 주시는 능력과 은혜를 지혜롭게 사용함으로 우리 생활 속에서 성령의 효력을 크게 증가시킬 수 있다는 사실이다.

영적 선물을 가지고 장사한다는 개념은 신약의 므나 비유에서 좀 더 충분히 나타난다. 그 비유에서 틀림없이 성령의 선물을 나타내는 한 므나는 그것을 지혜롭게 유익하게 사용함으로써 열 므나로 늘어난다. 우리도 그와 같이 성령을 활용할 수 있다. 성령께 복종하고 성령의 능력을 사용하는 법을 배우고 성령의 활동을 규제하는 큰 법칙들에 복종하게 될 때, 성령의 활동과 그의 충분한 능력의 범위는 거의 제한이 없다는 것을 발견하게 될 것이다. 필요한 것은 공간과 기회와 그릇이며, 성령을 의지하고 앞으로 나아가는 믿음뿐이다.

기름은 여인이 멈추기 전까지는 그치지 않았다. 하나님은 그 여인의 믿음이 한계에 다다를 때까지 계속해서 활동하셨다. 바로 그 하나님께서 지금도 활동하고 계신다. 그런데 하나님의 하시고자 하는 뜻과 그의 자원이 고갈되기 훨씬 전에 우리의 믿음이 중도에서 그치고 말 것이다. 우리는 더 담대하게 하나님을 신뢰할 것인가? 우리가 당하는 모든 곤경을 하나님을 더욱더 영광스럽게 증거하는 기회를 가져다주는 상황으로 인식할 것인가? 그리고 모든 적이 복종하여 우리를 돕지 않을 수 없을 때까지 계속해서 힘을 얻고 나아갈 것인가? 그래서 마침내 모든 곤경의 산이 찬양의 산이 되고 인생에서 겪는 모든 어려운 처지가 하나님께서 자신의 흘러 넘치는 모든 충만을 우리에게 부어 주실 수 있는 그릇이 되게 하실 때까지 그렇게 할 수 있는가?

우리가 힘차게 미래로 걸어 들어갈 때, 우리는 이미 겪었던 경험을 잊어버리고 더 고귀하고 큰 미래로 나아갈 것인가? 이미 채워진 그릇은 두고 성령께서 채우시도록 새 그릇을 가져올 것인가? 성령으로부터 이미 받은 복은 잊어버리고 아직 받지 못한 복들을 생각할 것인가? 그리고 성령의 이같이 큰 약속을 증거하기 위해 나아갈 것인가?

"내가 하늘 문을 열고 너희에게 복을 쌓을 곳이 없도록 붓지 아니하나 보라"(말 3:10).

제 15 장

골짜기

(열왕기하)

> 여호와의 말씀이 이 골짜기에 개천을 많이 파라 하셨나이다 여호와께서 이르
> 시기를 너희가 바람도 보지 못하고 비도 보지 못하되 이 골짜기에 물이 가득
> 하여 너희와 너희 가축과 짐승이 마시리라 하셨나이다 이것은 여호와께서 보
> 시기에 작은 일이라 여호와께서 모압 사람도 당신의 손에 넘기시리니(왕하
> 3:16-18)

이것은 엘리사가 행한 비유적인 기적들 가운데 하나이다. 비유적 기적이
라고 한 것은 이것이 하나님의 가르침에 대한 비유이기도 하고 하나님의 활
동을 나타내는 기적이기도 하기 때문이다. 이 비유는 우리 생활에서 활동하
시는 성령에 대한 실제적인 교훈으로 가득하다.

1. 중대한 비상사태

첫째, 우리는 중대한 사태를 본다. 이스라엘 왕과 유다 왕이 모압에 대한
전쟁에서 연합하였다. 광야를 지나 행진하는 가운데 이 두 왕이 큰 골짜기로
들어갔다. 골짜기의 개천은 물이 그쳤고, 그래서 두 나라의 군대는 목이 말
라 죽을 지경이었다. 이것은 우리가 생활에서 겪는 어려운 처지를 나타낼 수
있다. 그와 같은 비상사태는 하나님의 복을 가져오는 기회이며, 우리 가운데
많은 사람에게는 이것이 하나님의 충만한 은혜를 깨달을 수 있게 되는 유일
한 길이기도 하다.

그러나 이 고된 상황에서 둘 중의 한 사람에게는 특이한 어떤 점이 있었

다. 유다 왕 여호사밧에게 그것은 스스로 초래한 문제였다. 그는 자신의 불운에 대해 어느 누구에게도 책임을 돌릴 수 없었다. 그는 악한 왕과 성급하게 그리고 너그럽게 불의한 동맹관계를 맺었기 때문에 해서는 안 될 일로 고통을 겪고 있었다. 하나님께서 악한 자들과 일체 사귀지 말라고 우리에게 경고하셨으므로, 우리는 믿지 않는 자와 결혼하든지 사업을 같이 하게 되면 이계명에 불순종한 결과 고통을 당하지 않을 수 없다.

우리는 악한 자와 하나님의 자녀 사이에 있는 차이를 즉시 보게 된다. 악한 이스라엘 왕은 곤경에 처했을 때 절망으로 포기하고 도움을 구하기 위해 하나님께로 돌이킬 생각을 한 번도 하지 않았다. 그는 절망적인 소리를 지르며 실제로는 이같이 말한 셈이다. "하나님께서 우리를 멸망시키러 이곳으로 불러들였다." 바로 이것이 불경건한 자들이 곤경에 처했을 때 보는 방식이었다.

그와는 전혀 다르게 여호사밧은 즉시 하나님을 생각하였고 하나님의 종과 하나님의 메시지를 구하러 사람을 보냈다. 처한 상황이 아무리 곤란하고, 그 일로 아무리 비난을 받을지라도 우리는 항상 문제를 가지고 즉시 하나님께 가서 하나님의 지시와 구원을 구하도록 하자. 하나님을 찾는 일이 헛되지 않을 것이다.

여호사밧은 즉시 여호와의 선지자를 부르러 사람을 보냈다. 그가 구하는 것은 선지자였다. 여호사밧은 기꺼이 하나님의 말씀을 들으려 하였고 하나님의 구원하시는 방식을 취하려 하였다. 선지자가 거기에 있었다는 것을 발견하는 것은 아름다운 일이다. 엘리사는 성령과 항상 임재해 계시는 그리스도를 나타내는 아름다운 표상이다. 심판의 선지자였고 율법을 대표하였던 엘리야와 다르게 엘리사는 언제나 백성들 가운데 있으면서 곤경에 처한 과부와 도끼가 손잡이에서 빠져버렸을 때 요단 강둑에 있던 생도를 도왔으며, 심지어 자기 나라의 군대가 힘들고 위험한 전투에 임했을 때 돕기도 하였다. 엘리사는 언제나 우리가 부르면 들으실 수 있는 거리에 계시는 하나님, 가까이에 계시는 하나님을 나타냈다. 보혜사라는 단어의 의미가 바로 "가까이 계시는 자", 곧 우리가 곁으로 오시라고 부를 수 있는 분, 곤경에 처했을 때는 언제든지 부를 수 있는 분을 뜻한다. 모든 짐을 성령께 가져가자. 성령께 모든 근심을 던져 버리자. 비상사태를 성령께 호소하고, 모든 곤경의 때에 하나님의 충족하심을 증명하도록 하자.

2. 준비

다음으로 우리는 하나님의 구원을 위한 준비를 본다. 첫째로 엘리사는 음악가, 곧 수금을 연주하는 자를 불렀다. 이 수금을 타는 자는 찬양의 영을 대표하였다. 우리의 기도 또한 항상 찬양으로 시작해야 한다. 우리가 당하는 곤경과 위험을 믿음의 승리의 노래로 맞이한다면 하나님은 언제든지 구원의 노래로 화답하실 준비가 되어 있다. 기도할 수 없을 때는 찬양하기 좋은 시간이다.

다음으로 하나님의 메시지가 왔다. "저가 가로되 여호와의 말씀이." 이 문제에 대해 하나님께 여쭈어야 하고, 하나님의 음성에 귀를 기울어야 하며, 하나님의 메시지를 받고 하나님의 길을 적용해야 한다. 고난이 올 때 보통 우리는 처음에는 다른 모든 방향으로 뛰어보고 다른 모든 사람의 조언과 도움을 받는다. 그리고 맨 마지막에 하늘에 호소할 생각을 한다.

곤경에 처해서 해야 할 첫 번째 일은 듣고 다음과 같이 묻는 것이다. "여호와께서 무엇이라 말씀하시는가?" 하나님께서 가르치고 계시는 교훈은 무엇인가? 하나님께서는 지금 무슨 책망의 말씀을 하고 계시는가? 지금 어떤 지시를 내리고 계시는 것인가? 하나님께서는 어떤 피할 길을 취하게 하시는가? 하나님께서는 언제나 어떤 어려움에서도 피할 길을 한 가지, 꼭 한 가지 갖고 계신다.

다음으로 사람들은 하나님께로부터 올 복받을 공간을 만들어야 한다. "이 골짜기에 개천을 많이 파라." 혹자는 이 골짜기가 개천이 전혀 없이 매우 깊었다고 생각하였을 것이다. 그러나 그 골짜기는 어쨌든 거기 있었다. 그리고 개천은 일부러 파야 했다. 하나님을 원하면서 하나님을 위한 공간은 만들지 않을 수도 있다. 이런 개천들은 특별한 준비를 표시하고 이 복을 받을 믿음의 수로를 열어놓는다.

개천이란 무엇인가? 그것은 땅에 만들어진 커다랗고 보기 흉한 통로이다. 개천에는 장식적인 것도 아름다운 것도 일체 없다. 그것은 단지 텅 비어 있는 공간, 곧 물을 담을 장소일 뿐이다. 그러면 하나님께서 물을 채울 이 개천을 어떻게 팔 것인가? 우리의 필요와 실패, 많은 눈물과 허전함, 우리 인생에서 깨어진 곳을 하나님께 가져감으로써 그렇게 할 수 있다. 우리가 미치지 못한 위치, 아직 채워지지 않은 우리 마음의 필요를 생각해 볼 좋은 기회는 새해를 시작하는 시점일 것이다. 그런 점들을 하나님께로 가져가면 하나님께서 과부의 그릇처럼 그 모든 것을 채워 주실 것이다.

단순한 신앙을 가지고 기도의 응답을 주시라고 구해야 한다. "너희가 바람도 보지 못하고 비도 보지 못하되 이 골짜기에 물이 가득하여"(3:17)라고 선지자는 말했다. 외적인 증거는 일체 없을 것이며 조용히 눈에 보이는 것 없이 올 것이다. 이것이 하나님께서 우리에게 복을 베풀기 좋아하는 방식이다. 바로 이것이 믿음이 언제나 복을 받는 방식이다. 그러나 이것은 믿지 않는 사람들이 복을 가져오기 좋아하는 방식은 아니다. 믿음이 없는 사람은 바람과 비를 보고 싶어하며 외적 환경이 크게 과시되기를 바란다. 그러면 그는 물이 채워지리라는 것을 믿을 수 있게 될 것이다. "너희는 표적과 기사를 보지 못하면 도무지 믿지 아니하리라"(요 4:48)는 말씀은 우리 주께서 당대 사람들에게 책망하신 말씀이었다. 그것은 언제나 그렇듯이 오늘날에도 해당되는 말씀이다.

그러나 믿음은 "바라는 것들의 실상이요 보이지 않는 것들의 증거"(히 11:1)이다. 이 믿음은 약속을 이루어 주실 것을 요구하고 약속하신 자를 믿으며, 하나님께서 하나님 자신의 방식과 때에 맞춰 답을 주시도록 하며 이루어진 현재의 사실처럼 약속을 믿기를 좋아한다. 우리는 이와 같이 하나님을 신뢰하고 믿음으로 행하고 보는 것으로 하지 않을 것인가?

3. 하나님의 응답

하나님의 응답에는 시간이 많이 걸리지 않았다. 아침 햇빛이 밝아오자 개천은 사라지고 골짜기가 물로 가득 차서 유리 같은 표면에 에돔의 붉은 산들이 비쳤고 모압 사람들에게는 그것이 피 웅덩이처럼 보였다.

개천에 채워진 것은 물이었고, 물일 뿐이었다. 이들이 바란 것은 물이 전부였다. 물은 성령의 상징이었고, 성령은 우리가 곤경과 궁핍에 처했을 때

원하는 전부였다. 성령이야말로 우리에게 기도 응답이 되고, 일시적인 준비가 되며 영적 공급품이며 생명과 경건에 속하는 모든 것이 될 것이다.

물이 찼을 때 개천이 볼 수 없게 사라졌다는 사실을 다시 한 번 유의해 보라. 마찬가지로 성령께서 임하실 때 우리의 필요가 공급될 것이고, 우리의 슬픔과 곤경에 대한 기억조차 사라질 것이다. 여러분이 개천을 보고 여러분의 절망적인 곤경을 바라보고 있는 한, 여러분은 물로 채움을 받지 못할 것이다. 하나님께서는 여러분의 죄와 슬픔에 대한 기억조차 없애 버릴 정도로 여러분을 채워 주기를 간절히 바라신다. 그러면 욥이 아름답게 표현한 것처럼 여러분은 불행이 물이 사라져 버리듯이 사라져 버린 것을 기억하지 못할 것이다.

다시 한 번 얘기하지만, 물이 채워졌을 때 사람들이 마시기에 충분할 뿐만 아니라 그들의 짐승과 가축이 먹기에도 충분한 물이 채워졌다. 하나님께서 여러분의 삶을 성령으로 채우시면, 그 복은 주변에 있는 모든 사람에게 흘러넘칠 뿐만 아니라 여러분을 섬기는 가축들까지도 그 복을 받을 것이다. 한 트럭 운전사가 자기가 개심하였다는 것을 자기 집 말과 개도 알았다고 하였을 때 그리 틀린 말을 한 것이 아니다. 아, 우리 주변에 있는 비이성적인 피조물들이 사람의 죄 때문에 내는 신음 소리가 항상 하나님께 올라가고 있다! 아, 사람이 자신의 구주를 영접하고 이 낮은 피조물의 주가 될 준비가 될 때 온 우주에 미칠 복은 참으로 크다!

하나님의 은혜와 풍성함을 보여 주는 이 영광스런 기적에 관해 사용된 매우 주목할 만한 표현이 있다. "이것은 여호와께서 보시기에 작은 일이라"(왕하 3:18). 이 놀라운 복이 하나님의 평가에서는 전혀 특별한 일도 아니고 행하시기에 어려운 일도 아니었다. 하나님께서 여러분과 내게 성령으로 세례를 베풀어 우리의 모든 필요를 채우고 우리의 존재가 그의 복으로 충만해지게 하는 일은 큰 일도 어려운 일도 아니다. 그렇게 하는 것이 하나님께 매우 수고스러운 일인 것처럼 우리는 항시 생각하고 있다. 많은 그리스도인들은 그런 일을 인생의 정점처럼 먼 거리에서 바라보고 있을 뿐이다. 반대로 그 일이 하나님께는 하기 쉬운 일이며, 그것은 유용한 경력의 끝이 아니라 오히려 시작이 되도록 하셨다.

그리스도께서 오신 중요한 목적은 이것이었다.

> 우리가 원수의 손에서 건지심을 받고
> 종신토록 주의 앞에서
> 성결과 의로 두려움이 없이 섬기게 하리라(눅 1:74-75).

마지막 날이 아니라 "종신토록" 그렇게 하도록 하신 것이다. 그것은 천국에 가기 위한 준비가 아니라 삶을 위한 준비인 것이다.

4. 더 큰 복

그 다음에 하나님의 구원과, 하나님께서 그의 백성들을 위해 준비하신 더 큰 복이 임한다. "이것은 여호와께서 보시기에 작은 일이라 여호와께서 모압 사람도 당신의 손에 넘기시리니"(왕하 3:18). 이것이 전쟁의 큰 목적이었고, 곤경에 처해 있는 그들을 구원하신 하나님의 계획이었다. 즉 그들이 나아가서 그들의 적과 하나님의 적을 정복하도록 하는 것이었다. 이것은 또한 우리의 성화에서 하나님의 목적이기도 하다.

우리에게 성령을 주시는 것은 우리가 단지 깨끗한 마음을 받고 그것을 만족스럽게 바라보며 그에 관해 사람들에게 이야기하면서 생활하도록 하기 위함이 아니다. 우리는 성령의 능력과 그의 내주하시는 생명을 입고 나가서 하나님을 위해 이 세상을 정복해야 한다. 우리에게도 마주해야 할 큰 적이 있고, 이행해야 할 큰 의무가 있다. 우리는 세상과 육신과 마귀를 정복하도록 보냄을 받았고, 세상의 모든 거민에게 복음을 전하도록 보냄을 받았다. 수많은 그리스도인들이 이런 세례를 하나님께 구하지도 않은 채 인생을 허비한다는 것은 부끄러운 일이다. 많은 그리스도인들이 항상 그리스도 안에서 즐거운 일과 성화의 경험에만 관심을 갖고 지내는 것은 훨씬 더 큰 수치이다.

플로리다에서 오렌지 농장을 만들어 물 주고 전지 작업을 하고 재배하는데 5년의 시간을 보내고 나서 나무들을 건강하게 키우는데 다시 또 20여 년 이상을 보내면서도 아무 열매도 기대해서는 안 되는 농장 주인을 생각해 볼 수 있는가? 그것은 참으로 형편없는 투자라고 생각할 것이다. 과수원을 잘 준비하는데 얼마간의 시간을 보내야 하는 것은 당연한 일이라고 생각한다. 그러나 여러분은 그 일이 언젠가는 끝날 것이라고 생각한다. 나무들이 단지 자라기만 하지 않고 무언가를 하기를, 즉 여러분의 수고에 대해 풍성한 수확으로 보답하기를 기대한다.

여러분은 수차를 만들고 많은 기계를 설치하는데 온갖 고생을 하고 나서 수차가 계속 돌아가기만 하고 아무 기계도 돌리지도 않고 실제적인 일을 전혀 하지 않고 그냥 돌아가는 것 자체만을 즐기는 그런 공장 주인을 생각할 수 있는가? 하나님께서 끊임없이 우리를 고치는 일만 하신다면 틀림없이 매우 피곤해 하실 것이다.

확실히 하나님은 열매를 거두는 시간이 오기를 기대할 권리가 있으시다. 형제들이여, 하나님은 우리가 어떤 일들을 확실히 붙잡고 그 일을 끝까지 해내도록 도우신다. 여러분의 엔진을 수리점에서 가져 오라. 엔진을 할 수 있는 대로 빨리 정상적으로 가동할 수 있도록 하고, 그 다음에 하나님께 엔진 위에 특급 열차를 장착해 달라고 구하라. 열차가 달리게 하고 열차가 하나님의 거룩한 뜻의 대로에서 중요한 화물을 실어 나르도록 하라.

항상 성화하는 일만 하는 것은 아주 불쌍한 일이다. 그것은 하나님의 무한한 은혜와 능력에 걸맞지 않는 일이다. 하나님과 타락한 이 세상을 위해 전투하고 승리를 거두며 공격적인 활동을 하자. 하나님께서는 확실히 적을 우리 손에 붙이시고 우리를 사랑하시는 그분으로 말미암아 넉넉히 이기도록 하실 것이다. 그러면 우리는 복을 사용하는 것이 복을 지키는 최상의 방법이 되며, 바퀴를 돌리는 것이 바퀴가 넘어지는 것을 막는 가장 확실한 수단이 된다는 것을 알게 될 것이다.

5. 철저히 완성된 일

모압 군대를 정복하자마자 두 왕은 일을 철저히 하라는 명령을 받았다. 이스라엘은 성벽이 있는 모든 성을 치고, 땅의 기름진 모든 곳에 돌을 쌓아두며 샘을 모두 막아버리고 땅을 황폐한대로 내버려 두라는 명령을 받았다. 그것은 철저히 완성된 일을 보여 주는 한 가지 예였다.

하나님께서 우리를 위해 일하기 시작하실 때 우리가 하나님을 위해 일할 시간이며, 우리는 하나님처럼 일을 철저히 해야 한다. 그냥 앉아서 팔짱을 끼고 "하나님께서 그 일을 하실 것이다"라고 말하는 것은 지극히 어리석은 일이다. 우리는 우리의 구원을 이루어야 한다. 더욱이 우리 속에서 일하시는 분이 하나님이시기 때문이다.

다윗이 "뽕나무 꼭대기에서 걸음 걷는 소리"(삼하 5:24; 대상 14:15)를 들었을 때 그것은 다윗이 분연히 일어나 하나님의 최선의 방책을 수행할 시간이었다. 하나님은 다윗 앞에서 적을 그의 손에 붙이기 위해 이미 나아가셨던 것이다. 우리가 하나님의 전능하신 활동을 볼 때 그것은 우리가 분연히 일어나 신실하게 협력하고 철저히 일을 수행해야 할 적절한 시간인 것이다.

여호수아가 정복을 통해서 확보한 복을 잃은 것은 이스라엘이 사역을 철저히 수행하지 못한 탓이었다. 이스라엘은 적들 가운데 얼마를 그 땅에 남겨 두었고, 때가 되자 이 남은 자들이 이스라엘의 주인이 되었다. 우리 뒤에 악의 형적이나 흔적을 남겨두는 것은 지극히 어리석은 일이다. 우리는 회개하는 일이나 순종하는 일, 성화와 하나님의 능력으로 치유하는 일, 하나님을 섬기는 일을 철저히 행해야 한다.

건축업자가 비싼 벽을 세우고 지붕을 덮지 않고 버려 둔다는 것은 지극히 어리석은 일이다. 지붕을 만들지 않은 석조건축물은 비바람 때문에 곧 무너져 쓸모 없는 폐허더미가 될 것이다. 우리는 날마다 우리의 일을 완수해야 한다. 우리의 말하는 것이나 행하는 것은 모두가 선율과 화성으로 완성된 곡처럼 철저하고 완벽하게 하도록 하자. 우리가 날마다 그같이 생활하여, 마지막 날이 올 때는 하늘에 오르신 주님께서 "아버지여 … 아버지께서 내게 하라고 주신 일을 내가 이루어 아버지를 이 세상에서 영화롭게 하였사오니"(요 17:1,4)라고 말씀하신 것처럼 우리도 말하며 상급을 받기 위해 나가는 것 외에는 아무 할 일이 없게 되도록 하자.

친애하는 형제들이여, 지금이 이 세상과 열방들 가운데서 하나님이 능한 일을 행하시는 때이다. 이것을 생각하고 힘을 내어 일어나 거룩한 행동을 하며 하나님의 사랑하시는 아들, 곧 우리의 복되신 주이며 구주이신 예수 그리스도께서 속히 오시도록 세상을 준비시키는 하나님의 크신 목적을 이루는 일에 하나님께 협조하자.

"뽕나무 꼭대기에서 걸음 걷는 소리"(삼하 5:24)가 있다. 주님은 이미 우리 앞서 올라가셨다. 우리는 힘을 내고 재림의 날을 앞당기며 승리의 외침이 온 세상과 하늘의 천군들로부터 나오도록 하자. "할렐루야 주 우리 하나님 곧 전능하신 이가 통치하시도다"(계 19:6).

찰머스(Dr. Chalmers) 박사가 다음과 같이 아주 지혜롭게 말한 대로 행하자. "우리는 모든 것이 하나님께 달려 있는 것처럼 믿도록 하자. 그러나 모든 일이 우리 자신에게 달려 있는 것처럼 일하자."

제 16 장

영감의 영

먼저 알 것은 성경의 모든 예언은 사사로이 풀 것이 아니니 예언은 언제든지 사람의 뜻으로 낸 것이 아니요 오직 성령의 감동하심을 받은 사람들이 하나님께 받아 말한 것임이라(벧후 1:20-21).

본문을 보면 하나님께서 당신의 택하신 사자들에게 하나님의 뜻을 계시하는 일에서 성령의 활동에 주의를 기울이게 하시고 또 옛 선지자들의 영감에 대해서도 유의하게 된다.

하나님께서 말씀하신 대상

1. 모세

하나님의 계시는 에덴에서 시작되었다. 하나님이 자신의 경건한 백성들과 대화하는 것을 결코 그치신 적이 없다. 대홍수 이전 시대와 족장 시대에 하나님은 틈틈이 특정 사람들에게 말씀하고 그들에게 자신의 뜻을 계시하셨다. 그러나 하나님께서 택한 백성을 애굽에서 인도하여 내기 위해 모세를 불러내신 때로부터 하나님은 백성들에게 자신의 뜻을 계시하는 일에 특정 그룹의 사자들을 계속해서 사용하셨다. 이들을 여호와의 선지자들이라고 불렀다. 모세는 아마도 그 선지자들 가운데 첫 번째 사람이었을 것이다.

출애굽기 4장에서 하나님은 분명하게 모세를 불러 이 특정한 사역을 맡기신다. 하나님께서는 이같이 말씀하신다. "이제 가라 내가 네 입과 함께 있어서 할 말을 가르치리라"(출 4:12). 후에 하나님께서 아론을 당신의 대변자로 임명하셨을 때는 이 말씀을 덧붙이신다. "너는 그에게 말하고 그의 입에 할 말을 주라 내가 네 입과 그의 입에 함께 있어서 너희들이 행할 일을 가르치리라 그가 너를 대신하여 백성에게 말할 것이니 그는 네 입을 대신할 것이요 너는 그에게 하나님 같이 되리라"(4:15-16).

모세는 자신을 선지자로 인식하였고 후대에 올 자신의 원형에 대해 이같이 말하였다. "네 하나님 여호와께서 너희 가운데 네 형제 중에서 너를 위하여 나와 같은 선지자 하나를 일으키시리니 너희는 그의 말을 들을지니라"(신 18:15; 18-19).

2. 사무엘

그 다음으로 위대한 선지자는 사무엘이었다. 모세처럼 사무엘도 이스라엘 백성의 역사에서 특별한 위기의 때에 나타났다. 이스라엘 백성은 수 세기 동안 깊은 타락과 곤경을 겪어왔다. 종교개혁 시대에 하나님의 도구였던 루터처럼 하나님께서는 이스라엘을 하나님께로 돌아오도록 부르기 위해 사무엘을 보내셨다.

사무엘의 소명은 매우 특이하였고, 그의 사역은 매우 중요하였다. 사무엘상 3:19-21에서 사무엘에 관한 다음과 같은 글을 읽게 된다. "사무엘이 자라매 여호와께서 그와 함께 계셔서 그의 말이 하나도 땅에 떨어지지 않게 하시니 … 온 이스라엘이 사무엘은 여호와의 선지자로 세우심을 입은 줄을 알았더라 여호와께서 실로에서 다시 나타나시되 여호와께서 실로에서 여호와의 말씀으로 사무엘에게 자기를 나타내시니라."

사실, 사무엘은 그의 시대로부터 이스라엘에서 발견하게 되는 선지자 제도와 선지자 학교의 창립자였다. 사람들 가운데 이스라엘의 선지자만큼 고귀한 신분은 없었다. 이들은 하나님께 충성한 유일한 계층이었다. 몇 가지 예외가 있지만, 왕들은 비참한 실패자들이었다. 제사장들마저 타락한 왕과 불경건한 대중을 따랐다. 그러나 선지자들은 하나님의 참된 대리인이자 증인들이었고, 하나님의 고대 백성들의 암흑기에서 의와 경건을 위하여 싸웠다.

3. 하나님이 부르신 그 밖의 사람들

사울이 자신의 고귀한 부름의 목적을 성취하지 못하였을지라도 사무엘은 여전히 여호와께 충성하였다. 다윗이 두 가지 죄악에 빠져들었을 때 나단은 다윗에게 가서 책망하고 여호와의 메시지를 전달하였다. 솔로몬이 하나님에게서 마음이 떠났을 때 선지자 아비야가 나아가 하나님의 경고의 메시지를 전하였고 여로보암에게 하나님께서 왕국을 둘로 찢어 나누려고 하신다는 것을 말했다. 르호보암이 아버지의 뒤를 이어 왕위에 오르고서 주제넘고 경솔하게 왕국을 파탄시키려고 할 때 선지자 세마야는 그에게 하나님의 메시지를 전달하고 경솔한 뜻을 이루려고 하는 그를 막으려고 하였다.

여로보암이 이스라엘 왕위에 올라 단에 우상숭배의 제단을 세웠을 때 여호와의 선지자가 그 앞에 서서 왕의 우상숭배로 인한 하나님의 심판을 그에게 경고하였다. 이스라엘의 악한 왕 바사가 자신의 죄악의 잔을 가득 채웠을 때 하나님께서는 그의 종 선지자 예후를 준비하여 악한 왕에 대한 하나님의 경고와 심판의 메시지를 전달하도록 하셨다. 애굽 왕 시삭이 르호보암을 치러 올라왔을 때 선지자 세마야가 거기 있어서 백성들에게 회개를 촉구하고 백성들에게 적의 손으로부터 구원받을 것을 약속하였다.

왕 아사가 공동의 적을 물리치기 위해 백성들을 소집하고 여호와의 구원을 의지했을 때 하나님께서는 선지자 아사랴를 보내어 아사에게 격려와 언약의 약속의 메시지를 전달하게 하셨다. 그리고 아사가 통치 후기에 완고하고 자기를 신뢰하며 하나님에게서 돌이키고 육신의 군대를 의지했을 때 하나님께서는 선지자 하나니를 보내어 그에게 하나님의 진노하심을 알리고 아사가 스스로 자초하려고 하는 하나님의 심판을 알리셨다. 여호사밧이 베라가 골짜기에서 큰 위험과 수치 가운데서 암몬과 모압의 군대를 마주하게 되었을 때 하나님께서는 선지자 야하시엘을 보내어 아침이 되면 오게 될 믿음의 승리를 알리셨다.

유다 왕 요아스가 하나님으로부터 돌이켰을 때 여호와의 선지자 스가랴가 일어나서 왕을 그의 죄를 인하여 책망하였다. 스가랴 선지자는 왕과 백성들의 손에 순교당하였다. 그는 자신들의 증거를 피로써 확증한 증인들의 대열에 선 첫 번째 사람이었다. 아합과 이세벨이 사마리아에서 통치하고 온 이스라엘이 바알 숭배에 넘어갔을 때 하나님의 불 같은 사자인 엘리야가 나타나 백성들에게 경고하고 백성들을 돌이켜 다시 하나님께 충성하도록 하였다. 엘리야가 사역을 끝마쳤을 때 엘리사는 평화의 사자로 반 세기 동안 여호와의 이름으로 왕과 백성을 지도하고 상담하였다. 엘리사는 오실 그리스도의 영광스런 표상이었다.

선한 왕 히스기야 통치 시기에 가장 밝은 빛은 여호와의 선지자 이사야였다. 심지어 예루살렘이 함락되고 유다가 사로잡혔을 때 수호천사 같은 예레미야는 한밤중까지 돌아다니며 경고하고 호소함으로써 유다가 참혹한 운명에 맞닥뜨리지 않도록 하려고 하였다. 더 이상 어떤 일도 할 수 없을 때 예레미야는 우리 주님처럼 자기가 사랑했던 그 성을 향하여 울었다.

이스라엘의 마지막 날은 사랑의 선지자 호세아의 예언적 사역과 연결되어 있다. 유다의 포로기는 그발 강가에서 이루어진 에스겔의 예언 사역과, 멀리 떨어진 바벨론에서의 다니엘의 예언 사역으로 인해 빛을 받았다. 회복기는 스룹바벨의 지도력에 의존하기보다는 학개와 스가랴의 예언 사역에 더 의존하였다. 그리고 마침내 구약 시대는 여호와의 사자이며 앞으로 올 시대의 선지자인 말라기에 의해 마감되었다.

선지자의 임무를 띤 사자들의 이름은 의미심장하다. "이사야"와 "호세아"는 하나님은 구주시다라는 뜻이고, "예레미야"는 하나님은 높으시다, "에스겔"은 하나님은 강하시다, "다니엘"은 하나님은 재판장이시다, "요엘"은 여호와는 하나님이시다, "엘리야"는 하나님은 여호와이시다, "엘리사"는 하나님은 우리 구주시다라는 의미를 지닌다. 선지자들 가운데 그의 문서가 기록되어 있는 첫 번째 사람인 "요나"는 "비둘기"라는 뜻으로 온유한 은혜를 내리시는 성령을 암시한다. 이스라엘이 파멸하는 슬픔 가운데 글을 쓴 "나훔"은 "위로자"를 의미한다. 그리고 새 시대의 사자였던 "말라기"는 "나의 사자"라는 뜻이다. 이같이 선지자들의 이름은 그들의 고귀한 성품과 하나님으로부터 받은 그들의 임무와 일치하였다.

4. 이스라엘의 선지자들

이스라엘의 선지자들은 두 그룹으로 나눌 수 있다. 첫째로 활동했던 기록만 전해지는 선지자들이 있다. 둘째로, 자신들의 글이 우리에게까지 전해진 선지자들이 있다. 후자의 그룹은 다시 여섯 그룹으로 나눌 수 있다.

첫째로, 자신의 글이 기록되어 있는 선지자들 가운데 선구자이자 가장 이른 시기의 인물인 요나가 있다. 그 다음으로는 이스라엘의 마지막 시기와 관계가 있는 선지자들이 있는데, 곧 호세아, 아모스, 나훔이다. 셋째로, 히스기야 통치부터 유다 멸망 전의 두 세대와 한 세기가량 유다와 관련하여 활동했던 선지자들이 있다. 요엘, 미가, 이사야가 그들이다. 이 선지자들은 유다 왕국의 번성기에 살았고, 유다 백성이 서둘러 바벨론 포로로 끌려가게 되는 일을 막도록 보냄을 받았다. 이스라엘에 임한 파국은 그들의 사역으로 말미암아 한 세기 이상 유다에서 지연되었다. 그러나 마침내 파국이 임했다. 네 번째 그룹의 선지자들은 유다 왕국의 몰락과 예루살렘의 함락과 관련하여 활동한 사람들이다. 이들은 예레미야, 오바댜, 스바냐, 하박국이다.

조금 뒤에 다섯 번째 그룹의 선지자들이 나오는데, 이들은 포로기의 선지자들이라고 불린다. 이들은 포로 생활 가운데서 예언하였다. 이들은 에스겔과 다니엘로, 한 사람은 유다 땅에서, 다른 한 사람은 바벨론의 수도에서 활동하였다.

마지막으로, 회복기의 선지자들이 있다. 이들은 예루살렘 성전과 성읍을 재건하기 위해 돌아간 백성들을 조언하고 위로한 선지자들이었다. 이들은 학개, 스가랴, 말라기이다. 이 열여섯 명이 자신들의 문서가 우리에게까지 전해진 영광스런 선지자 그룹이다. 이들은 보통 대선지자와 소선지자로 나뉜다. 이사야, 예레미야, 에스겔이 대선지자 그룹이고, 나머지 모든 이들이 소선지자 그룹이다. 이들은 모두 스스로 여호와의 특별한 사자임을 주장하였고, 모두 하나님의 현저한 임재와 능력으로 그 사실을 증명하였다. 이 선지자들은 본문에서 "성령의 감동하심을 받은 사람들이 하나님께 받아 말한 것임이라"(벧후 1:21)고 한 그룹에 속한다. 바로 이 말씀은 신약의 선지자들과 저자들에게 훨씬 더 힘있게 적용될 수 있을 것이다.

우리는 성경의 영감과, 여러 시대에 활동한 하나님의 뜻을 전달하는 사자들의 영감이라는 중요한 주제를 대하게 된다. 먼저 영감의 성격을 간단히 살펴보고, 다음에는 그 증거, 세 번째로는 그 영감이 우리에게 지우는 책임에 대해 생각해 보자.

영감의 성격

영감의 성격에 관해 생각할 때 영감받은 선지자들과 영감된 성경은 무엇을 의미하는가?

성경의 저자들 자신이 이 문제를 제기한다. 이들은 자신들의 주장에 대해 조금도 의심하지 않고, 주 예수께서도 친히 이들이 하나님의 특별한 사자이며 사람들에게 하나님의 뜻을 전달한다는 주장을 인정하신다. 이들의 영감의 정확한 성격을 설명하는 것이 쉽지 않을 수도 있다. 우리가 알아야 할 것은 그 영감의 실제적인 범위와 가치이다. 그리고 그것은 그들을 아주 강력하게 사로잡아 모든 오류로부터 보호하여 사람들에게 전하려고 하는 사실들의 정확하고 오류 없는 기록을 전달하고, 또 하나님께서 그들이 마땅히 전하도록 하신 메시지를 전달할 수 있게 만든 신적 영향력이었다는 사실이다. 그것은 그들의 메시지가 절대 오류가 없도록 만든 성령에 의한 감독이었다. 그들이 모든 사실에 대한 계시를 항상 받아야 할 필요는 없다. 이들은 모든 사실들 가운데 많은 부분을 혹은 모든 부분을 이미 익숙하게 알고 있기 때문이다. 이들에게 필요한 것은 이들이 이 사실들을 정확하게 그리고 하나님이 요구하시는 대로 충분하게 기술할 수 있게 하는 하나님의 지도와 통제였다.

이 하나님의 통제 때문에 이들이 반드시 수동적이 되거나 기계적이 되지는 않았다. 이들은 축음기가 말하듯이 혹은 타자기가 타자수의 움직임대로 글자를 치듯이 글을 쓰지 않았다. 많은 경우에 그들은 의식하지 않은 가운데, 그리고 다른 경우에 그들은 분명하게 자신들의 모든 능력을 자유롭게 사용하고 자신의 지력을 그대로 사용하여 글을 쓰기도 하고 말도 하였다. 우리는 그들이 개인의 특성을 그대로 유지하여 행동하였고, 그래서 각 사람의 메시지는 그 자신의 복잡한 지성에 의해 윤색되었다. 우리는 예레미야의 글을 보고서 이사야의 글과 다르다는 것을 안다. 그리고 엘리사의 음성에서 엘리야의 목소리를 알게 된다. 하나님의 책은 아름다운 정원과 같다. 거기에서는 온갖 꽃이 똑같은 토양에서 자라며 같은 하늘에서 비를 받아 살지만 꽃들 각각이 자신만의 독특한 색깔과 형태, 향기, 개성을 갖고 있다. 이것은 거의 선이 백 개나 되는 하프와 같다. 모든 선이 완벽하게 조화를 이루고 있고, 각 선율마다 합하여 영광스런 후렴으로, 곧 예수는 구속이시다! 라는 후렴으로 변한다.

> 지극히 높은 곳에서는 하나님께 영광이요
> 땅에서는 하나님이 기뻐하신 사람들 중에 평화로다(눅 2:14).

성경이 기록하고 있는 악한 자들과 욥기에 나오는 불경건한 발언과 어리석은 자들의 말과 그런 많은 일들도 성령께서 영감한 것이라고 믿을 필요는 없다. 필요한 것은 욥기가 욥의 아내와 그의 친구들이 실제로 한 말에 대한 정확한 기록을 제공하고 있으며, 심지어 마귀의 악한 말조차 정확하게 전하고 있다는 것뿐이다. 그 말은 마귀의 영감으로 이루어졌지만 그 말의 기록은 성령의 감동을 받은 것이다.

사도 바울은 다음의 말에서 영감의 성격과 충만함에 대해 아주 분명하게 기록하고 있다. "우리가 세상의 영을 받지 아니하고 오직 하나님으로부터 온 영을 받았으니 이는 우리로 하여금 하나님께서 우리에게 은혜로 주신 것들을 알게 하려 하심이라 우리가 이것을 말하거니와 사람의 지혜가 가르친 말로 아니하고 오직 성령께서 가르치신 것으로 하니 영적인 일은 영적인 것으로 분별하느니라"(고전 2:12-13). 그러므로 우리는 이 기록이 신성하며, 그 메시지는 하나님의 보좌로부터 온 것이고, 이 복된 책은 바로 살아 계시고 영원하신 하나님의 말씀이라는 것을 안다.

영감의 증거

주 예수 그리스도께서 성경의 영감에 대해 증거하신다. 예수께서는 거듭 구약 성경을 인용하시며, 그것이 여호와의 말씀이고 선지자를 통해 전달된 성령의 말씀이셨다고 하신다.

신약 성경은 구약 성경에 대해 증거하고, 성령께서는 자신의 후기 사자들을 통해서 자신의 메시지를 전하되 이전의 계시를 통해서 그 메시지를 확증하신다.

메시지는 그 자체로 증거를 전달하고, 진실된 각 사람의 마음에 메시지의 신성과 진실됨에 대한 확신을 증거한다.

성경이 제시하는 최상의 증거는 성경이 사람들의 양심에서 발견하는 반응이다. 위대한 교사의 말을 들을 때 우리는 이같이 말하지 않을 수 없다. "내가 행한 모든 일을 내게 말한 사람을 와서 보라 이는 그리스도가 아니냐?" (요 4:29)

하나님의 자녀에게 성경의 가장 신성한 증거는 성경이 그 자녀의 영혼에 가져온 복이며, 그의 속에 생기는 성령의 증거이고, 성경이 그의 마음과 생활에 일으킨 효과이다.

영감의 기적적인 은혜가 증거의 가장 신성한 신임장이다. 그 은혜가 죄에 사로잡힌 영혼을 하나님의 성도로 변화시켰고, 악과 비참의 광야를 장미와 같은 꽃밭으로 만들었다.

그러나 그 증거는 신적이고 초자연적인 신임장이다. 기적과 예언의 이중 증거는 항상 하나님의 영감된 말씀과 나란히 행진하였다. 이 강력한 말씀이 하늘을 움직이고 땅을 흔들었다. 그 명령에 대한 반응으로 죽은 자가 일어났고, 살아 있는 자들이 변화되었으며 자연의 모든 능력이 하나님의 영감된 명령의 최고의 권위를 증거하였다.

성경은 시대의 파노라마이며, 역사는 성경의 모든 단락에 맞추어 진행되었다. 성경에서 우리는 몇 세기를 미리 본다. 즉 장차 일어날 사건에 대한 하나님의 영감된 예언을 보는데, 예언이라기보다는 마치 역사를 읽는 것처럼 아주 문자적으로 성취된 사건들을 본다. 바벨론이 전성기를 맞이하고 있을 때, 다니엘은 감히 바벨론이 멸망하고 페르시아 제국이 그 자리를 대신할 것이라고 말하였다.

고레스 왕이 전세계에 걸친 정복으로 의기양양해져 있을 때 또 다시 다니엘은 예언의 창문을 통해서 보고 장차 그리스와 로마의 정복자들이 올 것을 말했다. 또 이후 시대의 사건들과 역사는 다니엘의 이상을 문자 그대로 성취하였고, 오늘날에도 성취되고 있다.

이 같은 예언을 말할 수 있는 것은 하나님의 마음 외에 무엇이겠는가? 성령의 영감된 책 외에 무엇이 그 같은 기록을 간직할 수 있겠는가?

아주 지극히 세세한 일에서조차 하나님의 지혜와 전지하심의 흔적을 본다. 이 고대의 선지자는 한 곳에서 시드기야가 바벨론을 결코 보지 못할 것이라고 말했다. 그것이 처음에는 전혀 이루어지지 않을 것처럼 보였지만 역사는 그 예언을 문자적으로 성취하였다. 시드기야는 바벨론에 도착하기 전에 느부갓네살에게 눈을 뽑히는 바람에 포로로 그 성에 들어갔을 때 전혀 바벨론을 볼 수 없었다. 이와 같이 하나님께서는 시대가 오고 사라지는 가운데 자신의 말씀이 옳음을 증명해 오셨다.

이슬람 세계의 위대한 한 사원이 최근에 다마스커스 시에서 일어난 불로 파괴되었다. 그 사원이 옛날에는 기독교 성전이었다. 건물의 정면이 붕괴되면서 돌에 이러한 비명이 적힌 것이 나타났다. "오, 그리스도시여 당신의 나라는 영원한 나라이고, 당신의 말씀은 모든 세대에 미치나이다." 이슬람 교도들이 다마스커스를 점령하여 이 오래된 기독교 예배당을 탈취하였을 때, 그들은 정면에 새겨진 이 비문에 회반죽을 칠하고 또 칠해서 그 흔적을 없애고 그 위에 코란에서 인용한 한 구절을 금으로 덧칠했다.

세월이 흐르자 그 아치의 입구는 이슬람교 거짓 선지자의 그 메시지만 전하게 되었다. 그러나 시간이 지나면서 회반죽이 떨어져나가자 지난 2년 안에 옛 기독교의 비문이 다시 나타나게 되었고, 하나님의 말씀은 세월의 모든 파괴에도 불구하고 굳게 서 있다. 몇 주 전에 이 오래된 예배당이 이상하게 완전히 불타버렸을 때 그 종탑은 거센 불길에도 불구하고 그 비문과 함께 그대로 서 있었고, 오늘날도 그 종탑은 그대로 서서 세상에 대해 이같이 선포하고 있다. "오 그리스도시여 당신의 말씀은 온 세대에 미치나이다."

영감에 대한 우리의 책임

우리는 하나님의 거룩한 말씀에 대해 책임을 지고 있다. 이것이 영감된 하나님의 말씀이라면 성경이 말하고 있는 주장은 참으로 엄숙하고 최고의 권위를 갖는다! 우리는 이 영감된 말씀을 절대적으로 믿자! 타협하거나 의심하지 말고 믿도록 하자!

우리는 성경에서 초자연적인 것을 제거하려고 하거나 우리의 이성과 지식의 수준에 맞게 끌어내리려고 하지 않아야 한다. 하늘로부터 말씀하시는 그분의 보좌 앞에 순종하는 마음으로 절하고 모든 존재를 다해서 이같이 말하자. "주께서 말씀하시는 것은 한 점 틀림이 없습니다."

그러나 우리는 또한 복종해야 한다. 믿는다는 것은 "그에 따라 산다"는 것을 의미한다. 신앙에는 두 가지 면이 있다. 하나는 믿음이고 다른 하나는 신실함이다. 하나는 신뢰이고 다른 하나는 신뢰할 수 있음이다. 이 두 가지 면은 어두운 심연을 넘어갈 수 있게 만드는 두 날개이다. 이것은 위험한 급류를 지나갈 수 있게 만드는 두개의 노이다. 이것은 영원한 언약을 영구히 굳게 붙잡게 만드는 두 손이다.

순종은 언제나 믿음의 조건이다. 이 복된 책을 따라 살 때에만 우리는 성경의 약속을 이루어 주실 것을 온전히 요구할 수 있고, 그 은혜의 말씀을 의지할 수 있다.

성경의 충만함을 따라 생활하도록 하자. 성경의 모든 말씀이 곧 우리의 생활이 되도록 하자. 우리 각각이 살과 피로, 말과 행동으로, 거룩함과 봉사로 번역된 성경의 새 판이 되도록 하자.

하나님은 계속 이어지는 세대들에게 말씀하시고, 각 시대가 주어진 메시지에 부응하여 살기를 기대하신다. 우리 시대에 대해서는 하나님이 지극히 풍성한 진리와 지극히 충만한 계시를 주셨다. 따라서 하나님은 더 깊고, 더 충만하며 더 큰 생활을 기대하신다.

진리에 대한 더 큰 계시를 받을 날이 오고 있고, 또 그 계시들대로 살 영원이 오고 있다. 하나님의 말씀을 조금도 줄임이 없이 그대로 충실히 살고, 우리 주님처럼 달려갈 길을 다 마치기 전에 성경의 모든 말씀을 그대로 이행하면서 살자.

성경의 모든 말씀대로 살았는가? 성경의 모든 약속이 진실됨을 증명하였는가? 성경의 말씀을 생활로써 기록하였는가? 하나님께서는 우리가 성경을 갖도록 하실 뿐만 아니라 우리 각 사람이 성경이 되도록 도우신다.

마지막으로, 이것이 하나님의 영감된 말씀이라면 성령의 영감을 받은 사람들만 그 말씀을 이해할 수 있다. 영감을 받을 수 있고 이해할 수 있다는 것에는 두 가지 의미가 있다. 사도와 선지자들의 영감은 성경을 쓰도록 하기 위한 것이었다. 그러나 우리에게는 실제로 성경을 읽고 이해하는데 영감이 필요하다. 성경은 자연적인 사람의 냉랭한 지성으로 이해하도록 쓰여진 것이 아니라 성령의 감동을 받은 마음의 눈으로 볼 수 있게 쓰여진 것이다. 그래서 마음에 하나님의 성령이 계시지 않고는 아무도 하나님의 일들을 알지 못한다. 우리가 성경을 바르게 그리고 충분히 이해할 수 있으려면 먼저 "그리스도의 마음"(고전 2:16)과 성령을 가져야 한다.

하나님의 복된 말씀을 이해하기 위해 하나님의 복되신 성령을 받으려고 하는가? 성경을 역사서나 자서전이 아니라 친구의 연애편지이고 우리의 신랑이시자 주님이신 그리스도의 직접적인 메시지로 읽으려고 하는가? 그같이 읽으려고 할 때 성경을 이해하고 사랑하며 성경의 복된 의미와 하늘의 능력을 알게 될 것이다.

눈먼 불쌍한 한 여자아이가 죽어가고 있었다. 아이의 차디찬 손가락은 이제 감각을 잃었다. 아이는 자기가 사랑하는 오래된 성경을 달라고 하여 다시 한 번 점자로 된 편지들을 읽으려고 하였지만 이미 일체의 감각을 잃어버린 뒤였다. 아이는 그런 슬픔에도 아랑곳하지 않고 성경을 가슴에 안고 입술에 붙이고 이렇게 말했다.

"내 사랑하는 성경책아, 나는 너를 더 이상 읽을 수 없지만 너를 여전히 사랑한다."

바로 그 순간, 그 여자아이는 자신의 입술이 글자를 훑고 지나갈 때 그 글자들의 감촉을 느끼고 읽을 수 있다는 것을 발견하였다. 아이는 기뻐서 엉엉 울었고, 입술로 성경 말씀을 한 줄 한 줄 훑어 마침내 자신의 머리와 마음에 전달되기까지 읽었다.

성경을 좀 더 가까이 하자. 그러면 성경을 더 잘 이해할 수 있을 것이고, 성경은 하나님의 마음이 우리의 깊숙한 마음에 전하는 하나님의 생생한 사랑의 메시지가 될 것이다.

제 17 장

요엘서에 나타난 성령

그 후에
내가 내 영을 만민에게 부어 주리니
너희 자녀들이 장래 일을 말할 것이며
너희 늙은이는 꿈을 꾸며
너희 젊은이는 이상을 볼 것이며(욜 2:28).

요엘은 유다의 선지자들 가운데 그 자신의 글이 우리에게 전해져 내려온 사람 가운데 가장 오래된 선지자였다. 그의 작은 선지서는 이사야, 예레미야, 후기 선지자들의 요점과 더 깊고 큰 계시의 본문을 담고 있다. 그래서 요엘서는 오순절과 기독교시대를 말하는 예언의 기조가 된다.

요엘서는 성령에 관해 그리고 이 고대의 메시지를 잇는 모든 시대에 나타난 성령의 능력과 은혜의 모든 씨앗에 관해 기록된 책들의 본문이나 다름없다.

하나님께서 하박국에게 단 한 구절로 모든 구원의 복음을 전달하셨듯이 요엘은 성령의 전(全)교리에 대한 본문을 제시하였다. 폭풍우 구름 위에 나타나는 무지개처럼, 어두운 하늘에서 비추는 한 줄기 햇살처럼, 만년설 속에 피어난 한 송이 꽃처럼 요엘의 아름다운 이상은 어두운 재난과 민족적인 대파국 가운데서 나오고 있다.

요엘서는 동양의 가장 무서운 징벌의 하나인 메뚜기 떼의 공격에 대한 묘사로 시작된다. 그러나 이 작은 그림 너머에는 더 큰 시련이 암시되고 있고 더 무서운 적이 나타나리라는 예시가 분명히 그려지고 있다. 어쩌면 메뚜기의 재앙은 침략하는 갈대아 군대의 예표이고, 이스라엘에 장차 임할 더 무서운 심판에 대한 예표에 지나지 않았을 것이다.

이 국가적인 큰 시련 가운데서 선지자는 백성들이 함께 와서 금식하고 회개하며 겸비한 가운데 기도하고 자신들의 언약의 하나님께 개입하여 구원해 주시기를 구하도록, 백성에게 소집 나팔을 불도록 보냄을 받았다. 백성들이 하나님께 호소한 것은 헛되지 않았다. 하나님께서 은혜로운 답변을 보내셨고, 언제나 그러하듯이 백성들이 구한 것 이상으로 주셨다. 하나님은 자신이 친히 와서 백성들 가운데 거하며 오순절에 성령을 충만히 부어 주시겠다는 약속을 하셨고, 하나님의 아들이 친히 강림하여 통치하심으로 오게 될 영광에 대한 더 밝은 약속을 주셨다.

이 전체 이상은 특정 시대에 대한, 특별히 기독교 시대와 성령 시대에 대한 기초안과 같은 것이다. 그것은 또한 하나님의 임재를 나타내는 현상과, 성령을 부어 주심에서 여전히 보이는 교회를 대하시는 하나님의 태도에 대한 개략적인 묘사이기도 하다. 또한 그것은 교회에 대해서 뿐만 아니라 모든 개인을 대하시는 하나님의 태도를 묘사하는 것이기도 하다.

회개의 사역

성령에 대한 약속이 성취되려면 먼저 회개와 겸손과 진실된 기도의 시대가 와야 한다. 그러므로 민족적인 회개를 촉구하는 외침이 있었던 것이다.

> 너희는 시온에서 나팔을 불어
> 거룩한 금식일을 정하고
> 성회를 선고하고
> 백성을 모아
> 그 모임를 거룩하게 하고(2:15-16).

그것은 모든 계층을 포함하는 보편적이고 매우 진지한 운동이 되어야 했다.

> 어린이와 젖 먹는 자를 모으며

신랑을 그 방에서 나오게 하며
신부도 그 신방에서 나오게 하고
여호와를 섬기는 제사장들은
낭실과 제단 사이에서 울며 이르기를
여호와여 주의 백성을 불쌍히 여기소서
주의 기업을 욕되게 하여
나라들로 그들을 관할하지 못하게 하옵소서
어찌하여 이방인으로 그들의 하나님이
어디 있느냐 말하게 하겠나이까 할지어다
이방의 조롱 거리가 되지 말게 하옵소서(2:16-17).

모든 영적 복의 시기가 도래하기 전에 먼저 그와 같은 회개의 시대가 와야 한다. 이 같은 회개의 시대의 대표적인 유형이 세례자 요한이며 경고와 개혁을 외친 그의 사역이다. 그것이 이 선지자의 이상으로 예표된 것이 분명하다. 주 예수 그리스도께서 오시기 전에, 그리고 성령을 부어 주시기 전에 그 같은 시대가 온 것이다. 그래서 어떤 교회나 사람들이 하늘의 충만한 복을 받으려면 먼저 그들 자신이 하나님 앞에 겸손해야 한다. 그들이 죄와 세속적인 태도, 불순종에서 돌이켜야 하고, 하나님께서 복을 주시는 분임을 공개적으로 인정해야 한다. 교회는 자신들이 하나님께 의존되어 있음을 명백히 인식하고 하나님을 기다려야 한다. 그러면 요엘 선지자가 하나님의 옛 백성들에게 보냄을 받아 전하였던 바로 그 은혜로운 답변이 그들에게 임할 것이다.

땅이여 두려워하지 말고
기뻐하며 즐거워할지어다

시온의 자녀들아
너희는 너희 하나님 여호와로 말미암아
기뻐하며 즐거워할지어다
그가 너희를 위하여 비를 내리시되

이른 비를 너희에게 적당하게 주시리니

이른 비와 늦은 비가 예전과 같을 것이라(2:21, 23).

그리스도의 강림

다음으로, 주께서 친히 임재하심에 대한 언급이 나온다. "그런즉 내가 이스라엘 가운데 있어 너희 하나님 여호와가 되고 다른 이가 없는 줄을 너희가 알 것이라 내 백성이 영원히 수치를 당하지 아니하리로다"(2:27).

이스라엘 가운데 여호와께서 친히 나타나심에 대한 이 예언은 세례 요한의 준비 사역 후 예수의 오심과 성육신, 지상 사역에 의해 더할 수 없이 분명하게 성취되었다. 그래서 우리가 성령의 충만한 세례를 받으려면 먼저 예수께서 친히 오셔야 한다. 주님은 회개하는 마음, 항복하는 마음, 겸손한 마음에 오셔서 그 마음에 거하신다. "무릇 마음이 가난하고 심령에 통회하며 내 말을 듣고 떠는 자 그 사람은 내가 돌보려니와"(사 66:2).

예수님은 성령을 주시는 분, 곧 "그가 곧 성령으로 세례를 베푸는 이"(요 1:33)이시다. 그래서 우리가 성령을 받으려면 먼저 그리스도를 영접해야 한다. 죄인이 해야 할 첫 번째 행동은 성령을 받는 것이 아니라 그리스도를 영접하며 모든 죄로부터 회개하고 돌이키며 구주께 마음을 여는 것이다. "영접하는 자 곧 그 이름을 믿는 자들에게는 하나님의 자녀가 되는 권세를 주셨으니"(1:12). 그러면, 예수께서는 자기가 거하시는 마음에 자기 안에 계신 성령을 주신다.

성령의 오심

그 후에

내가 내 영을 만민에게 부어 주리니

너희 자녀들이 장래 일을 말할 것이며

너희 늙은이는 꿈을 꾸며

너희 젊은이는 이상을 볼 것이며

그때에 내가 또 내 영을

남종과 여종에게 부어 줄 것이며

내가 이적을 하늘과 땅에 베풀리니
곧 피와 불과 연기 기둥이라
여호와의 크고 두려운 날이 이르기 전에
해가 어두워지고 달이 핏빛 같이 변화하려니와
누구든지 여호와의 이름을 부르는 자는 구원을 얻으리니
이는 나 여호와의 말대로
시온 산과 예루살렘에서 피할 자가 있을 것임이요
남은 자 중에 나 여호와의 부름을 받을 자가 있을 것임이니라
(욜 2:28-32).

이것이 사도 베드로가 오순절 날에 하나님의 임재를 보여 주는 특이한 현상에 대해 설명하면서 인용한 바로 그 약속이다.

1. 직접적인 강림

첫째로, 우리는 이것이 성령께서 친히 임하심을 나타낸다는 것을 알아챌 것이다. 이 말씀은 "내가 나의 영으로부터 부어 줄 것이다"가 아니라 "내가 내 영을 부어 줄 것이다"이다. 오는 분은 바로 성령 자신이시다.

영광스런 삼위일체 가운데 삼위 하나님께서 말 그대로 이위이신 주 예수 그리스도께서 성육신하여 세상에 오시고 갈릴리와 유다에서 삼십삼 년 반을 사신 것과 마찬가지로 그 거처를 하늘에서 땅으로 옮기셨다는 것이다.

이 세상은 현재 성령의 거처이시다. 다시 말해 우리와 마찬가지로 성령께서 애정과 지성과 의지를 지닌 인격적인 존재로 와 계신다는 말이다. 예수님의 지상 사역 동안 그 안에 거하셨던 바로 그 성령께서 이제는 우리 가운데 거하시며 하나님께 성별된 모든 마음 속에 거하려고 하신다.

2. 풍성하게 부어 주심

성령을 풍성하게 부어 주신다는 점이 아주 강하게 표현되어 있다. "부어 준다"는 히브리어는 매우 큰 방출, 곧 성령을 무한히 채워 준다는 것을 뜻한다. 하나님께서는 성령을 어느 정도 주시는 것이 아니라 한량없이 주신다.

어떤 제한도 없다는 말씀이다. 하나님께서 성령을 "한량없이" 예수께 주시고, 예수께서 성령의 충만함을 받으신 그대로 우리에게 주신다.

우리는 그의 백성이 믿음과 순종으로 구할 때는 언제든지 주시는 하나님의 무한한 능력과 자원을 아직도 깨닫지 못하고 있다.

3. 성령을 부어 주시는 범위

성령을 부어 주시는 범위는 보편적이다. "만민에게" 부어 주실 것이다. 지금까지 성령의 나타나심은 개인과 한 나라에만 국한되었다. 이제는 인종이나 국가의 차별이 없게 될 것이었다. 성령을 부어 주시는 일이 유대인과 이방인들에게 보편적인 복이 되고 모든 사람에게 똑같이 공개될 것이다.

이 복의 물질적인 면에 대한 암시가 있을 수 있다. 성령께서는 우리 육체를 당신의 거처로, 우리 몸을 당신의 성전으로 삼으신다.

4. 나이와 성별에 차별이 없다

나이의 차별이 없을 것이다. 그 약속은 "젊은이와 늙은이들"에 대한 것이며, 아버지에게뿐 아니라 "자녀들"에 대한 것이다. 이 논점에서 시작해서 심지어 경험, 나이, 선천적인 이점까지 고려하지 않을 것이다. 다만 성령께서 자기를 의지하는 모든 자에게 지혜와 능력이 될 것이다. 성령께서는 아주 나이 많은 사람들뿐 아니라 아주 젊은 사람들도 쓰실 것이고 "어린 아이들과 젖먹이들의 입으로 권능을 세우실"(시 8:2) 것이다.

성령의 시대, 성령의 충만함, 주의 오심의 정점에 더욱 가까이 가면서 우리는 하나님께서 늙은이뿐 아니라 젊은이도 택하여 그들로 성령의 능력의 특별한 도구가 되도록 하신다는 것을 발견한다. 오늘날 지극히 성도다운 생활을 하는 많은 사람들은 선교 현장에서 활동하는 젊은 남녀들이다. 이들은 주께 대한 헌신이 대단히 특출한 거룩한 자들이다. 왜냐하면 젊음의 매력과 유혹, 세속적인 주변 환경을 생각할 때 그들에게서 그렇게 큰 헌신을 기대할 수 없기 때문이다. 아, 이 젊은이들이 복되신 성령께서 본성적인 모든 열정과 신선한 사랑, 불타는 야망 가운데 있는 그들을 사로잡으려 하고, 그들의 마음을 채우고 만족시킬 뿐만 아니라 각 사람을 "켜서 비추이는 등불"(요

5:35)로 사용하실 수 있다는 것을 알았으면 좋을 텐데!

스코틀랜드인 가운데 가장 성도다운 사람은 젊은 맥케인이었다. 그의 정신은 지금도 현 세대 가운데 살아 숨쉬고 있다. 선교 현장을 장식해 온 가장 영향력 있는 생활은 자기 생명을 그리스도를 위한 희생 제물로 바친 젊은 남녀들의 삶이었다. 그렇다. 우리가 기꺼이 뒤따르려고 하는 지도자는 젊은이면서 결코 늙지 않는 바로 주님 자신이었다. 주께서는 자신의 젊은 마음과 영광스런 성령을 나이 많은 사람뿐 아니라 아주 젊은 사람들에게 불어넣으시며 헌신한 젊음의 빛나고 아름다운 제물을 받으시고 세상이 결코 줄 수 없는 영광을 그 젊음에 주실 것이다. 성령을 영접하고 그에게 우리의 가장 빛나는 최상의 것을 드리자.

5. 사회적 계층의 차별이 없다

사회의 모든 계층과 모든 조건하에 있는 사람들이 차별 없이 이 약속을 받았다. 2:29에 언급된 종들은 노예를 뜻한다. 왜냐하면 고대 가정에서 종은 노예로서 주인의 절대적인 소유물이었기 때문이다. 기독교 시대에는 이 계층에 성령의 특별한 선물이 내릴 것이었다.

구약 시대에 노예가 어떤 직무를 맡도록 특별히 부름을 받았다거나 하나님의 능력을 받았다는 기록이 없다. 신약 시대에는 지극히 가난한 자와 천한 자, 아무 가망성이 없는 계층들이 높임을 받고 하늘로부터 능력을 입히우며 하나님 나라에서 특별한 봉사의 직무를 맡는 영광을 받게 될 것이다. 그래서 우리는 신약에서 노예 오네시모를 만나게 된다. 그는 바울의 친구로 인정되며, 바울이 그의 전 주인인 빌레몬의 애정에 호소하여 부탁한 자이다. 사도 바울은 종들에게 예수를 위한 봉사로서 그들의 위치를 받아들이도록 명령하며 그들이 하나님의 나라에서 똑같이 보상받을 것을 약속한다. 그때에는 세상의 모든 지위가 뒤집어질 수 있으며, 천년왕국에서는 그들이 지극히 고귀한 봉사의 면류관을 차지할 수도 있다.

사실, 종에게 성령을 부어 주신다는 점이 이 절에서 특별히 강조되고 있다. 남종과 여종"에게도"(한글개역에는 없음)라는 단어는 이 계층이 하나님의 관심과 복을 받는 특별한 대상임을 가리킨다. 확실히 사회에서 버림받은 계층들이 복음을 듣고 하나님의 지극히 풍성한 자비의 그릇으로 쓰이게 되었고, 그들 가운데 많은 사람들이 하나님의 지극히 고귀한 사역의 도구들이 되었다.

사람이 너무 천하거나 선천적인 장애 때문에 짜부러져서 그리스도의 나라에서 고귀한 위치를 차지할 수 없는 사람은 없다. 젊은이들, 낮은 자들, 심지어 문맹자들까지도 성령께서는 은혜의 그릇으로 기꺼이 택하려 하시며, 지극히 고귀한 영적 문화를 위해, 그리고 아무도 차별하지 않으시는 복되신 주님을 위한 지극히 명예로운 봉사를 감당하도록 그들을 훈련하실 수 있다는 것을 알아야 한다.

6. 특별한 선물과 그 표현들

성령의 특별한 선물과 그 표현들을 받게 되어 있었다. "너희 자녀들이 장래 일을 말할 것이며 너희 늙은이는 꿈을 꾸며 너희 젊은이는 이상을 볼 것이며"(욜 2:28). 이 다양한 표현들은 사람에게 성령의 뜻을 계시하는 가운데 주시는 성령의 특별한 선물과 성령께서 우리로 감당하게 하시려는 고귀한 봉사와 관련이 있다. 예언한다는 것은 성령의 능력으로 하나님의 메시지를 말하는 것이다. 꿈과 이상은 하나님께서 자기에게 헌신한 종들에게 기쁘게 보여 주시려는 특별한 깨달음과 관계가 있다.

물론, 그것은 우리가 앞에서 말한 바 있고, 현재는 교회에서 계속되지 않는 특별한 영감의 사역을 포함한다. 그러나 어떤 의미에서 하나님은 여전히 사람들의 내면의 귀를 열어 당신의 목소리를 듣게 하시고 "마음의 눈"을 밝혀 그의 영광스런 이상과 그 말씀을 보게 하신다.

그 말은 마치 나이든 사람들에게는 그것이 꿈으로 오고 젊은 사람들에게는 이상으로 온 것처럼 보일 것이다. 나이 많은 사람들에게는 자연적인 능력이 다소 감소된 상태에서 하나님의 목소리가 더 직접적으로 전달되어야 했다. 젊은이들에게서는 영적이고 지적인 능력이 여전히 활발하게 활동하고 있다. 그래서 그들은 깨우침을 받고 자극을 받아 하늘의 이상을 붙잡게 된다.

우리는 황홀경과 영매의 터무니없고 위험한 심령술적인 현상들, 곧 우리

시대의 거짓된 계시와 그 밖의 망상, 기이한 행동들을 허용하도록 이 말씀을 해석하는 것을 권장하는 것이 아니다. 그러나 모든 영적 현상에 대한 거룩한 주의와 냉철한 단속에 대해 필요한 조치를 취한 후에는 영적 지성을 자극하고, 영적 눈을 밝히며, 겸손하고 거룩한 청종하는 귀를 가진 자들에게 성령의 마음을 열어 보이는 일에 대한 여지는 충분히 있다.

하나님은 특별히 젊은이들에게 지금도 이상을 보여 주신다. 하나님은 요셉에게 이상을 보여 주셨다. 디모데에게 주셨고 바울에게 주셨다. 하나님께서는 헌신의 시간에, 하나님을 기다리는 때에, 골방에 홀로 들어가 있을 때에, 하나님께 지극히 친밀한 마음이 죄악된 세상에 주의하고, 예언과 영감된 진리의 이상에 주의할 때 그들에게 이상을 주셨다.

하나님께서는 우리 인생에 대한 당신의 뜻과 세상에 대한 당신의 뜻, 겸손한 자들에게 성령을 통하여 알려 주시기를 기뻐하셨던 예언적인 큰 계획을 실현하신다. 그가 "장래 일을 너희에게 알리시리라"(요 16:13). 하나님께서 우리에게 영감과 깨우침, 열망, 소망, 확신을 주시는데, 이런 것들은 믿음과 소망에서 볼 때는 마치 길 없는 바다에서 선원들에게 비치는 희미한 햇빛과 같은 것이다. 잠깐 동안 구름이 갈라지고 푸른 하늘에 떠 있는 태양을 한 번 보고, 다시 구름이 모여들지만 배는 그렇게 잠깐 동안 본 햇빛에 의해 앞으로 올 몇 날 동안 항해할 수 있다.

하나님은 거룩한 마음을 가진 자에게 이상을 보여 주신다. 우리는 이상들이 하나님의 목소리이며 하나님의 이상임을 확실히 알도록 하자. 우리는 이상들을 소중히 여기며 이상들에 의해 생활하고 이상을 높이 들고 이상을 따라 하나님의 사랑과 뜻의 높은 고지에 이르도록 하자. "네 눈은 왕을 그의 아름다운 가운데에서 보며 광활한 땅을 눈으로 보겠고"(사 33:17). "나는 세상의 빛이니 나를 따르는 자는 어둠에 다니지 아니하고 생명의 빛을 얻으리라"(요 8:12).

7. 구원을 가져온다

성령의 오심은 성령을 기꺼이 영접하는 모든 자에게 구원을 가져다 줄 것이다. 성령께서는 몇몇 사람들에게 특별한 봉사를 행할 능력을 부여하실 뿐만 아니라 구주를 믿고 영접하려고 하는 모든 자에게 자비의 문을 열어 주실 것이다.

성령께서 오시는 날에, "누구든지 여호와의 이름을 부르는 자는 구원을 얻으리니"(욜 2:32). 그와 같이 오순절은 제자들에게 복을 주시는 날일 뿐만 아니라 많은 무리에게 구원을 주시는 날이기도 하다. 성령께서 우리에게 오실 때에 "그가 와서 죄에 대하여, 의에 대하여, 심판에 대하여 세상을 책망하시리라"(요 16:8).

우리가 성령으로 충만함을 받을 때 사람들을 그리스도에게로 인도하는 일은 참으로 쉽다! 하나님을 기다리는 사람들이 성령 충만으로 세례를 받는다면 온 대기가 하늘의 능력으로 충만해질 것이다! 그러면 사람들의 양심이 말한마디 없이도 때로 찔림을 받고, 자신들도 알 수 없는 영향력으로 말미암아 구주를 찾게 된다.

날이 지나가고 그리스도의 오심이 더 가까워질수록 더 큰 부흥이 일어날 것이 틀림없다. 이 놀라운 각성과 특별한 축복의 시기에 많은 무리가 국내와 해외에서 주님을 찾을 것이다. 구원받지 못한 자들 사이에 큰 집회들이 열릴 것이다.

우리 시대 사람들은 이러한 큰 운동의 몇 가지 예를 직접 목격하였다. 우리가 성령의 능력을 힘입고 나가서 사람들에게 복음을 충만하고 단순하게 전할 때 그러한 운동이 여전히 일어날 것을 기대할 수 있다.

8. 하나님의 능력의 초자연적인 현상들

이 약속에는 또한 신적 능력의 초자연적인 현상들도 포함된다. "내가 이적을 하늘과 땅에 베풀리니"(욜 2:30).

성령은 오순절에 초자연적인 능력으로 오셨다. 성령은 여전히 자기 백성들의 믿음을 통해 활동하시는데, 자신의 말에 대한 증거로, 그리고 자신이 살아 계시며 임재해 계시는 하나님이심을 믿지 않는 세계에 보여 주는 증거로서 사람들을 치유하고 기이한 능력을 행하신다.

이러한 기사들에는 기도에 응답한다든지, 어려운 일을 해결한다든지, 장벽을 허문다든지, 하나님의 대의명분을 수행할 수 있도록 수단을 준비한다든지 하는 일을 통해서 하나님의 섭리 활동을 나타내는 현상들이 포함된다. 이같이 섭리와 은혜를 보여 주는 기이한 예들이 우리 시대에는 많이 나타났다.

교회 안에 거하시는 성령은 하나님의 뜻을 수행하는 전능하신 하나님이시다. 성령은 사람들의 마음과 자연의 세력, 섭리의 사건들을 통제하실 수 있다. 성령은 자신의 은혜를 베푸는 일반적인 활동에서뿐만 아니라 하나님의 말씀과 활동을 가장 잘 증거할 수 있는 신적 능력의 특별한 현상 가운데서도 자기 백성들과 함께 일하신다.

우리는 하나님의 일을 행하고 그의 뜻을 성취하는데 필요한 모든 능력을 성령께서 주신다는 것을 믿을 수 있다. 성령께서 우리 마음 속에 계시면, 성령께서는 하늘의 일들과 땅의 일들, 그리고 땅 아래의 일들에서 곧 그의 신적 능력이 미치는 모든 영역에서 자신의 통치를 보여 주실 것이다.

9. 재림에 이름

다시 한 번 우리는 성령의 오심이 주 예수 그리스도의 강림 때까지 이어지는 것을 본다. 기사를 행하시는 성령에 대한 이상은 결국 그리스도의 강림 전에 일어나고 또한 그 강림을 이끌어주는 사건들로 이어진다. 다음 장은 그리스도의 오심에 대한 그림과 예언이다. 다음 장은 깊은 의미를 지닌 예언적 기술들이 가득하다.

그 그림들 가운데는 이스라엘이 오랜 포로생활에서 귀환하는 것과 신앙 없는 민족들이 그리스도와 그의 백성들과 치를 마지막 전쟁, 즉 아마겟돈 대전쟁과 주 예수 그리스도의 오심, 그리스도의 복된 나라의 건설이 들어 있다.

예수의 오심이 성령을 가져왔듯이 성령께서 충만한 능력으로 오심은 예수의 재림을 가져올 것이다. 그리스도의 강림이 가까워짐에 따라 그의 능력이 더욱 영광스럽게 나타날 것이고, 그의 백성들은 그리스도의 크신 목적과 그의 무한한 자원을 더 잘 알게 될 것이다. 우리는 성령의 특별한 사업을 이해해야 한다. 그 특별한 사업이란 민족들 가운데서 그리스도를 위하는 백성을 불러내어 복음의 일을 마치고 장차 오실 주님을 위해 신부를 거룩하게 하고 단장하며 그 다음에 그녀를 예수에게로 드리고 그에게 천년 왕국의 정권을 넘겨드리는 일이다.

성령은 그리스도의 오심을 고대하고 그리스도를 알며 그 사업을 실현하는 일에 그리스도와 협력할 수 있는 백성을 기다리고 계신다.

성령께서 충만하게 오심이 천년 왕국의 도래를 가져오듯이, 어떤 의미에서 성령이 각 사람의 마음에 오심은 그 마음에 천년 왕국의 복을 가져다줄 것이다.

교회뿐 아니라 영혼을 위한 천년 왕국이 있다. 제한된 의미에서 우리가 이 세상에서 성령과 함께 들어갈 수 있는 평안과 의와 영광의 나라가 있다. 성령 안에서 의와 평강과 기쁨인 하나님의 나라가 있다.

오소서, 복되신 위로자여. 하나님의 나라를 기꺼이 받고자 하는 모든 마음에 그 나라를 인도해 들이소서.

제 18 장

이사야서에 나타난 성령

성령이 선지자 이사야를 통하여 너희 조상들에게 말씀하신 것이 옳도다
(행 28:25).

"이사야"라는 이름은 "여호와의 구원"이라는 뜻이다. 이사야는 구원의 선
지자이고, 주 예수 그리스도와, 구원 사역에서 하나님의 대리인이신 성령의
계시자이다.

1. 이사야의 헌신

성령에 대한 이사야의 계시는 그 자신의 소명과 헌신과 함께 시작된다. 이
사야 6장에는 이 특이한 경험에 대한 기사가 나온다. 그 장은 하나님의 영광
에 대한 이상과 함께 시작된다. 사도 요한이 우리에게 말하는 이 영광은 태
초부터 갖고 계신 영광을 입으신 그리스도에 대한 이상이었다.

이 이상에 대한 즉각적인 효과는 그 자신의 죄됨과 무가치함에 대한 계시
였다. 이사야는 얼굴을 땅에 대고 부르짖었다. "화로다 나여 망하게 되었도
다 나는 입술이 부정한 사람이요 … 만군의 여호와이신 왕을 뵈었음이로
다"(사 6:5).

성령의 진실된 모든 세례는 반드시 우리 죄에 대한 계시와 함께 시작된다.
그리고 이것은 반드시 하나님의 거룩함과 영광에 대한 계시로부터 온다. 우
리가 망하게 되자마자 기꺼이 하나님께서는 우리가 구하는 것이나 생각하
는 모든 것보다 비할 데 없이 풍성한 일을 행하기 시작하신다.

이사야는 죽음의 자리를 취하였는데, 그 다음에 생명의 접촉이 왔다. 하늘

206

제단으로부터 불붙은 숯을 천사들 가운데 하나가 가져와 그의 입술에 댔다. 천사의 손가락이 감당할 수 없는 것을 죽을 사람의 입술이 받았다. 이것은 불의 세례였고, 그 효과는 이사야의 입술을 깨끗하게 하고 그가 자신의 큰 사명을 수행할 수 있도록 그의 부정을 깨끗이 제거하는 것이었다.

어떤 사람도 먼저 하나님의 정결하게 하는 능력을 받기 전에는 하나님을 나타내거나 성령의 도구가 되기에 적합하지 않다. 우리가 먼저 받는 것은 능력의 세례가 아니라 불태우며 본질적으로 불같이 철저히 정결하게 하는 세례이다.

불의 혀와 같았던 오순절의 세례처럼 그 세례가 이사야의 입술에 왔고 우리에게도 반드시 그와 같이 온다. 그 효과는 사역에 임할 수 있도록 하는 헌신이었다. 그 다음에 이사야는 하나님의 음성을 들을 수 있었다. 그리고 나서 그는 세상을 당신의 영광으로 채우고자 하시는 여호와의 크신 뜻을 알 수 있었다. 그 다음에 이 같은 하늘의 외침을 들을 수 있었다. "내가 누구를 보내며 누가 우리를 위하여 갈꼬?" 그때 이사야는 주저하지 않고 무조건 이같이 대답할 수 있었다. "내가 여기 있나이다 나를 보내소서"(6:8).

하나님은 일꾼들을 보내기 원하시지만 오직 자원자들만 보내려고 하신다. 거기에는 완전한 협력이 있어야 한다. 우리는 기꺼이 가려고 해야 하고 그러면 우리는 반드시 보냄을 받는다.

이사야는 어떻게 보냄을 받았는가? 그는 지극히 어려운 일을 행하도록 보냄을 받았다. 그는 자기 말을 듣지 않을 백성에게 보냄을 받았다. 그는 자신의 메시지가 거절될 것을 알면서 보냄을 받았다. 실패와 박해의 자리로 보냄을 받았고, 마침내 순교자로서 죽음에 이르렀다. 그는 자신의 말이 일생 동안 메아리처럼 되돌아 올 것이지만, 후 세대가 되기 전에 그의 말이 전적으로 받아들여지고 영광스런 수확을 거두게 될 것을 알고 보냄을 받았다.

그러나 이 지식은 이사야에게 아무런 영향을 주지 못하였다. 하나님께서 그를 보내셨고, 그는 하나님의 명령을 수행하고 있었다는 사실로 충분하였다. 어떤 사람들은 그의 말을 받을 것이다. 그러나 그의 음성에 귀를 기울이고, 씨앗 곧 장래 수확의 거룩한 씨앗이 될 사람들은 십분의 일, 곧 남은 자, 적은 무리에 지나지 않을 것이다.

이와 같이 우리가 불의 세례를 받을 때 하나님은 우리를 보내신다. 어렵고 적합하지 않고 보답이 없는 사역이 종종 있다. 우리는 이사야처럼 인기 없는 진리와 오해를 받는 사역의 증거자로 가야 한다. 주께서 영광을 받고 기뻐하시는 한, 사람들을 신경 쓸 것이 무엇인가?

우리는 시대의 전화를 통해 이야기하고 있다. 언젠가 그 답변이 올 것이다. 주께서 "잘 하였도다" 하실 것이다.

2. 주 예수 그리스도 안에 나타나신 성령

다음에 나오는 성령에 대한 이사야의 설명은 주 예수 그리스도의 인격과 사역과 관계가 있다. 이사야는 예수께서 성령으로 세례 받으심에 대해 세 가지 그림을 제시한다. 처음 그림은 11:2-4에 나온다.

> 그의 위에 여호와의 영
> 곧 지혜와 총명의 영이요
> 모략과 재능의 영이요
> 지식과 여호와를 경외하는 영이 강림하시리니
> 그가 여호와를 경외함으로 즐거움을 삼을 것이며
>
> 그 눈에 보이는 대로 심판하지 아니하며
> 그의 귀에 들리는 대로 판단하지 아니하며
> 공의로 가난한 자를 심판하며
> 정직으로 세상의 겸손한 자를 판단할 것이며
> 그의 입의 막대기로 세상을 치며
> 그의 입술의 기운으로 악인을 죽일 것이며

여기서 우리는 성령께서 그리스도에게 가져오실 세 가지 자질을 본다. 첫째는 성령의 지적 능력인 "지혜와 총명의 신"이다.

지혜란 지식을 적용하는 능력, 곧 이해하는 지식이다. 실제적인 지혜에는 두 가지가 필요하다. 사람이 많은 것을 알면서도 그것을 사용하여 이익을 내는 방법은 모를 수 있다.

성령은 지식뿐만 아니라 실천하는 지혜도 주신다. 그래서 성령이 주 예수께 임하셨듯이 예수께서 거하시는 자에게 임하시고, 그에게 하나님의 뜻, 곧 그리스도의 마음을 알려 주실 것이다. 성령은 성경의 의미를 깨달을 수 있는 빛을 주신다. 즉 성경의 구체적인 메시지를 알려 주시고 우리의 생활과 시대에 대한 교훈을 주신다.

그리스도에게 주어진 자질 가운데 두 번째 자질은 실행하는 능력, 곧 모략과 재능의 신이다. 모략은 바르게 계획하는 능력이며, 재능이란 계획을 실행하는 힘이다.

계획이 훌륭하지 못하면, 아무리 열심히 일할지라도 흔히 실패하기 마련이고, 실행하는 능력이 없으면 아무리 좋은 계획이라도 아무것도 이루지 못한다. 인간의 일에서, 이 두 가지 자질은 보통 나뉘어 있다. 한 사람은 계획하는 머리를 가졌고, 다른 사람은 실행하는 팔을 가졌다. 그러나 성령은 두 자질을 가지신 신이시다. 그래서 주 예수 그리스도에게 두 가지 자질을 주셨고, 그리스도를 기묘자로 만드시고, 또한 그의 모략이 서고 하나님의 기뻐하시는 모든 뜻을 행하는 전능한 하나님으로 만드신다.

그 자질의 세 번째는 도덕적이고 영적이다. 그것은 곧 "지식과 여호와를 경외하는 신"이다. 그리고 이 사실은 "그가 여호와를 경외함으로 즐거움을 삼을 것이다"라는 말로 한층 강조된다. 이 자질들은 성품 가운데 지극히 고귀한 속성들이다. 주 예수께서는 이 자질들을 무한히 소유하셨다.

스코틀랜드 사람들에게는 매우 의미 깊은 속담이 있다. 그들은 사물을 "느끼는" 것에 대해 이야기한다. 사물을 느낀다는 것은 사물을 논리적으로 추론하거나 정보에 의해 아는 것이 아니라 본능과 직관으로 아는 것이다. 그것은 냄새나 순간적인 직관으로 독이 든 과일을 아는 새의 본능과 같다. 과학자라면 그것을 분석하고 화학적 조사를 통해 독을 간파해낼 것이다.

예수께서는 옳고 그름을 판단하는 이 같은 직관이 있으셨고, 아버지의 마음과 뜻에 대해 이같이 본능적인 직관이 있으셨으며, 악에 대한 거룩한 두려움, 선에 대한 거룩한 직관을 가지고 계셨다. 거룩하게 된 영혼은 주 예수 그리스도를 알고 성령의 충만을 받은 정도만큼 이 직관을 갖는다.

하나님 아버지에 대한 두려움으로 예수, 곧 하나님의 아들에 관해 이야기하는 것이 이상하게 들릴 수 있다. 그러나 진실된 삶에 친밀해질수록 우리는 그 삶에 대해 그만큼 더 존경과 경외심을 갖게 된다. 사랑이란 이같이 고귀하고 아름다운 의식을 가지고 두려워하는 것과 반대되지 않는다. 왜냐하면 어떤 친구를 사랑하고 신뢰할수록 그만큼 더 우리는 그 친구를 불쾌하게 하는 일을 두려워하고, 그의 마음을 상하게 하는 것을 두려워하며 그를 기쁘게 하는 일을 민감하게 찾게 마련이다.

이것이 여호와를 경외하는 일이며, 성령께서 진실되고 거룩한 모든 마음에 주시고자 하는 지혜의 근본이다. 친애하는 형제들이여, 내주하시는 이 그리스도와 성령의 세례를 받자. 성령은 지혜 가운데, 즉 실행하는 능력과 옳고 그름에 대한 직관적인 의식 가운데 이것을 우리에게 가져다주신다.

예수께서 성령으로 세례를 받으심에 대한 두 번째 그림이 이사야 42:1-4에 나온다.

> 내가 붙드는 나의 종,
> 내 마음에 기뻐하는 자 곧 내가 택한 사람을 보라
> 내가 나의 영을 그에게 주었은즉
> 그가 이방에 정의를 베풀리라
> 그는 외치지 아니하며 목소리를 높이지 아니하며
> 그 소리를 거리에 들리게 하지 아니하며
> 상한 갈대를 꺾지 아니하며
> 꺼져가는 등불을 끄지 아니하고
> 진실로 정의를 시행할 것이며
> 그는 쇠하지 아니하며
> 낙담하지 아니하고
> 세상에 정의를 세우기에 이르리니
> 섬들이 그 교훈을 앙망하리라.

참으로 위대한 성품은 모두가 단순하고 온유하다. 예수께서는 사자와 어린양, 비둘기와 독수리가 완벽하게 결합된 분이다. 그리스도는 우리를 그와 같이 채워서 온유함의 영광과 사랑의 힘으로 관 씌우실 것이다.

주 예수 그리스도에게 성령으로 세례를 주심에 대한 세 번째 그림이 있다. 그것은 이사야 61:1-4에 나온다.

주 여호와의 영이 내게 내리셨으니
이는 여호와께서 내게 기름을 부으사
가난한 자에게 아름다운 소식을 전하게 하려 하심이라
나를 보내사 마음이 상한 자를 고치며
포로된 자에게 자유를,
갇힌 자에게 놓임을 선포하며
여호와의 은혜의 해와
우리 하나님의 보복의 날을 선포하여
모든 슬픈 자를 위로하되
무릇 시온에서 슬퍼하는 자에게 화관을 주어
그 재를 대신하며
기쁨의 기름으로 그 슬픔을 대신하며
찬송의 옷으로 그 근심을 대신하시고
그들이 의의 나무 곧 여호와께서 심으신
그 영광을 나타낼 자라 일컬음을 받게 하려 하심이라
그들은 오래 황폐하였던 곳을 다시 쌓을 것이며
옛부터 무너진 곳을 다시 일으킬 것이며
황폐한 성읍 곧 대대로 무너져 있던 것들을 중수할 것이며

주 예수 그리스도는 친히 나사렛에서 공적 연설을 하실 때 이 잘 알려진 구절을 직접 자신에게 적용하셨다. 여기서 우리는 성령께서 주 예수께 기름 부으시는 것을 본다. 첫째는 가난한 자들에게 구원의 복음을 전하는 사역을 위해서, 둘째는 치유의 사역을 위해서, 셋째는 죄의 포로된 자들을 구원하는 사역을 위해서, 넷째는 가르침과 눈먼 자에게 시력을 회복시켜 주시는 사역

을 위해서, 다섯째는 그의 오심에 대한 메시지와 함께 여호와의 은혜의 해를 선포하고 우리 하나님의 보복의 날을 전파하기 위해, 마지막으로 슬퍼하는 모든 자에게 위로와 위안의 메시지를 전하기 위해 성령으로 기름 부으셨다.

이것이 그리스도의 사역이었고, 그리스도께서는 자신의 사역을 성령의 능력으로 채우셨다. 예수께서는 이 능력을 받기 전에는 복음 전파하는 일에 나서지 않으셨으므로 우리도 그같이 해야 한다. 그리고 우리가 바로 그 성령을 받을 때 우리의 사역은 구원 사역이 되고, 치유의 사역, 성화의 사역, 가르침의 사역, 소망의 사역, 위로와 즐거움과 기쁨의 사역이 될 것이다.

그리스도의 세례에 관한 이 세 본문에는 매우 인상적인 순서가 있다. 첫째로, 그것은 이사야 선지자가 2장에서 약속한다. 그 다음에는 42장에서 아버지 하나님께서 아들에게 그 점을 선포하신다. 구주께서 그 점을 고백하고 구주께서 나가서 그 사역을 수행하고 자신에게 그 능력이 있음을 주장하실 때 친히 그 사실을 주장하셨다.

오직 이와 같이 해서 우리는 성령의 세례를 받을 수 있다. 성령의 세례는 그리스도에게뿐 아니라 우리에게도 약속되었다. 따라서 하나님 말씀과 우리의 헌신의 행동에 의해 실제로 약속을 받는 순간이 와야 한다. 그 다음에는 우리 자신이 성령 세례를 고백하고 받아들이며 우리의 믿음을 순종으로 증명함으로써 우리가 구해 왔던 선물을 실제로 사용하는 가운데 그 약속을 실현하는 세 번째 단계가 와야 한다. 우리가 성령의 능력을 의지하고서 구원의 복음을 가지고 나갈 때, 우리도 예수님처럼 하늘로부터 능력을 입히우게 될 것이다.

3. 한 민족으로서 이스라엘에 대한 성령의 부으심

이사야 32:15-18에 이스라엘에 성령을 이같이 부으심에 대한 아름다운 묘사가 나온다.

마침내 위에서부터 영을 우리에게 부어 주시리니
광야가 아름다운 밭이 되며
아름다운 밭을 숲으로 여기게 되리라

> 그때에 정의가 광야에 거하며
> 공의가 아름다운 밭에 거하리니
> 공의의 열매는 화평이요
> 공의의 결과는 영원한 평안과 안전이라
> 내 백성이 화평한 집과 안전한 거처와
> 조용히 쉬는 곳에 있으려니와

이 소식은 오랜 기간의 민족적 침체와 슬픔 뒤에 온다. 성령의 부으심은 민족을 의와 하나님께로 돌이키게 하고 모든 슬픔을 번영과 복과 평안으로 바꾸는 완전하고 복된 해결책을 가져온다. 이 복된 비의 첫 방울들이 이미 오기 시작했고, 많은 사람들이 그들의 옛 조국으로 돌아올 뿐 아니라 이스라엘의 남은 자들이 하나님께로 돌이키고 있다.

성령께서 아브라함의 후손을 방문하시므로 곧 이스라엘 광야가 기뻐하고 장미꽃처럼 피어날 것이다. 이스라엘을 위해 기도하자. 이스라엘의 회복은 이방인들과 세상에게 죽은 자로부터 일어나는 생명이 될 것이다.

이사야 59:19-21에 동일한 민족의 복에 대한 또 다른 그림이 나온다. 사도 바울은 로마서에서 그리스도의 오심과 이스라엘의 회복을 직접 언급하면서 이 구절을 인용하였다. 이 일은 성령이 위로부터 광범위하게 부어지는 일을 동반하게 되어 있다. 그리고 이 성령의 부으심은 영원하고 지속적인 임재가 될 것이다.

성령은 예수께서 돌아오실 때 이 세상을 떠나시지 않고, 성령께서 그리스도의 고난과 낮아지신 때에 그 안에 거하셨듯이 그리스도께서 영광 가운데 다시 오실 때에 또 다시 그리스도 안에 거하실 것이다.

우리가 성령의 위로, 기쁨, 사랑으로 활동하는 생명, 효과적인 능력에 대해 아는 것이라곤 성령께서 장차 올 시대에 우리 속에 채우실 영광을 아주 간단하게 미리 맛보는 정도에 불과하다. 그때에는 우리가 예수의 충만함을 알 뿐만 아니라 성령의 내주하심을 받을 것이고, 그 일이 이스라엘과 그리스도의 교회에 진실되게 이루어질 것이다. "네 위에 있는 나의 영이 … 이제부터 영원하도록 네 입에서와 네 후손의 입에서와 네 후손의 후손의 입에서 떠나지 아니하리라"(59:21).

4. 각 개인에 대한 성령의 부으심

이사야서에는 우리 각 사람이 주시도록 요청할 수 있는 성령에 대한 더 큰 약속이 또 하나 있다. 그 약속은 44:3-5에 나온다.

> 나는 목마른 자에게 물을 주며
> 마른 땅에 시내가 흐르게 하며
> 나의 영을 네 자손에게,
> 나의 복을 네 후손에게 부어 주리니
> 건조한 땅에 그들이 풀 가운데에서 솟아나기를
> 시냇가의 버들 같이 할 것이라
> 한 사람은 이르기를 나는 여호와께 속하였다 할 것이며
> 또 한 사람은 야곱의 이름으로 자기를 부를 것이며
> 또 다른 사람은 자기가 여호와께 속하였음을
> 그의 손으로 기록하고
> 이스라엘의 이름으로 존귀히 여김을 받으리라.

이 약속에 딸린 유일한 제한이란 그 약속을 받을 수 있는 우리의 자질과 능력뿐이다. 여기에는 밭과 시내, 과일에 대한 아름다운 묘사가 나온다.

첫째로, 밭은 "마른 땅"이다. 은혜뿐 아니라 자연에서도 씨앗과 추수를 위해서는 토양의 준비가 필요하다. 똑같은 씨가 한 땅에서는 아무것도 내지 못하고, 다른 땅에서는 백 배의 결실을 한다. 그와 같이 성령은 자신이 그 안에 거하는 마음의 인격적 자질에 영향을 받으며, 영적 생명과 능력과 복을 수용할 수 있는 영혼의 능력에 영향을 받는다. 어떤 사람은 영광에 이르도록 준비된 그릇으로 보이고, 또 어떤 사람은 오직 죄와 악만을 위한 그릇으로 보인다.

두 사람이 한 식탁에 앉아 있다. 한 사람에게는 그 식탁이 진수성찬이고, 다른 사람에게는 보잘것없는 식사이다. 그것은 순전히 한 사람은 굶주려 있

고, 다른 사람은 배불러 있기 때문이다. 우리의 저녁 식탁에서 가장 좋은 요리는 왕성한 식욕이다. 그와 같이 성령의 오심에 대한 하나님의 영적 준비는 깊은 굶주림과 갈증이다. 우리는 하나님께서 그 같은 굶주림과 갈증을 주실 때 감사드리며, 충만함보다 더 많은 필요를 보이고 축복보다 더 많은 결핍을 보여드리도록 하자. "의에 주리고 목마른 자는 복이 있나니 저희가 배부를 것임이요"(마 5:6).

성령을 받기에 가장 좋은 준비는 비어 있음, 즉 필요 의식과 실제적인 영적 수용능력이다. 때때로 하나님은 우리의 실패를 통해서 그리고 우리 자신이 아무것도 아니고 무가치하다는 것을 우리에게 계시함으로써 이런 의식을 일으키셔야 할 때가 있다.

다음으로, 그런 토양이 준비되면 하나님은 "시내"를 흐르게 하실 것이다. 그것은 단지 비가 몇 방울 떨어지는 것이 아니라 풍성한 비, 곧 충분하고 한량없는 성령의 부으심이다. 아, 우리가 이 약속의 더 부요한 충만을 증명할 수 있고, 성령께서 더 이상 받을 곳이 없을 때까지 복을 부어 주시도록 할 수 있으면 좋을 텐데!

마지막으로, 삼중의 결실이 나온다. 첫째, 개인의 구원이 있다. "혹은 이르기를 나는 여호와께 속하였다 할 것이라." 다음에는, 구원받은 자들의 공적인 고백이 나온다.

> 또 다른 사람은 자기가 여호와께 속하였음을
> 그의 손으로 기록하고
> 이스라엘의 이름으로 존귀히 여김을 받으리라

이것은 더 높은 영적 생활에 대한 묘사이다. 이것은 사람과 하나님 사이에 자발적으로 서명한 언약이다. 이 언약에는 완벽하고 전적인 양도가 있고, 하나님의 모든 복과 충만을 요구할 수 있는 완전한 권리가 있다.

그 다음에 새 이름이 나온다. 옛 족장 야곱에게서와 같이 이 새 이름은 그의 역사에 중대한 갈림길을 가져왔고 능력과 복의 새로운 출발을 의미하였다. 이스라엘이란 "하나님과 함께 하는 왕"이라는 뜻으로 정복하는 영혼, 곧 신적 충만을 경험한 생명을 뜻한다.

이것이 우리를 이런 모든 복으로 인도하는 성령의 활동이다. 첫째로 여호 와를 영접하고, 그 다음에 여호와의 백성과 연합하며 여호와를 공적으로 인 정하고, 나아가서 하나님의 은혜와 복의 충만함을 경험하도록 하는 것이다.

성령을 받으면 우리는 나아가야 한다. 나아갈 때에만 계속해서 성령의 점 증하고 만족시키는 충만을 받을 수 있다. 친애하는 형제들이여, 우리는 모든 단계를 다 밟았는가? 개인적인 계약에 서명하였는가? 하나님과 특별한 관계 를 맺고 있는가? 하나님께서 다른 어떤 누구와 다르게 우리를 대하시는가? 우리는 영원한 이름을 얻었고, 하나님께서 이름을 주시고 그 이름을 새긴 영 혼을 알고 계시는 하나님 외에는 아무도 알지 못하는 하늘의 가족들 가운데 우리 이름이 기록되었는가?

성령에 대한 이사야의 이상이 그와 같다. 성령께서 먼저 이사야에게 임하 므로 이사야가 다른 사람들에게 그 이상을 계시하되 훨씬 더 영광스런 그의 사역 안에서, 주 예수의 인격 안에서, 유대 민족의 미래의 영광 안에서, 성령 의 충만을 받는 영혼 안에서, 성령에 대한 이상을 계시할 수 있도록 하셨다. 이 모든 것이 이사야 시대 이래 일어나야 했다. 우리는 지금 성령의 빛과 영 광이 찬란히 비치는 절정기에 살고 있다. 이 고대의 약속과 예언이 우리에게 성취되었는가? 이사야의 그 이상이 우리 생활에 실현되었는가? 우리는 성경 의 이 부분을 증명하였는가?

이사야가 그랬듯이 깊은 영적 굶주림과 자기부인과 헌신 가운데 하나님께 나아가자. 예수님이 손으로 우리 입술에 대고 우리 마음의 제단에 놓으려고 하시는 살아 있는 보증을 받도록 하자. 이사야처럼 성령의 능력을 힘입고 나 가서 그의 은혜와 충만을 선포하고 우리 주변의 굶주리고 멸망해 가는 영혼 들에게 복을 전하는 영적 지도자들이 되도록 하자. 이사야라는 이름이 "여 호와의 구원"을 알리듯이 우리 자신도 여호와의 구원을 알리자.

제 19 장

예레미야서에 나타난 성령

보라 내가 오늘 너를 여러 나라와 여러 왕국 위에 세워 네가 그것들을 뽑고 파
괴하며 파멸하고 넘어뜨리며 건설하고 심게 하였느니라 하시니라(렘1:10).

예레미야서는 이사야서와 비교할 때 구약에서 두 번째 위치를 차지하지만
이스라엘 백성들의 마음에서 그리고 랍비와 유대 종교 지도자들의 평가에
서는 사실 가장 높은 위치를 차지하였다. 사람들은 예레미야를 무엇보다 유
다와 예루살렘의 수호천사로 간주하였기 때문에 그가 죽은 자들로부터 돌
아와 민족적 소망과 번영의 빛나는 새 시대를 선도해 주기를 기대하였다. 그
러므로 나사렛 예수가 땅에서 놀라운 기적들을 수행하며 모든 백성들의 이
목을 끌고 있었을 때 그들 가운데 많은 사람들이 그가 예레미야가 죽은 자들
가운데서 일어난 것이라고 생각하였다.

예레미야의 생애는 고대 유대교의 종말과 예루살렘 멸망과 긴밀하게 연결
되어 있다. 약 40년 가까운 그의 사역 시기는 이스라엘 역사 초기에서 모세
의 40년 사역과 매우 흡사하였다. 또한 후대에 그의 사역기간은 그리스도와
사도들의 증거가 마침내 거절된 뒤 예루살렘 멸망 전에 있었던 시험과 검증
의 40년 세월과도 흡사하였다.

이 세 번의 40년 기간은 모두 이스라엘 편에서 보면 시험의 기간이었고 슬
프게도 시험의 결과, 하나님을 진노하시게 만든 기간이었다. 모세가 첫 번째
40년 기간에 하나님의 사자였던 것과 꼭같이 예레미야는 두 번째 40년 기간
에 자기 나라에 대한 애정어린 충성과 하나님께 대한 절대적인 충절을 보이
며 지냈다. 예리미야는 자기 나라 백성에게 아주 빠르고 확실하게 임하는 그

두려운 파국을 돌이키려고 애썼다. 마침내 그 파국을 방지할 수 없게 되었을 때 예레미야는 재난을 백성과 함께 겪었다. 그리고 마침내 그는 백성들의 무자비한 손에 죽었을 가능성이 많다. 그의 생애 이야기와 증거에 대한 기록은 성령의 신적 속성과 사랑, 활동에 대한 매우 감동적이고 아름다운 표현들로 가득하다.

신약 성경은 예레미야의 메시지가 성령의 감동을 받은 것이라고 명백히 증거하였고 그의 말이 성령의 메시지라고 인정하였다. 예레미야의 개인적인 소명을 잠깐 살펴보고 그 다음에 그의 생애와 사역이 이스라엘 백성과 맺고 있는 관계를 살펴볼 것이다. 마지막으로 그의 메시지가 성령으로 말미암아 그 후 시대와 우리에 대해 전하는 바를 살펴보겠다.

1. 예레미야의 소명과 사명

예레미야는 그의 선지서 첫 장에서 자신의 소명과 사명에 대해 이야기하였다. 그것은 이사야 6장에 나오는 이사야의 헌신 기사와 다르지 않다. 하나님께서 예레미야에게 오셔서 그가 태어나기 전부터 그를 열국의 선지자로 부르셨다고 말씀하셨다.

그의 사명은 매우 영광스러운 것이다. "보라 내가 오늘 너를 여러 나라와 여러 왕국 위에 세워 네가 그것들을 뽑고 파괴하며 파멸하고 넘어뜨리며 건설하고 심게 하였느니라"(렘 1:10). 그의 사명은 그의 백성에게 미칠 뿐만 아니라 그의 예언의 말씀에 따라 그 시대의 강국들이 일어서기도 하고 넘어지기도 하였다. 온 땅을 두루 다니며 열국들을 떨게 만든 강한 군대들이 성령으로 말미암은 예레미야의 말에 동요되었다. 아나돗에 있는 그의 조용한 집에 홀로 있거나 예루살렘에 있는 지하 감옥에서 외롭게 고통 받고 있을 때에도 사실 그는 그 시대에 가장 강력한 힘이었다. 왕조와 나라의 운명을 결정한 것은 바로 예레미야의 예언적인 말이었다.

성령께서 지극히 겸손한 성도에게 주시는 단순한 능력만큼, 그리고 하나님의 지극히 낮은 자녀들이 행할 수 있는 기도의 사역만큼 장엄한 것은 없다. 거의 한 세기 후에 동방의 강력한 군주인 승승장구한 고레스에 대한 묘사만큼 영광스런 광경이 있는가? 고레스는 많은 나라를 정복한 후, 오만한 바벨론이 그의 발 아래 굴복한 후, 온 세계가 그의 제국이 된 후, 자신이 이 해할 수 없는 어떤 영향력에 의해 예레미야의 예언의 말을 성취하지 않을 수 없었다.

예레미야의 사역이 독특한 예언 사역이었음은 분명하다. 그러나 하나님께 서는 주 예수의 이름으로 기꺼이 이 고귀한 사명을 받으려 하고 거룩한 기도 의 사역을 감당하고자 하는 진실한 모든 성도에게 그와 같은 능력을 주실 것 이다. 예레미야는 영원하신 하나님의 능력과 복으로써 세상을 어루만질 수 있게 만든 믿음의 홀을 쥐었다.

예레미야의 사명은 매우 주목할 만한 것이었다. 본래 그는 자신의 사명에 전혀 부적합한 사람이었던 것으로 보인다. 그의 선천적인 모든 점은 부름받 은 직무와 어울리지 않았다. 그는 예민하고 수줍어하고 사랑이 많은 사람이 었다. 끊임없이 적대 관계 속에서 지내고 자기가 사랑하는 백성들에게, 왕과 제사장과 선지자들에게 하나님의 책망을 전하는 것은 그의 감정으로서는 견디기 힘든 일이었다.

이스라엘의 고통을 위해 슬퍼하고, 심지어 이스라엘의 죄를 대신해서 고 통받는 것이 그로서는 훨씬 더 수월한 일이었을 것이다. 그러나 하나님은 그 같이 온유한 성품의 소유자를 불러 하나님의 가장 두려운 경고와 심판을 전 하는 사자로 세우셨다. 예레미야는 아무리 용감한 사람이라도 피하려고 할 고통의 시련을 겪었다. 예레미야는 뒤로 물러섰다. "나는 아이라"(1:6)고 말 하였으나 하나님께서는 그가 자신의 약함을 들어 호소하는 것을 허락하려 고 하시지 않았다. 이기게 하는 것은 예레미야의 힘이 아니라 위로부터 받을 하나님의 강력한 능력이었다. 그래서 하나님께서 손을 뻗쳐 그의 입술을 만 지셨다. 하나님의 능력이 움츠리는 그의 연약함에 전달되었고, 그는 의심이 나 두려움 없이 서도록 명령받았다. 예레미야는 하나님의 영감된 말씀을 전 하였는데, 그 말씀은 제사장과 왕과 선지자와 그 땅의 백성들에게 붙타는 요 새와 같았다.

그처럼 하나님께서는 우리에게 선천적으로 부적합 사역을 맡도록 부르시 는 경우가 종종 있다. 그러나 하나님께서 부르시고 사명을 감당할 수 있게 하신다면 두려워할 필요가 무엇이겠는가? 사실, 우리가 두려워할 유일한 이유는 두려워하는 정신이다. 하나님의 명령에 따라 그처럼 신성한 사명을 수행하려고 나갈 때 우리는 두려움을 모르는 용기와 절대적인 순종으로 나가야 한다. 그렇다. 담대함만이 안전한 위치라고 말할 수 있을 것이다. "그들 때문에 두려워하지 말라 네가 그들 앞에서 두려움을 당하지 않게 하리라" (1:17)는 말씀은 옛적에 예레미야에게 적용되었듯이 지금도 우리에게 적용된다.

2. 자기 백성과 시대에 대한 예레미야의 관계

예레미야는 유다 네 왕들의 통치기를 거쳐 살면서 증거하였다. 그는 어린 요시야 왕의 통치 초기에 선지자의 사역에 부름받았다. 요시야는 아직 어린 나이에 부패한 왕위를 물려받았다. 요시야는 자신이 우상숭배와 죄에 깊이 빠져 있는 백성들의 주권자인 것을 깨달았다. 거의 반 세기를 차지한 므낫세의 긴 통치 시기는 아합과 이세벨의 통치기와 비교될 정도였다. 므낫세가 말년에 하나님의 심판을 통해 충심으로 회개하게 되지만, 긴 통치 기간에 저질렀던 두려운 악을 돌이키기에는 남은 세월이 너무 짧았다. 므낫세 자신만큼이나 악한 아들의 짧은 통치 후에 요시야가 왕위에 올랐다.

요시야는 유다의 가장 선한 왕들 가운데 한 사람이 되고 다윗의 참된 계승자들 가운데 여호사밧과 히스기야 옆에 자리를 차지할 사람이었다. 요시야는 일찍부터 악에 대항하여 싸우기 시작했고 나라의 종교개혁을 위해 통치 말년까지 용기있게 시종일관 애썼다. 이러한 노력을 기울이는 가운데 그는 신실한 예레미야의 지지를 받았다. 사실, 그의 종교개혁은 하나님 아래에서 주로 예레미야 자신의 노력에 기인하였던 것이 분명하다.

날마다 예레미야는 예루살렘 거리에 서서 애정이 담긴 엄숙한 메시지를 전하였다. 예레미야의 초기 연설은 그의 예언 서두에 보존되어 전하여지고 있다. 하나님의 백성들에게 하나님의 옛적 언약을 상기시키고 그들이 전에 신실하였던 사실과 받은 복을 기억나게 하면서 예레미야는 부드럽지만 엄숙한 말로 그들의 마음에 호소하였다. 그는 이렇게 부르짖곤 하였다. "내가 네 청년 때의 인애와 네 신혼 때의 사랑을 기억하노니 곧 씨 뿌리지 못하는 땅, 그 광야에서 나를 따랐음이니라"(2:2). 이어서 예레미야는 다음과 같은 호소와 외침을 되풀이한다.

> 내가 이스라엘에게 광야가 되었었느냐
> 캄캄한 땅이 되었었느냐(2:31).

> 내 백성이 두 가지 악을 행하였나니
> 곧 그들이 생수의 근원되는 나를 버린 것과
> 스스로 웅덩이를 판 것인데
> 그것은 그 물을 가두지 못할 터진 웅덩이들이니라(2:13).

아마도 예레미야가 백성들의 차가운 무관심이나 냉소적인 불신앙을 본 다음에 이어서 엄숙한 메시지가 오고, 다가오는 재난에 대한 이상, 북으로부터 오는 침략자들과 포위하는 군대에 대한 극적인 묘사, 예루살렘의 임박한 멸망이 나왔을 것이다. 때때로 그의 마음은 절망과 고통의 절규를 터트리곤 하였다.

> 어찌하면 내 머리는 물이 되고
> 내 눈은 눈물 근원이 될꼬
> 죽임을 당한 딸 내 백성을 위하여
> 주야로 울리로다(9:1)

> 길르앗에는 유향이 있지 아니한가
> 그 곳에는 의사가 있지 아니한가
> 딸 내 백성이 치료를 받지 못함은 어찌 됨인고(8:22)

> 추수할 때가 지나고
> 여름이 다하였으나
> 우리는 구원을 얻지 못한다 하는도다(8:20).

예레미야는 여러 해를 이렇게 설교하고 호소하며 경고하였다. 점차 개선되는 점이 나타났고, 잠시 후에는 마치 구름이 지나고 민족이 하나님께로 돌이키고 있는 것처럼 보였다.

이때 기이하고 중요한 사건이 발생하였다. 성전의 잡동사니 더미 가운데서 율법의 복사본을 발견하게 된 것이다. 하나님의 전은 더러운 마구간같이 되었고 여러 세대 동안 우상숭배 의식을 치르는데 사용되어 왔다. 그러나 사람들이 요시야의 명령에 따라 성전을 청소하고 있을 때 부서진 물건과 쓰레기더미 가운데서 모세 율법의 사본을 발견하였다. 아마도 그것은 신명기서였던 것 같다. 그것은 전 율법서가 들어있는 큰 두루마리였을 것이다. 그 사건은 선지자와 왕에게 더할 수 없이 깊은 인상을 주었다.

그것은 마치 루터가 16세기에 성경을 발견한 것과 같은 일이었다. 그 사본은 엄숙하게 왕에게 전하여졌고, 그 다음에 제사장과 백성들이 공중 집회로 모였고 그 신성한 책이 낭독되었다. 그들이 하나님의 음성을 듣고 오랫동안 무시하고 불순종하여 왔던 하나님의 교훈과 명령을 배우면서 그들에게 진정한 겸손과 개혁의 정신 같은 것이 임하기 시작하였다.

그 운동을 계속 추진하면서 요시야는 온 백성을 예루살렘에 모이도록 하고 큰 유월절을 지내기 위해 온 땅에 소집을 명하였다. 백성들이 사방에서 왔다. 이스라엘의 남은 자들 가운데 얼마도 그들과 함께 모였다. 거기에서 백성들이 수 세대 동안 지키지 못하였던 유월절을 지켰다.

이 모든 일로 인해 틀림없이 예레미야의 마음이 기쁨과 확신으로 가득 찼을 것이라고 사람들은 생각하였을 것이다. 확실히 그는 이 일시적인 각성이라도 충분히 감사하게 생각하였다. 그러나 이 일로 인해 지극히 견디기 힘든 위기 가운데 하나가 신실한 사역자인 그에게 닥쳤다. 예레미야는 지도자들에게서 깊은 위선을 보았다. 백성들의 마음이 우상숭배와 죄에 깊이 젖어 있고, 이 모든 일은 피상적인 것에 불과하며 곧 사라질 것이라는 것을 발견하였다. 이들은 여기까지만 가려고 하였다. 그러나 우상숭배와 죄에서, 온 민족 생활에 퍼져 있는 큰 악과 불의에서 떠나게 하는 근본적인 개혁에까지는 나가려 하지 않았다. 예레미야는 거룩한 분별력으로 볼 때 이 개혁에 미치지 못하는 어떤 것으로도 임박한 징벌을 피할 수 없으리라는 것을 알았다.

그래서 예레미야는 이전 어느 때보다 더 엄숙하게 호소하였다. 방백들과 제사장들, 선지자들, 백성들에게 의와 거룩함을 행하라고, 즉 의식적인 예배나 외적인 종교개혁에 안주하지 말고 마음에 할례를 행하라고 호소하였다.

그러나 그의 메시지에 대한 반응은 거의 없었다. 일시적인 종교개혁이 지나갔고, 백성들의 마음은 여전히 성결해지지 않았다. 예레미야는 유다에 대한 심판의 날은 연기되었을 뿐이지 결코 비켜간 것이 아님을 확실히 알았다.

머지않아 이전보다 더 절망적으로 어두운 구름이 모여들기 시작하였다. 불행히도 요시야는 어리석고 성급하게 애굽 왕과의 싸움에 끌려 들어가게 되었다. 하나님께서 이방왕의 입술을 통해 그에게 보낸 경고를 무시하고 요시야는 만류를 받았음에도 전투에 경솔하게 뛰어들어가 므깃도의 피어린 들판에서 목숨을 잃었다.

요시야의 죽음과 함께 유다의 마지막 남은 희망이 사라졌고, 예레미야는 요시야에 대해 절망으로 울부짖는 애가를 불렀다. 그리고 나서 예루살렘 함락과 유다의 포로에서 절정을 이루는 일련의 죄악과 재앙이 시작되었다.

요시야의 뒤를 이은 여호야김은 이스라엘 최악의 시기에 활동했던 아합과 여로보암에 상응하는 사람이었다. 그는 선지자의 경고와 조언을 일체 무시하였다. 마침내 예레미야와 바룩이 그에게 선지자의 두루마리에서 하나님께서 그에게 선고하신 엄숙한 심판을 읽어 주었을 때 최소한의 회개의 빛을 보이기는커녕 두루마리 가운데 듣기 싫은 부분을 칼로 베어 불에 던져 넣었다.

예레미야는 집으로 돌아와 두려운 말씀을 추가하여 여호와의 위협하는 심판을 다시 써서 왕에게 돌려보냈다. 여호야김에게 거듭거듭 임박한 파멸을 경고하였다. 그러나 그의 마음은 완고함과 악함에 완전히 빠져 있는 것 같았고, 결국에는 11년간의 악명 높은 통치 후에 바벨론 군대가 예루살렘을 공격한 날 밤 죽임을 당하고 그의 시체는 들판에 버려졌다.

예레미야는 오래 전에 이 악한 왕이 "나귀 같이"(22:19) 매장당하고 비참한 그의 생명이 수치와 파멸로 끝이 나리라고 예언하였다. 그의 평판은 악하기 그지없어서 왕들의 무덤에 묻히지도 못하였다.

그의 뒤를 이어 여호야긴이 왕위에 올랐다. 그는 사실 바벨론 군주의 꼭두각시이고 앞잡이였다. 짧고 평범한 통치를 끝낸 뒤 그의 뒤를 이어 유다의 마지막 왕인 시드기야가 왕위에 올랐다.

시드기야는 완고하게 악한 왕이었다기보다는 약하고 우유부단한 사람이었다. 그의 전 통치기간은 우유부단함과 소심함이 특징을 이루었다. 시드기야는 예레미야의 메시지를 어느 정도 존중하였고 때로 사람을 불러 예레미야를 데려오게 하여 그의 조언을 경청하고 그대로 실행하고자 하는 것처럼 보였다. 그러나 그는 방백들과 백성을 두려워하였고 자신의 신념을 실천할 용기가 없었다.

거듭거듭 예레미야는 시드기야에게 하나님의 음성에 순종하기만 하면 그와 그의 나라가 보존될 것이라고 확언하였다. 그러나 시드기야가 계속해서 백성들과 방백들의 뜻을 밀고 나가고 이웃 나라들과의 동맹을 의지하면 그와 그의 나라가 망할 것이라고 말하였다.

이 마지막 시기 동안 이 신실한 선지자에게는 변화와 시련이 많았다. 계속해서 거짓 선지자들이 그에 대해 악하게 증거하며 장차 번영하리라는 거짓된 이상으로 속이면서 백성들에게 희망을 북돋우려고 하였다. 때로 그는 목숨을 노리는 사람들의 추격을 당했다. 종종 그는 감옥에 갇히고 호된 고초를 당하며 심지어는 여러 날 동안 지하 토굴의 수렁에 빠져 있었고 그를 동정하는 외부 사람들에 의해 겨우 죽음을 면하였다.

세월이 흘러 마침내 불의 잔이 가득 찼고 하나님의 심판을 더 이상 기다릴 수 없었다. 바벨론 군대가 그 땅을 침공하였다. 파멸의 경계선이 예루살렘을 압박하였고 마침내 벽들이 무너지고 갈대아인들이 들어갔다. 시드기야는 비겁하게 도망하여 안전을 도모했고 수행원 몇을 데리고 여리고 평지에 무사히 도착하였다. 그러나 바벨론 군대의 추격을 받아 잡히고 말았다. 그와 그의 아들들은 느부갓네살 왕의 면전으로 끌려갔다. 그의 아들들은 그의 눈앞에서 죽임을 당하였다. 마치 끔찍한 장면을 그의 기억에 영원히 각인시키려고 하는 것처럼 시드기야의 눈을 잔인하게 뽑아 버렸다. 그는 눈이 멀고 묶인 채로 바벨론으로 끌려가서 여생을 마칠 때까지 왕족 포로로 지냈다.

예레미야의 운명은 어떠했는가? 그는 내내 하나님께 충성하였고, 하나님께서는 이 어둡고 두려운 시기에 그를 저버리지 않으셨다. 예레미야의 고귀하고 영웅적인 성품에 대해 들은 바벨론 왕은 그의 관리들에게 예레미야를 샅샅이 찾아서 아무 해도 당하지 않도록 보호하라는 명령을 내렸다. 그는 머리카락 하나도 상하지 않았고 명예롭게 대접받고 세심한 보호를 받았다. 예레미야는 필요한 모든 것을 충분히 공급받으며 바벨론으로 가거나 그의 백성들 가운데 남는 것을 자유롭게 선택할 수 있는 권한을 부여받았다. 물론 그는 후자를 택하였다. 예레미야는 백성을 위해 살아왔고 백성들과 함께 죽을 준비가 되어 있었다. 그래서 그는 예루살렘의 유력한 시민들 대부분이 포로로 바벨론으로 강제 이송된 후에 남은 자들 가운데서 지냈다.

예레미야는 애굽으로 내려가는 자들과 함께 가서 그들 가운데 살면서 여전히 그들에게 조언하고 하나님의 메시지를 가르쳤다고 한다. 사람들은 그의 경고와 조언을 거부하였고, 마지막에 가서 이 선지자를 죽이고 말았다. 예레미야는 자기 피로써 자신의 증거를 보증한 진리의 순교자들의 영광스런 대열에 합류하였다.

인간적으로 말해서, 그의 인생은 성공하지 못했다. 그러나 책이 펴지고 보상이 주어질 때 예레미야의 인생은 세상에서 가장 성공적이고 빛나는 경력보다 낫다는 것이 알려질 것이다. 그의 인생은 실패와 순교자의 죽음에 직면하고서도 하나님께 진실되고 자신의 맡은 바에 충성을 다한 지극히 명예로운 삶이었다.

이것이야말로 진정한 성공이고, 그리고 바로 이것이 예레미야의 인생에 대한 영광스런 증거였다.

3. 우리 시대에 대한 예레미야의 메시지

마지막으로 그의 메시지가 후 시대를 사는 우리에게 전하고 있는 바를 살펴보자. 그의 예언적인 글은 미래 시대에 대한 메시지로 가득하다. 유다 왕국의 실패는 미래에 오게 되어 있는 참된 왕국의 이상을 위한 배경에 불과하다.

인간 본성에 대한 교훈

예레미야는 다른 어떤 사람도 보지 못하였지만, 지극히 고귀한 가르침이나 혹독한 고난이 사람을 덕과 신실함으로 인도하는데 참으로 무력하다는 것을 보았다. 슬프게도, 실패의 비밀은 불쌍하고 타락한 인간 본성이라는 비참한 요소와 인간의 목적보다 더 고귀한 힘이나 진리와 본보기의 빛이 필요하다는 데서 발견되었다. 예레미야는 신약 시대의 밝은 날, 곧 구주와 성령의 오심을 간절한 열망으로 내다보았다.

결과적으로, 예레미야는 우리에게 자기 시대의 어둠과 실패로부터 새언약과 복음, 성령의 활동이라는 영감된 이상을 제시하였다. 히브리서의 기자는 일찍이 하나님의 교회에 주어졌던 새언약에 대한 매우 포괄적인 진술을 이 옛 선지자의 글에서 거듭 인용하였다. 그것은 예레미야 31:31-34에서 볼 수 있다.

> 여호와의 말씀이니라 보라 날이 이르리니
> 내가 이스라엘 집과 유다 집에
> 새 언약을 맺으리라
> 이 언약은
> 내가 그들의 조상들의 손을 잡고
> 애굽 땅에서 인도하여 내던 날에
> 맺은 것과 같지 아니할 것은
> 내가 그들의 남편이 되었어도
> 그들이 내 언약을 깨뜨렸음이라
> 여호와의 말씀이니라
> 그러나 그날 후에
> 내가 이스라엘 집과 맺을 언약은 이러하니
> 곧 내가 나의 법을 그들의 속에 두며
> 그들의 마음에 기록하여
> 나는 그들의 하나님이 되고
> 그들은 내 백성이 될 것이라
> 여호와의 말씀이니라
> 그들이 다시는 각기 이웃과 형제를 가리켜 이르기를
> 너는 여호와를 알라 하지 아니하리니

이는 작은 자로부터 큰 자까지
다 나를 알기 때문이라
내가 그들의 악행을 사하고
다시는 그 죄를 기억하지 아니하리라
여호와의 말씀이니라.

예레미야가 알린 이 새 언약의 특징적인 성격은 자신의 율법을 사람의 마음에 쓰고 "그들 속에" 두겠다는 하나님의 약속에 있다. 옛 언약이 빛과 법을 주었지만 그것을 지킬 힘과 성향은 주지 못했다. 새 언약은 그 법을 우리 마음에 쓰고 법이 우리 본성의 일부가 되게 하며 그 법을 우리 의지와 선택과 소원, 우리의 직관에 통합시켜서 제2의 본성이 되게 하고 우리의 자발적인 소원과 가장 깊은 생명이 되게 한다.

이것이 성령의 사역이다. 이것이 성화의 의미이다. 이것이 그리스도의 구속의 위대한 목적이며, 그리스도께서 성령으로 말미암아 신자의 마음에 내주하시는 큰 목적이다.

이 언약을 지키게 하시는 분은 하나님이시다. 이 언약은 우리가 행하는 바에 좌우되지 않는다. 하나님께서 먼저 우리의 하나님이 되시고 우리를 당신의 백성으로 삼으신다. 하나님께서 스스로 나서서 우리를 가르치고 성령으로 말미암아 우리에게 그의 뜻의 의미와 언약의 성격, 그의 은혜와 사랑의 목적을 계시해 주신다.

우리는 단순히 외적인 가르침에 의존하지 않고 우리 각자가 하나님께 나아갈 수 있고 성령의 직접적인 가르침을 받을 수 있다.

죄 사함이 이 장의 첫 번째 약속이 아니라는 사실에 주의해야 할 것이다. 그것은 이차적이며 당연히 따라오는 것이다. 이 큰 약속의 제1차적인 특징은 우리를 죄로부터 보호하고 의와 거룩함으로 인도하는 하나님의 은혜의 능력이다.

이것이 예수께서 오셔서 충만하게 전하신 영광스런 복음이며, 성령께서 계시하고 행할 수 있게 만드시는 영광스런 복음이다. 이 복음은 회개와 사죄를 전하면서 동시에 계속되는 죄에 대한 서글픈 전망도 함께 전하는 메시지가 아니다. 이 복음은 과거를 용서할 뿐만 아니라 장차 우리를 보호하고 우리가 하나님의 뜻과 거룩한 순종의 생활을 선택하도록 이끄는 거룩한 신령한 본성을 우리 속에 두는 능력을 우리에게 약속한다.

우리는 예레미야를 통해 이같이 복된 성령의 메시지를 배웠는가? 성령의 내주하심을 통해 그리고 우리 마음에 쓰여진 율법을 통해 구원의 충만함을 증명하였는가?

믿음의 교훈

예레미야가 후 시대를 위해 남긴 또 한 가지 메시지는 그가 예레미야서 32장에서 말한 믿음의 교훈이다. 그것은 매우 인상적인 실물 교육이다. 미래가 재난으로 인해 어두워질 대로 어두워진 때에 온 땅이 갈대아인의 손에 들어가고 성읍이 곧 무너지려고 할 때, 유다의 부동산이 사실상 아무 가치가 없어졌을 때 예레미야는 아나돗이라는 마을에 있는 자기 가문의 땅에 재산을 투자하라는 명령을 받았다. 그것은 마치 돈을 내다 버리는 것처럼 보였을 것이다. 그러나 예레미야는 주저하지 않고 즉시 하나님의 명령에 순종하여 모든 백성들 앞에서 공개적으로 그 구입을 마쳤다. 그는 계약을 정식으로 입증하고 도장을 찍었으며, 유다의 긴 포로 기간 동안 두 세대에 걸쳐 황폐하게 있으리라는 것을 알고 있는 그의 보잘것없는 재산을 자신의 소유로 삼았다.

이 모든 행위는 무엇을 의미하는가? 이것은 자기 나라의 미래에 대한, 그리고 돈을 투자한 그 유업이 아주 비싸게 될 그날이 올 것이라는 사실에 대한 자신의 믿음을 실제적으로 표현한 것이다. 예레미야는 이스라엘의 회복이라는 그 자신의 영광스런 약속이 성취될 때 땅이 다시 자기 가족에게 돌아올 것이라고 믿었다.

그것은 어두운 시대에서 걸어나와 하나님의 약속을 의지하는 처사였다. 그것은 없는 것을 마치 있는 것처럼 간주하는 태도였다. 그것은 미래를 내다보며 한밤중에 찬미의 노래를 소리 높여 부르며 허공처럼 보이는 곳에 발을 디디면서 그 아래 바위가 있는 것을 발견하는 믿음이었다.

이것은 모든 시대에서 볼 수 있는 진실된 믿음의 정신이다. 예레미야처럼 우리도 의지할 것이 아무것도 없고 "바라는 것들의 실상이요 보이지 않는 것들의 증거"(히 11:1)인 믿음을 발휘해야 하는 때에 하나님의 말씀을 의지하자. 우리는 어둡고 비어 있는 공허에서 걸어 나와야 하고, 하나님께서 우리의 걸음을 받쳐 주신다는 것과, 믿음의 이상과 미래의 약속은 하나님의 영원하신 보좌처럼 확실하고 사실이라는 것을 알아야 한다.

토기장이의 교훈

예레미야가 우리에게 남긴 또 한 가지 메시지가 있는데, 잠깐 동안 살펴보기로 하자.

그 메시지는 18장에 나온다. 그것은 토기장이와 토기그릇의 비유이다. 토기장이의 집에 내려간 선지자는 토기장이가 물레바퀴를 돌리며 그릇을 만들고 있는 것을 보았다. 어떤 이유 때문에 그릇이 토기장이의 손에서 부서졌다. 아마도 진흙이 토기장이의 손길대로 빚어지지 않았을 것이다. 토기장이는 그 그릇을 던져 버렸다. 그것은 그의 활동이 실패하였고 그래서 그 재료조차 거절된 것처럼 보였다.

아, 이 비유가 우리 과거의 실패에 대해 얼마나 엄숙하게 말하고 있는지! 어쩌면 하나님께서는 우리를 손에 쥐고 우리 인생 가운데서 어떤 영광스런 목적을 이루기 시작하셨을 것이다. 그러나 우리는 그 호된 시련을 피하였다. 하나님의 뜻에 순종하기를 거절하였다. 우리는 좀 더 쉬운 길을 요청하였다. 십자가를 취소하였다. 하나님께서는 당신의 고귀하고 거룩한 목적을 이룰 수 없게 되자 우리를 한쪽으로 치워 버리지 않을 수 없었고 하나님의 영광스런 계획이 한동안 실패하도록 두셨다. 아, 우리의 약함과 불신앙, 시련의 기간에 우리 아버지의 지혜와 사랑을 신뢰하려고 하지 않음으로 인해 우리 뒤에 남게 되는 파멸이 얼마나 슬프고 엄숙한지!

그러나 예레미야의 비유에는 아름다운 결말이 있다. 그 진흙덩이를 던져 버리고 그것으로 끝이 아니었다. 토기장이는 그 흙을 다시 취해 "그것으로 자기 의견에 좋은 대로"(18:4) 다른 그릇으로 만들었다. 내가 이 이상을 잘못 해석하여서 이 비유는 하나님께서 우리의 망가진 삶을 가지고 비록 처음에 의도했던 그대로는 아니지만 그래도 최선의 결과를 내신다는 것을 뜻하는 것으로 생각하던 때가 있었다. 하나님의 은혜는 우리의 완고함마저도 이기신다고 믿는다.

예레미야의 실물교육에서조차 희망과 하나님의 격려가 들어있다고 생각하지 않을 수 없다. 우리는 토기장이가 두 번째 만든 그 그릇이 그가 전에 만들려고 했던 것보다 훨씬 나은 것이었다고 믿을 수 있다. 왜냐하면 토기장이가 "그것으로 자기 의견에 좋은 대로 다른 그릇을 만들더라"(18:4)는 말을 하고 있기 때문이다. 이때 성취된 것은 우리의 뜻이 아니라 하나님의 뜻이었다. 아마도 하나님께서는 우리에게 우리의 고집스런 뜻을 꺾고 확신을 가지고 하나님의 손에 순종하는 은혜를 주셨을 것이다. 아니면 하나님께서 거역할 수 없는 놀라운 자비로 우리의 고집을 꺾고 온전히 순종하도록 만드셨을 것이다. 적어도 하나님의 강력한 사랑이 모든 장애를 물리치고 하나님의 뜻이 성취되며 하나님의 고귀한 목적이 이루어졌다. 그렇다. 하나님의 은혜는 사탄과 죄에 대해서뿐만 아니라 우리 자신에게도 능하며, 충분히 강력해서 우리의 연약하고 고집스런 마음의 반대를 이길 수 있다.

하나님께서 우리가 죄로 죽어 있을 때 주권적인 은혜로 우리를 구원하셨고 그의 온전한 능력으로 우리를 끝까지 구원하실 수 있는 분임을 감사해야 한다. 하나님께서는 언젠가 우리가 "여호와여 영광을 우리에게 돌리지 마옵소서 우리에게 돌리지 마옵소서 오직 주의 이름에만 영광을 돌리소서"(시 115:1)라고 말할 곳으로 우리를 데려가실 것이다.

제 20 장

에스겔서에 나타난 성령

갈대아 땅 그발 강 가에서 여호와의 말씀이 부시의 아들 제사장 나 에스겔에 게 특별히 임하고 여호와의 권능이 내 위에 있으니라(겔 1:3).

에스겔의 사역은 극적이고 감동적인 것이었다. 예레미야처럼 그의 사역은 유다의 멸망과 관련이 있었다. 그러나 예레미야는 두려운 비극과 관련된 슬픔의 현장에 있었지만 에스겔은 멀리 떨어져 있었기 때문에 그발 강 가에서 이상으로만 그 일을 보았다는 점에서 예레미야와 달랐다. 하나님께서는 그 모든 점을 에스겔에게 보여 주셨다. 날마다 고통스런 광경이 그의 눈앞에서 지나갔고 그의 영감받은 이상들에서 그 모든 일이 주변에 있는 동포들에게 재연되었다. 예루살렘 성이 무너지던 바로 그날, 그 소식이 몇 년 후에야 그에게 도착하였지만 에스겔은 그 전에 그 사실을 영으로 알았다.

사실, 개인적인 생활에서 에스겔은 선지자와 애국자로서 아주 깊은 관심을 가졌던, 자기가 묘사할 사건들의 실물교육과 같이 되었다. 에스겔은 자기 나라와 백성들이 겪고 있는 것을 표상과 비유로 친히 경험하였다. 그는 부정한 음식을 먹으면서 다가오고 있는 재난의 공포를 자신의 고통으로써 표현하며 기근의 날들을 지냈다.

예루살렘이 함락되던 날 그의 아내가 죽었다. 에스겔은 예루살렘에 떨어진 재난을 두렵게 묘사하는 일에 자신의 아내가 신비한 섭리 가운데서 쓰였다는 것을 알았다. 그와 같이 에스겔은 살면서 자기 시대의 교훈을 가르쳤고 후 시대의 교훈을 위해 놀라운 기록을 남겼다.

그의 주변에서 일어나고 있는 사건들은 그가 미래를 위해 전하도록 보냄을 받은 믿음과 소망의 메시지를 전하기에 적합한 구조를 형성하였다. 이스라엘 민족사의 파멸을 통해 에스겔은 마치 파괴된 건물의 무너진 담을 통해서 보듯이 다가오는 시대의 빛과 더 나은 소망의 약속을 볼 수 있었다.

에스겔의 예언은 이사야조차 제칠 정도로 명료하게 메시야 시대와 특별히 이 복되신 성령의 인격과 사역을 밝히 설명하면서 복음의 빛을 비추고 있다. 다른 어디에서도 여기서만큼 거룩한 이상의 장엄한 광경을 볼 수 없고, 성령 시대와 영적 생활에 관한 진리를 여기서만큼 분명하게 영적이고 실제적으로 표현하는 것을 볼 수 없다. 에스겔 예언의 세 가지 주목할 만한 이상을 살펴보자.

영광의 이상

에스겔의 예언은 매우 엄숙하고 특이한 이상과 함께 시작되는데, 이 이상은 성령의 강력한 사역과 섭리에서 나타나는 여호와의 영광을 계시하고 있다.

첫째로, 에스겔은 북으로부터 돌풍이 불어오는 것을 보았다. 북쪽은 이스라엘의 적군이 온 방향이며 세계의 대제국들이 자리잡고 있는 곳이었다.

이 돌풍의 한가운데는 그 중심을 감싸고 있는 불이 있었다. 그것은 축을 중심으로 돌면서 장엄하고 영광스런 모습으로 휩쓸어가는 회오리바람 같은 불이었다. 그 돌풍과 불은 이스라엘 백성에게는 하나님의 임재와 영광의 현현을 나타내는 상징으로 이미 친숙히 알고 있는 것이었다.

다음으로, 에스겔은 그 맹렬한 돌풍 속에서 네 생물의 모습을 보았다. 그것은 그룹들이었다. 우리는 이 그룹들을 에덴 동편의 문에서, 그리고 성막과 성전에서 보았고, 요한계시록의 이상에서 다시 본다.

이들은 주 예수 그리스도의 특별한 상징이며, 그리스도를 통하여 나타나는 하나님의 무한하신 속성과 강력한 활동들에 대한 상징이다. 사자와 황소, 독수리, 사람의 얼굴은 하나님의 모든 통치를 지도하고, 하나님께서 지금 주 예수 그리스도를 통해서 이루고 계시는 전체 구속의 계획을 지도하는 주권, 능력, 지능, 사랑을 나타낸다.

이 그룹들은 불을 옷처럼 입고 있고 번개와 불길처럼 빠르게 움직인다. 그룹의 형상을 묘사하는 다른 표현에서와 같이, 이 그룹들은 날개가 여섯 개인데, 이것은 그들의 움직임의 신속함과 민첩함을 나타낸다. 이 비유를 한층 강화하기 위해 강력한 네 바퀴가 나온다. 이 바퀴는 그 둘레가 너무도 커서 에스겔 선지자가 그 장엄함에 두려움이 생길 정도였다. 그 바퀴의 광대한 테두리에는 눈이 가득 들어있었다.

이 바퀴는 그룹들의 날개 움직임에 따라 움직이며 그 영이 향하는 대로 그룹들을 싣고 다녔다. 이는 "생물의 영이 그 바퀴들 가운데에"(겔 1:20) 있었기 때문이었다.

이 놀라운 이상은 하나님의 강력한 영의 활동과 보편적인 섭리의 장엄함, 위엄, 능력과 신속함을 표시하였다. 그것은 살아 계신 하나님과 성령의 전능하심과 무한한 활동을 보여 주는 장엄한 비유였다. 성령은 하나님의 집행자로서 하나님의 목적과 계획을 항상 수행하시는 분이다.

웅대한 이 모든 비유는 훨씬 더 장엄한 어떤 것의 기초에 지나지 않았다. 왜냐하면 선지자는 그 다음에 그룹들 주위에서 날개와 바퀴를 보았고 기가 막힌 수정처럼 아주 투명하게 빛나는 거대한 창공을 보았기 때문이다. 이 창공에는 이글거리는 벽옥과 같은 영광스런 보좌가 있었다. 이 보좌에는 전체 이상의 중심과 전체 그림의 장엄한 절정으로서 "사람의 모양"(1:26) 같은 것이 있었다.

이것은 중보자 주 예수 그리스도의 영광스런 보좌였고, 그 둘레에는 언약의 무지개가 있어서 두려울 정도로 밝은 빛을 부드럽게 하고 그의 백성들에게 예수 그리스도께서 그들의 언약의 왕이심을 선포하였다.

하나님과 하나님의 아들, 성령의 영광을 보여 주는 참으로 장엄한 이상이다! 하나님께서 당신의 위대한 계획을 성취하시는 것은 바로 성령을 통해서이다. 성령의 신속함, 힘, 편재하심, 전능함이 타오르는 불길과 번쩍이는 빛과 두려운 회오리바람으로 아주 장엄하게 표현된다. 그룹의 모양, 여러 겹의 날개, 전체 테두리에 눈이 가득한 살아 있는 바퀴, 수정같이 맑은 창공, 청옥의 보좌는 인자의 찬란한 영광을 묘사하고 있다. 이 모든 것 위에 언약의 무지개가 있다. 하나님의 무한한 사랑과 은혜에서 나온 모든 목적을 성취하고 계시는 분은 바로 성령이시다!

에스겔의 사역이 시작될 때 보았던 이상은 그와 같은 것이었다. 에스겔이 그의 사자가 되도록 부르신 전능하신 분은 그와 같았다. 그 후에 바로 직접적인 호출이 왔다. 하나님은 에스겔에게 하나님의 메시지가 들어있는 두루마리를 집어서 먹으라고 명령하셨다. 두루마리를 먹자 그것이 입에서 꿀처럼 달았다. 그러자 그 이상이 다시 한 번 돌아왔다. 그 영광이 다시 그의 눈앞에 나타났다. 하나님께서 에스겔을 보내어 하나님의 메시지를 거듭 전하고 그의 백성들에게 파수꾼이 되고 그들에게 경고의 말을 전하게 하셨다. 에스겔은 그 영광스런 어전에 대한 의식으로 무장하고, 적들의 힘과 박해를 개의치 않고 필생의 사업에 발을 들여놓았다.

에게스겔이 보았던 그 장엄한 이상이 우리에게는 오지 않을 수 있다. 그러나 믿음은 우리 마음에 속삭이시는 온유한 그분을 고대의 장엄한 모든 옷으로 감쌀 수 있다. 우리는 생활 속에서 매우 온유하게 말씀하시고 그토록 인내하며 활동하시는 분이 바로 그 장엄한 임재를 보이신 하나님인 것을 알 수 있다. 그분은 하늘을 자신의 영광으로 가득 채우고, 강력한 섭리의 바퀴로 번개와 같이 신속하게 광대한 우주를 휩쓸고 다니시는 분이다.

이상은 사라졌지만 영광은 여전히 남아 있다. 그 영광이 오늘날에는 감추어져 있을지라도 실제로는 그대로 있다. 언젠가는 에스겔이 옛적에 그발 강가에서 보았듯이 우리도 그 영광을 볼 것이다.

떠나가는 이상

에스겔이 본 이 영광스런 이상은 아직 이스라엘 가운데 있었다. 이스라엘 백성을 그들의 역사 내내 인도하셨던 분은 바로 그 영광스런 임재를 보이신 하나님이셨다. 그들 앞에서 나아가셨고 구름기둥과 불기둥으로 그들 위에서 떠다니셨으며 홍해와 요단 강을 가르고 가나안 족속들을 정복하며 다윗의 보좌를 세우신 분이 바로 그 하나님이셨다. 솔로몬을 그 모든 영광에 이르도록 높이고 엘리야와 엘리사의 기적에서 그리고 이스라엘 전 역사를 통해 하나님의 사랑과 능력을 보여 준 기사들 가운데서 자신을 나타내신 분이 바로 그 하나님이셨다. 그러나 이스라엘의 상습적인 죄악으로 인해 하나님의 인내심이 끝이 나고 슬픔으로 기진할 정도가 되었다.

234

그 영광스런 임재가 이제 그토록 사랑하였던 성전을 떠나려고 하였다. 유다는 황폐해지고 무자비한 적의 손에 곧 떨어지게 되었다.

이 떠나가는 영광의 이상만큼 부드럽고 장엄한 것은 없다. 어미새처럼 그 임재의 영광은 떠나기를 원치 않아 그룹들 위에서, 집의 문지방 위에서 날개를 퍼덕거리며 머뭇거리고 맴도는 것처럼 보인다. 마침내 그분은 더 이상 거기에 머물지 않고 슬픈 비상을 하며 그들이 황폐하도록 버려 둔다.

9장에서 그 임재가 떠나기 시작하는 것을 보게 된다. "그룹에 머물러 있던 이스라엘 하나님의 영광이 성전 문지방에 이르더니"(9:3). 10:4, 5에서 하나님은 돌아왔다가 다시 날개를 펴고 날려고 하는 것처럼 보일 것이다.

> 그룹에서 올라와 성전 문지방에 이르니
> 구름이 성전에 가득하며
> 여호와의 영화로운 광채가 뜰에 가득하였고
> 그룹들의 날개 소리는 바깥뜰까지 들리는데
> 전능하신 하나님이 말씀하시는 음성 같더라.

10:18,19에서 다시 우리는 하나님께서 날기 시작하신 것을 본다.

> 여호와의 영광이 성전 문지방을 떠나서 그룹들 위에 머무르니
> 그룹들이 날개를 들고 내 눈 앞의 땅에서 올라가는데
> 그들이 나갈 때에 바퀴도 그 곁에서 함께 하더라
> 그들이 여호와의 전으로 들어가는 동문에 머물고
> 이스라엘 하나님의 영광이 그 위에 덮였더라.

그러나 아직 그 이상은 마지막 비상을 실행하지 않았다. 왜냐하면 11:22,23에서 그 영광이 감람산 위에 아직 머무르고 있는 것이 보이기 때문이다.

> 그때에 그룹들이 날개를 드는데 바퀴도 그 곁에 있고 이스라엘 하나

님의 영광도 그 위에 덮였더니 여호와의 영광이 성읍 가운데에서부터 올라가 성읍 동쪽 산에 머무르고.

여전히 하나님은 인내로 기다리고 호소하셨으며 하나님은 심판을 통해 백성들의 완고한 죄악의 마음을 바꾸려고 하였지만 모든 것이 헛되었다. 결국 우리는 슬픈 결론을 듣게 된다.

인자야 너는 그에게 이르기를 너는 정결함을 얻지 못한 땅이요 진노의 날에 비를 얻지 못한 땅이로다 하라 … 그 제사장들은 내 율법을 범하였으며 나의 성물을 더럽혔으며 거룩함과 속된 것을 구별하지 아니하였으며 부정함과 정한 것을 사람이 구별하게 하지 아니하였으며 그의 눈을 가리어 나의 안식일을 보지 아니하였으므로 내가 그들 가운데에서 더럽힘을 받았느니라 그 가운데에 그 고관들은 음식물을 삼키는 이리 같아서 불의한 이익을 얻으려고 피를 흘려 영혼을 멸하거늘 그 선지자들이 그들을 위하여 회를 칠하고 스스로 허탄한 이상을 보며 거짓 복술을 행하며 여호와가 말하지 아니하였어도 주 여호와께서 이같이 말씀하셨느니라 하였으며 이 땅 백성은 포악하고 강탈을 일삼고 가난하고 궁핍한 자를 압제하고 나그네를 부당하게 학대하였으므로 이 땅을 위하여 성을 쌓으며 성 무너진 데를 막아 서서 나로 하여금 멸하지 못하게 할 사람을 내가 그 가운데에서 찾다가 찾지 못하였으므로 내가 내 분노를 그들 위에 쏟으며 내 진노의 불로 멸하여 그들 행위대로 그들 머리에 보응하였느니라 주 여호와의 말씀이니라(22:24, 26-31).

그것은 후에 인자가 바로 그 감람산에 서서 자신의 경고와 사랑의 기적을 거절한 성읍을 내려다 보며 아래와 같이 말한 광경과 같다.

예루살렘아 예루살렘아 선지자들을 죽이고 네게 파송된 자들을 돌로 치는 자여 암탉이 제 새끼를 날개 아래에 모음 같이 내가 너희의 자녀를 모으려 한 일이 몇 번이냐 그러나 너희가 원하지 아니하였도다 보라 너

희 집이 황폐하여 버린 바 되리라 내가 너희에게 이르노니 너희가 주의
이름으로 오시는 이를 찬송하리로다 할 때까지는 나를 보지 못하리라
(눅 13:34-35).

이와 같이 성령께서 이스라엘 백성을 떠나셨다. 다음 장은 심판과 파괴의
이상이 시작된다. 이 이야기는 종종 재현되었다. 그 이야기는 예수께서 성전
을 떠나실 때 재현되었다. 로마 군대가 따라왔고 예루살렘은 다시 함락되었
다. 거룩한 사도들의 교회가 부패하고 성령께서 슬퍼하며 떠나셨기 때문에
중세의 암흑기로 빠져들었을 때 그 이야기는 재현되었다.

동일한 재난이 오늘날 다시 교회를 위협하고 있다. 이 복되신 성령께서 세
속화와 죄와의 타협으로 인해 성소에서 그리고 제단에서 슬퍼하고 계신다.
성령께서는 하나님께 순종하고 전적으로 하나님을 신뢰하려고 하는 적은
무리의 겸손한 마음과 비천한 임무에 거처를 정하고자 찾고 계신다. 그 일이
여러분의 생활 속에서 재현될 수 있다. 왜냐하면 여러분도 성령을 화나시게
하고 슬프시게 할 수 있기 때문이다. 여러분 마음의 성전이 황폐해지고 버림
받을 수 있으며, 여러분의 생활이 하나님의 심판과 슬픔의 재난에 노출될 수
있다.

많은 사람들의 슬픈 생애와 많은 사람들의 슬픈 죽음은 이스라엘의 이야
기가 다시 한 번 거듭되는 것일 뿐이다. 성령을 슬프시게 하지 말자! 성령께
서 우리를 떠나시게 하지 말자! 성령을 소중히 여기고 존중하고 순종하며,
성령께서 우리 마음에 거하게 하고 성령을 우리의 거룩한 손님으로 모시자!

성령의 귀환에 대한 약속

맑은 물을 너희에게 뿌려서 너희로 정결하게 하되 곧 너희 모든 더러
운 것에서와 모든 우상 숭배에서 너희를 정결하게 할 것이며 또 새 영을
너희 속에 두고 새 마음을 너희에게 주되 너희 육신에서 굳은 마음을 제
거하고 부드러운 마음을 줄 것이며 또 내 영을 너희 속에 두어 너희로
내 율례를 행하게 하리니 너희가 내 규례를 지켜 행할지라 내가 너희 조
상들에게 준 땅에서 너희가 거주하면서 내 백성이 되고 나는 너희 하나

님이 되리라 내가 너희를 모든 더러운 데에서 구원하고 곡식이 풍성하게 하여 기근이 너희에게 닥치지 아니하게 할 것이며 또 나무의 열매와 밭의 소산을 풍성하게 하여 너희가 다시는 기근의 욕을 여러 나라에게 당하지 아니하게 하리니 그때에 너희가 너희 악한 길과 너희 좋지 못한 행위를 기억하고 너희 모든 죄악과 가증한 일로 말미암아 스스로 밉게 보리라 주 여호와의 말씀이니라 내가 이렇게 행함은 너희를 위함이 아닌 줄을 너희가 알리라 이스라엘 족속아 너희 행위로 말미암아 부끄러워하고 한탄할지어다 주 여호와께서 이같이 말씀하셨느니라 내가 너희를 모든 죄악에서 정결하게 하는 날에 성읍들에 사람이 거주하게 하며 황폐한 것이 건축되게 할 것인즉 전에는 지나가는 자의 눈에 황폐하게 보이던 그 황폐한 땅이 장차 경작이 될지라 사람이 이르기를 이 땅이 황폐하더니 이제는 에덴 동산 같이 되었고 황량하고 적막하고 무너진 성읍들에 성벽과 주민이 있다 하리니 너희 사방에 남은 이방 사람이 나 여호와가 무너진 곳을 건축하며 황폐한 자리에 심은 줄을 알리라 나 여호와가 말하였으니 이루리라(겔 36:25-36).

물론 이 약속은 한 국가로서 이스라엘과 일차적으로 관계가 있고, 그들이 오랜 기간의 포로 생활에서 풀려난 일과 민족 위에 성령을 부으신 일에서 은혜롭게 성취될 것이다. 이 약속은 또한 신약 시대와도 명백한 관계가 있고, 주 예수 그리스도로 말미암은 충만하고 값없는 구원의 복음으로 빛난다.

이 약속된 복에는 세 가지 매우 명백한 단계가 있다. 첫 번째 단계에는 죄 사함과 회심이 포함된다. 그것은 백성들에게 맑은 물을 뿌리는 것, 즉 백성들의 죄를 사하는 것이다. 그 다음에 성령께서는 돌같이 단단한 마음을 제거하고 살처럼 부드러운 마음을 주시는데, 이것은 칭의와 중생의 사역이다.

이 앞 구절들에 관해서는 더 이상 말할 필요가 없다. 그 가르침은 요한복음 3장이나 바울 서신처럼 단순하고 명료하다. 그러나 이 복에는 분명하고 중요한 두 번째 단계가 있다. 그것은 성령의 내주하심이고, 신자의 마음 속에 성령의 깨끗하게 하고 거룩하게 하는 능력이 들어오는 것이다.

"또 내 영을 너희 속에 두어 너희로 내 율례를 행하게 하리니 너희가 내

238

규례를 지켜 행할지라"(36:27). 이것은 새로운 정신, 새로운 마음과는 다른 것이다. 그것은 하나님께서 성령으로 말미암아 새 영 속에 사시기 위해 친히 오시는 것이며 그 영으로 하여금 거룩함으로 행하게 하고 하나님의 계명을 지킬 수 있게 하는 강력한 능력을 가져다 주시는 일이다.

우리가 캔버스 위에 그것을 그릴 수 있다면 그 그림은 이와 같이 될 것이다. 먼저, 우리는 검고 죄악된 본성의 마음을 그릴 것이다. 그 다음에, 이 검은 마음 한가운데에 중생한 영혼을 가리키는 희고 작은 마음을 그려 넣을 것이다. 이것은 회개할 때 오는 새마음이다. 그러나 그 마음에는 여전히 어둠과 죄가 있으므로 주변을 둘러싸고 있는 악과 고통스럽고 종종 감당하기 힘든 싸움을 계속해야 한다.

세 번째로, 하늘의 빛줄기를 그리거나 혹은 하늘의 불로 타오르는 숯을 그릴 것이다. 우리는 이것을 새마음의 중심에 그려 넣을 것이다. 빛나는 그 생명의 광선과 불로부터 오는 빛은 주변을 두르고 있는 어둠을 뚫고 들어와 새마음을 가득 채워 어둠과 죄가 몰려나가게까지 한다. 그 다음에 하나님께서 새마음 전체를 소유하고 그 마음이 그리스도께서 친히 행하시는 것처럼 생각하고 느끼고 신뢰하고 사랑하며 순종하고 인내할 수 있게 만드신다.

바로 이것이 성결하게 하시는 성령이시다. 이것이 우리의 불쌍하고 연약한 마음에 필요한 정결하게 하는 능력이다. 이것이 성령께서 성령의 능력에 전적으로 복종하고 성령을 충만히 받으려 하는 모든 마음에 주시고자 하는 효과적인 힘이다. 우리는 그같이 하였는가? 우리는 이 새 영을 받았을 뿐만 아니라 "너희 안에 계신 그리스도시니 곧 영광의 소망"(골 1:27)인 그 비밀도 배우게 되었는가?

이 약속된 복에는 내주하시는 성령의 외적 활동에서 그리고 성화되고 승리하는 생활이 우리 주위와 외적 생활에 미치는 영향에서 보게 되는 또 한 가지 단계가 있다. "내가 너희 조상들에게 준 땅에서 너희가 거주하면서"(겔 36:28). 우리는 하나님의 뜻을 따라 그리고 하나님의 복을 받아 서고 정착하게 된다. "내가 곡식이 풍성하게 하여 기근이 너희에게 닥치지 아니하게 할 것이며"(36:29). 우리는 영양을 공급받는 즐겁고 행복한 그리스도인이 된다. 그래서 모든 사람이 우리에게서 승리하는 생활의 만족스럽고 온화한 휴식과 영광을 본다.

"나무의 열매와 밭의 소산을 풍성하게 하여"(36:30). 우리의 일은 복을 받고 우리의 열매는 풍성하며, 우리의 복은 "열국"에까지 미친다. 이것은 우리의 영적 복과 동시에 발생한다. "내가 너희를 모든 죄악에서 정결하게 하는 날에 성읍들에 사람이 거주하게 하며 황폐한 것이 건축되게 할 것인즉"(36:33). 불모의 황무지가 장미꽃처럼 피어날 것이다. 슬프고 열매를 맺지 못했던 것이 복을 받고 아름답게 될 것이다. 잃어버린 세월을 다시 찾고 우리가 행하는 모든 것이 번영할 것이다.

에스겔은 이같이 말한다. "그 황폐한 땅이 장차 경작이 될지라 사람이 이르기를 이 땅이 황폐하더니 이제는 에덴 동산 같이 되었고 황량하고 적막하고 무너진 성읍들에 성벽과 주민이 있다 하리니 너희 사방에 남은 이방 사람이 나 여호와가 무너진 곳을 건축하며 황폐한 자리에 심은 줄을 알리라 나 여호와가 말하였으니 이루리라"(36:34-36). 하나님께서 이 일을 행하셨음을 알게 될 것이다.

물론 이 약속은 한 백성으로서 이스라엘에게 머지않아 성취될 것이다. 이미 우리는 오랫동안 짓밟혀 왔던 이 땅과 백성들에게 열리고 있는 천년왕국의 봄이 예시되고 있음을 보기 시작한다. 그러나 이 약속은 그리스도인 각 개인의 생활에 아름다운 의미를 지니고 있다. 왜냐하면 하나님께서는 "우리 가운데서 역사하시는 능력대로 우리가 구하거나 생각하는 모든 것에 더 넘치도록 능히 하실"(엡 3:20) 수 있기 때문이다.

성령을 충만히 받는 영혼은 성령의 내적 복과 보조를 맞추는 하나님의 섭리를 발견하고, 우리가 마음 속으로 경험한 은혜가 모든 외적 생활에 반영되는 것을 발견하게 될 것이다. 마음의 보좌에서 절대적으로 통치하시는 왕께서는 우리 생활의 전영역에 당신의 홀을 휘두르시고, 우리를 상하게 하거나 방해하는 모든 것을 복종시키실 것이다.

성령께서 우리의 몸을 고치고 우리의 기도에 응답하실 것이다. 성령께서 우리 가정에 복을 내리고 우리의 사업을 번창하게 하실 것이다. 곤경을 제거하고 길을 열어 주실 것이다. 성령께서 황무지를 "기뻐하며 … 피어 즐거워"(사 35:1) 하실 것이다.

잣나무는 가시나무를 대신하여 나며
화석류는 찔레를 대신하여 날 것이라
이것이 여호와의 기념이 되며
영영한 표징이 되어 끊어지지 아니하리라(55:13).

하나님의 섭리의 복은 성령의 내주하심과 성령의 성결하게 하는 은혜의
경험과 뗄래야 뗄 수 없는 관계가 있다. "우리가 알거니와 하나님을 사랑하
는 자 곧 그의 뜻대로 부르심을 입은 자들에게는 모든 것이 합력하여 선을
이루느니라"(롬 8:28). 이 사실을 믿는 것은 어려운 일이 아니다. 이 약속을
의지하는 것은 필사적인 노력이 요구되는 일이 아니다. 우리가 거룩한 신뢰
와 순종으로 성령과 함께 행할 때 우리의 영적 존재의 가장 깊은 의식은 그
약속이 참됨을 증거하며, 우리는 그리스도의 것이며 그리스도는 하나님의
것이기 때문에 모든 것이 우리 것임을 의심이나 두려움 없이 알게 된다.

제 21 장

부활의 영

내가 또 보니 그 뼈에 힘줄이 생기고 살이 오르며 그 위에 가죽이 덮이나 그 속에 생기는 없더라(겔 37:8).

그리스도 예수 안에 있는 생명의 성령의 법이 죄와 사망의 법에서 너를 해방 하였음이라(롬 8:2).

예수를 죽은 자 가운데서 살리신 이의 영이 너희 안에 거하시면 그리스도 예수를 죽은 자 가운데서 살리신 이가 너희 안에 거하시는 그의 영으로 말미암아 너희 죽을 몸도 살리시리라(8:11).

에스겔 37장은 구약에서 성령의 사역을 아주 탁월하게 보여 주는 본문 가운데 하나이다. 부활의 교리를 아주 명료하고 분명하게 소개하고 있기 때문이다. 다른 무엇보다 이 진리는 구속론의 특징이다. 그것은 복음의 독특한 표지라고 말할 수 있을 것이다. 세례의 상징이 십자가보다 기독교의 근본적인 개념을 훨씬 더 잘 표현한다. 왜냐하면 십자가는 죽음만을 말하고 있는데 반해 세례는 부활과 생명도 말하기 때문이다.

구약의 많은 구절에서 예시되고 모든 선지자의 가르침의 기초가 되는 것이 분명한 이 진리가 여기서 아주 분명하게 표현되고, 그 구절을 구약의 두드러진 계시들 가운데 하나로 만든다.

1. 마른 뼈 골짜기

첫째로 우리는 마른 뼈 골짜기의 이상을 본다. 이것은 일반적인 부활의 이상이 아니라 특별한 부활의 이상이다. 에스겔 선지자는 영으로써 마른 뼈 골짜기로 데려감을 입는다. 그것은 고대 전투의 광경이다. 그곳에서 에스겔은 주변에서 패배한 군대의 해골들을 본다. 보라, 그 해골들은 무수히 많고 모두 바짝 말라 있다.

그 군대가 쓰러진 뒤 한 세대가 지났다. 살은 오래 전에 뜨거운 태양 아래서 말라 버렸다. 갑자기 그에게 이 질문이 들린다. "인자야 이 뼈들이 능히 살 수 있겠느냐?" 에스겔의 현명한 답변은 이것이다. "주 여호와여 주께서 아시나이다"(겔 37:3). 그러자 그 뼈들에게 예언하고 하나님의 말씀을 선포하며 그들이 살아날 것임을 알리라는 명령이 처음으로 에스겔에게 온다. 그러자, 보라 시끄러운 소리가 있고 움직임이 있으며, 뼈가 뼈에 붙더니 이 뼈들이 사람의 모양을 이룬다. 그러나 그 뼈들에는 여전히 생기가 없다.

다음에 두 번째로 하나님의 말씀이 그에게 임하는데, 그에게 사방으로부터 생기가 와서 그 죽은 자들에게 불어넣어 살아나도록 예언하라는 명령이 온다. 그가 이 생기 없는 형체들에게 생명의 영이 들어갈 것을 예언하고 명령하자, 그 형체들이 살아나고 제 발로 서더니 무수한 사람들, 곧 허다한 군대를 이룬다.

2. 이 사실을 이스라엘에게 적용함

하나님은 선지자가 이 이상의 의미에 대해 의문을 품은 채 있도록 두지 않으신다. 이 이상이 첫 번째로 즉각 적용되는 것은 하나님의 백성들에 대해서이다. 이스라엘 백성의 민족적 파멸에 대해 애도가 있고, "우리의 뼈들이 말랐고 우리의 소망이 없어졌으니 우리는 다 멸절되었다"(37:11)는 말이 있었다. 그러나 선지자는 백성들에게 머지않아 하나님의 음성이 그들에게 올 것이라고 말한다. 산산이 부서진 가망 없는 이스라엘이 다시 살아날 것이라고 한다. 민족이 다시 한 번 살아나서 자기 땅으로 돌아갈 것이라고 말한다. 이스라엘 백성이 하나님의 크신 계획 가운데 있는 자신들의 위치를 다시 차지할 것이며, 그들의 분열이 영구히 그치고 하나님께서 그들 가운데 거하며 하나님의 옛 성소를 회복하고 그들과 맺은 하나님의 언약을 영구히 새롭게 하실 것이다.

이 마른 뼈의 이상만큼 이스라엘의 침체된 상태를 적절히 표현할 수 있는 비유는 거의 없을 것이다. 18세기 동안 하나님 백성들의 소망은 바벨론 포로기에서 겪었던 것보다 훨씬 더 끔찍한 의미로 죽어 있었다. 이스라엘의 자녀들이 모든 나라에서 선거권을 박탈 당한 지 한 세기가 지나지 않았다. 영국에서조차 강단과 전 기독교 언론조차 히브리 시민들에게 선거권을 주고 아브라함의 자녀들에게 이방인들 가운데서 이름과 지위를 갖도록 하자는 일차적인 제안에 반대의 목소리를 높였다.

수 세기 동안 이들은 참으로 "하늘과 땅의 버림을 받은" 채로 지냈다. 따라서 이들이 자신들의 옛땅을 되찾고 옛의 복을 회복한다는 개념은 말로는 더 이상 표현할 수 없는 가장 절망적인 전망으로 보는 것이 당연하였다. 그런데, 보라. 이 선지자의 이상이 성취되기 시작한다. 이스라엘에 관한 하나님의 말씀이 회복되고 재발행되었다. 하나님의 백성들이 이스라엘에 대한 하나님의 목적을 이해하기 시작하였고, 아브라함의 믿지 않는 자녀들에게까지 복음을 전하기 시작하였다. 고대의 이 선지자처럼, 소망과 약속의 말씀이 그들의 무덤으로부터 그들에게 외치기를 그들의 참 메시야에게, 그들의 유일한 소망에게로 돌이키라고 한다. 이미 시끄러운 소리가 나고 움직임이 일어났다. 뼈와 뼈가 붙기 시작하고 있고, 유대교의 민족적 부흥이 이 시대(이 글이 처음으로 쓰여진 1800년대 후반)의 가장 두드러진 특징 가운데 하나가 되었다.

도처에 있는 이스라엘 백성들 가운데 재결합과 재조직의 정신이 움직이고 있다. 부자나 가난한 자들이 함께 오고 있다. 이스라엘의 위대한 지도자들이 스스로 어찌할 수 없는 사람들과 사회에서 버림받은 사람들의 복지를 위해 재정적인 힘을 제공해 주고 있다. 아직은 이것이 영적 운동은 아니고 단순히 민족적 생활과 소망의 재조직이지만, 그것은 에스겔 선지자가 예언했던 것이 처음으로 이루어지는 것이다. 에스겔은 사실 소경이나 다름없다. 그는 이 고대의 이상이 오늘날 하늘 아래 모든 나라에 흩어져 있는 이스라엘 자녀들 가운데서 성취되고 있다는 것을 알지 못한다.

그러나 한층 깊은 영적 운동이 있다. 성령께서 또한 자신의 구원 사역을 시작하고 계시는 것이다. 이 민족의 더 깊은 마음이 감동받기 시작하고 있으며, 그 아들들 가운데 얼마는 자기들이 오랫동안 메시야를 거부해 왔던 것을 깨닫고 그를 자신의 구주요 왕으로 영접하기 시작하고 있다.

이런 움직임들은 은혜와 간구의 영이 다윗의 집과 예루살렘 거민들에게 부어질 때 내릴 봄비의 선구자들일 뿐이다. 그들이 "그 찌른 바 그를 바라보고 그를 위하여 애통하기를 독자를 위하여 애통하듯 하며"(슥 12:10). "그날에 죄와 더러움을 씻는 샘이 다윗의 족속과 예루살렘 주민을 위하여 열리리라"(13:1). 이스라엘을 위한 복된 이 모든 약속이 영적으로 성취될 것이다.

그때 이스라엘과 유다가 재결합될 것이다. 그때 오랫동안의 단절이 영구히 치유될 것이다. 그때 그들이 더러움과 부정과 우상숭배에서 씻음을 받아 더 이상 죄를 짓지 않을 것이다. 그때 그들이 하나님의 택한 백성의 위치를 차지할 것이다. 열국의 여왕으로서, 예수의 특별한 증인으로서, 아브라함의 자손으로서 그들의 고귀한 소명이 성취되고 그들의 회복이 완성될 것이다.

그때 하나님의 성소가 다시 한 번 그들 가운데 생길 것이다. 하나님께서 더 이상 그 얼굴을 그들에게서 숨기지 않으실 것이고 그들이 하나님의 언약의 사랑 안에서, 세상의 빛 가운데서, 열국의 지도자 안에서 영구히 살 것이다.

3. 영혼과 교회의 영적 생활에 대한 적용

국가의 멸망보다 더 나쁜 것, 곧 몸의 죽음보다 더 나쁜 것이 있다. 그것은 허물과 죄로 망한 자들의 영적 죽음이다. 인간 영혼의 상태는 그 이상의 골짜기에 나오는 뼈들, 곧 아주 바짝 마른 무수히 많은 뼈들과 같다. 생명이 회복될 인간적인 가능성은 전혀 없다. 그러나 하나님에게는, 부활의 생명에는 소망이 있다.

우리가 이 민족에게서 보는 바로 그 두 가지 작인이 있다. 첫째는 하나님의 말씀이다. 이것은 영혼을 회심시키고 영적으로 죽은 자들에게 생기를 불어넣는 하나님의 도구이다. "너희가 거듭난 것은 썩어질 씨로 된 것이 아니요 썩지 아니할 씨로 된 것이니 살아 있고 항상 있는 하나님의 말씀으로 되었느니라"(벧전 1:23).

영혼이 타락하고 죽었을지라도 하나님께서는 그 영혼들에게 하나님의 말씀을 선포하고 하나님께서 그들에게 생명을 보내셨으며, 그들에게 생명을 주시고 그들을 무덤에서 불러내고 계신다고 말하라고 명령하신다.

그들이 이해하고 느끼거나 믿을 수 있는 바로 이 말씀이 그들이 깨닫고 생명에 이르게 할 수 있는 능력이다. 인간의 양심을 일깨우고 성령의 능력으로 인간의 영혼에 생기를 불어넣는 복음에는 묘한 능력이 있다.

그러나 하나님의 말씀으로만 하면 외적인 개혁만을 일으킬 수 있다. 그것은 마치 요한의 세례와 같은데, 요한의 세례는 사람들의 생활과 그들의 대화 습관을 변화시켰지만 생활과 대화에 생기를 불어넣을 수는 없었다. 첫 번째 효과는 죄를 버리고 생활을 개혁하며 의의 모습을 취하는 것이다. 그러나 그 속에 생기는 없다. 실제적이고 절대적인 변화를 일으키는 중요한 동인은 살아 계신 하나님의 영이다. 곧 "사방에서 부는 생기"이다.

에스겔 선지자가 영에게 이야기하도록 명령받은 방식에는 매우 중요한 어떤 것이 있다. 그것은 간청하는 말이 아니라 명령하는 투였다. 마른 뼈들에게 예언하고 살아나라고 명하도록 명령받았던 것과 꼭같이 에스겔은 성령에 대해 예언하고 와서 생기 없는 돌과 같은 자들에게 생명을 주라고 명하라고 명령을 받는다.

사람들에게 하나님의 권위로 그리고 복음의 능력을 기대하고서 복음을 전해야 한다는 중요한 제안과 엄숙한 교훈이 우리에게는 없는가? 성령에게 우리가 전하는 하나님 말씀과 함께 가며, 우리의 증언과 활동에 동일한 권위로 효험을 주라고 요청해야 된다는 교훈은 없는가? 성령께 구하고 호소할 뿐만 아니라 성령께 명령하며 그가 우리를 보내어 행하게 하시는 그 일을 성취하게 하는 성령의 전능한 효험을 충분히 기대해야 한다는 교훈은 없는가?

전기의 법칙을 잘 이해한다면 우리의 명령대로 전기의 힘을 사용할 수 있듯이 성령의 활동의 법칙에 따를 때 우리는 성령의 활동을 명령하고 성령의 전능한 활동과 무한한 능력을 충분히 기대할 수 있다. 이것이 믿음의 현실적인 의미이며, 복음 사역에서 기도의 실제적인 범위가 아닌가? 바로 이것이 우리가 겪는 많은 실패의 숨은 원인이 아닌가? 우리는 성령에게 명령할 수 있는가? 하나님께서 우리를 보내어 행하게 하신 일을 성취하기 위해 마음대로 사용하도록 맡기신 무한한 힘을 사용하는가?

성령의 활동의 효과는 단순한 개혁이 아니라 근본적인 변화이다. 생명의 형태들이 실제적인 생명으로 소생되자 그 사람들이 제 발로 서고 그 앞에 "극히 큰 군대"(겔 37:10)로 선다. 이제 이들은 운반될 필요가 없다. 이들은 스스로 자활할 수 있게 된 것이다. 이들은 강한 힘을 가진 군대가 되어 하나님의 원수들과 싸우기 위해 공격적인 전투에 나가며 받은 복을 다른 사람들에게 나누어 주기 위해 나간다.

이 강력한 성령께서 세상에 임재해 계심을 깨닫게 된다. 사방에서 부는 바람이란 세상의 네 방면을 가리키며, 기독교 시대를 통해 주님께서 맡게 하신 모든 사명을 수행할 수 있도록 능력을 부여하시는 복되신 성령의 편재와 항상 계심을 나타낸다. 우리는 이 고귀하고 거룩한 자원들을 주시라고 요청할 생각이 있는가? 주님께서 우리에게 맡기신 이 무한하고 충분한 공급품들을 사용하려고 하는가? 좀 더 단순하고 담대한 확신을 가지고 권위 있는 하나님 말씀을 전하며 전능한 성령에게 요청하여 생명이 없는 교회의 마른 뼈들에게 생명을 주고 영적으로 죽은 자들을 일깨워서 그리스도께서 그들에게 생명을 주실 수 있도록 하라고 요청할 수 있는가?

4. 장래의 부활

본문은 죽은 자의 부활에 대한 문자적 이상은 아니지만 장래의 부활을 말하고 있다. 이 영광스런 교리가 신약의 여러 가르침에서 더 충분하게 전개되고 차별화된다. 우리는 먼저 부활의 첫 번째 보증이자 열매인 주 예수 그리스도의 부활에서 장래의 부활을 본다. 다음에는 주의 재림 때 있을 주의 백성들의 부활에서 그것을 보며, 모든 믿음의 정점인 영광스런 마지막 시대에 죽은 자의 부활에 대한 이상을 본다.

죽은 자의 부활은 성령의 사역이 될 것이다. 현재 영적 부활을 행하고 계시는 성령께서 주께서 영광스럽게 다시 오실 때 죽은 자의 부활을 이루실 것이다. "그는 만물을 자기에게 복종하게 하실 수 있는 자의 역사로 우리의 낮은 몸을 자기 영광의 몸의 형체와 같이 변하게 하시리라"(빌 3:21).

우리는 이 영광스런 교리를 오래 다루지 않을 것이다. 이 교리는 뒷부분에 가서 훨씬 충분하게 설명할 것이다. 죽은 자의 부활은 우리의 복된 소망이며, 그리고 이미 우리는 죽은 자로부터 처음으로 일어난 자 곧 영광스런 생명의 왕, 주 예수 그리스도에게서 그 부활에 대한 거룩한 모범과 보증을 갖고 있다.

5. 믿음과 영적 권능의 전 영역에 대한 적용

여기에는 심지어 문자적인 부활보다 더 중요한 진리가 제시되어 있다. 에스겔 선지자의 이상을 뒷받침하고 있는 사상은 믿음의 전망에 빛을 던져 주는 심오한 진리이다. 부활이란 하나님께서 자기 백성들의 믿음에 반응하여 하실 수 있고 또 하려고 하는 모든 일의 본보기이자 보증이다.

단 한 문장으로 표현된 그 사상은 부활의 하나님이 계시니 우리는 부활의 믿음을 가져야 한다는 것이다. 이것은 사도 바울이 에베소서 1장의 장엄한 절정에서 진술했던 위대한 사상이 아닌가? 바울은 이같이 기도한다. "너희 마음의 눈을 밝히사 그의 부르심의 소망이 무엇이며 성도 안에서 그 기업의 영광의 풍성함이 무엇이며 그의 힘의 위력으로 역사하심을 따라 믿는 우리에게 베푸신 능력의 지극히 크심이 어떠한 것을 너희로 알게 하시기를"(1:8-19). 이제 그 능력의 척도와 표준은 다음과 같다.

> 그의 능력이 그리스도 안에서 역사하사 죽은 자들 가운데서 다시 살리시고 하늘에서 자기의 오른편에 앉히사 모든 통치와 권세와 능력과 주권과 이 세상뿐 아니라 오는 세상에 일컫는 모든 이름 위에 뛰어나게 하시고(1:19-21).

이와 같이 믿음의 표준과 자기 백성을 위한 하나님의 활동의 척도는 주 예수 그리스도의 부활이다.

괴로운 어떤 상황이 나타날 때, 힘든 문제가 제기될 때, 불신앙으로 "이 뼈들이 살아날 수 있겠느냐"고 물을 때, 우리에게는 단순한 답변이 있다. "죽으실 뿐 아니라 다시 살아나신 이는 그리스도 예수시니 그는 하나님 우편에 계신 자요 우리를 위하여 간구하시는 자시니라"(롬 8:34).

무덤보다 더 어둡고 죽음보다 더 슬픈 것들이 있다. 영적인 여러 상황, 가

248

정의 어려움, 사업상의 곤란, 큰 재해와 재난이 있다. 이런 것에 비할 때 사별의 눈물은 견딜만 하고 무덤의 어둠은 사실 밝다. 그러나 감사하게도, 우리는 이 어려움과 시련, 여러 상황, 불가능해 보이는 이런 일들을 해결할 수 있고, 또 이같이 말할 수 있다. "자기를 의지하지 말고 오직 죽은 자를 다시 살리시는 하나님만 의지하게 하심이라 그가 이같이 큰 사망에서 우리를 건지셨고 또 건지실 것이며"(고후 1:9-10). 우리가 사람들을 구원하고 세상을 복음화하며 우리 주님의 재림을 실현하기 위해 나가면서 겪게 되는 여러 상황, 곧 맹렬한 시험, 슬픔과 시련, 질병과 고통과 싸움을 벌이고 있을 때, 어둠의 권세들과 치열한 전쟁을 벌일 때, 그리스도의 부활은 그때를 위한 우리의 소망이다.

이 모든 상황이 너무 힘들어서 우리로서는 견딜 수가 없다. 그러나 감사하게도 우리는 부활의 하나님과 함께 이 모든 문제를 해결할 수 있다. 우리에게는 부활의 소망과 부활의 믿음, 부활의 생명, 부활의 보증이 있다. "사람으로는 할 수 없으나 하나님으로서는 다 하실 수 있느니라"(마 19:26; 막 10:27; 눅 18:27).

> 너희 성도들이여 두려움을 깨치고 나와 말하라
> 너희의 위대한 구원자께서 참으로 높게 통치하심을
> 그가 지옥의 군대를 참으로 철저히 유린하셨음을 노래하라
> 그리고 그 괴물, 죽음을 쇠사슬에 채웠음을
>
> 그리고 말하라. "만세! 놀라운 왕
> 구속을 위해 나셨고 구원하기 능하신 왕"
> 그 괴물에게 말하라. "네 쏘는 것이 어디 있느냐
> 무덤을 자랑하던 네 승리가 어디에 갔느냐?"

제 22 장

축복의 강

그가 나를 데리고 성전 문에 이르시니 성전의 앞면이 동쪽을 향하였는데 그
문지방 밑에서 물이 나와 동쪽으로 흐르다가 성전 오른쪽 제단 남쪽으로 흘
러 내리더라 그가 또 나를 데리고 북문으로 나가서 바깥 길로 꺾여 동쪽을 향
한 바깥 문에 이르시기로 본즉 물이 그 오른쪽에서 스며 나오더라 그 사람이
손에 줄을 잡고 동쪽으로 나아가며 천 척을 측량한 후에 내게 그 물을 건너게
하시니 물이 발목에 오르더니 다시 천 척을 측량하고 내게 물을 건너게 하시
니 물이 무릎에 오르고 다시 천 척을 측량하고 내게 물을 건너게 하시니 물이
허리에 오르고 다시 천 척을 측량하시니 물이 내가 건너지 못할 강이 된지라
그 물이 가득하여 헤엄칠 만한 물이요 사람이 능히 건너지 못할 강이더라 그
가 내게 이르시되 인자야 네가 이것을 보았느냐 하시고 나를 인도하여 강 가
로 돌아가게 하시기로 내가 돌아가니 강 좌우편에 나무가 심히 많더라 그가
내게 이르시되 이 물이 동쪽으로 향하여 흘러 아라바로 내려가서 바다에 이
르리니 이 흘러 내리는 물로 그 바다의 물이 되살아나리라 이 강물이 이르는
곳마다 번성하는 모든 생물이 살고 또 고기가 심히 많으리니 이 물이 흘러 들
어가므로 바닷물이 되살아나겠고 이 강이 이르는 각처에 모든 것이 살 것이
며 또 이 강 가에 어부가 설 것이니 엔게디에서부터 에네글라임까지 그물 치
는 곳이 될 것이라 그 고기가 각기 종류를 따라 큰 바다의 고기 같이 심히 많
으려니와 그 진펄과 개펄은 되살아나지 못하고 소금 땅이 될 것이며 강 좌우
가에는 각종 먹을 과실나무가 자라서 그 잎이 시들지 아니하며 열매가 끊이
지 아니하고 달마다 새 열매를 맺으리니 그 물이 성소를 통하여 나옴이라 그
열매는 먹을 만하고 그 잎사귀는 약 재료가 되리라(겔 47:1-12).

이 장엄한 예언적 이상은 천년 왕국의 약속이 실현되는 미래 시대에 이스

라엘 성전과 이스라엘 민족의 문자적인 회복에 대한 그림임이 분명하다. 이 사실을 인정할 때, 우리가 이 이상을 성령께서 살아 계신 하나님의 성전인 교회와 하나님 백성들의 마음 속에서 현재 행하시는 활동에도 적용하는 것은 매우 정당한 일이다.

우리 주 예수께서는 요한복음에서 아름다운 언어로 자신이 생수라고 말씀하셨다. 고대 성전에서 장막절이라는 신성하고 장엄한 예식이 행해지는 가운데서 사람들의 눈앞에서 부어지고 있는 물의 아름다운 비유를 자신에게 적용하셨다. "누구든지 목마르거든 내게로 와서 마시라 나를 믿는 자는 성경에 이름과 같이 그 배에서 생수의 강이 흘러나오리라 하시니 이는 그를 믿는 자들이 받을 성령을 가리켜 말씀하신 것이라 예수께서 아직 영광을 받지 않으셨으므로 성령이 아직 그들에게 계시지 아니하시더라"(7:37-39).

이것은 에스겔의 이상이 지니고 있는 의미를 정확하게 말로 바꿔서 설명한 것이다. 이 말씀은 헌신된 마음의 가장 깊은 내면으로부터 흘러나오고 다른 사람들에게 복의 강이 되는 성령을 표현한다.

매우 장엄한 이 그림의 전체 상(像)에는 아름다운 꽃처럼 분석하려고 하면 그 균형을 크게 훼손할 수밖에 없는 어떤 것이 있다. 그것은 이 그림의 풍부한 상징적 의미만큼이나 영광스런 어떤 점을 말해 준다.

이 이상은 투명한 시내와 점점 깊어지고 넓어지며 사막을 관통하여 흐르며 사막의 땅을 화려하고 푸르른 아름다운 정원으로 변화시키는 강에 대해 이야기한다. 심지어 사해까지도 이 치료하는 물로 고쳐져서 바닷가에 서서 그물을 거두어들이는 어부들의 활동 무대가 되기까지 한다. 마지막으로 성전 자체가 하나님의 처소가 되고 "여호와 삼마" 즉 "여호와께서 거기 계시다" 일컬음 받는다.

그런 비유에는 분석할 수 없는 것이 있다. 말로 할 수 없는 지극히 영광스런 자유가 있다. 그것은 우리의 영적 경험에서 어떤 고양된 단계를 기술하고 있다. 그리스도인의 생활에는 거칠게 말하자면 떨어진 꽃잎처럼 시들고 죽어 버리게 되는 것이 있다. 그러나 꽃을 꺾지 않고 그대로 두면 그 꽃잎은 생명과 기쁨이 가득하다. 여러분이 그런 점들을 다 해석할 수 없고 언제나 이해할 수 있는 것도 아니다. 그것은 여러분 속에서 말할 수 없는 탄식으로 혹은 말할 수 없는 기쁨으로 부르짖는 성령의 목소리이다. 그것은 장엄한 강처럼 충만하고 투명한 물처럼 순수하며 아침이슬처럼 신선하고 생명나무 잎사귀처럼 치료하는 힘이 있고, 물에 닿는 모든 것을 살아나게 하는 강물처럼 능력과 복으로 충만하다.

우리가 다음과 같이 노래한다고 할 때 그것은 과장된 것이 아니다.

> 나 지금 산 위에 있네
> 그곳은 내 가장 좋아하는 꿈으로도 닿지 못할
> 시들지 않는 아름다움이 찬란한 땅 너머로
> 금빛 햇살이 반짝이는 곳이라네
> 그곳은 공기가 순결하고 영묘하니
> 꽃의 숨결로 가득 차 있네
> 꽃들이 산 위에 피어나고
> 시들지 않는 가지 아래서 피어나네.

그럴지라도 우리는 할 수 있는 대로 그 그림의 풍부하고 암시적인 비유를 해석해 보도록 하자.

흘러나옴

사려깊은 독자를 놀라게 만드는 첫 번째 일은 이 강의 방향이다. 우리는 이 강이 그리스도의 제자들을 성결하게 하고 만족하게 하며 위로하고 도우며 치료하는 사역을 행하는 복되신 성령을 가리킨다는 것을 안다. 그러나 왜 그 강이 나오고 들어가지는 않는가? 언제나 우리는 이 강이 우리에게로 흘러 들어가게 하려고만 하지 않는가? 언제나 우리는 복과 세례를 추구하고 있지 않은가? 그러나 여기에서 성소에는 오직 한 가지 일, 즉 물을 내는 일만 있는 것 같다. 이 강은 오직 한 가지 일, 즉 나가서 비이기적인 자비의 사역을 행하는 일만 수행하는 것으로 보인다. 그것이 성령의 참된 생활이다. 성령이 우리에게 오시는 참된 목적은 언제나 사랑하고 언제나 복을 베풀며 언제나 주는 한 가지 일만 행하시는 하나님과 함께 하는 일꾼으로 우리를 만드는 것이다.

물이 흘러나오기 시작한 것은 이 강이 더 깊고 충만해진 후가 아니었다. 작은 실개울이었을 때부터 물은 흘러나왔다. 맨 처음 두세 방울의 물이 문지방으로부터 새에 나오기 시작할 때 성전은 이렇게 말할 수도 있었을 것이다. "나는 너희 물방울을 내보낼 수 없다. 너희는 내 물탱크 안에 그대로 있어야 한다." 그러나 성전은 그렇게 하지 않았고, 그냥 물방울을 그대로 내보냈고, 물방울은 그들의 사랑의 사역을 계속해 나갔다. 그리고 물은 끝까지 계속 흘러나왔고, 그 물이 사해에 이르렀으며 그 물의 살리는 능력이 워낙 커서 바다가 생기 있고 신선하게 변화되었다.

사해의 비밀은 출구가 없다는 것이다. 사해는 오랜 세월을 통해서 단지 큰 물탱크로 있었을 뿐이다. 그러나 그 바다에 물이 흘러 넘치기 시작하면서 살아났다. 친애하는 형제들이여, 이것이 영적 연약함과 실망의 비밀이다. 여러분은 자기 자신을 위해서 복받기를 원한다. 하나님과 다른 사람들을 위해서 살기 시작해 보라. 그러면 하나님께서 그 복을 여러분에게 다시 열 배로 돌려주실 것이다.

성소로부터 흘러나옴

이 강에 관해서 우리가 배우는 두 번째 일은 이 강이 성소로부터 흘러나온다는 것이다. 성소란 무엇인가? 그것은 신성하고 구별되며 하나님이 계시는 거룩한 곳이다. 첫째로 성소는 죄로부터 그리고 일반적인 사용으로부터 구별되어야 한다. 성전은 하나님께 바쳐야 하고 철저히 하나님께만 속해 있어야 한다. 셋째, 성전은 하나님께서 거하셔야 하며, 그곳의 소유자요, 예배의 대상으로 성전에 충만하게 계셔야 한다.

이런 의미에서 진정으로 헌신한 신자는 그가 자신을 악으로부터 구별하고 하나님께 드리고 자신을 지극히 거룩하신 분의 소유물로 바칠 때 하나님의 성소가 된다. 신자는 또한 성령께서 자기 안에 거하고, 그의 마음과 생활의 점령자요 소유자이신 삼위일체를 나타내기 위해 성령을 받아야 한다. 이것이 거룩함이다. 이것이 진정한 그리스도인의 생활이고, 이와 같은 영혼으로부터 이 강이 언제나 흘러나올 것이다.

그러나 여러분이 자신의 개인적인 경험을 초월해서 다른 사람에게 복이
될 수는 없는 법이다. 여러분은 가지고 있는 것을 다른 사람에게 줄 수 있다.
더러운 샘에서 깨끗한 물을 퍼줄 수는 없다. 왜 우리가 더 큰 복이 되지 못하
는가? 우리 마음이 성소가 아니기 때문이다. 우리는 하나님을 위해 작은 일
을 해 놓고 금지된 수천 가지 일로 장애를 받으면서 전체를 얻으려고 한다.
하나님께서는 악과 손잡고 일하시지 않으며 혼합되거나 타협된 봉사는 결
코 받지 않으실 것이다.

친애하는 형제들이여, 자신을 성별하여 드리도록 하자. 성령께서 우리를
성결하게 하고 우리를 채우시게 한 다음에 우리로부터 성령의 모든 충만이
흘러나가도록 하자.

문지방으로부터 흘러나옴

이 강에 관한 세 번째 사실은 이 강이 성소의 문지방으로부터 흘러나왔다
는 것이다. 지붕으로부터 혹은 성소 뒤편에 있는 산으로부터 혹은 거룩한 뜰
의 샘으로부터 흘러나오지 않았다. 그 강은 지극히 낮은 곳으로부터, 계단
밑에서부터, 즉 백성들이 지나가면서 밟고 다니던 곳으로부터 흘러나왔다.
그와 같이 성령은 낮은 마음으로부터 흘러나오며 겸손한 영을 성별하시며,
아주 죽어 버린 사람 곧 자신과 자신의 모든 미덕에 대해 철저히 죽어서 하
나님께서 그 모든 영광을 받으시고 그를 한량없이 충만하게 하실 수 있는 사
람을 사용하신다.

동편으로 흘러감

이 강에 관해 배우게 되는 네 번째 사실은 강의 방향이다. 강은 동편으로
흐르고 있다. 그것은 밤의 강이 아니라 아침의 강이다. 이 강은 태양이 지고
있는 옛생활을 나타내지 않고 그리스도의 부활과 함께 일어났고 영원한 아
침을 기다리고 있는 새생활을 나타낸다.

이 강은 아주 작은 실개천의 물방울로 시작한다. 강이 처음 약 1킬로미터
까지는 거의 개울 정도밖에 되지 못한다. 그 개울은 너무 작아서 문지방으로
부터 겨우 몇 방울 스며 나오다가 바다에 이를 때쯤에는 거대한 시내가 된

다. 그와 같이 성령은 "작은 일의 날"(슥 4:10)에 시작하기를 좋아하신다. 성령은 우리가 아주 멀리 있지 않다는 것을 알려 주기 위해 "세미한 소리"(왕상 19:12)로 말씀하시기를 좋아하신다. 성령께서 우리 귀에 대고 큰 소리로 외치신다면 그것은 성령께서 아주 멀리 계시거나 우리가 아주 어리석다는 것을 보여 주는 암시이다.

속삭이며 알려 주는 비밀만큼 확신을 아름답게 표현하는 길은 없다. 복되신 성령은 지극히 미약한 숨결로서 우리에게 오신다. 이렇게 작은 시작들 속에서 성령을 깨닫지 못한다면 우리는 우리가 왜 복을 받지 못하는지를 일생동안 이상하게 생각할 것이다.

친애하는 형제들이여, 여러분이 하나님의 최초의 접촉, 하나님의 답변하시는 지극히 미세한 소리, 하나님의 만지시는 손가락 — 그 뒤에는 하나님의 전능하심이 있음을 깨닫는다면 하나님께서는 여러분에게 이 말씀이 참됨을 증명하실 것이다. "만군의 여호와께서 말씀하시되 이는 힘으로 되지 아니하며 능력으로 되지 아니하고 오직 나의 영으로 되느니라"(슥 4:6).

첫 번째 깊이

이 강의 진로의 첫 번째 단계는 샘으로부터 1킬로미터쯤에 해당되는 구간이었다. 거기서 수행자는 선지자를 멈추게 하고 작은 시내를 건너게 하였다. 물이 불어 깊이가 "물이 발목"(겔 47:3)만큼 되었다. 히브리어는 훨씬 더 의미가 깊다. 그 단어는 문자적으로 발의 밑바닥에 닿는 만큼의 물을 뜻한다. 거기에는 깊이가 1센티미터도 안 되는 것으로, 물이 거의 없었다. 선지자가 이것을 무시하였다면 그 이상의 영광을 전혀 보지 못했을 것이다. 그러나 그는 이 작은 물에 발을 담갔다. 거기에는 발바닥 밑에 닿을 만큼의 물이 있었고, 그에게는 그것으로 충분하였다.

이것은 우리에게 말씀하신 바로 그 이야기가 아닌가? "너희의 발바닥으로 밟는 곳은 다 너희의 소유가 되리니"(신 11:24).

이같이 발을 물에 담그는 것을 무엇이라 부르는가? 아마도 그것은 하나님의 영을 의지하고 걸어나가는 것이며, 하나님을 의지하고 위험을 무릅쓰고 나가는 것이며, 하나님의 약속을 의지하고 서며 하나님을 믿고 그에게 우리

의 몸을 의탁하고 모든 일에 하나님을 신뢰하며 하나님께서 우리의 생명이
요 힘이신 것을 공개적으로 인정하고 고백하는 행동을 말하는 것이 아닌가?
아니면 우리의 순종을 의미하는가? 발은 의무의 단계들을 의미하는가?

이것은 또한 성령 활동의 초기 단계를 말하는 것은 아닌가? 성령은 우리
에게 믿음과 순종을 가르치기 위해 오신다. 성령은 언제나 우리에게 영적 생
활 초기에 어떤 일을 행하도록, 즉 종종 희생이 요구되는 일, 우리의 동기가
진실됨을 증명하는 일, 우리에게 모든 것을 의미하는 어떤 일을 행하도록 요
구하신다. 성령께 계속 순종하고 나갈 때 성령은 우리에게 좀 더 충만하게
오시고 좀 더 깊은 계시를 보여 주시며 우리를 더 큰 충만으로 인도하신다.

친애하는 형제들이여, 우리는 발걸음을 내딛고 물속에 발을 담그며 성령
안에서 행하고 하나님의 선하시고 온전하시며 기뻐하시는 뜻을 담대히 그
리고 즐거이 받으려 하는가?

두 번째 깊이

"물이 무릎에 오르고"(47:4). 이것은 성령으로 기도하는 사역이며 하나님
께 순종하고 충성을 다하는 생활에 따르는 일이다. 성령은 우리를 지존자의
은밀한 곳으로 데려가시고, 우리가 다른 사람의 짐을 지도록 하시며, 성령께
서 보좌 앞에서 항상 행하시는 제사장의 직분을 우리가 함께 수행하도록 하
신다.

이것은 우리의 말이나 활동 이상의 것을 가리킨다. 여기가 참된 능력을 받
는 곳이다. 그러나 그 사역은 성령의 세례를 받아야 한다. 그렇지 않으면 그
사역은 열매를 맺지 못하고 헛되게 될 것이다.

세 번째 깊이

다음에는 "물이 허리에 오르는"(47:4) 단계가 있다. 이것은 능력으로 허리
띠를 띠는 것, 곧 봉사를 위하여 성령으로 세례를 받는 일이다. 허리띠를 띤
다는 것은 봉사와 힘을 상징한다. 하나님께서는 자기 종들이 하나님의 이름
으로 효과 있게 말하고, 그들에게 맡기신 일에 대해 영광스런 결과를 내도록

힘을 주신다. 이 능력이 없으면 우리는 하나님을 위해 어떤 봉사라도 할 자격이 없다. 예수께서는 성령으로 세례를 받으시기 전에는 사역을 시작하시지 않았다. 그러므로 능력 없이 그런 일을 하려고 하는 것은 주제넘은 일이다.

네 번째 깊이

다음에는 "가득하여 헤엄칠 만한"(47:5) 단계에 이른다. 물이 이제는 아주 깊어져서 선지자 자신으로는 그 물을 건너지도 못한다. 스스로 움직이는 것은 불가능하고, 그가 할 수 있는 일이라곤 물의 흐름에 자신을 맡기고 흘러가는 대로 가는 수밖에 없다.

이것은 우리가 자기 노력을 그치고 하나님의 충만에 빠져드는 때를 말한다. 그 후로 우리의 활동은 우리 속에서 하나님이 일하시는 것이며, 따라서 우리는 강의 흐름을 타고 헤엄치는 사람과 같이 강을 건너되 훨씬 더 쉽게 건너게 된다. 왜냐하면 자기 편에서 강의 힘을 최대한 이용하고 있기 때문이다. 물론 거기에는 자신의 활동을 포기해야 하는 일이 있었다.

하나님의 힘을 얻으려면 자기 자신의 생활을 포기해야 한다. 그러면 하나님의 전능하신 모든 충만을 물려받게 될 것이다. 하나님의 도움을 받고 있는 한, 하나님의 능력을 갖게 될 것이다. 이 능력은 자발적이다. 그 능력은 우리 자신을 넘어 원천으로부터 갈등 없이 솟아 나오며, 항상 변하는 강물처럼 흐르게 된다.

열매

다음으로 우리는 이 영광스런 강둑에 열리는 열매들을 본다. 성도들의 음식을 위한 열매, 곧 사시사철 열리는 무수히 다양한 열매들이 있다. 낙원의 모든 나무들이 다시 살아나 달마다 새로이 풍성한 수확물을 낸다. 성도 각자의 기쁨은 낙원의 열매와 꽃들처럼 신선하고 새로운 기쁨이다. 나무의 잎들조차 치료하는 힘을 지녔다. 나뭇잎이 나무의 가장 중요한 부분은 아니지만 각각 제 위치와 역할이 있다. 그와 같이 성령을 통한 주님의 치유 사역은 성령의 가장 고귀한 사역은 아니지만 나뭇잎처럼 성령의 여러 사역 가운데 하나이다. 반면에 열매는 깊은 영적 생활로서 맺어진다.

그 다음에 다른 열매들, 곧 특별히 고귀한 영혼의 열매가 있다. 어부들은 사해 바닷가에 서서 귀한 고기들을 잡고 있다.

사해는 예루살렘 문 바로 곁에서 끊임없이 지옥의 세계를 생각나게 하면서 천국의 문 가까이에 있다는 것은 참으로 엄숙한 광경이었다! 저쪽에는 시온과 성전이 있었지만 또한 저쪽에는 죽음의 바다와 지옥의 문이 있었다.

그것은 지금도 여전히 그대로이다! 우리는 성령의 복된 열매를 기뻐하고 있지만 우리 바로 곁에는 파멸과 죄, 위험과 슬픔의 심연에 빠져 있는 무리들이 강력한 죄악의 도시와 타락한 세계를 가득 메우고 있다. 그러나 성령의 능력으로 충만해지면 우리도 어부들로서 나가서 성령의 능력을 힘입어 귀한 영혼들을 예수 그리스도께로 모으고 삶의 황무지를 축복의 자리로 바꾸어 "이 강이 이르는 각처에 모든 것이 살"도록 할 것이다.

이 강이 주님을 모셔온다

또 하나의 그림이 있다. 이 책의 마지막에 그 그림이 나온다. "그날 후로는 그 성읍의 이름을 여호와삼마라 하리라"(48:35).

이 복된 강은 주님을 모셔온다. 이 복된 성령께서 항상 거하는 주님의 임재를 가져오신다. 따라서 성령 자신이 그의 모든 선물과 은혜와 활동보다 낫다. 성령께서는 우리 마음에 거하기를 원하신다. 성령께서는 영광의 왕이 들어가실 수 있도록 문을 두드리고 계신다. 그분이 들어오시도록 한다면, 그분은 우리 마음을 자신의 자리와 거처로 삼고 영원히 우리와 함께 계실 것이다. 하나님의 거처가 된다는 것은 성령께서 성도 안에 내주하시는 일의 지극히 고귀하고 장엄한 영광이다.

옛날에 어떤 건축가가 태양을 위한 신전을 지어달라는 부탁을 받았다. 다른 건축가들은 화강암과 매끄러운 대리석, 빛나는 금으로 아름다운 모형을 만들었지만 이 건축가는 투명한 유리로 만든 단순한 모형을 가져와서 말했다.

"이것이 태양을 위한 진정한 신전입니다. 왜냐하면 태양은 그 안에 살면서도 아무 거리낌없이 나가고 들어올 수 있기 때문입니다."

하나님께서는 무색 유리처럼 투명한, 그래서 신전의 영광이 아니라 하나님 자신의 영광을 비출 수 있는 성전을 찾고 계신다. 우리는 문 하나만 열고 그를 영접할 것이 아니라 우리의 모든 경로와 능력을 활짝 열고 그를 영접하여 우리가 그 안에서 살고 움직이고 존재하도록 하며, 하나님께서 광대한 우주나 지극히 높은 하늘보다 우리 속에서 적절한 거처를 발견하시도록 하자. "만물 안에서 만물을 충만하게 하시는 이의 충만함이니라"(엡 1:23).

제 23 장

회복의 날의 성령

이는 힘으로 되지 아니하며 능력으로 되지 아니하고 오직 나의 영으로 되느
니라(슥 4:6).

이 회복의 날은 유다 역사에서 족장 시대나 모세 시대, 사사 시대나 유다
와 이스라엘 열왕의 시대만큼이나 두드러진 시기였다. 그것은 포로기 뒤에
일어났고, 훨씬 더 큰 사건, 곧 주 예수 그리스도의 강림을 위한 길을 준비하
는 때였다. 그때는 구약에서 하나님의 활동을 아주 분명하게 보여 주는 시기
의 하나였고, 성령의 현상들이 가득한 시기였다. 스가랴가 자기 백성에게 그
회복기의 표어로 준 이 짧은 메시지는 다른 어떤 말보다 회복기의 전 역사를
아주 적절하게 표현해 준다. 그것은 인간 능력에서 나온 운동이 아니라 성령
의 힘으로 일어난 운동이었다.

이 시기에는 구약 역사의 중요한 시기마다 거의 빠짐없이 따랐던 표적들
이 전혀 일어나지 않았다. 섭리에 의한 기적과 성령의 능력적인 현상들은 광
야의 기적과 약속의 땅의 기적보다 훨씬 더 주목할 만하고 놀라운 것이었다.
이제 이 놀라운 기간 동안 일어났던 성령의 활동들을 추적해 보자.

1. 기도의 사역

첫 번째 단계는 기도의 사역이라고 부를 수 있다. 이 기사는 다니엘서 9장
에 나온다.

메대 족속 아하수에로의 아들 다리오가 갈대아 나라 왕으로 세움을

받던 첫 해 곧 그 통치 원년에 나 다니엘이 책을 통해 여호와께서 말씀으로 선지자 예레미야에게 알려 주신 그 연수를 깨달았나니 곧 예루살렘의 황폐함이 칠십 년 만에 그치리라 하신 것이니라 내가 금식하며 베옷을 입고 재를 덮어쓰고 주 하나님께 기도하며 간구하기를 결심하고 (9:1-3).

하나님께서는 어떤 큰 뜻을 행하려고 하실 때 보통 당신이 충분히 신뢰하는 성도들의 마음에 그 뜻을 기도의 짐으로 놓으신다. 그와 같이 하나님은 바벨론에 있는 충직한 종 다니엘을 불러 이 고귀한 기도의 사역을 감당하게 하셨다.

우리는 다니엘의 기도가 예레미야의 예언과 연결되어 있다는 것을 눈치채지 않을 수 없다. 70년 전, 이 하나님의 선지자는 이 사실뿐만 아니라 유다의 포로 기간도 알렸다. 다니엘은 신성한 두루마리를 세심하게 연구하고 자기 백성의 고난의 기간을 표시하였다. 그 시기가 다 끝난 것으로 보이자 다니엘은 용기를 내어 기도로 하나님께 나아가 그 약속을 이루고 영감된 그 예언을 성취해 주실 것을 간구하였다.

어떤 사람들은 이렇게 말했을지도 모른다. 하나님께서 그 일을 행하시려고 했으니 사람들은 그 일에 대해 걱정할 필요가 없다. 왜 기다리며 하나님께서 당신의 뜻을 실행하시도록 하지 않는가? 그러나 참된 믿음의 사람에게 하나님의 약속은 기도의 직접적인 동기가 된다.

참된 믿음은 언제나 하나님의 말씀에서 그 보증을 찾는다. 하나님께서 약속의 말씀으로 스스로 우리에게 매이기를 기뻐하셨기 때문에 우리는 용기를 내어 우리의 간구를 아뢰고 그 답변을 들을 수 있으리라 믿게 된다.

다니엘은 가볍게 기도하는 사람이 아니었다. 10장에서 우리는 다니엘이 3주 동안 꼬박 겸손하게 금식하며 하나님께 기도한 것을 읽을 수 있다. 그는 자신을 위해 기도하지 않았다. 그는 자신의 시련과 염려의 무게에 압도되지 않았다. 그의 기도는 전혀 사욕이 없었고 온전히 나라와 백성, 하나님의 영광을 위한 것이었다. 이것이 참된 기도이다. 이것이 하나님과 함께 하는 거룩한 협력이다. 이것이 죽을 수밖에 없는 우리 인간에게 주어진 지극히 고귀하고 신성한 사역이며, 이 사역으로 말미암아 우리는 승천하시고 우리를 위하여 기도하시는 주님과 직접적인 교제를 갖게 된다.

다니엘은 헛되이 하늘을 향하여 부르짖지 않았다. 때가 되자 사자가 하늘로부터 그에게 와서 직접 그에게 다음과 같은 사실을 알렸다. 첫째, 그가 크게 사랑을 받는 자라는 사실을 알렸다. 사자는 그의 기도가 들으심을 얻었고 그가 하나님께 기도하기 시작한 바로 첫날부터 응답되었다는 것을 다니엘에게 말하였다. 하나님께서는 그 답변을 왕의 칙령으로 기록하였고 그 응답을 성취하기 위해 하나님의 권능의 모든 세력을 가동시키셨다.

과연, 이 강력한 천사는 3주 동안 그의 길을 달려오면서 이 세상의 정부들을 통치하는 어둠의 권세와 천사들에게 방해를 받았다.

이 이상은 보이지 않는 세계의 살아 있는 세력들에 대해서, 그리고 악의 모든 미로를 지나 하나님의 마음과 손에 이르고 우주의 홀에 이르는 기도의 능력에 대해서 놀라운 사실을 보여 준다!

친애하는 하나님의 성도여, 여러분은 비천하고 미미한 사람일 수 있다. 여러분은 재능도 별로 없고 가진 것도 없을 수 있다. 그러나 여러분의 방에서 홀로 여러분은 이 세상의 국경을 건드리고 열국의 운명에 영향을 미칠 세력들을 움직이게 할 수 있다.

바벨론 저편에서 하나님 앞에서 베옷을 입고 재를 뿌리며 엎드려 간절하게 기도하는 겸손한 기도자가 있다. 그것이 우리에게는 무력하게 보인다. 그러나 기다려서 더 멀리 바라보자. 여러분은 보좌에서 영을 내리며, 여호와의 능력을 깨닫고 그의 정부의 모든 세력을 불러 이 하나님의 성도의 기도를 수행하게 하는 강력한 정복자를 보게 될 것이다.

여러분은 포로생활을 마치고 멀리 있는 고국으로 돌아가는 포로들의 긴 행렬을 보고, 메시야 시대에까지 이어지고, 천년 왕국의 시대를 훨씬 넘어서기까지 수 세기 동안 계속되는 민족의 번영을 보게 될 것이다. 이 모든 것이 하나님의 사랑하시는 자, 다니엘의 기도 결과이다.

다니엘에게 온 천사는 구약 시대가 마칠 때까지 이어질 시대에 대해 말했다. 위대한 메시야가 올 것에 대해 말했다. 그 메시야의 희생과 그 희생의 복된 효험에 대해 이야기했다. 후에 그의 백성에게 임할 시련과 고난에 대해 말했고, 주 예수 그리스도께서 영광 가운데 오시기까지 이어지는 아주 먼 후시대에 대해서도 말했다. 친구들이여, 여러분이 자신의 걱정을 털어 버리고 일어나서 고귀하고 거룩한 기도 사역 가운데 하나님께 말씀드리고 하나님의 뜻에 따를 때 여러분은 기대하는 것보다 훨씬 큰 응답을 받게 된다. 하나님은 여러분이 구하는 것을 주실 뿐만 아니라 저편에 있는 영원까지 주신다. "주여 우리에게도 가르쳐 주옵소서"(눅 11:1).

2. 이스라엘의 회복을 이끄는 섭리적인 움직임들

성령의 활동의 다음 단계는 이스라엘의 회복을 이끄는 섭리적인 움직들에서 볼 수 있다.

이 움직임들 가운데 첫 번째이며 가장 주목할 만한 것은 고레스의 경력이다. 한 세기도 더 전에, 이사야 선지자는 이 특이한 사람에 대해 기술하였다. 선지자는 심지어 구체적으로 그의 이름을 들어 그를 불렀고, 이스라엘의 회복에서 하나님의 뜻을 수행하는 특별한 도구로 그를 지목하였다.

여호와께서 그의 기름 부음을 받은 고레스에게 이같이 말씀하시되 내가 그의 오른손을 붙들고 그 앞에 열국을 항복하게 하며 내가 왕들의 허리를 풀어 그 앞에 문들을 열고 성문들이 닫히지 못하게 하리라 내가 너보다 앞서 가서 험한 곳을 평탄하게 하며 놋문을 쳐서 부수며 쇠빗장을 꺾고 네게 흑암 중의 보화와 은밀한 곳에 숨은 재물을 주어 네 이름을 부르는 자가 나 여호와 이스라엘의 하나님인 줄을 네가 알게 하리라 내가 나의 종 야곱, 내가 택한 자 이스라엘 곧 너를 위하여 네 이름을 불러 너는 나를 알지 못하였을지라도 네게 칭호를 주었노라(사 45:1-4).

참으로 놀라운 광경이 아닐 수 없다! 참으로 놀라운 예언이다. 이 예언이 고레스의 소설 같은 이야기에서, 곧 그의 신속한 정복과 바벨론의 점령, 광대한 제국의 건설, 이스라엘의 회복과 성전 재건에서 그의 주목할 만한 역할에서 얼마나 문자적으로 이루어졌는지!

이 특이한 일련의 사건들에서 다음 장면은 에스라 1:2-8에 나오는 고레스의 선포이다.

> 바사 왕 고레스는 말하노니 하늘의 하나님 여호와께서 세상 모든 나
> 라를 내게 주셨고 나에게 명령하사 유다 예루살렘에 성전을 건축하라
> 하셨나니 이스라엘의 하나님은 참 신이시라 너희 중에 그의 백성 된 자
> 는 다 유다 예루살렘으로 올라가서 이스라엘의 하나님 여호와의 성전을
> 건축하라 그는 예루살렘에 계신 하나님이시라 그 남아 있는 백성이 어
> 느 곳에 머물러 살든지 그곳 사람들이 마땅히 은과 금과 그 밖의 물건과
> 짐승으로 도와 주고 그 외에도 예루살렘에 세울 하나님의 성전을 위하
> 여 예물을 기쁘게 드릴지니라 하였더라
> 이에 유다와 베냐민 족장들과 제사장들과 레위 사람들과 그 마음이
> 하나님께 감동을 받고 올라가서 예루살렘에 여호와의 성전을 건축하고
> 자 하는 자가 다 일어나니 그 사면 사람들이 은 그릇과 금과 물품들과
> 짐승과 보물로 돕고 그 외에도 예물을 기쁘게 드렸더라 고레스 왕이 또
> 여호와의 성전 그릇을 꺼내니 옛적에 느부갓네살이 예루살렘에서 옮겨
> 다가 자기 신들의 신당에 두었던 것이라 바사 왕 고레스가 창고지기 미
> 드르닷에게 명령하여 그 그릇들을 꺼내어 세어서 유다 총독 세스바살에
> 게 넘겨주니(스 1:2-8).

여기서 우리는 한창 명성을 날리고 있을 때 거룩한 충동에 의해 하나님의
의도와 뜻을 수행하지 않을 수 없는 세상 정복자를 보게 된다.

아, 성령의 능력은 얼마나 놀라운지! 성령은 지극히 낮은 자들뿐 아니라
지극히 높은 자들의 마음까지도 얼마든지 다루실 수 있다. 성령께서는 그런
자들의 이기적인 욕망과 계획까지도 자신의 뜻을 성취하고 자신의 나라를
세우는 일에 쓰이도록 다스리신다.

우리를 열국의 대사로 파송하신 분께서 이같이 선언하셨다. "하늘과 땅의
모든 권세를 내게 주셨으니"(마 28:18). "왕의 마음이 여호와의 손에 있음이
마치 봇물과 같아서 그가 임의로 인도하시느니라"(잠 21:1).

하나님의 능력과 섭리를 더 분명하게 믿지 않을 수 있는가! 따라서 우리의

계획은 커지고, 사람들의 반대는 더 두려워하지 않을 수 있지 않은가!

지금 우리는 사람들의 일에서 하나님의 통치하시는 섭리를 특별히 요청할 수 있는 시대에 살고 있다. 복음을 세상에 전파하고 주 예수 그리스도의 재림을 재촉하는 일에 그리스도의 교회와 협력해 주시기를 성령께 요청할 수 있는 시대에 살고 있다.

선교의 역사에는 세상의 일들을 통해 하나님께서 개입하시는 능력의 아주 놀라운 예들이 종종 있었다.

일본의 이야기, 태국의 이야기, 마다가스카르의 이야기, 인도의 폭동, 반세기 동안의 중국 역사는 고레스의 이야기만큼이나 중요한 소설 같은 섭리의 이야기로 가득하다.

아, 우리는 우리 하나님의 광대하심과 그의 섭리와 능력의 광활한 범위를 이해하고, 아들에게 왕국을 주시려는 하나님의 위대한 계획에서 하나님과 협력하도록 하자. 옛부터 말한 그때는 이미 왔고, 이제 열방을 심판하고 인자에게 하나님의 나라와 통치와 영광을 주실 것이다. 하나님의 임재를 깨닫고 옛적에 그랬듯이 우리도 성령의 강력한 활동을 요청하도록 하자.

오늘날 교회가 바로 보고 있는 광경은 참으로 장엄하고 엄숙하다! 그토록 오랫동안 외국의 영향과 복음을 반대해 왔던 중국이라는 거인이 이제 토기장이의 그릇처럼 산산이 부서지고 하나님의 보습이 주님의 길을 준비하듯이 갈아엎어지고 있다. 그것은 믿음의 기도에 대한 응답으로 이루어지고 있는 것이 분명하다. 그것은 믿음과 복음전파자의 열심에서 나온 영광스럽고 적극적인 움직임을 위한 준비인 것이 분명하다. 하나님께서는 우리가 이 시대를 이해하고 하나님을 이해하며 하나님과 함께 하는 일꾼으로서 우리의 고귀한 소명에 부합하도록 도우신다.

이 시기 동안 있었던 성령의 섭리적인 활동의 또 한 가지 특이한 예가 에스더의 이야기에 나온다. 그 일은 다른 평면과 영역에서 일어났지만 또 다른 섭리의 기적이었다. 이때 한 민족이 몰살되는 위기에서 구출받게 되었다. 바로 이스라엘이라는 민족이 그리스도가 오실 가문을 유지하기 위해 보존되게 되었다. 마귀는 그들의 존재를 말살하려고 마음먹었으나 하나님께서 작은 처녀를 일으켜 그들을 구출할 자신의 도구로 삼으셨다.

하나님께서 에스더에게 아름다운 얼굴과 매력적인 외모를 주셨다. 이것은 에스더가 하나님을 위해 사용하도록 그녀에게 주신 것이다. 하나님께서 에스더가 왕의 은총을 입게 하셨고 그녀를 왕궁과 왕의 보좌로 데려가셨다. 사랑하는 젊은 친구들이여, 여러분의 얼굴, 외모, 사회에서 여러분의 위치, 이런 것들은 하나님을 위해 사용하도록 맡기신 것들이다. 그러므로 여러분은 이런 것을 어떻게 써야 하는지에 대해 유의해야 한다. 에스더가 일어서서 자신의 고귀한 사명을 수행하고 조국을 위해 목숨까지 무릅써야 할 때가 왔다. 에스더는 주저하였다. 에스더가 그대로 넘겨졌더라면 그 일로 말미암아 그녀의 백성들이 파멸되었을 뿐만 아니라 자신과 아버지의 집도 망하고 말았을 것이다. 하나님께서 에스더에게 진실하게 행하도록 은혜를 주셨고, 그녀의 충성되고 용감한 행동으로 말미암아 그녀의 백성이 구출되었다.

하나님의 원수들이 자기들이 쳐놓은 올가미에 걸렸다. 그와 같이 하나님께서는 오늘날에도 민족뿐 아니라 개인들을 통해서 일하고 계신다. 하나님께서 옛적의 에스더처럼 우리가 "네가 왕후의 자리를 얻은 것이 이때를 위함이 아닌지 누가 알겠느냐"(에 4:14)는 하나님의 엄숙한 메시지를 알아들을 수 있게 해 주시기를 구한다.

스룹바벨, 에스라, 느헤미야, 귀환하는 포로들의 이야기도 그와 같이 아주 주목할 만하다.

무장하지 않은 남자 5만 명과 여자, 아이들을 데리고 광대한 사막을 가로질러 가는 일을 맡는 것은 결코 작은 일이 아니다. 그러나 에스라는 하나님을 전적으로 신뢰하였기에 호위 요구조차 하지 않았다. 그의 말은 참으로 감동적이다!

그때에 내가 아하와 강 가에서 금식을 선포하고 우리 하나님 앞에서 스스로 겸비하여 우리와 우리 어린 아이와 모든 소유를 위하여 평탄한 길을 그에게 간구하였으니 이는 우리가 전에 왕에게 아뢰기를 우리 하나님의 손은 자기를 찾는 모든 자에게 선을 베푸시고 자기를 배반하는 모든 자에게는 권능과 진노를 내리신다 하였으므로 길에서 적군을 막고 우리를 도울 보병과 마병을 왕에게 구하기를 부끄러워 하였음이라 그러

므로 우리가 이를 위하여 금식하며 우리 하나님께 간구하였더니 그의
응낙하심을 입었느니라(스 8:21-23).

첫째 달 십이 일에 우리가 아하와 강을 떠나 예루살렘으로 갈새 우리
하나님의 손이 우리를 도우사 대적과 길에 매복한 자의 손에서 건지신
지라 이에 예루살렘에 이르러 거기서 삼 일 간 머물고(8:31-32).

이것이 성령의 사역이다. 그와 같이 성령께서는 자기를 신뢰하는 자들을
지키고 인도하신다. 그들이 맡은 일은 지극히 어려운 일이었다. 첫째로, 그
들은 벽을 다시 세우지 않고 성전을 지으려고 하였다. 그들의 일차적인 목표
는 하나님께 대한 예배를 시작하는 것이었다. 그래서 그들은 하나님께서 그
들을 두루는 화염벽이 되고 그들 가운데 영광이 되어 주실 것을 믿었다.

그들은 어떻게 해서든지 그들의 계획을 방해하려고 하였고 때로는 그들의
일을 지연시키는데 성공하기도 한 시기하는 적들에 둘러싸여 있었다. 그러
나 수많은 역경과 구원을 통해서 하나님께서는 느헤미야의 지도 아래 성전
을 다시 재건하고 벽을 세우며 그들의 국가 생활을 위한 사회적 정치적 기반
이 다시 한 번 정착될 때까지 그들을 안전하게 인도하셨다.

바로 이것이 하나님을 위하는 모든 활동에서 승리하는 비결이다. 이것이
오늘날 그리스도 교회의 참된 의미이다. 하나님은 교회의 살아 있는 머리이
시고, 성령은 교회의 충족한 보호자요 인도자이시다. 성령을 전적으로 신뢰
하는 자들은 성령께서 진실되고, 모든 긴박한 상황과 필요를 충분히 해결해
주실 수 있다는 것을 발견하는데 실패하지 않을 것이다.

3. 성령의 영감된 종들의 메시지에 나타난 성령

하나님께서 고레스, 스룹바벨, 여호수아, 에스더, 에스라, 느헤미야를 일
으켜 이 위대한 귀환을 인도하신 한편, 또한 자신의 예언하는 사자를 보내어
지혜로써 그들을 도우셨다. 그 사자들의 신적 메시지로 볼 때, 이 귀환 활동
과 관련된 선지자가 특별히 세 사람 있었다. 학개, 스가랴, 말라기가 그들이
었다. 말라기의 활동은 후기 시대에 속해서 구약 시대를 종결짓는다고 말하

는 것이 적절하다. 학개와 스가랴는 동시대 사람들이었다. 한 사람은 노인이 었고 다른 한 사람은 젊은이였다. 하나님께서는 그의 교회의 사역에 두 계층 의 인물이 다 필요하셨다. 학개의 메시지를 살펴보자.

그의 메시지는 여러 가지였다. 첫째는 엄한 책망의 메시지였다. 백성들은 자신들의 중대한 임무를 잊기 시작했고, 예루살렘에 하나님의 전을 재건하 기보다는 자신들을 위해 호화로운 집을 세우고 이기적인 안락과 야망에 빠 져들게 되었다. 이 선지자는 엄한 책망의 메시지를 가지고 온다.

"이 성전이 황폐하였거늘 너희가 이때에 판벽한 집에 거주하는 것이 옳으 냐?"(학 1:4) 마음을 살피는 그의 부르짖음은 이것이었다. "너희는 산에 올라 가서 나무를 가져다가 성전을 건축하라 그리하면 내가 그것으로 말미암아 기뻐하고 또 영광을 얻으리라 여호와가 말하였느니라"(1:8).

그의 메시지는 헛되지 않았다. 관리와 백성들이 일어나서 충성스럽게 그 리고 열심히 일하기 시작하였다. 7주일 후에 학개는 하나님의 격려와 영광 스런 약속으로 가득한 아주 어려운 메시지를 백성에게 전할 권한을 위임받 았다.

> 그러나 여호와가 이르노라 스룹바벨아 스스로 굳세게 할지어다 여호 사닥의 아들 대제사장 여호수아야 스스로 굳세게 할지어다 여호와의 말 이니라 이 땅 모든 백성아 스스로 굳세게 하여 일할지어다 내가 너희와 함께 하노라 만군의 여호와의 말이니라 너희가 애굽에서 나올 때에 내 가 너희와 언약한 말과 나의 영이 계속하여 너희 가운데에 머물러 있나 니 너희는 두려워하지 말지어다(학 2:4-5).

이들은 장차 하나님의 아들께서 친히 방문하실 집, 곧 그 아들의 사랑의 기적과 은혜의 말씀으로 영화롭게 할 집을 짓고 있었다. 이들은 자기들이 그 기초를 놓고 있는 영광을 거의 깨닫지 못하였다. 한참 후의 이상에서 선지자 는 열국과 세상 나라들의 패망을 내다보고, 주 예수께서 친히 오심과, 주께 서 그들을 영광과 명예의 도장처럼 만드실 때 스룹바벨과 그의 신실한 일꾼 들이 받을 보상을 내다본다.

또한 그들 나라를 진동시킬 것이며 모든 나라의 보배가 이르리니 내가 이 성전에 영광이 충만하게 하리라 만군의 여호와의 말이니라 은도 내것이요 금도 내것이니라 만군의 여호와의 말이니라 이 성전의 나중 영광이 이전 영광보다 크리라 만군의 여호와의 말이니라 내가 이곳에 평강을 주리라 만군의 여호와의 말이니라(학 2:7-9).

이것이 우리 수고의 영광이 될 수 있다. 이는 성령의 능력으로 행하는 모든 일의 영광이다. 우리의 수고는 주의 오심을 위하여 행하는 것이고, 성령이 나타나시는 날에 보상받을 것이다. 이것이 우리의 고귀한 야망이 되게 하자.

우리가 주님을 위하여 짓는 그 집을 언젠가 주님이 밟고 다니실 것이다. 우리가 주님께로 데려오는 영혼들이 그날에 우리 기쁨의 면류관으로, 주님의 기쁨의 면류관으로 나타날 것이다. 우리가 주님을 위해 획득하는 이 세상은 주님의 천년 왕국 시대에 그의 나라가 될 뿐 아니라 우리의 나라가 될 것이다. 그렇다. 우리가 열국을 복음화함으로써 주의 오심을 재촉하고 그 길을 준비한다면 우리가 주의 영광스런 강림 때 살아서 주님을 만나고 주께서 위하여 죽으신 세상에 다시 오심을 환영하고, 주와 함께 그날, 곧 이 예언적 시대의 이상을 채우는 복과 영광의 시대를 함께 누리는 것은 우리의 복된 소망이며 초월적인 특권이다.

주의 오심을 바라고 수고하며, 포로 생활에서 귀환한 이 일꾼들의 마음을 격려하였던 바로 그 약속으로 말미암아 우리의 수고가 영예를 얻고 영광을 얻게 하자.

스가랴의 예언적 메시지는 훨씬 더 풍부하고 충만하지만 성령에 대한 그의 탁월하고 교훈적인 메시지를 설명하는 것은 다음 장으로 미루어야겠다.

제 24 장

감람나무와 금등대
(스가랴)

이는 힘으로 되지 아니하며 능력으로 되지 아니하고 오직 나의 영으로 되느니라(슥 4:6).

우리는 이미 바벨론 포로의 귀환 역사와 관련해서 그리고 그 영광스런 결과를 가져오는 데에 하나님의 강력한 섭리 활동에 대해 이 말을 한 바 있다. 또한 우리는 이 위기의 때에 지도자들과 백성들에게 지혜와 격려의 말을 전한 하나님의 사자들이었던 두 선지자 가운데 연장자인 학개의 선지자로서의 사역에 대해서도 언급한 바 있다.

젊은 선지자인 스가랴의 사역은 훨씬 더 주목할 만한 것이었다. 그의 놀라운 이상들은 이때 백성들이 맞이한 상황에서 특별한 곤경과 시련을 해결해 줄 것으로 기대되었다.

첫 번째 이상은 화석류나무 가운데 있는 사람에 대한 것이었다. 스가랴 선지자는 이상 가운데서 화석류나무로 뒤덮인 낮고 평평한 큰 평원을 보았고, 그 나무들 사이에서 말들이 이리저리 움직이는 것을 보았다. 이것은 하나님 백성들의 비천한 상태를 묘사하는 것이었다. 그 말들은 하나님의 백성들이 겪고 있는 시련 가운데서 움직이며 백성들의 구원을 위해 일하는 능력있는 하나님의 사역자들을 표시하였다. 이 이상 뒤에는 특별한 격려의 메시지가 따랐다. 선지자는 이 비천하고 황량한 땅이 언젠가는 많은 무리로 가득 찰 것이라고 예고하였다. 그 도시들이 언젠가는 번영하여 넓게 확장될 것이고, 주께서 시온을 위로하고 예루살렘을 택하실 것이라고 말했다.

그 다음에는 뿔과 장인(匠人)에 대한 이상이 왔다. 네 뿔이 선지자가 보는 앞에 나타났는데, 이 뿔들은 유다를 뿔뿔이 흩어버리고 하나님의 고통받는 백성들을 벽으로 밀어붙이는 적들을 나타낸다. 그러나 이 뿔들 뒤로 그 뿔들을 무디게 만들고 뾰족한 부분을 뭉툭하게 만들어 하나님의 고통받는 자녀들을 찌르거나 상하게 하지 못하도록 보냄받은 네 명의 장인이 나타나고 있다. 뿔의 숫자만큼 장인들의 수가 있었다. 따라서 모든 시대의 하나님의 백성들은 자기들을 치는 적이 어디에 있든지 하나님을 신뢰하는 자들을 위해 싸우는 세력이 있다는 것을 알 수 있다.

다음으로, 척량줄을 들고 나가서 예루살렘 벽의 길이와 넓이를 재고서 다음과 같이 선포하는 사람의 이상이 왔다. "예루살렘은 그 가운데 사람과 가축이 많으므로 성곽 없는 성읍이 될 것이라"(2:4). 이 이상은 적은 수의 사람들만 거하고 있는 그들을 격려하기 위한 것이었다. 소수의 귀환한 포로들인 그들은 황폐한 땅에 거하려 하였다. 그들은 수가 매우 적고 경멸할 만한 존재들이어서 그들의 적이 돌이켜 그들을 비웃었다. 그러나 하나님께서는 그 백성들이 언젠가 넓게 퍼져 그 땅을 온통 덮을 것이라고 선언하셨다. 그들이 벽이 없는 성읍과 담이 없는 성전을 볼 때 성과 성전이 그들 가운데 우뚝 솟아 있으므로 주변의 모든 적들에게 그대로 노출되었다. 이에 하나님께서 선지자를 통해 다음과 같이 귀한 약속으로 그 백성들을 안심시키셨다. "여호와의 말씀에 내가 불로 둘러싼 성곽이 되며 그 가운데에서 영광이 되리라"(2:5).

그 다음에 한층 격려가 되는 이상이 왔다. 외부의 적들이 모든 능력을 동원해도 이 백성들의 내부에 있는 약함과 무가치함이 해할 수 있는 것의 반도 그들을 해할 수 없었다. 이 백성들은 자신들의 죄됨을 알고 있었고, 자기들이 조상들의 불신앙으로 인해서 이미 고통을 받았다는 것을 알았다. 이들은 자기들도 여호와의 복을 박탈당할까봐 두려워하였다. 스가랴는 또 다른 이상을 가지고 백성들에게 갔다. 스가랴는 백성들을 대표하는 대제사장 여호수아가 더러운 옷을 입고 여호와 앞에 서 있는 것을 보았다. 이는 백성들의 죄와 죄책을 암시하는 것이며, 사탄이 여호수아를 제지하기 위해 그의 오른쪽에 서 있는 모습도 보았다.

스가랴가 자세히 쳐다보자 하늘 보좌로부터 이같은 명령이 내려왔다. "그 더러운 옷을 벗기라 하시고 … 네게 아름다운 옷을 입히리라 … 정결한 관을 그의 머리에 씌우소서"(3:4-5). 여호와께서 고소하는 자에게로 돌이켜 그의 모든 비난에 대해 이같이 말씀하셨다. "여호와께서 사탄에게 이르시되 사탄아 여호와께서 너를 책망하노라 예루살렘을 택한 여호와께서 너를 책망하노라 이는 불에서 꺼낸 그슬린 나무가 아니냐"(3:2).

그 이상 뒤에 다음과 같이 영광스런 약속으로 요약할 수 있는 복과 정결함의 은혜로운 약속이 뒤따랐다. "내가 이 땅의 죄악을 하루에 제거하리라"(3:9). 하나님께서는 그 백성들과 그 원수들 사이에 서셨을 뿐만 아니라 그들과 그들의 모든 무가치함과 죄악 사이에도 서셨다. 이와 같이 하나님께서는 우리와 우리의 죄책 사이에 서신다. 곧 우리 양심의 고소와 우리의 잔혹한 적들의 비난을 막는 방패로 서 계신다. 그래서 우리는 이같이 외칠 수 있다. "누가 정죄하리요 죽으실 뿐 아니라 다시 살아나신 이는 그리스도 예수시니 그는 하나님 우편에 계신 자요 우리를 위하여 간구하시는 자시니라"(롬 8:34).

이제 우리는 본문에 나온 이상을 보게 되었다. 그것은 모든 이상 가운데 가장 아름답고 의미심장하며, 신성한 의미의 섬세함과 깊이에 대해 성경의 다른 어떤 부분도 따라가지 못하는 것이다.

그 이상은 백성들에게 그들의 힘의 원천을 계시해 주기 위한 것이었다. 이들은 약하였고 적은 강하였다. 바로 이 시기에 원수들의 모함으로 인해 바사 왕이 그 일의 진행을 한동안 저지하는 영을 내렸다. 한 군대가 와서 "권력으로"(에 4:23) 그 일을 그치게 하였다는 말을 에스라로부터 듣는다. 보좌로부터 들리는 사람의 무력한 분노에 대한 메아리처럼 하나님께서는 스가랴를 보내어 바로 그와 똑같은 표현으로 다시 대꾸한다. "이는 힘으로 되지 아니하며 능력으로 되지 아니하고 오직 나의 영으로 되느니라"(슥 4:6).

사람이 자신의 세력과 권력과 군대와 힘을 보냈다. 그러나 그는 계산에서 하나님을 빼먹었다. 그 활동과 싸움은 이것이었다. "이는 힘으로 되지 아니하며 능력으로 되지 아니하고 오직 나의 영으로 되느니라 큰 산아 네가 무엇이냐 네가 스룹바벨 앞에서 평지가 되리라 그가 머릿돌을 내놓을 때에 무리가 외치기를 은총, 은총이 그에게 있을지어다 하리라"(4:6-7).

그 이상 자체는 매우 아름다웠다. 그 의미를 이해하기 위해 자신의 모든 능력을 동원하면서 잠에서 깨어났을 때 그는 자기 앞에 금등대가 서 있는 것을 보았다. 그 금등대는 반질반질한 금등잔이 있고, 꼭대기에는 주발이 있으며 불이 타오르고 있는 성소의 등대와 같았다. 등대 위에는 큰 주발, 즉 모든 등잔과 도관으로 연결되어 있고 기름이 담겨 있는 기름통이 있었다. 그런데 이 기름통은 어떻게 채워졌는가?

이 놀랍고 절묘한 구조를 다시 한 번 보자. 거기에는 기름깡통이 없고 돌보는 손도 없으며 인간 수종자의 서투른 기계장치도 없고 기름을 전달하는 관도 없었다. 살아 있는 두 감람나무가 기름을 공급하였는데, 그 나무는 계속해서 열매를 익게 하고 그 기름을 감람나무 두 가지를 통해서 기름통으로 흘려보내고, 그 기름통에서 기름이 각 등잔으로 흘러갔다. 참으로 단순하고 아름다우며 완벽하고 거룩한 의미로 가득 찬 이상이다! 이 이상이 담고 있는 심오한 영적 의미는 무엇인가?

등대

금등대는 하나님의 교회와 하나님의 백성을 나타낸다. "너희는 세상의 빛이라"(마 5:14). "이같이 너희 빛이 사람 앞에 비치게 하여 그들로 너희 착한 행실을 보고 하늘에 계신 너희 아버지께 영광을 돌리게 하라"(5:16).

옛적에 이스라엘은 그 세대에게 오늘날 교회가 의미하고 있는 바를 나타냈다. 즉 세상을 위한 하나님의 진리와 생명을 저장하고 있는 보고였다. 등대가 모두 금이었듯이, 참된 그리스도의 교회는 하나님의 성품에 참예한 자들만으로 구성되어 있다. 금은 신성한 것을 표상한다. 따라서 우리가 하나님의 형상으로 회복되고 하나님의 빛과 임재로 충만해질 때에만 세상에 빛을 전달하는 자가 될 수 있다.

그 등대는 성전에 켜 있는 유일한 등불이었다. 성전에는 창문이 없었다. 성전의 모든 빛은 하나님으로부터 왔다. 이 세상은 하나님의 교회를 떠나서는 빛이 없다. 성령이 조명하는 이 거룩한 책에는 우리가 하나님에 대해, 구속과 미래의 생명에 대해 아는 모든 것이 들어있다.

　자신의 웅변과 철학과 선정적인 말로 자신과 자기 사람들을 속이려고 하는 사람은 어리석은 자이다.

　그 등대는 하나이면서 여러 개였다. 그와 같이 하나님의 교회는 무한히 다양하면서도 단 하나의 빛과 몸을 갖고 있다. 하나님께서는 모든 영혼을 수준을 낮추어 똑같은 형태로 만드시지 않는다. 하나님은 이사야와 야고보와 요한을 각각 그 고유의 존재로 있게 하시되, 모두를 하나님으로 채우고 그들의 생활을 거룩하면서도 온전히 자연스럽고 단순하며 자유롭고 인간적인 것으로 만드신다.

　우리 본성은 모든 부분이 새로 창조되어야 하지만, 모든 부분이 보존되고 성결하게 되며 하나님으로 충만해진다. 그와 같이 전 영혼과 몸은 주 예수 그리스도의 오실 때까지 흠없이 보존된다.

　그 등대는 그 자체로 빛을 내지 않았다. 등대는 단순히 빛을 나르는 도구일 뿐이었다. 등대가 빛을 낼 수는 없었다. 등대는 매끈하고 빛나는 표면으로부터 빛을 반사할 수 있었지만, 빛은 다른 원천으로부터 나와야 했다. 그와 같이 우리 속에도 빛은 없다. 우리는 단지 빛을 받아 간직할 수 있을 뿐이다. 우리 자신이 세상의 빛이 아니다. 다만 우리는 우리의 선한 행실을 보고 하늘에 계신 우리 아버지를 찬송하도록 빛을 비추어야 한다.

　우리는 우리의 선함과 미덕을 계시하는 것이 아니라 우리 속에 있는 그리스도의 선함과 미덕을 계시해야 한다. 우리 스스로가 얼마나 무력하고 불충분한 존재인가를 모든 사람이 알도록 해야 한다. 우리가 모시고 있는 구주, 곧 우리뿐 아니라 다른 사람들을 위해서도 의지할 수 있는 그분이 얼마나 충분하고 능력이 많으신 분인지를 모든 사람들이 알도록 해야 한다. 사람들의 어둠과 비참과 죄를 위해서 성령과 예수의 인격과 은혜를 제시할 수 있다는 이것이 세상에 필요한 빛이다.

　등대의 할 일이란 기름을 저장해 두는 것이 아니라 기름을 소모하고 다 써 버리며 타오르는 불꽃으로 항상 태우는 것이었다. 등대와 도관이 기름을 빨아들여 그대로 보존하려고 했다면 불빛을 잃어버리고 말았을 것이다. 등대와 도관은 기름을 포기했고 다 써 버렸다. 기름을 끊임없이 태워버렸다. 사람들은 때로 우리에게 이같이 말한다. "네 생명력을 다 써 버리지 말라. 네 힘을 다 사용하지 말고 네 자신을 아껴라." 아, 그렇게 하는 것은 자신을 잃어버리는 길이다. 우리가 주는 것만을 우리는 갖는다. 간직하는 것을 우리는 잃는다.

하나님의 선물들 가운데 하나를 붙들려고 하면 그 선물은 사라질 것이다. 주신 복을 절약하고 자신을 위해 간직하려고 하면 그 복은 사라질 것이다. 그것을 넘겨주면 그것은 영원히 탈 것이다. 등불이 작은 등잔에 있는 기름을 다 써 버리면 나머지 기름이 위에서 부어졌으므로, 등대는 항상 가득 찼고 항상 새로웠으며 항상 타오르고 항상 빛을 비추었다.

그와 같이 우리도 "타오르고 비추는 빛"이 되자. 하나님께서 주신 것을 내어줄 때 하나님께서 다시 채워 주실 것이며, 우리는 충분하고도 남을 것이다. 우리도 "흠이 있고 삐뚤어진 세대"(신 32:5) 앞에서 빛을 비출 것이다.

기름

기름은 성령의 상징이다. 우리 모두에게 빛과 생명을 주시는 분은 바로 성령이시다. 우리 속에 모든 미덕을 일으키시고 우리를 통해 하나님과 사람을 위해 봉사하시는 분이 바로 성령이시다.

친애하는 형제들이여, 이것은 시금석이며 사람과 하나님 사이의 차이이다. 처녀들 가운데 다섯은 지혜로웠고 다섯은 미련하였다. 어리석은 처녀들은 등은 가졌으나 기름을 가지고 있지 못했고, 지혜로운 처녀들은 등을 가졌을 뿐 아니라 항아리에 기름을 채우고 있었다. 신랑이 올 때 바로 이것이 분리의 시점이었다.

어리석은 처녀들도 처녀였다. 그들은 순결했다. 신랑이 오기를 기다렸고 간절히 바랐다. 이들에게는 작은 빛이 있었다. 등을 밝혀서 한동안 태울 만큼의 기름은 충분히 있었다. 그러나 여분의 기름이 없었다. 성령의 충만함이 없었다. 이들에게는 성령의 내주하심이 없었다. 그래서 이 처녀들의 등은 필요한 시간에 꺼졌다. 이들은 혼인 예식에 참석할 수 없었다.

다른 처녀들의 행복한 운명을 결정한 한 가지 요점은 이것이었다. 즉 이들은 "그릇에 기름을 담아 등과 함께 가져갔다"(마 25:4). 이들에게는 성령의 내주하심이 있었다. 그들의 마음 속에 은혜의 원천이 있었던 것이다. 가서 다시 채울 필요가 없었다. 이들은 언제나 준비되어 있었던 것이다.

친애하는 형제들이여, 한마디로 우리는 지혜로운 처녀들이 되도록 하자! 성령으로 충만하여 주께서 우리를 평안 가운데 발견하시도록 하자!

기름의 원천

이제 우리는 이 비유의 가장 아름답고 중요한 부분, 곧 기름의 원천을 살펴보게 되었다. 이 원천은 섬기는 제사장이나, 날마다 기름을 내보내고 다시 채우는 큰 저장탱크처럼 인간적인 도구와 같지 않았다. 이 기름은 살아 있는 두 감람나무로부터 나왔는데, 그 나무의 익은 열매를 보이지 않는 손이 계속 압착하고 두 감람나무 가지를 지나 금등대의 관을 통해 저장용 주발과 등으로 흘러 들어갔다. 그것은 완전히 자동적이었고 단순하며 조용하고 신성하였다. 그 기름은 언제나 흐르고 있었고 그 주발은 언제나 가득 차 있었고 등은 항상 타올랐다.

이것이 우리의 신적 공급의 원천이다. 이 두 감람나무는 누구였는가? 확실히 이 나무들은 인간적인 어떤 것을 표시하지 않고 그리스도 안에 있는 우리 생명의 신적인 원천을 나타냈다. 이 두 나무는 주 예수 그리스도와 복되신 성령을 표시하였다. 한 나무는 신적인 측면에, 다른 나무는 영적 생명의 지상적인 측면에 서 있었다. 두 나무는 한 이름으로 불리었다. 사도 요한은 예수님을 우리의 대변자 혹은 아버지와 함께 하는 보혜사라고 부른다. 그리고 성령을 아버지로부터 오시는 우리의 보혜사라고 부른다. 한 분은 하늘에 계신 대변자이시고 다른 한 분은 우리 속에 계신 대변자이시다.

우리의 양쪽에 각각 한 분씩 계신다. 그와 같은 두 대변자들 사이에 있으니 하나님의 자녀가 어떻게 멸망할 수 있겠는가? 그 인격에서는 분명히 다르되 본성으로는 한 분이신 이 복되신 두 분 하나님으로부터 우리는 영적 생명을 받고 있다. 이 두 감람나무가 기름을 자연스럽게 조용히 끊임없이 흘려보내므로 그 생명을 받는다. 우리가 그 속에서 살고 있는 공기를 호흡하듯이 피는 우리의 신체 속을 아주 조용히, 즉 우리가 그 진행 과정을 전혀 의식하지 못하는데 순환한다.

이와 같이 우리는 하나님 안에 거하며 하나님을 의지하여 살고 오직 하나님으로부터만 힘을 공급받을 수 있다. 친애하는 형제들이여, 감람나무의 비밀, 곧 하나님 안에 거하는 비결을 배웠는가?

그러나 감람나무와 기름주발을 연결시켜서 금등대의 관으로 기름을 흐르게 만드는 두 감람나무 가지는 무엇인가?

"이는 기름 부음 받은 자 둘이니 온 세상의 주 앞에 서 있는 자니라"(슥 4:14). 이것은 믿음으로 연합하여 드리는 기도의 사역이다. 이것은 곧 보좌에 앉아 계신 예수님의 제사장적 봉사에 상응하는 활동인 지상의 성도들에게 맡겨진 최고의 봉사이다.

형제들이여, 우리가 하나님께 기회를 드린다면 하나님께서 우리에게 이 고귀하고 거룩한 봉사를 가르쳐 주실 것이다. 첫째, 이 가지들은 틀림없이 나무에서 나왔고 나무와 아주 밀접하게 연결되어 있어서 이 나무와 가지들은 그 생명을 직접적으로 전달하고 끌어올 수 있다. 기도의 제단에서 섬기는 사람은 틀림없이 하늘에 계시는 하나님과 온전히 접촉되어 있다. 그러나 다른 한편으로 그는 사람과도 온전히 접촉하고 있다. 그 가지들은 기름 저장 주발로 이어지고 등과도 연결되어 있다.

그와 같이 기도의 사역을 안다면 우리는 다른 사람들의 필요에 민감해져야 한다. 우리는 이기적이지 않아야 한다. 우리 동료인 사람들과 접촉되어 있어야 한다. 우리는 다른 사람들과 하나님을 대신해서 고통을 받기 위해서는 마음에 동정심과 사랑, 준비된 태도를 지녀야 한다.

하나님께서는 우리에게 이 영광스런 사역을 주시고 다음과 같은 강력한 약속의 의미를 알도록 가르치신다. "너희 중의 두 사람이 땅에서 합심하여 무엇이든지 구하면 하늘에 계신 내 아버지께서 그들을 위하여 이루게 하시리라"(마 18:19).

성령의 활동 결과

1. 장애물의 제거

성령의 활동의 교화는 첫째로 장애물이 제거되는 데서 나타날 것이다. "큰 산아 네가 무엇이냐?"(슥 4:7) 믿음의 길에는 어려움의 산이 언제나 있게 마련이다. 하나님의 임재와 권능을 보여 주는 가장 좋은 증거는 적의 활동이다. 성령께서 감독하고 계시는 한 믿음은 아무리 높은 산도 두려워하지 않고, 오히려 신뢰하는 마음으로 조용히 이같이 말한다. "큰 산아 네가 무엇이냐 네가 평지가 되리라"(슥 4:7). 성령께서는 산을 옮기실 뿐 아니라 믿음 또한 주실 것이다. 사람들은 이 구절이 우리 구주께서 믿음에 관해 가르친 놀라운 교훈과 매우 흡사하다는 사실에 충격받지 않을 수 없다. 주께서는 우리가 겨자씨 한 알만큼만 믿음이 있으면 산에게 "여기서 저기로 옮겨지라"고 말할 수 있고 그러면 그대로 되리라고 이야기하신다.

믿음은 산에게 옮겨달라고 부탁하지 않는다. 믿음은 산을 올라가지도 않는다. 다만 산에게 사라지라고 명령하며 하나님의 권세와 능력을 사용할 뿐이다. 이것이 성령께서 자기를 믿고 순종하며 하나님의 영으로 인도받는 자들의 마음에서 활동하는 방식이다.

2. 하나님께 영광을 드림

성령의 활동은 하나님께 모든 영광을 드린다. "그가 머릿돌을 내놓을 때에 무리가 외치기를 은총, 은총이 그에게 있을지어다 하리라"(슥 4:7).

사람의 활동은 그 활동의 명예를 사람에게 반영한다. 그러나 우리가 하나님의 소유가 되고 하나님의 온전한 충족함을 깨달을 때 우리는 자신을 전혀 의식하지 않고 하나님의 활동에 대해 말하며 사도와 같이 말할 수 있다. "내가 사는 것이 아니요 오직 내 안에 그리스도께서 사시는 것이라"(갈 2:20).

3. 일을 마침

성령의 활동은 완성되는 사역이다. 성령께서는 기둥이 무너진 채로 두거나 지붕이 없는 채로 두시지 않는다. 성령께서는 자신의 목적을 성취하고 우리를 인도하여 우리가 기대한 바를 보고 우리의 일을 마치게 하신다. "스룹바벨의 손이 이 성전의 기초를 놓았은즉 그의 손이 또한 그 일을 마치리라 하셨나니 만군의 여호와께서 나를 너희에게 보내신 줄을 네가 알리라 하셨느니라"(슥 4:9).

인간의 야망과 충동에서 나온 활동은 약하고 불안정하며 오래가지 못한다. 그러나 하나님께서 일으키시는 일은 완성된다.

4. 공명정대한 일

성령의 활동은 공명정대하고 아주 순전하다. "사람들이 스룹바벨의 손에 다림줄이 있음을 보고 기뻐하리라"(4:10). 다림줄은 의의 상징이다. 다림줄로 쌓은 벽은 올곧은, 아주 수직으로 선 벽이다. 그와 같이 하나님께서 하시는 일은 올곧은 일, 순수하고 의로운 일이다. 하나님께서 일으키고 진행시키시는 일은 타협이 없고 사람들을 기쁘게 하려고 할 필요가 없다. 그 일은 성경적 토대에서 일어난다. 그 벽은 의이고 그 문은 찬송이다.

5. 연약한 도구들을 사용하여 성취됨

마지막으로 성령의 활동은 연약한 도구들을 통하여 성취된다. "작은 일의 날이라고 멸시하는 자가 누구냐"(4:10). 이것이 성령의 일이 시작되는 방식이다.

> 하나님께서 … 세상의 약한 것들을 택하사 강한 것들을 부끄럽게 하려 하시며 하나님께서 세상의 천한 것들과 멸시 받는 것들과 없는 것들을 택하사 있는 것들을 폐하려 하시나니 이는 아무 육체도 하나님 앞에서 자랑하지 못하게 하려 하심이라(고전 1:27-29).

나는 이 구절을 읽을 때마다 1881년의 추운 11월 오후를 기억하지 않을 수 없다. 그때 7명의 작은 무리가 이 도시의 한 다락방에서 만나 이 큰 도시에 방치되고 교회에 다니지 않는 사람들에게 복음을 충만히 전하는 일에 대해 논의하고 기도하였다. 우리는 모두 가난하였고, 그 일에 관여할 사람은 우리 같이 소수의 사람뿐이었다. 우리는 이 주제에 관심이 있는 사람을 모으기 위한 공중 집회에 참석하기 위해 함께 갔다.

쓸쓸한 홀에 앉아 몸이 얼지 않도록 불 가까이 모였을 때 우리는 서로를 바라보았다. 분명 그것은 작은 일의 날이었다. 그때 우리는 하나님께서 말씀해 주시기를 구하였다. 그날 오후 성경을 펼쳤을 때 스가랴 4장이 펴졌고, 우리는 아무 생각 없이 이 구절을 보게 되었다. "이는 힘으로 되지 아니하며 능력으로 되지 아니하고 오직 나의 영으로 되느니라 … 작은 일의 날이라고

멸시하는 자가 누구냐?"(슥 4:6,10)

그날 오후에 읽은 이 구절만큼 사람의 마음에 그처럼 기이하고 감동적인 힘으로 온 메시지는 결코 없을 것이다. 우리는 함께 무릎을 꿇고 하나님께서 우리 마음속에서 당신의 기도를 드리시도록 하였다. 그 후 복된 응답들을 받았다.

시작이 작은 것을 두려워하지 말라. 우리가 크고 우쭐대는 자원들을 두려워하는 것은 당연한 일이다. 그러나 작은 일에 하나님께서 함께 하시면 아무것도 없는 데서 매번 엄청난 결과가 나올 것이다.

제 25 장

구약 시대에 대한 성령의 마지막 메시지

그가 임하시는 날을 누가 능히 당하며 그가 나타나는 때에 누가 능히 서리요 그는 금을 연단하는 자의 불과 표백하는 자의 잿물과 같을 것이라 그가 은을 연단하여 깨끗하게 하는 자 같이 앉아서 레위 자손을 깨끗하게 하되 금, 은 같이 그들을 연단하리니 그들이 공의로운 제물을 나 여호와께 바칠 것이라(말 3:2-3).

말라기서는 구약 시대에 대한 성령의 마지막 메시지를 담고 있다. 2300년 전, 그러니까 침묵의 400년이 오기 전에 예언의 두루마리를 종결짓는 것은 말라기 선지자에게 매우 고귀한 명예였다. 그 침묵의 400년은 "옛적에 선지자들을 통하여 여러 부분과 여러 모양으로 우리 조상들에게 말씀하신"(히 1:1) 하나님께서 마침내 그의 아들로 말씀하실 때 다시 한 번 깨지게 되어 있었다.

말라기를 귀환기의 선지자들 가운데 한 사람으로 인정하지만, 엄격히 말해서 그는 귀환 활동이 성취된 직후에 나왔다. 적어도 이스라엘 민족의 교회적, 정치적 재조직에 관심이 모아지고 있을 때였다. 그의 역할은 그 시대의 영적 개혁자가 되어 동포들의 종교 생활이 빠져들고 있는 옛 습성을 일깨우고 의를 행하고 하나님께 신실하라고 호소하는 것이었다.

그의 이름은 "나의 사자"라는 뜻이다. 그는 실로 그의 시대에 대해서 그리고 이 시대가 우리 시대의 전형이었다는 특별한 의미에서 우리 시대에 대해서도 성령의 대변인이며 사자였다.

구약 시대를 마감하는 시기를 신약 시대를 마감하는 시기와 상응하는 것으로 기대하는 것은 아주 자연스러운 일이다. 말라기 시대 백성들의 상태는 우리가 살고 있는 시대와 아주 일치하며, 말라기 시대에 전한 그의 메시지는 "말세를 만난"(고전 10:11) 우리에게도 엄숙한 의미를 지닌다.

그 자신의 시대에 대한 말라기의 메시지

이스라엘의 포로 귀환 후에 번영의 시기가 따랐다. 흔히 그렇듯이 이런 번영이 영적 타락을 가져왔고, 사실 아주 슬픈 영적 상태를 가져왔다.

백성들의 도덕적 상태는 보통 그렇듯이 이혼이 성행하고 가정과 사회의 순결과 의가 타락한 것으로 나타났다. 젊어서 취한 아내들을 이유 없이 버렸다. "이방 신의 딸"(말 2:11)을 데려다가 부정한 혼인을 하였고, 여호와의 제단은 눈물로 홍수를 이루었다. 이 일을 그 백성들이 행하였을 뿐만 아니라 제사장들이 이런 도덕적 방종에 앞장섰다. 말라기는 이들의 악함을 책망하고 그들에게 하나님께서 그들의 이혼과 부정한 생활을 미워하신다고 말하며, 신속하고 엄숙하게 회개하고 다시 의롭게 생활하라고 촉구하였다.

이러한 도덕적 타락과 함께 돈을 위하는 이기적인 정신이 자라고 있었다. 성전의 봉사조차 그런 정신에 오염되어서 제사장직이 이기적인 직업이 되었다. 희생과 사랑, 비이기적인 헌신의 옛 정신은 죽어 버렸다. 기회주의적인 아첨꾼들이 많이 일어나서 자신들의 이기적인 세력의 확대와 소득을 위해 하나님의 전까지 이용하기 시작했다.

제사장 편에서는 이같이 돈을 추구하는 정신이 자라났고, 백성들 편에서도 그에 상응하는 이기심과 인색함이 있었다. 이들은 십일조를 내지 않았고 심지어는 무가치한 것을 내거나 부정직하게 헌물을 바침으로써 하나님을 속이려고까지 하였다.

너희가 더러운 떡을 나의 제단에 드리고도 말하기를 우리가 어떻게 주를 더럽게 하였나이까 하는도다 이는 너희가 여호와의 식탁은 경멸히 여길 것이라 말하기 때문이라 만군의 여호와가 이르노라 너희가 눈 먼 희생제물을 바치는 것이 어찌 악하지 아니하며 저는 것, 병든 것을 드리는 것이 어찌 악하지 아니하냐 이제 그것을 너희 총독에게 드려 보라 그

가 너를 기뻐하겠으며 너를 받아 주겠느냐 만군의 여호와가 이르노라
너희가 내 제단 위에 헛되이 불사르지 못하게 하기 위하여 너희 중에 성
전 문을 닫을 자가 있었으면 좋겠도다 내가 너희를 기뻐하지 아니하며
너희가 손으로 드리는 것을 받지도 아니하리라 … 훔친 물건과 저는
것, 병든 것을 가져왔느니라 너희가 이같이 봉헌물을 가져오니 내가 그
것을 너희 손에서 받겠느냐 이는 여호와의 말이니라(1:7-8,13).

　　사람이 어찌 하나님의 것을 도둑질하겠느냐 그러나 너희는 나의 것을
도둑질하고도 말하기를 우리가 어떻게 주의 것을 도둑질하였나이까 하
는도다 이는 곧 십일조와 봉헌물이라 너희 곧 온 나라가 나의 것을 도둑
질하였으므로 너희가 저주를 받았느니라 만군의 여호와가 이르노라 너
희의 온전한 십일조를 창고에 들여 나의 집에 양식이 있게 하고 그것으
로 나를 시험하여 내가 하늘 문을 열고 너희에게 복을 쌓을 곳이 없도록
붓지 아니하나 보라(3:8-10).

이같이 말라기는 구약의 마지막 세대에게 말하였고, 또 그리스도 시대의
마지막 세대에도 마찬가지로 적절한 메시지를 전하고 있는지도 모른다. 그
때와 마찬가지로 이 시대에도 도덕적 방종이 있고, 하나님께서 정하신 분명
한 구별을 없애 버리는 일, 가정의 신성함을 파괴하는 일, 탐욕, 돈을 사랑
함, 하나님의 일에서조차 설교자와 성가대, 기도자를 고용하는 돈을 추구하
는 정신이 있다. 강단조차 지적 전문가들의 투기장이며, 목회적 야망의 활동
무대다. 하나님의 교회에는 사람들의 사치와 쾌락을 위해 엄청난 돈을 들이
고 하나님을 위해서는 조금밖에 드리지 않는 세속성과 인색함이 있다. 예배
당 천장에는 화려한 프레스코화를 그려 넣고 값비싼 첨탑을 세워 하늘에 대
고 신앙이 있다고 당당히 고백하면서도 세상에 복음을 전하기 위해 하나님
의 백성들로부터 나온 사람에 대해서는 커피값이나 한끼 식대도 안 되는 돈
을 낸다. 이를 볼 때 우리 시대의 모습이 말라기 시대의 모습과 정말 똑같지
않은가? 그리고 이 모습은 신약 시대에 성령께서 이 시대의 마지막 날에 대
해 우리에게 남기신 묘사와 같지 않은가?

　너는 이것을 알라 말세에 고통하는 때가 이르러 사람들이 자기를 사
랑하며 … 쾌락을 사랑하기를 하나님 사랑하는 것보다 더하며 … 경건
의 모양은 있으나 경건의 능력은 부인하니(딤후 3:1-2, 4-5)

이미 이 시대는 오기 시작했다. 말라기와 바울의 메시지는 오늘날 타협하
는 그리스도인들에 대해 아주 두려울 정도로 사실대로 이야기한다. 과연, 모
든 시대에 자칭 신자라고 하는 하나님의 백성들을 시험해 보면 부족하다고
판명나는 것 같다. 처음에 아담이 에덴 동산에서 실패하였고, 대홍수 이전
시대는 심판을 받아 멸망하였다. 족장의 가족은 애굽의 노예로 전락하였다.
가나안 정복은 오랜 속박으로 끝이 났다. 다윗 왕국은 이스라엘의 멸망과 유
다의 포로 생활로 종결되었다. 그리고 이제 스룹바벨, 에스라, 느헤미야의
영도 아래 이루어진 영광스런 회복은 말라기 시대의 세속화과 불경건으로
후퇴하고 말았다. 기독교 시대를 마감하는 이 시기도 그와 같이 될 것이다.
바울과 요한이 세운 순수한 교회들이 배교하여 로마 가톨릭 교회가 되었고,
종교 개혁의 교회마저 머지않아 말세의 라오디게아 교회가 될 것이다. 라오
디게아 교회의 표지는 이미 우리 시대의 정신에서 찾아 볼 수 없게 되었다.
　그러나 말라기 시대에는 신실한 남은 자, 곧 교회 안에 있는 작은 교회, 즉
선지자가 이같이 말할 수 있는 적은 무리가 있었다.

　그때에 여호와를 경외하는 자들이 피차에 말하매 여호와께서 그것을
분명히 들으시고 여호와를 경외하는 자와 그 이름을 존중히 여기는 자
를 위하여 여호와 앞에 있는 기념책에 기록하셨느니라 만군의 여호와가
이르노라 나는 내가 정한 날에 그들을 나의 특별한 소유로 삼을 것이요
또 사람이 자기를 섬기는 아들을 아낌 같이 내가 그들을 아끼리니 그때
에 너희가 돌아와서 의인과 악인을 분별하고 하나님을 섬기는 자와 섬
기지 아니하는 자를 분별하리라(말 3:16-18).

그와 같이 오늘날도 "적은 무리" 곧 라오디게아 교회 옆에 있으면서 주의
오심을 기다리고 있는 빌라델비아 교회가 있다. 어둡고 죄악된 모든 세대마

다 바알의 상에 무릎 꿇지 않은 남은 자들이 우리가 생각하는 것보다 많이
있다. 오늘날 지상의 모든 그리스도의 교회 안에는 자칭 그리스도인이라 하
면서도 성령의 능력을 거의 알지 못하거나 알고 싶어하지 않는 그리스도인
들이 엄청나게 많은 기이한 모습을 볼 수 있다. 그럴지라도 그 넓은 테두리
안에는 에녹처럼 하나님과 동행하며, 성령으로 충만하고 주의 오심을 지켜
보고 있는 숨은 소수의 사람들이 있다. 이들이야말로 온몸을 보존하는 소금
이요, 오늘날 그리스도 교회 전체가 행하는 기독교적 활동의 실제적인 추진
세력이다.

그와 같이 말라기 시대는 놀라울 정도로 우리 시대와 일치하고, 구약 시대
의 마지막 메시지는 신약 교회의 마지막 시대에 대해 비상 나팔처럼 울린다.
이 메시지의 엄숙한 경고를 받아들이도록 하자. 이 메시지가 담고 있는 밝고
복된 약속을 기뻐하자. 우리가 주의 오심을 기다리는 이 거룩한 적은 무리
가운데서 발견되도록 하자.

성령의 특별한 약속

이 예언서에는 특별한 약속이 두 가지 있다. 첫 번째는 세례자 요한이 오
리라는 것이다. "내가 내 사자를 보내리니 그가 내 앞에서 길을 준비할 것이
요"(3:1). 둘째는 주께서 첫 번째 강림 때 친히 오시겠다는 것이다. "만군의
여호와가 이르노라 … 너희가 구하는 바 주가 갑자기 그의 성전에 임하시리
니 곧 너희가 사모하는 바 언약의 사자가 임하실 것이라"(3:1).

물론 이것은 주 예수 그리스도께서 성육신으로 오심과 지상 사역을 가리
키는 것이다. 그러나 이 약속은 또한 성령의 사역에 대한 것으로도 이해할
수 있다. 사실 그리스도의 사역과 성령의 사역이 여기서는 아주 밀접하게 연
결되어 있어서 하나가 어디에서 시작되고 다른 하나가 어디에서 끝이 나는
지 말할 수 없다. "그가 임하시는 날을 누가 능히 당하며 그가 나타나는 때
에 누가 능히 서리요 그는 금을 연단하는 자의 불과 표백하는 자의 잿물과
같을 것이라 그가 은을 연단하여 깨끗하게 하는 자 같이 앉아서 레위 자손을
깨끗하게 하되 금, 은같이 그들을 연단하리니 그들이 공의로운 제물을 나
여호와께 바칠 것이라"(3:2-3).

다음 장에서 장차 올 다른 날에 대한, 성령의 불이 태워 없애버리지 못한 모든 찌꺼기를 다 태워 재로 만들어 버릴 다른 불에 대한 세 번째 약속이 나온다. 물론 이것은 주의 재림의 날이다. 이 재림의 날이 오기 전에 어떤 의미에서 엘리야의 사역, 곧 이스라엘의 돌아오는 자녀들에게 의의 떠오르는 해를 주고 하나님을 기다리는 성도들에게 천년 왕국을 줄 사역이 있을 것이다.

지금 우리가 다루고 있는 주제는 이 약속들 가운데 두 번째 약속, 곧 성령에 대한 약속이다.

1. 주 예수와 연결됨

그 약속은 우리가 이미 살펴 본 대로 주 예수님 자신의 사역과 직접적으로 연결되어 있다. 그것은 마치 그 모든 것이 그리스도 자신의 활동인 것처럼 이야기되고 있다. 그러나 우리는 연단하는 불을 가져오고 표백하는 자의 잿물을 가져온 분이 어떤 분인지, 곧 그분이 바로 성령이심을 안다. 그렇지만 "성령으로 세례를 베푸는"(요 1:33) 분은 바로 그리스도이시다. 성령이 오실 때 모시고 오는 분이 바로 그리스도이시다. 따라서 그것은 한 분 하나님의 두 위를 통해 오는 한 생명이고 한 활동인 것이다.

2. 깨끗하고 정결하게 하기 위해 오심

성령께서 오셔서 하는 일은 깨끗하고 정결케 하는 것이다. 성령은 거룩한 영이시다. 그러나 거룩함에는 두 단계가 있는 것으로 암시된다. 첫 번째 단계는 죄로부터 깨끗하게 하는 일이다. 두 번째 단계는 금을 단련하여 더 높은 순도와 아름다운 금으로 만드는 일이다. 성령께서는 오셔서 신자의 마음 속에서 이 두 가지 일을 하신다. 알려진 모든 죄로부터 깨끗하게 하는 일과 단련하고 연마하며 하나님의 선하고 받아들이실 만한 모든 뜻의 충만함에 이르도록 변화시키는 것은 다른 일이다. 선한 뜻이 있지만 또한 받아들이실 만한 뜻이 있다. 그 다음에는 하나님의 온전하신 뜻이 있다. 성령께서는 우리가 이 지극히 고귀한 뜻을 깨닫게 되기를 열망하신다. 어린양의 신부로서 혼인 예복은 깨끗할 뿐만 아니라 밝은 것으로도 묘사된다. 즉 그리스도 자신이 변화산에서 입으신 의복처럼 영광스럽고 아름다운 것이다. 쇠는 금보다

귀하게 될 때까지 연단할 수 있다. 그와 같이 우리 마음이 이 세상에서 정결케 될 뿐만 아니라 영광스럽게 될 수 있다.

3. 이중적인 비유

이 이중적 사역에 상응하는 두 가지 비유, 곧 연단하는 자의 불과 표백하는 자의 잿물이 나온다. 잿물은 외적인 청결을 위한 것이고, 불은 내적이고 본질적인 변화를 위한 것이다. 불은 물이 다다를 수 없는 곳에 침투할 수 있고, 물과 잿물이 소용없는 곳에서 사용될 수 있다. 불은 본성적으로 파괴할 수 없는 것을 깨끗하게 하는데 사용될 수 있다. 은과 금이 불을 견딜 수 있는 것은 두 가지가 불연성 물질이기 때문이다. 은과 금은 단련하면 할수록 두 금속의 순도를 그만큼 높이게 된다. 그래서 성령의 불은 우리가 하나님과 연합되며 하나님의 성품에 참예하는 자가 될 때에만 우리에게 오실 수 있다. 그러면 우리는 불을 두려워하지 않는다. 불은 우리를 해치지 못하고 단련할 뿐이다. 친애하는 형제들이여, 우리 가운데 잿물과 물만 통과한 사람들이 있다. 하나님께서는 우리의 의복을 불에 태우기를 원하신다. 그러면 "왕의 딸은 궁중에서 모든 영화를 누리니 그의 옷은 금으로 수 놓았도다"(시 45:13). 따라서 이 옷은 어떤 불길도 손상시키거나 태우지 못한다.

4. 성령의 활동은 조급하게 이루어지지 않는다

"주가 임하리니"(말 3:1). 이는 매우 인상적인 말이다. 주께서는 자신의 일을 서두르지 않으신다. 즉 불의 사역이 깊으면 깊을수록 성령의 내적 활동도 그만큼 더 강화된다. 성령의 세례, 곧 성령을 받는 일이 있다. 즉각적이며 완전한 성령의 깨끗하게하는 사역이 있다. 그러나 그 이후의 사역이 있다. 즉 뒤따르고 가득 채우며 태우는 연단하는 자의 일이 있는데, 이것은 시간이 걸릴 수밖에 없다. 하나님께서는 기꺼이 시간을 내려고 하신다. 우리도 시간을 내도록 하자. 이 비유는 아주 사려깊은 관심을 암시한다.

주께서는 풀무에 앉아 계신다. 하나님은 잠시라도 이 귀한 일에서 떠나지 않으신다. 주께서는 녹은 금에 자신의 얼굴이 비치는 것을 보는 순간이 오면 일이 완성되었다는 것을 알고 불을 제거한다. 영혼을 변화시키고 그 속에 들어가 순종과 믿음을 통해 우리를 성결케 하고 보존하시는 자로서 우리 마음을 당신의 영원한 거처로 삼으시는 일에서 성령의 직접적이고 즉각적인 사역을 바르게 이해하는 것은 큰 일이다. 이 일에 이어 성령은 우리의 영적 능력을 개발하고 채우는 일과 우리의 마음을 살피고 확대하며 우리를 인도하여 그리스도의 성숙한 인간이 되게 하는 일을 서서히 해 나가신다.

성령께서 우리에 대해 그 같은 수고를 하시되 지치지 않는 사랑을 가지고 또 우리 속에서 마침내 "모든 선을 기뻐함"(살후 1:11)을 이룰 때까지 수고하신다는 것은 참으로 놀랍고 은혜로우며 자비로운 일이다. 성령께서는 그의 뜻을 행하는 모든 선한 일에 우리를 온전케 하신다. 다시 말해서 성령은 하나님을 기쁘시게 할 일을 우리 속에서 이제와 영원히 영광을 받으실 그리스도를 통하여 행하신다. 아멘. 아, 성령께서 우리의 행하는 길에 서서 사람들이 이같이 외치는 소리를 들으실 수 있다면 좋을 텐데.

> 연단하는 불이 내 마음을 관통하고
> 내 영혼을 비추며
> 성령의 생명을 모든 부분에 흩뿌리어
> 내 전체를 성결케 하소서.

5. 봉사를 위한 모든 것

마지막으로, 이 모든 것은 봉사를 위한 것이다. "그가 은을 연단하여 깨끗케 하는 자 같이 앉아서 레위 자손을 깨끗하게 하되 금, 은 같이 그들을 연단하리니 그들이 공의로운 제물을 나 여호와께 바칠 것이라"(말 3:3). 이것이 성령께서 은혜로 행하시는 모든 사역에서 하나님의 큰 목적이다. 하나님께서 우리에게 성령을 주시는 것은 우리에 대해서 일을 종결짓기 위함이 아니다. 영적 복과 능력을 구하는 일에서 우리의 목적이 자신의 즐거움이나 자기 힘의 증대, 자랑이라는 것을 주께서 보신다면 우리는 그 응답을 받지 못할 것이다. 우리의 목적이 하나님처럼 다른 사람들에게 복을 전달하는 통로가 되고 하나님께서 사용하시는 도구가 되고자 하는 것이라면 하나님은 우리를 충만하게 채우고 우리가 얼마든지 소원하는 대로 우리를 사용하실 것이다. 주면 줄수록 우리는 그만큼 더 많이 받게 되어 마침내 우리가 그 자리에 있는 것만으로도 사람들에게 복이 될 것이다. 이것이 열매를 맺지 못하는 마음과 생명 없는 교회를 해결하는 비결이다. 열매 없는 마음과 생명 없는 교회란 출구 없이 받기만 하여 더 이상 물을 담을 수 없고 마침내는 이미 받은 물마저 정체되어 썩는 웅덩이가 되는 사해이다.

복과 봉사는 "성령이 너희에게 임하시면 너희가 권능을 받고 내 증인이 되리라"(행 1:8)는 옛적의 약속에 따라 서로 손을 잡고 나란히 나아간다.

구약은 성령의 영광스런 약속과 함께 끝이 난다. 신약에서 그 약속이 얼마나 영광스럽게 성취되었는지! 우리도 생활로 그 약속을 이루자. 우리의 말과 행실로써 그 약속을 전하되 주의 재림이라는 훨씬 더 큰 약속이 이루어질 때까지 그리하자. 그때는 우리가 더 풍성한 성령의 내주하심에 이를 것이고, 장차 올 시대에는 여기서 우리가 지금까지 구하거나 생각하지 못한 더 고귀한 사역 에 이를 것이다.

우리는 구약에 나타난 성령의 이 같은 설명을 다 마쳤다. 다음에는 신약과 성령 시대라는 한낮의 더욱 충만한 빛을 살펴볼 것이다. 구약 시대의 불완전한 빛 가운데서라도 성령께서 그처럼 영광스런 결과를 이루었고 하나님의 은혜와 능력에 대한 그처럼 빛나는 예들을 남겼다면, 하물며 성령께서 아침의 아들들이며 그의 모든 진리와 은혜의 상속자인 우리들에게 훨씬 더 많은 것을 기대하셔야 하지 않겠는가! 하나님께서는 우리가 우리의 유업에 합당한 자가 되고 맡은 임무에 충성을 다하는 자가 되도록 도우신다.

제 1 장

주 예수 그리스도의
생애에 나타난 성령

나는 너희로 회개하게 하기 위하여 물로 세례를 베풀거니와 내 뒤에 오시는
이는 나보다 능력이 많으시니 나는 그의 신을 들기도 감당하지 못하겠노라
그는 성령과 불로 너희에게 세례를 베푸실 것이요(마 3:11).

　선구자의 입에서 나온 이 말은, 그가 끝을 맺고 있던 구약 시대와 예수께
서 이제 막 이끌어 들이고 계시는 신약 시대 사이에 큰 차이가 있을 것을 암
시하고 있다.

　그 차이는 성령을 하나님의 백성들에게 부어 주시는 방식과 정도에서 매
우 두드러지게 나타날 것이며, 또한 구속의 사역에서도 나타날 것이다. 여기
서 물과 불이라는 두 가지 자연적인 상징이 사용된 것은 두 시대의 차이를
표시하기 위해서였다.

　성령은 구약 시대에도 세상에 계셨고 선지자들과 하나님의 사자들을 통해
말씀하셨으며 하나님의 택하신 종들과 인물들의 생활에서 하나님의 뜻을
성취하시는 것을 우리는 보았다. 그러나 신약 시대는 현저하게 성령 시대이
다. 따라서 구약과는 엄청난 차이가 있을 것이라고 예상할 수 있다. 성령의
임재와 나타남에서 구약과 신약의 주요 차이점은 다음의 구체적인 몇 가지
사실로 요약할 수 있을 것이다.

　1. 구약 시대에 성령은 특별한 봉사를 수행하기 위해 특정 개인에게 주어
졌다. 신약 시대에는 성령을 모든 육체에게 부어 주리라(행 2:17)는 약속이
있다. 그래서 사람들은 서로에게 "주를 알라"고 말할 필요가 없다. 이는 하

님의 기름 부으심으로 인해 "그들이 작은 자로부터 큰 자까지 다 나를 알기"(히 8:11) 때문이다. 모든 신자에게 보편적으로 성령을 부어 주신다는 사실이 신약 시대의 현저한 특징이다.

2. 구약 시대에는 성령이 사람들 안에 계시기보다는 사람들과 함께 있고 사람들 위에 계셨다. 신약 시대에는 성령께서 오셔서 우리 속에 거하고 우리를 개인적으로 하나님과 연합시키며, 우리 안에서 사역을 위한 능력과 준비의 영만이 아니라 또한 생명과 거룩함과 하나님과의 친교의 영으로 계신다. 우리가 받는 것은 성령의 영향력이 아니라 삼위 하나님인 성령이시다.

3. 이제 세 번째 차이점을 생각해 보자. 즉 구약 시대에는 성령이 세상에 거주하시지 않고 때때로 필요한 경우에 세상을 방문하셨다. 그러나 이제는 성령께서 이 세상에 거주해 계신다. 이 세상이 성령의 거처인 것이다. 성령께서는 예수님이 성육신하여 삼십삼 년간 땅에 거주하신 것과 같이 사람들의 마음과 그리스도의 교회 안에 거하신다.

4. 가장 중요한 차이점은 이것이다. 구약 시대에는 성령이 그 신성의 영광과 위엄을 입고 아버지의 영으로 오신 반면에, 신약에서는 우리에게 예수를 나타내고 우리가 생활과 경험에서 예수를 현실적으로 알 수 있게 하기 위해 아들의 영으로 오셨다는 사실이다. 사실, 구약 시대에는 성령의 인격이 충분히 드러나지 않았다. 그래서 성령께서 3년 반 동안 나사렛 예수의 마음에 거하시고, 성육신하신 우리 주와 인격적인 연합에 의해 인간화되고 채색되며 우리에게 더 가까이 오실 필요가 있었다.

어떤 의미에서 우리 주님은 자신의 마음을 뒤에 남겨 놓으셨고, 그래서 성령께서 오셔서 우리 속에 거하실 때 살아 계신 그리스도를 모시고 오므로 우리 마음이 그리스도의 인격을 실제적으로 경험할 수 있게 된다.

이것이 요한복음 7:37, 38의 주목할 만한 구절이 의미하는 바이다. 여기서 주님은 성령이 믿는 자 속에서 생수의 강처럼 흘러나올 것이라고 말씀하셨다. 요한복음의 기자는 "예수께서 아직 영광을 받지 않으셨으므로 성령이 아직 그들에게 계시지 아니하시더라"(요 7:39)는 말을 덧붙인다. 이것은 장래에 나타나기로 된 성령이 예수께서 승천하시기 전까지는 나타나지 않았다는 뜻이다. 이제 성령께서는 그리스도의 영으로 우리에게 오신다. 그러므로 주께서 세례 받으신 일과 그의 지상사역에서 성령과 우리 주님의 관계를 살펴보는 것은 매우 흥미있는 일이다.

바로 이 점이 지금 우리가 다루려고 하는 주제이다. 성령께서 친히 그 사실을 우리 모든 이의 마음에 조명하고 깨닫게 하여 주시기를 구한다!

성령으로 태어남

우리 주님은 성령으로 태어나셨다. 천사가 마리아에게 고지한 내용을 보면 그리스도의 수태와 성육신이 성령과 직접 연결되어 있다. "성령이 네게 임하시고 지극히 높으신 이의 능력이 너를 덮으시리니 이러므로 나실 바 거룩한 이는 하나님의 아들이라 일컬어지리라"(눅 1:35).

이 신비, 곧 거룩한 그리스도께서 범죄한 인류의 딸에게 잉태되고 태어났다는 사실은 인간의 머리로는 다 헤아릴 수 없다. 우리는 마리아가 죄없이 순결하다고 믿지는 않지만 죄없이 마리아에게서 태어난 하나님의 아들이 무흠하다는 것은 믿을 수 있다.

마리아가 불완전하고 죄있는 여인이었다는 바로 이 사실 때문에 이 신비의 영광이 더욱 드러나고, 이 영광스런 신비로 말미암아 우리도 우리의 살아계신 머리와 온전히 사귐을 갖게 된다. 왜냐하면 예수께서 성령으로 태어나신 것과 꼭같이, 예수의 제자인 우리도 성령으로 태어나야 하기 때문이다. "사람이 물과 성령으로 나지 아니하면 하나님의 나라에 들어갈 수 없느니라"(요 3:5).

이 성육신의 신비는 한 영혼이 그리스도 예수 안에서 새롭게 창조될 때마다 반복된다. 썩지 않는 영원한 생명을 하나님의 영이 아담의 자손이라는 부정한 자손 속에 심으시는 것이다. 그 씨는 원래 하나님의 생명에서 나온 것이므로 거룩하고 썩지 않는다. 여러분이 즐거운 봄날에 주위를 둘러보면 칙칙한 흙에서, 지저분한 쓰레기 더미에서 작고 하얀 싹이 한점 오염도 없이 깨끗하게 나오는 것을 볼 수 있듯이 성령께서 파괴된 우리의 이 인간성으로부터 거듭난 영혼의 생명이 나오도록 하신다. 그리고 그 놀라운 사실을 경험한 사람이라도 여전히 불완전한 존재일 수 있지만, 그 속에는 사도가 말한 다음과 같은 사실을 여전히 지니고 있다. "하나님께로부터 난 자마다 죄를 짓지 아니하나니 이는 하나님의 씨가 그의 속에 거함이요 그도 범죄하지 못하는 것은 하나님께로부터 났음이라"(요일 3:9). 그 사람이 죄를 지을 수 있으나 그 속에 심겨진 거룩한 본성은 죄를 지을 수 없다. 그 본성 또한 그를 지으신 분처럼 거룩하기 때문이다.

"거룩하게 하시는 이와 거룩하게 함을 입은 자들이 다 한 근원에서 난지라 그러므로 형제라 부르시기를 부끄러워하지 아니하시고"(히 2:11). 그분처럼 우리도 성령으로 났고 하나님의 아들이 되는데, 이것은 양자됨으로 인해서가 아니라 신적 중생으로 인해서이다.

성령으로 세례받으심

예수 그리스도께서는 성령으로 세례를 받으셨다. 그리스도는 성령으로부터 자신의 인격과 성육신한 생명을 받고 삼십 세 때에 생명과 고난과 봉사의 사역에 자신을 바쳤다. 예수께서는 자기 부인과 죽음을 받아들이심의 표시로 요단 강 물가로 내려가셨다. 하늘이 열렸고, 예수께 생명을 주어 태어나게 하신 그 성령께서 이제 내려와 친히 그리스도를 사로잡고 그 이후 그리스도 안에 거하셨다.

이것이 그리스도의 성육신보다 초월적인 일이었다는 것을 잠시라도 부인하는 사람은 없을 것이다. 지금까지는 한 인격이 있었는데, 이후로는 두 인격이 있었다. 이는 성령께서 그리스도에게 더하여졌기 때문이다. 그래서 이후로 예수께서는 내주하시는 성령의 힘으로 이 땅에서 일하고 말씀을 전하며 사역을 완수하셨다.

그러나 그리스도의 제자도 이 같은 경험을 한다. 우리가 성령으로 거듭나는 것만으로는 충분치 않다. 우리는 또한 성령으로 세례를 받아야 한다. 모든 그리스도인의 생활에는 위기의 시간, 곧 그 역시 죽음의 요단 강에 내려가고 모든 의를 이루기 위해 의지를 굽히는 때가 와야 한다. 그리스도인도 자신의 주님처럼 하나님이 거룩한 뜻 가운데서 자기에게 명하신 자기 부인과 봉사의 생활을 자발적으로 취한다. 성령이 하나님의 보증으로서 그리스도인에게 더하여진 것이다. 그러므로 이 둘은 하나가 아니고 둘이지만 또한 이 둘은 하나이다.

내 딸이 예배당의 한 통로를 따라 걸어나왔고 또 다른 한 사람은 다른 통로를 따라 걸어나왔던 날이 생각난다. 두 사람은 강단 앞에서 만나 간단하지만 엄숙한 의식을 마치고 되돌아 걸어나갔지만 처음에 나왔던 때와는 다르게 나갔다. 돌아간 것은 한 사람이 아니라 둘이었고 그러면서도 둘은 하나였다. 내 딸은 자신의 약함을 그 사내의 강함에 의지하였고, 그의 이름을 취하였으며 생활의 필요한 모든 것을 그에게서 얻기를 기대하였다.

그와 같이 신자가 성령의 손을 잡는 시간이 온다. 그렇게 되면 새롭게 변화된 신자는 바로 하나님 자신이라는 강력하고 엄청난 사실을 마음으로 경험하고 성령께서 친히 내주하심을 느끼게 된다.

이 사실이 에스겔서의 다음 두 문장에서 아주 완벽하게 묘사되고 있다. "새 영을 너희 속에 두고 새 마음을 너희에게 주되"(36:26). 이것이 바로 우리 속에 있는 새 마음이다. "또 내 영을 너희 속에 두어 너희로 내 율례를 행하게 하리니 너희가 내 규례를 지켜 행할지라"(36:27). 이것이 성령으로 받는 세례이다. 그래서 베드로와 다른 제자들은 오순절 성령 강림 전에 성령으로 거듭났던 것이다. 그러나 예수께서는 그들이 때가 되면 성령으로 세례를 받을 것이라고 약속하셨다. 그날이 온전히 왔을 때 진정한 그리스도인으로서 제자들의 생활에 신성한 인격, 곧 하나님의 무한한 임재와 충족함, 즉 전에 예수 그리스도 안에 계시며 활동하셨던 성령의 내주하심이 더하여졌다.

여러분은 이 사실을 경험하였는가? 여러분은 믿음 이래로 성령을 받았는가? 아니면 여러분의 신학적 전통과 선입견 때문에 복과 능력을 상속하기를 거부하였는가? 이제는 더 이상 그렇게 하지 말라. 주님과 함께 요단 강으로 내려가고, 주님과 함께 죽음으로 들어가서 주님과 함께 부활의 생명으로 일어나 성령의 세례를 받고 주께서 그러셨듯이 성령의 충만함과 자유함 가운데로 나아가도록 하라.

하나님의 아들께서 하늘로부터 이 능력을 받기 전에는 공적 활동을 하려고 생각하지 않으셨다면, 우리에게 맡겨진 사역을 우리 자신의 힘으로 수행하고 하나님의 증인이 되려고 하는 것은 얼마나 주제넘은 생각인가!

성령의 인도를 받음

"예수께서 성령의 충만함을 입어" 요단 강에서 돌아오사 광야에서 40일 동안 성령에게 이끌리시며 마귀에게 시험을 받으시더라(눅 4:1, 2). 복음서 기자는 이 사실을 특별히 강조하였다. 먼저 나타난 것은 마귀가 아니라 성령 이셨다. 마가복음에서는 그 어조가 더 강력하다. 성령이 곧 예수를 광야로 몰아내셨다고 적고 있다(막 1:12).

인간으로서 주님의 영혼은 후에 겟세마네의 고뇌를 두려워했듯이 광야의 무시무시한 시련에서 뒷걸음치려고 했을지 모른다. 성령께서는 하나님의 뜻 에 순종하고자 하는 저항할 수 없는 충동에 의해 주께서 앞으로 나가시도록 만들었다.

40일에 걸쳐 주님의 복은 도전을 받았고 주님의 신앙은 시험을 받았으며 주님의 영혼이 적에게서 온갖 공격으로 시련을 받았다.

주님은 자신이 믿는 모든 것과 모순되어 보이고, 자신에게 약속된 모든 것 에 위배되어 보이는 여러 장소로 끌려 가셨다. 마귀가 예수께 이렇게 물었을 법하다. "굶주린 채 황무지에서 들짐승들과 함께 지내며 하나님에게조차 버 림받고 무시당하며 온갖 고통을 받으면서 궁핍하고 처량하게 지내고 있는 당신이 정말로 하나님의 아들인가?"

그런데 이러한 모든 위험과 궁핍 가운데서 갑자기 주님 앞에 능력과 기쁨 의 광경이 펼쳐졌다. 주께서 단 한순간만 무릎을 꿇고 적의 지도권을 받아들 인다면 세상의 왕국들과 그 왕국의 영광이 주님의 차지가 될 것이었다. 물론 마귀는 주님의 고귀한 성품에 호소하였으며 스스로 광명의 천사로 나타났 을 것이다. 마귀는 또한 주님께 접근해서 주께서 사람들의 선과 세상의 유익 을 위해 사용할 수 있는 모든 능력을 보여드렸을 것이다.

이러한 것과 그 밖의 미묘한 암시와 유혹들이 사방에서 주님께 다가왔지 만 주님은 하나님 아버지의 뜻에 순종하고 아버지의 말씀을 의지하는 가운 데 요동치 않고 서 계시자, 마침내 사탄이 주님의 면전에서 물러나고 주님은 승리자로 당당하게 나오셨다.

예수께서 성령으로 세례 받으신 후에 우리가 맨 먼저 볼 수 있는 것은 황 량하고 먹을 것이 없는 광야이다. 이처럼 우리가 믿었던 것과 모순되어 보이 고 하나님의 약속이 불가능해 보이는 환경이 틀림없이 우리에게도 찾아올 것이다. 하나님마저 우리를 버린 것처럼 보이고 모든 것이 한밤중처럼 캄캄할 때 예상치 못한 곳으로부터 도움의 손길이 올 것이다. 우리가 단 한순간만 양심을 접어두고 속이는 자의 뜻을 받아들이기만 한다면 동정과 도움을 약속하겠다는 수많은 목소리가 들려올 것이다.

우리 주님이 당하신 모든 시험, 곧 육신의 정욕과 안목의 정욕과 이생의 자랑이 우리에게도 올 것이다. 이것은 하나님께서 금하시는 곳으로부터 도움을 받고 싶게 만드는 시험이 될 수도 있고, 혹은 우리 신앙마저 극단적인 광신과 교만으로 끌고 가는 시험이 될 수도 있다. 이 모든 것이 올지라도 성령께서 앞질러 광야에 들어가셨다면 그곳에서 우리를 인도하실 것이다. 눈을 들어 시험하는 자 너머에 계신 거룩한 구원자를 본다면 사탄도 우리편이 되지 않을 수 없으리라는 것을 발견할 것이고, 주님처럼 우리도 당당히 승리하여 적을 포로로 사로잡아 우리를 위해 싸우게 만들 것이다.

전투를 두려워하지 말자. 시험받는 일을 겁먹고 피하려고 하지 말자. 우리를 괴롭힐 불 같은 시험을 이상한 일당하는 것처럼 생각하지 말자. 마귀를 먼저 보지 말고 언제나 마귀 위에 계시는 주님을 보고 우리의 변호자요 인도자이신 우리 속에 계신 성령을 보도록 하자. "여호와께서 그 기운에 몰려 급히 흐르는 강물 같이 오실 것임이로다"(사 59:19).

우리는 세상의 전투에서 먼저 자신의 영혼 안에서 싸워야 한다. 다윗은 먼저 혼자서 골리앗을 맞선 다음에야 블레셋 군대를 만날 수 있었다. 예수께서 단 한 차례의 전투에서 사탄을 정복한 다음에야 나가서 우리 마음과 생활에서 사탄을 몰아내실 수 있다.

우리도 먼저 개인적인 영역에서 공적 봉사를 경험해야 하고 그 다음에 하나님께서 다른 사람들의 삶을 위해 우리에게 주실 승리 안에서 우리의 승리를 거듭 경험해야 한다.

우리가 모든 시험과 시련을 받을 때, 성령을 우리의 인도자로 믿고 의지하지 말아야 하는가? 성령께서 고난의 시련을 통해서 승리의 힘을 기르는 데까지 우리를 인도하시는 우리의 복되고 거룩한 훈련자이심을 믿지 말아야 하는가?

성령의 능력

우리는 예수께서 성령의 능력을 입고서 광야에서 갈릴리로 나가셨음을 본다. 주님은 전투를 치른 후 약해지지 않고 오히려 강해지셨으며, 나사렛 회당에 서서 하나님의 말씀을 공적으로 선포하시는 모습을 보게 된다. "주의 성령이 내게 임하셨으니 이는 가난한 자에게 복음을 전하게 하시려고 내게 기름을 부으시고 나를 보내사 포로 된 자에게 자유를, 눈 먼 자에게 다시 보게 함을 전파하며 눌린 자를 자유롭게 하고 주의 은혜의 해를 전파하게 하려 하심이라"(눅 4:18-19).

이후로 주님의 가르침과 활동, 능력 있는 기적들은 모두 직접적으로 성령으로 말미암은 것이었다. 주님의 기적적인 능력이 성령과 연관되어 있음을 보여 주는 아주 명백한 진술을 마태복음 12:28에서 보게 된다. "내가 하나님의 성령을 힘입어 귀신을 쫓아내는 것이면 하나님 나라가 이미 너희에게 임하였느니라." 즉 우리 속에 있는 귀신을 쫓아내시는 분은 바로 성령이시며, 바로 이 성령이 우리 속에 계시며 섭리를 통해 교회 안에서 하나님 나라를 영속시키시는 것이다.

그리스도 안에서 일하신 분이 바로 성령이신데, 이 성령을 주께서 사랑과 능력의 사역을 수행하도록 교회에 주셨다는 것은 매우 놀라운 진리이다.

이것이 바로 주님께서 다음의 말씀에서 의미하신 바이다. "내가 진실로 진실로 너희에게 이르노니 나를 믿는 자는 내가 하는 일을 그도 할 것이요 또한 그보다 큰 일도 하리니 이는 내가 아버지께로 감이라." 우리 속에 계신 성령이 그리스도 안에서 역사하신 바로 그 성령이다. 우리는 하나님의 아들을 명예롭게 하는 일에는 아무에게도 지지 않는다. 그분은 참으로 영원하신 하나님이요 "신 중의 참신"이셨다. 그러나 영광의 하늘에서 내려오셨을 때 주님은 자신의 독립적인 권능을 직접 사용하시기를 그치고 자발적으로 성령으로 말미암은 하나님의 능력을 의지하셨다. 주께서는 "내가 아무것도 스스로 할 수 없노라"(요 5:30)는 말씀을 끊임없이 하셨다. 주께서는 의도적으로 위치를 우리와 나란히 하셨고 지극히 천한 제자와 마찬가지로 모든 사역에서 자신을 지지하는 하나님의 능력을 계속해서 필요로 하셨다. 주께서 그 영광과 위엄에 손상을 입은 것은 아니다. "그는 근본 하나님의 본체시나 하나님과 동등됨을 취할 것으로 여기지 아니하시고 오히려 자기를 비워 종의 형체를 가지사 사람들과 같이 되셨고"(빌 2:6-7). 그래서 주님은 공생애 내내 의존적인 위치로 지내셨는데, 이는 주께서 공적 모범이 되어 우리도 주께서 지니셨던 힘과 능력의 똑같은 비밀을 갖도록 하기 위함이고, 주께서 성령으로 말미암아 이기셨던 것만큼 우리도 확실히 이기도록 하기 위함이다.

하나님의 아들이 지상에서 30년의 세월을 보내면서 위로부터 권능의 세례를 받기 전에는 단 한 차례도 공적 사역을 수행하시지 않는 모습은 참으로 장엄하다. 성령의 세례를 받으신 후에 주님은 42개월이라는 짧은 기간에 집중적으로 격렬한 활동과 전능한 능력으로 이루어진 생애를 사셨다!

그런데 주께서는 자신이 지닌 바로 그 능력을 우리에게 남기셨다. 주님은 자신 안에서 살고 활동하셨던 바로 그 성령을 교회에 남기셨다. 이 놀라운 선물을 받아들이도록 하자. 성령을 믿고 성령의 충족하심을 믿자. 성령을 받고 성령께서 거하실 자리를 드리도록 하자. 나가서 주님의 생애와 사역을 재현하고, 복되신 보혜사의 능력으로 말미암아 우리의 거룩한 신앙을 증거하는 신성한 기적을 계속 보여 주도록 하자.

바로 이것이 승천하신 주님이 주신 놀라운 선물이다. 이 선물이 오늘날 교회에 가장 절실히 필요한 것이다. 이것이 말세의 특별한 약속이다. 하나님께서는 우리가 이 선물을 주시기를 강력히 요청하도록 돕고 성령의 능력을 힘입고 나아가서 오실 주님을 맞이하도록 도우신다.

제 2 장

성령으로 세례 받으심

그는 성령과 불로 너희에게 세례를 베푸실 것이요(마 3:11).

이 말씀은 구약의 마지막 약속의 메아리처럼 들린다. 구약에서 "사자"가 발하던 그 목소리를 신약에서 "선구자"가 말하고 있다. "그는 금을 연단하는 자의 불과 표백하는 자의 잿물과 같을 것이라 그가 은을 연단하여 깨끗하게 하는 자 같이 앉아서 레위 자손을 깨끗하게 하되 금, 은 같이 그들을 연단하리니 그들이 공의로운 제물을 나 여호와께 바칠 것이라"(말 3:2-3).

앞 장에서 우리는 성령과 그리스도의 관계를 살펴보았다. 첫째, 그리스도는 성령으로 말미암아 출생하셨고, 다음에는 성령으로 세례를 받으셨으며, 그 다음에는 나가서 성령의 능력으로 공적 생애와 사역을 수행하셨다.

"거룩하게 하시는 이와 거룩하게 함을 입은 자들이 다 한 근원에서 난지라"(히 2:11). 그와 같이 우리도 그리스도의 모범을 따라야 하고 그리스도의 삶을 재현해야 한다. 그리스도처럼 성령으로 거듭난 우리도 성령으로 세례를 받아야 하고 나가서 그리스도의 삶을 살고 그의 사역을 재현해야 한다. 그래서 우리의 다음 주제는 주 예수 그리스도를 통한 성령 세례이다.

세례자

성령으로 세례를 주는 일은 그리스도께서 하실 일이다. 죄인이 먼저 찾아가는 대상은 성령이 아니라 그리스도이시다. 우리가 맨 먼저 할 일은 예수를 영접하는 것이고 그 다음에 성령을 받아야 한다. 그러므로 구약의 큰 약속은 그리스도의 오심이고, 반면에 신약의 큰 약속은 성령의 오심이다.

예수께서 아버지 하나님으로부터 성령을 받으셨다. 우리는 예수님으로부터 성령을 받는다. 성령을 충만히 받기 위해서는 먼저 그리스도를 우리의 구주로, 우리의 내주하시는 생명으로 영접하는 것이 필요하다.

성부께서 그리스도에게 성령을 조금 주신 것이 아니라 한량없이 주셨다. 그래서 그리스도께서 우리 안에 계신다면 그리스도께서 우리 속에 성령을 모시고 올 것이다. 그러면 성령께서 예수 그리스도 안에 계시는 만큼 우리 안에도 거하실 것이다.

단순한 우리 인간의 마음은 성령의 전이 되기에 적합하지 않다. 우리가 성령을 받되 그의 생명과 능력을 충만히 받을 수 있고 받도록 준비되는 것은 오직 우리가 그리스도와 연합되었을 때뿐이다. 지금도 성령을 받으시는 분은 우리 속에 계신 그리스도이시다.

그래서 우리 주께서 부활 후 세상을 떠나려고 하실 때 제자들을 향하여 숨을 내쉬시며 다음과 같이 말씀하셨다는 사실이 의미심장하게 기록되어 있다. "성령을 받으라"(요 20:22). 성령은 그리스도의 숨을 통해서 제자들에게 임하셨다. 이 의미심장한 행동은 성령께서 그리스도 자신과 그리스도의 생명으로부터 제자들에게 전달되었다는 사실을 강조하였다. 제자들을 향하여 숨을 내쉬신 행동이 즉각 제자들의 마음 속에 성령이 거하시도록 만든 것은 아니었다. 왜냐하면 그 일은 오순절이 되기 전에는 일어날 수 없었기 때문이다. 그러나 그것은 성령을 받는 일이 예수님 자신과 연결되어 있음을 의미하였다. 그래서 성령께서 오셔서 제자들 속에 거하실 때 제자들은 성령을 예수의 영으로 받았고, 세상을 떠나시는 주께서 입맞춤과 숨으로 그들에게 전해 주신 것으로 받았다.

이미 앞에서 본 대로, 성령은 그리스도의 영으로 우리에게 오시고, 또 그리스도 자신의 마음으로 오신다. 즉 그리스도 안에서 큰 기사들을 행하셨고 이제는 우리 안에서 그 일들을 다시 행하시는 분으로 우리에게 오신다.

성령으로 세례를 받으려면, 예수님을 충만히 영접하라. 예수께 가까이 가고, 그의 입술로부터 성령을 들이마시자.

세례

그리스도께서 우리에게 베풀어 주신 세례란 무엇인가?

때로 우리는 이 점을 두고 마치 주께서 자신과 다른 어떤 것, 즉 어떤 종류의 영향력이나 느낌 혹은 능력으로 우리에게 세례 주시는 것으로 생각한다. 그러나 사실은 성령 자신이 바로 그 세례이다. 그리스도께서 세례를 주시는데, 그것은 바로 성령으로 세례를 주시는 것이다. 그러므로 성령으로 말미암는 세례는 단 한번만 있고, 그 후에는 성령께서 친히 우리 속에 내주하는 생명으로 계신다.

"세례 준다"는 말은 다음과 같은 점에서 의미가 깊다. 문자적으로, 그 말은 "성령으로 세례를 준다"고 번역할 수도 있다. 세례 준다는 말이 물에 가라앉힌다는 뜻이고, 그것은 언제나 죽음과 부활의 개념을 지니고 있음은 말할 필요가 없을 것이다. 성령을 받는 것과 관련해서 여기에는 매우 중요한 어떤 점이 있다. 그것은 우리가 세례를 받아 죽음으로 들어갔다가 생명으로 다시 살아났고, 그렇게 해서 하늘로부터 성령을 받았다는 의미이다. 예수께서 죽음의 상징이었던 요단 강에 내려가셨다가 비둘기 같은 성령을 받으셨던 것과 같이 우리도 모든 힘과 생명이 죽는 곳으로 내려가서 자신을 완전히 그리스도께 드리고 나서 그리스도와 함께 하는 새생명으로 부활하고 새생명의 보증이자 원천이신 성령을 받아야 한다.

성령으로 세례 받는 일의 가장 중요한 조건은 우리가 진정으로 자신의 생명에 대해 죽고 그리스도의 부활의 의미를 경험한다는 것이다. 우리는 머리카락 하나도 보이지 않게 완전히 물속에 가라앉아야 한다. 스스로를 완전히 포기할 때 우리는 하나님을 경험하게 될 것이고, 또 어떤 의미에서 우리가 성령을 받았지만 더 큰 의미에서는 우리가 성령 안으로 받아들여졌다는 것을 발견하게 될 것이다. 성령은 너무도 광대하고 영광스러우셔서 어떤 사람도 그의 충만하심을 다 받을 수 없다. 그러므로 성령께서 우리의 전 존재를 넘치도록 채운 후에는 광대한 대양처럼 무한히 흘러 넘치실 것이며, 우리는 지칠 줄 모르는 생명의 요소인 그 대양 속에 항상 있게 될 것이다.

성령으로 세례를 받는다는 것은 우리가 살아 계신 성령의 인격과 연합되는 것임은 말할 필요조차 없는 사실이다. 성령의 인격은 영향력이 아니다. 그것은 우리가 그 속으로 빠져드는 개념이나 느낌 혹은 능력, 기쁨이 아니다. 성령은 사랑의 마음이고 지성이며 나사렛 예수 그리스도만큼 그리고 우리 자신의 인격만큼 현실적으로 살아 계신 존재이다.

성령 세례의 상징인 불

"그는 성령과 불로 너희에게 세례를 베푸실 것이요"(마 3:11). 이 말은 성령과 불이 다르다거나 불의 세례는 성령의 세례와 별개라는 뜻이 아니다. 단지 불이라는 표상이 이 신성한 세례의 효력과 능력을 더 충분히 표현한다는 의미일 뿐이다. 그것은 진정으로 하나님으로 세례 받은 영혼은 불타고 있는 영혼이라는 의미이다. 불은 자연의 원소들 가운데 가장 강렬하며 시사적인 원소로서 특별히 성령을 상징하기 위해 사용된 것으로 보인다.

1. 불은 꿰뚫는 요소이다. 불은 사물의 근성과 핵심까지 뚫고 가며 내면적이고 본질적으로 작용한다. 그와 같이 성령은 "혼과 영과 및 관절과 골수를 찔러 쪼개기까지 하며 또 마음의 생각과 뜻을 판단하나니"(히 4:12). 성령께서는 우리 존재의 가장 깊은 곳을 살피며 "중심이 진실함을"(시 51:6) 요구하고 또 일으키기도 하신다.

2. 불은 정결케 하는 요소이다. 불은 금에서 불순물을 제거한다. 불은 그루터기를 태워버리고 그릇에 붙은 모든 오염 물질을 깨끗이 제거한다. 불은 깨끗케 하고 성결케 하시는 하나님의 영을 상징하는 표상이다. 이 하나님의 영만이 범죄하고 타락한 영혼을 정화할 수 있고 죄의 찌꺼기들을 태워 없앨 수 있으시다.

3. 불은 소멸시키는 요소이다. 불은 지극히 파괴적인 힘이다. 그같이 성령께서는 파괴될 수 있는 것은 모두 파괴하고 부패하기 쉬운 것은 죄다 소멸하며 타기 쉬운 것들은 다 태워버리신다. 하나님께서는 그처럼 완전히 태워버려진 백성을 원하신다. 그래서 마지막 심판날의 시험하는 불이 올 때, 탈 것들이 아무것도 남아 있지 않기를 원하신다.

성령께서 오셔서 시들게 하시되 거룩하고 영원한 것 외에는 아무것도 남지 않을 때까지 시들게 하실 것은 죄있는 생명뿐만 아니라 세상적인 것, 곧 본성적이고, 자기중심적인 생명도 시들게 하실 것이다. "풀은 마르고 꽃이 시듦은 여호와의 기운이 그 위에 붊이라"(사 40:7). 우리는 이 복된 불을 싫어하는가? 이 복된 불꽃을 환영하지 말아야 할까? 우리는 시들고 부패하는 것들이 싫지 않은가? 죽지 않는 생명, 결코 사라지지 않는 사랑과 우정, 그리고 하늘에서 우리를 기다리고 있는 보물들을 원하지 않는가?

4. 불은 정련하는 요소이다. 그와 같이 성령께서는 위대한 정련자이시다. 성령께서 오시는 것은 우리를 깨끗이 하기 위해서만이 아니라 어린양의 혼인잔치를 위한 천상의 예복에 맞도록 우리 영혼을 개선하고 성숙시키며 아름답게 하고 영광스럽게 하기 위해서이기도 하다. "그가 은을 연단하여 깨끗하게 하는 자 같이 앉아서"(말 3:3). 성령의 사역에는 순간적인 일이 있고 점진적인 일도 있다. 성령께서 우리에게 세례를 베풀어 영원히 자신과 연합시키는 활동이 있다. 성령께서 풀무불 옆에 앉아서 녹이고 있는 은을 지켜보다가 은이 온전히 성령의 형상을 반영할 때가 되면 불을 치우고 일이 끝났다고 선언하시는 과정이 있다. 성령께서 오신 것은 우리에게 사랑을 주시기 위함만이 아니라 사랑의 친절함과 인내를 주실 뿐만 아니라 "모든 견딤과 오래 참음"(골 1:11), 정결하고 참되고 정직한 것들뿐만 아니라 사랑스럽고 칭찬할 만한 것들(빌 4:8)도 주시기 위함이다. 그러므로 우리는 단련하는 불을 환영하자. 성령께서 우리 마음 속에 오셔서 우리가 "궁중에서" 어린양의 혼인 잔치에 나갈 금으로 짠 희고 깨끗한 옷을 입고 "모든 영화를 누리기"(시 45:13)에 이르기까지 그의 영광스런 사역을 수행하도록 하자.

5. 불은 우리의 자양을 위한 음식을 준비하는데 필요한 요소이다. 사람은 곡식이나 고기를 날로 먹고 살 수 없다. 곡식이든 고기든 위생에 좋고 영양이 높도록 하기 위해서는 불로 요리하는 과정을 거쳐야 한다. 그와 같이 성령께서도 우리의 영적 생활을 위해 하나님의 말씀을 준비한다. 허다히 많은 사람들이 날것과 같은 냉랭한 신학을 먹고 산다. 그들이 영적으로 허약하고 심한 소화불량으로 몹시 고통받고 있는 것은 이상한 일이 아니다. 아주

작은 진리라도 성령께서 사랑하시는 손길로 철저히 준비하여 우리에게 제시하면 무미건조한 신학과 학문적인 주석 몇 권 분량의 가치를 갖는다. 유월절 양은 "날것으로나 물에 삶아서"(출 12:9) 먹어서는 안 되고, 반드시 불에 구워 적절히 준비해서 먹어야 했다. 성령은 그리스도의 피와 진리의 말씀만큼이나 필요하다. 성령 없이 설교하려고 하는 사람은 매우 어리석은 설교자이고, 성령의 복되신 기름 부음과 끊임없는 조명 없이 하나님의 진리와 능력을 찾으려고 기대하는 사람은 지극히 어리석은 그리스도인이다.

6. 불은 활기를 띠게 하는 요소이다. 그와 같이 성령은 생명의 원천이다. 봄과 꽃, 곤충 세계의 떼지어 다니는 생명체를 만드는 것은 무엇인가? 그것은 봄의 온기이고 태양의 불이다. 그와 같이 성령께서는 우리의 영적 존재 전체에 생명력을 불어넣으신다. 자기 둥지에 떨어뜨려 놓은 생명체를 따뜻한 가슴으로 부화시키는 어미새처럼 성령께서도 우리의 모든 존재에 활력을 불어넣으며 아마도 수년 동안 잠자고 있을 씨에 생명과 복을 불어넣으신다. 성령은 우리의 영적 생활에 활기를 주고, 지적 생활에 자극을 주며, 신체 생활에 활력을 불어넣는 분이며 치료와 힘의 원천이 되신다.

7. 불처럼 성령께서는 완고한 마음을 녹이고 하나님의 거룩한 뜻과 지극히 고귀한 목적을 품은 형상으로 만드신다. 성령이 없으면 우리는 자신의 사상과 계획과 생각으로 굳어지게 되지만, 성령으로 충만한 영혼은 하나님께 대해서든 사람에 대해서든 모두 순응할 수 있다. 함께 지내기 편한 사람들이야말로 하나님으로 아주 충만한 사람이다.

성령은 기름칠을 하여 잘 돌아가게 하고 잘 숙성시키시는 분이다. 그래서 우리가 하나님의 뜻에 순종하고, 하나님께서 온전한 뜻에 따라 정하신 장소와 시간에 날마다 부닥치는 생활의 섭리에 순종해 가도록 하신다.

8. 불은 활력을 일으키는 원천이고 힘의 원천이다. 불은 전류의 실제 비밀이고 엔진을 구동시키는 요소이다. 그와 같이 성령은 모든 영적 능력의 원천이시다. 성령께서, 아니 성령만이 우리 생활을 효과있게 만드실 수 있고

우리가 하나님과 사람을 깊이 생각하게 만들며, 우리에게 존재의 중대한 목적을 주실 수 있다. 우리는 생활의 모든 영역에서 성령의 능력이 필요하다. 성령께서는 강단뿐만이 아니라 생활의 모든 영역을 위해서도 존재하시는 분이다. 성령은 자기를 영접하려고 하는 모든 사람에게 능력을 주시며, 생활을 효과 있게 하고, 존재의 목적을 성취하도록 하신다.

구약 시대는 노력과 분투와 수고의 생활이었다. 그때는 하나님의 도움이 있으면 더 바랄 나위가 없었다. 하나님의 그러한 도움은 영원히 지속된다. 그러나 이제는 하나님께서 자기 백성이 할 수 있는 만큼 하게 하시지 않는다. 오히려 하나님께서 그들의 생활과 일의 모든 책임을 스스로 떠맡고 그들의 마음에 들어가 마음을 차지하며 그들의 모든 일에 충족함이 되시겠다고 제안하고 계신다. 그래서 만일 우리가 불완전과 무능으로 말미암아 실패한다면 변명의 여지가 없다. 하나님께서는 우리가 하지 못한 일에 대해 책임을 묻고 계신 것이 아니라 하나님께서 우리에게 능력을 주어 일을 행할 수 있도록 기회를 드리지 않는 것에 대해 책망하고 계시는 것이다.

"성령이 너희에게 임하시면 너희가 권능을 받고"(행 1:8), "능력 주시는 자 안에서 모든 것을 할 수 있느니라"(빌 4:13).

9. 불은 따뜻하게 한다. 그와 같이 성령께서는 사랑과 열성과 거룩한 열심의 원천이시다. 성령께서는 우리의 영혼이 하나님과 의무와 사람에 대해 불타오르게 만드신다. 우리 모두가 거룩한 열정으로 불타게 만드신다. 평범한 사람이라도 거룩한 열심으로 충만하다면 머리가 뛰어난 사람보다 많은 일을 성취할 수 있다.

우리는 지금 열성적인 시대에 살고 있다. 인간 지성의 모든 세력들이 열정적으로 활동하고 있다. 열심을 품으라. 세상이 열심히 움직이고 있고 사탄도 열성적이다. 하나님께서도 열심을 품고 일하신다. 구속은 열심으로 행하는 사업이며, 구속하시는 자의 붉은 피를 대가로 치르는 일이다. 성령은 매우 열성적이시다. 하늘과 땅과 지옥에 있는 모든 것이, 곧 사람을 제외한 모든 것이 열심이다. 그리스도의 피로 구속 받고 영원한 복에 이르도록 운명 지워진 그리스도인이 하찮은 일이나 가벼운 일에 몰두하는 것은 무서운 일이다.

친구여, 생각해 보라. 여러분이 지금 낭비하고 있는 그날이 인생의 중간에서 끝나지 않고 마지막에 끝이 난다면, 여러분이 하찮게 보낸 인생을 생각하고 얼마나 소스라치며 몸서리치게 될지! 여러분이 낭비하는 시간을 인생의 총계에서 **뺀다면** 참으로 무시무시할 것이다! 사실이 그렇다. 하나님께서는 우리가 정신을 차리고 일어나 인생의 엄숙한 의미를 깨닫도록 도우신다.

성령께서는 우리가 열심을 내게 만드실 것이다. 사실, 성령을 가리키는 이름의 하나가 바로 이것이다. "우리 기업의 보증이 되사 그 얻으신 것을 속량하시고"(엡 1:14). 보증이란 현실을 의미한다. 성령께서는 여러 사실의 참된 현실을 나타내시며, 우리가 현실을 보고 열심을 내게 만드신다.

10. 마지막으로 불은 보호하는 요소이다. 성실한 목자는 밤에 우리 둘레에 작은 불 벽을 만들어 가축을 보호한다. 양무리 둘레에 광야의 마른나무들을 쌓아올리고 불을 지피면 들짐승이 불타는 둘레 속으로 들어오기를 무서워한다. 하나님께서 그같이 말씀하신다. "내가 불로 둘러싼 성곽이 되며 그 가운데에서 영광이 되리라"(슥 2:5).

성령께서는 우리를 악의 권세로부터 보호하신다. 하나님으로 불타는 가슴은 수많은 시험들을 내팽개친다. 강한 전류가 흐르는 전선은 포병부대만큼이나 강력하다. 뜨겁게 달구어진 난로 뚜껑은 그 위에 헛되이 앉으려고 하는 물방울을 튀게 만든다. 그와 같이 하나님의 영으로 충만한 마음은 시험과 죄와 슬픔과 질병까지도 막아낼 수 있다.

성령으로 충만하도록 하자. 그리하면 매력적인 생활을 영위하고 세상과 음부의 모든 권세로부터 보존될 것이다.

제 3 장

지혜로운 처녀와 어리석은 처녀
성령과 주의 오심

때에 천국은 마치 등을 들고 신랑을 맞으러 나간 열 처녀와 같다 하리니 그 중
의 다섯은 미련하고 다섯은 슬기 있는 자라 미련한 자들은 등을 가지되 기름
을 가지지 아니하고 슬기 있는 자들은 그릇에 기름을 담아 등과 함께 가져갔
더니(마 25:1-4).

마태복음은 왕의 복음이다. 이 복음서의 마지막 장들은 재림에 대한 주님
의 가르침으로 가득하다. 이 열 처녀의 비유는 주의 오심에 대한 교회의 태
도와, 그 큰 사건을 맞이할 수 있도록 우리를 준비시키기 위한 성령의 필요
성을 그리고 있다.

므나 비유에 나오는 열 명의 종처럼 이 열 명의 처녀도 전 교회를 대표한
다. 교회는 성경에서 종종 여자의 모습으로 표현된다. 처녀와 신부를 구별하
고, 신부는 이 비유의 이면 어딘가에 있고 지혜로운 열 처녀보다 훨씬 더 높
은 위치에 있다고 생각하는 것은 불필요하고 부적절한 일이다. 만일 그렇다
면 주님께서 이 마지막 강화들 어디에서도 그 등장인물의 그처럼 중요한 역
할에 대해 일체 언급하시지 않는다는 것은 이상한 일이다. 사실, 다른 곳에
서는 신부로 표현되는 것이 여기서는 처녀로 표현되었을 뿐이다. 때때로 교
회는 신부로 불리기도 하고, 때로는 건물로, 때로는 몸으로, 때로는 제자,
종, 혹은 처녀로 불리기도 한다. 그러나 그것은 언제나 같은 교회를 가리킨
다. 해석에서 필요한 것은 각 경우에 일관되게 사용된 그 인물의 정체를 바
르게 파악하고, 상상의 나래를 펴서 그 밖의 다른 특성과 부수적인 것을 억

지로 끌어대지만 않으면 된다. 그보다는 우리가 탕자의 비유에서 어머니에
대한 어떤 가정을 파헤치거나 어떤 비유에서든 배경으로서 필요하여 소개
된 모든 인물에 대한 의미를 일일이 찾아보려고 하는 것도 부질없는 일이다.
위대한 선생께서는 이 비유에서 한 가지 목적만을 염두에 두고 계신다. 즉
주님의 오심에 대비해서 특별히 준비할 필요가 있음을 가르치려고 하신 것
이다. 따라서 신학의 전 체계를 끌어들이려고 하면 머리만 혼란스럽고 이 교
훈의 간단한 목적에서 빗나가게 될 뿐이다.

지혜로운 처녀와 어리석은 처녀의 유사점

1. 이들은 모두 처녀였다. 모두 구별되고 순결하였다. 우리는 흠없는 성품
을 가지고 있고, 세상을 사랑하지 않으며 생활이 반듯하고 도덕적이며 정직
하지만 성령이 없고 주님의 재림을 맞이할 준비가 되어 있지 않을 수도 있
다.

2. 두 부류의 처녀들 모두 신랑이 오기를 기다리고 있었다. 이들은 모두
이 한 가지 목적을 가지고 나갔고, 분명히 신랑을 기다리며 맞이할 준비를
하고 있었다. 그와 같이 우리도 주의 재림의 교리를 충분히 믿고, 거기에 깊
은 관심을 가지며 주의 재림을 기대하고 바랄 수 있다. 그러나 성령이 없다
면 우리는 준비 없이 주님의 재림을 기다리고 있다가 마지막에 가서 어리석
은 처녀들 가운데 자신이 있는 것을 발견하게 될 수도 있다.

3. 그들은 "신랑이 더디 오므로 다 졸며 잤다"(마 25:5). '잠자다' 라는 말의
헬라어는 문자적으로 꾸벅꾸벅 졸았다이다. 그 말은 사람에게 슬며시 다가
와서 마침내는 본의 아니게 그리고 거의 무의식적으로 잠드는 지경에까지
이르는 졸음을 생생하게 묘사하고 있다. 그것은 하나님의 백성도 잘해야 거
의 졸고 있는 상태에 있다는 것을 암시한다. 그렇지만 주님의 오심에 대해
전혀 준비 없이 잠들어 있는 것과 그릇에 기름을 채우고 졸고 있는 것은 다
르다.

4. 두 부류의 처녀들 모두 신랑이 오기 직전에 호출을 받았다. 주께서 잠
자고 있는 처녀들에게 말을 전하신다는 것은 참으로 은혜로운 일이었다! 주
님은 우리에게 이같이 약속하셨다. "형제들아 너희는 어둠에 있지 아니하매

그날이 도둑 같이 너희에게 임하지 못하리니"(살전 5:4). 그리고 어리석은 처녀들도 마지막 순간에는 깨어났고, 주께서 가까이 오셨다는 것을 알았다. 그러나 슬프게도 그 순간에는 그것이 아무 소용이 없었다. 그때는 기름을 구해 꺼져 가는 등불을 되살려서 왕의 귀환을 환영하는 영광스런 행렬에 참가하기에는 너무 늦었다.

그들에게 유리한 점은 아주 많았다. 단 한 가지만 부족했다. 그러나 부족한 그 한 가지 때문에 그들은 행렬에 참가할 수 없었다. 하나님께서는 우리 모두에게 "한 가지만으로도 족하니라"(눅 10:42)는 것을 확신하게 만드신다.

두 부류의 차이점

그렇다면 이 두 부류의 처녀의 차이점은 무엇인가? 어리석은 처녀들 입장에서 실패의 원인은 무엇인가?

1. 다섯 처녀는 지혜로웠고 다섯은 어리석었다. 우리가 열심을 품고 좋은 뜻을 갖는 것으로는 충분하지 않다. 하나님께서는 우리가 지식이 있고 교육을 받으며 지혜롭기를 기대하신다. "그러므로 어리석은 자가 되지 말고 오직 주의 뜻이 무엇인가 이해하라"(엡 5:17). "너희가 어떻게 행할지를 자세히 주의하여 지혜 없는 자 같이 하지 말고 오직 지혜 있는 자 같이 하여 세월을 아끼라 때가 악하니라"(5:15-16).

주께서 오실 때, 주님이 우리에게 무엇을 바라시는지 몰랐다고 하는 것은 핑계가 되지 못한다. 주께서는 우리에게 가르침을 충분히 주셨으므로, 그의 말씀을 소홀히 한 바로 그것이 유죄의 증거이며 무관심한 불순종이다.

사람들은 주의 재림에 대한 진리를 알지도 못하고, 또 성경이 그들에게 닫힌 책으로 있기 때문에 생활과 봉사에서 자신들의 의무 이행을 얼마나 게을리 하는지! 하나님은 우리를 지혜있게 만드신다!

2. 어리석은 처녀들은 충동적이고 생각이 얕고 열광적이었지만 정작 견고하고 영속적인 자질은 부족하였다. 이 사실은 어리석은 처녀들이 제일 먼저 생각했던 것이 등이었던 반면에, 지혜로운 처녀들이 제일 먼저 생각한 것이 등과 등에 가득 채운 기름이었다는 간단한 진술에서 드러난다.

한쪽은 잠시 타오르는 불꽃을 보았고, 다른 한쪽은 생명과 빛의 지속적인 원천을 바라보았다. 한쪽은 오늘날의 사람들을 대표하고, 다른 한쪽은 우리가 언제나 접촉하고 있는 영구한 사람들을 대표한다.

존 번연은 열정과 인내라는 두 등장 인물을 통해서 이 차이점을 표현한다. 한 사람은 이 세상에서 모든 것을 원하였고, 다른 한 사람은 자신이 마지막에 가서 받을 것을 원하였다.

3. 지혜로운 처녀와 어리석은 처녀의 가장 큰 차이점은 어리석은 처녀들은 등만을 집어들었고 지혜로운 처녀들은 그릇에 기름을 담아 두었다는 사실이다. 그릇과 기름은 두 가지 중요한 사실과 경험, 즉 그리스도인의 생활과 성령 세례를 나타낸다고 말할 필요가 없다. 불이 켜져 있는 등은 성령으로 타오르는 영적 생활을 나타내고, 등이 딸린 그릇에 채워져 있는 기름은 각자가 성별된 마음으로 받아들인 성령을 나타낸다.

이 두 가지 사실에는 무한한 차이가 있다. 오순절 전의 사도들과 오순절 후의 사도들이 바로 이 차이를 보여 준다.

물론 그 그릇은 영과 혼과 육신으로 이루어진 우리 인격이고, 기름은 복종하고 순종하는 마음에 오셔서 그 마음을 다스리고, 하나님의 충만으로 충만케 하실 성령이시다. 이것이야말로 거룩한 생활을 위한, 우리 주 예수 그리스도의 재림을 맞이하기 위한 참된 준비이다.

이것이 있으면, 주님이 오실 때 우리가 주님을 맞이할 준비가 되어 있는 것이다. 비록 우리가 주님을 맞이할 시간이 불과 몇 분밖에 없을 수 있고 때로 졸고 잘 수도 있지만 우리 속에 주님의 비밀을 가지고 있다면 우리는 "주 앞에서 점도 없고 흠도 없이 평강 가운데서 나타날"(벧후 3:14) 것이다.

이것이 하나님께서 오늘날 당신의 교회에게 던지는 중요한 질문이다. "너희가 믿을 때에 성령을 받았느냐?"(행 19:2). 이것이 그리스도인과 교회 다니는 사람들을 구별짓는 중요한 표징이다. 우리는 실수하지 말고 성령의 충만을 받도록 하자. 그래서 "더욱 힘써 너희 부르심과 택하심을 굳게"(벧후 1:10) 하자.

두 부류에게 임한 결과

1. 지혜로운 처녀들은 준비되어 있어서 몇 분만에 즉각 준비를 하고 혼

인 잔치와 주님의 기쁨에 동참하였다.

2. 어리석은 처녀들은 깨어서 보니 등불이 꺼져가고 있었다.

이들은 "우리 등불이 꺼져가니 너희 기름을 좀 나눠 달라"(마 25:8)고 소리
쳤다. 그러나 지혜로운 처녀들에게서 기름을 공급받을 수 없었다. 지혜로운
처녀들은 이제 그들에게 닥친 이 중대한 행사를 위해 마련해 놓은 기름이 전
부였고, 어리석은 처녀들의 등에 채워 줄 여분의 기름은 전혀 없었다.

성령은 나눌 수 있는 분이 아니므로 우리는 우리의 복을 다른 사람에게 떼
어줄 수 없다. 우리에게 성령이 계시다면, 그분을 인격적으로 받아들였기 때
문에 성령을 여러 부분으로 분할할 수 없다. 우리 자신의 준비를 위해서는
성령의 충만이 온전히 필요하다. 다른 사람을 성령께 데려가서 그들이 성령
을 받도록 도울 수는 있지만 성령을 받는 일은 그들 자신이 해야 한다.

3. 이 복마저 너무 늦게 받을 수도 있다.

주께서 재림하시는 바로 그 순간에도 성령을 받을 수 있다고 암시하는 것
처럼 보일 것이다. 그러나 "그들이 사러 간 사이에 신랑이 오므로 준비하였
던 자들은 함께 혼인 잔치에 들어가고 문은 닫힌지라"(25:10).

우리 주께서 오신 후에는 즉각 세상에 많은 영적 복이 부어질 것이고 주님
을 기다린 신부는 하늘로 올라갈 것이다. 그러나 혼인 잔치에 들어가고 큰
환난의 고통을 파하기에는 때가 너무 늦을 것이다.

시간은 모든 큰 문제에서 고려해야 할 중요한 요인 중의 하나이다. 우리가
하나님의 부르심에 순종하는 것은 당연한 일일 뿐만 아니라 즉각 순종하는
것이 필요하다. 순종의 본질은 "세월" 즉 시간을 "아끼는" 것인데, 이는 "때
가 악하기 때문"(엡 5:16)이다.

한 순간도 허비하지 말고 바로 성령의 세례를 받도록 하자! 낭비할 시간이
한 시간도 없기 때문이다. 우리는 지금 엄숙한 시간을 지내고 있다. 우리 속
에 성령이 없으면 우리는 살 준비도, 죽을 준비도, 주의 오심을 맞이할 준비
도 되어 있지 않은 것이다.

기회를 산다는 이 비유에는 매우 암시적인 바가 있다. 이 경우에, 기회를

파는 사람들이란 우리에게 실제로 성령을 팔 수 있는 어떤 사람들을 가리키지 않는다. 이들은 단지 우리가 성령으로부터 받는 신성한 원천들, 곧 하나님께서 준비해 놓으신 신성한 방법을 가리킬 뿐이다. 어떤 의미에서 우리는 성령을 우리 것으로 만듦으로써 성령을 사는 것이다. 우리가 물건을 사면 그것은 우리의 소유가 된다. 그와 같이 우리는 성령을 우리를 위하는 분으로 받고 그분을 우리 자신의 것이라고 주장할 수 있다.

이 비유의 앞 부분에 나오는 아름다운 언어는 그 개념을 매우 강하게 표현하고 있다. "그 처녀들이 등을 가지고 신랑을 맞으러 나갔다."

무엇인가를 산다는 데에는 또 다른 의미가 있다. 우리는 어떤 것을 포기해야 한다. 우리는 어떤 것을 버려야 비로소 성령을 받을 수 있다. 사실, 우리는 모든 것을 버린 다음에야 성령을 충만하게 받을 수 있다.

몇 주 전, 큰 집회를 마치고 나올 때 한 처녀가 복도 가까이에서 흐느껴 울면서 자기와 함께 기도해 달라고 요청하였다. 처녀의 마음은 몹시 무거웠다. 그녀는 인생의 곤경에 처해 있었던 것이다. 그때 그녀는 모든 것을 포기하고 있었는데, 그 가운데는 그녀에게 몹시 소중한 것도 있었다. 그러나 그녀는 하나님께 진실된 태도를 보이고 하늘의 부르심에 순종하였다.

그 후 한 주가 채 못 되어, 그곳을 지나가게 되었는데, 한 친구가 나와서 우리를 환영하며 작별 인사를 하였다. 같은 얼굴이었지만 너무도 변한 모습에 우리는 그 처녀를 알아보지 못할 뻔하였다. 하늘의 빛이 그녀의 아름다운 얼굴에서 빛나고 있었고, 주님의 기쁨과 영광이 온 얼굴에 가득 빛나고 있었다. 희생이 지나갔고, 부활의 아침이 온 것이다. 그녀는 모든 것을 버렸고 대신에 성령을 받은 것이다.

또 다른 의미에서 우리는 이 큰 복을 산다. 그리스도께서 우리를 위해서 그 복을 사 놓으셨다. 그리고 우리에게 이같이 말씀하신다. "오라 너희는 와서 사 먹되 돈 없이, 값 없이 와서 포도주와 젖을 사라"(사 55:1). 성령은 모든 신자가 구입하는 특전이다. 와서 성령을 받되 즉시 받아, 생활의 의무와 주의 재림을 맞이할 수 있도록 준비하라.

4. 어리석은 처녀들은 어린양의 혼인 잔치에 들어가지 못하였다.

이 사실이 의미하는 모든 것을 일일이 다 설명하지 않겠다. 그것이 두 부류의 그리스도인들 사이에 나타나는 큰 차이점을 의미한다는 것에는 의심할 바 없다. 기쁨으로 주님을 맞이할 사람들과 슬픔으로 주를 만날 사람들사이에 그런 차이가 있고, 확신을 가지고 있는 사람들과 주께서 오실 때 그앞에서 부끄러움을 당할 사람들 사이에 그런 차이가 있을 것이라고 성경은명백히 가르친다.

어린양의 혼인 잔치에 들어가는 사람들의 특전은 어떤 것이고 그 잔치에들어가지 못하는 사람들의 크나큰 손실은 어떤 것인지를 명확히 규명하려는 것은 주제넘은 일이다. 그러나 주께서 우리를 위하여 예비해 두신 것을전혀 받지 못하고 쫓겨나는 것만으로도 충분히 큰 손실이고 크나큰 슬픔일것이다. 면류관을 받는 일도, 주님의 품으로 돌아가는 것도 생각하지 않고, 겨우 구원만 받으려고 하는 영혼은 너무 저열해서 거의 구원받기가 어려울정도이다. 이런 자들에 대해서는 하나님께서 "문이 닫혔다"는 엄숙하고 무서운 선언을 하신다.

5. 엄숙한 말씀이 한마디 더 남아 있었다.

"내가 너희를 알지 못하노라"(마 25:12). 어리석은 처녀들이 왔고, 아마도이들은 기름을 가지고 왔을 것이다. 와서 문을 두드리고 들어가게 해 달라고청했지만 주님은 집안에서 이같이 말할 뿐이었다. "내가 너희를 알지 못하노라."

딘 올퍼드(Dean Alford)가 이미 설명하였듯이, 이것은 주께서 다른 사람들에게 말씀하신 훨씬 더 두려운 선고, 즉 "내가 도무지 너희를 알지 못하노라"는 말씀과는 아주 다르다. 어리석은 처녀들에게 하신 주의 말씀은 단지그들이 주께서 개인적으로 친밀하게 교제를 나누는 범위 안에 들어 있지 않다는 암시일 뿐이다. 이들을 구원에서 제외시키는 것이 아니라 신부의 위치에서 배제하고 주님의 가장 깊은 친교와 사랑의 범위에서 배제하는 것이다.

그러면 어떻게 해야 신부가 되는가? 결혼 예복이 있어야 하는 것도 아니고 지참금을 가져야 하는 것도 아니며 들러리가 있어야 하는 것도 아니다. 신랑을 알고 신랑의 사랑에 반응하는 사랑의 심정이 있어야 신부가 된다. 그것은 내면의 준비이며, 성령께서 오늘날 하나님의 자녀들에게 제공하고 있는 준비이다.

성령께서는 어린양을 위한 신부를 부르고 계신다. 머뭇거리고 있는 많은 심령에게 이같이 말씀하신다. "딸이여 듣고 보고 귀를 기울일지어다 네 백성과 네 아버지의 집을 잊어버릴지어다 그리하면 왕이 네 아름다움을 사모하실지라 그는 네 주인이시니 너는 그를 경배할지어다"(시 45:10-11).

성령께서는 기꺼이 예수님과 더 친밀한 교제를 갖고자 하는 자들을 데려오시고, 그들이 주님과 그와 같은 친교를 갖도록 하신다. 그렇게 함으로 그날에 어떤 문빗장이나 걸쇠, 닫힌 문도 그들을 주님의 품에서 떼어놓을 수 없게 하신다. 그들이 주님을 알고 주님은 그들을 아신다. 주께서 나타나실 때 주님은 사랑하는 웃음을 띠면서 그들을 알아보고 주님의 임재의 강력한 힘으로 순식간에 그들을 주님의 품과 보좌로 이끌어 오실 것이다.

하나님께서 우리가 이 복된 준비를 기꺼이 받아들임으로써 주께서 오실 때 맞이할 준비가 되어 있게 해 주시기를 바란다!

제 4 장

므나의 비유 — 봉사할 수 있는 힘

내가 돌아올 때까지 장사하라(눅 19:13).

헤롯의 아들, 아켈라오가 황제의 법정에 영향력을 행사하여 유다 왕국을 장악하기 위해서 로마로 갔다가 유산을 물려받기 위해 돌아왔다. 그리스도께서는 사람들이 익숙히 알고 있는 이 예를 사용하여 자신이 하나님 나라를 받기 위해 아버지께로 돌아가셨다가 천년 왕국 기간에 자신의 제자들과 함께 그 나라를 통치하기 위해 돌아오신다는 사실을 가르쳤다. 이것이 므나 비유의 기본틀이다.

그러나 이 비유의 특별한 주제는 예수께서 자신이 자리를 비운 동안 제자들에게 맡긴 책무와 제자들이 그 책무를 수행할 수 있도록 주신 자원이다.

주께서 하나님의 우편에서 우리를 대표하며 우리의 유익을 생각하고 계실 때, 우리가 이 세상에 남아있는 것은 주님의 일을 수행하고 하나님 나라의 이익을 대변하며, 주께서 우리에게 필요한 자원을 주며 행하라고 하시는 이 사역을 감당하기 위해서이다.

열 명의 종에게 각기 나누어 주신 므나 비유가 이런 사실을 설명하고 있다. 한 므나는 약 2만 원의 가치에 해당하는 적은 돈이다. 므나는 하나님께서 자기 종들이 일하는데 쓰도록 주시는 자원을 나타낸다. 그렇다면 므나로써 표현되는 이 자원들은 무엇인가?

이 문제에 답할 때, 므나 비유와 달란트 비유의 차이를 기억하는 것이 필요하다. 달란트 비유의 경우에, 종들의 능력과 부여받은 기본 재산에 차이가 있었다. 이 비유에서 종들은 각각 다르게 달란트를 받았다. 그러나 므나 비유의 경우, 종들은 돈을 똑같이 받았다. 그러므로 이 두 비유가 같은 사실을 의미할 수 없다.

성령을 부여받음

달란트가 부나 사회적 영향력 혹은 개인의 지능과 능력 등, 천부적으로 받은 은사를 나타낸다면, 므나는 하나님의 백성과 그리스도의 종들이 일할 수 있는 소양을 갖추기 위해 주신 성령을 특별히 받는 것을 표시함에 틀림없다.

여기서 우리는 영적 봉사는 영적 능력을 받는데서 나와야 한다는 점을 아주 분명하게 배운다. "성령으로 아니하고는 누구든지 예수를 주시라 할 수 없느니라"(고전 12:3). 천부적인 은사나 육신적인 힘으로 하나님께서 받으실 만한 봉사를 드릴 수 있는 사람은 아무도 없다. 사도들은 "아버지께서 약속하신 것을 기다리라"(행 1:4), "성령이 임하시면 권능을 받고"(1:8) 그 다음에 하나님의 능력을 입고 그리스도의 증인이 되라는 명령을 받았다.

봉사할 수 있도록 거룩한 능력을 구비하는 일이 단 한 가지 있는데, 곧 성령으로 능하게 되는 것이다. 종들 각각이 한 므나씩 받았듯이 그리스도의 진실된 모든 종들이 한 가지 약속을 받았는데, 그것은 "성령으로 세례를 받으리라"(1:5)는 것이다.

같은 액수를 종들 각각이 받았듯이 성령을 받고자 하는 사람들 모두가 동일한 성령을 받는다. 우리가 능력의 성령을 부분적으로 받는 것이 아니라 성령을 인격적으로 받는 것이며, 우리가 받을 수 있는 만큼 성령의 생명과 능력을 받는 것이다. 성령은 한 분으로 나뉠 수 없다. 하나님께서 당신의 헌신한 자녀들이 하나님을 섬기고 영화롭게 하도록 하기 위해 주시는 어떤 경우에서든지 편파적인 일이란 있을 수 없다.

달란트는 이와 전혀 다를 수 있다. 어떤 사람은 눈에 띄지 않게 지내는 반면에 어떤 사람은 공적으로 널리 알려질 수 있다. 그러나 각 사람마다 똑같은 능력이 주어졌기 때문에 각 사람이 세상의 판단에는 다르게 나타날지라도 각 사람을 통해서 동일한 영광이 하나님께 돌아갈 것이다.

이 신성한 자산인 므나가 하나님의 종들 한 사람 한 사람에게 주어진 것이다. 그리스도에게 속해 있고, 거룩한 성령에 순종하여 자기 삶을 기꺼이 드리려는 모든 사람을 위해 성령을 확보해 두신 것이다. 베드로 사도는 다음과 같은 말씀에서 단순한 조건을 우리에게 제시하였다. "하나님이 자기에게 순종하는 사람들에게 주신 성령도 그러하니라"(5:32). 오순절의 약속은 특별한 몇몇 경우에만 국한된 것이 아니다. 그래서 사도는 이같이 명백하게 말한다. "이 약속은 너희와 너희 자녀와 모든 먼 데 사람 곧 주 우리 하나님이 얼마든지 부르시는 자들에게 하신 것이라"(2:39).

하나님께서는 우리를 보내시면서 스스로 부담을 지며 전쟁을 수행하라고 하시지 않는다. 하나님께서는 우리에게 맡기신 책무를 수행하기에 필요한 모든 것을 공급하신다. 어떤 대기업이 외국에 가서 회사를 위한 책무를 수행하도록 여러분을 파견한다면, 회사에서 여러분의 경비를 지출하고 비행기표를 사 주고 업무에 필요한 모든 지침을 주며 중요한 여행을 위하여 철저히 준비시켜 줄 것이라고 기대한다. 그와 같이 하나님께서 당신의 중요한 사명을 지워 우리를 보내실 때는 반드시 그 사명을 성공적으로 수행할 수 있도록 능력을 갖추어 주신다. 이 능력의 약속은 바로 우리가 일을 능률적으로 하는 데 필요한 모든 것을 의미한다. 이 약속이야말로 능률, 인격적인 자질, 섭리적인 활동과 거룩한 능력을 갖추도록 하기에 충분한 것이다. 따라서 우리는 우리에게 맡기신 일을 성공적으로 수행할 수 있다고 기대할 수 있다.

우리의 활동이 세속적 영역에 있다면 우리는 성령의 도움과 성공을 기대할 권리가 있다. 우리의 활동이 직접적으로 영적 일이라면 그 영역에서도 성령의 도움과 성공을 기대할 권리가 있다. 능력은 그 위치에 비례한다. 하나님의 준비는 하나님께서 맡기신 일을 감당하기에 충분하다. 이제 성령은 우리가 맡은 책무와 일을 감당하기에 필요한 모든 것이다.

저술가인 피어스(Pearse) 씨가 언젠가 런던 시 선교센터에서 불쌍한 한 여인에게 말을 건네며 그리스도께서 어떻게 그녀에게 필요한 모든 것을 충분히 공급해 주시는 분인지를 애써 설명한 적이 있다고 한 말이 생각난다. 그 여인은 처음에 피어스 씨의 말을 알아듣지 못했다. 그래서 피어스 씨는 하던 말을 멈추고서 그녀의 가정과 환경, 가족을 부양하는데 필요한 것 등을 묻기 시작하였다. 그 다음에 그녀에게 1실링을 건네면서 피어스 씨가 말했다.

"자, 당신 이 1실링을 갖는다면 이것으로 무엇을 할 생각이오?"

그 여인은 빵을 사는데 2펜스를 쓰고, 1페니는 석탄을 사는데 쓰고, 그 1 실링을 다 쓸 때까지 무엇을 살 것인지를 말했다. 피어스 씨가 말했다.

"이 1실링이 사실은 돈이 아니라 석탄이고 설탕이며 빵인 것을 당신도 아는군요. 그리스도도 그와 같습니다. 한 가지 방식으로 주님을 보면 그는 그리스도이지만, 다른 면으로 보면 그분은 당신에게 평화와 기쁨과 구원이 되며, 기도의 응답, 섭리적인 도움, 인도 등, 당신에게 필요한 모든 것을 채우시는 분이 됩니다. 즉 하나님께서 영원히 당신에게 모든 것이 되시는 것입니다."

이 예화는 매우 간단하지만 아름답다. 그 여인은 그 말을 알아듣고 구주를 영접하였으며, 구주야말로 그녀에게 필요한 모든 것이었다.

바로 그와 같은 의미에서 성령께서 모든 것이 되신다. 그러므로 누가복음에서 주님은 "하물며 너희 하늘 아버지께서 구하는 자에게 성령을 주시지 않겠느냐"(11:13)고 말씀하셨다. 그리고 마태복음에서는 "하물며 하늘에 계신 너희 아버지께서 구하는 자에게 좋은 것으로 주시지 않겠느냐"고 하셨다. 이와 같이 므나는 우리가 우리의 사역을 감당하기에 필요한 모든 것에 해당한다.

이 성경말씀을 이해할 필요가 있는가? 주님은 빛이 되며, 선생이 되실 것이다. 기름 부음이 필요한가? 주께서 성령의 기름 부음을 주실 것이다. 우리에게 신앙이 필요한가? 주께서 우리에게 믿음의 영이 되실 것이다. 영혼들을 주님께로 이끄는 동정심과 사랑이 필요한가? 주께서 성령으로 말미암아 널리 비추어진 하나님의 사랑으로 우리 안에 계실 것이다. 영혼들에게 죄를 깨닫게 하고 회개시키는 능력이 필요한가? 주께서 세상에 죄와 의와 심판을 깨닫게 하시고 우리의 말에 주님 말씀의 효력을 덧붙여 주실 것이다. 생활 환경에서 협력할 능력이 필요한가? 주께서 모든 일이 합력하여 우리를 위하도록 만드실 것이다. 성령이 바로 모든 것이므로, 우리 중 어느 누구도 실패하거나 그르친다면 핑계댈 수 없다. 하나님께서 우리에게 필요한 모든 것을 공급하셨으므로 우리가 충성되고 진실하기를 기대하시고 주님의 높은 소명에 부합할 것을 분명히 기대하실 것이다.

어느 날 한 친구가 퀘이커 교도인 여자를 찾아가 알코올 중독으로 파멸되

어 가고 있는 자기 아들을 위해 기도해 주기를 간청하였다. 퀘이커 교도인
그 여인이 말했다.

"자매님, 자매님은 아들을 위해 기도하셨어요?"

"예, 했지요. 기도는 제가 할 수 있는 대로 힘껏 합니다. 하지만 제 기도는
그리 가치가 있는 것 같지 않아요. 당신이 기도를 좀 해 주었으면 좋겠어요.
아무래도 당신은 나보다 기도하는 법을 더 잘 알고 있을 테니까요."

"자매님, 아들과 함께 기도해 보셨어요?"

"글쎄, 저는 큰 소리로 기도할 수 없어요. 기도하는 제 목소리를 들으면 제
자신이 당황스러울 겁니다. 음, 당신은 내가 공중 앞에서 기도하는 것을 바
라는 것은 아니지요? 저는 여잡니다."

"자매님이 약하기 때문에 아들을 위해 기도할 수 없다고 말할 권리가 있
습니까? 자매님에게는 나와 똑같이 성령이 계시므로 그분이 당신의 능력이
되십니다. 저는 자매님이 아들과 함께 기도하기 전에는 제가 대신 아드님을
위해서 기도하지 않겠습니다."

아이의 어머니는 구약 시대의 나아만처럼 화가 나서 떠나며 매우 슬퍼하
였다. 그러나 역시 나아만처럼 잠시 후에 정신을 차렸다. 하나님께서 그녀에
게 말하기 시작하셨고, 그 퀘이커 교도의 말이 옳다고 생각하기 시작했다.
즉 그녀가 무력하게 있을 필요가 없고, 자기 아들이 자신의 약함과 불신앙
때문에 파멸해가고 있는 것인지 모른다고 생각하기 시작한 것이다.

눈물을 많이 흘리고 양심의 가책을 느끼며, 의를 회복시켜 주시고 도움을
주시기를 하나님께 진지하게 기도하였다. 마침내 성령께서 그녀의 마음에
오셨고 그녀는 믿음과 사랑으로 자기 아들을 위해 기도했다. 어느 날 밤, 그
녀의 아들이 인사불성이 되도록 취해 집에 들어와 자기 방에 들어가자마자
쓰러져 잠들었다. 그때 성령께서 어머니를 아들 곁으로 이끄셨고, 그 어머니
는 무릎을 꿇고 아들의 이마에 손을 얹고 아들의 헝클어진 머리카락을 부드
럽게 쓰다듬으며 하나님께서 아들의 마음을 움직이시고 아들을 구원해 주
실 것을 기도했다.

갑자기 아들이 깨어났고, 성령께서 순식간에 아들의 정신이 말짱해지도록
하셨다. 아들은 놀라서 올려다보며 소리쳤다.

"어머니, 나를 위해 기도하고 계세요? 오, 하나님, 제게 자비를 베풀어 주십시오."

아들은 울면서 회개하고 자신의 영혼을 위해 기도하였다. 하나님께서 두 사람의 연합된 기도를 들으셨고 밤이 끝나기 전에 그 아들은 구원을 받았고, 어머니의 마음은 성령으로 충만해졌다.

오, 자매여, 당신이 약해져야 할 무슨 권리가 있습니까? 오, 형제여, 당신은 왜 쓸모없고 무력하게 지내야 합니까?

"성령이 너희에게 임하시면 너희가 권능을 받고 내 증인이 되리라 하시니라"(행 1:8).

명백한 차이

성령은 하나님의 모든 종들에게 똑같이 주어진다고 앞에서 말했다. 그렇다면 왜 그런 차이가 존재하는가?

우리가 성령을 사용하는 방식에 차이가 있다. 하나님께서 우리에게 성령을 주신 것은 성령을 사용하도록 하기 위해서이다. 이것이 "내가 돌아올 때까지 장사하라"(눅 19:13)는 말씀의 의미이다.

이와 비슷한 사상이 고린도전서 12장에 나온다. 거기에서 사도는 이같이 말한다. "각 사람에게 성령을 나타내심은 유익하게 하려 하심이라"(고전 12:7). 성령을 우리에게 주신 것은 우리가 "유익하게" 사용하며 투자하고 하나님의 선물을 활용하여 자라게 하려 함이다. 그래서 성령을 사용함에 따라 우리는 성령을 사용하는 일에 익숙해진다. 그리고 믿음과 하나님의 일에 큰 담력을 갖게 되고, 우리의 능률은 증가하고 배가되어 마침내 한 므나가 열 므나가 되고, 종은 받은 위탁물을 받을 때보다 열 배나 늘려서 돌려드리게 된다. 바로 이 점 때문에 사람들 사이에 차이가 생긴다. 그것은 신실함의 차이이다. 그것은 받은 위탁물을 활용하는 일에서 부지런함의 차이이다. 거룩한 능력을 받는 것은 매우 엄숙한 일이다. 하나님은 자신을 사람에게 투자하신다. 하나님은 능력을 사용하시는 일에 대경제학자이시다. 우리가 하나님이 주신 보물을 낭비하면, 즉 하나님의 능력을 사용하지 않고 버려 두거나 하나님께서 그처럼 큰 대가를 치르고 주신 강력한 위탁물을 게으르게 무시하면 하나님은 매우 슬퍼하신다.

하나님이 주신 귀한 선물들을 사용하도록 하자. 영적 일들을 연습하는 데 부지런하고 성실하도록 하자. 행할수록 믿음이 자라고 사랑이 증가하며 우리의 유용성이 확대되어 마침내 "결실하였으니 삼십 배나 육십 배나 백 배"(막 4:8)까지 하자.

원문에서 "장사하라"는 말은 매우 인상적인 단어이다. 사실, 영어 단어 자체도 매우 암시적이다. 그 말은 우리가 우리의 선물을 소유한다는 것이 아니라 그 선물이 단지 우리에게 대여되었을 뿐이고 우리는 다른 사람의 선물로서 그것을 사용한다는 것을 암시한다. 그것은 여러분 자신의 능력이 아니다. 여러분 자신의 믿음이 아니라 하나님이 주신 믿음이고, 당신에게 요구되는 특별한 봉사를 위해 하나님 자신의 거룩한 충족성을 당신에게 빌려 주시는 것이다. 그 봉사를 마쳤을 때 당신이 전보다 더 강하거나 지혜로운 것은 아니다. 당신은 단지 다음의 봉사와 기회를 위해서 하나님께서 친히 주시는 능력도 조용히 하나님으로부터 받아야 한다.

그러나 원문에서 그 단어는 더 강력한 의미를 지니고 있다. 그것은 업무를 가리키는 말이다. 비유에서 사용된 "장사하여"(눅 19:15)라는 말이 같은 개념을 나타낸다. 그 표현에는 훨씬 더 깊은 강조가 있다. 성령은 소위 영적인 일에만 국한되시지 않는다. 성령은 위대한 사업가이시다. 성령은 실제적인 지혜와 능력의 영이시다. 성령은 만능 친구이시다. 그러므로 우리 생활의 모든 일에 관심을 갖기를 원하신다. 사실, 세속적인 것은 아무것도 없다. 하나님께 바친 것은 모두가 다 신성하고 거룩하다.

그러므로 여러분이 하나님을 섬기기 위해서 하던 사업을 포기하고 세상에서 나와야 할 필요가 없다. 여러분의 사업이 하나님의 사업이 되게 하라. 그러면 그 일이 언제나 여러분의 봉사가 될 것이다. 하나님께서는 세상의 모든 일에서 사람을 쓰시는 것만큼 당신을 영화롭게 하는 좋은 방법은 달리 없으시다. 하나님께서는 주일만큼 월요일에도 사람에게 가까이 계시며, 예배당과 거룩한 곳에서만큼 작업장에서도 가까이 계신다.

하나님은 더 많은 실천가들을 원하신다

오늘날 세상에는 많은 설교자들이 있지만 하나님께서는 더 많은 실천가들을 원하신다. 많은 사도들이 있지만 그리스도께서는 살아 있는 서신들을 찾고 계신다. 세상의 불꽃 속에 살면서도 여전히 거룩하고 신성한 순결과 능력으로 타오르는 생활만큼 하나님을 많이 증거하는 것은 없다. 그러한 삶은 사람들이 들으려 하든지 않든지 간에 복음을 전한다.

우리는 오늘날 사업가가 세상의 위인들로 취급되는 시대에 살고 있다. 금세기의 가장 힘있는 사람은 철도업자이고 금융가이며 대기업 총수들이다.

이 사람들은 대단한 지력과 막강한 권력을 쥐고 있다. 그런데 왜 이들이 세상에 영향력을 행사하는 만큼 하나님께 대해서는 강력한 영향력을 행사할 수 없는가? 왜 이들이 상공회의소에서만큼 선교부에서 효과적으로 일할 수 없는가? 이들은 철도나 회사를 위해서는 수십억 원을 쓸 수 있다. 그런 이들이 그리스도의 복음을 전하는 일에는 그만한 돈을 쓰지 못하는 이유가 무엇인가? 부자와 성공한 기업가들이 중국과 아프리카, 인도를 위해서 수백만 원이 아니라 수백억 원을 투자하는 날은 왜 오지 않는가? 나는 내게 와서 "제게 이백억 원이 있는데, 중앙 아프리카를 복음화하는 데 쓰고 싶습니다" 하고 말할 사람을 칭송하지 않을 것이다. 대신 이렇게 말할 것이다.

"바른 결정을 했소. 이렇게 하기까지 너무 오랜 시간이 걸렸군요."

사업가들이 이 일은 자기 전체를 헌신하는 성격이 있음을 알게 될 때, 오순절에 보았던 것보다 더 큰 일들을 보게 될 것이다. 그러면 젊은 사람들이 앞으로 나와 자기 삶을 하나님께 드릴 것이며, 세상 사람들이 사업을 위해 그리고 자기본위와 이익을 추구하는 거대한 계획을 위해 투자하듯이 하나님께서는 자신의 엄청난 재원을 그들에게 주어 하나님을 위해 사용하도록 하실 것이다. 하나님께서는 우리가 주님의 재림을 생각하며 일상 생활에서 이같이 실제적인 방식으로 "장사하도록" 우리를 도우신다!

이 나라에는 세계 복음화와 모든 민족에게 복음을 전하는 일을 엄청난 규모로 시행하는 일만을 위해서 큰 사업을 벌이는 사람들이 있다.

주님의 재림을 준비함

"내가 돌아오기까지 장사하라." 성령의 목적과 헌신한 신자의 목적은 언제나 주님의 재림과 직접적인 관련이 있다. 성령의 하시는 일은 주님의 재림을 위하여 그리스도의 백성과 세상을 준비시키는 것이다. 첫째로, 이 일은 우리 자신의 마음과 생활을 영적으로 준비함으로써 행할 수 있을 것이다. 신부는 준비하고 있어야 한다. 그래서 오늘날 성령께서는 주님의 부르심을 들으려 하고 주의 재림을 준비하려고 하는 선택받은 소수의 사람들 마음속에 성화시키는 놀라운 은혜를 일으키고 계시는 것이다.

그러나 이것이 전부는 아니다. 우리의 일은 또한 주님의 오심과 관계가 있다. 우리는 "주께서 돌아오기까지 장사해야" 한다. 우리는 예수님의 천년 왕국 통치와 직접 관련해서 우리의 사역을 수행해야 한다. 그리스도인으로서 우리의 일은 바로 이 사실을 고려함으로써 형성되고 틀이 잡혀야 한다. 우리가 만일 이 사실을 하나님을 위한 모든 사역의 관점과 목표로 삼는다면 우리의 봉사 방법이 얼마나 달라지겠는가! 그렇다면 우리는 이 대륙에 사는 6천만 인구를 위해 12만 명의 목사가 있어서는 안 되고 중국의 훨씬 더 많은 인구들 가운데 겨우 수천 명의 목사가 있어서는 안 된다.

성령께서 당신의 뜻대로 하신다면 우리 가운데 얼마나 많은 사람을 세상의 사방 끝으로 흩어 보내실지! 나는 성령께서 스코틀랜드 전역을 샅샅이 뒤져 수천 명의 설교자들에게 "인도로 가고 중국으로 가고 아프리카로 가라"고 뿔뿔이 흩어보내시는 모습을 보는 것 같다. 또 성령께서 서부의 한 도시로 들어가시는 모습을 보는 것 같다. 그곳은 10여 개의 교회가 얼마 되지 않는 주민을 붙잡느라 경쟁하며 자기들만의 교회를 세우려고 애쓰는 도시이다. 이곳에서 성령께서 이같이 말씀하시는 것을 들을 수 있다. "이곳 교회의 사 분의 삼을 폐쇄하고 그 사람들을 나에 대하여 말하는 사람이 없는, 사람들이 돌보지 않는 가난한 들판으로 보내라."

그리스도인들이 하는 일 가운데 얼마나 많은 일이 그리스도의 뜻을 방해하고 있는지! 최고의 봉사라고 하는 것 가운데 얼마나 많은 부분이 성령의 봉사가 아니며, 주께서 오실 때까지 하라고 맡긴 장사가 아닌지! 선을 행하지만 성령의 뜻대로 하지 않음으로써 성령을 얼마나 오래 기다리시게 만들었는지! 하지만 우리는 사업에서조차 주님의 오심을 준비할 수 있다.

그리스도의 재림과 주님을 기다리는 백성들의 승천에 대한 그림에서 백성들이 주께 받은 소명에 종사하고 있는 모습을 보는 것은 매우 아름다운 일이다. 세상의 한 지역은 밤인데 "둘이 한 자리에 누워 있으매 하나는 데려감을 얻고 하나는 버려둠을 당할 것이요"(눅 17:34). 그리스도께서 오실 그때가 밤이라면 잠자리에 누워 있는 것은 당연한 일이다. 죄를 짓는 것보다는 잠자리에 누워 있는 것이 훨씬 더 나은 일이다.

또 다른 곳에서는 아침인데, "두 여자가 함께 맷돌을 갈고 있으매 하나는 데려감을 얻고 하나는 버려둠을 당할 것이니라"(17:35). 이 두 여자 중 한 사람은 남편의 아침 식사를 준비하고 있는 중이다. 그때에 그같이 일하는 자리에 있는 것은 아주 잘하는 일이다. 그래서 그 여자는 세상에서 하던 일을 그만 두고 하늘로 올려간다. 또 다른 곳은 한낮이고 두 사람이 들판에서 추수를 하고 있다. 그 일이 하나님을 위하는 것이라면 들판에 있는 것 역시 잘하는 일이다. 들판에서는 사람들이 급히 집으로 돌아가 옷을 갈아입을 필요가 없다. 가서 일을 정리할 필요가 없다. 이들은 "주 앞에서 점도 없고 흠도 없이 평강 가운데서 나타나게"(벧후 3:14) 된다. 그래서 수고하는 이 농부들도 하나님과 함께 거하기 위해 하늘로 올리우고 공중에서 주님을 만나며 결혼예복을 입고 어린양의 혼인잔치에 참석할 것이다.

하나님을 위한 일은 모두가 신성하다는 것을 아는 일은 참으로 아름답다! 뉴잉글랜드 국회에 회자되는 아름다운 옛이야기가 하나 있다. 폭풍이 일자 의원 몇 사람은 심판날이 왔다고 생각하고 한 사람이 근심하여 휴회할 것을 요청하였다. 그때 나이 많은 청교도 한 사람이 벌떡 일어나서 말했다.

"의장, 심판이 오지 않았다면 이렇게 꼴사납게 서두를 필요가 없고, 만약 심판날이 왔다면 의원의 한 사람으로서 나는 내 있는 자리에서 주님을 뵙는 것이 더 낫다고 생각합니다. 나는 휴회하지 말 것을 요청합니다."

이렇게 우리는 "장사를 하자." 주님의 영광과 주님의 인정을 위하여 주님의 일에 종사하자.

마지막으로, 주님이 오실 때는 정당한 상급이 있을 것이다. 부여받은 능력을 충실하게 사용한 종은 주님의 칭찬을 받고 더 고귀한 봉사를 맡도록 높임을 받는다. 나는 그리스도께서 오시면 일을 끝마치게 되지 않아서 무척 기쁘다. 주님을 위해 일하기를 포기해야 한다면 주님을 만나고 싶지 않다. 그런데 감사하게도 우리는 영원히 더 고귀한 봉사를 할 것이다. "열 고을 권세를 차지하라"(눅 19:17).

아, 우리의 봉사보다 보상이 얼마나 더 큰지! 한 므나에 한 도시를 주신 것이다. 이십만 원을 주신 것이 아니라 열 도시를 주신 것이다.

이 세상에서 하는 우리의 모든 봉사는 더 고귀한 사역을 위한 훈련에 지나지 않는다. 주께서 "네가 지극히 작은 것에 충성하였으니"(19:17)라고 말씀하시는 것을 듣는 것은 얼마나 감동적인지! 열 므나를 번 종은 "지극히 작은 일"을 한 것이다. 우리가 이 세상에서 하나님을 위해 드리는 최고의 봉사라도 "지극히 작은 것"에 불과하다. 우리는 단지 고용되어 놀거나 혹은 고용되어서 학교에 다니고 있는 것이다. 우리는 참된 사역을 배우고 있는 것이다. 우리의 최선도 유치하고 하찮은 것에 불과하지만 장차 올 시대에 큰 봉사를 감당하도록 우리를 준비시키고 있다. 그 시대에 주님의 지혜와 능력과 영광을 부여받은 우리는 우주 가운데서 혹은 이 세상에서 낙원의 아름다움과 영광을 다시 이 땅에 회복시키고, 주께서 지금 거기에 쓸 귀한 돌들을 준비하고 계시는 영원한 성전을 세우는 일에 주님의 동역자가 될 것이다.

주님은 그의 종들이 성공했다고 말씀하시지 않고 그들이 "충성하였다"고 인정하신다. 하나님께서는 적어도 우리가 충성하도록 도우신다!

정당한 상급

상급은 종의 충성스러움에 비례할 것이다. 열 배를 거둔 종은 열 배의 상급을 받았고, 투자금을 다섯 배 증식시킨 종은 그 비율만큼 받았다. 사랑하는 형제들이여, 우리는 지금 보물을 모으고 있는 중이다. 영원한 운명을 새기고 있는 것이다. 우리는 불멸의 면류관을 준비하고 있는 중이다. 아, 이날들이 얼마나 중요한지! 하나님께서는 우리가 충성하도록 도우신다.

그러나 자기가 받은 므나를 수건에 싸 가지고 온 종은 참으로 슬프다! 처음에 받은 돈을 잘 간직하였다. 수건은 깨끗하였다. 아마도 값비싼 수건이었을 것이다. 그 종은 자신의 구원을 잘 간직하였다. 그 종은 받은 복을 소중하게 관리하였고 받은 그대로 돌려드렸다. 그러나 그것을 주님이 기뻐하셨는가? 그런 종에게는 참으로 슬픈 일이다! "그 한 므나를 빼앗아 열 므나 있는 자에게 주라"(19:24). 그 종은 버림받지는 않았다. 주님의 "원수"들이 그랬던 것처럼 멸망당하지는 않았다. 다만 가지고 있던 것을 **빼앗겼다.** 그 종은 하나님 나라에서 한 자리를 차지하였지만 기회를 잃어버린 것을, 그리고 결코 다시 오지 않을 삶을 잃어버린 것을 영원히 깨닫게 되었다. 사랑하는 형제들이여, 우리가 영혼은 구원하면서도 생활을 잃어버릴 수 있다. 천국에 들어감을 얻지만 영원한 면류관은 잃을 수 있다. 하나님께서는 우리가 최선에 이르도록 도우신다!

어떤 사람도 그 면류관을 쉽게 얻지 못할 것이다. 위대한 사도조차 자신의 상급을 함부로 생각하지 못했고 앞에 있는 것들을 아직 도달하지 못한 것으로 여겨 전력을 다해 붙잡으려 하였으며, 이같이 강한 어조로 말하였다. "어떻게 해서든지 죽은 자 가운데서 부활에 이르려 하노니"(빌 3:11). 그와 같이 우리도 부활을 얻도록 달려가자.

친애하는 형제들이여, 우리 앞에는 영원이 있다. 우리에게는 얻거나 잃을 수 있는 시들지 않는 면류관이 있다. 우리는 그 면류관을 얻을 수 있는 삶을 살고 있다. 그리고 우리에게는 영광스런 상급을 얻고 이 거룩한 책무를 수행하며 이 강력한 경쟁을 감당할 수 있게 하시는 무한한 성령이 계시다. 하나님께서는 우리가 충성을 다하도록 도우신다!

제 5 장

요한복음에 나타난 성령

> 명절 끝날 곧 큰 날에 예수께서 서서 외쳐 이르시되 누구든지 목마르거든 내게로 와서 마시라 나를 믿는 자는 성경에 이름과 같이 그 배에서 생수의 강이 흘러나오리라 하시니 이는 그를 믿는 자들이 받을 성령을 가리켜 말씀하신 것이라 예수께서 아직 영광을 받지 않으셨으므로 성령이 아직 그들에게 계시지 아니하시더라(요 7:37-39).

　요한복음 1~7장에서 우리는 성령의 교리가 매우 인상적으로 그리고 점진적으로 전개되는 것을 본다. 처음에는 진리에 대한 추상적인 진술로, 그 다음에는 매우 중요하고 아름다운 기적들의 예를 통해서 설명되는 것을 본다.

주 예수 그리스도와 관련하여

　첫째, 우리는 성령을 주 예수와의 관계에서 보게 된다. 요한복음 1:32에서 성령이 하늘에서 비둘기처럼 내려 주님 위에 머무는 것을 보고, 요한복음 3:34에서는 "하나님이 성령을 한량 없이 주심이니라"는 말을 듣는다.

　이때까지 사람들은 모두 성령을 어느 정도 제한되게 받았다. 즉 사람들은 성령의 선물과 영향력, 능력을 어느 정도만큼만 받은 것이다. 그러나 그리스도께서는 성령을 직접 그리고 한량없이 충만하고 강력하게 받으셨고, 그 이후 성령께서 세상에 무한히 거하셨다.

　그리스도께서는 제자들을 위한 본보기로서 먼저 성령을 받으셨고, 그 다음에 제자들에게 성령을 주셨다. 이는 주님 안에 거하셨다가 우리에게 오셔서 그리스도를 증거하시는 성령을 주신 것이다.

그러므로 다음 부분에서 그리스도께서 성령을 받으실 뿐만 아니라 성령을 주시는 일에 대한 기록도 읽는다. 요한복음 1:33에서 대선구자는 그리스도에 대해 이같이 말한다. "그가 곧 성령으로 세례를 베푸는 이인 줄 알라." 성령으로 세례를 주시는 분은 바로 그리스도이시다. 우리가 성령을 받는 것은 바로 그리스도를 통해서이다. 사도 베드로가 말하듯이 위로부터 오는 능력과 오순절의 성령을 "부어 주신"(행 2:33) 분은 바로 그리스도이시다.

이것이 성령께서 신약 시대에 우리에게 오실 때의 특징이다. 성령은 성부로부터 오실 뿐 아니라 특별히 성자로부터 그리고 성자로 말미암아 오신다. 성령은 우리 주 예수 그리스도의 영으로 우리에게 오신다.

신자와 관련하여

다음에 우리는 신자와 관련하여 성령을 본다. 첫째, 성령은 중생의 영으로 우리에게 제시된다. 요한복음 3장에서 그리스도는 이같이 말씀하신다. "진실로 진실로 네게 이르노니 사람이 물과 성령으로 나지 아니하면 하나님의 나라에 들어갈 수 없느니라 육으로 난 것은 육이요 영으로 난 것은 영이니"(3:5-6).

자연적인 사람은 하나님 나라를 볼 수조차 없고 들어갈 수도 없다. 성령께서는 우리 속에 새 생명과 새로운 영적 의식을 창조하신다. 이 새 생명과 영적 의식을 통해서 우리는 하나님의 생명과 영적 영역을 분별하고 이해하며 경험한다. "영접하는 자 곧 그 이름을 믿는 자들에게는 하나님의 자녀가 되는 권세를 주셨으니 이는 혈통으로나 육정으로나 사람의 뜻으로 나지 아니하고 오직 하나님께로부터 난 자들이니라"(1:12-13).

우리는 성령께서 마음 속에 더 깊게 인격적으로 내주하심을 본다. 요한복음 4:14에서 그리스도는 사마리아 여인에게 이같이 말씀하셨다. "내가 주는 물은 그 속에서 영생하도록 솟아나는 샘물이 되리라." 이것이 성령의 내주하심이다. 이는 단순히 중생을 말하는 것이 아니라 훨씬 그 이상의 것을 의미한다. 이것은 성령께서 친히 들어오시는 것이고, 물 한잔을 가져다주는 것이 아니라 샘을 주시는 것이며 마음 속에 생명샘을 만들어 주시는 것이다. 그래서 우리는 그 이후 생명의 원천으로 서로를 의지하는 것이 아니라 오직 하나님만 의지하게 된다.

마음 속에 있는 성령의 내적 생명을 묘사하는 훨씬 더 강력한 표현이 요한복음 7:37에 나온다. "누구든지 목마르거든 내게로 와서 마시라." 성령을 마시는 것은 성령을 받는 것 이상을 뜻한다. 우리는 성령을 받고 모시고 있으면서도 성령을 사용하지 않을 수 있고 흘러 넘치는 샘에서 흡족하게 마시지 않을 수도 있다.

고린도전서 12:13에서 사도는 같은 표상을 써서 말한다. "우리가 다 한 성령으로 세례를 받아 한 몸이 되었고 또 다 한 성령을 마시게 하셨느니라." 옛 비유를 사용해서 말하자면 그것은 바다 속에 있는 병이고 병 속에 있는 바다이다. 성령 안에 있으면서도 우리가 필요한 만큼 충만한 성령을 받지 못할 수 있다. 마시는 것은 믿음의 습관이다. 즉 그것은 우리를 새롭게 하고 채우면서 우리의 영적 생명을 끊임없이 새롭게 하고 자극하여 우리가 다른 사람들을 위한 봉사에 기꺼이 전체를 쏟아 붓도록 하는 영적 의식 활동이다.

그 다음에 이같이 성령을 받는 일은 그리스도 편에서뿐 아니라 우리 편에서도 성령을 사용하고 다른 사람들에게 퍼뜨리는 것이 필요하다. "나를 믿는 자는 성경에 이름과 같이 그 배에서 생수의 강이 흘러나오리라 하시니 이는 그를 믿는 자들이 받을 성령을 가리켜 말씀하신 것이라"(요 7:38-39). 이것이 바로 영적 생명이 흘러 넘침을 말한다. 우리가 충만하여졌고 더 이상 영적 생명을 쥐고 있을 수 없어서 이제 그 복을 다른 사람들에게 나누어 주는 일에 전념한다는 증거이다.

에스겔이 말하는 강처럼, 그 강은 안으로 흘러 들어가는 것이 아니라 흘러 나와 복의 강수를 메마른 생명의 불모지에 흐르게 하는 것이다. 우리의 생활이 긍정적이고 비이기적이며 흘러 넘치게 되자마자 말할 수 없이 확대된다. 그와 같이 마음 속에 샘이었던 것이 하나님께 헌신하는 생활에서 복의 강수로 발전하고 세상을 복되게 하는 일로 확대된 것이다.

강은 충만함, 거대함, 풍부함, 자발적이고 자유롭고 흘러 넘친다는 개념을 암시한다. 이 강은 매우 충만해서 스스로 흐르므로 물을 펌프로 퍼 올릴 필요가 없다. 이것은 즐겁고 비이기적이며 사랑하는 마음의 봉사이다.

하나님께서는 어떤 것이든 마지못해 내는 자에게 강요하기를 원치 않으신다. 의무감에서 하나님께 드리는 기도, 해야 한다는 그 이유 때문에 행하는 일, 목사이고 자신의 직업에 일관되어야 하기 때문에 하는 말은 죽어 있고 냉랭하며 전혀 가치가 없다. 진정한 봉사는 즐겁고 충만한 마음에서 솟아 나오며 넓고 끝이 없는 강처럼 넘치게 된다. 또한 강처럼 진정한 봉사는 낮은 곳으로 흘러 들어가며, 지극히 슬프고 지극히 힘들며 더할 수 없이 절망적인 곳에 손을 뻗치려고 한다.

그것은 강처럼 사시사철 영구히 흘러 넘치는 샘이며, 주변이 변화하는 가운데서도 계속해서 흐르며, 생의 전 과정을 통해서 흐르고 아름다운 작은 시내처럼 소리 없이 흘러가며 이같이 말한다. "사람들은 오고 갈지라도 나는 영원히 계속 간다."

성령의 능력은 우리를 단순하고 친절하며 활기 넘치게 만들고 성실하게 하고 하나님을 위하여 열정적으로 만든다. 우리의 일과 말은 참으로 깊고 충만한 생명에서 흘러 넘치는 것이어서 스스로 그것을 증거한다.

성령의 능력은 다른 사람들이 우리 얼굴에서 빛나며 우리 목소리에서 드러나고 즐겁고 경쾌한 발걸음에서 솟아나는 복을 바라게 만든다. 그리고 그것은 단지 하나의 강이 아니라 여러 강이다. 그 강은 수로가 있는 곳은 어디든지 흐르며, 가는 길에 만나는 모든 생명에 복을 베푼다. 하나님께서 이같이 우리를 사용하고 계시며 그 충만함이 넘칠 때까지 성령으로 이같이 충만하게 하셨는가?

항상 설교해야 할 필요가 있는 것은 아니다. 사실, 때로 우리는 하나님께서 우리에게 기대하시는 봉사를 너무 멀리서 찾고 있다. 하나님께서 우리 생명에 가져다 주셨던 복을 다른 사람에게 가져다 줄 창문과 채널을 바로 가까이에서 찾을 수 있고, 더 많은 사람들에게 미래의 복을 전달하도록 우리를 준비시키는 기회와 통로를 또한 바로 가까이에서 찾을 수 있는 경우가 많다.

진지하고 열심이 있는 한 그리스도인 여성이 하나님께 봉사할 수 있게 해달라고 간절히 기도하며 왜 자기는 다른 여성들과 달리 집에만 묶여서 더 넓은 곳으로 나갈 수 없는지 궁금해 하였다. 그때 곁에서 작은 인형을 갖고 놀고 있던 딸아이가 자기를 도와 달라며 생각에 골똘해 있는 엄마를 헛되이 부르고 있었다. 인형의 손가락 하나와 옷 하나를 잃어버렸는데 아이에게는 그것이 생활의 가장 큰 관심사였다.

딸아이는 자신의 작은 문제를 가지고 여러 차례 엄마에게 왔지만, 영적 문제로 속을 태우며 걱정하고 있던 엄마는 계속 아이를 밀어내다가 마침내는 다소 엄하게 아이를 내쫓으며 자기는 지금 더 고귀한 일로 바쁘니까 귀찮게 굴지 말라고 했다. 피곤하고 낙심한 아이는 혼자 방구석으로 물러가 망가진 인형을 가지고 앉아서 울다가 잠이 들었다.

잠시 후, 엄마는 주위를 둘러보다 어린 딸의 붉은 뺨이 눈물로 얼룩져 있고 망가진 작은 인형을 가슴에 품고 있는 것을 보았다. 그때 하나님께서 그녀에게 이같이 말했다.

"아이야, 너는 나를 위해 더 고귀한 봉사를 찾는답시고 내 어린 심령을 깨트렸다. 너는 나를 위해 큰 일을 하려고 했다. 그 어린아이는 내가 보낸 사자였고, 그 작은 봉사는 너에게 준 시험이었다. 지극히 작은 것에 충성된 자는 큰 것에도 충성되고 지극히 작은 것에 불의한 자는 큰 것에도 불의하니라"(눅 16:10).

어머니는 교훈을 배웠다. 그녀는 어린양을 팔로 감싸고 입맞추어 깨웠다. 그리고 나서 하나님과 아기에게 자기를 용서해 달라고 구했다. 그때부터 그녀는 그리스도의 사랑을 길에서 만나는 모든 대상에 붓기 시작했다. 그녀가 자기에게서 가까이에 있는 일들을 충성스럽게 행하자 하나님께서는 그녀의 영향력을 더 넓혀 주셨다. 자매들과 함께 있게 되었을 때 그들을 더 고귀한 봉사로 인도하는 날이 왔다. 그녀는 자기와 같이 주부인 자매들에게 자신의 경험담을 들려주었다. 하나님께서는 우리에게서 위대한 봉사를 원하시지 않고 단지 우리에게 가져다주시는 작은 일들에서 하나님을 만나야 하고 복과 사랑의 수로가 되어야 한다는 것을 배웠다고 말했다.

이와 같이 해서 우리의 생명이 충만하도록 하고, 우리 주변에 있는 수로들에 생명을 흘려보내도록 하자. 주님께 가서 마시고 또 마셔 마음이 충만하여진 다음 슬픈 자들과 죄짓는 자들, 고통당하는 자들에게 가서 우리가 직접 하나님께로부터 받은 위로로써 그들을 위로하도록 하자.

이것은 바로 주님의 이야기였다. 이것이 제자의 이야기가 되어야 한다. 우리는 주기 위해서 받으며, 줄 때에만 계속해서 받는다. 풍성하게 나누어 주면 줄수록 그만큼 더 우리는 하나님의 모든 충만으로 더욱더 풍부하게 받을 것이다.

가나의 기적

이제 우리는 이 복된 복음서 2장에 나오는 이중 진리에 대한 아름다운 예를 살펴보자. 그것은 갈릴리 가나에서 행해진 기적이다. 복음서 기자는 이것이 그리스도께서 행하신 첫 번째 기적이라고 말한다. 따라서 이 기적에는 특별한 의미가 있었음에 틀림없다.

또한 복음서 기자는 그것이 그리스도의 영광을 나타낸 기적이었다고 하며, 이 사실은 이 기적의 이면에 깊은 교훈이 있음을 확실히 암시한다. 그 이면적 교훈 때문에 이 기적이 이 놀라운 복음서에 담긴 깊은 영적 가르침의 초두에 바르게 위치해 있는 것이다. 사실, 그것은 일종의 비유이고, 앞에서 인용한 구절에 나오는 주 예수 그리스도의 직접적인 교훈으로부터 설명하려고 하는 전체 진리의 상징이다.

1. 실패

우리는 가나 혼인 잔치의 포도주를 다 써 버린 데서 우리의 본성적인 생명, 기쁨, 사랑의 실패를 본다. 사실, 아름답고 향기로운 꽃, 젊음의 신선함과 아름다움, 젊은이들의 활력과 고결함, 수많은 친구들의 환호, 미래의 행복에 대한 밝고 빛나는 소망과 기대가 어우러진 혼인식 장면은 아름답기 그지없다. 그러나, 아 그런 환상이 얼마나 빨리 사라지는지! 그런 찌꺼기들 속에 얼마나 자주 교활한 뱀들이 남아있는지! 기쁨은 슬픔으로 변해 버린 지 오래여서 남아 있는 것이라곤 쓰디쓴 기억뿐이다!

이것이 전부라면 인생이란 얼마나 슬픈 것인지! 그러나 거룩한 것이 시작되는 것은 바로 이처럼 본성적인 것이 실패할 때이다. 새 창조가 일어나는 것은 옛 창조가 죽는 바로 그 순간이다. 나사렛 예수께서 나타나시는 것은 가나 혼인 잔치의 포도주가 다 떨어지는 바로 그때이다. 그리고 이제 우리는 그동안 나타내려고 애써왔던 바로 그 진리들을 이 아름다운 기적에서 보게 된다.

2. 채움

다음에 우리는 이 그릇들이 채워지는 것을 본다. 주님의 명령은 "항아리에 물을 채우라"는 것이다. 항아리는 흙으로 만든 그릇, 곧 일반적으로 사용되는 물항아리에 지나지 않았다. 그러나 그 항아리들은 비어 있었고 깨끗하였다. 필요한 일은 깨끗한 물로 채우는 것만 남았다. 이 항아리들은 흙으로 만든 오지들, 곧 우리 인간 생명을 담고 있는 그릇들을 나타낸다. 그러나 그런 그릇들이라도 비어 있고 주님께 바친다면, 물로 표상되는 성령으로 아구까지 채워진다면 틀림없이 어떤 큰 일이 일어날 것이다.

항아리들은 아구까지 채워야 한다. 온 마음으로 그리스도를 온전히 영접해야 한다. 성령께서는 우리를 반만 취하지 않으시고 자신을 반만 주려고 하시지도 않는다. 가득 채워졌을 때에야 비로소 흘러 넘치게 되는 것이다.

3. 포도주

다음에는 이 기적의 더 고귀한 다른 면이 나온다. 가득 채운다는 것은 지극히 작은 일이다. 그 다음에는 어떤 일을 해야 하는가? "이제는 떠서 연회장에게 갖다 주라"(2:8). 물을 사용하라 그러면 그것이 포도주로 변한다는 것이다.

아, 이 교훈은 참으로 명쾌하고 분명하다! 성령을 받는 것은 복된 일이다. 그러나 성령을 나누어 주는 것은 더 복된 일이다. 여러분에게 성령이 계시다는 것을 아는 유일한 길은, 여러분이 성령을 받았다는 것을 아는 단 한 가지 길은 성령을 주기 시작하는 것이다.

여러분은 비유에 나오는 종들처럼 기적을 보기 전에 믿음으로 떠서 가져가야 한다. 여러분이 물을 손님들에게 가져갈 때, 바로 물이 포도주가 된다. 그것도 질이 좋은 포도주이다. 물이나 포도주나 다같이 성령을 표상하지만 포도주가 더 고상한 표상이다. 물은 깨끗함과 충만함을 말하고, 포도주는 기쁨과 사랑, 거룩한 생활을 의미한다.

성령을 받고 있을 때 우리는 냉수와 같은 그리스도인에 지나지 않는다. 그러나 거룩한 봉사에 성령의 충만함을 붓고 있는 동안 우리는 신성한 포도주를 마시며 주님 자신의 신성하고 말로 표현할 수 없는 기쁨을 나누어 갖게 된다.

이것은 후에 흘러 들어가고 나오는 생명수 강에서 표현된 것과 똑같은 사상이다. 그러나 이것은 강 이상의 것을 의미한다. 이것은 모든 생활을 혼인 잔치와 즐거운 노래로 변화시키는 기쁨과 즐거움이다. 세상조차도 가나 혼인 잔치의 연회장처럼 가장 좋은 포도주가 맨 나중에 나왔다는 것을 인정하지 않을 수 없다.

바로 연회장이 말한 것처럼 사람들이 그리스도께서 가져오시는 복의 더 고귀한 특성과 가치를 사람들이 인정하도록 살고 섬길 수 있으면 좋을 텐데! 우리 주변에 있는 모든 것은 세상의 포도주가 실망시킨 그런 마음과 생활들이다. 하나님께서는 우리가 그들에게 신성한 잔과 주 예수 그리스도의 거룩한 생명을 가져다주도록 도우신다. 그래서 굶주리고 있는 이 가난한 세상이 우리에게는 그들보다 더 나은 것이 있음을 깨닫게 하시고 인자한 얼굴과 넘치는 기쁨을 볼 때 자기들이 배고프다는 것을 깨닫게 하신다.

결론

결론적으로 말해서 우리는 어떻게 하면 이 복을 받을 것인가? 마리아의 메시지에 귀를 기울여 보자. "너희에게 무슨 말씀을 하시든지 그대로 하라" (2:5). 그 복은 주님께 대한 순종의 걸음을 통해서 온다. 주님께서 그 길을 여러분에게 보여 주실 것이고, 여러분이 한 걸음 한 걸음 주님을 순종할 때 주님의 기쁨에 참여할 것이다. 주께서 모든 일을 지시해 주실 것이고, 그 결과는 모든 예상을 뛰어넘을 것이다.

그러나 다음에, 여러분은 다른 명령을 잊어서는 안 된다. "항아리에 물을 채우라 하신즉 아귀까지 채우니"(2:7). 영혼에 비어 있는 부분을 남겨놓아서는 안 된다. 여러분 생활의 어떤 부분도 주님에 감추지 말라. 온 마음을 드리고, 마음을 온통 그리스도로 채우라.

그 다음에 마지막으로, 무엇보다 나가서 주님의 사랑의 선물을 사용하도록 하라. "이제는 떠서 연회장에게 갖다 주라"(2:8). 주께서 주신 생명을 가지고 슬퍼하는 자를 위로하고, 길 잃은 자들을 구원하고 낙심한 자를 돕고 여러분의 복되신 주님의 이름과 은혜로 봉사하도록 하라. 여러분이 나갈 때,

성령께서 여러분 앞에서 가실 것이고 여러분을 통해 일하시며, 더욱더 강력하게 여러분을 인도하고 여러분을 수백 배 확대시키실 것이다. 에스겔이 본 환상처럼, 졸졸 흐르던 시냇물이 "물이 발목에 오르더니"(47:3), "물이 무릎에 오르고"(47:4), "물이 허리에 오르고"(47:4), "헤엄칠 만한 물이"(47:5) 될 것이다. 이 복과 능력의 급류가 흘러나가며 그 강 한쪽 가에는 치유와 기쁨의 잎사귀가 달린 생명나무가 있을 것이다. 회복된 낙원의 영광이 여러분의 길에 펼쳐질 것이다.

제 6 장

보혜사

내가 아버지께 구하겠으니 그가 또 다른 보혜사를 너희에게 주사 영원토록
너희와 함께 있게 하리니 (요 14:16).

다락방 강화(講話)에는 성령에 관한 그리스도의 심오한 가르침이 담겨 있
다.

이름: 보혜사

이 명칭은 그리 좋은 번역이 아니다. 헬라어로는 '파라클레토스' 인데, 문
자적인 뜻은 "가까이 계신 하나님, 네 곁에 계신 하나님, 우리가 위급할 때
마다 도움을 청할 수 있는 하나님"이다.

라틴어 '아드보카투스' 도 "우리가 도움을 청할 수 있는 혹은 우리에게 소
리칠 수 있는 분, 언제나 우리가 부르는 소리를 들을 수 있는 거리에 계시는
분"이라는 같은 뜻을 지니고 있다. 이와 관련하여 성령께서는 임재해 계시
는, 모든 것이 충족한 하나님으로 우리에게 묘사된다. 물론, 이 모든 사실에
는 무한한 위로가 들어 있다. 그러나 일차적인 개념은 영적 기쁨이라기보다
는 발생하는 모든 경우와 비상시기에 발휘되는 실제적인 능률과 충족함이
다.

이것이 바로 성령의 본질이다. 즉 성령께서는 모든 일에 충족하신 하나님
이시라는 것이다. 하나님은 어떤 환경에서도 우리 가까이 계시고, 모든 요구
를 충족시켜 주는 분이시다. 압박당하고 분투 노력 하는 우리 삶에 이 사실

이 얼마나 위로가 되는지! "하나님이 능히 모든 은혜를 너희에게 넘치게 하시나니 이는 너희로 모든 일에 항상 모든 것이 넉넉하여 모든 착한 일을 넘치게 하게 하려 하심이라"(고후 9:8).

성령의 임재 양식

성령이 너희 안에 계실 것이다. "그는 너희와 함께 거하심이요 또 너희 속에 계시겠음이라"(요 14:17). 구약을 통해서, 심지어 그리스도의 사역 기간에도 하나님의 임재는 사람들과 함께하는 임재였다. 그러나 신약 시대에, 그리고 성령께서 오신 후에는 사람들 속에 계시는 임재가 될 것이다.

성령께서는 신자의 생명과 연합이 되고 일체가 될 것이다. 그래서 성령은 우리와 직접적으로 인격적 연합을 이루실 것이다. 성령은 우리 위에서 작용하지 않고 우리 속에서 활동하고 우리를 통해 우리 생명의 한 부분이 되실 것이다. 성령께서는 우리 존재의 가장 깊은 부분으로부터 모든 기능과 의지력, 능력을 통제하실 것이다. 이것이 오늘날 우리가 발견하는 두 부류 그리스도인의 차이점이다. 즉 하나님을 자기 곁에 두는 그리스도인들과 하나님을 자기 속에 모시고 있는 그리스도인의 차이이다.

그 점을 설명하지 못할 수도 있다. 영적인 신비를 전혀 경험하지 못한 사람에게 그 신비를 명백히 알 수 있게 설명하는 것은 불가능한 일이다. 햇볕이 어떻게 꽃 속에 들어가서 생생한 아름다움과 갖가지 색깔로 나타나는지, 또 어떻게 이 땅에 흠뻑 스며든 후에 잎과 열매로 다시 나오는지 설명하기란 어려운 일이다.

친구의 영향력과 인상과 인격은 우리 존재의 일부가 되어, 마침내는 친구가 생각하는 것처럼 생각하고 친구의 영향을 받아 행동하게 된다. 이런 사실들은, 성령께서 헌신한 제자의 생명과 존재 속에 한 인격체로 들어가 모든 선택과 감정, 생각, 행동을 통제하여 "내가 그들 가운데 거하며 두루 행하여"(고후 6:16), "또 내 영을 너희 속에 두어 너희로 내 율례를 행하게 하리니 너희가 내 규례를 지켜 행할지라"고 하신 자신의 약속을 이루신다는 복된 신비와는 다소 거리가 있지만 비슷한 예들이다.

성령의 임재 기간

성령께서는 "영원토록 너희와 함께 계시리라"(요 14:16).

성령은 오셔서 머무르신다. 신자의 마음을 구속의 날까지 보증하신다. 성령께서는 마음에 자리를 잡고 더 이상 거기서 떠나지 않으신다. 우리는 성령을 슬프게 하고, 성령의 뜻을 따르지 않을 수 있다. 그러나 성령께서는 영원한 사랑으로 우리를 사랑하셨고 구원에 이르는 믿음을 통해 그의 능력으로 우리를 보존하신다.

그리스도께서 오시면 성령은 세상을 떠나실 것이라고 말하는 사람들이 있다. 이것은 주께서 하신 약속이 아니다. 성령은 "영원토록 너희와 함께 있으리라" 하셨다. 예수께서 오실 때도 성령은 여전히 머물러 계실 것이다. 왜냐하면 그처럼 어두운 시련의 날 동안 지상에는 성령의 위로와 보호하심과 도우심이 필요한 영혼들이 있을 것이기 때문이다. 성령께서는 어두운 시련의 날에 지상에서 성도들과 함께 계실 것이고 천년왕국 시대에는 그리스도의 지상 사역 기간에 그러셨듯이 그리스도와 협력하여 이 세상이 하나님의 뜻을 따르도록 하고 온 창조계에 의의 통치를 시행하실 것이다.

우리가 그리스도께서 오시기를 기도할 때 성령의 사역을 훼손하는 것이 아니다. 우리가 간절히 바라고 기도하며 기대하고 있는 이 천년왕국 기간에 성령의 활동 무대는 광대해질 것이다.

예수 그리스도와 성령의 관계

"보혜사 곧 아버지께서 내 이름으로 보내실 성령"(14:26), 그분은 나를 나타내기 위해 내 성격으로 아버지께서 보내실 것이다. 그는 "또 다른 보혜사"(14:16)가 되실 것이다. 성령은 우리와의 관계에서 그리스도께서 하시던 일을 하실 것이다. 성령은 그리스도를 대신하고 그리스도의 후계자가 되어 그리스도께서 지상에서 하실 수 있었던 것보다 더 많은 일을 우리에게 행하시게 될 것이다. "내가 떠나가는 것이 너희에게 유익이라 내가 떠나가지 아니하면 보혜사가 너희에게로 오시지 아니할 것이요 가면 내가 그를 너희에게로 보내리니"(16:7).

성령의 임재가 그리스도의 지상 사역의 임재보다 더 나을 수 있다면 성령의 임재는 더할 나위 없이 소중하다! 예수께서 제자들에게 얼마나 소중한 분이었는가를 우리가 이루 다 헤아릴 수 있는가?

예수께서는 어머니가 자녀에 대해서 갖는 의미보다, 목자가 자기 양떼에 대해서 갖는 의미보다, 길 없는 사막을 지나가는 일에서 안내자의 역할보다, 아무도 가 보지 않은 바다에서 항해사의 역할보다 제자들에게 더 큰 의미와 역할을 지니신 분이셨다.

제자들은 주님을 의지하였고 주님의 도움으로 살았고 모든 일에 전적으로 주님을 의지하였다. 그런데도 주님은 이같이 말씀하신다. "내가 가는 것이 너희에게 유익이다. 왜냐하면 내가 이 모든 일에서 너희에게 행했던 것보다 큰 일을 너희에게 하실 분이 올 것이기 때문이다."

친애하는 여러분, 보혜사이신 성령이 예수께서 자신을 따르던 갈릴리 제자들에게 의미했던 것 이상으로 우리에게 존재하시는가? 그렇다면 여러분은 성령의 친밀함과 사역에 대해서 얼마나 많은 것을 배워야 하는가? 성령께서 여러분에게 조언자이자 모든 순간의 동반자이고, 모든 걸음의 지도자요 안내자이며, 여러분이 알고 있는 모든 것의 선생이시고, 여러분이 믿는 모든 것의 본질이며 여러분의 힘과 기쁨과 생명의 원천으로 계시는가?

성령께서는 자신이 여러분에게 그 같은 분으로 존재하기를 원하신다. 그리스도께서는 한 번에 한 곳에만 계실 수 있었다. 그러나 성령께서는 모든 곳에 계실 수 있다. 그리스도께서는 사람들 본성 밖에서 사람들에게 말씀하셨고, 성령께서는 사람들 본성 안에서 말씀하신다. 그리스도께서는 다소 신체적으로 임재해 계셨고, 성령께서는 영적으로 임재해 계시므로 우리 존재의 깊은 곳으로 들어오신다. 성령은 모든 의식과 생각, 역량, 느낌과 융합하신다.

성령께서 그리스도를 대신할 만큼 그렇게 철저하게 그리스도를 대리하고 그 자리를 빼앗은 것인가? 전혀 그렇지 않다. 그 반대로 성령은 그리스도께서 지상 사역때보다 더 생생하게 제자들에게 임재하도록 하실 것이다. 많은 사람들이 성령을 명예롭게 하려는 열심 가운데 자칫 범하기 쉬운 큰 실수가 여기에 있다. 이들은 그리스도께서 멀리 하나님 우편에서 계시는 것처럼 이야기하고, 주님의 인격적인 임재를 배제하는 것이 성령을 명예롭게 하는 일이라고 생각한다.

이것은 우리 구주께서 생각하신 방식이 아니었고, 성령께서 오신 목적도 아니다. "그가 나를 증언하실 것이요"(15:26). "그가 스스로 말하지 않고"(16:13). "내가 너희를 고아와 같이 버려두지 아니하고 너희에게로 오리라"(14:18).

> 그날에는 내가 아버지 안에, 너희가 내 안에, 내가 너희 안에 있는 것을 너희가 알리라 나의 계명을 지키는 자라야 나를 사랑하는 자니 나를 사랑하는 자는 내 아버지께 사랑을 받을 것이요 나도 그를 사랑하여 그에게 나를 나타내리라 … 사람이 나를 사랑하면 내 말을 지키리니 내 아버지께서 그를 사랑하실 것이요 우리가 그에게 가서 거처를 그와 함께 하리라(14:20-21, 23).

이 구절을 읽으면 그리스도의 인격적이고 의식적인 임재가 보혜사의 사역을 통해서 언제나 자기 백성과 함께 한다는 것을 보지 않을 수 없다. 사실, 성령의 하시는 큰 일은 막후에 계시면서 그리스도께서 실재하심을 나타내는 것이다. 망원경이 자기 자신을 드러내지 않고 망원경 너머에 있는 별을 보는 것과 같이 우리의 영적 시각의 매개자인 복되신 성령께서 그리스도를 계시하신다.

우리가 대기를 지나 태양 가까이 갈 수 있는 것보다도 더 가깝게 태양을 우리에게 낮추는 일을 대기가 하듯이 영적 사실들을 계시하는 하나님의 거룩한 중보자인 성령께서는 거리가 아무리 멀고 공간이 아무리 클지라도 전혀 상관없이 그리스도를 하나님의 보좌에서 우리 가까이로 모시고 내려온다.

인간의 전화나 전보가 공간을 뛰어넘고 먼 거리를 가까이 단축시킬 수 있다면, 빛과 생명의 창조자께서 땅에서 하늘로 이어지는 통신선을 개방하는 것은 전혀 어려운 일이 아니다. 우리는 천국과 연결된 통화선상에 있으므로 천국의 살아 있는 실체들의 다급한 영혼의 속삭임을 언제든지 들을 수 있다.

그렇다. 우리는 기도라는 전화기를 통해서 하늘에 계신 주님의 목소리를 생생하게 들을 수 있고, 주님의 고동치는 사랑의 맥박을 느낄 수 있다. 우리는 그 전화기를 통해서 온전해진 의인들의 영이 거하는 곳에 들어갈 수 있고, 주님의 보좌 주변에 울려 퍼지는 노래를 들을 수도 있다.

그렇다. 성령은 시대의 종말에 이르기까지 모든 날 동안에 항상 우리와 함께 계신다. 보혜사의 임재는 성령을 우리에게 더 가까이 더 소중하게 만들며, 우리가 성령 안에, 성령께서 우리 안에 계시다는 것을 깨닫고 알 수 있게 해 준다.

선생이신 성령

성령께서는 그리스도라는 분을 계시하실 뿐만 아니라 그리스도께서 겨우 가르치기 시작한 진리를 계시하시기도 한다. "내가 아직도 너희에게 이를 것이 많으나 지금은 너희가 감당하지 못하리라 그러나 진리의 성령이 오시면 그가 너희를 모든 진리 가운데로 인도하시리니 그가 스스로 말하지 않고 오직 들은 것을 말하며 장래 일을 너희에게 알리시리라"(16:12-13).

이 성경 말씀은 성령에 의해 조명될 필요가 있다. 그러면 우리는 성경을 의무감에서 읽지 않고 우리 주님이 전하시는 생생한 메시지, 곧 우리의 신랑이 마음으로 쓴 사랑의 편지로 읽게 된다.

그 다음에 성령은 우리를 가르치시는 일에 얼마나 너그럽고 인내심이 많은지! 성령께서 우리를 모든 진리 가운데로 인도하실 것이다. 성령께서는 우리가 얼마나 빨리 갈 수 있는지 알기 때문에 억지로 음식을 먹이지 않으신다. 성령께서는 언행을 일치시키신다. 성령께서는 우리 체질에 맞게 가르치고 진리를 증거하며 날마다 "경계에 경계를 더하며 교훈에 교훈을 더하며 … 여기서도 조금, 저기서도 조금"(사 28:10) 하신다. 그래서 마침내 우리가 졸업반에 올라가기까지 인도하신다.

성령께서 이제는 계시되어야 할 진리를 서신서와 요한계시록에 얼마나 많이 남겨두셨는지! 그리고 우리가 그 진리를 이해할 뿐만 아니라 순종하고 우리의 생생한 경험으로 변화시킬 준비가 되어 있지 않다면 얼마나 많은 진리를 우리에게서 거두어 가시는지!

진리를 생각나게 하시는 성령

"성령 그가 너희에게 모든 것을 가르치고 내가 너희에게 말한 모든 것을 생각나게 하리라"(요 14:26).

성령께서는 우리를 가르칠 뿐만 아니라 우리의 지능도 자극하여 기억하고 배우게 하신다. 성령께서는 성경의 저자이자 마음에 빛을 비추는 분이요, 생각나게 하시는 영이다. 성령께서는 잊고 있던 진리를 필요한 순간에 다시 기억하게 하는 법을 알고 계신다. 낙담해 있을 때에는 약속을 생각나게 하신다. 원수의 책략이 우리를 시험하고 당황하게 만들 때 성령께서는 "기록되었으되"라고 말하며 우리 손에 성령의 검을 쥐어줄 줄을 아신다.

성령께서는 아침마다 우리의 귀를 열어 "학자들 같이 알아듣게"(사 50:4) 하고 우리가 "곤고한 자를 말로 어떻게 도와 줄 줄을"(50:4) 알게 하신다. 성령께서는 적절한 시간에 적절한 메시지를 주시고, 그 메시지에 복을 주어 지속적인 능력을 발휘하게 하신다.

우리는 성령께서 우리를 인도하고 우리를 통해 말씀하며 승리하심을 믿고, 생활의 당혹스런 모든 일을 통과할 때까지 우리의 감시자와 어머니가 되시도록 하자.

봉사할 수 있는 능력을 주시는 성령

"그가 와서 죄에 대하여, 의에 대하여, 심판에 대하여 세상을 책망하시리라"(요 16:8). 우리가 세상을 책망할 수 있지만 세상을 정죄할 수 있는 분은 성령뿐이시다.

성령께서는 우리의 표정과 말, 행동을 통해 사람들의 마음에 죄의식을 일깨우고 영원을 생각하게 하실 수 있다.

성령께서는 메시지를 양심에 전달하고, 의지를 압박하여 큰 결단에 이르도록 하며 우리의 말이 성령의 능력을 전달하는 수단이 되도록 하실 수 있다.

성령만이 의의 정죄를 하실 수 있고, 그리스도를 계시하되 단지 개심이나 자기 개선에 이르도록 계시하는 것이 아니라 참된 회개와 믿음, 예수 그리스도께서 완성하신 사역을 의지하게 하도록 계시할 수 있다. 성령께서는 세상을 심판하고 정죄하실 수 있다. 성령께서는 자아에 대해, 죄와 세상에 대해 사형선고를 내릴 수 있고, 우리 주 예수 그리스도의 나라를 위해 사람들을 이 악한 세상으로부터 떼어낼 수 있으시다.

성령께서는 이 세상 임금의 권세로부터 사람을 불러내어 하나님의 사랑하는 아들의 나라로 이끌어들이실 수 있다. 성령께서는 사탄을 이길 수 있고 당신이 시작하시는 일을 마칠 수 있다.

아, 성령이 계시지 않는다면 우리의 모든 사역이 얼마나 무력한지! 성령께서 우리를 위할 뿐만 아니라 세상을 위해서도 당신의 하려고 하시는 큰 일들을 얼마나 우리에게 보여 주려고 하시는지!

소망의 영

마지막으로 성령은 소망의 영이고 약속의 영이며 미래를 실현하는 영이시다. 성령께서는 장차 일어날 일을 여러분에게 보여 주실 것이다.

약속이 주의 오심의 복된 소망에 관한 서신서 요한계시록의 가르침에서 어떻게 성취되었는지! 예언의 빛을 주신 성령께서 해석의 빛을 주며 믿음의 생활과 살아 있는 소망을 주실 수 있으시다. 성령만이 이 일들이 우리에게 실현될 수 있게 하신다. 성령만이 우리의 소망과 마음의 중심을 그리스도 오심의 복된 소망과 주님의 승천의 보좌에 두게 하실 수 있다.

그리스도께서 다시 오는 것을 알고 바라는 것만으로는 충분치 않다. 그 사실이 참으로 영혼의 중심을 차지하게 될 때 그 영혼의 생명에 큰 분기점이 된다. 영혼을 끌어당기는 힘이 땅에서 하늘로 옮겨지고, 장래 세상의 능력 아래서 사는 법을 배우게 된다.

땅의 입장에서 세상을 들어올리는 것과 하늘의 입장에서 세상을 끌어올리는 것은 다른 일이다. 땅에서 영광을 위하여 사는 사람이 되는 것과 영광 속에서 세상을 위하여 사는 사람이 되는 것은 다른 일이다. 우리는 먼저 세상으로부터 나왔고, 그 다음에 세상에 복을 주기 위해 다시 세상으로 돌아가야 한다.

그리스도께서 어떻게 살 줄을 아신 것은 세상에 속해 있지 않으셨기 때문이다. 아버지께서 예수님을 하늘로부터 보내셨으므로, 우리도 하늘에 거하는 사람으로서 하늘로부터 보냄을 받아 세상에서 일해야 한다. 성령께서 장차 될 일을 우리에게 보여 우리가 하늘에 오르신 주님의 보좌에 마음의 중심을 두고, 주님과 함께 보고 생활하며, 잠시 머무르는 세상을 구원하기 위해 일하게 해 주시기를 바란다!

제 7 장

성령을 기다림

너희는 위로부터 능력으로 입혀질 때까지 이 성에 머물라 하시니라
(눅 24:49).

내게서 들은 바 아버지께서 약속하신 것을 기다리라(행 1:4).

오순절 날이 이미 이르매 그들이 다같이 한 곳에 모였더니(2:1).

이 세 구절 모두 한 가지 매우 분명한 생각을 나타내고 있다. 즉 성령의 충만을 받기 위해 하나님을 기다리라는 것이다.

시간의 법칙은 자연계나 은혜에서 모두 중요한 요소이다. 즉각적으로 일어나는 작용들이 있지만 시간의 경과와 발전의 과정이 필요한 작용들이 더 많다. 식물 성장의 원리는 점진적이다. 처음에는 잎사귀가 나오고 다음에 이삭이 나오며 그 후에 이삭에서 옥수수가 자란다. 땅을 비옥하게 하는 일에는 봄만큼 겨울도 필요하다. 먼저 씨를 조용히 흙에 뿌린 다음에야 싹이 나오고 잎과 꽃이 피는 것이다.

그와 같이 영적 세계에서도 기다림의 여지가 있다. 하나님의 창조의 활동은 순간적이지 않고 연속적이다. 오실 구속자의 약속이 성취되기 위해서는 수천 년의 시간이 필요했다. 모세는 하나님의 위대한 구원 사역을 감당하러 나가기 전에 40년을 기다렸다. 우리가 분명하게 성령을 받는 순간이 있다. 그러나 예수님과 모세가 그랬던 것과 같이 우리도 성령의 오심을 준비하고 우리를 충만케 하시는 일을 기다려야 한다. 어떤 의미에서 예수님과 모세는

우리에게 적용될 수 없는 것을 기다렸다. 이들을 위해서는 아직 성령이 하늘로부터 보내심을 받지 않았다. 오순절은 성령께서 세상에 오신 때였다. 그 시간까지 성령은 예수 그리스도 안에 계셨고, 이제 성령께서 그의 몸인 교회 안에 거하실 계획이었다. 땅이 성령의 거처가 될 것이다. 그런 의미에서 우리는 보혜사가 오시기를 기다릴 필요가 없다. 보혜사는 이미 오셔서 세상에 계시기 때문이다.

그러나 성령께서 이미 세상에 오셨을지라도 바로 그 명령이 다락방에서 기다리고 있던 제자들에게 내려졌다. 제자들 편에서 준비하는 일이 성령이 하늘에서 땅으로 내려오시는 일만큼 필요하기 때문이다. 오늘날에도 우리들 편에서 그 같은 준비가 필요하다.

그러나 우리는 그 기다림의 성격을 아는 것이 중요하다. 그것은 주님을 만나려고 기다리는 것이 아니라 주님을 뵙고 그 곁에 서 있는 것이다. 멀리 있는 복을 내다보고 있는 것이 아니라 그 복을 받고, 그 복이 우리 것이라고 주장하는 태도를 계속 견지하는 것이며, 성령께서 기다리는 심령을 충만케 하실 시간을 드리는 것이다.

그 기다림은 미래의 복을 기대하는 것 이상의 일이다. 그것은 현재의 복을 받는 것인데, 그 복은 너무 크고 충만해서 한 순간에 다 받을 수 없다. 우리의 전 존재를 열고, 계속해서 받아들이는 마음의 태도를 갖는 일이 필요하다.

주님은 이같이 사람들에게 기다리는 시간을 갖도록 하셨듯이 오늘날도 우리에게 기다리라고 하신다. 모든 그리스도인의 경험의 기초가 되는 원리들에는 이같이 주님을 기다리는 일의 중요성과 필요를 보여 주는 깊은 이유가 있다.

변화의 표시

주님을 기다리는 이 시기는 제자들의 생활에 중대한 변화를 이루기 위한 것이었다. 이 변화는 새로운 출발의 영적 신기원, 곧 마음의 새로운 시기가 될 것이다.

지질학의 기록을 보면 지구의 표면이 연속적인 층들로 형성되었고, 이 지층들 사이에 연속해서 틈이 있는 것을 알 수 있다. 이 지층들 사이에 암석층이 있고, 그 다음에 역암층이 있다.

영적 생활도 이와 같다. 이와 같이 기다리는 시간을 통해 우리는 새로운 차원과 새로운 진보에 이른다. 때로 우리가 오래된 습관에서 벗어나 자유롭게 더 높은 차원에 이르고 더 대담한 진보를 이루기 위해서는 완전한 휴식을 갖는 것이 매우 바람직한 일이다.

음악에서 매우 효과적인 강조법 가운데 한 가지로 휴지(休止)가 있다. 시편에 나오는 "셀라"라는 말이 이 같은 휴지를 표시한다. 그와 같은 휴지가 효과적으로 쓰이기 위해서는 완전한 침묵이 필요하다. 그 다음에 이어지는 합창은 이중의 강조 효과가 있다. 그와 같이 성령도 우리의 영적 생활이라는 합창에서 그와 같은 셀라, 곧 우리가 조용히 하나님의 음성에 귀를 기울이고 옛 생각과 방법을 완전히 버리고 좀 더 충만한 하나님의 생각과 뜻에 이르게 하기 위한 강조적인 휴지를 주셨다.

위대한 교훈을 가르침

이같이 하나님을 기다리는 시간은 제자들에게 기독교 생활의 가장 위대한 교훈, 즉 자신을 중지하는 법을 가르치는데 필요하였다. 이들에게 가장 큰 위험은 그들이 할 수 없는 일에 있는 것이 아니라 시도할 수 있는 일에 있었다. 우리가 범할 수 있는 가장 큰 잘못은 전혀 준비되어 있지 않으면서 그리고 주님의 뜻을 알지도 못하면서 무엇인가 하려고 하는 것이다. 많은 군대가 지휘관의 명령도 없이 혹은 필요한 장비나 대포도 없이 행동을 시작한다고 생각해 보라. 성급한 노출과 쓸데없는 실패로 인해 군대의 다음 작전은 완전히 쓸모 없어질 것이다.

주님은 우리가 주의 힘과 승리를 받아서 나갈 준비가 되어 있기 전에 어떤 일이든지 하는 것을 막고자 하신다. 우리가 배우기 가장 힘든 교훈은 자신이 철저히 무력하고 지극히 비참한 상태에 있다는 것을 깨닫는 일이다.

예수 그리스도의 첫 제자들이 알아야 했던 가장 깊은 경험은 자신을 십자가에 못박는 일이었다. 그리고 십자가에 못박는다는 것은 악에 대해서뿐만 아니라 자부심이 강한 자신의 자아에 대해서도 죽는 것이다.

베드로는 조용히 있는 법을 아직 배우지 못했다. 왜냐하면 이런 기다림의 시간이 끝나기도 전에 하나님의 지시나 승인 없이 다시 무대로 달려나가 새 제자를 뽑도록 제안하였기 때문이다. 베드로의 이 행동을 좋게 말하자면 그의 일에 도움이 되지 않았지만 해도 끼치지 않았다고 해야 할 것이다. 후에 보면 하나님께서 베드로가 형제들로 하여금 새 제자를 뽑게 한 일을 인정하신 것 같지 않고 하나님께서 정하신 때에 친히 자신의 사도를 부르셨기 때문이다.

그래서 조용히 기다리면서 행동의 결정을 미루고 우리의 뜻을 전적으로 성령의 지시에 복종시키기를 배우기 위해서는 이런 시간이 필요하다. 활동을 중지하는 것이 최선의 선택이 되고, 도대체 무엇인가를 행하는 것이 최악의 결정이 되는 때가 있다. 무시무시한 폭풍을 맞은 배의 갑판에서 안절부절 못하는 한 승객에 대한 아주 교훈적인 이야기가 있다.

그 사람은 갑판에서 사방으로 왔다갔다하며 배가 가라앉는 것을 막기 위해 자기가 할 수 있는 일을 알려달라고 소리쳤다. 폭풍 때문에 겁을 먹기보다는 그 승객 때문에 다른 승객들도 공포에 빠질까 두려워서 더 겁을 먹은 선장이 마침내 그 사람을 곁으로 불러 말했다.

"당신이 저 밧줄을 힘껏 단단히 잡고 있으면서 내가 말하기 전에는 절대로 놓지 않는다면 나를 엄청나게 도와 줄 수 있을 것입니다!"

그러자 그 승객은 밧줄을 꽉 잡고서 폭풍이 지나갈 때까지 그대로 있었다. 폭풍이 지나자 그 사람은 자기가 배를 구했다고 자랑하면서 갑판을 돌아다녔다. 이 소리를 들은 선장이 그 사람에게 다가와 그를 쳐다보며 반짝이는 눈빛으로 말했다.

"내가 당신에게 저 밧줄을 붙들고 있으라고 한 것이 당신을 조용히 있게 하려고 한 것인 줄 아시오? 당신이 밧줄을 붙잡고 있음으로 해서 당신이 한 좋은 일은 당신이 어떤 해도 일으키지 못하고 있었다는 것뿐이오."

아, 우리는 스스로 무슨 일을 한다고 하면서 얼마나 많은 잘못을 저지르는지! 하나님께서 아브라함에게 가만히 있는 법을 가르치는데 얼마나 오랜 시간이 걸렸는지! 아브라함이 하나님께서 스스로 하신 약속을 성취하는 일을 도우려고 얼마나 오랫동안 시도하였는지! 그때 아브라함은 사라의 조언을 들었고, 하갈을 협력자로 삼았고 거기에서 이스마엘이 나왔다. 이스마엘에게서는 슬픔과 장애밖에 나온 것이 없고, 마침내 25년이 지난 후에야 하나님께서 조용히 당신의 약속을 당신의 방식대로 성취하셨다.

모세가 가만히 있는 법을 배우는데 얼마나 오랜 시간이 걸렸는지! 광야에서 40년을 보내면서 마침내 남자다운 기개가 다 사라지고, 그의 발빠른 행동이 겸손으로 변하고 심지어는 소심하게 되기까지 하였다. 그때 뒷걸음치며 하나님께 다른 사람을 애굽에 보내시라고 구하였을 때, 모세는 하나님께서 당신의 백성을 구원하는 일에 쓰시기에 충분할 만큼 작아지고 조용해진 것이다. 그래서 모세가 구원의 문에 다다랐을 때 그의 첫 번째 교훈은 "가만히 서서 여호와께서 오늘 너희를 위하여 행하시는 구원을 보라"(출 14:13)는 것이었다. 아무 일도 하려고 하지 말고 여호와를 기다리기만 하라고 하였다. 그러자 하나님께서 무대에 오르셔서 친히 일을 하셨다.

우리가 우리 자신에 대해 단념하고 자신이 철저히 가치 없고 무력하다는 것을 알고 하나님의 전능하신 힘을 의지하며 이같이 울면서 말하기 전까지는 하나님이 우리를 쓰실 수 없다. "우리가 무슨 일이든지 우리에게서 난 것 같이 스스로 만족할 것이 아니니 우리의 만족은 오직 하나님으로부터 나느니라"(고후 3:5).

우리의 의존성을 깨달아야 함

주님의 제자들이 자신의 곤경, 자신들이 아무것도 아님, 실패, 자신들이 주님께 의존되어 있음을 깨달을 수 있도록 하기 위해 이같이 기다리는 시간이 필요하였다.

제자들이 채움을 받으려면 먼저 자신을 비워야 했다. 제자들이 기다리는 날이 지나가기 전에 자기들이 지금 차지하게 된 위치에 대해, 자신들에게 지워질 짐과 주님께서 그들에게 맡기신 책임과 그 모든 일에 자신들이 전적으로 무력하다는 사실을 얼마나 자주 생각했어야 하는지!

제자들은 참으로 자신의 어리석음과 불신앙, 다툼, 이기심, 두려움, 패배를 기억하고 결국 자기가 무가치하다는 것을 생각했어야 한다. 제자들은 자기들 앞에 놓인 전망을 보고서야 깜짝 놀라 겸손히 무릎 꿇고 절실히 필요한 도움과 힘을 주께 소리쳐 구하게 되었다.

하나님께서는 우리 존재의 가장 깊은 곳에 찾아와 우리의 어리석음과 실패, 궁핍함을 보여 주실 때까지 우리가 따로 가서 조용히 주님을 기다리기를 원하신다. 복된 시간이 오기 전날에 우리가 해야 할 일 가운데서 자신의 부의 목록이 아니라 빈곤의 목록을 작성하는 것만큼 지혜 있고 나은 일은 없다. 불충분한 모든 공간과 빈 곳, 위치를 다 세어 보라. 골짜기의 도랑을 충분히 판 다음에 하나님께 우리의 깊은 궁핍을 가져가 주께서 그 궁핍을 채우시도록 하라.

이 일을 철저히 하려면 시간이 걸린다. 그 궁핍이 우리의 뇌리에 박히도록 하려면 시간이 걸린다. 궁핍을 느끼는 데는 시간이 필요하다. 궁핍을 일반적으로 아는 것과 그것을 깨닫고 슬퍼하며 그로 인해 괴로워하는 것은 별개의 일이다. 우리는 자신을 슬픔과 거룩한 열심으로 채울 필요가 있다. 사도는 이것을 두고 참된 회개의 한 부분이라고 말한다.

팔복의 황금 계단에서 첫 번째 약속은 심령이 가난한 사람들에 대한 것이다. 그러나 하나님께 이르는 길에서 훨씬 더 깊게 내려가는 또 다른 계단이 있다. 즉 그것은 "애통하는 자는 복이 있나니"(마 5:4)이다. 우리는 자신의 가난에 대해 슬퍼할 필요가 있다. 즉 자신의 빈곤을 깨닫고 자신의 영적 비참함에 대해 깊이 괴로워하며, 오직 그리스도의 모든 충만으로만 다시 만족하게 할 수 있는 그런 굶주림을 느끼며 하나님께 나아가는 것이 필요하다.

한 순간에 만족시킬 수 없는 영적 상태들이 있다. 묵은 땅을 갈아엎는 데는 시간이 걸린다. 토지를 비옥하게 만들기 위해서는 봄비만큼 겨울철의 서리도 필요하다. 하나님께서는 시간이 걸리는 훈련 과정을 통해서 우리 마음을 산산이 부수고, 모든 알갱이를 빻아 가루로 만든 다음 우리를 익히고 복되신 성령으로 흠뻑 적신 후에야 비로소 우리는 하나님께서 주시는 복을 받을 수 있도록 열려 있게 된다. 아, 우리는 상한 마음과 열린 영혼으로, 자발적인 심령으로 주님을 기다리며 주 하나님께서 말씀하시고자 하는 바를 듣도록 하자!

하나님의 음성을 들어야 함

352

이처럼 기다리는 시간은 우리가 하나님의 음성을 들을 수 있기 위해서도 중요하다. 생활이 너무 바쁘면 하나님의 목소리를 들을 수 없다. 말을 너무 많이 하면 하나님께서 우리에게 말씀하실 기회를 드리지 못한다. 하나님께서는 당신이 우리에게 말씀하셔야 하는 것을 우리가 귀기울여 듣기를 바라신다. 하나님은 당신의 생각과 기도, 간절히 바라는 바를 우리에게 알려 주시고 우리가 하나님의 더 나은 뜻을 알 수 있도록 당신 앞에 얼굴을 내밀고 서기를 원하신다.

그리고 하나님께서 우리를 계속해서 오래 기다리도록 하신다면, 메시지가 올 때 그 메시지가 오래 기다려 받을 만한 가치가 있다는 것을 우리는 안다. 하나님께서 우리를 기다리게 하신다면 우리는 하나님을 기다리자. 하나님은 단지 몇 번밖에 아브라함에게 말씀하시지 않았다. 바울에게도 불과 몇 번 말씀하셨을 뿐이다. 그러나 몇 번에 불과한 이 하나님의 말씀은 영원토록 존속할 메시지였다. 이 메시지의 메아리는 모든 시대를 통해서 울려 퍼졌고 앞으로 올 시대에까지 울려 퍼질 것이다.

하나님을 기다리되 기도하는 가운데서 기다리기보다는 하나님의 음성에 귀를 기울이면서 기다리자.

하나님의 충만과 그의 뜻을 깨달음

하나님께서는 우리가 자신의 빈곤뿐만 아니라 하나님의 충만하심과 우리에 대한 하나님의 뜻을 알기 위해서도 하나님을 기다리기 원하신다. 하나님은 과거에 대한 광경뿐 아니라 미래의 전망도 보여 주기를 원하신다. 하나님께서는 당신의 은혜의 보고를 열어 주시며 당신이 우리에게 주시는 그 기업의 영광스런 모든 부를 우리가 알기 바라신다.

하나님께서는 우리가 눈을 들어 사방을 바라보게 하고 우리에게 이같이 말씀하기를 원하신다. "보이는 땅을 내가 너와 네 자손에게 주리니"(창 13:15). 하나님은 우리가 하나님 나라의 아름다운 왕과 멀리 있는 땅을 보기 원하신다. 신앙 생활에서 아직 가 보지 못한 영광스런 영역을 우리에게 계시하기 원하신다. 하나님께서는 우리를 더 고귀한 봉사로 부르기 원하시며 생명의 활동을 위해 더 강력한 자원과 능력을 보여 주기 원하신다.

하나님을 기다리며 높은 데 거하고, 하나님의 더할 수 없이 영광스런 은혜들을 둘러보며 하나님의 약속과 그 능력의 무한히 충만함을 바라보고 하나님께서 이같이 말씀하시는 것을 듣는 일은 참으로 즐겁다. "너는 내게 부르짖으라 내가 네게 응답하겠고," 단지 너희가 본 것들만이 아니라 "네가 알지 못하는 크고 은밀한 일을 네게 보이리라"(렘 33:3).

이것이 바로 주님이 오늘날 우리에게 명하시는 기다림이다. 하나님은 우리가 이 같은 기다림의 시간을 통해서 비전을 갖게 되고 후에는 승리를 얻게 하신다!

받는 과정

하나님을 기다리는 것은 성령을 받을 준비일 뿐만 아니라 성령을 받는 과정이기도 하다. 순간 순간 응답과 복을 가져오는 기다림의 기도에는 누적되는 힘이 있다. 하나님의 복은 너무 광대하고 우리의 능력도 매우 커서 한 순간에 채워질 수 없다. 우리가 하나님의 은혜의 강의 충만함을 알려면 마시고 또 마시고 거듭해서 마셔야 한다.

재가 가득 담긴 드럼통에 물 한 양동이를 부어 보라. 물 한 양동이를 다 부어도 물은 흔적조차 보이지 않을 것이다. 재는 처음 모양 그대로 말라있을 것이고, 물 몇 양동이를 계속 부어도 재는 여전히 처음 그대로 말라 있을 것이다. 재를 담은 드럼통에 물을 가득 채운 다음에야 물의 흔적을 볼 수 있을 것이다. 재가 가득 담겨 있어서 물을 붓는 대로 흡수하기 때문에 드럼통의 맨 밑바닥에서 위에까지 차도록 부어야 비로소 물의 흔적을 볼 수 있게 된다. 마찬가지로 온 몸이 흠뻑 젖은 뒤에야 비로소 그 증거가 나타나기 시작한다.

그와 같이 우리 마음도 너무 말라 있기 때문에 성령을 받은 표시가 조금이라도 나려면 날마다 하나님을 기다릴 필요가 있다. 그러나 마른땅에 물이 채워지고 있는 동안 목마른 영혼이 계속해서 물을 흡수하기 때문에 물이 완전히 채워진 후에야 하나님을 기다리는 일이 헛되지 않았다는 것을 알게 될 것이다. 한 번의 짧은 기도 시간도 헛되이 보낸 것이 아님을 깨닫게 될 것이다. 모든 순간이 우리 존재의 깊은 곳에 하나님의 은혜와 능력의 보물을 차곡차

곡 쌓고 있었던 것임을 알게 될 것이다.

우리가 하나님을 아무리 기다려도 지나친 법은 없다. 우리가 속죄소에서 아무리 시간을 보낸다고 해도 충분하지는 않다. 우리가 생활의 분주함에 그냥 쫓겨다닌다면 우리는 앞뒤를 가리지 않고 내달리는 성급함 때문에 시간을 얻는 것이 아니라 오히려 잃는다.

그렇다. 적들에게 추격을 받고 있는 기수에 관한 교훈적인 옛날 얘기가 하나 있다. 그 기수는 자기가 믿고 있는 말이 경주에서 처지는 것을 알게 되었는데, 이유는 말의 편자 하나가 떨어져 나갔고, 이때 그는 바위가 많은 길을 미끄러지듯 달려가고 있었다. 갑자기 그 기수는 두 길이 만나는 곳에 위치한 대장간 앞에서 말을 내렸다. 자신을 추격하는 상대가 언덕을 넘어 자기에게로 다가오는 것을 볼 수 있었지만 말에 편자를 박을 수 있을 만한 충분한 시간을 기다렸다.

그 기수는 대장장이에게 편자 박는 값의 열 배나 되는 돈을 던지며 "빨리 하시오" 하고 소리쳤다. 그러자 땀을 흘리며 일하고 있던 대장장이는 줄로 깎고 망치로 두드리고 박은 못을 구부리며 일을 신속하게 잘 처리하였다. 그리고 마지막 못을 구부리고 도망자가 뛰어 올라 안장에 앉았을 때 추격자들의 말발굽 소리가 바로 그 뒤에서 울리고 있었고 그 추격자들은 마치 자기들이 먹이를 잡은 듯이 승리의 환호성을 올리는 소리를 들을 수 있었다.

그러나 그렇지 않았다! 그 기수는 말안장에 뛰어올라 앉아서는 말 엉덩이를 박차로 힘껏 차고 번개처럼 돌진해 나갔다. 이제는 여행 준비가 되어 있었기 때문이었다.

그렇다. 그는 시간을 잃음으로써 이익을 얻었던 것이다. 그가 준비도 되기 전에 갔더라면 모든 것을 잃어버렸을 것이다. 친애하는 형제들이여, "너희는 위로부터 능력으로 입혀질 때까지 이 성에 머물라 하시니라"(눅 24:49). "내게서 들은 바 아버지께서 약속하신 것을 기다리라"(행 1:4). "잠잠하고 신뢰하여야 힘을 얻을 것이거늘"(사 30:15).

성령을 받지 않으면 여러분은 인생의 여행을 할 준비가 되어 있지 않은 것이다. 여러분은 주님을 섬기는 일에 적합하지 않다. 성령을 받지 못한다면 복음을 전하려고 하는 일이나 그리스도께로 영혼을 이끄는 일에 성공한다는 보증을 받지 못한 것이다.

주님께서 이제 곧 여러분에게 펼칠 미래를 감당할 준비가 되어 있지 못한 것이다. 우리는 주님의 발 앞에서 기다리도록 하자. 우리의 연약함을 배우도록 하자. 우리가 아무것도 아님을 깨닫도록 하자. 성령의 충만함을 위해서 자신을 비우고, 성령 세례를 받도록 하고 혹은 성령의 충만함을 다시 한 번 온전히 받도록 하자. 그러면 우리는 우리의 일이 아니라 주님의 일을 하기 위해 나갈 것이며 이 같은 사실을 발견할 것이다. "우리 가운데서 역사하시는 능력대로 우리가 구하거나 생각하는 모든 것에 더 넘치도록 능히 하실 이에게 교회 안에서와 그리스도 예수 안에서 영광이 대대로 영원무궁하기를 원하노라! 아멘"(엡 3:20-21).

제 8 장

위로부터 오는 능력

오직 성령이 너희에게 임하시면 너희가 권능을 받고 예루살렘과 온 유대와
사마리아와 땅 끝까지 이르러 내 증인이 되리라 하시니라(행 1:8).

인간 본성에 가장 절실하게 필요한 것은 능력이다. 사람은 다른 모든 피조
물보다 약하다. 호랑이 새끼는 스스로를 돌볼 수 있지만 사람이 성숙하려면
보통 일생의 삼분의 일을 보내야만 한다.

그 전에 인간은 주변의 모든 요소에 희생물이 될 수 있다. 도덕적으로는
훨씬 더 연약한 상태에 있다. 인간의 마음 속에는 타락으로 끌어내리는 악의
요소들이 있고, 주변에는 사람을 잘못된 길로 이끄는 영향들이 수없이 많다.

죄된 생활을 하고 있는 불쌍한 한 여인의 부르짖음에는 말로 다 할 수 없
는 비애가 있다. 한 번은 병원에서 그녀에게 바르게 행동하라고 간곡히 타이
르자 그 여인은 이렇게 말했다.

"나는 착하게 살만큼 강하지 못해요."

"우리가 아직 연약할 때에 그리스도께서 경건하지 않은 자를 위하여 죽으
셨도다"(롬 5:6)라는 성경 말씀의 복된 확신에는 무한한 위로가 담겨 있다.

복음은 힘을 전하는 메시지이다. "이 복음은 모든 믿는 자에게 구원을 주
시는 하나님의 능력이 됨이라"(1:16). 위로부터 오는 능력을 주는 것은 성령
의 특별한 사역이다. 이 강력한 약속에는 얼마나 많은 의미가 들어 있는가?
우리는 성령의 충만함에 미치지 못하고 얼마나 부족한 상태에 있는가? 우리
는 이 약속의 성취를 얼마나 강력하게 주장할 수 있는가?

이에 대해 사도행전에서만큼 좋은 답을 찾을 수 없다. 이 구절이 요지이며

내용의 목록이다. 이 구절 한 마디 한 마디는 다음에 나오는 사도행전의 전 부분을 예시하고 있다.

사도행전 1장은 능력에 대해 이야기한다. 다음 장은 그 뒤에 일어난 일에 대한 목격담을 전한다. 그 다음에 우리는 예루살렘 교회의 이야기를 만난다. 그 다음에는 온 유대에 복음이 전파되는 것을 본다. 이어서 사마리아의 이야기가 나온다. 끝으로 마지막 장들은 복음이 땅끝까지 전파되는 것을 전하는 일에 할애되고 있다.

지금 우리는 사도행전을 통해서 이야기가 이 같은 순서대로 되는지 살펴보려는 것이 아니다. 다만 사도행전에서 사도들이 세운 교회 이야기의 사실과 사건들을 봄으로써 "능력"이라는 말의 실제적인 의미를 설명하려고 할 뿐이다. 사실 사도행전은 사도들의 행동을 이야기하는 것이라기보다는 성령의 활동에 대한 이야기이다.

삼위로서의 능력

이것은 삼위 하나님 가운데 한 위의 능력이다. 바르게 번역하면, 너희가 능력을 받으리라는 것이 아니라, 네게 임하시는 성령의 능력을 받으리라는 것이다. 너의 능력을 받는 것이 아니라 성령의 능력을 받는 것이다. 그것은 네가 관리할 수 있는 관념적인 능력이 아니다. 그 능력은 바로 하나님 자신이시다. 여러분이 능력을 받고 유지하기 위해서는 그분의 임재가 필요한 것이다.

성령께 능력이 있고 여러분에게는 성령이 계시는 것이다. 전기학에서 동력으로 전차를 움직이게 하는 최선의 방법은 축전지를 사용하는 것이 아니라 전선을 사용하는 것임이 밝혀졌다. 전력은 전차 안에 축전되는 것이 아니라 발전기와 전선에 있고, 전차는 끊임없이 전선과 접촉함으로써 전력을 끌어올 뿐이다. 전차가 전선과의 접촉이 끊어지는 순간 전력은 사라진다. 전력은 전차에 있는 것이 아니라 전선에 있는 것이다.

그와 같이 성령의 능력은 위로부터 오는 능력이다. 그것은 우리의 능력이 아니라 성령의 능력이고 순간순간 우리는 성령으로부터 능력을 받는 것이다.

358

이 능력을 받고 보존하기 위해서는 필요한 몇 가지 조건이 있다. 그 조건들 중 한 가지는 우리가 성령께 복종하고 그의 지시를 따르는 것이다. 우리는 성령의 뜻에 따를 때에만 그의 능력을 받을 수 있다. 전차가 궤도를 따르는 한에서만 전선으로부터 전력을 끌어올 수 있는 것이다. 전차가 정해진 선로를 따라 달릴 때는 전력을 받을 수 있지만, 이웃 농장으로 달리거나 운전자의 변덕스런 뜻에 따라 달리다가는 전력을 받을 수 없다. 성령은 자기에게 복종하는 사람에게 주어진다. 성령께 복종하는 것은 사람들이 생각하는 것보다 훨씬 더 큰 일이다.

성령께 복종하는 것은 단지 제한된 작은 영역에서 잘못을 범하지 않는 것이 아니라 하나님께서 주신 이 신성한 능력을 사용하는 일에서 하나님의 전체 뜻과 목적을 이해하고 따르는 것이다. 우리가 우리의 기독교적인 활동 방식을 사용한다고 할지라도 자신을 기쁘게 하려 한다면 성령을 받을 수 없다. 다만 우리는 성령께서 우리를 불러 시키신 일에 사용하는 한에서만 성령 충만을 누릴 수 있다.

이 구절은 성령의 능력의 척도이고 한계이다. 성령을 받으면 우리는 "예루살렘과 온 유대와 사마리아와 땅 끝까지 이르러"(행 1:8) 그리스도의 증인이 될 것이다.

복음을 온 세상에 전하기 위해 성령을 사용할 때에만 성령의 충만한 능력을 알 수 있을 뿐이다. 세계 복음화와 우리에게 맡겨진 위대한 임무를 성취하고자 할 때에만 하나님의 교회가 오순절 약속의 의미를 최대한 실현할 수 있을 것이다.

거룩한 성품의 능력

그것은 거룩한 성품의 능력이다. 그것은 일차적으로 봉사를 위한 능력이 아니라 그리스도의 생명을 받는 능력이다. 무엇을 행하거나 말하는 능력이라기보다는 오히려 그리스도인으로 존재하는 능력이다. 우리의 봉사와 증거는 생활과 경험에서 나오는 산물이다. 우리의 활동과 말은 우리의 가장 깊은 존재로부터 우러나와야 한다. 그렇지 않으면 능력이나 효력이 별로 없을 것이다. "우리가 진리를 가르치려면 우리 자신이 진리를 따라 살아야 한다."

성령 세례로 인해 주님의 첫 제자들에게 일어난 변화는 그들의 봉사와 증거에서보다는 그들 자신의 삶에서 더욱 두드러졌다.

베드로는 언제나 주님보다 앞서 달려나가지만 결단력이 없는 제자였다. 자기가 무엇을 한다거나 하지 않을 것에 대해 자신있게 장담하였지만 계집종의 위협을 듣고는 달아나 버렸다. 성령의 능력은 그를 변화시켜 주님을 죽인 자들 앞에 서서 그들이 사람을 죽인 죄를 지었다고 책망하는 두려움 없는 영웅으로 만들었다. 겸비한 영혼과 겸손한 마음을 갖게 된 베드로는 주께서 가신 길을 따라 가다가 마침내 십자가에 거꾸로 매달려 죽었다. 베드로 개인의 생활에서 일어난 기적은 그의 공적 증거에서 나타난 놀라운 능력보다 더 위대하다.

자신의 모든 수단을 그리스도를 섬기는 일과 서로를 돕는 일에 전부 바치도록 이끄는 비이기적인 심령은 회의적이고 이기적인 세상에 강한 인상을 남기는 본보기였다. 제자들 모두에게 임한 "큰 은혜"는 그들이 예수 그리스도의 죽으심과 부활하심의 증인노릇을 할 때 발휘했던 "큰 능력"보다 놀라운 것이었다. 비할 데 없는 고통을 받으면서도 "그 이름을 위하여 능욕 받는 일에 합당한 자로 여기심을 기뻐하면서"(5:41) 견딘 영웅적인 꿋꿋함은 아무도 반박할 수 없고 어떤 것도 견줄 수 없는 능력을 보여 주는 실례였다.

이것은 오늘날 교회가 믿지 않는 세상을 확신시키는데 필요한 능력이다. 우리를 영감받은 사도들이 아니라 살아 있는 편지로(고후 3:2) 모든 사람들이 알고 읽도록 만들 능력이다. 언행이 일치하고 신비스럽고 거룩한 성품의 영향력만큼 강력한 것은 없다. 세상에 있는 모든 책을 동원해도 결코 확신시킬 수 없는 많은 회의론자도 그리스도인 아내의 아름다운 행실로 변화되었던 것이다.

구원받지 못한 많은 부족들 가운데서 활동한 많은 선교사들은 자신의 기질과 성품으로 인한 실패가 수년 동안 쌓아올린 자신의 가르침을 한 순간에 망쳐 버릴 수 있다는 것을 발견하였다. "자기의 마음을 다스리는 자는 성을 빼앗는 자보다 나으니라"(잠 16:32).

화가 나도 말을 함부로 내뱉지 않고 초라한 주방과 작업실에서도 즐거운 마음으로 일할 수 있는 여종의 능력은 교양 있지만 오만한 여주인을 감동시키고 마침내는 여주인으로 하여금 비천한 종의 생활을 능력있게 하고 겸손한 마음을 사랑의 천국으로 변화시킨 복을 갈망하게까지 만드는 경우가 종종 있다.

진리의 능력

그것은 진리의 능력이다. 성령은 성경을 통해 일하신다. 그래서 오순절의 세례는 명백히 말씀의 능력과 동일시되었다.

성령이 오신 후에 베드로가 한 첫 번째 일은 성경을 인용하고 나타난 현상을 하나님의 영감된 말씀으로 설명하는 것이었다. 그날에 특이하게 많은 사람들이 회심하는 일에 사용된 것은 성경적인 설교였다.

사도들의 각기 다른 메시지를 주의 깊게 살펴보면 매번 사도들은 성경을 많이 사용했고 이들 메시지 가운데 어떤 것은 단지 성경을 진술하고 구약 성경을 인용하는 것으로 끝나기도 했다.

성령께서 성경을 주셨으므로 결코 자신의 메시지를 훼손하시지 않을 것이다. 우리가 성령에 대해 알면 알수록 그만큼 더 우리는 성령의 말씀을 존중할 것이다. 성경이 언제나 영적 능력의 기초이고 영적 봉사의 도구임에 틀림없다. 그러나 성경은 항상 성령의 능력 안에 있어야 한다. "율법 조문은 죽이는 것이요 영은 살리는 것이니라"(고후 3:6).

작고한 고든 박사(Dr. A. J. Gordon)는 자신이 해외에서 보낸 어느 안식일에 대해 말했다. 그 안식일 아침에 고든 박사는 성경적인 지식으로 소문이 자자한 저명한 설교가의 설교를 들으러 갔다. 고든 박사는 진리에 대한 명쾌하고 훌륭한 해석을 듣고서 기뻐서 집으로 돌아왔으나 그 메시지의 아주 차가운 냉랭함에 마음이 식어 버렸다. 그 설교는 진실하고 명쾌하며 성경적이었지만 빙산처럼 차가웠다.

고든 박사가 오후에는 열정으로 유명한 다른 설교자의 설교를 들으러 갔다. 박사는 설교자의 열심과 열정에 기쁨을 안고 돌아왔으나 그것은 대패밥 같은 부스러기로 지핀 불이었고 그 불을 지속시킬 충분한 진리는 없었다.

박사는 밤에 다시 세 번째 설교자를 찾아갔다. 박사는 교훈을 받았을 뿐만 아니라 감동도 받고 돌아왔다. 이 설교는 성경적 진리에 대한 해석이었을 뿐 아니라 하나님의 능력으로 살아 있었고 성령의 불이 충만하였기 때문이었다. 그것은 지푸라기로 지핀 불이 아니라 실속 있는 연료로 지핀 불이었고 따라서 진리에 대한 기억을 남겼을 뿐만 아니라 박사의 마음을 기쁨과 사랑으로 채운 따뜻한 열기도 남겼던 것이다.

이것이 사랑으로 진리를 말하는 성령의 능력이다. 즉 성경을 거룩한 불로 태우는 것이며, 하나님의 말씀을 거룩한 열정과 사랑으로 용해시키는 것이다. 이때서야 비로소 우리 존재의 전체로 설교를 알아들을 수 있고 그 설교가 우리 생명의 자양이 될 수 있다.

사랑의 능력

그것은 사랑의 능력이다. 오순절의 세례는 사랑의 세례였다. 오순절의 세례는 자아의 능력을 부인하게 만드는 하나님에 대한 사랑을 가져왔다. "자기 재물을 조금이라도 자기 것이라 하는 이가 하나도 없더라"(행 4:32). 자신들의 가장 값비싼 보물을 하나님께 드렸던 것이다. 자신들의 부와 가정을 그리스도의 교회를 섬기는 일에 쓰도록 내놓았다.

그것은 서로에 대한 사랑이었다. 이들은 아주 철저하게 결속되어 집합적인 한 몸을 이루었다. 이들 가운데는 분열이 없었고 그리스도의 몸 전체에 마비나 불구를 일으킬 여지가 없었다. 오늘날 그리스도의 교회는 산산조각이 나버렸다. 여기저기에서 건실한 교인들을 볼 수 있지만 몸 전체는 불구가 되었고 절단나 버려서 성령이 몸 전체를 통해 장애 없이 충만하게 흐를 수 없다. 결과적으로 우리는 성령의 선물들을 오순절 때와 똑같이 받지 못한다. 몸인 교회는 병들고 상처 입은 지체들을 안고 다닌다. 그래서 온전한 지체들의 힘을 빌려 병든 지체들을 이끌고 다닌다.

오늘날 우리에게 필요한 것은 성령의 세례이다. 그러면 통일성 때문에 연합이 일어날 것이다. 그때는 몸을 불러모으기 위해 강단을 세우고 교회회의를 소집할 필요가 없을 것이다. 서로 지체인 우리가 허심탄회하게 "성령이 하나 되게 하신 것"(엡 4:3) 가운데 설 것이고, 예수의 교회는 "아침 빛 같이 뚜렷하고 달 같이 아름답고 해 같이 맑고 깃발을 세운 군대 같이 당당하게"(아 6:10) 될 것이다.

성령의 세례는 언제나 사랑의 영을 가져올 것이다. 성령의 세례는 마음을 경건과 하나님께 대한 헌신으로 채우며, 서로에 대한 동정적인 이해, 형제에 대한 애정어린 관심, 영혼의 구원에 대한 강한 열망, 모든 사람에 대한 친절과 구제로 채울 것이다.

초자연적인 은사와 신적 치유의 능력

그것은 초자연적인 은사와 신적 치유의 능력이다. 예수의 이름은 성전 미문에 앉아 있는 중풍병자를 성령의 능력으로 회복시키고 심지어 베드로의 기도로 죽은 자를 일으키기에 충분하였다.

사도들의 사역에서 큰 위기가 닥칠 때마다 초자연적인 은사와 신적 치유의 능력이 특별히 나타나는 것을 본다. 예루살렘에서 사도들의 증거를 강조하기 위해 이 능력이 주어졌다. 사마리아에서 복음이 처음으로 전하여질 때 특별히 이 능력이 나타났다. 베드로가 온 유대 지방에 복음을 전할 때 이 능력이 아주 놀랍게 나타났다. 바울의 선교 여행에서 중요한 순간이 올 때마다 "하나님도 표적들과 기사들과 여러 가지 능력으로써 ⋯ 증언하셨느니라"(히 2:4)는 기록이 나온다.

그러나 병자를 치유하는 일과 초자연적인 능력을 발휘하는 일은 그 자체가 목적이기보다는 훨씬 더 중요한 어떤 일, 곧 예수라는 이름의 실체와 능력, 복음을 통하여 나타나는 자비의 메시지를 증거하기 위한 것이다.

우리는 성령의 초자연적인 사역을 여전히 인정해야 하는데, 이 사역은 결코 중단되어야 할 것이 아니었다. 이 사역은 주 예수 그리스도께서 다시 오시기 전 이 마지막 날에 훨씬 더 놀랍게 이루어져야 한다. 이 사역을 목적으로 간주하거나 그 사역이 우리의 영적 생활과 관계있는 더 중요한 진리들을 대신하도록 하는 잘못을 범하지 않도록 하자. 그러면서 또한 그 사역을 무시하는 일도 하지 않도록 하자. 교회는 모든 시대를 통해 하나이다. "예수 그리스도는 어제나 오늘이나 영원토록 동일하시니라"(13:8). 성령은 변하시지 않는다. 그리고 교회의 본질은 고린도전서 12장의 내용과 일치하며 하나님께서 오순절날 보이신 계획과도 일치한다.

우리가 복음의 어떤 한 부분을 무시하면 나머지 모든 부분이 약화된다. 그리고 세상에 하나님의 초자연적인 활동에 대한 증인들이 필요한 시대가 있다면 그것은 바로 불신앙과 사탄의 능력이 횡행하는 이 시대이다. 그러므로 우리는 종말이 가까울수록 성령께서 병을 치유하는 일에서나 귀신을 쫓아내는 일, 기도에 대한 놀랄 만한 응답, 구체적이고 놀라운 섭리, 하나님의 주권적인 뜻을 만족시키는 그런 일을 통해서 활동하시기를 기대할 수 있다. 성령께서는 예수라는 이름의 권세가 여전히 변하지 않았다는 것을 이 불신의 세상에 증거하기 위해 이 사역을 수행하실 것이다. "얼마든지 그리스도 안에서 예가 되니 그런즉 그로 말미암아 우리가 아멘 하여 하나님께 영광을 돌리게 되느니라"(고후 1:20).

우리는 영적 필요뿐 아니라 물질적인 필요를 위해서도 성령의 능력을 베풀어 주시기를 구하는 일을 두려워하지 말자. 그러면 우리는 "예수를 죽은 자 가운데서 살리신 이의 영이 너희 안에 거하시면 그리스도 예수를 죽은 자 가운데서 살리신 이가 너희 안에 거하시는 그의 영으로 말미암아 너희 죽을 몸도 살리시리라"(롬 8:11)는 것을 알게 될 것이다.

섭리적 활동의 능력

위로부터 오는 능력은 섭리적 활동의 능력이다. 하나님의 섭리가 주님의 첫 제자들의 뜻에 따라 활동한 방식만큼 놀랄 만한 것은 없다. 그것은 제자들 속에 거하신 분이 바로 우주와 모든 인간사를 통제하시는 그 하나님이셨다는 것을 보여 준다.

온 세상의 대표자들을 오순절에 불러모으고 능력을 받게 하신 다음에 예수의 증인으로 각 나라 자기 고향으로 돌아가게 하시는 하나님의 섭리는 참으로 놀랍다!

빌립과 에티오피아 내시를 함께 불러 광야 갈림길에서 만나게 하고, 그 다음에는 그 내시가 회개하고 가르침을 받고 성령의 충만함을 받아 아프리카 자기 고향으로 돌아가 자기 나라와 어쩌면 북아프리카 전체에 걸쳐 예수의 증인이 되게 한 섭리는 얼마나 기이한 일인가!

베드로를 지붕에 올려보내 거기서 이상을 보고 마음에 깨우침을 받고 생각을 넓혀서 이방인들을 위한 더 큰 사명을 감당하도록 준비시킨 섭리는 참으로 주목할 만하다. 베드로가 준비되자 바로 그 시간에 하나님께서 고넬료의 사자를 보내어 그 집 문을 두드리게 하고 베드로를 가이사랴로 데리고 가서 이방인에게 복음을 전하고 오순절날 성령을 부어 주신 일을 증거하도록 하셨다!

안디옥에 교회를 세우고 보편적인 회중이라는 큰 정신에서 이방인 기독교를 위한 중심지를 준비하였고, 거기에서 바울과 바나바 같은 사람을 모아 온 세상을 향해 넓게 나아가는 지도자들로 삼은 하나님의 섭리는 참으로 놀랍다!

베드로를 예정된 사형집행 바로 전날 밤에 옥문을 열고 잔혹한 헤롯의 손에서 구원하셨고 하나님의 교회를 멸하려는 뻔뻔스런 목적을 꾀하는 바로 그 시간에 끔찍한 병으로 헤롯을 쳐 죽이신 그 섭리는 기이하기 짝이 없다!

일생 동안 바울의 뒤를 따르며 바울이 이 나라 저 나라로 다닐 수 있도록 길을 열고 폭풍우와 심지어 바울에게 달려들어 문 독사마저도 그리스도의 대의를 위하여 일하도록 만든 그 섭리는 참으로 특이하다!

바로 그 하나님께서 지금도 섭리의 영역에서 다스리고 계신다. 우리 속에 거하시는 성령도 여전히 우리 주변의 상황을 통제하실 수 있다. 바로 지금도 사건들은 성령의 인도에 따라 시간에 맞추어 진행될 것이다. 성령을 따라 행하는 사람은 놀라운 생활을 하며, 그의 활동이 끝나기 전에는 죽지 않을 것이다. 그 사람은 바람과 파도와 사납고 잔혹한 사람들과 심지어 사탄의 사자들마저도 하나님의 목적을 이루는 보조자가 되고 복음 전파를 위해 하나님을 돕지 않을 수 없음을 알게 될 것이다.

하나님께서는 아프리카의 아르놋(Arnot), 뉴헤이브리디스의 패튼(Paton), 브리스톨의 뮐러(Muller) 같은 사람들 그리고 승천하신 주님의 강력한 약속을 신뢰하고 십자가를 전파하는 겸손한 많은 선교사들의 삶 속에서 일해 오셨다. 그들은 주님의 이 말씀의 영구한 참뜻을 발견하였다. "하늘과 땅의 모든 권세를 내게 주셨으니 … 내가 세상 끝날까지 너희와 항상 함께 있으리라 하시니라"(마 28:18, 20).

인도하는 능력

위로부터 오는 능력은 인도하는 능력이다. 성령은 인도의 능력을 주신다. 성령은 사람들을 지도하셨다. 사람들의 발걸음을 인도하셨다. 성령께서 빌립을 사마리아로 보내고 광야로 내려가 내시를 만나게 하셨다. 성령은 베드로를 지붕에 올려보낸 다음 고넬료의 집으로 보내셨다. 성령은 바울과 실라가 비두니아와 에베소에서 복음 전하는 일을 막으시고 그들을 마게도냐로 보내어 유럽에 복음이 퍼지게 하셨다.

성령께서는 제자들이 가는 모든 길에서 한 걸음 한 걸음 다 지도하셨고 지금도 여전히 우리의 상담자가 되고 인도자가 되신다. 우리가 성령을 신뢰하고 모든 길에서 성령을 인정한다면 성령께서 우리의 걸음을 인도하고 아버지 하나님의 뜻을 온전히 이루는 데로 인도하실 것이다.

교회를 다스리는 능력

그것은 교회를 다스리는 능력이다. 사도 시대의 교회에서 성령의 감독하시는 일만큼 놀라운 일은 없다. 성령은 교회의 지도자요 머리로 인정되었다. 성령께서 교회의 회의를 지도하셨고 교회의 수장으로 인식되었다. 성령께서 제자들을 통제하시고 합당치 않은 사람들은 교회에 들어오지 못하게 하고 세상의 접촉으로부터 교회를 보존하셨다.

성령께서 아나니아와 삽비라를 처리하신 일은 얼마나 엄숙하고 두려운지! "그 나머지는 감히 그들과 상종하는 사람이 없으나 백성이 칭송하더라"(행 5:13)는 장엄한 진술은 얼마나 많은 것을 암시하는지! 성령께서 교회에 계시다면 세상을 교회에서 내보내려고 할 필요가 없다. 세상은 교회 밖에 있는 것을 기뻐할 것이다!

그런데, 슬프게도 학식과 재능과 영향력, 세상 권력이 하나님의 집안에서 인정받는 때가 왔다. 교회가 가까이 오지 못하게 할 능력이 없으므로 교회에 들어온 "혼합된 무리들"이 죄악적인 타협과 불경건한 매력에 끌려 세상을 추구하면서 교회를 좌절시키고 훼방한다. 하나님께서는 지금 당신의 활동에 필요한 모든 것을 채울 수 있는 분은 바로 자신임을 자신의 사역자들과 백성들에게 보이고 계신다. 성령을 충분히 인정하려고 하는 목사나 교회는 언제나 영적으로 재정적으로 수적으로 영향력으로 그리고 모든 방면에서 번성하고 복을 받을 것이다.

아, 하나님께서 당신의 교회에 참된 능력과 영광을 보여 주셔서 교회가 다시금 "해를 옷 입고 그 발 아래에는 달이 있는"(계 12:1) 여자가 되면 좋으련만!

정죄의 능력

위로부터 오는 능력은 마음에 죄를 깨닫게 하시는 능력이다. 성령의 능력을 언제나 우리 쪽에서 의식할 수 있는 것은 아니다. 성령은 사람들의 마음에 아주 효과적으로 도달하시는 특징이 있다. 오순절에, 그것은 사람들 양심에 죄를 깨닫게 하고 그들의 행동에 영향을 끼치고 통제하는 능력이었다. "그들이 이 말을 듣고 마음에 찔려 베드로와 다른 사도들에게 물어 이르되 형제들아 우리가 어찌할꼬 하거늘"(행 2:37).

가장 강한 힘이라는 것이 언제나 가장 강렬한 자극은 아니다. 중요한 질문은 "사람들의 마음과 그들의 생활에 끼친 결과가 무엇인가"이다. 데모스테네스가 아테네에서 말하곤 하였을 때 사람들은 데모스테네스에 관한 모든 것을 잊어버리고 "가서 빌립을 찾자"고 말하였다. 그 말이 사람들에게 "의욕"을 불어넣은 것이다. 그와 같이 성령께서 능력으로 임재해 계실 때 성령은 결과를 내도록 인도하신다.

말하는 사람은 매우 조용하고 능력이 작용하는지 거의 알지 못하나 회중석에 있는 사람들은 하나님과 마주 대하는 느낌을 가질 수 있다. 진리는 "하나님 앞에서 각 사람의 양심에 대하여"(고후 4:2) 나타나고, 내면의 목소리는 "네가 바로 그 사람이다"라고 말한다. 사람의 의지는 하나님을 위하여 결심하고 선택하도록 인도 받고, 사람은 죄로부터 돌이키고 자신을 전적으로 버리게 된다. 이것이 바로 우리가 원하는 능력이다. 즉 "그가 와서 죄에 대하여, 의에 대하여, 심판에 대하여 세상을 책망하실"(요 16:8) 능력이다. 대단한 기계적 능력이나 감동적인 웅변의 능력, 눈물짓게 하는 능력, 놀라운 설교와 찬송의 능력이 아니라 직장에서 가정에서 조용히 사람의 마음을 움직여 마침내 하나님께 자신을 바치게 하는 능력이다.

인내하는 능력

그것은 인내하는 능력이다. 초대 교회에서 예수님의 제자들이 예수님을 위해 모든 것을 인내할 때 보여 주었던 아름다움과 숭고함만큼 성령의 능력을 두드러지게 보여 주는 것은 없을 것이다. 채찍으로 맞고 공회 앞에서 수모를 당할지라도 그들은 함께 모여서 서로를 동정하거나 피흘리는 상처를 보여 주는 것이 아니라 "그 이름을 위하여 능욕 받는 일에 합당한 자로 여기심을"(행 5:41) 기뻐하였다.

돌에 맞고 사회로부터 야유를 받으며 귀부인들에 의해 이고니온에서 쫓겨났을지라도 "제자들은 기쁨과 성령이 충만"(13:52)하였다. 그들은 그 기쁨 때문에 고통을 고통으로 여기지 않고 핍박을 딛고 일어서며 오히려 그것을 면류관을 받는 과정의 일부로 간주하였다.

그와 같이 성령의 능력은 우리에게 영웅적인 인내심을 주고, 우리 주님처럼 우리도 앞에 놓인 즐거움을 위하여 부끄러움을 개의치 않고 십자가를 견딜 수 있게 만들 것이다. 성령의 능력은 자기 부인과 거룩한 희생의 정신을 가져다 줄 것이다. 그리고 우리가 "택함 받은 자들을 위하여 모든 것을 참음은"(딤후 2:10) 버리는 것을 쉽게 만들 것이다. 대사도와 함께 "만일 너희 믿음의 제물과 섬김 위에 내가 나를 전제로 드릴지라도 나는 기뻐하고 너희 무리와 함께 기뻐하리니"(빌 2:17)라고 말하게 될 것이다.

봉사의 능력

위로부터 오는 능력은 봉사의 능력이다. 마지막으로 그것은 피곤하지 않고 열심을 내어 효과적으로 일하게 하는 능력이다. 바울이 짧은 생애 동안에 어떤 선교회나 교회의 지원을 받지 않고 자비량하여 다니며 오늘날과 같은 철도 시설이나 증기선, 전보, 통신 수단도 없이 온 세상을 두루 다니며 도처에서 복음을 전하고 비할 데 없이 승리의 확신에 찬 말로 "내가 예루살렘으로부터 두루 행하여 일루리곤까지 그리스도의 복음을 편만하게 전하였노라"(롬 15:19)고 말할 수 있게 만든 것이 바로 이 능력이었다.

오, 친해하는 형제들이여, 우리는 지금 열정적인 시대에 살고 있고, 성령께서는 확실히 오늘날 열심인 사람들을 일으키고 계심에 틀림없다. 하나님께서는 우리가 이 종말의 때에 비상하게 발생하는 기회와 놀라운 열심에 부응하여 활동할 수 있게 하는 능력을 주신다.

제 9 장

성령으로 충만함

그들이 다 성령의 충만함을 받고(행 2:4).

술 취하지 말라 이는 방탕한 것이니 오직 성령으로 충만함을 받으라(엡 5:18).

이 말씀은 성령을 받는 것과 성령으로 충만한 것에는 차이가 있음을 암시한다. 오순절에 제자들은 이미 성령을 받은 상태였다. 주 예수께서 제자들을 향하여 숨을 쉬면서 "성령을 받으라"(요 20:22)고 말씀하셨을 때는 이와 다른 것을 의미하셨음에 틀림없다. 그리고 바울 사도가 에베소 교인들에게 보낸 편지를 받은 제자들은 이미 "그 안에서 약속의 성령으로 인치심을 받았으니"(엡 1:13). 이 약속의 성령은 구속의 때까지 그들의 기업의 보증이었지만, 제자들은 아직 성령의 충만을 받지 못했다.

이 차이가 어떤 것인지 우리가 명확하게 혹은 정확하게 설명할 수 없을지 모른다. 우리의 이론과 정의가 틀릴 수도 있고, 우리가 이 점에 관한 모든 것을 이론적으로 다 알아야 할 필요가 없을지도 모른다. 가장 중요한 사실은 우리가 성령을 찾을 때까지 찾아야 한다는 것이다.

성령 받기를 간절히 바라고 받기 위해 나아가야 한다. 많은 사람이 회심하고서도 그때의 과정을 명확하게 알지 못할 수가 있고, 많은 그리스도인이 어두운 영적 고통 가운데서 성령을 받으려고 손을 뻗치고 비틀거리며 나가다가 성령의 선물을 받을 수 있다. 우리는 이에 대해 모든 것을 알지는 못하지만 성령의 충만을 간절히 바라고 마침내 얻기까지 끈질기게 추구할 수 있다. 거룩한 모든 상태는 우리의 이해를 초월하고, 매우 현실적이고 강력하며 중요한 경험들은 종종 우리 스스로도 설명할 수 없는 과정을 통해서 오기도 한다.

이 자연 세계 가운데 사람들이 익숙하게 알고 있는 여러 작용이 이 차이에 대한 설득력 있는 실례를 제공한다. 얕은 시내와 넘쳐흐르는 강의 차이는 누구나 쉽게 안다. 두 경우에 모두 물이 있다. 그러나 시내의 경우에는 힘없는 흐름이 있고, 강의 경우에는 강변을 따라 세워져 있는 수많은 공장의 바퀴를 돌리게 하는 넘쳐흐르는 흐름이 있다. 동력은 넘쳐흐르게 만드는 충만함에서 온다.

우리는 찬물이 가득 들어있는 보일러와 끓는 물이 가득한 보일러의 차이를 쉽게 알 수 있다. 전자의 경우, 찬물이 들어있는 보일러는 능력이 없다. 후자의 끓는 물의 경우에 그것은 증기로 변환된다. 끓는 물은 강력한 엔진의 바퀴를 구동시키고 철로를 따라 대륙을 가로질러 자동차를 운반하게 만든다.

단 일도 차이의 온도가 세상에서 능력과 무능력의 모든 차이를 만들어 낸다. 진리의 성경은 이 차이를 지극히 분명하고 힘있게 증거한다.

디모데에게 편지를 쓰면서 사도 바울은 이같이 말한다. "그러므로 내가 나의 안수함으로 네 속에 있는 하나님의 은사를 다시 불일듯 하게 하기 위하여 너로 생각하게 하노니 하나님이 우리에게 주신 것은 두려워하는 마음이 아니요 오직 능력과 사랑과 절제하는 마음이니"(딤후 1:6-7).

이 은사는 이미 받은 것이고 충분히 인정된 것이다. 그러나 그것은 마치 꺼져 가는 불꽃과 같았다. 타다 남은 것들이 재로 변하고 있었고 불꽃은 거의 사그라져 있었다. 여기서 사용된 단어는 다시 불일듯하게 한다는 것인데, 이것은 꺼져가는, 타다 남은 불씨를 다시 살리는 것, 즉 다시 불을 붙이는 것으로, 성령으로 충만하게 한다는 뜻이다.

고린도전서 12:7에서 다시 또 그 같은 글을 읽는다. "각 사람에게 성령을 나타내심은 유익하게 하려 하심이라." "유익하게 한다"는 이 단어는 성령을 받는 것과 성령으로 충만한 것의 온전한 차이를 보여 준다. 모든 사람이 성령을 받을 수 있지만 그로써 얻는 "유익"은 별로 없을 수 있다. 즉 은사를 향상시키고 개발하며 발휘하고 완전한 충만에 이르는 유익은 별로 없을 수 있다는 것이다.

이 모든 사실이 누가복음 19장에 나오는 아름다운 므나 비유에서 완벽하게 표현된다. 종 각각에게 준 한 므나는 봉사할 수 있는 능력인 성령을 특별히 주신 것을 뜻한다. 각 경우에서 종들이 받은 므나를 향상시키는 것은 종의 부지런함과 충성에 따라 다르다. 각각의 생활의 결과는 다르고, 마지막에 받는 상급도 그 결과에 비례하여 받는다. 이것은 놀랍고도 엄숙한 진리이다. 하나님께 받은 영적 은사를, 특별히 하나님의 선물인 성령 자신을 정당하게 사용할 두려운 책임을 우리 각 사람에게 지우는 진리이다.

후에 고린도전서에서 우리는 주목할 만한 진술을 또 보게 된다. "우리가 유대인이나 헬라인이나 종이나 자유인이나 다 한 성령으로 세례를 받아 한 몸이 되었고 또 다 한 성령을 마시게 하셨느니라"(12:13).

세례를 받아 성령의 한 몸으로 들어가는 것과 그 한 성령을 마시는 것은 별개의 일이다. 첫 번째의 일은 단회적인 한 행동이고, 두 번째의 일은 습관에 속한 것이다. 첫 번째 행위로 우리는 어떤 관계에 들어간다. 그리고 두 번째의 일은 그 관계를 참되게 사용하여 성령으로 충만해지는 것이다. 그리고 성령의 충만함 가운데 거하는 습관을 가짐으로써 우리는 항상 성령에 충만해 있게 된다.

열왕기하 4:1-7과 관련해서 이미 언급한 바 있는, 과부와 기름병의 이야기에서 바로 이 진리가 다시 한 번 매우 아름답게 가르쳐진다. 기름을 담은 작은 병은 성령을 표시한다. 그런데 그 기름병으로부터 그 과부가 이웃들에게서 빌려온 그릇들에 기름을 부어 채우는 것은 성령의 충만함을 표시한다. 우리가 생활의 필요한 모든 부분에 그리고 하나님의 섭리에 의해 우리가 처하게 된 모든 환경에 성령을 받아들일 때 영적 생활의 향상과 성령의 더욱 충만함을 가져오는 기회가 주어진다.

너무나 많은 사람들이 성령을 작은 기름병에 담아 선반 구석진 곳에 감춰 두고 있다. 하나님께서는 우리가 생활에서 성령이 필요한 모든 곳으로 나아가 우리에게 오는 모든 사람에게 성령의 충만함을 부어 주고, 마침내는 우리의 전 생활이 그리스도의 충족하심을 구체적으로 드러내고 그 실례를 보여 주는 데까지 이르기를 원하신다.

성령 충만의 결과와 증거

성령 충만의 결과와 증거들에는 어떤 것이 있는지 살펴 보자.

1. 예수 충만을 가져온다

첫째로, 성령 충만은 예수 충만을 가져올 것이다. 성령의 인격과 사역은 결코 그리스도를 떠나서 인식할 수 없다. 그리스도를 떠나서 성령을 이해하면 반드시 심령주의에 빠지게 된다. 자연 종교는 영적 세계를 인정한다. 심령주의는 영적 존재로 가득 차 있다. 아폴로 신의 여사제들을 여마귀라고 불렀는데, 이는 여사제가 영적 영향력을 빨아들여 마침내는 몸 전체가 마치 비단뱀처럼 부풀어오르고, 그녀의 전 존재가 강력한 영적 힘을 발휘하였기 때문이다. 그러나 그것은 악한 영이었고, 그리스도와 참하나님에게서 떠난 영이었다.

성령은 결코 그리스도를 떠나서 우리에게 오시지 않는다. 그리스도는 아버지 하나님께로 가는 길이요, 아버지께서 우리에게로 오시는 길이다. 복되신 성령께서 우리에게 오실 때는 성령 자신의 증거자로 오시는 것이 아니라 주 예수 그리스도의 증거자로 오시는 것이다. 우리는 이 점을 매우 주의깊게 생각해야 한다. 우리가 영적 영향력을 받아 우쭐해지면 주 예수 그리스도를 무시하고 불순종할 수도 있으며, 교만과 자만심이 강한 감상주의에 떨어지고 죄에 빠질 수도 있다.

예술가의 목표처럼 성령의 목표는 성령 자신이 우리 눈에 보이지 않을지라도 예수님을 화폭에 그려 넣고 예수님을 우리가 현실적으로 인식하도록 만드는 것이다.

우리가 성령으로 충만하면 할수록 그만큼 더 우리는 그리스도를 깨닫고 그리스도를 의지하며 그리스도만을 먹고 산다. 그러므로 "충만하다"는 바로 이 말은 그리스도와 관련해서 사용되는 말이다.

골로새서에는 이와 관련있는 주목할 만한 두 구절이 나온다. "그 안에는 신성의 모든 충만이 육체로 거하시고 너희도 그 안에서 충만하여졌으니"(2:9-10). 문자적으로 번역하면, 이 구절은 "그 안에 신성의 모든 충만이 육체로 거하시고 너희가 그분으로 충만하여졌다"는 말이다.

하나님께서 예수님에게 충만히 거하시고 예수께서 우리 안에 충만히 거하
신다는 뜻이다. 그리스도는 사람이라면 마땅히 어떠해야 하는가를 보여 주
는 이상적인 사람이고, 하나님께서 인류가 하나님을 만족시키기 위해서 필
요한 모든 것을 예수께 부어 주신 것이다. 참사람이 되기 위해서는 우리는
그리스도의 생명을 체험해야 하고, 그의 인격을 드러내고 그에게까지 자라
며 그리스도의 영광스런 생명을 받아 그리스도처럼 살아야 한다.

그래서 이 같은 말씀이 있다. "우리가 다 그의 충만한 데서 받으니 은혜 위
에 은혜러라"(요 1:16). 우리 자신은 모든 상황에 대처하기에 불충분하다. 따
라서 성령께서 하시는 중요한 일은 우리를 생활의 여러 상황에 맞닥뜨리게
하여 우리의 불충분함을 드러내고, 그 다음에 우리에게 그리스도를 계시하
며 그리스도를 우리의 필요를 채워 주시는 분으로서 우리 삶에 모셔오는 것
이다. 그와 같이 요한복음 14장에 나오는 성령의 놀라운 약속과 관련해서 볼
수 있는 참된 결과는 이것이다. "나는 포도나무요 너희는 가지라 그가 내 안
에, 내가 그 안에 거하면 사람이 열매를 많이 맺나니 나를 떠나서는 너희가
아무것도 할 수 없음이라"(요 15:5).

이것이 성령께서 우리를 불러 들어가게 하시는 생활이다. 즉 주 예수 그리
스도와 인격적으로 연합하고 계속해서 그리스도를 의존해서 사는 생활이
다. 그 다음에 성령으로 충만하게 되는 것은 그리스도로 충만한 것이고, "이
제는 내가 사는 것이 아니요 오직 내 안에 그리스도께서 사시는 것이라 이제
내가 육체 가운데 사는 것은 나를 사랑하사 나를 위하여 자기 자신을 버리신
하나님의 아들을 믿는 믿음 안에서 사는 것"(갈 2:20)임을 일관되게 경험하
고 증거하는 생활을 하는 것이다.

2. 거룩함과 순종의 생활을 가져온다

성령 충만은 자아와 죄와 의지의 생활을 몰아내는 것은 물론이고 우리를
거룩함과 의와 순종의 생활로 불러들인다.

출애굽기 40:34-35에는 이 말씀이 나온다. "구름이 회막에 덮이고 여호와
의 영광이 성막에 충만하매 모세가 회막에 들어갈 수 없었으니 이는 구름이
회막 위에 덮이고 여호와의 영광이 성막에 충만함이었으며."

이것이 성령으로 충만한 사람의 참모습이다. 성령께서 우리 속에 내주하고 충만히 거하면 자아와 죄를 몰아낸다. 하나님의 영광이 우리 존재를 채우면 모세가 들어올 여지는 없다.

3. 충만한 기쁨을 가져온다

성령의 충만함은 기쁨을 가져오되 충만한 기쁨을 가져온다. 우리 주께서는 성령을 약속하시고 나서 "내가 이것을 너희에게 이름은 내 기쁨이 너희 안에 있어 너희 기쁨을 충만하게 하려 함이라"(요 15:11)고 말씀하셨다. 그와 같이 사도도 기도한다. "소망의 하나님이 모든 기쁨과 평강을 믿음 안에서 너희에게 충만하게 하사 성령의 능력으로 소망이 넘치게 하시기를 원하노라"(롬 15:13).

성령의 충만은 고통과 의심과 두려움, 슬픔을 몰아내며, 그리스도의 기쁨으로 우리를 채운다. 오르간에서 선율을 만들어 내는 것은 무엇인가? 그것은 아주 기능적으로 건반을 누르기만 해서 되는 것이 아니라 페달을 밟아 파이프에 바람을 채워야 한다. 오르간에 바람을 채우지 않으면 아주 능숙하게 곡을 연주하려고 해도 헛수고이다. 그래서 찬송의 노래가 그리스도의 숨결이 우리 존재의 모든 채널을 채울 때까지는 냉담하고 죽은 듯이 잠잠할 것이다. 채운 다음에야 진심에서 우러나오는 찬송이 나오고 기쁨에 넘치는 샘이 올 것이다.

4. 성령의 열매를 가져온다

그와 같이 성령의 모든 열매는 성령으로 충만한 마음에서 나온다. "오직 성령의 열매는 사랑과 희락과 화평과 오래 참음과 자비와 양선과 충성과 온유와 절제니"(갈 5:22-23). 이런 것들이 모두 열매이다. 적어도 성령의 열매이며, 성령의 충만함에서 자연스럽게 나오는 열매이다.

수년 전에 내가 헤브론에 서서 다윗의 연못이 넘쳐흐르는 것을 보고 있을 때 친구가 나를 바라보며 말했다. "이것이 바로 유다의 계곡들이 물로 차고 그래서 그 평야가 비옥함과 풍부함으로 덮일 것을 알 수 있게 하는 표징이야. 강들이 풍부했던 것은 헤브론에 있는 다윗의 연못에 물이 넘치고 관개수로의 수원지들에 물이 충분했기 때문이지."

그와 같이 마음이 하나님으로 가득 찰 때 생활이 경건으로 충만해질 것이다. 그러면 의와 거룩함과 복의 열매들이 자연스럽고 아름답게 솟아날 것이다. "사막이 백합화 같이 피어 즐거워하며 무성하게 피어 기쁜 노래로 즐거워하며"(사 35:1-2).

5. 지식과 빛을 가져온다

다시 한 번 하는 얘기지만, 성령은 우리의 마음과 총명을 지식과 빛으로 채우고, 우리의 생각을 조화와 아름다움과 힘으로 통제하실 수 있다. 이해를 초월하는 하나님의 평안이 우리의 마음과 생각을 보호하고(빌 4:7), 생각이 계속 그리스도에 머물러 있게 하며 "모든 생각을 사로잡아 그리스도에게 복종하게"(고후 10:5 하반절) 할 것이다.

6. 우리의 몸이 충만함을 느낄 것이다

그렇다. 바로 우리의 몸이 성령의 충만함을 느낄 것이다. 성령이야말로 신체적 에너지와 온전한 건강을 위하는 진정한 강장제가 되실 것이다. 성령 충만은 몸과 뇌와 존재 전체에 만병통치약이다. 성령의 복된 생명으로 충만해지는 것은 발걸음을 경쾌하게 만들며, 신경을 안정시키고 뇌활동을 활발하게 하며 혈액순환을 정상적으로 만든다. 즉 우리의 전존재를 하나님과 거룩한 봉사를 위해서 최상의 상태로 만들 것이다.

7. 우리의 환경을 통제한다

그 다음에 환경조차도 마음의 복된 충만에 맞추어 움직인다.

이웃에게서 빌려온 그릇을 죄다 채운 과부의 기름병처럼 하나님의 임재도 우리 생활 속에 오는 모든 것을 접촉하고, 우리가 하나님을 사랑하여 그의 뜻을 행한다면 모든 일이 협력하여 우리의 선을 이룬다(롬 8:28)는 것을 발견한다.

환경이 우리의 뜻에 맞추어 움직일 것이다. 그렇지 않으면 우리가 환경에 맞추어 움직이게 된다. 그래서 우리의 생애 전체가 "서로 연결하여"(엡 2:21)

활력 있고 능력과 복으로 충만해질 것이다.

8. 충분하여 남는다

이 복은 더 이상 그 자체로 증가되지 않을 것이다. 그러나 우리는 복을 충분히 받고 남을 만큼 받을 것이다. 그 복은 넘쳐서 더 이상 받을 곳이 없게 되며, 그 나머지는 고통받는 세상이 물려받을 것이다. 이것이 하나님께서 사용하시는 삶이다. 그래서 우리가 흘러 넘치기 전에는 하나님께서 우리를 사용하실 수 없다.

어떻게 해야 우리가 충만해질 수 있는가

1. 자신을 비워야 한다

축음기가 한 대 있는데, 나는 이 축음기의 민감한 젤라틴 실린더에 작업한 문서 내용을 읽어서 녹음시킨다. 바쁜 어느 날, 많은 분량의 작업 내용을 읽어서 실린더마다 가득 채워 넣었다. 작업을 마치는데 거의 이틀을 보냈고, 일을 끝내고서 나는 아주 편안한 기분으로 쉬었다.

그런데 내가 축음기 실린더에 읽어서 기록한 내용을 내 타이피스트가 타이핑해 가는 동안 그 말을 이해할 수 없었다. 말이 조리가 없고 뒤죽박죽이었다. 이유는 아주 간단하였다. 새 메시지를 입력하기 전에 이전에 구술했던 것을 깎아 없애는 일을 소홀히 했던 것이다. 사실 나는 이미 가득 차 있는 귀에다 많은 것을 읽어댔던 것이다. 그래서 축음기의 실린더에 아무런 인상을 주지 못했다. 내 작업은 날아가 버렸고, 수고는 물거품이 되었다. 그러나 나는 그 모든 값을 치를 만한 교훈을 배웠다. 즉 채움을 받으려면 먼저 자신을 비워야 한다는 것이다. 이미 가득 차 있는 사람에게는 하나님께서 자신의 충만함을 부어 넣으실 수 없다.

2. 배고픔을 느껴야 한다

"주리는 자를 좋은 것으로 배불리셨으며 부자는 빈 손으로 보내셨도다" (눅 1:53). 뜨거운 사막을 지나는 대상(隊商)들은 잘 알고 있는 샘을 찾을 수 없을 때 목마른 사슴들을 풀어놓아 사슴들이 갈증으로 헐떡이며 시내를 찾을 때까지 뜨거운 사막을 휘젓고 다니게 한다.

그와 같이 굶주린 마음은 언제나 생명의 떡을 찾으며, 갈증난 영혼은 언제
나 물로 채움을 받는다. 간절한 영혼만큼 하나님을 신속히 찾는 것은 없다.
전심으로 하나님을 찾을 때(렘 29:13) 우리는 언제든지 하나님을 만난다.

3. 열려 있어야 한다

채움을 받으려면 열려 있어야 한다. "네 입을 크게 열라 내가 채우리라"
(시 81:10). 하나님의 목소리를 듣지 못하게 차단시키는 편견과 진리에 대한
선입견으로부터 자유로워야 한다. 하나님의 속삭이는 소리를 포착하고 하나
님의 뜻을 알아들을 수 있게 마음이 열려 있어야 한다.

4. 받아야 한다

우리는 구할 뿐 아니라 받아야 한다. 기도할 뿐 아니라 믿어야 한다. 생명
수를 값없이 마셔야 한다. 채움을 받으려면 생명수를 마시는 비결을 알아야
한다.

5. 주님을 기다려야 한다

마음은 한 순간에 채울 수 없을 정도로 넓다. 영혼은 매우 커서 한 입에 만
족할 수 없다. "여호와를 앙망하는 자는 새 힘을 얻으리니"(사 40:31). 우리
는 "기도를 계속"(골 4:2) 한다. 은혜의 보좌 앞에 많이 가 있어야 한다. 간구
뿐 아니라 교제하는 것도 배워야 한다. 이와 같이 주님을 기다릴 때 우리는
복을 남에게 줄 만큼 풍부해질 때까지 채움을 받을 것이다.

6. 주어야 한다

그리고 마지막으로, 채움을 받으려면 받을 뿐 아니라 주는 것도 배워야 한
다. 우리는 다시 채움을 입기 위해서 마음을 비워야 한다. 하나님은 매우 경
제적인 분이시라 자기가 받은 복을 아주 잘 사용하고 다음에는 다른 사람에
게 복을 나누어 주는 자들에게 복 주기를 기뻐하신다.

성령을 주시는 것은 봉사하도록 하기 위함이다. 하나님은 이기적인 영혼

에게는 복을 주실 수 없다. 하나님의 영적 복을 사장시키고 이기적인 게으름 때문에 다른 사람들이 복음을 모르고 죽어가며 고통받도록 내버려두는 이 기심만큼 하나님 보시기에 미운 것은 없다.

"구제를 좋아하는 자는 풍족하여질 것이요 남을 윤택하게 하는 자는 자기도 윤택하여지리라"(잠 11:25). 멸망할 자들을 구원하고 세상에 복음을 전하는 이 복된 일에서 우리는 자신의 풍성한 상급과 "그리스도의 충만한 복"(롬 15:29)을 얻게 될 것이다.

제 10 장

로마서에 나타난 성령

만일 너희 속에 하나님의 영이 거하시면 너희가 육신에 있지 아니하고 영에
있나니 누구든지 그리스도의 영이 없으면 그리스도의 사람이 아니라(롬 8:9).

우리는 이 위대한 서신에서 영적 성전을 만나게 되는데, 이 성전의 빛나는
창문으로부터 고귀하고 신성한 진리의 빛이 흘러나온다. 그 성전은 너무도
영광스러워서 그 자체를 기술하기만 해도 사람들은 그것이 무엇인지 깨닫
고 옹호하게 될 것이다. 이 위대한 서신인 로마서는 거기에 포함되어 있는
다른 교리를 전개하는 것만큼 아주 뚜렷하게 성령론에 대해서도 충분하게
설명한다.

증거하는 영

첫째로, 우리에게는 증거하는 영이 계시다. 로마서 1:3-4에서 사도는 주
예수께서 "육신으로는 다윗의 혈통에서 나셨고 성결의 영으로는 죽은 자들
가운데서 부활하사 능력으로 하나님의 아들로 선포되셨으니"라고 하였다.

성결의 영이란 주 예수 그리스도의 신적 속성을 의미하는 것으로 해석되
어 왔으나 사실은 하나님 아버지의 뜻에 따라 죽은 자들 가운데서 주 예수
그리스도를 살리심으로써 그의 신성을 증거하는 삼위 하나님이신 성령을
직접적으로 가리키는 것으로 보는 것이 아주 타당하고 좀 더 단순한 해석이
다.

성령은 항상 그리스도의 신성을 증거하는 분이었고, 그리스도를 제물로
드리는 일에서 아주 명확한 역할을 하셨을(왜냐하면 예수께서 "흠 없는 자

기를 하나님께 드린 것은" "영원하신 성령으로 말미암아" 드리셨기 때문이다) 뿐만 아니라 그리스도의 부활에서도 확실히 중요한 역할을 하셨기 때문이다. 이것이 성령을 예수의 증거자로, 특히 부활하신 예수 곧 살아 계신 그리스도이며 하나님이신 주님의 증거자로 보는 가장 우선적인 견해이다.

생명과 거룩함의 영

다음으로는 성령께서 생명과 거룩함의 영이신 것을 본다. 로마서 8:2에 "그리스도 예수 안에 있는 생명의 성령의 법이 죄와 사망의 법에서 너를 해방하였음이라"는 말씀이 나온다.

이것이 영혼을 성결하게 하는 일에서 성령께서 행하시는 첫 번째 사역이다. 이 성령의 사역이 시작되는 위치를 주의 깊게 보자. 성결의 사역은 믿음으로 말미암는 우리의 칭의와 죽었다가 부활하신 그리스도에 대한 전적인 헌신 다음에 일어나는 일이다. 이때 성령께서 오셔서 우리 안에 주 예수 그리스도의 생명을 불어넣으신다. 이것이 우리 영적 존재에서 새로운 생명과 능력의 법이 되며, 이 새 생명의 법이 우리를 위로 들어올리고 죄와 죽음의 옛법에서 자유하게 만든다.

중력의 법칙을 때로 생명의 법칙이 이기는 것처럼, 또 물리적 법칙대로 하자면 손을 들어올릴 수 없는 것을 내 의지의 능력이 들어올리게 하는 것과 같이 성령께서 그리스도를 내 마음과 삶에 살아 계시게 하여 새롭게 느끼고 생각하고 선택하고 행동하도록 하는 법칙을 세우시는 것이다. 이 새로운 법 때문에 내가 죄의 권세를 이기고 거룩하고 순종하며 그리스도를 닮는 일을 자연스럽게 하게 되는 것이다.

마음 속에서 활동하시는 영

성령은 심령에서 뿐 아니라 마음에서도 활동하신다. 다음 단락에 이 같은 말씀이 나온다. "육신의 생각은 사망이요 영의 생각은 생명과 평안이니라" (8:6). 성령께서는 마음 속에 들어와 마음이 하나님의 뜻에 순종하려는 생각을 주신다. 그래서 우리가 하나님이 선택하시는 일들을 선택하고 하나님을 따라 하나님의 생각을 생각하게 될 것이다. 우리는 우리 속에 거하시는 감독자에게 순종하고, 우리에게 하시는 말씀에 귀를 기울인다. 그 감독자의 지시를 따르고 "육신을 따르지 않고 그 영을 따라 행하게"(8:4) 된다.

소생시키고 치유하시는 영

그 다음으로 성령은 우리 죽을 몸을 소생시키고 치유하시는 영으로 계시된다. "예수를 죽은 자 가운데서 살리신 이의 영이 너희 안에 거하시면 그리스도 예수를 죽은 자 가운데서 살리신 이가 너희 안에 거하시는 그의 영으로 말미암아 너희 죽을 몸도 살리시리라"(8:11).

성령은 정신적이고 영적인 생명의 근원이실 뿐만 아니라 신체적 생명의 근원이시기도 하다. 사람의 몸은 단지 외적인 뼈대로만 이루어져 있는 것이 아니다. 몸에는 신경계통이 있고, 그 속에는 사람에게 활기를 불어넣고 정력을 주며 물질적 유기체를 자극하는 필수적인 유기체가 있다.

이 모든 것 속에 생명의 본질이 들어 있고, 헌신한 신자 속에는 성령께서 계신다. 여기서 성령은 우리 육체의 생명력으로, 즉 성령을 알고 순종하는 자들을 소생시키고 활기를 주며 신체적 에너지를 제공하는 생명의 원천으로 분명하게 묘사된다. 그는 그리스도를 죽은 자 가운데서 일으키신 분이고, 우리 죽을 몸을 소생시키는 생명으로 거하시는 성령이시다. 이 몸은 부활한 영구한 몸이 아니고 신적 생명을 먹고살지만 죽을 수밖에 없는 이생의 몸인 것이다. 그리고 바로 이것이 하나님의 생명으로 사는 비결이다.

그래서 우리의 몸은 성령의 전이며, 살아 계신 머리의 생명을 나누어 갖는 그리스도의 지체이다.

안내자와 감독이신 영

성령은 다음 몇 구절에서 아주 명백하게 그리스도인 삶의 안내자와 감독으로 소개된다. 사도는 이같이 덧붙여 말한다. "그러므로 형제들아 우리가 빚진 자로되 육신에게 져서 육신대로 살 것이 아니니라 너희가 육신대로 살면 반드시 죽을 것이로되 영으로써 몸의 행실을 죽이면 살리니 무릇 하나님의 영으로 인도함을 받는 사람은 곧 하나님의 아들이라"(8:12-14).

우리는 "성령으로써 살아야" 한다. 우리는 하나님의 안내자에게 순종해야 하고 천상의 지도자를 따라가야 하며 오셔서 길을 지도하시는 어머니이시자 감독되신 이에게 순복해야 한다.

그리스도인의 삶이란 단순히 한 순간의 복스런 변화가 아니라 계속해서 그리스도 안에 거하고 순종하는 생활이다. 우리는 한 걸음 한 걸음 하나님과 함께 걸어야 하고 하나님을 의지하는 태도와 습관을, 거룩한 순종을 유지해야 한다. 성령께서 우리 생명을 돌보는 일에 지치시는 법이 없으므로 우리도 우리에 대해 질투하시기까지 하는 성령의 사랑을 싫어해서는 안 된다. 이것이 평안과 기쁨의 비결이다. 즉 성령의 속삭이시는 뜻을 알기 위해 기다리고 그의 모든 말씀을 순종하는 끊임없는 순종과 경청하는 심령이 그 비결인 것이다.

십자가의 영

이 단락에서 우리는 지극히 중요한 또 한 가지 진리를 만난다. 즉 성령께서 십자가의 영이시란 진리이다. 성령은 우리의 악한 성품을 억제하고 우리를 죽음과 부활의 생명 속에 있도록 붙드시는 분이시다. 이 기독교적 생활 태도는 우리 자신을 죄에 대하여 죽은 자로 여기는 것이다.

이 태도는 습관으로서 유지되어야 한다. 옛 생명이 다시 자신을 주장하려고 하는 때가 항상 있기 때문에 옛 생명을 죽음의 위치에 확고하게 붙들어 두고 있어야 한다. 이것이 바로 "그러므로 땅에 있는 지체를 죽이라"(골 3:5)는 말씀이 의미하는 바이다. 그리고 이 일은 오직 성령으로만 이루어질 수 있다.

이 일을 우리 자신이 하려고 하면 늘상 자살 미수에 그치고 말아 결코 평화로운 죽음의 위치에 도달하지 못할 것이다. 수많은 영혼들이 주위를 어슬렁거리고 있는데, 이것은 아주 많은 사람들이 제 힘으로 죽으려고 하였고, 그래서 다시 제 힘으로 일어나서 옛 생명의 환영과 그림자로 방황하고 있는 것이다.

하나님의 교회는 이 기괴한 영들, 살아 있는 시체들, 즉 부활한 육신들로 가득 차 있다. 이들은 자신과 다른 모든 사람을 매우 슬프게 바라보고 있다. 여기서 벗어나는 참된 비결은 봄이 오면 떨어지는 가을 잎처럼 성령으로 충만해 지는 것이다. 이 옛 생명은 하나님의 사랑과 그리스도의 내주하시는 생명력으로만 죽음의 위치에 계속 붙들어 둘 수 있을 것이다.

아들의 영

아들의 영이 다음 말씀에서 아주 아름답고 분명하게 소개된다. "무릇 하나님의 영으로 인도함을 받는 사람은 곧 하나님의 아들이라"(8:14). 성령은 하나님의 아들 예수 그리스도께서 아버지와 갖는 바로 그 관계에 우리를 불러들이신다. 우리는 성령의 내주하시는 생명으로 말미암아 그리스도의 아들 됨에 참여하게 되며, "나를 사랑하신 사랑이 그들 안에 있고 나도 그들 안에 있게 하려 함이니이다"(요 17:26)라는 주님의 기도가 우리 안에, 우리를 통해 이루어지게 된다. 아버지 하나님께서 아들을 사랑하는 그 사랑으로 우리를 사랑하신다는 것과, 우리가 하나님의 자녀로서 자유와 사랑을 누리는 위치에 있다는 복된 의식과 확신을 가질 수 있는 것은 모두 그리스도께서 우리 안에 계시기 때문이다.

우리는 맏아들이라 불린다. 우리는 모두가 그리스도께서 맏아들이고 독생자이신 것과 같이 맏아들들이다. 그리스도께서 하나님의 아들되심에 우리가 참여하며, 신부가 신랑의 가족과 집을 나누어 갖듯이 우리는 그리스도 자신의 영광스런 생명이 지닌 모든 특전과 면제권, 영광, 전망을 나누어 갖는다. "그뿐 아니라 또한 우리 곧 성령의 처음 익은 열매를 받은 우리까지도 속으로 탄식하여 양자 될 것 곧 우리 몸의 속량을 기다리느니라"(요일 3:1). 성령께서 이 사실을 우리에게 알리셨다.

친애하는 형제들이여, 우리는 이와 같이 하나님의 아들되는 권세를 받았는가? 양자의 영이 아니라 아들의 영이 우리 가장 깊은 내면으로부터 본능적으로 그리스도의 아버지요 우리의 아버지시며, 그리스도의 하나님이시요 또한 우리의 하나님이신 우리의 사랑하시는 아버지를 "아바, 아버지"라고 부르는가?

소망과 기대의 영

384

소망과 다가오는 영광에 대한 기대의 영을 다음에 보게 된다. 그래서 뒤이어 이 말씀이 나온다. "그뿐 아니라 또한 우리 곧 성령의 처음 익은 열매를 받은 우리까지도 속으로 탄식하여 양자 될 것 곧 우리 몸의 속량을 기다리느니라"(8:23).

성령의 보증은 다가오는 영광을 의식하게 만들고, 껍질 속에 있는 새의 새끼가 부화할 시간이 가까이 오면 껍질을 깨고 자유와 생명으로 도약하려고 하듯이, 그날의 영광에 대한 깊은 열망을 불러일으킨다. 성령으로 충만한 마음은 새처럼 마음 속에 초월적인 미래의 싹과 배아를 품고 있고, 채 자라지도 않은 날개를 퍼덕거리면서 다가올 미래를 바라며 속으로 탄식한다.

그리스도의 제자들 가운데 사람의 생각을 뛰어넘는 능력과 복이 충만한 미래에 대한 예언과 더 나은 생명을 알게 되면서 진통을 겪지 않은 사람이 누가 있는가?

우리는 이 영광스런 미래를 알고 기대를 가지고 있다. 뿐만 아니라 사도는 우리가 지금부터도 "처음 익은 열매"를 가지고 있다고 말한다. 마음 속에 계신 하나님의 영이야말로 우리가 누릴 더욱 영광스런 영적 생명의 시대에 대한 예언이자 약속이시다. 그때는 우리가 그와 같이 되어 그의 온전하심을 옷 입고 그의 지혜와 능력을 받으며 영원히 그리스도의 왕권에 참여할 것이다.

죽을 수밖에 없는 우리 몸을 전율시킨 신적 치유의 손길은 우리가 영원한 생명의 충만함에 들어갈 부활의 시간을 미리 맛보는 것에 불과하다. 그때가 되면 우리 죽을 몸도 보좌에 앉으신 그리스도의 영광스러운 몸처럼 아름답고 영광스러우며 순수하고 강해질 것이다.

본성을 이기는 능력이나 환경을 이기는 승리, 이 세상에서의 신성한 생활은 기도 응답의 결과들이다. 그런데 이런 것을 경험하면서 우리는 아담이 상실한 하나님 나라를 상속하고, 본래 하나님께서 계획하신 대로 우리가 전 피조계를 다스릴 그 시간을 기대하게 된다.

우리 속에 계신 성령은 우리에게 천년 왕국의 노래를 가르치며, 우리 속에 부활의 고동을 일깨우고, 장차 올 영광의 광경을 펼쳐 보이시며, 우리에게 천상의 날개가 있음을 이 세상에서 증명하도록 요구하고 계신다. 어미 독수리가 어린 새끼들에게 나는 법을 가르치기 위해 새끼들을 부드러운 둥지에서 이끌어내 어미의 강한 날개 위에 싣듯이, 비둘기 같은 성령께서 더 높은 공중에서 우리가 날개를 펼치고 장래의 기업으로 날아가도록 가르치고 계신다.

이 하늘의 소명들에 불순종하지 않도록 하자! 장래의 소망을 억압하지 않도록 하자! 이 영원한 불길을 끄지 않도록 하자. 하늘의 영감과 열망을 억압하거나 훼방하지 말고 눌러 뭉개지도 말자. 그 영감과 열망이 있을 때에 예언이 나오고 영원하고 무한한 생명의 활력이 생기기 때문이다.

기도의 영

26절에서 우리는 성령께서 기도의 영이심을 알게 된다.

> 이와 같이 성령도 우리의 연약함을 도우시나니 우리는 마땅히 기도할 바를 알지 못하나 오직 성령이 말할 수 없는 탄식으로 우리를 위하여 친히 간구하시느니라 마음을 살피시는 이가 성령의 생각을 아시나니 이는 성령이 하나님의 뜻대로 성도를 위하여 간구하심이니라(8:26-27).

이것은 기도의 깊은 신비이다. 기도는 말로 표현할 수 없는 정교한 하늘의 장치이다. 신학으로는 다 설명할 수 없지만, 아무리 비천한 신자라도 속속들이 이해하지는 못할지라도 알고 사용할 수 있는 장치이다.

즐기기는 하지만 그 내용을 다 알지 못하는 짐들이 있다. 우리가 이해할 수는 없지만 우리 마음이 막연하게라도 거기에 도달하고자 하는 것들이 있다. 우리는 그런 것이 그리스도의 보좌로부터 오는 메아리이며 하나님의 마음으로부터 오는 속삭임인 것을 안다. 그것은 노래라기보다는 탄식이며, 활기찬 날개라기보다는 무거운 짐인 경우가 종종 있다.

그러나 그것은 복된 짐이다. 외형적으로는 탄식이지만 그 기저에는 찬송이 있고 말로 표현할 수 없는 기쁨이 있다. 그것은 "말할 수 없는 탄식"이다. 우리는 그 탄식을 항상 표현할 수 있는 것이 아니다. 때때로 우리는 하나님이 우리 속에서 하나님만 아시는 어떤 것을 위하여 기도하고 계신다는 것밖에 알지 못한다.

그래서 우리는 마음에 가득한 것을 쏟아 놓을 수 있다. 즉 우리를 압박하는 슬픔인 영혼의 짐을 내려놓을 수 있는데, 하나님께서 그것을 듣고 사랑하며 이해하고 받으신다. 하나님은 우리의 기도에서 불완전하고 무지하고 그릇된 것을 모두 제하시며, 대제사장의 유향과 함께 우리의 기도를 높은 보좌 앞에 내놓으신다. 그러면 우리의 기도를 듣고 받으시며 그의 이름으로 응답하신다.

봉사의 영

봉사는 성령의 속성이다. 성령이 여기서는 신성한 봉사를 감당할 수 있게 하는 능력의 영으로 표현된다. 헬라어 '파라클레토스'가 사용된 로마서 12:1에는 보기 드문 아름다운 힘이 있다.

"그러므로 형제들아 내가 하나님의 모든 자비하심으로 너희를 권하노니"라는 표현은 문자적으로는 "내가 하나님의 자비하심을 의지해서 너희에게 중재한다"는 뜻인데, 이는 내가 아니라 너희를 권하시는 성령께서 "너희 몸을 하나님이 기뻐하시는 거룩한 산 제물로 드리라"(12:1)고 하신다는 말이다. 이것이 구원받은 거룩한 하나님의 자녀들에게 말씀하시는 성령의 메시지이고, 헌신과 봉사를 감당할 수 있게 하는 참된 능력이다.

우리는 자신을 복되신 보혜사와 동일시할 수 있는데, 그때는 사람들에 대한 우리의 호소와 메시지가 우리 자신의 것이 아니라 성령의 것이 될 것이다. 그래서 우리는 "내가 여러분을 권한다" 즉 성령의 이름으로 중재한다고 말할 수 있다. 이와 같이 해서 우리의 말과 행위가 성령의 권위와 능력으로 사람들에게 임하는 것이다.

기쁨의 영

기쁨의 영이 로마서에서 계시된다. "하나님의 나라는 먹는 것과 마시는 것이 아니요 오직 성령 안에 있는 의와 평강과 희락이라"(14:17). "소망의 하나님이 모든 기쁨과 평강을 믿음 안에서 너희에게 충만하게 하사 성령의 능력으로 소망이 넘치게 하시기를 원하노라"(15:13).

성령은 언제나 기쁨의 영이시다. 기쁨과 소망의 영은 봉사하는 일과 그리스도를 효과적으로 증거하는 일에 반드시 필요한 능력이다.

선교의 영

성령은 선교의 영이시다. 이 장엄한 서신에서 성령에 대한 최고의 계시는 성령께서 온 세상을 위한 복음전파의 영이시라는 사실이다. 모든 서신 가운데 가장 교의적이며, 칭의, 성화, 하나님의 뜻에 대해 집필된 모든 신학 논문 가운데 가장 심오한 이 서신에서 온 세상의 복음화를 위한 성령의 사역이 이 같은 말로 마감되는 것이 매우 아름답다. 이 같은 글이야말로 바울과 같은 영혼과 손에서밖에 나올 수 없다.

> 내가 너희로 다시 생각나게 하려고 하나님께서 내게 주신 은혜로 말미암아 더욱 담대히 대략 너희에게 썼노니 이 은혜는 곧 나로 이방인을 위하여 그리스도 예수의 일꾼이 되어 하나님의 복음의 제사장 직분을 하게 하사 이방인을 제물로 드리는 것이 성령 안에서 거룩하게 되어 받으실 만하게 하려 하심이라 그러므로 내가 그리스도 예수 안에서 하나님의 일에 대하여 자랑하는 것이 있거니와 그리스도께서 이방인들을 순종하게 하기 위하여 나를 통하여 역사하신 것 외에는 내가 감히 말하지 아니하노라 그 일은 말과 행위로 표적과 기사의 능력으로 성령의 능력으로 이루어졌으며 그리하여 내가 예루살렘으로부터 두루 행하여 일루리곤까지 그리스도의 복음을 편만하게 전하였노라 또 내가 그리스도의 이름을 부르는 곳에는 복음을 전하지 않기를 힘썼노니 이는 남의 터 위에 건축하지 아니하려 함이라(15:15-20).

바울은 사람들이 이미 밟고 지나간 길이나 지역에 머물지 않고, 그 지역 너머 하나님의 사랑과 은혜의 이야기를 전하기 위해 그리스도의 이름이 불려진 적이 없는 곳으로 나아갔다.

오늘날 우리가 사용하고 있는 국제적인 통신 방법이 일체 없었던 시대, 곧 철도, 증기선, 전보 혹은 선교회가 없었던 시대에 이 사람 혼자서 외로이 복음을 전하였다. 바울 사도는 이 나라 저 나라로 복음을 전파하면서 예루살렘을 두르고 있는, 당시 세계의 방대한 지역을 다녔다. 그 지역들 가운데 한 곳도 남겨놓지 않고 그리스도의 복음을 아주 충만하게 전하였다. 이제 한가해진 바울은 로마에 있는 친구들을 방문하여 선교 활동을 하려고 하였다.

성령께서 사람의 마음과 생활을 소유하시는 곳에서는 어디서나 이같이 세상 끝까지 복음을 전하고자 하는 충동이 일어날 것이다. 그래서 우리가 헌신한 실제적인 결과는 온 세상에 복음이 전파되는 것이다. 그때가 되면 우리는 증거자로서 모든 족속과 모든 방언하는 민족에게 복음 전하기를 끝마쳤을 것이고, 이방인들 가운데서 주의 이름을 위하는 백성을 불러모으는 기독교 시대의 목적이 성취될 것이고 마침내 주께서 친히 오실 것이다.

오, 성령께서 우리 각 사람이 이 놀라운 서신을 공부함으로써 우리와 우리 시대를 위한 하나님의 뜻을 이해하고 복음의 지극히 장엄한 진리를 깨닫고 일어나 역사상 가장 위대한 사역에 참여하도록 도우시기를 바란다!

제 11 장

고린도전서에 나타난 성령

사람의 일을 사람의 속에 있는 영 외에 누가 알리요 이와 같이 하나님의 일도
하나님의 영 외에는 아무도 알지 못하느니라(고전 2:11).

바울이 고린도 교회에 보낸 첫 번째 편지는 여러 곳에서 뚜렷하게 성령론
을 전개하며 성령론의 각기 다른 네 가지 면을 기술하는데, 거기에는 실제적
인 의미가 풍부하게 들어 있다.

2장에서는 성령을 지적 조명의 근원으로 묘사하며, 지혜와 계시의 영으로
소개한다.

3장과 6장에서는 성령을 우리 심령 가운데 내주하며, 성결하게 하시는 능
력으로 언급한다.

6장은 성령께서 우리 몸에 거하고 우리를 그리스도와 연합시키시는 사실
을 기술한다.

그리고 12장은 성령께서 그리스도의 온 몸을 이루며 그리스도의 몸을 연
합시키고 생명으로 그 몸을 채우며 봉사할 수 있는 능력을 부여하시는 일을
다룬다.

성령의 마음

2장 마지막 절은 2장 전체에서 설명하고 있는 구체적인 진리를 다음과 같
이 요약하고 있다. "우리가 그리스도의 마음을 가졌느니라"(고전 2:16). 여기
서 성령은 마음에 자극을 일으키시는 분으로, 지적 조명의 원천이시자 영적
진리의 계시자로 표현된다.

2장에는 세 가지 뚜렷하고 중요한 사상이 들어 있다. 성령께서는 초자연적인 진리의 계시자라는 것이다.

1. 지식의 계시자

첫째로, 성령은 다음과 같은 지식의 원천들에 진리를 계시하시는 분이다.

> 하나님이 자기를 사랑하는 자들을 위하여 예비하신 모든 것은
> 눈으로 보지 못하고
> 귀로 듣지 못하고
> 사람의 마음으로 생각하지도 못하였다 함과 같으니라
> 오직 하나님이 성령으로 이것을 우리에게 보이셨으니
> 성령은 모든 것 곧 하나님의 깊은 것까지도 통달하시느니라(2:9-10).

눈으로 발견한 사실들이 많지만 진리 가운데는 자연적 시각을 넘어서는 것들이 있다. 그것은 마치 항상 장님으로 있다가 시력이 회복된 사람이 처음으로 빛과 아름다움의 이 세상을 보았을 때 느끼는 것과 같은 경이로운 진리들이다. 빛을 본 사람이 제일 처음 갖게 되는 생각은 "참으로 아름답다, 너무 놀라워! 왜 당신은 전에 이것을 나에게 말해 주지 않았어?"라는 것이다.

그처럼 하나님께서 소생시킨 영혼을 위하여 준비하신 세계, 곧 우리의 선천적인 오감으로는 발견할 수 없는 영적 진리와 더 높은 차원의 세계가 있다. 성령의 계시의 빛 가운데서 그 세계를 볼 때 우리는 어째서 그동안 그것을 한 번도 들어보지 못했는가 기이하게 여기며 모든 사람이 그 세계를 보아야 한다고 생각하게 된다.

사람들이 귀로 들어 온 것들이 있다. 예컨대, 웅변과 지혜의 말, 선율과 화음의 악보, 애정어린 속삭임, 자연과 인간 사랑의 목소리 등이 있다. 그러나 더 높은 영역이 있다. 거기에서 나오는 천상의 진리와 하나님의 사랑의 메시지는 귀로는 결코 들어보지 못했다. 목자장께서 자기 음성을 아는 자들에게 말하려고 기다리고 계시며, 성령께서 "교회들에게 하시는 말씀을 들을"(계 2:29) 수 있는 자들에게 전달하기를 고대하시는 애정어린 지혜의 말씀이 있

다.

사람의 마음으로 품은 사상과 진리들이 있다. 즉 인간 영혼의 놀라운 창조물들, 인간의 관찰과 인지로부터 나오는 뛰어난 귀납적 진리들, 사상과 철학의 놀라운 체계 등이 있다. 그러나 하늘의 가르침을 받는 영혼을 위한, 앞으로 올 시대를 놀라움과 환희로 채울 더 깊고 고귀한 진리들이 있다. 그 안에는 "지혜와 지식의 모든 보화가 감추어져 있느니라"(골 2:3).

그래서 언젠가 우리도 성령처럼 진리의 모든 비밀을 알게 될 것이다. 그러나 성령께서는 우리가 그 진리들을 들을 수 있기 전에는 그 진리를 말하실 수 없다. 이것이 성령의 직무이다. 이 진리들 가운데 얼마를 성령께서 성경에서 우리에게 계시하셨다. 그러나 이것은 이 시대를 위한 초보적인 계시에 불과하고, 우리가 성령을 더 알아가게 되면 성령께서 우리를 계속 인도하여 영원의 시간 속에서 높고 깊은 모든 지식에 이르게 하실 것이다.

"성령은 모든 것 곧 하나님의 깊은 것까지도 통달하시느니라"(고전 2:10). 옷장 안을 뒤져 아이들 나이에 맞을 옷을 찾는 어머니처럼 혹은 학생의 발달 정도에 비추어서 그 학생을 어떤 반에 넣을 것인지 지혜롭게 결정하는 선생처럼 성령께서 우리를 살펴서 "그리스도의 마음"(고전 2:16)을 어떻게 충분하게 우리에게 계시할 수 있는지 결정하신다. 그러나 성령께서는 아이들과 같은 우리가 성령의 더 고귀한 메시지를 받을 준비가 되어 있지 않아서 종종 실망하신다.

2. 초자연적인 수용 능력

우리에게는 초자연적인 진리 이상의 것이 필요하다. 그 진리를 받아들일 초자연적인 마음이 필요하다. 그래서 여기서는 우리에게 그리스도의 마음과 초자연적인 수용 능력을 주시는 성령의 사역을 소개한다.

사람의 일을 사람의 속에 있는 영 외에 누가 알리요 이와 같이 하나님의 일도 하나님의 영 외에는 아무도 알지 못하느니라(2:11).

이 설교를 여러분 방에 있는 작은 카나리아에게 되풀이 할 수 있다. 그러면 그 새는 작은 머리를 귀울여 열심히 들으며 여러분의 생각과 의미를 받아들이려고 하지만 당신의 말뜻을 이해하지 못했다는 것을 여러분은 알 것이다. 카나리아의 작은 마음으로는 여러분의 높은 사상을 수용할 수 없다. 새는 새의 마음을 가졌을 뿐이고 여러분은 사람의 마음을 가지고 있다. 새에게 여러분의 마음을 이해시키려면 여러분의 마음을 새의 머리에 집어넣어야 한다.

그와 같이 우리가 우리의 작은 마음을 끌어올려 하나님의 위대한 사상을 이해해 보려고 하지만 우리에게는 불가능한 일이다. 우리는 하나님의 위대한 생각들을 받아들일 수 없다. 여러분 집에 있는 카나리아가 이웃집 카나리아보다 머리가 더 클 수 있지만, 그래서 노래 한두 곡조는 알 수 있고, 다른 새들은 배우지 못한 재주를 한두 가지 배울 수 있으며, 교육을 받고 교양이 있는 전문적인 새가 될 수는 있다. 그럴지라도 한낱 새일 뿐이다. 그와 같이 철학자나 과학자, 학자가 일반 사람은 알지 못하는 지적인 몇 가지 비결을 알 수는 있다. 그럴지라도 인간의 지성을 가졌을 뿐이다. 그런 사람도 성령의 조명이 없이는 하나님의 일들을 받을 수 없다.

바로 이 때문에 "이 세상 지혜는 하나님께 어리석은 것"(3:19)이다. 그러나 바울 사도는 이 같은 말씀을 덧붙인다. "우리가 하나님으로부터 온 영을 받았으니 이는 우리로 하여금 하나님께서 우리에게 은혜로 주신 것들을 알게 하려 하심이라"(2:12). "우리가 그리스도의 마음을 가졌느니라"(2:16).

이것은 계시가 간직하고 내놓지 않는 굉장한 진리이다. 그래서 우리는 신적 계시를 이해하기 위해서는 신적 능력을 갖도록 해야 한다. 성령께서는 우리의 지력을 폐지하시지 않고 활성화시키며 그리스도의 마음을 주입한다. 그래서 "이전 것은 지나갔으니 보라 새 것이 되었도다"(고후 5:17)라는 말씀이 실제로 참이 된다.

성령께서는 우리가 스스로 생각하기를 그치게 하고, 우리 속에 하나님의 생각을 주입하실 수 있다. 진리가 사실이 되게 하실 수 있다. 성령은 우리가 진리를 파악하고 느끼고 기억하며 이해할 수 있게 하신다. 성령께서는 진리가 별들이 총총한 밤하늘처럼 혹은 모든 사물을 똑똑히 볼 수 있게 하는 한낮의 해처럼 빛을 내기까지 성경의 갈피들을 비출 수 있으시다. 성령께서는 우리의 어리석고 헛된 상상을 그치게 하실 수 있고, "모든 생각을 사로잡아 그리스도에게 복종하게"(10:5) 하실 수 있다.

방황하는 불쌍한 우리 마음을 위한 세례는 복되다! 그리스도 예수께서 우리 마음뿐 아니라 "모든 지각에 뛰어나고" "우리의 마음과 생각을 지키시는 하나님의 평강"은 참으로 복되다! 눈먼 자들이 빛뿐 아니라 시력을 가질 수 있게 된 것은 참으로 복되다!

그러므로 그리스도의 행동 하나하나가 실물 교수 역할을 하고 있는 아름답고 상징적인 요한복음에서 우리는 그리스도께서 자신을 세상의 빛으로 계시하시고 나서 즉시 눈먼 자를 고쳐 그의 시력을 회복시켜 주신 사실을 본다. 그래서 "너희에게 필요한 것은 빛뿐 아니라 시력이라"고 말할 만큼 되었다. 예수께서 오신 것은 "보지 못하는 자들은 보게 하고 보는 자들은 맹인이 되게 하려 함이라 하시니"(요 9:39).

3. 인간 지혜의 불충분성

생각해 볼 사상이 한 가지 더 있다. 그것은 인간의 지혜로는 하나님의 일들을 충분히 알 수 없다는 것이다.

> 육에 속한 사람은 하나님의 성령의 일들을 받지 아니하나니 이는 그것들이 그에게는 어리석게 보임이요, 또 그는 그것들을 알 수도 없나니 그러한 일은 영적으로 분별되기 때문이라(고전 2:14).

물론 여기서 말하는 자연인이란 육신적인 사람을 가리키지만, 문자적인 뜻은 영혼의 사람이다. 즉 영혼의 사람이란 영의 사람, 지적인 마음, 문화적인 마음, 철학자의 마음을 말한다. 사람이 하나님의 진리를 알지 못하는 것은 인간 교육의 부족 때문이 아니고 영적 기관의 결핍 때문이다. 그러므로 "이 세상 지혜는 하나님께 어리석은 것이니 … 하나님은 지혜 있는 자들로 하여금 자기 꾀에 빠지게 하시는 이라"(고전 3:19). 그러므로 학문이나 재능, 심지어 성직의 권위로도 복음의 깊은 영적 진리들을 파악할 수 없는 경우가 많고 하나님께서 자기를 사랑하는 자들에게 계시하신 일들을 반대하고 나서며 비웃고 조롱하는 경우도 있다.

그와 같이, 친애하는 형제들이여, 여러분이 재능 있고 영향력 있는 자들, 심지어 교단과 강단에 있는 그런 자들이 여러분의 생명보다 소중한 진리, 곧 여러분이 하나님의 살아 계신 빛 안에서 본 진리들을 반대하는 것을 볼 때 이상하게 생각하지 말라. 화를 내거나 그들의 어리석은 말에 대꾸하지 말라. 그들을 위하여 기도하고 동정하라. 그리고 기회 있는 대로 그들이 알지 못하는 진리가 그들의 마음에 빛을 비추도록 하라. 그들이 여러분의 사랑의 손길을 느끼도록 하라. 여러분의 깊고 간절한 동정심에서 나오는 눈물을 보이도록 하라. 여러분의 얼굴과 생활에서 빛나는 영광을 보고, 어느 날엔가는 그들이 여러분이 발견한 주님의 비밀을 간절히 알기를 바라게 하라.

아볼로가 에베소에서 여러 학파들의 놀라운 지혜를 설교하였을 때 아굴라와 브리스길라는 그에게 큰 결핍이 있는 것을 보았다. 두 사람은 아볼로를 비판하거나 비난하지 않고 사랑하는 마음으로 그를 위해 기도하였다. 온유한 심정으로 더 깊은 진리를 전하였고 하나님께서 그의 마음을 열어 그 진리를 받아들이게 하셨다.

교양 있고, 자신감에 차 있는 자들이여, 당신들의 방식으로는 결코 그 진리를 찾지 못할 것이다. 하나님의 계시가 없이는 진리를 깨달을 수 없다. 하나님께서 여러분에게 빛을 비추시기 전에는 여러분은 눈이 멀고 어둡고 불운한 사람들이다. 주님의 복되신 발 앞에 겸손과 굴욕과 무기력 가운데 엎드려 여러분이 눈먼 자임을 고백하고 옛적에 바디매오처럼 "주여 보기를 원하나이다"(눅 18:41) 하고 소리쳐라! 그러면 여러분도 영적 시력을 받고 하나님의 법의 기이한 것들을(시 119:18) 보게 될 것이다.

우리를 성결케 하시는 성령의 내주하심

너희는 너희가 하나님의 성전인 것과 하나님의 성령이 너희 안에 계시는 것을 알지 못하느냐 누구든지 하나님의 성전을 더럽히면 하나님이 그 사람을 멸하시리라 하나님의 성전은 거룩하니 너희도 그러하니라(고전 3:16-17).

너희 중에 이와 같은 자들이 있더니 주 예수 그리스도의 이름과 우리

하나님의 성령 안에서 씻음과 거룩함과 의롭다 하심을 받았느니라 (6:11).

여기에서 우리는 성령을 성결하게 된 마음에 내주하시는 분으로, 그리고 사실 우리 마음의 성화와 견인의 원천으로서 모시고 있다. 이것이 경건의 비밀, 곧 하나님께서 인간 영혼의 전에 거하시는 비밀이다. 이것은 단지 그 전이 거룩해진다는 말이 아니라 구별되고 성결하게 되어 하나님 자신의 처소가 되고 하나님께서 그 전에서 친히 영광스런 삶을 사신다는 뜻이다. "내가 그들 가운데 거하며 두루 행하여"(고후 6:16).

바울 사도는 고린도 교인들에게 "여러분이 알지 않느냐?"고 호소한다. 이 복된 관계의 능력은 그 진리를 알고 인정하고 그 능력을 받아 사는 데에 있다. 우리가 알기만 한다면 우리의 삶을 개혁할 영광스런 요소들이 많이 있다. 오랫 동안 세상은 과학과 자연의 가장 심오한 비밀들의 가장자리에서 살아왔다. 그 비밀들을 알지 못하였기 때문에 세상은 그 비밀들의 능력을 경험하지 못했다. 그러나 번개와 증기 속에 갇혀 있던 비밀을 알았을 때 오늘날 현대의 상업적이고 산업적인 생활의 모든 힘들이 즉시 인간 생활의 무대에 나타나게 되었다.

우리 속에 하나님의 내주하시는 임재가 있음을 알면 우리는 즉시 하나님의 전능하심에 참여하게 된다. 모든 시험과 어려움, 슬픔을 이길 수 있게 하는 능력이 우리 속에 있다는 것을 알면 우리는 하나님의 능력을 사용하는 협력자가 되고 정복자의 함성을 외치며 나갈 수 있게 된다.

오, 친애하는 형제들이여, 여러분이 정복자와 백만장자, 즉 영적인 백만장자가 될 수 있는 때에도 여러분 가운데 많은 사람들은 가난과 패배와 낙망 가운데 살고 있다! 여러분의 권리를 주장하고 전류가 흐르고 있는 전선을 잡기만 하라. 여러분의 이름으로 맡겨져 있는 은행예금계좌를 사용하고 여러분에게 속해 있는 자원들을 사용하며, 여러분의 충만한 구원을 알고 증거하기만 하라. 그러면 여러분은 하나님의 승리하는 자녀로 나갈 수 있을 것이다. 난국들을 정복하고 발로 밟을 것이며, 여러분은 "항상 우리를 그리스도 안에서 이기게 하시는 하나님께 감사하노라"(고후 2:14) 외치며 진군해 나갈 것이다.

우리 몸을 위하시는 성령

> 너희 몸은 너희가 하나님께로부터 받은 바 너희 가운데 계신 성령의
> 전인 줄을 알지 못하느냐(고전 6:19).

이것은 그동안 우리가 생각해 왔던 것과는 다른 진리이다. 아니면 적어도
이것은 동일한 진리를 다른 기준에서 그리고 정도를 달리하여 언급하는 말
씀이다. 성령은 마음을 충만하게 하실 뿐만 아니라 몸도 충만하게 하고 또한
충만하게 하기를 원하신다. 성령은 우리가 신체적인 모든 기관과 지체를 드
려 성령께서 소유하도록 하기를 원하신다. 성령은 우리 영의 아버지이실 뿐
아니라 우리 몸의 조성자이시기도 하다. 그래서 성령은 우리 몸의 모든 부분
에 부활하신 그리스도의 생명을 나누어 주실 수 있다. 그리고 우리 몸을 채
우고 우리 몸으로 당신의 전을 삼으실 때 우리를 그리스도와 연합시키신다.
그때 13, 15절의 말씀 또한 사실이 된다. "몸은 주를 위하여 있으며 주는 몸
을 위하여 계시느니라"(6:13). "너희 몸이 그리스도의 지체인 줄을 알지 못하
느냐?"(6:15).

그때 성령께서는 우리를 안내하여 신비하고 영광스런 관계에 들어가게 하
신다. 그 관계 속에서 우리는 성령을 남편이라고 부르고 우리의 사랑하시는
주님의 생명과 결합되며 우리 몸에 주님의 부활의 생명과 힘을 나누어 받게
된다.

이것은 하나님의 마음만큼 순수하고 거룩한 관계이다. 이 관계는 인간들
의 어떤 관계와도 비교될 수 없다. 이것은 인간의 어떤 관계보다 무한히 고
귀하다. 그것은 성령 안에서 갖는 지극히 아름답고 신성하며 순결한 교제이
다. 그래서 아무리 희미한 것일지라도 그 속에 세상적인 요소가 보이면 이
관계는 더럽혀진다. 그것은 지극히 부드럽고 친밀한 인간 애정만큼이나 현
실적이고 실제적이며 만족스러운 교제이다. 그리고 사실, 우리가 알고 있는
세상적인 사랑과 기쁨은 이 관계의 불완전한 유형과 그림자에 불과한 것이
다.

이 관계야말로 성별된 몸에 신체적 활력을 주는 원천이다. 이 관계로 인해 우리 몸이 그리스도의 지체가 된다. 이 관계가 우리 존재의 모든 부분에 그리스도의 생명을 불어넣는다. 이 관계 때문에 그리스도께서 우리에게 생명이 되며 살아 있는 떡이 된다. 이 관계 때문에 그리스도께서 하신 다음의 놀라운 말씀이 실제적인 경험이 된다. "살아 계신 아버지께서 나를 보내시매 내가 아버지로 말미암아 사는 것 같이 나를 먹는 그 사람도 나로 말미암아 살리라"(요 6:57).

이것은 "그것을 느끼는 자 외에는 아무도 알지 못하는" 사랑이요 생명이다. 그러나 성령께서 헌신하고 순종하는 마음에 그 관계를 가르쳐 주시고, 우리가 장차 하늘에서 누릴 이 복된 교제를 이 세상에서 미리 맛보게 해 주실 것이다. 장차 하늘에서 우리는 어린양의 혼인 잔치에 앉고 영원히 그리스도의 신성한 생명을 먹고 살 것이다.

그 다음에 성령께서 우리 몸에 내주하심과 우리 몸이 그리스도와 연합됨이 우리의 존재 전체에 온전한 신성함과 헌신, 정화를 가져다준다는 사실을 또한 배운다. "너희는 너희 자신의 것이 아니라 값으로 산 것이 되었으니 그런즉 너희 몸으로 하나님께 영광을 돌리라"(고전 6:19-20).

여기서 바울 사도는 전적으로 우리의 신체에 대해서 이야기하고 있는 것이다. 그리스도께서 값으로 산 것은 바로 우리의 몸이다. 그렇기 때문에 우리의 몸은 우리 것이 아니다. 우리는 바로 우리의 몸을 가지고 하나님께 영광을 돌릴 수 있다.

그리고 성령께서 우리 몸에 사시고 우리 몸을 통해 보며 우리의 몸을 사용하여 다른 사람을 위해 일하시게 하지 않고 어떻게 하나님께 영광을 돌릴 수 있겠는가? 그렇게 할 때 우리의 모든 신체적 활동이 하나님의 은혜와 충만하심을 드러내고, 하나님께서 우리의 거룩한 생활을 통해 보고 우리의 경쾌한 걸음 속에서 걷고 우리의 빛나는 얼굴을 통해서 빛을 비추시며, 우리의 생활과 애정어린 목소리를 통해서 말씀하며 우리의 생각하고 말하고 행하는 모든 것에서 사람들에게 자신을 계시하시게 된다.

그리스도의 생명이 순간 순간 성령으로부터 그 생명을 받아 사는 사람의 생활에 얼마나 놀라운 신성함을 주는지!

자기를 돌보던 직업 선교사인 간호사에게 복음을 듣고 예수 그리스도를 영접하기를 거절하였던 불쌍한 중국 여자에 대한 이야기가 있다.

그 여자는 팔에 궤양이 생겨서 죽어가고 있었다. 의사는 그 여자에게 피부를 이식하고 그녀의 오그라든 팔에 수혈할 피를 제공할 사람이 있으면 병을 고칠 수도 있다고 말했다. 그 여자는 사람을 아들에게 보내어 피부 중 일부를 자기에게 이식하고 수혈해 줄 수 있겠느냐고 물었다. 아들이 어머니의 청을 거절하자 그녀는 깊은 슬픔과 낙망에 젖어 울었다.

어느 날, 간호사는 그 여자가 울고 있는 것을 보고, 곁에 앉아 자신이 그녀에게 피부를 이식해 주고 수혈해 주어도 괜찮겠는지 물었다. 그 여자는 선교사의 제의에 깊은 감동을 받았다. 그렇지만 그것은 너무나 큰 요구라며 거절하였지만 결국 그녀는 그 수술을 허락하였다. 날마다 그녀는 상태가 호전되었고, 마침내 팔이 나았다. 궤양이 그토록 오랫동안 좀먹었던 자리에 깨끗한 살과 피부가 덮여 있었다.

어느 날 간호사는 그녀가 또 울면서 감사하는 눈길로 자신의 나은 팔을 보고 있는 것을 발견하였다. 간호사는 무엇이 문제인지 물었다. 그 토착민 여인이 말했다.

"선생님, 나는 내 팔에 생긴 이 흰 피부를 보면서 선생님이 병든 내 불쌍한 몸을 고치기 위해 선생님의 살과 피를 주신 것을 생각하고 있었어요. 어떻게 그런 일을 하실 수 있었지요?"

"그것은 오직 예수님의 사랑을 위해서였어요. 예수님은 나를 위해 자기 생명을 주셨거든요."

이 가엾은 중국 여자는 다시 울다가 간호사를 쳐다보면서 말했다.

"선생님, 선생님의 예수님을 저도 원합니다. 내 자식도 나를 구원하기를 거절하였을 때에 그분께서 선생님이 그런 식으로 나를 사랑하게 만드실 수 있다면 나도 그분을 내 주님으로 모시고 싶어요."

이렇게 해서 그 불쌍한 중국 여자는 자신에게 자기 살을 줄 수 있었던 선교사의 사랑 때문에 그리스도에게로 왔다.

오, 친애하는 형제들이여, 한때 질병으로 인해 그처럼 검었던 정맥들을 보고 내게 자신의 생명을 주셨을 뿐만 아니라 아침마다 새롭게 생명을 주시는 분을 생각할 때 어떻게 내가 자신을 위해서 살 수 있겠는가? 어떻게 내가 세상을 위해서 살며, 하나님께서 주신 이 능력들을 악용할 수 있겠는가? 이 성경 구절에서 말한 대로 "나는 나의 것이 아니라 값으로 산 것이 되었으니 내가 하나님의 것인 몸으로 하나님께 영광을 돌리겠다"고 느끼지 않을 수 없었다.

하나님께서는 우리가 예수의 생명을 받고 또 하나님과 세상을 위한 거룩하고 성별된 봉사를 통해 그 생명을 줄 수 있도록 도우신다. 우리는 하나님의 위대한 사랑을 실천하는 생활 태도에 의해서 그리고 우리에게 주신 성령으로 말미암은 놀라운 하나님의 생명의 내주하심에 의해서만 세상을 그리스도께 데려올 수 있다.

제 12 장

그리스도의 몸에 나타난 성령

(고린도전서)

우리가 유대인이나 헬라인이나 종이나 자유인이나 다 한 성령으로 세례를 받아 한 몸이 되었고 또 다 한 성령을 마시게 하셨느니라(고전 12:13).

이 놀라운 장 전체는 교회가 그리스도의 몸이며, 성령이 교회의 생명이라는 심오한 진리를 설명하는데 할애되고 있다. 성령께서는 살아 있는 머리이신 그리스도와 교회의 연합을 이루고 유지하며, 교회의 거룩한 사역을 위해 신성한 능력과 능률을 교회에 부여하신다.

그리스도의 몸을 구성하심

성령은 그리스도의 몸을 구성하신다. "우리가 다 한 성령으로 세례를 받아 한 몸이 되었다." 교회는 단체가 아니다. 교회는 유기적 생명체이다. 교회는 성령께서 지으시는 살아 있는 몸이며, 그 생명이 되고 머리가 되신 예수 그리스도께 연합되어 있다. 하와는 처음에는 아담이라는 인격 안에서 창조되었고, 그 다음에는 하나님의 특별한 행동에 의해 아담에게서 취하여졌으며 아담의 신부로 아담에게 연합되었다. 그래서 교회는 성령에 의해 그리스도에게서 취하여졌고, 그 다음에는 그리스도의 영광스런 신부로 신성한 연합에 의해 그리스도에게 다시 주어졌다.

그래서 교회의 각 지체가 그리스도 예수 안에서 부름을 받고 새로 창조되었으며, 주님께서는 구원받는 사람 하나하나를 자신과 자신의 교회에 연합시키신다. 다른 어떤 권세도 교회를 구성할 수 없다. 사람들이 단체들에 가

입할 수 있지만 그렇게 한다고 해서 그 사람들이 그리스도의 몸을 이루는 것은 아니다. 그 연합은 생명 유지에 반드시 필요하다. 그 활동은 신성한 것이다. 그 활동을 세례라고 한다. 세례는 죽음과 부활의 깊은 진리를 나타낸다. 우리가 영광스런 그리스도의 몸에 결합되고 교회의 수장이신 그리스도의 생명과 연합되는 것은 바로 우리의 자연적인 생명의 죽음과 부활을 통해서이다.

자연적인 생명에 속해 있는 모든 것은 그리스도의 참교회와 맞지 않는다. 오늘날 교회가 받고 있는 가장 큰 재앙은 거룩하지 않은 사람들 때문에 교회에 여전히 붙어 있는 육신적인 요소이다. 주 예수 그리스도의 교회에서 가장 필요한 것은 주님의 십자가로 말미암아 세례를 통해 죽음에 들어가고 그리스도의 거룩한 생명으로 부활하는 것이다. 이것은 성령만이 하실 수 있는 일이다.

성령께서는 역사가 진행되는 동안에 모든 백성과 혈족과 방언 가운데서 순간순간 지체들을 불러내어 주님을 위한 몸, 곧 어린양을 위한 신부를 구성하는 이 일을 하고 계신다. 그리고 마지막 지체가 불러모아지고 신부가 완성되면 주님이 오셔서 그의 몸을 기다려온 영광스런 머리와 결합시키실 것이다.

그래서 이들만이 그리스도의 참됨 몸, 곧 성령으로 말미암아 죽음을 거쳐 부활에 이른 그리스도의 몸에 속해 있는 것이다. "우리가 다 한 성령으로 세례를 받아 한 몸이 되었다."

교회의 생명을 유지시킴

성령은 교회의 생명을 유지하신다. 사도는 같은 구절에서 이 말씀을 덧붙인다. "또 다 한 성령을 마시게 하셨느니라." 세례를 받아 한 몸이 되는 것과 우리가 이미 빠져들어 있는 대양을 마시는 것은 별개의 일이다.

성령은 우리의 새 생명에 필수적인 요소이다. "우리가 그를 힘입어 살며 기동하며 존재하느니라"(행 17:28). 새가 공중에서 살고 물고기가 바다에서 살며 꽃이 햇빛을 받고 자라듯이 우리는 성령이라는 요소 안에서 살며, 성령의 충만함을 마실 때 우리의 생명이 유지되고 그리스도의 장성한 분량에 이르기까지 자란다.

이것이 성령으로 충만해지는 비결이고, 열매 맺음과 생명의 원천이다. 우리는 이와 같이 그 한 성령을 마셨는가? 성령께서 우리에게 마시게 해야 한다. 성령께서 몹시 굶주리고 목마르게 하셔야 우리가 성령의 생명과 사랑을 얻기 위해 나는 듯이 성령께 달려갈 것이다. 우리가 성령의 충만함을 받지 않을 수 없도록 하기 위해서 성령은 우리를 힘든 곤경 가운데 집어넣으신다. 이와 같이 성령께서는 자신의 영광스런 작품에 물을 주고 영양을 공급하며 충만하게 채우고 온전하게 하시며, 몸의 성숙과 그리스도의 충만을 위해서 그 작품을 준비시키고 계신다.

몸을 연합시킴

성령은 몸을 연합시키신다. "몸은 하나인데" 즉 둘이 아니라 하나인데 "많은 지체가 있고 몸의 지체가 많으나 한 몸임과 같이 그리스도도 그러하니라"(고전 12:12).

1. 우리를 그리스도와 서로에게 연합시킴

성령은 우리를 머리이신 그리스도에게 연합시키고, 그 다음에 그리스도 안에서 우리를 서로에게 연합시키신다. 각 개인은 각 사람의 생명의 원천이신 주 예수 그리스도에게 직접 연결되고, 그로부터 생명이 몸의 모든 지체와 사지로 전달된다.

그러나 성령께서는 그의 교회에 성령이 필요한 만큼 그의 교회를 필요로 하신다. 몸이 없는 머리가 무슨 소용이 있는가? 머리 없는 몸은 또 무엇인가? 그와 같이 여기서 교회는 아주 거룩한 이름으로 일컬음을 받듯이, "그리스도도 그러하시다."

교회를 이야기할 때 그리스도에 대해서와 같이 이야기한다. 하늘에 있는 머리는 그리스도이고, 지상에 있는 몸은 교회이다. 교회는 그리스도를 대표한다. 그리스도의 공로와 권리와 이름, 그리스도의 거룩한 성품, 생명의 능력을 대표한다. 교회는 그리스도의 생명으로 채움을 받고, 교회의 거룩함은 그리스도의 임재에 있고 교회의 물리적인 힘은 그리스도의 부활의 생명으로부터 나온다. 그리고 교회의 모든 능력은 승천하신 주님의 활동에서 나오는 것일 뿐이다.

승천하신 주님은 지금도 여전히 교회를 통해서 활동하고 계시며, 지상에서 일을 시작하셨듯이 지금도 계속해서 일하고 계신다. 그래서 우리는 주를 쳐다보며 이같이 말할 수 있다. "주께서 그러하심과 같이 우리도 이 세상에서 그러하니라"(요일 4:17). 우리가 당하는 모든 고난을 주께서도 나누어 지신다. 지극히 애정어린 동정의 줄이 우리를 그리스도께 묶는다. 주님의 제자들이 핍박을 받고 상해를 당할 때 주님은 하늘의 보좌로부터 그 마음이 동정어린 고통으로 움직여 이같이 소리치신다. "네가 어찌하여 나를 핍박하느냐?"(행 9:4)

2. 지체들을 함께 연합시킴

성령은 위와 같은 일을 하실 뿐만 아니라 지체들을 서로 연합시키는 일도 하신다. "만일 한 지체가 고통을 받으면 모든 지체가 함께 고통을 받고 한 지체가 영광을 얻으면 모든 지체가 함께 즐거워하느니라"(고전 12:26). 몸의 어떤 부분이든 약함이나 질병이 있으면 몸 전체에 영향을 미친다. 그와 같이 오늘날 그리스도 교회의 허다히 많은 지체들이 앓고 있는 심각한 병적 상태가 온몸에 영향을 끼치고 있고, 그 때문에 그리스도께서 마땅히 기대할 수 있는 결과들을 성취하여 그리스도의 대의를 힘있게 증거하는 일이 제지를 받는다.

그러므로 교회 내에서 발생하는 분열이나 분리에 대해 책임을 진다는 것은 매우 심각한 일이다. 우리가 그런 일에 책임이 있을 때 주님의 마음을 거스르는 죄를 범하는 것이며, 성령과 그리스도의 몸을 거스르는 죄를 범하는 것이다. 그러나 그리스도의 몸을 해치고 손상시키며 공격하는 일을 금하는 것만으로는 충분하지 않다. 우리는 건강한 영적 상태를 유지해야 한다. 그렇지 않으면 그리스도의 몸 전체를 더럽히게 될 것이다. 그래서 성령으로 충만해지면 우리는 그리스도의 교회에 대하여 매우 동정적이고 부드러운 마음을 갖게 될 것이고, 교회의 복지와 번영에 깊은 관심을 기울이고 신경을 쓰게 될 것이다.

대사도 바울이 말하는 대로 그 일은 우리의 기쁨이 될 것이다. "너희 믿음의 제물과 섬김 위에 내가 나를 전제로 드릴지라도"(빌 2:17), "그리스도의 남은 고난을 그의 몸된 교회를 위하여 내 육체에 채우노라"(골 1:24). 그러므로 복되신 교회의 머리와 함께 그의 백성의 필요를 나누고 짐을 서로 짐으로써 그리스도의 법을 성취해야 한다(갈 6:2).

그리스도의 몸이 다양한 사역을 감당할 수 있게 함

성령은 그리스도의 몸이 교회의 다양한 사역을 감당할 수 있게 능력을 부여하신다. 이것이 이 장의 구체적인 주제이며, 우리가 지금까지 이야기한 모든 것은 결국 이 주제로 귀착된다.

1. 성령으로 감동받아야 함

모든 사역이 효과를 발휘하려면 성령의 감동을 받아야 하고 성령으로 말미암아 능률적이 되어야 한다. "성령으로 아니하고는 누구든지 예수를 주시라 할 수 없느니라"(고전 12:3). 하나님께서는 세상의 은사와 선천적인 은사들을 쓰실 때 성령을 떠나서 사용하시지 않는다. "만일 누가 말하려면 하나님의 말씀을 하는 것 같이 하고 누가 봉사하려면 하나님이 공급하시는 힘으로 하는 것 같이 하라 이는 범사에 예수 그리스도로 말미암아 하나님이 영광을 받으시게 하려 함이니"(벧전 4:11). 그리스도의 몸 안에서 능률적으로 일하는 것은 화려한 재능이 아니며 뿌리 깊은 문화도 아니다. 그것은 절대적으로 성령의 능력이다. 그것은 신성한 사역이므로 신성한 능력을 갖추어야 한다.

2. 봉사를 위해서 성령을 받아야 함

우리는 또한 교회의 모든 지체는 봉사를 위해 성령을 받을 수 있다고 배웠다. "각 사람에게 성령을 나타내심은 유익하게 하려 하심이라"(고전 12:7). 말하자면 성령은 사람들을 편파적으로 대하시는 분이 아니다. 그리스도의 종으로서 맡아 봉사하도록 부름 받은 일과, 그리스도의 몸 안에서 임명된 위치를 감당하고자 할 때는 누구에게든지 능력을 주시는 분이다.

이같이 복된 성령의 능력을 주심은 단지 사도들이나 선지자, 기적을 행하는 자, 교사, 특별한 사람들만을 위한 것이 아니라 하나님의 교회에 속한 모든 지체들을 위한 것이다. 그리스도 몸의 모든 부분이 필요하고 중요하다. 따라서 사도가 생리학에 근거하여 아름답게 추론하듯이, 사람 몸의 지극히 약하고 비천한 지체들이 종종 가장 존중을 받는다. 그리스도의 교회에서도 그와 같이, 하나님께서는 지극히 약하고 낮은 자를 사용하고 명예롭게 하시며, 그들을 자신의 능력으로 채우고 그같이 하여 하나님의 은혜에 영광을 돌리게 하신다.

3. 무한한 다양성

무한한 다양성이 있다. 인간 몸에서처럼 교회의 모든 지체는 저마다 특별한 직무가 있다. 통일성은 다양성에 의해 풍부해지고 다양성은 통일성에 의해 조화를 이룬다. 하나님께서는 각 사람이 서로 똑같이 닮는 것을 원치 않고, 각 사람은 그 자신의 고유한 존재가 되기를 바라신다.

우리의 사역은 그리스도의 몸에서 차지하고 있는 우리의 위치에 의해서, 우리의 환경에 의해서 그리고 우리가 처해 있는 주변 상황과 섭리에 의해서 어느 정도 결정된다. 또 사람들의 지도나 선천적 본능과 성향에 의해 그리고 선천적인 재능과 은혜로 받은 재능에 의해 어느 정도 결정된다. 성령은 우리가 지금 있는 그 자리에서 우리를 준비시키고 능력을 주시며, 좀 더 고귀하고 유익한 일과 지극히 효과적인 봉사에 맞도록 우리를 준비시키기 위해 기다리신다.

바울 사도는 이런 은사들을 일일이 열거한다. 어떤 이는 사도로 부름을 받고 어떤 이는 선지자로, 또 어떤 이는 복음 전하는 자로, 어떤 이는 목사와 교사로, 어떤 이는 기적 행하는 자로, 어떤 이는 권면하는 자로, 또 어떤 이는 그냥 돕는 일로, 어떤 이는 다스리는 일로 부름을 받는다. 그러나 돕는 일이 다스리는 일 앞에 오고, 교사가 기적을 행하는 자 앞에 온다는 것을 눈여겨 보게 될 것이다.

하나님께서 인정하시는 것은 번뜩이는 재기가 아니라 봉사이다. 여러분이 기이한 일을 행하는 사람이 될 수 없다면 여러분은 적어도 여행하는 사람들의 길에 빛을 비추는 작은 등불이 되거나 다른 어떤 일꾼 곁에 서는 시종이 되어 일을 도울 수 있다.

4. 각 은사는 성령께서 주심

이러한 성령의 은사들 하나하나는 성령께서 주신다. 도구로 사용되는 사람은 영광을 받거나 일꾼으로 인정되는 것이 아니라 도구로 인정받는 것이다. 그래서 우리는 이같이 의미심장한 말씀을 보게 된다. "이 모든 일은 같은 한 성령이 행하사"(12:11). 일하시는 분은 성령이고, 사람은 단지 성령께서 당신의 주권적이고 전능한 은혜를 베푸는 데 사용하시는 그릇일 뿐이다. 리처드 백스터(Richard Baxter)가 그 사실을 다음과 같이 아주 지혜롭게 표현하였다.

"우리 각 사람은 하나님의 손에 잡힌 펜에 불과하다. 그러므로 펜에 무슨 영광을 돌릴 수 있겠는가?" 우리가 이 사실을 깨달을 때 우리는 자의식과 이기주의, 자만에서 구원받을 것이다. 우리는 주님의 복되신 발 앞에서 먼지 속에 나뒹굴고 있는 빈 그릇에 불과하다. 그런 위치에 있는 우리를 하나님께서는 최상으로 사용하실 수 있다.

5. 은사는 사용할 때 자람

여기에는 또 한 가지 의미심장한 사상이 있다. 그것은 종이 은사를 사용할수록 은사가 발전한다는 것이다. "각 사람에게 성령을 나타내심은 유익하게 하려 하심이라"(12:7). 우리가 성령의 은사들을 지혜롭고 충실하게 계발시키면 은사들은 효과적으로 발전하고, 우리는 더욱더 하나님께 쓰임을 받고 하나님께 영예를 얻게 되며 마침내는 우리가 "더욱 큰 은사를 사모하므로"(12:31) 하나님이 우리에게 하나만이 아니라 다른 많은 은사를 더하시기에 이를 수 있다. 그리고 하나님은 우리 봉사의 열매를 수천 배 수만 배 많게 하실 것이고, 그래서 보상의 날에 우리의 씨가 하늘의 별처럼 많아질 것이며 우리의 면류관은 하늘의 별빛보다 더 빛나게 될 것이다.

하나님이 친히 우리에게 능력을 주시는 분이시라는 사실은 참으로 숭엄한 진리가 아닐 수 없다! 그렇다, 하나님께서는 우리에게 승리하는 면류관을 주셨고, 면류관을 얻을 수 있는 생명을 주셨다. 하나님은 이 특별한 기회의 시대에 우리의 삶에 지극히 고귀한 가능성을 일으키시는 성령을 주셨다. 하나님께서는 우리가 맡은 거대한 일과 간단하지만 무한한 기회들을 주 예수 그리스도의 은혜와 복되신 성령의 능력에 힘입어 충실히 감당할 수 있도록 도우신다.

제 13 장

고린도후서에 나타난 성령

우리를 너희와 함께 그리스도 안에서 굳건하게 하시고 우리에게 기름을 부으신 이는 하나님이시니 그가 또한 우리에게 인치시고 보증으로 우리 마음에 성령을 주셨느니라(고후 1:21-22).

너희는 우리로 말미암아 나타난 그리스도의 편지니 이는 먹으로 쓴 것이 아니요 오직 살아 계신 하나님의 영으로 쓴 것이며 또 돌판에 쓴 것이 아니요 오직 육의 마음판에 쓴 것이라(3:3).

우리가 다 수건을 벗은 얼굴로 거울을 보는 것 같이 주의 영광을 보매 그와 같은 형상으로 변화하여 영광에서 영광에 이르니 곧 주의 영으로 말미암음이니라(3:18).

이 세 구절은 우리에게 성령에 대해 뚜렷하고 교훈적인 상징들 다섯 가지를 보여 준다. 그 상징들은 거룩한 은유의 보석들로 그 표면에서 하늘의 빛이 번쩍이고 그리스도인 경험의 깊은 진리들을 말해 준다.

기름 부음

"우리를 너희와 함께 그리스도 안에서 굳건하게 하시고 우리에게 기름을 부으신 이는 하나님이시니"(1:21).
기름을 붓는다는 표상은 성경 전체를 통해서 나타난다. 그 표상은 그리스도와 그리스도인이라는 이름 자체에서 구체적으로 나타난다. 그리스도란 기름 부음을 받은 자라는 의미이고, 그리스도인이란 그리스도 같은 자, 즉 성령으로 기름 부음을 받은 자를 뜻한다.

우리는 이 행위를 구약의 모든 의식에서 본다. 특별히 이 일은 구약의 중요한 세 직분, 곧 선지자, 제사장, 왕을 따로 세우는 일에 사용되었다.

선지자는 하나님의 증거자요 하나님의 뜻을 전달하는 사자로 따로 세움을 받도록 기름 부음을 받았다. 그래서 우리도 하나님의 증거자요 사자이다.

제사장은 하나님과 사람 사이에 서서 다른 사람들을 위하여 중재하도록 기름 부음을 받았다. 우리도 하나님의 존전에 가까이 나가고 그의 발 아래에서 예배하며, 믿음과 사랑과 헌신의 향을 피워 올리도록 하기 위해 하나님의 거룩한 제사장으로 기름 부음을 받았다. 우리는 다른 사람들의 고난과 죄와 필요를 마음에 짊어짐으로써 영광스런 주님의 제사장직에 참여한다.

왕은 하나님의 이름으로 통치하고 영광스런 위엄을 입고서 그 백성에게 여호와를 나타내기 위해 기름 부음을 받은 자이다. 마찬가지로 우리도 "왕 같은 제사장들"(벧전 2:9)이며 "그의 아버지 하나님을 위하여 우리를 나라와 제사장으로 삼으신"(계 1:6) 자들이다. 그러므로 성령을 소유할 때 우리의 생명은 자아와 죄에 대해 승리하고 유혹과 난관들을 이겨낸, 힘있는 생명이 되고 고귀한 소명의 위엄을 입은 영광스런 생명이 될 것이다.

이 세 가지 직분을 위해서 우리는 성령의 기름 부음을 받은 것이다. 오직 성령만이 우리가 그처럼 고귀한 소명을 감당할 수 있게 만드신다. 따라서 성령은 기꺼이 그를 받고 순종하려고 하는 모든 예수의 제자들에게 주어진다.

기름 붓는다는 표현은 훨씬 더 넓고 아름다운 의미를 가지고 사용된다. 그 표상은 거룩한 기쁨을 가리킨다. "그러므로 하나님 곧 주의 하나님이 즐거움의 기름을 주께 부어 주를 동류들보다 뛰어나게 하셨도다"(히 1:9). "기름을 내 머리에 부으셨으니 내 잔이 넘치나이다"(시 23:5). 기름 붓는다는 것은 치유를 상징한다. "주의 이름으로 기름을 바르며 그를 위하여 기도할지니라 믿음의 기도는 병든 자를 구원하리니 주께서 그를 일으키시리라"(약 5:14-15).

이러한 기름 부음은 지극히 겸손한 신자들이, 그리고 예수를 기꺼이 영접하려 하고 성령의 세례를 받는 지극히 무가치한 죄인들이 갖는 특전이다. 구약에서 레위기에 나오는 문둥병자의 이야기(14:1-32)만큼 기름 부음이 아름답게 표현된 데는 없다. 사회에서 쫓겨난 불쌍하고 보잘것없는 죄인이 의지할 데 없고 비참한 가운데 제사장에게 불려왔다. 그리고 그 문둥병자는 피 뿌림을 받고 옷을 벗고 물로 씻어 깨끗하게 되었다. 그 다음에 그는 거룩한 옷을 입고 피와 기름으로 그의 귓부리와 엄지손가락, 발에 발랐다. 그러면 그도 기름 부음 받은 자가 되었다.

그와 같이 지금도 어찌 할 수 없고 소망도 없고 보잘것없는 사람들도 주 예수 그리스도의 가장 귀한 선물, 곧 복되신 성령을 받을 수 있고, 바울 사도처럼 이같이 말할 수 있다. "우리를 너희와 함께 그리스도 안에서 굳건하게 하시고 우리에게 기름을 부으신 이는 하나님이시니"(고후 1:21). 그 다음에는 나아가서 주님처럼 이같이 말할 수 있다.

> "주의 성령이 내게 임하셨으니 이는 가난한 자에게 복음을 전하게 하시려고 내게 기름을 부으시고 나를 보내사 포로 된 자에게 자유를, 눈 먼 자에게 다시 보게 함을 전파하며 눌린 자를 자유롭게 하고 주의 은혜의 해를 전파하게 하려 하심이라 하였더라"(눅 4:18-19).

인

인은 고대의 모든 유물에 등장하고 어느 시대나 통용되는 사업의 모든 관습과도 관련이 있다. 인은 첫째로 법적으로 인증하고 사실을 증명하는데 사용된다. 성령께서는 신자에게 하나님의 도장을 찍고, 신자가 충만한 구원을 받았고 확신하고 있다는 증거를 그에게 줌으로써 신자임을 증명한다.

다음으로, 인은 소유권의 표시이다. 그와 같이 성령은 우리를 하나님의 소유로 구별하신다. 우리는 더 이상 우리 자신의 것이 아니라 예수 그리스도께서 값 주고 사신 것이 되었다. 예수께서 우리를 그의 피로 사셨으므로 우리는 그리스도 예수를 섬기고 영광스럽게 하는 일을 위하여 살아야 한다.

다시 한 번 하는 말이지만, 인은 사실임을 증명하는 표시이다. 인은 밀랍에 그 자국을 찍음으로써 그것이 사실이고 확실하며 영구하다는 것을 표시한다. 성령은 우리에게 인을 침으로써 우리가 알고 있는 바가 사실이라고 증거하신다. 성령께서는 전에는 이론에 불과하였던 것을 실제적인 경험으로 변화시키신다. 진리가 사실이 되게 하신다. 그리스도가 실재하심을 알게 하신다. 성령께서는 우리가 신성한 일들을 사실로 인식하고 경험하게 하신다.

마지막으로, 인은 상(像)을 전달한다. 성령은 수용하는 우리 마음에 예수 그리스도의 상을 전하고 우리 생활에 그리스도의 성품을 새겨 넣으신다.

그러나 여러분은 딱딱하게 굳은 밀랍에는 도장을 찍을 수 없다. 밀랍이 녹아서 말랑말랑해져야 한다. 그런 다음에야 도장의 각인이 쉽게 찍히고 뚜렷하게 자국이 남고 오래간다. 하나님께서 우리 마음에 인을 치시려면 먼저 우리 마음을 부드럽게 해야 한다. 아, 상심한 마음의 복됨이여! 성령께서는 항상 우리의 단단한 마음을 부드럽게 하여 우리에게 당신의 소유권을 표시하는 인장과 상을 찍어서 우리를 보고 알고 있는 모든 사람에게 그리스도의 대리자로 삼으려고 하신다.

성령의 인치심은 아주 분명한 행위이다. 에베소서에서 성령의 인치심이 언제 일어나는지에 대해 분명히 듣는다. "너희의 구원의 복음을 듣고 그 안에서 또한 믿어 약속의 성령으로 인치심을 받았으니"(1:13). 우리는 먼저 자신을 포기하고 그 다음에 서약과 믿음이라는 명백한 행위에 의해 성령을 믿고 받는다. 그러면 성령의 활동이 시작된다.

우리는 와서 하나님의 언약에 도장을 찍어야 한다. "그의 증언을 받는 자는 하나님이 참되시다는 것을 인쳤느니라"(요 3:33). 그러면 우리가 믿고 떨리는 손으로 찍은 우리의 인을 보고 성령이 오셔서 그의 전능한 인을 우리에게 쳐 주신다. 이중의 인장이 찍혔으므로 우리는 구속의 날까지 충분한 보증을 받은 것이다.

여러분은 기름 부음을 받았고, 성령의 인치심을 받았는가?

보증

이 또한 매우 의미심장한 단어이다. 이 단어는 히브리어에서 거의 모든 언어로 번역되었다. 이 히브리어는 헬라어와 다른 몇몇 방언에서 그대로 나타난다.

이 단어는 물건을 구입할 때 첫 번째 내는 계약금을 표시한다. 내가 한 필지의 땅을 살 경우에 계약서에 서명할 때 계약금을 낸다. 그러면 파는 사람은 내가 계약금을 냈기 때문에 적당한 때가 되면 내게 계약을 이행할 의무를 지게 되고, 나는 대금을 완납하는 후속 조치를 취할 의무가 있게 된다. 계약금은 전체 거래의 계약을 성사시키는 보증금이며 일부 지불금이다.

이 단어에는 이것과 아주 비슷한 또 다른 의미가 한 가지 더 있다. 고대 동양에서는 사는 사람뿐 아니라 파는 사람도 계약금을 냈다. 파는 사람은 팔 땅에서 한 줌의 흙을 퍼서 자루에 넣어 사는 사람에게 주었는데, 적당한 때가 되면 전체 소유가 그 사람에게 넘어간다는 보증으로 준 것이다. 그 흙은 그가 산 땅의 흙으로 땅의 일부에 불과하지만 나머지 모든 것이 때가 되면 양도된다는 것을 의미하는 보증이었던 것이다.

그와 같이 성령은 우리에게 계약금이지만 우리의 완전한 기업을 표시하는 충분한 보증이신 것이다. 성령은 추수의 첫 열매이며, 기업의 첫 번째 몫이다. 성령은 하늘에서 완성될 복된 현실을 우리 마음과 생활에 가져다주신다. 차이가 있다면 정도의 차이일 뿐이다. 그와 같이 우리에게는 이중의 보증이 있다. 첫째로, 우리는 하늘에서 받게 될 영적 기업의 계약금으로 성령을 마음에 모시고 있다. 조금 뒤에는 이 계약금의 약간 다른 면이 나온다. "이것을 우리에게 이루게 하시고 보증으로 성령을 우리에게 주신 이는 하나님이시니라"(고후 5:5).

바울은 지금 우리의 영적 기업에 대해 말하고 있는 것이 아니라 하나님 안에서 우리가 받은 물질적인 기업을 말하고 있다. 그것은 바로 부활의 몸을 가리킨다. 우리가 하늘로부터 오는 장막으로 옷 입게 될 때 그리스도께서 가져오실 것은 영광이다. 사도 바울은 성령께서 또한 이 영광의 보증이 되신다고 명백히 진술한다.

이것이 우리 많은 사람에게 복된 진리이며 훨씬 더 복된 경험이라는 것 외에 다른 무엇을 의미할 수 있겠는가? 즉 성령께서 부활의 생명이라는 본질을 그리스도의 몸에 나누어 주고, 그 몸을 소생시키고 활력을 주며 힘주고 거룩한 생명과 활기를 불어넣고 질병과 고통을 딛고 일어서서 부활의 영광을 기대하게 하신다는 것 외에 달리 무엇을 의미하겠는가?

그리스도의 편지

"너희는 우리로 말미암아 나타난 그리스도의 편지니 이는 먹으로 쓴 것이 아니요 오직 살아 계신 하나님의 영으로 쓴 것이며 또 돌판에 쓴 것이 아니요 오직 육의 마음판에 쓴 것이라"(3:3).

여기서 우리는 성령께서 인간의 마음과 생활이라는 살아 있는 서판에 그리스도와 그의 성품과 생명을 새기는 위대한 기록자라는 새로운 표상을 본다.

그것은 아름다운 표상으로, 우리 각 사람이 그리스도의 메시지를 사람들에게 전하기 위해 세상에 출판된 책으로 묘사된다. 우리 마음과 생활은 많은 사람들이 항상 보고 읽는 유일한 책이다. 그것은 가죽이나 천이 아니라 사람들의 생활로 장정된 성경이다. 이것은 성령의 작품이며, 헌신한 모든 사람의 삶으로 행하는 지극히 고귀한 사역이다.

친애하는 형제들이여, 우리는 그리스도를 세상에 이같이 계시하고 있는가? 우리는 주위 사람들에게 하나님의 사랑과 뜻을 담은 살아 있는 메시지를 전달하고 있는가? 우리의 심비는 성령의 손가락으로 쓰여져 있는가? 하나님께서 친히 손가락으로 옛 율법을 새겨 넣으시고 언약궤 안에 안전하게 보관하도록 맡기신 그 거룩한 돌판들은 참으로 신성하였다! 하물며 성령께서 이제 예수의 생명을 새겨 넣고 있으며 우리의 성별된 삶으로 보존하도록 맡기신 그 서판은 얼마나 더 신성하겠는가!

하나님께서는 우리가 그 메시지를 받고, 그 다음에는 그 메시지를 아주 진실되고 아름답고 지혜롭게 그리고 일관되게 출판하여 모든 사람들이 알고 읽도록 도우신다.

그리스도의 성경을 읽으려 하지 않고 따라서 그리스도의 은혜를 모르는 세상에 우리의 삶이 그리스도를 알릴 수 있으면 좋겠다. 앞에서 말하였듯이 "우리 각 사람은 성경이 되거나 아니면 그리스도를 비방하는 글이 된다." 하나님은 우리가 성령의 능력으로 그리스도 예수의 살아 있는 편지가 되도록 도우신다.

예수의 사진

"우리가 다 수건을 벗은 얼굴로 거울을 보는 것 같이 주의 영광을 보매 그와 같은 형상으로 변화하여 영광에서 영광에 이르니 곧 주의 영으로 말미암음이니라"(3:18).

이것이 성령에 대한 마지막 은유로서 성령에 대한 아름답고 완전한 사상에 이르게 한다. 우리는 단순히 책이 아니라 삽화가 들어있는 책이다. 우리는 그리스도의 편지만이 아니라 그리스도의 사진이기도 하다. 우리 삶의 한가운데에는 성령께서 언제나 완성시켜가고 있는, 또 세상에 예수의 영광을 계시하고 있는 생생한 사진이 있다.

이 개념은 매우 인상적이고 아름답다. 여기서 우리는 예수 그리스도의 얼굴만을 뚫어져라 보는 것으로 묘사된다. 우리가 예수님의 얼굴을 응시할 때 우리의 표정에서 예수 그리스도와 닮은 모습이 반영된다. 성령께서는 오늘날 사진 예술에서처럼 예수님의 얼굴을 감광판에 찍고 계신 것이 아니라 사람의 얼굴에 찍고 계신다. 그 얼굴이 세상에 우리 주님의 영광을 보여 주는 살아 있는 사진이 되는 것이다.

이 사진을 잘 찍으려면 우리는 얼굴을 곧게 세우고 주님만을 응시해야 한다. 그와 같이 할 때 예수 그리스도의 영광이 우리 얼굴에 나타나며, 주님의 상이 우리 얼굴에 재현된다. 또 우리가 밝은 얼굴로 응시하는 것이 필요하다. 주님과 우리 사이에 장막이나 구름이 있어서는 안 된다.

사진 예술에서 영상을 찍기 위해서는 카메라 앞에 있는 작은 덮개를 벗겨야 한다. 그와 같이 우리에게서도 세상과 육체와 모든 장애물을 옆으로 치워야 한다. 그래야 구름 끼지 않은 밝은 얼굴과 바른 눈으로 주님을 흔들리지 않게 볼 수 있다.

우리가 그리스도에게 몰두하고 그리스도와의 교제 가운데 있을 때 우리 속에서 그리스도를 닮은 영광스런 모습이 나타나고, 세상에 살아 있는 편지만이 아니라 복되신 우리 주님을 닮은 자로 나타나게 된다. 이 얼마나 아름다운 개념인가! 예수께서 당신의 영광스런 아버지를 세상에 계시하셨듯이 우리도 우리의 복된 구주를 세상에 계시하는 그림이 들어 있는 책이다.

아버지 하나님의 영광을 드러내는 광휘가 되고 아버지의 인격을 그대로 보여 주는 형상이 되는 일은 그리스도의 몫이었다. 그리스도의 영광을 보여 주는 상이 되고 그리스도를 그대로 보여 주는 형상이 되는 일은 우리의 몫이다. 예수께서 하나님을 나타냈듯이 우리는 그리스도를 나타내야 한다. 그러면 사람들은 우리를 통해 하나님을 알게 될 것이다.

이것이 성령의 복된 사역이다. 성령은 화포 뒤에 서서 영광스런 하늘의 그림을 내놓는 예술가이시다. 뿐만 아니라 성령은 살아 있는 그림도 그리신다. 우리는 고정된 채 장식장에 보관되는 것이 아니다. 그 그림은 날마다 새로워지므로 점점 더 완성되고 영광스러워질 것이다. 그것은 "영광에서 영광에 이르는"(3:18) 것이다. 즉 그 영광이 하늘의 빛 속으로 사라질 때까지 더욱 더 밝아지는 것이다. 그것은 "은혜에서 영광으로" 이르는 것이 아니다. 우리는 영광의 단계에 이르고 그 다음에는 계속해서 "영광으로 영광에 이르며" 영원토록 광채가 더욱 빛날 것이다.

친애하는 형제들이여, 이런 사실들을 이해했는가! 오, 성령께서 우리가 성령에 대한 이 다섯 가지 상징들, 곧 기름 부음, 인, 보증, 살아 있는 편지, 생생한 그리스도의 사진의 복된 의미를 충분히 깨닫고 증명할 수 있게 해 주시기를 구한다! 아멘.

제 14 장

갈라디아서에 나타난 성령

만일 우리가 성령으로 살면 또한 성령으로 행할지니(갈 5:25).

갈라디아 사람은 고대 스코틀랜드 북부 고지 사람들이었고, 갈라디아 속 주로부터 고대 프랑스에 이르기까지 갈리아라는 이름을 전한 성급한 인종의 조상들이었다.

이들은 온정이 있고 관대한 사람들로 바울의 가르침을 받는데 신속하였고, 바울 뒤에 온 거짓 교사들에 의해 곁길로 가는데도 신속하였다. 그래서 우리는 바울이 따뜻한 심정과 열정을 가지고 이들에게 유대교 무리의 유혹에 넘어가지 말라고 경고하며 호소하는 것을 보게 된다. 유대교 무리들은 이 갈라디아 사람들을 그리스도의 단순성으로부터 끌어내어 다시 율법의 굴레를 씌우기 시작하였다.

그러므로 갈라디아 인들의 형편에 맞추어 쓴 이 편지의 주제는 값없는 은혜이다. 갈라디아 사람들을 복음의 자유에서 끌어내려고 유혹하는 이 거짓 교사들에 반대하여 바울 사도는 처음에 갈라디아 사람들을 구원하였고, 이제는 인생의 길 내내 그들을 인도하고 거룩하게 해야 하는 은혜의 값없음을 거듭거듭 말한다.

그래서 이 편지에 나오는 성령에 대한 사도의 모든 언급에 이 사상이 배어 있다. 이러한 언급은 이 서신에 적지 않게 나오며 모두 중요한 의미를 지니고 있다. 그 언급들은 모두 복음의 값없음이라는, 그리고 추론적으로 말할 때 물론 성령의 값없음이라는 영광스런 이 주제와 연결되어 있다.

믿음으로 받음

성령은 율법의 행위로가 아니라 믿음으로 받는다.

> 어리석도다 갈라디아 사람들아 예수 그리스도께서 십자가에 못 박히
> 신 것이 너희 눈 앞에 밝히 보이거늘 누가 너희를 꾀더냐 내가 너희에게
> 서 다만 이것을 알려 하노니 너희가 성령을 받은 것이 율법의 행위로냐
> 혹은 듣고 믿음으로냐 또는 믿음으로 들음에서냐(3:1-2).

성령은 예수의 피만큼 그리고 그리스도로 말미암은 하나님의 칭의만큼이
나 값없이 받는 것이다. 성령은 구원이 약속되듯이 약속된다. 그리고 구원을
받는 것과 꼭같이 어린양의 피를 믿는 단순한 믿음과 그 복을 우리 자신에게
전가시키는 행위로써 성령을 받는다. 우리의 양도나 헌신, 우리의 고난이나
십자가에 못 박힘에 의해서가 아니라 그냥 믿음으로 우리는 예수 그리스도
의 이 큰 선물, 곧 복되신 성령을 받는 것이다.

성령을 받는 것은 우리가 받을 만한 자격이 있기 때문이 아니다. 우리가
고난을 받았기 때문에 성령을 받는 것이 아니다. 성령은 분투노력하는 자들
에게 주어지는 것이 아니다. 성령은 하나님의 단순한 약속을 믿고서 자유롭
게 그리스도를 영접하는 자들이 하나님의 은혜와 사랑에 대한 어린아이 같
은 신뢰에 의해 받는 것이다.

우리는 예수 그리스도뿐 아니라 성령을 신뢰해야 한다. 우리는 단지 반석
에게 말해야 하고 물에게 흐르라고 명령해야 할 뿐이다. 우리가 난폭한 손과
발버둥치는 자기 노력으로 반석을 치면, 구하는 그 복을 억제하게 될 뿐이
다. 믿자. 믿음으로써 성령을 받자.

생명은 믿음으로 유지되어야 한다

우리 그리스도인의 생활은 처음에 시작할 때 발휘하였던 바로 그 단순한
믿음으로 그리고 성령에 의해 지속되고 유지되어야 한다. 그래서 사도는 이
같은 말씀을 한다. "너희가 이같이 어리석으냐 성령으로 시작하였다가 이제
는 육체로 마치겠느냐"(3:3).

아, 참으로 얼마나 많은 사람들이 그처럼 어리석은지! 이들은 십자가 밑에
서 어찌할 수 없는 죄인으로서 모든 것을 하나님의 주권적인 자비의 선물로
받아 시작한 다음에는 스스로 힘이라고 생각하는 조건과 평판 같은 것들을
쌓아올리고 스스로 노력하는 자기 부인과 십자가의 고난과 쓸데없는 분투
노력으로 자신을 성화시키려고 한다. 처음에 우리를 구원할 때처럼 우리를
유지하는데도 동일한 은혜가 필요하다. "그로 말미암아 우리가 믿음으로 서
있는 이 은혜에 들어감을 얻었으며"(5:2).

우리 그리스도인의 생활이란 처음에 시작했던 바로 그 단순한 믿음의 행
동이 연속되는 것일 뿐이다. "그러므로 너희가 그리스도 예수를 주로 받았
으니 그 안에서 행하되"(골 2:6). 그리고 우리가 그리스도인의 생활을 마칠
때까지 능률적이고 자발적으로 영적 생명을 발휘하고 유지하는 일에도 성
령이 반드시 필요하다.

친애하는 형제들이여, 여러분도 그처럼 어리석었는가? 열심을 내지만 결
국은 헛된 노력을 그치고 그냥 성령 안에 거하라. 성령으로 충만하라. 그러
면 절로 열매가 맺힐 것이다.

봉사와 능력은 믿음으로 말미암아 온다

그리스도인의 봉사와 성령으로 행하는 봉사의 능력은 단순한 믿음에서 생
기고 또 그리스도 안에 있는 하나님의 값없는 은혜에 의해 생긴다. 그래서
우리는 사도의 다음과 같은 호소를 보게 된다. "너희에게 성령을 주시고 너
희 가운데서 능력을 행하시는 이의 일이 율법의 행위에서냐 혹은 듣고 믿음
에서냐"(갈 3:5).

그렇다. 성령께서 우리가 감당할 수 있게 하는 그 사역은 단순한 믿음으로
수행해야 하고 성령의 은혜로운 선물들에 의지해서 행해야 한다. 봉사할 수
있게 하는 성령의 능력을 받는 일도, 처음에 예수의 이름으로 곧 거룩한 자
비의 발휘로 말미암아 그리고 단순히 하나님을 믿고 그 말씀대로 하나님을
영접함으로써 받았던 것과 꼭같이 이루어진다. 우리의 믿음에 따라 그 일이
우리에게 이루어진다. "하나님께서 여러분에게 성령을 주시는가?" 이 말씀
에는 사람이 없고 하나님만이 계신다. 성령을 주시는 분은 예수 그리스도이

시다. 예수께서는 믿는 자들에게 그리고 그들이 믿을 때 성령을 주신다. 우리가 성령의 충만함을 원한다면 성령을 믿어야 한다. 하나님의 약속을 절대적으로 신뢰함으로써 성령을 받아야 한다.

다음에 우리는 갈라디아서 3:13-14에서 성령이 그리스도로 말미암아 그리고 복음이 기초를 두고 있는 아브라함과의 위대한 언약을 통해서 우리에게 오는 모든 복의 총계로 표현되는 것을 본다. "그리스도께서 우리를 위하여 저주를 받은 바 되사 율법의 저주에서 우리를 속량하셨으니 … 그리스도 예수 안에서 아브라함의 복이 이방인에게 미치게 하고 또 우리로 하여금 믿음으로 말미암아 성령의 약속을 받게 하려 함이라."

그러므로 성령의 약속은 하나님께서 아브라함과 맺으신 언약의 본질이고, 그리스도의 구속으로 말미암은 최고의 복이다. 아브라함과 맺으신 언약이 율법 시대보다 훨씬 전에 행위로 말미암지 않고 순전히 믿음으로 말미암은 언약이었듯이, 성령께서도 복음의 다른 모든 복과 같이 값없이 주어짐에 틀림없다. 따라서 우리가 성령을 받지 못하였다면 우리는 아브라함의 언약의 충만한 복을 물려받지 못했고 그리스도의 구속을 받지 못했다는 추론은 아주 정당하다.

성령은 그리스도의 구속을 우리에게 적용시켜 주시는 분이다. 따라서 성령이 없으면 십자가는 우리에게 공허한 가능성에 지나지 않고 복음은 성취되지 못한 약속에 불과하다.

친애하는 형제들이여, 여러분은 성령의 약속을 받았는가? 다른 약속들도 있지만 이것은 유일한 약속이다. 이것은 다른 모든 약속을 포함하는 포괄적인 약속이다. 따라서 이 약속이 없으면 나머지 모든 약속은 헛것이다. 오, 형제들이여 우리는 아버지 하나님의 이 약속을 성취시켜 달라고 구하고, 모든 충만한 복 가운데 있는 이 믿음의 유산을 달라고 요청하자!

아들의 영과 그리스도의 영

그 다음에 성령은 이 아름다운 편지에서 그리스도와의 연합으로 말미암아 우리 마음에 거하시고 우리를 하나님의 아들이 되게 하며 그의 기업을 함께 나누게 하시는 주 예수 그리스도의 영으로 소개된다. "너희가 아들이므로

하나님이 그 아들의 영을 우리 마음 가운데 보내사 아빠 아버지라 부르게 하
셨느니라"(4:6).

이 아들의 신분은 신약의 특별한 약속이다. 즉 주 예수 그리스도와 연합된
자들이 받는 특전이다. 이것은 우리 자신의 힘으로 만들어 내는 신분이 아니
고, 우리의 중생 덕분으로 그리고 하나님께서 우리를 당신의 자녀로 낳음으
로써 오는 신분도 아니다. 이것은 우리가 그리스도와 연합함으로써 오는 새
롭고 더욱 고귀한 신분이다. 그리스도와의 연합으로 인해 우리가 그리스도
께서 하나님 아버지와 맺고 계시는 그 관계에 들어가는 것이다.

예수 그리스도는 독생자요 맏아들이신데, 우리도 맏아들이므로 "하늘에
기록된 장자들의 모임과 교회"(히 12:23)라고 불린다. 우리가 하늘을 올려다
보며 "아바, 아버지"라고 말할 수 있는 것은 바로 이같이 하나님의 아들됨
안에 있기 때문에 그리고 우리 속에 그리스도의 마음을 가지고 있기 때문이
다. 그것은 하나님께서 이중으로 우리의 아버지되심을 말하는데, 한 가지는
우리가 하나님의 품에서 태어남으로써 생긴 관계를 가리키고, 또 한 가지는
우리가 하나님의 독생자와 혼인함으로써 생기는 관계를 가리킨다. "보라 아
버지께서 어떠한 사랑을 우리에게 베푸사 하나님의 자녀라 일컬음을 받게
하셨는가!"(요일 3:1) 우리는 하나님의 아들들이다. "그가 나타나시면 우리
가 그와 같을 줄을 아는 것은"(3:2). 우리는 더 이상 종이 아니라 그리스도로
말미암은 하나님의 아들이요 상속자이다.

친애하는 형제들이여, 우리는 이같이 하나님의 아들이 되고, 성령이 우리
속에서 우리의 고귀한 소명을 이루시게 하는 권세를 받았는가?

성화와 승리의 영

성령은 성화와 승리의 영이시다. "내가 이르노니 너희는 성령을 따라 행
하라 그리하면 육체의 욕심을 이루지 아니하리라 육체의 소욕은 성령을 거
스르고 성령은 육체를 거스르나니 이 둘이 서로 대적함으로 너희가 원하는
것을 하지 못하게 하려 함이니라"(갈 5:16-17).

여기서 단 한 단어가 이 구절을 해석하는데 하나님의 온전한 빛을 비춘다.
그것은 성령이다. 육신을 거스르는 것은 바로 성령이시다. 성령만이 육신을

이기고 쫓아내실 수 있다. "성령을 따라 행하면" 우리는 "육체의 욕심을 이루지 아니할 것이다."

여기에 성결한 생활에 대한 하나님의 위대한 비결이 있다. 즉 죄와 싸우는 것이 아니라 하나님으로 충만해지는 것이다. 그것은 더 강한 힘과 최고의 애정이 죄를 쫓아내는 힘을 갖는다는 오래된 원리이다. 컵에 물이 가득 찰 때 공기를 몰아내는 것과 같이, 빛이 방에 켜질 때 어둠을 몰아내는 것과 같이 성령의 내주하심이 죄와 죄의 권세를 몰아낸다.

그것은 스스로 성화하려고 노력하며 육체와 싸워 억누르려고 하느냐 아니면 하나님과 함께 육체를 딛고 일어서서 더 고귀하고 더 거룩한 요소 가운데 거함으로써 육신의 지배를 벗어나느냐에 관한 오래된 문제이다. 그것은 육신의 오물과 혐오스런 소산물로 뒤범벅된 늪지를 우리 자신이 깨끗이 청소하려고 하는가 혹은 그 늪지 너머로 날아가 육신의 독기가 미치지 못하고 육신의 유혹자가 드나들지 못하는 순수한 하늘의 빛 가운데서 성령과 함께 거하려고 하는가의 문제이다.

그것은 삽과 손수레와 청소도구를 가지고 더럽기 짝이 없는 마구간을 스스로 청소하려고 하는가 아니면 강의 급류가 마구간으로 흘러 들어가 그 속의 온갖 더러운 것을 쓸어버리고 강물이 지나간 양 언덕을 사랑스런 낙원으로 만드는 단순하고 더 나은 방법을 택할 것인가에 관한 이야기이다. 한 마디로 그것은 행위가 아니라 값없는 은혜로, 자기 노력이 아니라 하나님의 내주하심과 능력에 대한 단순한 믿음으로 거룩해지는 영광스런 특전을 이야기하는 것이다.

성령의 열매

성령께서 성령의 열매를 내는 분이라는 생각은 이전의 사상에서 자연스럽게 흘러나오는 결론이다. 성령의 열매를 맺어야 할 필요가 다음 몇 구절에서 분명하게 나타난다. 그 구절에서 우리는 다양한 형태로 나타나는 육신의 일들을 본다. 첫째로, 바울 사도는 부정한 행위들을 열거하고 그 다음에는 부정함의 근원을, 그리고 그 다음은 부정한 행위가 결국에 이르게 되는 우상숭배를 언급한다. 이어서 사도는 온갖 형태의 미움을 묘사하는데, 이 미움이

422

이미 사람과 하나님 사이를 단절시키게 만든 악을 사람들에게 쏟아놓는다. 마지막으로 그러한 미움으로 말미암아 사람들이 빠지게 되는 넘치는 죄와 정욕을 언급함으로써 끝을 맺는다.

이같이 두려운 묘사와 대조적으로 바울 사도는 다음과 같이 성령의 열매를 이야기한다. "성령의 열매는 사랑과 희락과 화평과 오래 참음과 자비와 양선과 충성과 온유와 절제"(5:22-23).

이것은 열매들이 아니라 열매이다. 그것은 전체가 하나의 열매를 구성한다. 우리가 할 일은 아주 많은 것이 아니라 한 가지뿐이다. 그것은 사랑하는 일이다. 이같이 나타나는 열매의 모든 현상은 사랑의 다양한 형태일 뿐이다. 희락이란 기뻐하는 사랑이며, 화평이란 쉬는 사랑이고, 오래 참음이란 오래 견디는 사랑이며, 자비는 정제된 사랑이고, 양선이란 겸손한 사랑이며, 온유는 행동하는 사랑이며, 절제는 참된 자기애이고, 충성이란 신뢰하는 사랑이다. 그래서 그리스도인 생활의 전체 합계는 단지 사랑하는 것이다. 그리고 우리는 사랑해야 할 필요가 없다. 오직 성령으로 충만해야 한다. 그러면 샘이 자발적으로 우리 속 생명으로부터 흘러나올 것이다. 그것은 전적으로 값 없는 은혜이다. 그것은 마르지 않는 충만한 시내, 곧 무한히 깊은 데서 사방으로 복된 홍수를 흘려보내는 넘치는 샘이다.

오, 이 삶이 얼마나 쉽고 즐겁고 참되며 영광스러운지!

성령을 받는 일에서 우리의 역할

여기에서 이 질문이 제기된다. 성령을 받고 성령의 활동에 협력하는 일에서 우리의 역할은 무엇인가?

"만일 우리가 성령으로 살면 또한 성령으로 행할지니"(5:25). 그러면 성령이 우리 속에서 활동하실 동안 우리는 아무것도 하지 않고 손을 접고 가만히 누워 있기만 하면 되는가? 오, 그렇지 않다. 우리가 할 일은 많다. 우리는 "성령으로 행해야 한다." 우리는 하나님과 협력해야 한다. 우리의 복되신 동행과 보조를 맞추어야 한다. 성령께서 길을 인도하시는 대로 따라가야 한다.

그것은 끊임없이 의지하고 순종하는 습관이다. 우리가 성령과 함께 행할 때 성령이 우리 속에 나타나시고 그의 충만함으로 우리를 채우고 우리 속에서 생명의 열매를 내놓으실 것이다.

우리가 할 일들이 있지만 성령의 인도하심과 힘주심을 따라 행해야 한다. 유지해야 할 태도들이 있지만, 그 태도들은 어머니의 손을 잡고 함께 걸어감으로 아무것도 모르는 큰 도시를 지나가는 어린아이의 발걸음처럼 자연스러워야 한다. 그것은 우리의 걸음이라기보다는 우리의 동행이신 성령의 걸음이다. 그같이 걸은 사람은 에녹이었다기보다는 에녹이 걸을 때 함께 하신 분이었다. 그렇지만 에녹은 자신의 복된 친구와 보조를 맞추어야 했다. 그와 같이 성령 안에 거하고 성령으로 행하며 성령을 따를 때, 우리는 성령의 사랑을 충만히 알고 계속해서 따라가 주님을 아는 데까지 이를 것이다.

연약하여 범죄하는 자들에 대한 태도

성령으로 충만한 사람은 연약하여 범죄하는 자들에게 어떤 태도를 보여야 하는가?

"형제들아 사람이 만일 무슨 범죄한 일이 드러나거든 신령한 너희는 온유한 심령으로 그러한 자를 바로잡고 너 자신을 살펴보아 너도 시험을 받을까 두려워하라"(6:1).

성령으로 행하는 이러한 생활을 한다고 해서 우리가 다른 사람들에게 오만하고 자만한 태도를 보여야 하는가? 그렇지 않다. 그런 생활을 하면 우리는 곁에서 범죄하여 넘어지는 자들에게 동정하고 긍휼히 여기는 애정어린 태도를 보일 것이다. 범죄한 사람을 돌이키게 할 수 있는 자는 신령한 사람이다. 그런 사람이라도 자신의 모든 경험에 비추어 볼 때 자기도 "시험을 받을까" 조심해야 한다. 그 사람은 자신도 그의 형제와 똑같이 연약하고 넘어지기 쉬운 자인 것을 기억해야 한다.

베드로가 연약하고 의지할 데 없는 양들을 먹이라는 명령을 최고의 책무로 받은 것은 그 자신이 겸손해지지 않을 수 없는 깊은 교훈을 받은 후 주님께 자신의 사랑을 거듭 말하고 주께 새롭게 받아들여진 때였다. 그래서 우리가 성령으로 충만해질 때, 우리는 자비의 영이요, 오래참음의 영이며, 동정의 영이고, 범죄한 자를 바로잡고 길 잃은 자들을 찾아 구원하는 영이 될 것이다.

성령과 미래의 관계

마지막으로, 우리는 영으로 심고 영으로 거두는 미래의 관계에서 성령을 보게 되었다.

이 세상 생활의 모든 것이 장차 올 세상에 어떤 효과를 갖는가? 그것은 매우 현실적이고 장엄하며 지속적인 효과를 갖는다. "스스로 속이지 말라 하나님은 업신여김을 받지 아니하시나니 사람이 무엇으로 심든지 그대로 거두리라 자기의 육체를 위하여 심는 자는 육체로부터 썩어질 것을 거두고 성령을 위하여 심는 자는 성령으로부터 영생을 거두리라"(6:7-8).

우리는 육신의 엉겅퀴를 뿌리고 비극적인 수확을 거둘 수 있다. 반대로 인내와 신뢰와 비이기적인 봉사의 씨앗을 뿌리고 낙심하지 않으면 하나님의 복을 거둘 수 있다.

귀한 시간과 기회들을 낭비하는 여러분이여, 언젠가 여러분이 깨어나면 얼마나 큰 것을 잃어버렸는지 알게 될 것이다! 훗날에, 곧 여러분이 회개하고 헌신하는 생활을 하면서 거룩하고 유용하게 쓰이기를 간절히 바라게 되었을 때 하나님을 위한 영광스런 사역을 감당할 수 있도록 준비하는데 썼을 여러분의 젊음과 기회를 낭비하고 잃어버렸고, 때가 너무 늦었다는 것을 알고 얼마나 애통하게 될는지!

오, 여러분 가운데 지금 아무 열매도 맺지 못한 사람들은 계속해서 씨를 뿌리라! 성령을 위하여 심고 기다리라. "너는 네 떡을 물 위에 던져라 여러 날 후에 도로 찾으리라"(전 11:1). 그러면 훗날, 하늘에서 여러분은 이 약속이 무엇을 의미하는지 알게 될 것이다. "내가 내 말을 네 입에 두고 내 손 그늘로 너를 덮었나니 이는 내가 하늘을 펴며"(사 51:16). 훗날 여러분이 의의 나무가 있고 낙원의 꽃들이 피어 있는 영광스런 거리를 볼 때 곁에 있는 천사가 여러분에게 이것들은 오랫동안의 믿음과 인내로 뿌린 것들이며, 여러분이 오래 전에 심은 믿음과 기도의 열매이고, 희생과 순종의 열매라고 말할지도 모른다.

친애하는 형제들이여, 기도하라. 지금 하늘의 토양에 씨를 심고 있으므로, 언젠가는 여러분이 기쁨에 겨워하며 수확을 거둘 것이다. 인내심 많은 십자가의 군병으로 고난을 받으라. 봉사하는 일이 여러분에게 맡겨지지 않을 수 있다. 또는 복음을 전하는 일이 여러분에게 맡겨지지 않을 수 있다. 여러분이 기쁘게 온 세상을 향해 할 일을 맡지 못할 수도 있다. 여러분이 할 일은 그저 고통과 오해, 불쾌함, 자신과 맞지 않는 가정 환경 가운데서, 사무실에서, 엄청난 시험의 장소에서 용감하고 진실되게 서 있는 것이 될 수 있다. 그러나 그 일에 충실하라. 여러분은 지금 성령으로 씨를 뿌리고 있는 것이고, 언젠가는 시들지 않는 꽃과 영광의 열매를 수확하게 될 것이다.

여러분은 면류관을 얻게 될 것이다. 성령께서 기운을 불어넣으시는 것은 어떤 것이든 시들지 않는다. 성령께서 심으시는 것은 어떤 것도 소멸할 수 없다. 계속해서 씨를 뿌리라. 계속해서 울라. 그리고 기다리고 견디라. 지금은 울 수 있지만 그로 인해 기뻐하고 기뻐할 것이다. 지금은 씨를 뿌리고 있지만 그로 인해 거두고 거둘 것이다.

제 15 장

성령의 모든 복

(에베소서)

> 찬송하리로다 하나님 곧 우리 주 예수 그리스도의 아버지께서 그리스도 안에
> 서 하늘에 속한 모든 신령한 복을 우리에게 주시되(엡 1:3).

이것은 에베소 교인들에게 보내는 편지의 본문이다. 이 편지는 "성령의 모든 복"(한글개역은 '모든 신령한 복')을 설명하고 있다. 성령의 모든 복이라는 표현이 이 구절에 대한 바른 번역이다.

성령의 복과 영적 복 사이에는 큰 차이가 있다. 이것은 단 하나의 명사가 수많은 형용사의 가치를 지니고 있는 경우이다. 성령 자신은 성령께서 베푸시는 모든 선물보다 훨씬 더 가치 있는 분이시다.

이 편지에서 설명하는 복들은 "하늘에 속한" 것이라고 하였다. 즉 우리가 그리스도와 함께 거할 더 고귀한 영역, 즉 자연적인 생명을 초월하고 하늘의 세계와 교제를 나누는 영역을 말한다.

이 장엄한 편지에서 사도가 전하고자 하는 주제는 성령께서 그리스도의 충만함 가운데 들어오는 자들에게 알리시는 성령의 더 고귀한 복들이다. 성령께서 친히 우리가 성령의 모든 복을 보고 경험할 수 있게 하여 주시기를!

성령의 인치심

"그 안에서 너희도 진리의 말씀 곧 너희의 구원의 복음을 듣고 그 안에서 또한 믿어 약속의 성령으로 인치심을 받았으니 이는 우리 기업의 보증이 되사 그 얻으신 것을 속량하시고 그의 영광을 찬송하게 하려 하심이라"(엡

1:13-14).

이미 앞 장에서 성령의 인과 보증에 대해 말했으므로 여기서 더 자세히 이야기할 필요가 없을 것이다. 인은 소유권, 사실 증명, 확실성, 유사함을 보여주는 표시이다. 계약금은 전체 유산의 첫 분할금이자 보증이다. 성령께서 우리를 인치실 때는 우리 기업의 복을 우리에게 확실하게 보증하시고, 우리에게 그리스도의 형상을 새기시는 것이다. 보증이신 성령은 우리에게 충만한 장래 기업의 약속과 담보물을 주신다.

이 약속은 그리스도의 모든 제자에게 주어진 특전이므로, 우리는 믿는 순간 단순한 믿음으로 그 약속을 이루어 달라고 요구할 수 있고 받을 수 있다. 그것은 그리스도인 생활의 최고의 경험이 아니라 오히려 시작이다.

깨우침의 영

다음으로 성령께서는 우리 내면의 눈을 열어 우리의 고귀한 소명과 충만한 기업의 이상을 볼 수 있게 하신다. 이 사실이 에베소서 1:15-23의 장엄한 구절에서 길게 진술된다. 이것은 사도가 이미 말한, 인치심을 받은 자들을 위한 기도이다.

사도는 성령께서 그들에게 "지혜와 계시의 영"이 되어 "하나님을 알게 하시기를"(1:17) 바란다. 이는 선천적인 지혜와 힘을 가진 인간 지성의 능력을 초월하는 하나님의 특별 계시이다. 새로운 진리들은 자연스럽게 펼쳐지고 조명되는 것이 아니다. 새 진리들을 이해하고 깨닫기 위해서는 새로운 영적 시각이 주어져야 한다. "마음"(1:18)이 밝아져야 한다고 말하는 것이 더 타당하다. 이는 더 깊은 영적 본질이다. 즉 우리 존재의 핵심이며, 거룩한 사실들을 이해하고 생각하는 근원에 대해 이야기하고 있다.

우리가 하늘의 이상을 이해할 수 있는 것은 냉랭한 지성으로써가 아니라 영적 직관을 통해서이다. "하나님이 자기를 사랑하는 자들을 위하여 예비하신 모든 것은 눈으로 보지 못하고 귀로 듣지 못하고 사람의 마음으로 생각하지도 못한"(고전 2:9-10) 것들이다. 두 음절로 된 단어의 철자조차 모르고 단 하나의 문법도 설명하지 못하지만 하나님을 알고 이해하며, 천사도 부러워하는 하늘의 기쁨을 아는 겸손한 그리스도인들이 있다.

　이러한 이상의 목적은 첫째, "그의 부르심의 소망이 무엇인지"(엡 1:18) 알게 하려는 것이다. 이것은 즐겁게 소망하고 기대하는 목적으로서, 하나님께서 우리를 불러 수행하게 하시려는 영광스런 목적을 의미한다. 즉 그것은 우리의 고귀한 운명을 알고 기대에 찬 기쁨으로 감격하도록 하려는 것이다.

　다음에, 사도 바울은 우리가 "성도 안에서 그 기업의 영광의 풍성함이 무엇인지"(1:18) 알도록 기도한다. 이 모든 구절에 나오는 "안다"는 단어는 원어로는 충분히 안다, 즉 최대한으로 안다는 뜻이다. "성도 안에 있는 그 기업"이란 그리스도께서 지금 자기 백성들의 마음속에서 이루고 계시는 영광스런 은혜의 사역을 의미한다. 그 은혜의 사역은 영원한 영광 속에서, 즉 우리가 주님의 보좌에 함께 앉아 그리스도의 영광스런 신부로서 그리스도와 함께 영원한 하나님의 나라를 나눌 때 온전히 성취될 것이다. 이것은 그리스도께서 영원부터 앉아 계신 보좌를 버리고서 얻고자 하신 기업이고, 우리는 이를 인해서 다른 모든 것을 손해로 여기는 기업이다.

　사도는 인치심을 받은 자들이 이 영광스런 기업의 현재와 미래를 보고 그 기업의 영광의 모든 풍성함을 충분히 알 수 있기를 기도한다. 그 기업의 영광을 알게 되면 세상의 모든 아름다운 것과 세상적인 모든 전망도 시들해지고 세상의 빛도 슬픔으로 보이며 현재의 것들이 헛된 거품과 보잘것없는 꿈처럼 보이게 될 것이다. 더 나아가서 사도는 인치심을 받은 자들이 "믿는 우리에게 베푸신 능력의 지극히 크심이 어떠한 것을"(1:19) 충분히 알 수 있기를 기도한다.

　그 이상이 펼쳐 보이는 것은 기쁨과 영광만이 아니다. 실제적이고 실천적인 능력도 보여 준다. 우리에게 능력만큼 절실히 필요한 것은 없다. 우리는 연약한 인간으로는 감당하기 어려운 강한 세력과 늘 충돌을 일으키고 있다. 우리는 끊임없이 전쟁을 치르고 있고, 적 가운데 가장 약한 자와 난관 중 가장 쉬운 것도 감당하기에 부적절하다. 우리는 "연약하다"(롬 5:6). 그래서 마음의 가장 깊은 데서 영적 능력을 갈구한다. 그러나 우리에게 필요한 모든 능력은 다음과 같이 말씀하신 주님께 간직되어 있다. "하늘과 땅의 모든 권세를 내게 주셨으니"(마 28:18). 에베소서 1:19에서 능력을 말하는데 사용된 이 단어는 현대 과학의 진보에 따라 새로운 의미를 갖게 되었다.

"강력"이란 말로 표현된 엄청난 힘이 여기서는 성령이 우리에게 보여 주고 나누어 주고자 하시는 영적 힘을 표상한다. 우리가 그 강력을 보고 받을 수만 있다면 성령께서는 우리에게 볼 수 있게 하고 나누어 주실 것이다.

전기와 기계의 동력을 사용한 19세기와 더디고 지루한 노역의 과정이 있는 15세기의 차이점은 무엇인가? 시속 100킬로미터로 대륙을 쏜살같이 지나가는 특급 열차와 오늘날에는 하루만에 갈 수 있는 거리를 한 달 걸려 여행하는 인디언의 차이점은 무엇인가? 그때에도 자연에는 오늘날만큼의 능력이 있었다. 오늘날과 마찬가지로 전기와 증기의 힘은 그때도 그대로 존재했다. 아, 그 차이는 인디언은 그 힘을 알지 못하였고 우리는 알고 있었다는 사실에 있다! 그와 같이 그리스도 안에는 다이나마이트나 전기 동력보다 훨씬 뛰어난 영적 힘이 있다. 그러나 수많은 그리스도인들이 인생을 살면서 넘어지고 신음하고 패배하는 것은 자신들이 받은 기업의 영광의 풍성이 어떤 것인지 모르기 때문이다.

무엇 때문에 우리가 연약한 채 있어야 하는가? 실패해야 할 이유가 있는가? 은혜의 보좌에 간직되어 있고 믿음과 기도로 불러 쓸 수 있는 복의 보고를 모르고 지나가야 할 무슨 구실이 있는가?

다음에 사도는 주 예수 그리스도의 부활과 승천에서 이 모든 사실의 구체적인 실례를 제시한다. 이것은 단지 이론이 아니라 성취된 사실이다. 이 모든 능력은 실제로 증명되고 시험되었다. 따라서 과거에 참이었던 것은 언제나 다시 참이 될 수 있다. 예수 그리스도의 생애에서 성취되었던 것은 우리 각 사람 속에서 성취될 수 있다. 그래서 바울은 우리의 시야가 자극을 받고 넓어져 그리스도께서 강력한 힘으로 역사하심을 볼 수 있기를 기도한다.

그의 능력이 그리스도 안에서 역사하사 죽은 자들 가운데서 다시 살리시고 하늘에서 자기의 오른편에 앉히사 모든 통치와 권세와 능력과 주권과 이 세상뿐 아니라 오는 세상에 일컫는 모든 이름 위에 뛰어나게 하시고 또 만물을 그의 발 아래에 복종하게 하시고 그를 만물 위에 교회의 머리로 삼으셨느니라 교회는 그의 몸이니 만물 안에서 만물을 충만하게 하시는 이의 충만함이니라(엡 1:20-23).

그리스도의 뛰어난 모든 능력은 이미 그리스도의 부활에서 예증되었다. 그의 모든 능력은 그리스도를 위해 무덤의 족쇄를 깨뜨리고 무덤을 파쇄하고 돌로 인봉한 로마제국의 봉인을 산산이 부수며 무덤을 지키던 두려움에 질린 병사들을 뿔뿔이 흩어버리고 그리스도께서 영원한 생명의 찬란한 영광을 입고 나오게 만들었다. 그뿐 아니라 그의 뛰어난 능력은 그리스도를 빈 무덤 위로 높이 오르게 하였고 지상으로부터 훨씬 높이, 대기와 공간을 가로질러 더 높이 올라 행성과 성운들을 지나 중심의 보좌, 곧 그리스도께서 권세있고 존귀하게 계셨던 곳, 영원하신 하나님의 우편에 오르게 하였다.

그 능력으로 인해 그리스도는 모든 정권과 권능과 힘과 법보다 뛰어나시고, 지금과 오는 모든 시대에 일컫는 모든 이름보다 높이 오르셨다. 여러분이 알고 있는 이름들을 다 생각해 보라. 여러분이 두려워하는 모든 권세를 다 생각해 보라. 여러분이 무서워하는 모든 적을 생각해 보라. 그리스도께서는 그 모든 것들보다 높으시다.

그런데 그리스도는 자신을 위해서가 아니라 여러분을 위해서 거기에 계신다. 그리스도는 그의 몸, 곧 교회를 위해 만물을 다스리시는 머리이다. 거기에서 주님이 하시는 일은 우리를 위해 당신의 능력을 사용하시는 것이다. 그리스도의 영원한 직업은 우리를 대표하시는 것이다. 그리스도는 우리에게 그가 필요한 만큼 우리를 필요로 하신다. 그리스도는 우리가 없으면 단지 머리에 불과하다. 왜냐하면 우리는 그의 몸이기 때문이다. 우리는 그의 생명을 보완하는 존재이다. 우리는 그리스도의 존재의 다른 반쪽이다. 그리스도께서 우리를 도우시면 그리스도 자신을 돕는 것이다. 그리스도께서 우리를 복 주시면 그리스도께서 더욱 참되게 복을 받으시는 것이다. 그러므로 우리는 확신을 가지고 그리스도의 충만한 복을 달라고 요청할 수 있고, 그리스도에게 참된 것은 우리에게도 참되다는 것을 알 수 있다. "우리도 이 세상에서 그러하기"(요일 4:17) 때문이다.

이 사실을 알려면 눈이 열려야 한다. 성령께서 우리 눈에 기름을 부어 그의 영광을 볼 수 있게 해 주시기를!

하나님께 나아가 교제하는 영

승천하신 우리 주님의 영광을 본 후에, 우리는 성령으로 말미암아 하나님 앞에 들어가 교제를 나누도록 허락받는다. "그로 말미암아 우리 둘이 한 성령 안에서 아버지께 나아감을 얻게 하려 하심이라"(엡 2:18). 그 문은 이제 열려 있으므로 어린아이와 같이 자유롭게 드나들 수 있고, 그리스도의 영광을 보며 그의 충만한 데서 힘과 은혜를 얻을 수 있다.

이것은 성령께서 하시는 일이다. 우리가 곤경에 처해 있음을 깨닫게 하고 기도의 영을 주며 기도 응답의 확신을 주고 하나님께서 자신을 받으셨다는 증거와 끊임없는 친교의 복을 주시는 분은 바로 성령이다. 우리가 "성령으로 기도하며"(유 1:20). 성령의 지시를 따르고 성령의 탄식과 열망을 토할 때, 하나님께서 우리에게 주신 기도가 보좌에 도달하고 다시 복으로 우리에게 돌아올 것이다.

내주하시는 성령

그러나 이제 우리에게는 더 웅대한 이상이 있다. 우리는 하늘의 문 안에서, 보좌의 광휘 가운데서 영광을 보았다. 우리는 기도라는 열려 있는 문을 통해 들어가 하늘 보좌의 풍성한 은혜를 구할 수 있도록 허락받았다. 그러나 이제 성령은 그 모든 것을 가지고 내려와 우리 마음과 내면에 넣어 주신다.

위에 있는 하늘이 우리 속에 있게 된 것이다. 하나님 우편에 오르신 구주께서 우리 마음과 존재의 중심에 앉으신 것이다. 하나님께서 친히 당신의 장막을 하늘에서 거두어 땅으로 가져와 믿는 자들 마음에 거하신다. 이것이 이 장엄한 편지에서 말하는 성령의 사역의 다음 단계이다. 그 사역은 이중적이다. 첫째, 그리스도의 몸인 교회 전체에서 행하시는 활동이 있다. "그의 안에서 건물마다 서로 연결하여 주 안에서 성전이 되어 가고 너희도 성령 안에서 하나님이 거하실 처소가 되기 위하여 그리스도 예수 안에서 함께 지어져 가느니라"(엡 2:21-22).

그 다음에는 그 일이 신자 각 개인의 마음속에서 성취된다.

그의 영광의 풍성함을 따라 그의 성령으로 말미암아 너희 속사람을 능력으로 강건하게 하시오며 믿음으로 말미암아 그리스도께서 너희 마음에 계시게 하시옵고 너희가 사랑 가운데서 뿌리가 박히고 터가 굳어져서 능히 모든 성도와 함께 지식에 넘치는 그리스도의 사랑을 알고 그 너비와 길이와 높이와 깊이가 어떠함을 깨달아 하나님의 모든 충만하신 것으로 너희에게 충만하게 하시기를 구하노라(3:16-19).

이 기도의 핵심과 본질은 우리가 하나님의 모든 충만으로 충만하게 되고, 그리스도께서 믿음으로 우리 마음 가운데 거하시되, 우리가 그리스도 사랑의 "그 너비와 길이와 높이와 깊이가 어떠함을 깨달아"(3:18) 알 정도로 충분히 거하시도록 구하는 것이다.

그 다음은, 성령께서 우리에게 힘 주시고 우리를 준비시키시기를 구하는 것이다. 일반적인 상태에서 우리는 그러한 복의 영광과 능력을 감당할 수 없다. 그것은 마치 대포에 채울 화약을 권총에 집어넣는 것과 마찬가지이며, 그 결과는 권총이 폭발하여 권총만 망가뜨릴 뿐이다. 하나님께서 우리가 때때로 구하는 능력을 다 주신다면 그 능력 때문에 우리는 망하고 말 것이다. 우리는 스스로 파멸할 정도로 자의식과 자부심으로 한껏 우쭐하게 될 것이고, 그렇지 않으면 우리는 영광의 무게 때문에 짜부러질 것이다. 그러므로 바울은 먼저 우리의 속사람이 성령께서 주시는 힘으로 강건해지고, 그래서 그리스도께서 믿음으로 우리 마음에 거하시게 되기를 구한다.

대포 제작자는 압력을 가장 크게 받는 포미 쪽에는 금속의 두께와 강도를 배로 높이고 포구쪽으로 갈수록 두께와 강도를 약화시켜 저항력을 포신 전체가 균등하게 받도록 하여 대포를 강화시킨다. 그와 같이 성령께서는 우리가 그의 은혜와 능력을 감당할 그릇이 되도록 준비시키신다. 대포 제작자는 수 년 동안 실험을 거치고 나서야 자신의 목적에 꼭 맞도록 조정된 금속의 질과 포신의 강도를 얻었을 것이다. 어쩌면 그 사람은 여러 번에 거쳐 포를 분해하고 주조한 후에야 포에 자신의 제작 검인을 찍고 국가의 전함에 장착하도록 납품하였을 것이다. 그와 같이 성령께서도 오랫동안 인내하며 우리와 함께 일하고 거듭거듭 우리를 깨트리신 후에야 비로소 우리는 성령의 가장 고귀한 임무를 충분히 맡을 수 있고, 성령께서 우리 안에 그리고 우리에게 주시고자 하는 엄청난 영광의 무게를 감당할 수 있을 것이다. 하나님의 크나큰 사랑을 두려워하지 말고 성령의 지혜롭고 강력한 주조의 손길을 피하지 않도록 하자.

다니엘의 이상에서 세상의 제국들은 머리는 금이요 어깨와 팔은 은이고 사지는 놋이며 다리는 철인 장엄한 형상의 모습으로 표현되었다. 그 형상은 장엄하고 화려하며 강력해 보였지만 결국에는 여름 타작마당의 겨처럼 산산이 부서져 흩어졌다. 그 모든 비밀은 바로 이 사실, 곧 형상이 그 발에서는 철과 진흙이 섞여 있었다는 사실에 있었다. 장대한 신상을 받치고 있는 발은 진흙 덩어리에 불과하였던 것이다.

화려해 보이는 많은 인생도 이보다 나은 토대를 갖고 있지 못하다. 혼합된 재료 위에 형성된 모든 활동은 고난의 시간이 닥치면 산산이 부서지고 만다. 성령께서는 불순물이 섞이지 않은 강철로 만들어진, 그래서 성령께서 그들에게 주시고자 하는 능력과 그들에게 입히려고 하시는 영광의 압박을 견딜 사람들을 원하신다.

진리는, 하나님께서 우리 각 사람에게 복을 주시되 우리가 받을 수 있을 만큼 충분히 주실 수 있고, 또 그렇게 주신다는 것이다. 문제는, 우리들 가운데 어떤 이들은 많이 담을 수 있는 그릇이 못된다는 것이다. 우리가 하나님의 은혜로운 활동에 전적으로 순종할 때 성령께서 하나님의 모든 충만으로 더욱 우리를 채우실 것이다. 그리스도께서 우리에게 내주하는 임재가 되실 것이고, 그러면 우리는 "지식에 넘치는 그리스도의 사랑을 알고 그 너비와 길이와 높이와 깊이가 어떠함을 깨달아"(3:18-19) 알게 될 것이다. 왜냐하면 그리스도는 "우리 가운데서 역사하시는 능력대로 우리가 구하거나 생각하는 모든 것에 더 넘치도록 능히 하실 이"(3:20)이시기 때문이다.

윌리엄 보드먼 박사(Dr. William Boardman)가 한 여인에 관해 이야기한 적이 있다. 박사가 말한 그 여인은 이 구절이 어찌나 마음을 사로잡던지 하나님께서 그 일을 이루어 주실 때까지 도무지 쉴 수 없을 것으로 느꼈다고 한다. 그 여인은 자신이 구하는 바나 생각하는 모든 것에 "더 넘치도록" 받은 적이 없다는 것을 알았다. 그래서 그 여인은 아버지 하나님께 가서 그 말씀이 자기에게 사실로 이루어지게 해 달라고 구했다. 이 구절을 실제로 경험하기 전까지는 결코 구하기를 그치지 않겠다고 하나님께 말씀드렸다.

그 여인은 수 주일 동안 하나님을 기다렸다. 그 여인은 돌아와 담임 목사에게 자신이 기도 응답을 받았다고 말하였다. 하나님은 그녀가 도무지 생각지도 못했던 방식으로 자신을 그녀에게 계시해 주셨다. 그러나 하나님께서는 그녀가 받을 복이 아직도 훨씬 더 많다는 것을 보여 주셨고 또 그녀가 받은 복이 이전에 생각했던 것보다 넘쳤듯이 이번에도 받은 복보다 그녀의 생각을 훨씬 더 높게 끌어올려 주셨다고 한다. 하나님은 그녀를 영광에서 영광으로 인도하신 것이다. 역량이 새롭게 채워질 때마다 역량은 더 커졌고 다시 채워진 것이다.

이것은 실로 참된 이야기이다. 그래서 우리 모두는 영적 생활의 묘한 역설, 곧 항상 채움을 받으나 여전히 더 많은 것에 굶주리고 목말라 하는 그 역설을 경험하며 살 수 있는 것이다.

매일 성령을 따라 생활함

이러한 아름다운 내적 경험이 우리의 일상 생활과 실제적인 관계가 없다면 거룩한 신비주의적 체험에 지나지 않을 것이다. 그래서 우리는 에베소서에서 이 모든 것이 일상 생활에서 실제로 경험될 수 있음을 본다.

> 빛의 자녀들처럼 행하라 빛의 열매는 모든 착함과 의로움과 진실함에 있느니라 주를 기쁘시게 할 것이 무엇인가 시험하여 보라 … 그러므로 어리석은 자가 되지 말고 오직 주의 뜻이 무엇인가 이해하라 술 취하지 말라 이는 방탕한 것이니 오직 성령으로 충만함을 받으라(5:8-10, 17-18).

이것이 우리에게 매일의 생활 습관이 되어야 한다. 이같이 성령으로 충만해 질 때 우리의 생활에 착함과 의로움과 진실함이 가득하게 될 것이다.

그렇게 할 때 우리는 속이거나 헛된 말을 하지 않고 우리 속에 있는 거룩한 생명을 아름답게 표현할 수 있을 것이다. 신성한 활력을 받은 우리의 전 존재는 기쁨과 착함과 아름다움이 넘치고 이타심과 복이 넘쳐서 우리와 접촉하는 모든 사람들에게 그 모든 것을 전해 줄 것이다.

성령으로 말미암은 승리의 생활

이 편지의 마지막 비유에서 우리는 그리스도인 생활의 마지막이자 최상의 경험을 만나게 된다. 그것은 투쟁과 맹렬한 시험의 장면이다. "우리의 씨름은 혈과 육을 상대하는 것이 아니요 통치자들과 권세들과 이 어둠의 세상 주관자들과 하늘에 있는 악의 영들을 상대함이라"(6:12). 이런 대적하는 세력들이 하늘 문 앞에 구름같이 빽빽이 몰려 있다. 우리가 하늘 처소에서 그런 존재와 투쟁하게 되는 것을 이상하게 생각하지 말라.

우리의 대적들은 자기 세력을 한데 모으기 좋아하며 그렇게 해서 우리가 영광의 문 바로 앞에서 돌아서게 하려고 한다. "무슨 일에든지 대적하는 자들 때문에 두려워하지 아니하는 이 일을 듣고자 함이라 이것이 그들에게는 멸망의 증거요 너희에게는 구원의 증거니 이는 하나님께로부터 난 것이라"(빌 1:28). 우리는 이 편지의 앞부분에서 이런 주권자들을 보았다. 이들은 우리가 1장에서 들은 바로 그 권세들인데, 그리스도께서는 이들보다 "뛰어나신"(엡 1:21) 분이다. 이들은 정복된 적들이다. 따라서 우리는 그리스도 안에서 "넉넉히 이긴다"(롬 8:37).

그러나 우리가 이 두려운 적들을 어떻게 상대할 것인가? 성령을 주신 하나님께 다시 한 번 감사드려야 한다. "서쪽에서 여호와의 이름을 두려워하겠고 해 돋는 쪽에서 그의 영광을 두려워할 것은 여호와께서 그 기운에 몰려 급히 흐르는 강물 같이 오실 것임이로다"(사 59:19).

1. 성령의 검

첫째로 우리에게는 성령의 검이 있다. "구원의 투구와 성령의 검 곧 하나님의 말씀을 가지라"(엡 6:17). 이것은 그리스도께서 광야에서 대적을 만났을 때 거듭 "기록되었으되"(마 4:4)라는 말씀으로 상대한 싸움에서 사용하신 무기였다. 그리고 이 하늘 검의 능력에 놀란 마귀가 성경을 인용함으로써 스스로 그 무기를 사용하였을 때 그리스도께서는 검의 다른 날을 사용하여 "또 기록되었으되"(마 4:7)라는 답변으로 아주 지혜롭게 마귀에게 마지막 치명타를 입히셨다.

성령께서 우리에게 이 하나님의 말씀을 주셨다. 성령은 자신을 계시할 때 말씀을 무시하시지 않는다. 사실 우리는 이 지상의 단계를 지나 저편의 삶으로 넘어가기 전에 한 순간 한 순간 성령의 뜻을 따라 살아야 한다. 하나님의 말씀을 검으로 만들어 우리 손으로 승리를 거둘 수 있게 하시는 분은 바로 성령이시고, 오직 성령뿐이시다. 성령은 새로운 상황마다 필요한 약속이나 책망을 주신다. 날카로운 끝과 예리한 날을 가진 성령의 검은 마귀의 모든 눈속임을 꿰뚫고 우리가 인생의 전투에서 승리하도록 만드신다.

2. 성령의 기도

우리에게는 성령의 기도가 있다. "모든 기도와 간구를 하되 항상 성령 안에서 기도하고 이를 위하여 깨어 구하기를 항상 힘쓰며 여러 성도를 위하여 구하라"(엡 6:18). 이것이 우리를 승리하게 만드는 무기이다. 이 점에 관한 가장 주목할 만한 사실은 기도의 제일 중요한 부분은 결코 우리 자신을 위한 것이 아니라 다른 사람들을 위한 것이라는 점이다. 적을 퇴각시키는 것은 바로 현명한 장군처럼 우리가 다른 사람들을 위하여 기도함으로써 적의 배후에서 직접 적을 공격할 때이다. 비이기적인 사랑에서 나오는 고귀하고 거룩한 생각과 기도에 전념할 때 우리는 압박하는 근심과 밀려드는 시험을 잊을 수 있다. 그렇게 할 때 전장터에서 높이 들려 뱀이 물 수 없고 마귀의 화전이 미치지 못하는 거룩한 곳으로 올라가게 된다.

성령에 대한 우리의 태도

이 하늘의 친구를 우리는 어떻게 대해야 하는가? 이 점에 대해서 에베소서 4:30은 다음과 같이 아름답게 표현한다. "하나님의 성령을 근심하게 하지 말라 그 안에서 너희가 구속의 날까지 인치심을 받았느니라." 우리가 성령을 화나시게 하거나 쫓아버린다고 말하는 것이 아니라 우리가 성령을 근심하게 하고 낙망하게 하며 고통스럽게 만든다는 것이다.

성령께서는 가장 고귀한 사랑과 복을 우리 안에 그리고 우리를 위하여 이루는 일에 열중하신다. 우리가 성령의 지혜롭고 거룩한 뜻에 복종하지 않을 때 성령은 고통을 받고 그 사랑이 상처를 입는다. 우리를 교육하고 훈육하며 구별하는 성령의 사역에 저항하면 성령의 뜻이 좌절된다. 이 보혜사께서 우

실 수 있다면 우리는 성령의 너그러운 얼굴에서 사랑으로 흘리는 슬픔의 눈
물을 볼 것이다.

어머니가 아들이 업적을 세우고 당당하게 서 있는 것을 볼 때 아들이 최고
의 교육을 받고 성공하기를 간절히 원하여 바친 자신의 모든 희생과 수고에
대한 보상을 느끼는 것과 같이, 사랑하는 선생이 수년에 걸쳐 제자를 훈련시
키고 마침내 제자가 성공하여 대학의 최고상을 받고 갈채를 받을 때 자신이
성공한 것보다 훨씬 더 큰 기쁨으로 제자를 끌어안는 것처럼 우리의 거룩한
어머니인 하나님께서는 우리의 삶에서 영원한 우리 존재의 가능성이 가장
장엄하게 발현되기를 시기하기까지 추구하고 계신다. 그래서 언젠가 복되신
성령이 "티나 주름 잡힌 것이나 이런 것들이 없이"(5:27) 그리스도의 영광스
러운 신부인 우리의 손을 잡고 예수께 데려가실 때 성령의 기쁨은 우리 자신
의 기쁨보다 훨씬 더 클 것이다.

성령을 실망시키지 말자! 성령을 슬프게 하지 말고, 일을 못하시게 잡아당
기지 말자! 성령의 죄 사함과 오래 참으시는 사랑에 대해 죄를 짓지 않도록
하자! "하나님의 성령을 근심하게 하지 말라 그 안에서 너희가 구원의 날까
지 인치심을 받았느니라"(4:30).

제 16 장

빌립보서에 나타난 성령

이것이 너희의 간구와 예수 그리스도의 성령의 도우심으로 나를 구원에 이르게 할 줄 아는 고로(빌 1:19).

그러므로 그리스도 안에 무슨 권면이나 사랑의 무슨 위로나 성령의 무슨 교제나 긍휼이나 자비가 있거든 마음을 같이하여 같은 사랑을 가지고 뜻을 합하며 한마음을 품어(2:1-2).

빌립보서는 바울의 편지들 가운데 가장 아름다운 서신이다. 이 편지는 바울이 돌보는 영적 양무리들 가운데 가장 친밀한 사람들에 대한 그의 깊은 마음과 애정어린 관계를 보여 준다. 빌립보에 있는 이 작은 무리만큼 그에게 사랑스런 교회는 없었다. 이 빌립보 교인들은 유럽 대륙에서 그가 시작한 선교사역의 첫 열매였다. 사도는 진심으로 이들에게 이같이 말할 수 있었다. "내가 너희를 생각할 때마다 나의 하나님께 감사하며 간구할 때마다 너희 무리를 위하여 기쁨으로 항상 간구함은 너희가 첫날부터 이제까지 복음을 위한 일에 참여하고 있기 때문이라"(1:3-5).

그러나 그것은 사람의 신성한 사랑의 표현일 뿐만 아니라 지극히 아름답고 성숙하며 세련된 모든 그리스도인의 영과 기질이 구체화된 것이기도 하다. 그것은 가지에서 방금 떨어진 아주 잘 익은 과일의 원숙함이다. 그것은 무지개 빛깔처럼 아름답고 천사의 날개처럼 부드러운 복숭아꽃이다. 그 어조에는 참으로 깊고 고귀한 그리스도인의 성숙한 의식이 있어야만 비로소 이해할 수 있는 것이 있다.

에베소서라는 위대한 편지가 진리와 생명을 깊고 깊게 펼쳐 보이는 성막과 같다면 빌립보서는 금제단과 성소에 있는 향기로운 향과 같다.

이 서신에는 성령에 대한 언급이 두 번밖에 나오지 않는다. 그러나 이 두 구절은 이 서신 전체의 구조와 정신과 완벽하게 일치하고 있다.

성령의 간구

여기서 사용된 "공급"(1:19, 한글 개역은 '도우심')이라는 말은 통상적으로 사용되지 않는 단어로서 매우 비유적인 독특한 의미를 지니고 있다. 그것은 헬라어로 '에피코레고스'로, 고대 그리스의 합창대 리더를 가리킨다. 이 시대의 큰 축제 때는 누군가가 후원자로 나서 음악회를 열어 대중적인 여흥을 제공하는 관습이 있었다. 다양한 음악을 들려주기 위해 많은 기악 연주자들과 가수들이 고용되었다. 모든 경비를 지불할 뿐 아니라 합창대를 인도하는 것도 후원자의 책임이었다. 이 옛 단어에서 합창과 합창대라는 말이 파생되었다. 이 단어는 공급한다는 개념과 함께 조화와 영광을 떠올리게 한다. 그것은 풍성하고 당당한 공급이다.

이 단어는 베드로후서 1장의 주목할 만한 구절에서 사용된다. "너희 믿음에 덕을, 덕에 지식을, 지식에 절제를, 절제에 인내를, 인내에 경건을, 경건에 형제 우애를, 형제 우애에 사랑을 공급하라(한글 개역은 '더하라')"(1:5-7). 이 "공급하다"라는 단어가 바로 같은 헬라어인 '에피코레고' 이다. 그 뜻은 "너희 믿음과 생활에 이 아름다운 덕들을 넣어 합창하라"이다. 그 모든 덕으로 곡조를 만들고, 화음과 찬양으로 표현하라는 것이다. 그러면 여러분의 생활은 기쁨과 감사의 송영이 될 것이다. 이 단락의 끝부분에서 이 단어가 다시 나온다. "우리 주 곧 구주 예수 그리스도의 영원한 나라에 들어감을 넉넉히 너희에게 주시리라"(벧후 1:11). 문자적으로는 "너희가 합창대의 환영을 받을 것이다"로 번역할 수 있다. 즉 지상 생활에서 활동하였던 그 미덕들이 하늘의 합창대가 되어 하늘 문에서 기다리다 즉위식에 참석하기 위해 본향으로 돌아오는 여러분을 맞이하여 노래할 때 여러분과 동행하리라는 것이다. 여러분이 지상의 순례 여행 때 발휘하였던 사랑과 온유함, 믿음과 인내를 음악가들이 기다리고 있다가 그 승리와 보상을 축하할 것이라는 말이다.

이제 이 단어가 빌립보서에서 다음과 같이 사용된다. "예수 그리스도의 성령의 도우심"(1:19). 성령께서 합창대의 지휘자이신 것이다. 성령은 바울 사도가 인생을 견뎌낼 뿐만 아니라 승리로 이끌고 모든 것을 찬양의 합창으로 바꾸는데 필요한 모든 은혜를 그의 생활 속에 공급하시는 분이다.

사도는 당시 겪고 있었던 구체적인 시련과 자기를 괴롭히는 교활한 적들에 대해 방금까지 이야기하였다. 이들은 바울이 그처럼 사랑하는 복음을 전하되 다툼과 경쟁을 위하여 전하였다. 이를 두고 바울은 "그들은 나의 매임에 괴로움을 더하게 할 줄로 생각"(1:17)했다고 말한다. 그러나 그의 승리의 삶을 찬양하는 합창대 지휘자이신 성령의 도우심이 아주 풍성하여 그는 적들의 시기하는 미움을 극복하여 일어섰고, 그 시련을 승리로 바꾸었으며 마귀의 공격으로부터 복을 이끌어 큰 소리로 찬양을 드릴 수 있었다.

그러면 무엇이냐 겉치레로 하나 참으로 하나 무슨 방도로 하든지 전파되는 것은 그리스도니 이로써 나는 기뻐하고 또한 기뻐하리라 이것이 너희의 간구와 예수 그리스도의 성령의 도우심으로 나를 구원에 이르게 할 줄 아는 고로(1:18-19).

그러므로 친애하는 형제들이여, 성령은 우리에게 충분한 도움을 주어 이같이 말할 수 있게 하신다.

온갖 모양이나 이름의 악이라도 그 잔혹한 목적을 이루지 못하고
복으로 변하게 하시리라.

이 시련은 그의 구원을 이루게 할 것이다. 여기서 사도는 물론 말 그대로 자신이 정죄로부터 구원받는다는 것을 의미하는 것이 아니라 온전한 구원이라는 말에 다 함축되어 있는 대로 그리스도 안에서의 더 깊고 풍성한 생활을 의미한다. "구원을 받되 불 가운데서 받은 것" 같은 것과 "온전히" 구원받는 것(히 7:25)은 전혀 별개의 일이다.

이제 사도는 이런 일이 빌립보 교인들의 기도로 자신에게 오게 될 것이라 (1:19)고 말한다. 우리는 서로 예수 그리스도의 더 깊고 충만한 도우심을 받도록 도울 수 있다. 우리 마음이 이러한 복을 받도록 열려 있다면, 다른 사람들의 기도가 우리에게 미치고 우리의 충만함을 더해 준다.

진실한 기도는 드릴 때마다 무엇인가를 성취하며 우리가 자신과 남을 위해서 구하는 복에 복을 더하여 준다. 여러분이 하나님의 참된 자녀를 위해 성령 안에서 기도하고 또 그 자녀의 생활과 필요에 함께 관심을 갖는 깊고 신성한 사랑으로 기도하는 것만큼 그에게 줄 수 있는 큰 봉사는 없다. 특별히 이 사실은 다른 사람들에게 그리스도를 대표하고 복을 마땅히 먼저 받고 이어서 다른 사람들에게 나누어 주도록 부름 받은 공적 위치에 있는 사람들에게 해당된다. 다른 사람을 위해 기도하고, 그럼으로써 그 복이 다시 우리에게 돌아올 수 있도록 하자. 본문의 비유와 합창이라는 상을 가지고 생각할 때, 우리의 기도는 튼튼한 기관(器官)을 채우는 호흡과 같고 모든 오르간의 음관과 건반에서 터져 나오는 긴장을 증가시키는 호흡과 같다.

성령의 친교

빌립보서 2:1-2은 지극히 아름다운 구절이다. 이 구절은 지극히 섬세한 그리스도인의 감정을 다룬다. 여기서는 "그리스도와 연합됨으로부터 오는 격려", 곧 그리스도의 위로하시는 친절한 사랑에 대해 이야기한다. "사랑에서 오는 위로" 곧 동정과 거룩한 애정이라는 치유하는 힘이 있는 달콤한 향유에 대해 이야기한다. "성령과의 교제" 곧 성도가 성령 안에서 하나님과 형제들과 갖는 친교에 대해 이야기한다. "긍휼과 자비", 곧 서로의 고통이나 기쁨에 대해 영적으로 민감하게 반응하는 마음 상태에 대해 이야기한다. 이러한 그리스도인의 감정에는 거칠고 천한 마음으로는 알 수 없는 것이 있다. 그것은 말 그대로 "그것을 느끼는 사람이 아니고는 아무도 알 수 없다."

우리가 말하려는 것은 특별히 이 세 번째 면, 곧 "성령의 무슨 교제"에 대한 것이다. 헬라어는 '코이노니아'인데, 문자적으로는 '공동으로'라고 번역할 수 있다. 그것은 사실 어떤 사물들을 공동으로 갖는다는 의미이다.

1. 하나님과의 교제

이 단어는 첫째로 하나님과 갖는 우리의 교제를 이야기하는데 사용된다. "우리의 사귐은 아버지와 그의 아들 예수 그리스도와 더불어 누림이라"(요일 1:3). "성령의 교통하심"(고후 13:13).

하나님과 갖는 우리의 친교는 다른 모든 교제의 기초이다. 그리고 하나님과의 친교는 단지 외적인 예배와 조리있는 기도가 아니라 하나님과 하나 되는 것이고, 모든 것을 "하나님과" 공동으로 소유하는 것이다. 물과 기름이 섞일 수 없듯이, 철과 진흙이 섞이지 못하듯이, 하나님과 범죄한 영혼 사이에는 친교가 이루어질 수 없다. 우리는 하나님과 화목해야 하고, 하나님과 일치해야 한다. 하나님의 형상을 닮아야 하고 하나님의 본성에 참여하고 성령으로 충만해야 한다.

우리 속에 하나님과 친교를 가질 기관이 있어야 한다. 먼 도시에서 여러분의 사무실과 소통하려면 전선이 있는 것만으로는 충분하지 못하다. 전선으로 메시지를 받기 위해서는 전지도 있어야 한다. 하나님과 교제를 갖기 위해서는 하나님과 친교를 가질 수 있는 영적 기관이 있어야 한다.

우리는 그러한 교제를 가질 수 있다. 성령께서 바로 이런 친교의 통로이며 기관이시다. 성령은 양쪽으로 메시지를 전달하는 전류이며 메시지를 해석하는 전지이시다. "우리 둘이 한 성령 안에서 아버지께 나아감을 얻게 하려 하심이라"(엡 2:18). 우리는 우리 마음을 성령의 마음에 부을 수 있고 성령께서는 당신의 마음을 우리 마음에 부으실 수 있다. 우리는 필요한 것을 성령께 구하여 받을 수 있다. 그러나 우리 마음에 대해 성령의 마음이 응답하는 것이 우리가 받는 모든 것보다 중요하다. 성령께서 우리에게 하시는 말씀이나 우리가 성령께 드리는 말씀보다 중요한 것은 성령의 거룩한 뜻에 순종하며, 성령의 즐거운 임재를 의식하며 생활하는 마음의 깊고 조용한 교제이다.

하나님과 친교를 나누기 위해서는 항상 하나님께 말씀을 드리거나 언제나 하나님의 음성을 듣는 일이 반드시 필요한 것은 아니다. 말을 하지 않지만 말보다 더 달콤한 교제가 있다. 어린아이는 하루 종일 바쁘게 일하는 엄마 곁에 있는 동안 어느 쪽도 거의 말을 하지 않고, 아이는 놀이에 몰두하고 엄마는 일하느라 바쁘지만 둘 다 완벽한 교제 가운데 지낸다. 아기는 엄마가 거기 있다는 것을 알고 엄마는 아기가 문제 없이 잘 있다는 것을 안다. 그와 같이 성도와 예수님은 오랜 시간을 말없이 사랑의 교제를 나눌 수 있다. 성도는 일상적인 일로 바쁘게 지내지만 자신이 행하는 아무리 작은 일도 주 예수께서 그 자리에 있으면서 다 보고 그 일을 인정하고 복 주신다는 것을 의식하면서 지낸다.

지고 있는 짐과 걱정거리가 너무 복잡해서 설명할 수 없고 도무지 이해할 수도 말할 수도 없을 때, 그저 주님의 복되신 품으로 물러가 말로 다할 수 없는 슬픔을 흐느껴 울며 아뢰기만 하면 된다는 것이 얼마나 즐거운 일인지!

> 지치고 지쳐 기도할 수조차 없어
> 다만 손을 접고
> 모든 것을 아시는 그분께
> 소리 없이 탄원할밖에
>
> 마치 지친 어린아이가
> 흐느껴 울며 몹시 풀이 죽은 채
> 마구 소리쳐 울던 울음을 그치고
> 엄마 품에 고개를 맡기고 있듯이
>
> 주의 품에, 내가
> 말없는 기도를 쏟아 부으니
> 분명코 주께서는, 연약하지만
> 주를 의지하는 신뢰로 그 품에 기대어 있도록 하시리.

2. 서로에 대해서 갖는 교제

이것은 또한 우리가 서로와 갖는 교제를 포함한다. "성령의 교통하심"(고후 13:13)이란 영적인 마음들이 성령 안에서 갖는 교제를 뜻한다. 모든 시대와 모든 지역의 교회를 함께 묶는 사도신경의 조항인 "성도의 교제를 믿사오니"라는 구절을 인해서 하나님께 감사드린다.

물론 이 교제는 무엇보다 성령 안에서 갖는 친교임에 틀림없다. 그것은 단순히 자연적인 애정에서 나오는 교제가 아니라 거룩한 생명을 함께 갖고 있는 마음들의 교제이다. 물론 우리는 가장 소중한 사람들에 대해서는 더 귀하고 친하게 느끼게 된다. 그러나 가장 가까운 친구의 경우에도 우리의 사랑은 변화되어야 한다. 그렇지 않으면 그 사랑은 지속되거나 영적 교제를 나누는 데 이를 수 없다.

그것은 진리 안에서 갖는 친교이다. 따라서 진리 안에서 서로가 가까우면 가까울수록 그만큼 더 성령 안에서 갖는 친교도 친밀해질 것이다. 그러므로 하나님께서 우리를 더 깊은 교훈과 더 고귀한 진리로 인도하실 때 우리의 교제도 돈독해진다.

우리는 처음으로 구원받았고, 또 구원받은 다른 모든 사람들과의 교제에 들어가게 된 때를 기억할 수 있다. 우리의 짧은 곡조는 "예수께서 나를 구원하신다"는 것이었다. 따라서 구원받은 사람은 하나하나가 다 사랑하는 형제였다. 우리는 그저 그 사람의 손을 잡고 형제라고 말하고 싶어했다. 그러나 그것은 합창곡에서 작은 부분에 불과하였다. 그것은 소프라노였고, 소프라노 한 가지만으로는 매우 빈약한 음악을 만들 뿐이다.

잠시 후에 우리는 성화에 이르는 더 깊은 베이스를 배웠다. 그 다음에 우리는 새로운 곡조를 배웠고 노래의 새로운 부분을 알게 되었다. 그래서 우리의 음악은 더 풍부해지고 화음은 더 풍성해졌다.

우리는 우리를 거룩하게 하시는 그리스도의 복된 진리를 배운 또 다른 그리스도인을 처음으로 만난 순간을 기억할 수 있다. 그 사람은 단지 형제였을 뿐만 아니라 이중으로 형제였다. 우리의 깊은 심정과 성령 안에서의 교훈을 이해할 수 있는 사람을 발견한다는 것이 얼마나 기쁜 일이었는지! 그리고 우리의 친교가 진리의 충만함 가운데서 얼마나 친밀했었는지!

잠시 후에 우리는 세 번째 성부, 곧 하나님의 치유를 노래하는 당당한 테너를 추가하였고, 우리 몸에 주님의 초자연적인 생명을 보태었다. 이런 사실들을 알고 믿는 사람들의 사회에 처음으로 들어가게 된 때를 우리가 과연 잊을 수 있겠는가? 그동안 우리들만 오해를 받고 잘못된 소문이 나돌아 어찌할 바를 모르고 있었다. 그런데 우리와 똑같이 외로운 길을 걷고 동일한 복된 경험 가운데 살고 있는 다른 사람들을 만났을 때 그것은 삼겹줄이며 거룩한 교제였다.

그러나 완벽한 음악에는 한 성부가 더 있다. 그것은 우리의 생각을 멀리까지 전달하고 기억과 희망의 음률을 일깨우는 부드럽고 암시적인 저음인 알토 성부이다. 이렇게 해서 우리는 이 복된 복음의 네 번째 진리에 이르렀다. 그것은 우리 주님의 오심과 재림에 대한 영광스런 소망이다. 이 사실이 어린양을 기다리는 신부로서 다같이 이런 거룩한 기대를 품고 서 있는 사람들과 여전히 더 깊은 교제를 갖게 만들었다는 점은 말할 필요가 없다. 이렇게 해서 하나님은 우리를 충만한 진리 가운데 하나로 만드신다. 그러므로 하나님께서 주신 진리는 어떤 것이든 가볍게 생각하지 말고, 하나님의 증거와 우리 상호간의 친교에 진실하도록 하자.

우리는 진리 안에서뿐만 아니라 성령의 생명 안에서도 교제를 갖는다. 세상의 어떤 강단의 가르침도 마음이 하나 되는 일 없이 우리를 하나로 만들지 못할 것이다. 이 사중의 복음이 성공회 신조보다 조금도 나을 것이 없다. 그리스도인의 연합의 참된 비밀은 성령의 세례이며, 모든 믿는 자 안에 있는 그리스도의 충만한 생명이다.

그리고 이것은 기도의 교제이다. 이로 인해 우리는 서로의 필요와 짐을 민감하게 알고, 산에서 만난 등산객들처럼 한 식구로 여기게 되며, 그래서 한 사람이 뒤처지면 다른 사람이 그를 붙잡아 주고, 한 사람이 고통을 받으면 모든 사람이 고통을 받게 된다.

이 사역이 우리와 하나님의 종들에게 의미하는 모든 것을 우리에게 보여 달라고 하나님께 구하자. 그래서 우리 각 사람이 그리스도의 몸 안에서 "서로 연결되도록"(엡 2:21) 하자. 그러면 우리는 성령께서 우리에게 맡기실 바로 그 사람들과, 그들과 함께 나누어 지게 하는 바로 그 짐을 마음으로 맡고 질 수 있을 것이다.

마지막으로, 봉사 안에서 갖는 교제이다. 우리는 이 마지막 중요한 때에 함께 증거하고 함께 일하도록 다같이 부름 받았다. 성령께서 우리에게 동일한 경험을 겪게 하고 같은 진리와 생활의 노선을 따라 인도하신 것이 우연이 아니다. 성령은 주님의 오심을 맞이할 수 있도록 특별히 준비시키기 위해 이 마지막 때에 강력한 영적 운동을 준비하고 계신다. 그래서 성령의 특별한 이 부르심을 놓치면 우리 자신이 큰 손실을 겪고, 우리의 삶과 주님의 교회를 위한 성령의 뜻에 큰 장애를 일으키지 않을 수 없다.

하나님께서 우리에게 진리와 복을 특별히 경험하게 하실 때 우리는 지금처럼 살 수는 없다. 하나님께서 그동안 우리에게 맡기려고 훈련시키며 준비해 온 특별한 사역과 증거는 언제나 있는 법이다. 그래서 우리는 현재 알고 있는 진리들을 전달하기 위해 그리고 우리에게 임한 이 복이 필요한 다른 사람들을 돕기 위해 함께 서 있어야 한다.

우리 가운데 어떤 이들은 하나님께서 더 깊은 사실들을 처음으로 말씀하셨을 때 우리가 증거하는 일을 중단했더라면 우리 생의 최고의 일을 놓쳐버렸을 뿐만 아니라 다른 많은 사람들이 받아야 할 복을 놓쳤을 것이라는 사실을 아주 엄숙하게 느낀다!

친애하는 형제들이여, 다른 무슨 일을 하든지 진실하도록 하자. 비겁하게 어떤 두려움이나 대중들과의 타협, 체면 때문에 우리의 고귀한 소명을 수행하는 일에서 넘어지지 않도록 하자. 주님께서 당신의 나라를 준비하여 주려고 하시는 적은 양무리들 가운데서 이루어지는 교제에 충실하도록 하자.

"그러므로 그리스도 안에 무슨 권면이나 사랑의 무슨 위로나 성령의 무슨 교제나 긍휼이나 자비가 있거든 마음을 같이하여 같은 사랑을 가지고 뜻을 합하며 한마음을 품어"(빌 2:1-2).

제 17 장

사랑의 성령

(골로새서)

성령 안에서 **너희** 사랑을(골 1:8).

이는 골로새서에서 성령을 언급하는 유일한 구절이다. 이 아름다운 편지의 주제는 예수의 충만함과 영광이다. 그러나 성령을 인정하지 않고는 예수님을 영화롭게 할 수 없다. 그래서 간단하긴 하지만 복되신 성령에 대한 언급이 있는 것이다. 그러나 언급은 간단하지만 하늘의 진주처럼 빛을 내며 복되신 보혜사에 관한 지극히 깊고 중요한 진리들을 보여 주고 있다.

사도는 이제 막 골로새 교회의 사역자들 가운데 한 사람인 에바브라의 방문을 받았는데, 에바브라는 바울에게 골로새 교회의 상태를 보고하였다. 에바브라에 대해서는 다음의 한 문장으로 요약되었다. "성령 안에서 너희 사랑을 우리에게 알린 자니라"(1:8). 이 사실은 골로새 교회의 한 특징이었던 것 같다. 골로새 교회는 사랑으로 충만하였다. 교회의 교제는 온전하였고, 그 연합은 파손되지 않았고, 교회의 지체들은 자비와 이타심과 서로에 대한 배려의 마음이 가득하였다. 골로새 교회에는 남의 말을 하는 일이 없었고 비방하는 소문이 없었으며 오해나 다툼도 없었다. 비판이나 불평, 미움이 없었고 모두가 연합하여 화목한 사랑을 보였고 교회의 증거와 활동, 예배에 아름다운 협력을 보였다. 이것은 분명히 거룩한 통일성이었다. 그것은 "성령 안에서 갖는 사랑"(1:8)이었다. 그것은 단순한 파벌의식이나 개인적인 우정이 아니었다. 이들이 배타적이었거나 개인적인 편애로 구성된 작은 파벌 연합이 아니었기 때문이다. 그것은 성령의 고취로 된 것이 분명한 만큼 매우 천상적이었고 거룩하며 그리스도를 닮은 것이었다. 그래서 사도는 그 사실을 듣고 감사와 깊은 즐거움으로 이같이 외친다.

> 우리가 너희를 위하여 기도할 때마다 하나님 곧 우리 주 예수 그리스도의 아버지께 감사하노라 이는 그리스도 예수 안에 너희의 믿음과 모든 성도에 대한 사랑을 들었음이요 너희를 위하여 하늘에 쌓아 둔 소망으로 말미암음이니(1:3-5).

하나님께서 이 아름다운 그림을 더 자주 반복해서 보여 주셨으면 좋으련만. 우리는 이 모습을 진정한 그리스도인 사랑의 모범으로, 그리고 가장 훌륭하고 고귀한 성령의 사역으로 보도록 하자.

세상에는 사랑이 많고, 앞으로도 언제나 사랑이 많을 것이다. 사랑이야말로 모든 로맨스의 비밀이고, 모든 시의 주제이며 인간의 마음을 감동시키거나 사람의 귀를 매혹시킨 모든 연극의 핵심이다. 사랑은 역사에서 모든 영웅적인 행동 이면에 숨어 있는 것이다. 사랑은 모든 애국심에 대한 기록을 관통하고 있고 모든 가정의 제단과 난롯가를 영화롭게 한다. 그러나 자연적인 사랑과 "성령 안에서의 사랑"(1:8) 사이에는 크나큰 차이가 있다.

자연적인 사랑 대 성령 안에서의 사랑

1. 본능과 열정

자연적인 사랑은 본능이고 열정이다. 성령의 사랑은 새로운 피조물이며, 영혼이 위로부터 날 때 성령께서 주시는 초자연적인 생명의 열매이다. 자연적인 마음은 성령의 사랑에 대해서는 아무것도 모른다. 인간의 사랑이 어린 새끼를 굽어보는 어미새의 본능이나 새끼들에 대한 암사자의 애정보다 정도나 성격 면에서 더 고귀할 수 있을 뿐이다. 그 사랑은 세상에서 나왔으므로 세상과 함께 사라질 것이다. 그러나 성령의 사랑은 위로부터 내려온다. 그 사랑은 하나님의 본성에 속한 것이므로 영원히 지속된다. 그것은 우리가 하늘의 권속에 속해 있음을 보여 주는 표시요 영원한 가정에 연결되어 있음을 보여 주는 끈이다.

2. 자신의 만족을 구한다

자연적인 사랑은 이기적이므로 자신의 만족이 달성되면 끝이 난다. 신성한 사랑은 비이기적이고 그 대상의 선을 이루는 데까지 나아간다. 그러므로 아무리 강력한 애정이라도 세상의 열정으로 태어난 사랑은 방해를 받고 낙심이 되면 지독한 미움으로 바뀔 수도 있다. 그 사랑은 사랑의 대상 때문에 질투심과 분노가 일어날 때는 목숨을 바쳐 사랑했을 수도 있을 사람을 복수라는 치명적인 타격을 입혀 죽일 수도 있다. 반면에 신성한 사랑은 자신을 잊고 대상에게 복을 베풀려고 노력한다. 그 사랑은 사랑하는 기쁨을 위해서나 사랑한 대상이 자기에 줄 수 있는 즐거움을 위해서 사랑하는 것이 아니라 대상에게 복을 주고 돕고 향상시키기 위해 사랑하는 것이다. 그 사랑은 대상을 위하는 고귀한 목적을 성취할 수 있다면 어떤 희생도 심지어 자기 행복을 희생하는 것도 마다하지 않는다.

3. 상대의 자질에 근거한다

자연적인 사랑은 상대의 매력적인 자질에 근거를 두고 있다. 신성한 사랑은 속에 있는 어떤 것으로부터 나오며 억제할 수 없는 충동으로부터 흘러나오는 것이다. 단순한 인간적 사랑은 공상이든 실제든 사랑하는 사람의 장점과 사랑스러움에 끌려서 생기는 것이다. 그러나 신성한 사랑은 전혀 사랑스럽지 않은 사람을 대상으로 삼을 수 있고, 그 사람을 사랑하여 사랑스럽게 만들 수 있으며, 상황으로 보아서는 도저히 불가능한 경우일 때에도 자신의 마음에서 우러나오는 충동을 통해 계속해서 사랑해 나갈 수 있다. 그와 같이 "우리가 아직 죄인 되었을 때에 그리스도께서 우리를 위하여 죽으심으로 하나님께서 우리에 대한 자기의 사랑을 확증하셨느니라"(롬 5:8).

참된 모성애에서 사랑의 비슷한 예를 보게 된다. 제 자식이 예쁘지 않다고 하는 어머니를 본 적이 있는가? 다른 사람은 몰라도 어머니에게만은 제 자식이 예뻐 보이는 법이다. 아기가 허약하고 화를 잘 내며 끊임없이 말썽을 일으키며 스트레스를 일으키는 때라도 어머니로서의 애정은 줄어들기보다는 오히려 더 강화되는 법이다. 아이를 밤낮으로 돌보고 인내하며 섬기는 것이 어머니의 기쁨이다. 그래서 고통을 주는 작은아이가 어머니의 생활에서 사라지면 어머니의 고통은 그 아이로 인해 많은 것을 희생하기 때문에 겪는 손실보다 훨씬 더 크다. 어머니는 약하디 약하고 전적으로 자기에게 의존하는, 거의 어머니의 생명이나 다름없던 아이가 없어진다면 어떻게 살아갈지조차 모른다.

하나님께서 우리를 사랑하신 것은 하나님 자신 안에 있는 어떤 것 때문이다. 그리스도께서 우리 안에 거하고 계신다면 우리는 우리 속에 계신 그리스도 때문에 사랑할 것이다. 우리가 그 사람 자신을 보아서는 사랑할 수 없는 때에라도 그리스도께서 그 사람을 사랑하시기 때문에 사랑할 가치가 없는 사람들과 사랑스럽지 못한 사람들까지도 사랑하도록 하자.

4. 예민하고 상대의 애정적인 반응을 원한다

자연적인 사랑은 예민하고, 애정적인 반응을 바라보며 산다. 그러나 신성한 사랑은 고통과 부당한 대접을 받는 지극히 어두운 시간 속에서도 오래 참고 인내하며 진실하다. 신성한 사랑의 핵심적인 요소는 견디는 것이다. 고린도전서의 장엄한 그림에서 사랑은 "오래 참는"(13:4) 것으로 행진을 시작하여 "모든 것을 견디느니라"(13:7)는 말로 끝다. 한편 이 행진의 중심에는 "성내지 아니하며"(13:5)라는 말이 깃발로 서 있다. 사랑이 존재하는 환경은 고통과 부당함이 만연한 곳이다. 사랑은 고통을 견디면서도 불친절하지 않을 수 있고, 오래 견디면서도 마음이 엄해지지 않을 수 있다. 이에 대한 가장 탁월한 모범은 잔혹한 적들에 둘러싸여 있던 하나님의 아들이시다. 적들이 주님을 부당하게 대할수록 그만큼 더 주님은 그들에게 당신의 사랑이 필요함을 느꼈고, 그들을 구원할 수 있도록 당신이 고난받기를 바라셨다.

몇 주 전(1896년), 중국 남부 지역에서 순교자 열 명이 목숨을 잃었다. 그중 생존자 한 사람이 그때를 돌아보면서 자신들 모두가 죽을 것으로 예상하고 있을 때 그녀가 기억한 것은 천국 문으로부터 그녀의 마음속으로 불어오는 것 같은 강한 기쁨과 사랑뿐이었다고 말했다. 그 소식이 잉글랜드에 있는 그의 친구들에게 전해졌을 때, 그들을 가장 사랑하는 친구들조차 분노를 보이지 않았고, 더욱 거룩한 사랑으로 나가 그들이 그러한 악을 저지를 수밖에 없었던 무지와 맹목으로부터 그들을 구원하려는 열망을 더욱 강력하게 토로하였다.

"너희가 너희를 사랑하는 자를 사랑하면 무슨 상이 있으리요 세리도 이같이 아니하느냐?"(마 5:46) 거룩한 사랑은 보답할 수 없는 사람들에게 손길을 뻗친다. 우리를 저주하는 자들을 축복하고, 멸시하고 박해하는 자들을 위해 기도하는 것이 바로 사랑이다. 거룩한 사랑은 목숨을 빼앗으려 하는 자들을 위해서 죽을 것이다. 이것이 성령만이 우리 마음속에 일으킬 수 있는 하나님의 사랑이다.

5. 변덕스럽고 기분에 따라 변한다

자연적인 사랑은 변덕스럽다. 거룩한 사랑은 오래 지속되고 변하지 않는다. 자연적인 사랑은 자신의 기분이나 사랑하는 대상의 기분에 따라 달라진다. 그러나 신성한 사랑은 좋을 때든지 나쁠 때든지 영구히 동일하게 사랑하시는 우리 속에 계신 영원한 그리스도의 사랑이다. 이 같은 기도가 얼마나 절실한지! "하나님이여 나를 살피사 … 내게 무슨 악한 행위가 있나 보시고 나를 영원한 길로 인도하소서"(시 139:23-24).

우리는 영원히 지속될 애정을 원하지 않는가? 우리의 깊은 애정이 상처받는 것에 지치지 않았는가? 그리스도는 우리에게 자신의 영원한 사랑을 주실 수 있다.

6. 배타적이고 편파적이며 당파적이다

자연적인 사랑은 배타적이고 편파적이며 당파적이다. 거룩한 사랑은 바로 하나님의 마음처럼 포괄적이고 보편적이다. 자연적인 사랑은 모든 사람을 똑같은 애정으로 사랑하지 않으며 같은 정도로 사랑하지도 않는다. 그러나 거룩한 사랑은 우리 생활 가운데서 만나는 각 사람을 사랑하고, 모든 사람을 마땅히 사랑해야 할 보편적인 동정심을 가지고 사랑한다.

자연적인 사랑은 남편에게 그리고 마음속에 특별한 위치를 차지하고 있는 아내에게 더 깊은 애정을 보인다. 자연적인 사랑은 가장 친밀한 동정심과 마음의 연대의식을 갖게 만드는 사람에 대해 한층 더 세심하고 특별한 연대감을 준다. 그러나 거룩한 사랑은 모든 동료, 모든 형제, 모든 친구를 사랑하되 그 사람에게 맞게 완벽한 조화와 충만으로 각 사람을 사랑한다. 두루두루 밝게 비추는 빛처럼, 거룩한 사랑은 사랑이 필요한 곳은 어디든지 가며, 가장 큰 방이 있는 곳에는 최대한 빨리 간다. 복되신 주님처럼, 거룩한 사랑에는 가슴에 기대는 요한과 같은 사람, 거룩한 사랑의 더 깊은 신뢰를 경험하는 마리아와 같은 사람이 있다. 그러나 제 위치에서 진정으로 사랑 받는 베드로나 필요한 동정심을 얻는 도마 같은 사람도 있고, 신뢰하는 기쁨 가운데 주님의 품에 안겨 있는 어린아이도 있다. 이것이 바로 하나님의 사랑이다.

인간의 사랑은 적대적이 되므로 자기들 울타리에 들지 않는 사람들은 싫어한다. 하나님의 큰 사랑은 보편적인 아름다움과 공정함과 의로움이 있다. 하나님의 사랑은 가장 훌륭한 인간의 애정보다 더 부드럽다.

7. 절제하지 않는다

인간적인 사랑은 과도하다. 하나님의 사랑은 온건하고 절제력이 있다. 성미가 급하고 열정적인 어머니는 한 순간에는 뜨거운 애정으로 사랑하는 아이를 꼭 끌어안지만 다음 순간에는 화가 나서 아이의 머리에 대고 맹렬한 비난을 퍼부을 수 있다. 충동적인 아버지는 과도하고 무분별하게 아이를 사랑하여 아이의 성품과 장래를 망칠 수도 있는 소원과 요구를 거절 못하고 들어줄 수 있다. 참된 사랑은 절제하며 심지어는 불쾌하게 하기도 하는데, 이것은 결국 사랑하는 대상에게 더 큰 유익을 끼치도록 하기 위해서이다. 하나님은 그와 같이 우리를 사랑하신다. 심지어는 우리를 치료하기 위해 상처를 주고 구원하기 위해 징벌을 내리기까지 사랑하신다.

요셉은 형제들을 사랑하였지만 깊은 애정 표시를 자제하고 멀리 떨어져서 엄한 표정을 보이며 이 범죄한 사람들이 회개하도록 하였다. 그러나 형제들이 자신들의 잘못을 깨달았을 때 요셉은 먼저 용서하고 그들이 그 사실을 잊도록 도왔다. 요셉은 형제들을 끌어안고 큰 소리로 울며 외쳤다. "근심하지 마소서 한탄하지 마소서 … 나를 이리로 보낸 이는 당신들이 아니요 하나님이시라"(창 45:5, 8).

이것이 거룩한 사랑이다. 즉 사려깊고 침착하며 멀리까지 내다보는 경건이고 고치기 위해 상처를 내며 구원하기 위해 징계할 만큼 용감한 사랑이다.

8. 보는 것으로 행한다

인간적인 사랑은 보는 것으로 행한다. 거룩한 사랑은 믿음으로 행한다. 그래서 우리는 이 말씀을 읽는다. "모든 것을 믿으며 모든 것을 바라며"(고전 13:7). 거룩한 사랑은 현재 사랑하는 대상에게서 사랑할 만한 자질을 볼 수 없을 때에는 하나님께서 그 사람을 그런 위치에 세워 주시기를 기도하고, 자신의 기도가 응답될 것을 믿으며 이미 그 기도가 이루어진 것처럼 행동한다. 그때 소망은 믿음과 손을 잡고 이상이 현실로 이루어질 때까지 앞날을 내다보며 나아가고, 사랑하는 대상을 언제가 임할 그 모든 영광으로 덮는다.

하나님은 그와 같이 우리를 사랑하신다. 하나님은 우리를 보시되 현재 우리의 가치 없고 죄 있는 모습으로 보시지 않고 언젠가 우리가 "아버지 나라에서 해와 같이 빛나고"(마 13:43) 우리 구주의 얼굴에 나타나는 영광과 아름다움을 반영하는 모습으로 보신다. 이것이 하나님께서 인정하고 기뻐하시는 우리의 모습이다. 하나님께서는 매순간 마치 우리가 이미 영광스럽게 된 것처럼 우리를 대하신다. 하나님께서는 우리가 "그리스도 예수 안에서 함께 하늘에 앉아 있는"(엡 2:6) 것으로 보신다. 하나님께서는 "모든 것을 믿으며 모든 것을 바라시며" 우리 안에서 모든 것을 이루고자 하신다. 이것이 바로 우리가 친구들을 복되게 할 사랑이다. 우리는 이같이 친구들을 위해 기도하고 믿으며 하나님과 천국의 빛 안에서 보아야 한다. 그렇게 해서 우리의 사랑이 그들이 얼굴을 들어 하늘의 이상을 보고 하늘의 거룩한 목적이 그들 속에서 이루어지도록 해야 한다.

9. 그것은 인간적이다

인간의 사랑은 인간적이다. "성령의 사랑"(롬 15:30)은 우리 속에 있는 하나님의 사랑이다. 그것은 바로 마음을 채우고 흘러 넘치는 성령 자신의 사랑이다. 우리가 그 사랑을 느끼거나 말하고 혹은 행할 수 있는 것이 최선이 아니다. 우리 속에 그리스도의 마음이 재현되는 것이 중요하다. 고린도전서 13장은 바로 예수님의 사진이라고 한다면 옳은 말이다. 그래서, 그 장의 말씀을 바르게 읽는 법은 사랑 대신에 그리스도를 집어넣고 우리 마음과 생활을 넣고, 다음과 같이 읽는 것이 바를 것이다. 우리 속에 계신 그리스도께서

"오래 참고 … 온유하며" 우리 속에 계신 그리스도께서 "자기의 유익을 구하지 아니하며" 우리 속에 계신 그리스도께서 "성내지 아니하며" 우리 속에 계신 그리스도께서 "모든 것을 참으며 모든 것을 믿으며 모든 것을 바라며 모든 것을 견디며" "언제까지나 떨어지지 아니하느니라"(고전 13:4, 5, 7, 8).

이같이 할 때 우리는 다시 그리스도에게로 돌아가고 자신에게서 나와 그리스도에게로 스며들며 이같이 말하지 않을 수 없다. "이제는 내가 사는 것이 아니요 오직 내 안에 그리스도께서 사시는 것이라"(갈 2:20). 우리에게 우리 자신의 불충분성을 보이고 그리스도의 온전히 충족하심을 보이는 바로 이것이 성령의 목적이다. 그때서야 성령은 한 걸음 한 걸음 생생한 그림을 우리의 삶에 그리고 생생한 현실을 경험하게 하신다.

이것이 바로 "성령 안에서의 사랑"(골 1:18)이다. 이 복되신 사랑의 영이 하늘에서 오신 것은 의와 거룩함과 신령한 순종이라는 최상의 교훈을 우리에게 가르치기 위해서이다. 왜냐하면 "하나님은 사랑이시라 사랑 안에 거하는 자는 하나님 안에 거하고 하나님도 그의 안에 거하시기"(요일 4:16) 때문이다. 사랑은 율법을 이룬다. 사랑은 모든 선의 총계다. 사랑은 거룩함의 본질이다. 사랑은 생명이다.

성령은 사랑의 학교에서 우리를 훈련시키기 위해 오셨다. 날마다 성령께서는 우리가 받아들일 수 있는 한 새로운 교훈을 깨닫도록 인도하신다. 일이 힘들고 괴로워 보일 때 그것은 훈련 학교에서 또 다른 과목을 듣는 것이며 예수 그리스도를 옷입고 인내와 오래 참음과 사랑의 온유함을 배우는 또 다른 기회이다.

마음에 상처를 입은 한 주교가 프란시스 드 살레에게 한 형제가 자신에게 어떤 잘못을 했는지 불평하며 그 형제에 관해 거짓말을 하며 어떻게 해서든 형제의 명예를 훼손하려고 하였다. 이 훌륭한 성도는 잠자코 듣더니 그의 말에 동의하면서 이같이 말했다.

"예, 형제님. 그 모든 것이 사실입니다. 그것은 매우 잘못된 일이고 몰인정한 일입니다. 매우 부당하고 무자비한 일이지요. 그러나 거기에는 또 다른 면이 있습니다."

"선생님은 그 일을 정당화할 어떤 핑계나 이유가 있다는 뜻입니까?"

"형제님, 그 사람 입장에서 그렇다는 말이 아닙니다. 그 문제에는 또 다른 면, 즉 훨씬 더 고귀한 면이 있다는 뜻입니다. 말하자면 하나님께서 이 모든 일이 형제에게 일어나게 허락하셨고 이 모든 말을 형제가 듣도록 허락하신 것은 형제 자신의 명성보다 형제에게 더 가치 있는 교훈을 가르치기 위함입니다. 그것은 사람들이 형제에 관해 무슨 말을 할지라도 잠자코 있는 것입니다. 그런데 형제는 아직 그 교훈을 배우지 못한 것이 분명하군요."

훌륭한 주교는 그 교훈을 깨달았고 조용히 받아들였다. 우리가 모든 일에서 주님의 손길, 곧 우리 주님의 교훈, 우리 아버지 하나님의 사랑을 보았으면 좋겠다. 생활 자체가 우리에게는 사랑의 학교가 될 것이고, 우리가 이 최고의 은혜를 아주 즐거이 익히면 어떤 것도 우리에게 상처를 입힐 수 없고, 대적의 손 위로 우리에게 풍성한 복을 베푸시는 사랑의 손길을 보고 심지어 "사람의 노여움은 주를 찬송하게"(시 76:10) 만들고 우리를 온전하게 하는 일에 봉사하는 것을 알게 될 것이다. 어쩌면 우리는 언젠가 중세의 성도들 중 한 사람처럼 이렇게 말할 수 있을 것이다.

"원수를 사랑하는 일은 지극히 즐거운 일이다. 만일 원수를 사랑하는 일이 죄라면 나는 그런 죄를 범하도록 시험받을까 두렵고, 그 일을 주께서 금하신다면 그 계명을 범하는 것이 내 생의 가장 큰 시험이 될까 두렵다." 하나님은 우리에게 "성령의 사랑"(롬 15:30)을 주시며 "내가 너희를 사랑한 것 같이 너희도 서로 사랑하라"(요 13:34)는 새 계명을 말씀하신다.

제 18 장

데살로니가서에 나타난 성령

하나님의 사랑하심을 받은 형제들아 너희를 택하심을 아노라 이는 우리 복음
이 너희에게 말로만 이른 것이 아니라 또한 능력과 성령과 큰 확신으로 된 것
임이라 우리가 너희 가운데서 너희를 위하여 어떤 사람이 된 것은 너희가 아
는 바와 같으니라 또 너희는 많은 환난 가운데서 성령의 기쁨으로 말씀을 받
아 우리와 주를 본받은 자가 되었으니(살전 1:4-6).

하나님이 처음부터 너희를 택하사 성령의 거룩하게 하심과 진리를 믿음으로
구원을 받게 하심이니(살후 2:13).

성령을 소멸하지 말며(살전 5:19).

이 세 구절 가운데 처음 두 구절은 성령의 사역의 세 면, 곧 성령의 능력,
기쁨, 성화를 보여 주고, 마지막 구절은 그 문제의 실제적인 면과, 성령을 소
멸하는 일의 중대한 위험을 보여 준다.

성령의 능력

바울 사도는 데살로니가 교인들이 개심하게 된 원인을 성령의 능력으로
돌린다. 그들 가운데서 이루어진 성령의 활동에는 사람들을 정죄하고 회개
하게 하는 성령의 능력이 두드러지게 나타났다. 사도는 그 사실을 다시 언급
하면서 이같이 말한다. "형제들아 우리가 너희 가운데 들어간 것이 헛되지
않은 줄을 너희가 친히 아나니 … 우리가 하나님께 끊임없이 감사함은 너희

가 우리에게 들은 바 하나님의 말씀을 받을 때에 사람의 말로 받지 아니하고 하나님의 말씀으로 받음이니 진실로 그러하도다"(살전 2:1, 13).

그래서 데살로니가 교인들이 깨닫고 하나님께 돌아간 일이 아주 놀라워서 사도는 그들에 대해 이렇게 말할 수 있었다.

> 주의 말씀이 너희에게로부터 마게도냐와 아가야에만 들릴 뿐 아니라 하나님을 향하는 너희 믿음의 소문이 각처에 퍼졌으므로 우리는 아무 말도 할 것이 없노라 그들이 우리에 대하여 스스로 말하기를 우리가 어떻게 너희 가운데에 들어갔는지와 너희가 어떻게 우상을 버리고 하나님께로 돌아와서 살아 계시고 참되신 하나님을 섬기는지와 또 죽은 자들 가운데서 다시 살리신 그의 아들이 하늘로부터 강림하실 것을 너희가 어떻게 기다리는지를 말하니 이는 장래의 노하심에서 우리를 건지시는 예수시니라(1:8-10).

사도는 전적으로 이 놀라운 결과를 성령의 능력 탓으로 돌린다. 즉 하나님의 말씀과 동행하며 데살로니가 교인들이 사람의 말이 아니라 살아 계신 하나님께로부터 오는 직접적인 메시지로 받을 그런 권위를 말씀에 주신 성령의 능력으로 말미암은 것으로 생각한다.

이것이 성령의 능력 가운데 있는 첫 번째 요소인데, 즉 듣는 자로 하여금 일하는 자나 말하는 자의 외모를 보지 않고 하나님의 권위를 마주 대하도록 한다는 것이다.

바울이 자신의 말이 큰 확신으로 데살로니가 교인들에게 임했다고 할 때 의미하는 바가 바로 이것이다. 이것은 문자적으로는 매우 담대함을 뜻한다. 사도는 하늘로부터 직접 보냄을 받은 사자로서 그들에게 말하였고, 그들은 사도를 그같이 영접하였다. 사도의 메시지는 말의 지혜나 현란한 수사에 있지 않고 하나님의 권위가 있었다. 설교들 가운데 말만 가득한 것이 얼마나 많은가! 즉 논리적이고 수사학적이며, 화려한 말, 눈물을 흘리도록 감동을 주거나 열광하게 만드는 감상적인 말이 가득하지만 결국은 말뿐인 설교가 얼마나 많은지!

성령의 능력은 어떤 형태의 표현이든 상관없이 회개와 구원, 즉각적인 결단과 순종의 필요성을 일깨우는 하나님의 위대한 메시지의 본질로 사람들을 이끈다. 성령의 능력은 사람들로 하여금 어떤 일을 하게 만들되 단번에 그리고 영구히 하도록 만든다.

여기서 능력을 뜻하는 단어는 다이나마이트이다. 그것은 사물을 분쇄하는 힘이다. 그것은 양심을 분쇄하고 죄를 깨닫게 한다. 마음을 찢고 녹여 회개에 이르게 한다. 성령의 능력은 의지를 굴복시켜 선택하게 만든다. 죄의 족쇄와 생활의 습관, 사탄의 굴레를 깨트린다.

성령의 능력은 사람들에게 큰 확신으로 말할 뿐만 아니라 사람들 속에 동일한 확신을 불러일으킨다. 성령의 능력은 사람들로 하여금 하나님께서 지금 말씀하고 계시다는 것을 알게 하고, 자신들이 죄인이라는 것을, 자신들이 죽어 있는 자라는 것을 알게 하며, 자신들이 구원받았다는 것을 알게 한다.

친애하는 형제들이여, 이와 같이 정죄하고 회개하게 하며 변화시키는 능력을 느꼈는가? 동료 사역자들이여, 이것이야말로 사람들의 구원과 우리의 왕 그리스도를 위한 봉사에서 우리가 유일하게 신뢰하고 의지해야 하는 것이 아닌가?

성령의 기쁨

데살로니가 교인들이 개심하고서 내놓은 결과들 가운데 첫 번째 일은 기쁨이었다. "너희는 많은 환난 가운데서 성령의 기쁨으로 말씀을 받아"(1:6).

기쁨의 영은 성령의 직접적인 열매들 가운데 하나이다. 새 생명은 본질적으로 슬픔과 우울함의 모든 요소들을 떨쳐버리고 우리를 영원히 빛나는 빛 가운데로 들여보내는 기쁨의 생활이다.

성령의 기쁨은 자연적인 정서가 아니다. 성령의 기쁨은 순조로운 상황이나 즐거운 환경에 따라 좌우되지 않는다. 현재 데살로니가 교인들의 기쁨은 많은 환난을 겪고 있는 가운데서 대조적으로 돋보이는 것이다. 이들은 주변의 모든 것들로부터 시험을 받았다. 즉 박해, 친구를 잃음, 죽음의 위협마저 느꼈다. 그러나 이들의 극한 환난이 오히려 더 깊고 거룩한 기쁨을 풍성하게 가져다주었을 뿐이다.

이것은 언제나 그렇다. 그리스도인의 생활은 영원한 역설이다. "근심하는 자 같으나 항상 기뻐하고 가난한 자 같으나 많은 사람을 부요하게 하고 아무 것도 없는 자 같으나 모든 것을 가진 자로다"(고후 6:10).

이것은 설명할 수 없는 신비이다. 세상은 이것을 알 수 없고 줄 수도 없다. 세상은 이것을 빼앗아 갈 수도 없다. 우리도 스스로는 이 사실을 알 수 없다. 그것은 밤중에 부르는 노래처럼, 노래가 나오기 때문에 부른다는 것 말고 어떤 이유도 대지 못하는 그런 노래와 같다. 그것은 눈에 보이지 않는 근원으로부터 흘러나오되 땅의 어떤 출구로 흘러나오지 않고 정해지지 않은 수로로 흘러가는 샘과 같다. 그것은 깊은 암반으로부터 터져 나오며, 펌프나 길고긴 쇠줄, 두레박이나 사람의 손이 없이 흘러나오는 아르투르의 분수 같은 샘이다. 그것은 기쁨이다. 하늘로부터 왔고 하늘에 속해 있으며 영원히 하늘에 거하는 기쁨이 있기 때문에 기쁜 것이다.

성령의 기쁨은 복된 유산이다. 이 유산은 가난 가운데 있을지라도 그것을 소유한 자에게는 행운이다. 성령의 기쁨은 악의 권세를 이기게 하고 평안과 승리라는 난공불락의 요새 안에 우리를 보호한다. 그것은 질병과 고통을 치료하는 향유이며, 신경과 뇌, 그 밖의 모든 외적 질병을 고치는 거룩한 만병통치약이다. 그것은 봉사를 위한 영감이며, 죄로 병들고 슬퍼하는 세상에 대한 우리의 호소에 저항할 수 없는 힘을 부여한다. 무언가 숨기는 듯한 표정과 피곤한 태도, 음침한 목소리로 사람들에게 자기가 우리보다 행복하다고 큰소리치면서 방황하고 지친 사람들에게 자비의 문으로 오라고 외치는 것은 헛된 일이다. 주님의 기쁨은 거룩함을 위한 힘일 뿐만 아니라 건강과 행복, 다른 사람들의 마음과 생활에 대한 거룩한 영향력, 하나님과 사람을 위한 모든 활동에서도 우리의 힘이 된다.

친애하는 형제들이여, 마음을 열고 성령의 기쁨을 받으라.

성령의 성화

고린도후서 2:13의 말씀이 솔직한 일반 독자에게 강한 인상을 남기는 첫 번째 사실은 성화가 여기에서는 구원의 필수적인 부분으로 이야기되고 있다는 사실이다.

그 사실을 아주 명백한 말로 진술한다. "하나님이 처음부터 너희를 택하사 성령의 거룩하게 하심과 진리를 믿음으로 구원을 받게 하심이니"(살후 2:13). 우리가 영적 조건과 상관없이 구원받도록 선택된 것이 아니라 그런 조건에 따라 구원받도록 되어 있고, 그 필수적인 조건 가운데 하나가 바로 성령의 거룩하게 하심이라는 것이다.

구원을 기대하면서도 자신의 성화에 대해서는 전혀 관심이 없는 사람이 어떻게 구원받을 수 있는가 하는 것은 어려운 문제이다. 구원은 대체로 성화 자체로 이루어져 있다. 왜냐하면 그와 같이 해서, 오직 그와 같이 해서만 우리가 영혼을 파괴하는 죄의 악한 세력으로부터 구원받기 때문이다.

여기에서 성화는 성령의 능력으로 돌려진다. 성화는 성령의 사역이지 우리의 사역이 아니다. 성화는 우리의 칭의와 사죄처럼 그리스도 안에 있는 하나님의 값없는 은혜와 같은 것이다. 그 성격은 사도의 기도에 아주 충분하게 표현되어 있다. "평강의 하나님이 친히 너희를 온전히 거룩하게 하시고 또 너희의 온 영과 혼과 몸이 우리 주 예수 그리스도께서 강림하실 때에 흠 없게 보전되기를 원하노라 너희를 부르시는 이는 미쁘시니 그가 또한 이루시리라"(살전 5:23-24). 하나님은 친히 이 일을 하시되 복되신 성령을 통해서 하신다.

'거룩하게 하다' 라는 단어는 세 가지 구체적인 의미가 있다. 즉 구별하다, 바치다, 채우다라는 뜻이 있다.

첫째, 우리는 자아와 죄의 옛 생활을 끊고 분리해야 한다. 하나님께 바칠 수 없는 것들이 있는데, 그런 것들을 버려야 한다. 옛 죄에서 나오는 제사를 제단에 바칠 수 없다. 그것은 사람들이 그 제물에 옮겨놓은 죄 때문에 불결하므로 진 밖으로 옮겨야 했고, 심판의 자리에서 불로 태워졌다. 그와 같이 우리는 죄와 죄된 모습을 하나님께 바칠 수 없다. 그 모든 것을 버려야 한다. 끊어 버리고 거기에 대해 우리가 죽어야 한다. 그 모든 것으로부터 구별되어 있어야 한다.

둘째로, 하나님께 대한 헌신이 온다. 이것은 성별을 위한 위치이다. 번제를 드리는 장소이다. 그 제물은 제단에 놓여져 향기로운 제사로 받아들여졌다. 그와 같이 우리가 범죄한 자아로부터 구별되었을 때 우리는 우리의 새 생명을 그리스도 안에서 하나님께 전적으로 바치고, 하나님께서는 우리의 새 생명을 향기로운 제사로 받으신다. 그러나 그때에도 우리 새 생명이라는 것은 성별된 의지, 단순한 가능성, 깨끗하지만 여전히 비어 있는 그릇 외에 아무것도 아니다. 그 헌신을 하나님께 가치있는 것으로 만드는 능력도 반드시 하나님으로부터 온다. 하나님은 단지 그릇을 받으실 뿐이고, 하나님이 그릇을 채우고 계속해서 채우셔야 한다. 이것이 성화의 세 번째 의미이다. 그것은 성령의 충만하심이다. 성령께서는 우리의 성별된 의지와 깨끗하고 비어 있는 그릇을, 그리고 주님께 순종하는 새로운 생명의 모든 가능성을 주님께 연합시키고 주님의 생명으로 채우신다. 그래서 우리가 날마다 그리스도의 생명을 따라 살고 우리 속에 성령께서 공급하시는 충만이 흘러나온다.

우리의 생명은 우리 것이 아니다. "우리가 다 그의 충만한 데서 받으니 은혜 위에 은혜러라"(요 1:16).

이것이 성령의 거룩하게 하심이다. 그리스도의 은혜와 피로 의롭다함을 얻은 영혼을 이와 같이 거룩하게 하는 것이 성령의 독특한 직임이다.

첫째, 성령은 그 영혼에게 성화의 필요성, 영혼이 본래부터 지니고 있는 어찌할 길 없는 죄성, 불결한 데서 깨끗한 것을 낼 수 없거나 거룩하지 못한 마음으로 거룩한 생활을 할 수 없는 전적인 무능력을 보여 준다. 그 다음에는, 그리스도의 값없는 선물 가운데서 우리의 성화를 위한 하나님의 준비를 보여 준다. 즉, 우리의 옛 사람을 위하여 죽으신 대속의 죽음의 효력, 그리스도 보혈의 권능, 성령께서 기꺼이 이 일을 맡으려 하심, 우리의 마음을 깨끗케 하고 우리 속에 내주하심을 보여 준다. 그리고 성령은 우리를 다음 단계로 인도하신다. 이 복된 사역을 위하여 기쁘게 온전히 순종하고 우리의 영혼을 하나님께 드리는 일, 즉시 악에서 떠나는 일, 전적으로 우리의 모든 것을 하나님과 하나님의 온전하신 뜻에 맡기는 단계로 인도하신다.

그러면 성령은 우리를 받으시고 우리와 맺은 언약을 실현시키신다. 성령께서는 우리의 전적인 순종과 믿음을 보고 우리의 옛 사람과 죄를 멸하며 성별된 우리 마음에 들어와 거하시며 우리를 예수 그리스도에게 연합시키신다. 성령은 우리를 자신의 충족한 은혜와 임재로 채우고 순간순간 그의 영광스런 은혜를 끊임없이 의지하도록 우리를 인도하신다.

어떤 의미에서, 이 사역은 순간적이다. 이 사역은 시작이 분명하고, 아주 영구히 확정되었다고 여기는 순간이 있다. 다른 의미에서 그것은 점진적이다. 왜냐하면, 성령은 우리를 주님의 영에 의해 한 걸음 한 걸음 인도하며 더욱더 강력하게, 은혜에 은혜를 더하고 영광에 영광을 더하도록 인도하시기 때문이다.

빛을 비추는 새로운 계시가 올 때마다 성령은 새로운 순종과 진보를 요구한다. 빛 가운데 걸어가는 동안 우리는 받은 빛에 따라 온전히 받아들여지고 하나님 보시기에 거룩하고 하나님을 기쁘시게 하는 자로 여겨진다.

우리의 실제적인 장성이 시작되는 것은 우리가 성령의 거룩하게 하심을 받고 주님과의 온전한 연합에 들어간 후이다. 그리스도의 교회는 성령 안에 있는 충만한 생명의 깊이와 높이와 길이와 넓이를 여전히 배워야 한다. 하나님의 섭리는 순종하는 제자들에게 날마다 새로운 상황을 부여하고, 성령께서는 충만한 은혜로 우리가 그 상황에 적응하도록 만드신다.

실제적인 호소

"성령을 소멸하지 말며"(살전 5:19).

성령 사역의 복된 이 세 가지 면을 볼 때, 성령을 소멸하지 말라는 권고는 참으로 애정어리고 엄숙하다. 먼저 이 말씀은 집단적인 의미에서 교회를 가리키지만 또한 신자 개개인에게도 적용될 수 있다. 한 사람의 그리스도인으로서 우리가 온유하신 성령의 애정어린 인도를 오해하고 방해하고 불순종함으로써 성령을 소멸하고 주님의 사랑의 큰 뜻을 좌절시킬 수 있다.

나는 지금 예수 그리스도를 진심으로 믿는 영혼이 결국 망하게 될 것이라고 말하는 것이 아니다. 그러나 친애하는 형제들이여, 믿는 영혼이라도 구원에 따르는 아주 많은 부분을 잃을 수 있다. 멸망하는 것과 면류관을 잃고 아버지 하나님의 지극히 고귀한 뜻을 잃는다는 것은 별개의 일이다. 성경에는 우리의 온전한 기업에 미치지 못하고 온전한 상을 잃는 것을 애정어린 태도로 경고하는 말씀이 가득하다.

성령은 마치 감수성 예민한 애인 같다. 난폭한 공격으로는 여자의 마음을 얻지 못하고 존중하고 섬세하며 사려깊은 사랑에서 나오는 부드러운 접근 태도로 얻는다. 교제가 진행되다가도 어느 순간에 여자는 구애하는 남자의 마음이 진행되는 것을 냉랭하게 식게 만들며, 마침내 모든 것을 그녀에게 갖다 바치게 하였을 수도 있을 사랑의 불길을 꺼 버릴 수도 있다. 성령께서도 그와 같이 우리에게 오셔서 우리를 존중하는 태도로 부드럽게 권고하신다. 그러나 우리의 사랑의 증거로 희생과 순종을 강력하게 요구하기도 하신다. 우리를 당혹스러운 상황과 시련 가운데 두시는데, 그런 것을 통해서 우리는 우리에 대한 사랑으로 계획된 훈련을 받을 수 있다.

그런데 여기에서 불순종과 거절이 올 수 있다. 성령의 온유한 인도를 피할 수 있다. 성령께서 우리를 영광스런 승리에 이르도록 하기 위해 계획하신 시련을 거절할 수 있다. 우리는 더 쉬운 길을 택하고 두려운 십자가는 피할 수 있다. 그렇게 함으로써 우리는 성령을 슬프시게 한다. 자신의 진보를 정지시킨다. 하나님과 함께 나아갈 준비가 될 때까지 하나님을 기다리시게 만든다. 그리고 얼마 후에 우리는 성령의 오래 참으시는 사랑을 지치게 할 수 있고, 결국 하나님께서는 우리를 위해 마련하신 복을 받기에 우리가 부적합하다는 것을 아시게 되고, 우리는 영혼을 잃지는 않지만 면류관은 얻지 못하게 될 것이다.

자기 삶에서 중요한 것을 영원히 잃어버렸지만 마음이 아주 완고해져서 자신이 무엇을 잃었는지조차 모르는 영혼들이 있다.

빨갛게 달구어진 쇳조각을 물에 넣어 식힐 수 있는데, 너무 많이 하면 결국 금속 자체가 재처럼 벗겨져서 쇠의 경도와 본질이 침식되고 사라진다.

불순종과 계속해서 하나님의 사랑을 식게 만들면 마침내는 찌꺼기 외에는 아무것도 남지 않을 수 있다.

아, 우리는 하나님의 음성을 들을 때, 어머니의 마음 같은 성령의 무한하고 영구한 자비와 사랑을 받을 때 어떻게 행할 것인지 주의하자! "성령을 소멸하지 말며"(5:19).

여러분은 불순종을 통해서 성령을 소멸할 수 있고, 불신을 통해서 그리고 방종이나 어리석은 관대함을 통해서 소멸할 수 있다. 또 시험에 굴복함으로 성령을 소멸할 수 있다. 세상으로 들어가 팥죽 한 그릇에 장자권을 넘겨줌으로 성령을 슬프시게 하며, 성마름이나 짜증, 화난 표정, 성급한 말, 성급함, 반항을 통해 성령을 슬프시게 할 수 있다. 조심하자. 성령을 거스르지 말자. 성령을 슬프시게 하지 말고 소멸하지 말자.

마지막으로, 우리는 다른 사람들 속에 계신 성령을 소멸할 수 있다. 사람들의 영혼 속에 이루어지는 하나님의 사역을 방해할 수 있다. 그리스도의 교회가 승리하는 것을 막을 수 있다. 교회의 지체 한두 사람이 계속해서 만성병에 걸려 있으면 몸 전체가 무력해질 수 있다.

그와 같이 모세, 여호수아, 갈렙은 이스라엘의 불신앙으로 인해 40년간이나 제지당했다. 그처럼 오늘날 교회도 그리스도의 몸의 많은 부분이 연약하기 때문에 오순절 능력의 충만함을 받지 못하고 있는 것이다. 아주 많은 사람들이 자칭 친구라고 하는 사람의 잘못된 사랑이나 분별없고 부정한 영향력 때문에 기가 꺾이고 잘못된 길로 유혹을 받아 마음이 냉랭하게 식어지며 하나님의 고귀한 뜻과 성령의 거룩한 부르심에서 떠나게 된다.

하나님은 스스로 범죄할 뿐만 아니라 다른 사람도 죄를 범하게 만드는 두려운 죄책에서 우리를 구원하신다. 하나님께서는 우리가 자신과 다른 사람들 속에 있는 거룩한 생명과 능력의 불꽃을 더욱 살려서 마침내 오순절의 빛으로 타오를 뿐만 아니라 재림의 날 아침에 봉화처럼 타오르도록 도우신다.

제 19 장

디모데서에 나타난 성령

> 우리 안에 거하시는 성령으로 말미암아 네게 부탁한 아름다운 것을 지키라
> (딤후 1:14).

바울이 복음으로 낳은 아들 디모데에게 보낸 목회적이고 개인적인 편지에서 성령에 대한 중요한 언급이 다섯 군데 나온다.

그 언급들을 논리적인 순서대로 생각해 보도록 하자.

예수 그리스도의 인격과 사역과 성령의 관계

"크도다 경건의 비밀이여, 그렇지 않다 하는 이 없도다 그는 육신으로 나타난 바 되시고 영으로 의롭다 하심을 받으시고"(딤전 3:16).

이 말씀은 성육신 하신 하나님의 아들에 대한 성령의 증거임이 분명하다. 이 성육신의 사실은 하나님의 아들이 태어나기 전에 있었던 천사의 고지에 의해, 아들의 탄생에 따른 성령의 초자연적인 나타남에 의해 증거되었다. 세례 받으실 때 성령이 그리스도 위에 공개적으로 임하여 주께서 하나님의 아들이심을 증거하였으며 성령 자신이 하나님의 아들과 연합하셨다. 그 후 성령은 예수 그리스도의 사역과 활동에 능력을 부으셨다. 성령은 계속해서 그리스도의 말과 활동에서 하나님의 능력을 나타냄으로 예수께서 하나님의 아들이심을 증거하셨다.

예수께서 메시지를 전하신 것은 성령을 통해서였다. 또 귀신을 내어쫓고 병든 자를 고치신 것도 성령을 통해서였다. 예수께서 자신을 하나님께 흠없이 드리고 십자가의 싸움과 고난 가운데서 승리하신 것도 성령을 통해서였

다. 아버지 하나님의 보좌에 자신을 온전한 제물로 바치신 것도 성령을 힘입어서였다. 그리고 죽은 자 가운데서 일어나신 것도 성령을 통해서였다. "성결의 영으로는 죽은 자들 가운데서 부활하사 능력으로 하나님의 아들로 선포되셨으니 곧 우리 주 예수 그리스도시니라"(롬 1:4).

더 나아가서 성령은 그리스도의 주장이 옳음을 보이셨다. 성령은 처음 시작하셨을 때처럼, 이후 사도들의 사역에서 그리고 교회라는 조직과 활동에서, 그리스도 시대 내내 따랐던 은혜의 모든 기적들에서 승천하신 주님을 증거함으로써 그리스도의 주장을 정당화하셨다. 예수 그리스도를 하나님의 아들이요 세상의 구주로 증거하신 성령으로 말미암아, 그리고 그리스도의 모든 약속과 주장을 신실하게 증거하는 참된 증인들로 말미암아 주 예수의 말씀이 옳음이 입증된다.

성경과 성령의 관계

"모든 성경은 하나님의 감동으로 된 것으로 교훈과 책망과 바르게 함과 의로 교육하기에 유익하니 이는 하나님의 사람으로 온전하게 하며 모든 선한 일을 행할 능력을 갖추게 하려 함이라"(딤후 3:16–17).

성령이 여기서는 하나님의 말씀과 관련하여서 소개된다. 하나님의 말씀은 바로 성령의 말씀이며, 하나님의 말씀이 나올 때는 언제든지 성령께서 그 말씀을 증거하고 명예롭게 하신다. 성령을 가장 잘 아는 사람은 하나님의 말씀을 가장 잘 알고 사랑하며 그 말씀에 따라 살며, 하나님의 말씀을 자신의 활동과 전쟁의 무기로 사용할 것이다.

여기서 사용된 단어는 문자적으로 "하나님께서 숨을 불어넣으셨다"(한글개역에는 "하나님의 감동으로 된")는 뜻이다. 하나님께서 숨을 불어넣으신 성경은 모두가 "교훈과 책망과 바르게 함과 의로 교육하기에 유익하다." 성경은 하나님의 생명이다. 하나님께서 사람에게 생명의 숨을 불어넣으므로 사람이 살아 있는 영이 된 것과 같이 하나님 말씀에 자신의 생명을 불어 넣으셨다. 그래서 성경은 하나님의 생각과 마음과 지식의 표현이다. 창문에 대고 숨을 내쉬면 입김이 창문을 흐리게 하듯이, 하나님께서 성경의 페이지에 숨을 불어넣으셨다. 그래서 하나님의 생각과 마음이 죽은 문자가 아니라 하나님의 사랑을 전하는 생생한 메시지로 거기에 있는 것이다.

우리는 이 거룩한 책을 진정한 하나님의 말씀으로 인정한다. 성경은 귀중한 역사기록이 아니고 윤리적인 원칙이나 장엄한 시가 아니다. 성경은 하나님의 권위를 가지고 사람들에게 말하는 하늘로부터 오는 직접적인 메시지이다. 우리가 그 말씀을 받고 믿으며 온전히 존중할 때 그 말씀이 사실이 되며, 성령께서 우리 마음과 생활에 실제적인 효과를 일으킴으로써 성경이 진정 영원하신 하나님의 참된 말씀이라는 것을 증거하신다.

성경은 우리에게 유익하다. 첫째로, 교훈하기에, 즉 하나님의 뜻을 바르게 보고 우리가 꼭 알아야 할 필요가 있는 사실들을 보게 하기에 유익하다. 그 다음은, 책망하는데 유익하다. 말 그대로 양심에 이르러 우리가 어디에서 잘못되었는지를 보여 준다. 또한 성경은 바르게 하거나 지도하는 말씀이 된다. 즉 우리에게 잘못이 무엇인지 보여 주고 깨닫게 할 뿐만 아니라 옳은 것과 옳은 길로 나아가는 법을 가르쳐 주기도 한다. 끝으로 성경은 "의로 교육하는" 말씀이다. 말 그대로 우리를 단련시키고 장성한 그리스도인으로 성숙하게 만든다. 이와 같이 하나님의 사람은 자신의 경험을 통해 성숙하게 되고 온전한 자질을 구비하여 다른 사람들을 돕고 주님을 섬기기 위한 모든 선한 일을 행하게 된다.

하나님의 사람은 하나님의 말씀으로 살아야 한다. 그러므로 성령께서는 자신이 주신 하나님의 말씀을 결코 간과하거나 가볍게 여기지 않으신다. 성령이 없는 하나님의 말씀은 무미건조하고 생명이 없다. 그러나 하나님의 말씀이 없는 성령은 불충분하다. 성경 말씀을 공경하고 연구하자. 성경을, 사탄을 대항하여 싸우고 사람들의 영혼을 위하여 싸우는 무기로 습관적으로 사용하고 찾고, 먹고살도록 하자.

오늘날 시대를 향한 성령의 메시지

모든 성경 말씀이 성령의 메시지이지만 성령은 이 편지에서 분명 오늘날 시대를 향한 메시지를 주셨다. 그래서 이 말씀을 보게 된다. "성령이 밝히 말씀하시기를 후일에 어떤 사람들이 믿음에서 떠나 미혹하는 영과 귀신의 가르침을 따르리라"(딤전 4:1).

너는 이것을 알라 말세에 고통하는 때가 이르러 사람들이 자기를 사
랑하며 돈을 사랑하며 자랑하며 교만하며 비방하며 부모를 거역하며 감
사하지 아니하며 거룩하지 아니하며 무정하며 원통함을 풀지 아니하며
모함하며 절제하지 못하며 사나우며 선한 것을 좋아하지 아니하며 배신
하며 조급하며 자만하며 쾌락을 사랑하기를 하나님 사랑하는 것보다 더
하며 경건의 모양은 있으나 경건의 능력은 부인하니 이같은 자들에게서
네가 돌아서라(딤후 3:1-5).

우리는 어떤 구절을 특별히 강조하고 싶을 때 그 구절에 밑줄로써 글자체
를 정해 준다. 그러면 그 구절은 이탤릭체나 고딕체로 인쇄되어 나온다. 때
로는 큰 글씨로 인쇄되기도 한다.

그런데 이것이 바로 성령께서 이 구절을 쓴 방식이다. 그것은 오늘날의 사
람들에게, 19세기가 저물어가고 20세기가 막 시작되는 이 시대의 사람들에
게 강조해서, 크게 써서 전하는 메시지이다. "즉 성령께서 명백히 말씀하시
는 것이다." 그것은 우리에게 전하는 메시지이며, 우리가 아주 경청해야 할
성령의 강조하시는 메시지이다.

그것은 시어가 아니고 자기 만족감으로 타오르는 감상적이고 밝은 메시지
도 아니다. 그것은 위험과 거룩한 두려움을 담고 있는 엄숙한 경고이다. 이
경고는 조금도 모호하게 말하지 않는다. 그 메시지의 목소리는 "주의하라",
"조심하라", "경계하라"이다. 이 경고의 말씀은 보편적인 자유와 기독교의
영향력이 행사되는 시대가 열릴 것이라고 말하지 않는다. 이 경고의 말씀은
진보를 주장하는 오늘날의 사도가 쓰는 유창한 말로 복음의 전파와 기독교
교수들의 증가, 신속한 천년의 도래를 자세히 말하지 않는다. 오히려 시대가
서둘러 종말로 다가갈수록 더욱더 어두워지고 위태로워질 것이라고 말한
다. 영광스런 시대가 아니라 "두려운 시대"가 온다고 경고한다. 미혹하는 영
들의 시대, 거짓말을 믿는 강한 기만의 시대가 올 것이다. 우리 속에 있는 빛
이 어둠이 될 시대가 올 것이다.

지극히 위험한 요소들이 하나님의 교회 안에 생기고 "경건의 모양은 있으
나 경건의 능력은 부인하는" 자들에게 일어날 시대가 올 것이다. 지극히 올

바르고 지극히 자기 부정적인 사람, 곧 "혼인을 금하고 어떤 음식물은 먹지 말라고"(딤전 4:3) 하는 사람들과 자기 희생과 지극히 고결한 도덕성의 화신과 같은 사람들이 사탄의 속임과 기괴한 악을 퍼트리는 지도자가 되는 시대가 올 것이다.

그 시대는 이미 왔다. 그 전망이 시작되고 있다. 사면에서 무시무시한 구름이 몰려오면서 금세기가 끝나가고 있다. 오늘날처럼 사람들의 기를 꺾고 애타게 만드는 광경이 일찍이 있었는가? 의지할 데 없는 수많은 그리스도인들이 유럽 군주의 명령에 따라 그리고 천만 군사들을 통제하는 여섯 열강들의 암묵적 동의에 따라 도살장의 가축들처럼 도살되고 잔인한 욕망에 유린당했다!

이 모든 일이 몇 주, 몇 달, 몇 년에 걸쳐 대낮에 외교라는 이름으로 자행되었지만, 지극히 사소한 일에 전쟁이라도 벌일 것 같은 사람들이 이 같은 불법에 대해서는 한 사람도 칼을 들고 일어나지 않았다! 분명코 인간의 정부는 완전한 실패작이다. 분명코, 왕국과 왕들 가운데 최고로 꼽히는 나라와 왕들도 토기장이의 진흙에 불과하다. 약함과 악함이 손을 잡은 것이 분명하다. 인간은 확실히 이 세상을 다스릴 능력이 전혀 없고 따라서 평강의 왕, 전능의 왕이 전적으로 필요하다는 것을 하나님께서는 보여 주고 계시는 것이다.

> 그가 주의 백성을 공의로 재판하며
> 주의 가난한 자를 정의로 재판하리니
>
> 그가 가난한 백성의 억울함을 풀어 주며
> 궁핍한 자의 자손을 구원하며
> 압박하는 자를 꺾으리로다
>
> 그는 궁핍한 자가 부르짖을 때에 건지며
> 도움이 없는 가난한 자도 건지며
> 그는 가난한 자와 궁핍한 자를 불쌍히 여기며

궁핍한 자의 생명을 구원하며
그들의 생명을 압박과 강포에서 구원하리니
그들의 피가 그의 눈 앞에서 존귀히 여김을 받으리로다
(시 72:2,4,12-14).

오, 복되신 왕이시여 오소서! 온 피조계가 신음하며, 박해당하는 자들, 제단 아래에 있는 성도들이 이같이 호소한다. "대주재여 땅에 거하는 자들을 심판하여 우리 피를 갚아 주지 아니하시기를 어느 때까지 하시려 하나이까?"(계 6:10) 장래 일들이 이와 같고, 일들이 그같이 되리라는 바로 그 사실은 새벽의 빛이 밤의 어둠을 뚫고 나타나는 것과 같으리라고 성령께서 밝히 말씀하신다.

감사하게도 그 아침이 가까이 왔다. 이제 성령의 음성에 귀를 기울이자. 주의하고 기도하며 매일 준비하고 있자.

그리스도인의 생활과 봉사에 능력을 주시는 성령

"그러므로 내가 나의 안수함으로 네 속에 있는 하나님의 은사를 다시 불일듯 하게 하기 위하여 너로 생각하게 하노니 하나님이 우리에게 주신 것은 두려워하는 마음이 아니요 오직 능력과 사랑과 절제하는 마음이니"(딤후 1:6-7).

여기서 첫째로, 우리는 성령이 우리에게 주어졌다는 사실을 분명히 인정하고 있음을 보게 된다.

헬라어에서 사용된 이 부정과거시제는 항상 강조 용법으로 쓰인다. 과거 확정된 시간에 분명하게 행해진 어떤 행위를 표시한다. 그것은 점진적인 경험이 아니고 어떤 일에 대한 점진적인 접근도 아니다. 단 한 번으로 완전히 이루어진 일을 가리킨다. 이런 의미로 성령이 주어진 것이다. 우리의 모든 영적 곤경에서 그리고 주님의 충만한 모든 약속을 따라서 성령으로부터 생명과 능력을 받는 때는 바로 이처럼 신자의 생활에서 위기의 시간이다.

친애하는 형제들이여, 여러분은 이와 같이 아버지 하나님의 선물과 약속하신 것을 분명히 받았는가? 여러분은 많은 약속을 구했는데, 그러면 그 약속이 여러분에게 그대로 이루어졌는가? 그렇게 이루어지지 않은 데 대해 어떤 이유를 댈 수 있는가? 여러분이 주님의 발 앞에 자신을 확실하게 드리고 하나님의 말씀대로 성령을 받을 때까지는 일어서서 다른 일을 하지 않도록 하라.

그러나 다시 한 번 하는 얘기지만, 성령을 받은 후에라도 신자가 할 일은 많다. 그래서 디모데는 "네 속에 있는 하나님의 은사를 다시 불일듯하게 하라"는 권고를 받고 깨우침을 받는다. 여기서 사용된 이 단어는 은유로서 꺼져 가는 불씨를 다시 살리는 것을 말한다. 거룩한 생명과 능력의 불길이 사그라져 가고 있고, 아니면 적어도 그 불길이 일어나지 않았거나 불충분하므로 다시 살리고 불붙이며 타오르도록 해야 한다.

하나님께서 우리에게 주신 성령은 우리를 개선하기 위한 거룩한 투자이다. 따라서 그 거룩한 투자를 사용하고 향상시킬 때 성령은 우리 손에서 몇 배로 증가된다. 그것은 달란트 비유에 나오듯이 열 배로 불어날 수 있다. 그것은 집안의 모든 그릇과 이웃에서 빌려온 모든 그릇을 다 채우고 쓰면 쓸수록 증가된, 엘리야를 접대한 과부 이야기에 나오는 기름병과 같은 것이다. 그것은 가나 혼인 잔치의 항아리에 담긴 물과 같다. 물을 그릇에 담아 손님들에게 따라 줄 때 포도주가 되었고, 그것도 아주 풍성해서 잔치에 필요한 것을 다 채울 만큼 풍성한 물과 같다.

이와 같이 성령을 분발시키고 개발할 수 있다. 그렇지 않으면 성령을 소홀히 대하고 시들게 하여 성령이 하나님의 강력한 발전기와 충족한 능력이 되기보다는 우리의 불성실과 태만에 항의하는 분이 될 수 있다.

형제들이여, 우리 속에 있는 하나님의 은사를 분발시키도록 하자. 사그라드는 불길에서 재를 끄집어내자. 살아 있는 진리의 석탄과 연료를 집어넣도록 하자. 기도로 바람을 일으켜 불길을 살려서 마침내 그리스도의 식구들을 따뜻하게 하며 멸망하는 세상에 빛과 축복을 베풀도록 하자. 우리 속에 있는 하나님의 은사를 불일듯하게 하면 그 은사는 우리에게 능력과 사랑, 용기, 건전한 마음의 영이 된다. 이와 같이 우리는 이 강력한 말씀에서 성령의 사중의 충만함을 본다.

첫째로, 성령은 두려움의 영이 아니시다. 이 점을 달리 말하면 성령은 용기의 영이시라는 것이다. 우리에게는 시작할 용기가 있어야 한다. 그렇지 않으면 성령의 다른 은사들 가운데 어느 하나라도 결코 사용할 수 없다. 우리는 자신의 강렬한 방종에 대해 "안돼"라고 말하고 하나님의 지극히 선하신 뜻과 최상의 복을 가로막는 모든 것을 포기하기 위해 자신을 부인하고 고통을 견디는 용기를 가져야 한다.

하나님이 말씀하시는 것을 믿고 고백하는 용기가 있어야 한다. 나아가서 하나님의 명령에 순종하고 성령의 모든 충만을 경험하는 용기를 가져야 한다.

둘째, 성령은 능력의 영이시다. 능력 없는 용기는 인생을 낭비하게 만들 뿐이다. 용기에 능력이 결합될 때 아무도 우리를 이기지 못할 것이다. 능력을 뜻하는 헬라어는 '뒤나미스'이다. 성령은 결과를 내며, 모든 장벽과 장애물을 파괴하는 다이너마이트이다.

친애하는 형제들이여, 여러분은 이 능력을 갖고 있는가? 여러분의 삶은 효과가 있는가? 목적하는 바가 성취되는가? 기도의 응답을 받는가? 여러분의 삶은 승리의 삶인가? 아니면 사방에서 밀려오는 파도와 큰 물결이나 길을 가로막는 바위로 인해 좌절되고 저지당하는가? 하나님께서 우리에게 능력의 성령을 주셨다. 그러므로 성령을 분발시키도록 하자. 그것은 여러분의 능력이 아니라 성령의 능력이다. 내주하시는 성령이시다. 강력한 전선이 여러분이 밟고 다니는 거리 밑으로 지나고 있다. 전차가 그 전선에 접속하면 차에 아무리 무거운 것을 실었어도 거뜬히 나를 수 있다. 능력이 있을 때 사용하지 않으면 능력을 낭비할 뿐이다.

셋째, 성령은 사랑의 영이시다. 능력이 없는 용기는 효과 없는 만용이고, 사랑이 없는 용기와 능력은 끔찍하고 무자비한 폭력이 될 것이다. 능력에 선행을 더하고 다른 사람들의 선을 위해 일하도록 지도하기 위해서는 사랑이 필요하다. 그래서 성령께서 우리에게 사랑의 영을 주신다. 이 사랑의 영 때문에 우리의 모든 목적과 성취가 축복이 된다. 그것은 우리의 사랑이 아니다.

우리는 우리 스스로는 사랑할 수 없는 자리에 끊임없이 이르게 되는데, 그것은 성령의 사랑이다. 그 사랑은 언제나 강력하다. 그것은 사랑스럽지 못한 자들에 대한 사랑이며 고귀한 사랑이다. 성령 안에서 원수를 용서하고 자기를 죽인 자들을 위해 기도한 사랑이다.

그러나 성령의 이러한 사중적인 충만함에 필요한 요소가 한 가지 더 있다. 우리에게는 지혜의 영, 건전한 지성의 영, 즉 어떤 사람들이 번역한 대로 훈련의 영이 필요하다. 이것은 우리의 모든 능력을 아주 평정하게 유지하고 완벽한 조화를 이루며 우리가 모든 힘과 자원과 기회를 최대한 이용할 수 있도록 만드는 영이시다.

지혜가 없는 능력과 용기는 자신을 낭비할 수 있고 건전한 지성이 없는 사랑은 비끄러진 정서가 될 수 있다. 그렇지 않으면 적어도 그 자체의 목적을 이루지는 못한다. 그래서 성령은 우리의 모든 생각과 목적과 행동을 제지하고 지도하며 통제하는 실제적인 지혜의 영이시다. 그렇게 함으로써 우리가 최고의, 최상의 결과를 내도록 하신다.

그런데 이것은 우리의 지혜가 아니다. 상식도 아니다. 사람들이 말하듯이 건전한 판단도 분별력있는 지성도 아니다. 그것은 우리를 교육하고 훈련하며 자제시키고, 성령의 생각을 알도록 가르치고 그의 인도하심을 따르며 그의 뜻 안에서 행하도록 하시는 성령의 내주하심이다.

그것은 때로 인간의 지혜에서 나오는 권고와 다르다. 그것은 언제나 안전하고 항상 하나님께 가장 잘 순종하는 길이다. 바울과 실라가 자신들의 지혜를 따랐다면 에베소와 비두니아, 아시아에 머물렀을 것이다. 그러나 성령의 지혜는 그 두 사람을 그리스와 유럽으로 보냈다. 그것은 하나님께서 미래의 큰 대륙을 복음화한다는 것이 무슨 의미인지를 미리 아셨기 때문이다. 육신의 지혜를 따랐다면 지금까지 하나님의 교회가 이룬 믿음과 용기에서 나온 모든 위대한 사업이 수포로 돌아갔을 것이다. 그러나 하나님의 지혜는 하나님의 자녀들이 교회의 명령에 따라 앞으로 나아가고 하나님의 명령 안에서 힘있게 나아갔을 때 그 옳음이 입증되었다.

성령은 우리의 모든 상황에 맞게 대응하실 수 있다. 그러므로 성령을 의지하고 그분께 순종하자. 성령의 지혜롭고 거룩한 훈련을 따르자. 그러면 성령께서 우리를 안전한 길로 인도하시고, 그 길에서 걸려 넘어지지 않을 것이다.

이 성령의 능력을 주시는 본질은 그 모든 요소의 균형에 있다. 그 본질은 용기만이 아니고 능력만도 아니다. 지혜만 있으면 엄하고 냉정해지게 될 것이다. 그러나 사랑으로 불이 붙고 능력으로 힘이 공급되는 지혜가 있으면 우리는 이 세상에 복을 베풀 수 있을 것이다.

사자는 용기의 표상이고 소는 힘의 상징이다. 창공에서 내려다보는 시야를 가진 독수리는 지혜의 표상이다. 이 표상들이 용기와 사랑과 건전한 지성의 영 안에 모두 들어 있다.

형제들이여, 그런 하나님의 준비가 있다면 두려워할 이유가 어디 있겠는가? 우리가 허약하게 지낼 필요가 어디 있는가? 신경이 날카로워지거나 지쳐야 할 이유가 어디 있겠는가? 어리석거나 실패할 이유가 어디 있는가? 우리 안에 있는 하나님의 은사를 북돋우고, 거룩하신 분의 힘과 생명과 강력을 입고 나아가자. 우리 자신은 불충분할지라도 성령의 무한하신 은혜 안에서는 모든 것이 충족하다.

우리에게 맡기신 신성한 것을 지킬 수 있게 하시는 성령

마지막으로, 여기서 성령은 우리에게 맡기신 신성한 것을 지킬 수 있게 하시는 능력으로 묘사된다. "우리 안에 거하시는 성령으로 말미암아 네게 부탁한 아름다운 것을 지키라"(딤후 1:14).

"네게 부탁한 아름다운 것"이란 이 앞절에서 "내가 의탁한"(1:12)이라고 말한 바로 그것이다. 문자적으로 그것은 기탁물을 의미한다. 기탁물에는 두 가지가 있다. 우리가 그리스도께 맡겨두었고, 그리스도께서 그것을 지키실 수 있다는 것을 아는 기탁물이 있다. 그것은 바로 우리의 귀한 영혼이다. 우리의 영원한 미래이며, 저세상에서의 중요한 관심사이다.

그러나 성령은 우리에게 기탁물을 주기도 하셨다. 하나님께서는 우리가 지켜 주시도록 맡긴 기탁물처럼 하나님 당신에게 소중한 것을 우리에게 주셨는데, 그것은 바로 하나님의 영광이다. 그것은 하나님의 증거이며, 이땅에 나타나는 하나님의 나라, 즉 우리에게 "부탁한 아름다운 것"이다. 우리는 부탁 받은 그것을 지키고 있다가 주님을 만날 때 더럽히지 않고 영광스런 상태로 주님께 돌려드릴 수 있을 것인가?

감사하게도, 하나님은 우리가 맡은 바 그것을 지킬 수 있도록 성령을 우리에게 주셨다. "우리 안에 거하시는 성령으로 말미암아 네게 부탁한 아름다운 것을 지키라"(1:14). 하나님은 당신의 목적을 이루시지만 또한 우리의 목적도 돌보신다.

복되신 친구여, 복되신 조력자시여, 복되신 대리인이시여, 충족한 분이시여, 우리가 당신을 받나이다. 우리 자신이 아니라 당신을 의지하고 우리 것을 당신에게 드릴뿐만 우리에게 맡기신 당신의 것도 당신에게 드리나이다. 당신의 지혜와 힘과 사랑과 전능하심을 힘입고, 우리에게 맡기신 것을 완성하기 위해 나가며 주님의 오심을 위하여 일하며 바라보나이다! 아멘.

제 20 장

중생과 신생

(디도서)

> 우리를 구원하시되 … 오직 그의 긍휼하심을 따라 중생의 씻음과 성령의 새
> 롭게 하심으로 하셨나니 우리 구주 예수 그리스도로 말미암아 우리에게 그
> 성령을 풍성히 부어 주사(딛 3:5-6).

이 구절에서 우리는 구원 계획의 장엄함을 보게 된다. 첫째로 사도는 우리
의 이전 상태에 대해 이야기한다. "우리도 전에는 어리석은 자요 순종하지
아니한 자요 속은 자요 여러 가지 정욕과 행락에 종 노릇 한 자요 악독과 투
기를 일삼은 자요 가증스러운 자요 피차 미워한 자였으나"(3:3).

다음으로, 사도는 구원의 근원에 대해 이야기한다. 소극적으로 말할 때 그
것은 "우리가 행한 바 의로운 행위로 말미암지 아니한" 것이고, 적극적으로
말할 때, 그것은 우리 구주 하나님의 자비와 사랑으로 말미암아 "긍휼하심
을 따른"(3:5) 것이었다.

구원의 역사는 전적으로 하나님의 일이다. "인자하심을 영원히 세우시며"
(시 89:2). 우리를 구원한 것은 바로 긍휼하심이었고, 우리가 계속해서 구원
받도록 만드는 것도 긍휼하심이다. 우리는 결코 이 하나님의 긍휼하심을 넘
어서지 못할 것이다. 자신이 어떻게 구원받았느냐는 질문을 받은 불쌍한 한
인디언이 한 번은 작은 벌레를 잡아 땅에 내려놓고 벌레 주위에 마른 잎을
쌓아놓고 불을 붙였다. 그 벌레는 불냄새를 맡고 불의 위험한 열기를 느끼고
도망치기 시작하였으나 다른 쪽에서도 불길에 막혀 또 다른 쪽으로 도망쳤
으나 거기서도 불길에 막히자 공포와 두려움에 싸여 이쪽 저쪽으로 왔다갔

다하다가 마침내 도망갈 길이 없는 것을 알자 불길 한가운데로 와서 몸을 움츠리고 어찌할 수 없이 죽어가고 있었다. 그때 그 인디언이 손으로 벌레를 집어 구원하였다.

"바로 이런 식으로 구원받았어요. 자비가 나를 구원한 것이지요."

하나님께서 우리를 구원하신 것은 하나님의 긍휼하심을 따른 것이었고, 그 큰 구원의 모든 충만함을 우리 안에 이루는 것도 언제나 하나님의 긍휼하심이다.

그 다음에 바울은 구체적인 단계들을 이야기한다. "그의 긍휼하심을 따라 중생의 씻음과 성령의 새롭게 하심으로 하셨나니 우리 구주 예수 그리스도로 말미암아 우리에게 그 성령을 풍성히 부어 주사 우리로 그의 은혜를 힘입어 의롭다 하심을 얻어 영생의 소망을 따라 상속자가 되게 하려 하심이라"(딛 3:5-7).

이 7절의 말씀은 칭의가 중생에 따라 일어난다는 뜻이 아니다. 헬라어 시제는 칭의가 중생에 앞선다는 것을 암시한다. "그의 은혜를 힘입어 의롭다 하심을 얻었다"는 것이 이 헬라어 시제의 참된 요점이다. 하나님께서는 죄인인 우리를 붙드셔서 믿는 순간 당신의 은혜로 의롭다 하시고, 그 다음에 거듭나게 하시며 성령을 주시고 그의 은혜의 충만함과 우리의 영원한 기업에 대한 복된 소망으로 나아가게 하신다.

그러나 이와 관련해서 "중생의 씻음과 성령의 새롭게 하심"(3:5)의 두 단계만을 다루려고 한다.

중생

이 말을 문자적으로 하면 "중생의 놋대야"라는 뜻이다. 헬라어로는 고대 성막에 사용되던 놋대야를 가리킨다. 하나님의 구약의 성막 뜰에는 깊은 관심을 불러일으키는 두 가지 물건이 있었다. 첫 번째 물건은 번제단이었다. 죄인들은 이 번제단에 와서 자신의 죄책을 희생제물에 전가시키고 그 피로 말미암아 구속을 받았다. 그 다음 물건은 놋대야, 즉 물통이었다. 제사장은 이 물통에 반사된 면에서 자신의 더러운 곳을 보았고 흐르는 물에다 더러운 부분들을 씻었다. 번제단은 그리스도의 피를 나타내었고, 놋대야는 중생의 사역을 행하시는 성령을 표시하였다. 성막 뜰은 모든 백성에게 공개되었다. 성막 뜰은 죄인을 위한 복음의 값없고 충분한 준비, 곧 예수 그리스도의 의롭다하고 구속하시는 사역과 성령의 거듭나게 하시는 성령의 은혜를 나타냈다.

그와 같이 중생의 놋대야는 죄 가운데 죽어 있는 영혼을 일깨우고 하나님의 생명으로 살리는 성령의 일차적인 사역을 표시한다. 죄인은 항상 죄와 허물로 죽어 있다. 그것은 단지 빛의 문제만이 아니다. 죄인이 좋은 해결책을 내고 도덕적 개혁을 성취하는 것으로 충분하지 않다. 죄인에게 필요한 것은 생명이다. 그러므로 우리는 이 말씀을 보게 된다.

"그런즉 누구든지 그리스도 안에 있으면 새로운 피조물이라 이전 것은 지나갔으니 보라 새 것이 되었도다!"(고후 5:17). 그러므로 예수께서 니고데모에게 이같이 말씀하셨다. "사람이 거듭나지 아니하면 하나님의 나라를 볼 수 없느니라"(요 3:3). 또 선지자 에스겔도 장차 올 구원에 대해 이같이 말했다. "새 영을 너희 속에 두고 새 마음을 너희에게 주되 너희 육신에서 굳은 마음을 제거하고 부드러운 마음을 줄 것이며"(겔 36:26). 바로 이것이 중생의 놋대야로, 회개에 필수적인 성령의 사역이다.

지난 밤 나는 죽어가고 있는 사람 곁에 무릎을 꿇었다. 수 개월에 걸쳐 점차 생명을 잃어가고 있는 귀한 청년이었지만, 아무도 그를 구주에게로 인도하지 않았다. 그날 친한 친구가 처음으로 그 청년에게 예수 그리스도에 대해 이야기하면서 그를 데리고 좁은 문을 지나려고 하였다.

우둔한 머리와 허약한 몸으로 그의 곁에 무릎을 꿇었을 때 내 자신이 그에게 변화될 필요성을 알게 하는 것이 참으로 불가능하다는 것을 깨달았다.

그는 어떤 것도 잘못한 일이 없어서 죄의식이 전혀 없었다. 그러나 하나님은 내가 그에게 "육으로 난 것은 육이요 영으로 난 것은 영이니"(요 3:6)라는 사실을 설명하고, 자연적인 마음을 가지고는 새끼고양이가 벽난로 위에 올라갈 수 없고 카나리아를 새장에 가두어 둘 수 없듯이 하나님 나라의 가족에 들어갈 수 없다는 것을, 나와 한 식구가 되고 내 동정과 기쁨과 생각을 같이 나눌 수 없다는 것을 설명할 수 있게 해 주셨다.

그래서 그가 자신이 크게 변화되어야 할 필요성을 느꼈을 때, 그를 예수께 데려갈 수 있었고 그에게 우리 주 예수 그리스도로 말미암은 영생의 값없는 선물을 소개하고 하나님의 크나큰 사랑의 선물로 그것을 즉시 받을 수 있다고 말할 수 있었다. 그 다음에 그것은 복되신 성령께서 우리의 구원을 위해 오셔서 새롭게 창조하는 전능한 능력을 보여 주신 것이었다.

청년이 그 선물을 받을 때 온 마음으로 "받겠습니다" 말하고 나서 머리를 내 가슴에 묻고 팔로 내 목을 끌어안은 채 내가 기도하는 동안 오래도록 누워 있다가 영원한 사랑의 품으로 들어갈 때 순간적으로 그의 얼굴에 스쳐가며 빛났던 영원한 빛의 기이하고 아름다운 섬광을 결코 잊지 못할 것이다.

그가 곁을 떠났을 때 모든 것이 평화로웠고 천국의 아름다움이 가득하였다. 아침 일찍 그는 문을 지나 천성으로 들어갔다. 곁에 있던 사람들이 그가 세상을 떠나기 직전에 하나님께서 그에게 천국문을 열고 그를 본향으로 데려갈 마차를 보여 주셨다고 말했다. 하나님을 알지 못하고 이 기이한 일들을 거의 이해하지 못하는 그 친구의 가족들은 그 친구에게 왔고 또 그를 통해서 온, 즉 조금 열려 있는 천국문으로부터 온 하나님의 은혜의 메시지에 말할 수 없는 감동을 받았다.

이것이 중생의 놋대야이다. 귀한 친구들이여, 여러분은 이같이 새로운 마음이 없이는 천국에 들어갈 수 없다! 이 하나님의 생명이 없이는 하나님의 나라를 볼 수 없다. 그 생명이 없이는 하나님 나라에 들어갈 수 없다. 이 하나님의 감동이 없이는 하나님 나라에 들어갈 수 없고 하나님 나라를 여러분에게로 가져올 수도 없다. 분투노력함으로써 하나님 나라를 일으켜 세울 수 없다. 그러나 감사하게도 그보다 나은 길이 있다. "영접하는 자 곧 그 이름을 믿는 자들에게는 하나님의 자녀가 되는 권세를 주셨으니 이는 혈통으로나 육정으로나 사람의 뜻으로 나지 아니하고 오직 하나님께로부터 난 자들이니라"(요 1:12-13).

아, 죄인들이여 이 중생의 놋대야로 오라! 여러분의 단단하고 굳은 마음을 예수님의 발 앞에 복종시키고 그를 영접하라. 마음이 완고하고 어찌할 줄 모르는 대로, 믿음과 느낌이 부족한 대로 예수께 오라. 예수께서 굳은 마음을 제하고 부드러운 마음을 주실 것이다. 예수께서 여러분을 중생의 놋대야에 담근 다음 하나님의 충만한 은혜와 영광으로 인도하실 것이다.

성령의 신생

새 생명을 받은 후에는 그 생명을 유지하는 일이 필요하다. 그 생명을 소중히 여기고 성숙시키며 세우고 그리스도의 충만에 이르도록 할 필요가 있다. 이것이 처음에 우리에게 생명을 주신 거룩한 어머니이신 하나님의 사역이다. 바로 이것이 성령의 신생이 의미하는 바이다.

1. 매일 의지함

첫째, 이것은 우리의 생명이 매일 하나님께 의존해 있다는 것을 말한다. 우리는 생명을 단 한순간에 공급받지 않는다. 우리는 내일을 위한 은혜를 비축해 두고 있지 못한다. 광야의 만나는 매일 새로 떨어져야 한다. 생명은 순간순간 호흡을 빨아들여야 유지된다. 생명은 우리의 명령에 따르지 않고 전적으로 하나님에게서 나왔다.

우리는 하나님 안에 거하고 하나님은 우리 안에 거하셔야 한다. 이는 "그를 떠나서는 너희가 아무것도 할 수 없기"(요 15:5) 때문이다. 은혜를 비축해 두는 우리의 창고는 큰 저수지가 아니라 한 순간을 지나기에 충분한 만큼만 실어 나르는 작은 송수관에 지나지 않는다. 그래서 우리는 끊임없이 예수님과 그리고 성령님과 교제하는 가운데 사는 법을 배워야 한다.

예수께서는 우리와 교제하기를 정말로 기뻐하시며 우리가 종종 되돌아가는 것에 지치지 않으신다. 예수께서는 우리가 자신에게 오고, 다시 또 오고 계속해서 오기를 바라신다. "그러므로 자기를 힘입어 하나님께 나아가는 자들을 온전히 구원하실 수 있으니 이는 그가 항상 살아 계셔서 그들을 위하여 간구하심이라"(히 7:25).

2. 영적으로 새로워짐

이 말은 우리가 영적으로 새로워진다는 것을 나타낸다. 사람들은 오래된 음식과 곰팡이 난 빵을 먹고 살 수 없다. 하나님께서 우리에게 공급하시는 것은 항상 신선하고 새롭다. "내가 이스라엘에게 이슬과 같으리니"(호 14:5)라는 말씀은 하나님 자신에 대한 복된 비유이다. 항상 비가 오는 것이 아니라 밤마다 이슬이 내려 아침마다 꽃과 잎새 위에서 반짝인다. 이슬은 연한 초목을 휩쓸어 버리는 큰 폭풍우와는 다르게 부드럽고 소리 없이 내리지만 소란하게 하지 않으면서 신선함을 공급한다. 이슬은 아주 더운 날씨와 몹시 고통스러운 시기에 내린다. 사실 이슬은 내리는 것이 아니라 솟아난다. 이슬은 언제나 공기 중에 있으므로, 식물의 상태가 공기 중에 떠다니고 있는 습기를 빨아들이기에 적절할 때 이슬을 흡수한다. 우리가 성령을 받고 빨아들일 상태에 있다면 언제나 성령을 받을 수 있다. 하나님의 은혜의 이슬을 마시고 성령의 새롭게 하심을 받아 살도록 하자!

아론의 싹 난 지팡이에서 이 비유가 참으로 아름답게 묘사되었다. 아론의 지팡이를 성소 안에 두었을 때 싹이 나고 꽃이 피며 열매가 맺혔다. 그와 같이 믿음과 기도, 거룩한 제사장직과 친교의 지팡이가 새롭게 싹을 내고 꽃을 피우며 끊임없이 열매를 맺는다.

사막을 가로질러 흐르며 이스라엘의 목마름을 해갈해 주는 물의 비유는 훨씬 더 아름다웠다. 언젠가 호렙에서 지팡이로 바위를 치자 물이 터져 흐르는 시내가 되었는데, 그 후로는 언제나 강이 흘러 백성들의 필요를 공급하였다. 백성들이 다시 목이 마르게 되었을 때 하나님은 그들을 돌려보내며 모세에게 바위를 치지 말고 말하라고 하셨다. "반석에게 명령하여 물을 내라"(민 20:8). 모세는 반석을 치는 실수를 범하였으나 그래도 물이 흘러나왔다. 하나님의 신실한 은혜는 여전히 공급되었다.

그렇지만 다시 백성들이 끝없는 사막에 들어가자 발밑에는 뜨거운 사막과 위에는 불타는 해밖에 없었다. 이번에도 거기에 물이 있었다. 그들이 해야 할 일이라곤 둥그렇게 모여서 삽으로 사막에 우물을 파고 둘레에 모여서 믿음과 찬양의 노래를 부르는 것뿐이었다. 보라, 물이 세차게 흘러나왔고 백성들의 필요가 모두 채워졌다.

이것이 성령의 새롭게 하심이었다. 그와 같이 하나님은 우리에게 매일의 필요를 채워 주신다. 이처럼 하나님은 믿음으로 부르짖는 소리에 언제든지 응답하신다. 이렇게 하나님은 찬송의 노래에 응답하기를 기뻐하시며, 우리의 모든 존재를 당신의 기쁨과 충만한 공급으로 흘러넘치게 하여 마침내 "사막이 백합화 같이 피어 즐거워하며 무성하게 피어 기쁜 노래로 즐거워하도록"(사 35:1-2) 하실 것이다.

이것이 바로 베드로 사도가 다음과 같이 말했을 때의 의미이다. 그리스도로 말미암아 "하나님이 만물을 회복하시기"(행 3:21) 전에 "새롭게 되는 날이 주 앞으로부터 이를 것이요"(3:19). 우리는 지금 "유쾌하게 되는 날" 속에서 지내고 있고, 만유를 회복하실 때를 기다리고 있다. 그 복을 붙잡자! 그 충만함을 주시라고 하자! 성령의 새롭게 하심을 받자. 이같이 강력한 약속을 경험하도록 하자. "내가 그들에게 복을 내리고 내 산 사방에 복을 내리며 때를 따라 소낙비를 내리되 복된 소낙비를 내리리라"(겔 34:26).

3. 변화

이 표현이 암시하고 있는 사상은 한 가지 더 있다. 여기서 사용되는 헬라어는 신약 성경에서 다른 한 곳에서만 사용된다. 우리는 그 단어를 로마서 12장의 유명한 구절에서 본다. 그 구절에서 사도는 이같이 말한다. "너희는 이 세대를 본받지 말고 오직 마음을 새롭게 함으로 변화를 받아 하나님의 선하시고 기뻐하시고 온전하신 뜻이 무엇인지 분별하도록 하라"(롬 12:2).

여기에 사용되는 표현은 "네 마음을 위로부터 새롭게 함으로 변화를 받으라"고 번역해야 한다. 그것은 여기서 "새롭게 하다"라는 말에 대해 사용된 단어와 같은 것으로 변화라는 표현과 관계가 있다.

여기서 사도가 생각하고 있는 것은 성령께서 우리를 변화하도록 인도하신다는 것이다. 하나님이 우리를 불러 주시고자 하는 것은 단지 은혜가 아니라 영광이다. 거듭나는 것으로는 충분하지 않다. 영화롭게 되기를 원해야 한다. 중생의 놋대야에 가는 것으로는 충분하지 않다. 그 문을 지나가고, 들어가며 나오면서 꼴을 찾도록 해야 한다. 주님의 금촛대 사이로 들어가자. 향기로운 냄새가 나는 진설병 상에서 먹도록 하자. 성소를 가득 채우는 향내를 맡자. "예수의 피를 힘입어 성소에 들어갈 담력을 얻도록" 하자.

"그 길은 우리를 위하여 휘장 가운데로 열어놓으신 새로운 살길이요"(히 10:20). 거기, 곧 하나님의 셰키나의 빛에, 그룹들의 날개 아래, 하나님의 가장 깊은 임재 앞에서 저세상의 영광을 바라보도록 하자. 그 다음에 우리 이마에 비치는 그 영광의 빛을 가지고 나가 어둡고 슬픈 세상에 그 복을 발하도록 하자.

성령은 그리스도의 생명을 변화시키셨듯이 우리의 생명도 변화시키기 원하신다. 2년 반에 걸친 복된 사역의 생활이 지나갔다. 주님께서도 성령으로 태어나셨다. 또 요단 강가에서 세례 받으셨다. 하늘이 열리면서 비둘기 같은 성령이 내려와 주님 위에 머물렀다. 예수께서 성령의 능력을 힘입고 나가 광야에서 마귀와 싸우셨고 갈릴리 촌들을 지나며 사랑의 봉사를 베푸셨다.

그러나 그 다음에는 주께서 기드론 깊은 골짜기를 내려가며 재판정의 수욕을 당하시고 겟세마네의 어둡고 슬픈 싸움에 들어가실 것이다. 또한 주님은 십자가, 곧 사람들의 죄를 인해서 하나님께 버림받는 두려운 곳, 깊고 추운 무덤의 신비를 마주해야 할 것이다. 주님께는 그 이상의 것이 필요하였다. 하나님의 힘뿐 아니라 영광이 필요하였다. 그래서 주님은 그날 밤에 헐몬 산 꼭대기에 오르셨고 주께서 태초부터 계셨던 보좌와 세상에 강림하여 통치하시는 영광으로 옷입으셨다. 그 영광을 입으시고 주님은 산에서 내려와 마귀를 던져 발 앞에 굴복시키고 박해와 반대와 모든 적을 이기고 수욕을 개의치 않고 십자가를 견딤으로 죄와 사망을 이기셨다.

그래서 우리는 이후에 주님의 태도에 기이한 위엄이 서린 것을 본다. "그들이 놀라고 따르는 자들은 두려워하더라"(막 10:32). 우리도 지금 기이하고 엄숙한 시간을 시작하고 있는 것이다! 어두운 구름이 수평선 근방에 보이고 무시무시한 번개가 하늘에서 번쩍거리고 있다. 심각한 중얼거림이 공중에서 들린다. 위기의 신호들이 있고, 모든 것이 문제를 일으키고 중대한 날이 가까이 오고 있다.

우리는 이미 가지고 있던 것보다 더 많은 것이 필요하다. 우리는 영광에서 영광으로 나아갈 필요가 있다. 우리도 주님처럼 변화된 삶이 필요하다. 헐몬 산 꼭대기에서 그리스도 강림의 영광스런 빛이 잘 드는 언덕에서 멀리 떨어져 있는 굴욕과 고난의 골짜기를 내려다 볼 필요가 있다.

우리도 변화 받으려고 하는가? 주님처럼 나가서 마귀와 죄와 사망을 싸워 이기고 주위에 그리스도의 영광의 빛을 비추고 우리 시대의 고통과 격동 가운데서 흔들리지 않고 굳게 서서 "하나님의 선하시고 기뻐하시고 온전하신 뜻이 무엇인지"(롬 12:2) 분별하면서 우리 주님의 오심을 맞이하려고 하는가?

옛적에 세 제자들처럼 주님과 함께 따로 떨어져 있자. 따로 지극히 높은 산에 올라가도록 하자. 올라갈 때 밤의 그림자와 영광의 구름을 두려워하지 말자. 그러면 우리도 "내게 주신 영광을 내가 그들에게 주었사오니 이는 우리가 하나가 된 것 같이 그들도 하나가 되게 하려 함이니이다"(요17:22)라는 주님의 이 강력한 약속의 의미를 조금이라도 알게 될 것이다.

제 21 장

히브리서에 나타난 성령

하나님도 표적들과 기사들과 여러 가지 능력과 및 자기의 뜻을 따라 성령이
나누어 주신 것으로써 그들과 함께 증언하셨느니라(히 2:4).

히브리서에는 다섯 군데에서 성령에 대한 구체적인 언급이 나온다.

그리스도의 죽음과 성령의 관계

"하물며 영원하신 성령으로 말미암아 흠 없는 자기를 하나님께 드린 그리
스도의 피가 어찌 너희 양심을 죽은 행실에서 깨끗하게 하고 살아 계신 하나
님을 섬기게 하지 못하겠느냐"(히 9:14).

우리는 앞에서 성령이 주 예수 그리스도의 전 생애와 관련이 있다는 것을
살펴보았다. 성령의 덮으심으로 예수께서 하나님의 성육신하신 아들로 태어
나셨다. 성령의 세례로 주님은 자신의 특별한 사역을 감당하도록 기름 부음
을 받으셨다. 성령의 인도하심으로 광야로 나가 마귀의 시험을 받고 승리하
셨다. 성령께서는 주님에게 기름을 부어 복음을 전하도록 하셨다. 성령으로
말미암아 귀신을 내어쫓으셨다. 주님의 생애 동안 내내 성령께서 주님과 함
께 하셨고, 주님은 마치 당신의 제자들인 우리처럼 하나님의 힘과 은혜를 얻
기 위해 성령을 의지하셨다.

그러나 이제 우리는 성령께서 주님의 생애 마지막 시간에 갈보리의 십자
가에서 주님을 섬기며, 주님의 생애 가운데 마지막이자 가장 중요한 활동에
참여하시는 것을 본다. "영원하신 성령으로 말미암아 흠없는 자기를 하나님
께 드리셨다." 복되신 보혜사께서 그 어둡고 외로운 시간에 주님과 함께 계

셨다. 성령은 주님이 겟세마네에서 고통스러워하실 때 힘을 북돋우고 지지하여 주께서 때가 오기 전에 마귀의 힘에 굴복하지 않을 수 있게 하셨다.

성령은 예수께서 재판정과 로마의 총독 앞에서 수욕과 고난의 무서운 시련을 겪으실 때 즐거움과 온유함, 흠없는 의로 붙드셨다. 예수께서 십자가의 고통 가운데 계실 때 다른 모든 사람들이 그를 버리고 하나님 아버지마저 얼굴을 돌리셨을 때 성령께서 그와 함께 계셨다. 위대한 제사를 마치기까지 성령께서 섬기고 견디고 지탱하시다가 예수의 생명을 죄에 대한 온전하고 흠없는 제사로, 모든 죄인의 생명을 위한 충분한 대속물로 하나님의 보좌 앞에 드리셨다

복되신 성령이여, 갈보리의 십자가와 큰 구속에 대해서조차 우리가 얼마나 많은 것을 성령께 빚지고 있는지!

성령은 주님이 십자가에 못 박히실 때 함께 계셨듯이 제자들과도 함께 계실 것이다. 마찬가지로 성령은 우리가 자신과 죄에 대하여 죽을 수 있게 하실 것이다. 우리가 진실로 십자가에 못 박힐 수 있는 것은 오직 성령을 통해서만 가능하다. "너희가 육신대로 살면 반드시 죽을 것이로되 영으로써 몸의 행실을 죽이면 살리니"(롬 8:13). 그러나 우리 자신이 스스로를 죽이려 하면 수없이 자해를 가하면서도 결코 죽기까지는 찌르지 못한 불쌍한 네로처럼 될 뿐이다. 우리는 예수와 함께 죽고 예수와 함께 살아 그의 충만하고 영원한 생명에 이르려고 하는가? 성령을 받고 성령께서 우리를 사랑하여 죽음과 영원한 생명으로 인도하시도록 하자.

이 죽을 수밖에 없는 생명을 주님의 재림 전에 버려야 한다면, 주께서 죽으실 때 함께 계셨던 복되신 성령께서 우리의 고통스런 마지막 잠자리를 감싸고 그의 전능하신 사랑의 날개에 세상을 떠나는 우리 영혼을 태워 아버지 하나님의 품으로 가는 외로운 여행에 함께 하시고, 한 점 흠없이 우리 영혼을 하나님의 보좌 앞에 내놓으실 것이다.

우리의 어머니되신 하나님이며, 영원한 친구이신 복된 성령이시여, 우리가 얼마나 많은 것을 당신에게 빚지고 있는지!

새 언약의 증거자이신 성령

성령께서도 이 점을 우리에게 증거하신다. 첫째로 성령은 이같이 말씀하신다.

> 또한 성령이 우리에게 증언하시되 주께서 이르시되
> 그날 후로는 그들과 맺을 언약이 이것이라 하시고
> 내 법을 그들의 마음에 두고 그들의 생각에 기록하리라
> 하신 후에 또 그들의 죄와 그들의 불법을
> 내가 다시 기억하지 아니하리라 하셨으니(히 10:15-17).

이것은 쇠퇴해 가는 고대 유대교의 암울한 시대에 성령께서 예레미야에게 계시하신 복음이다. 이때, 지상의 성전은 부서졌지만 선지자는 통찰력으로 더 나은 아침의 빛을 볼 수 있었다.

예레미야에게 지극히 영광스럽게 계시된 구약의 언약이 히브리서에 세 번에 걸쳐 나온다. 그러므로 그 언약은 지극히 중대한 의미와 중요성을 가진 것이 분명하다. 사실 그 언약이야말로 복음의 핵심이다. 이 언약은 신약의 영이 살아 숨쉬고 있다.

구약 시대에 율법은 돌판에 기록되었다. 여기서는 하나님의 율법이 우리 마음과 심령에 기록된다. 이와 같이 해서 율법은 우리의 본성과 생각, 욕구, 선택, 존재의 일부분이 되었다. 율법은 바로 우리 생명의 본능적이고 무의식적인 충동이다. 그래서 율법을 사랑하고 행하는 것이 살고 숨쉬는 것처럼 우리에게 자연스러운 일이다.

우리는 모두 사랑이라는 큰 율법의 힘을 알고 있다. 남자가 아버지와 남편으로서 자녀를 기르고 가정을 돌보는 여자를 고용하려면 얼마나 비용이 든다고 생각하는가? 남자 곁에서 운명을 같이 하며 어린아이들을 위해 죽도록 일하는 힘없는 여자의 고생과 노고를 사려면 얼마만한 돈을 드려야 하겠는가? 세상에서 어떤 보수를 주더라도 여자가 이런 일을 맡도록 설득할 수 없을 것이다.

물리적인 힘으로 강제하는 것을 제외하고 어떤 법으로도 여자가 그렇게 노예처럼 일하게 만들 수 없을 것이다. 그러나 또 다른 법, 곧 사랑의 법이

있다. 하나님께서 그 법을 어머니의 마음에 새겨놓으셨다. 즐거운 사랑의 법이 끌어당기므로 여자는 아버지의 집, 곧 호화롭고 안락한 가정을 떠나 사랑 때문에 운명을 같이 할 남자와 함께 나아가는 것이다.

여자는 남편 곁에서 수고하며 아이를 기르고 지치지도 않고 많은 희생도 감당해 나간다. 자신의 생명 자체를 가족을 행복하게 하는데 쏟아 부을 수 있는 것이 너무 기뻐서 어린아이들을 위해 아침 일찍부터 밤늦게까지 일하기를 마다하지 않는다. 이것이 바로 마음에 기록된 율법인 것이다. 이것이 성령께서 우리 마음에 하나님의 뜻을 두셔서 우리가 그 뜻을 선택하고 기뻐하게 하시는 방식이다.

그러므로 오순절에, 곧 율법을 주신 것을 기념하는 바로 그날에 성령을 주신 것이다. 오순절과 시내 산은 서로 대응하는 두 시대의 달력에 나오는 규례들이다. 시내 산은 돌판에 기록된 율법이고, 오순절은 사람의 마음과 생활에 성령의 능력으로 활동하는 율법이다.

형제들이여, 이 생명과 능력의 비밀을 배웠는가? 이 거룩한 언약, 곧 내주하시는 성령을 아는가? 그리고 "그리스도 예수 안에 있는 생명의 성령의 법이 죄와 사망의 법에서 너를 해방하였고"(롬 8:2) 우리에 의해서가 아니라 우리 안에서 "우리에게 율법의 요구가 이루어지게 하려"(8:4) 하심인 것을 우리는 아는가?

앞에서 인용한 예레미야서의 구절에는 이 같은 말씀이 덧붙는다. "나는 그들에게 하나님이 되고 그들은 내게 백성이 되리라"(히 8:10). 우리가 먼저 하나님의 백성이 됨으로써 하나님이 우리의 하나님이 되시는 것이 아니다. 하나님께서 먼저 우리의 하나님이 되시므로 우리가 그의 백성이 되는 것이다. 아기가 있기 전에 어머니가 있는 것이다. 아이가 생기는 것은 어머니가 있기 때문이다. 아이가 그 자녀가 되는 것은 어머니가 그의 어머니이시기 때문이다. 그와 같이 하나님께서 우리를 부르고 택하고 구원하고 충만하게 하시므로 우리가 하나님의 사랑에 반응하고 기꺼이 하나님께 순종하는 자녀가 되는 것이다.

그 다음에 하나님은 우리의 죄를 용서하실 뿐만 아니라 잊어버리신다. 우리는 정죄의 모든 구름 위로 들어올려진다. 그것은 영원히 참된 사실이다.

"내가 그들의 불의를 긍휼히 여기고 그들의 죄를 다시 기억하지 아니하리라"(8:12).

형제들이여, 우리는 성령에 의해 이 새 언약에 참여하였고, 지금 내주하시는 성령의 자발적이고 강력한 소원을 따라 활동하고 있는가?

초자연적인 표적과 복음 활동과 성령의 관계

"하나님도 표적들과 기사들과 여러 가지 능력과 및 자기의 뜻을 따라 성령이 나누어 주신 것으로써 증언하셨느니라"(2:4).

사도는 이 구절에서 율법과 비교되는 복음의 "큰 구원"이 얼마나 뛰어난지를 생생하게 그리고 있다. 모세의 율법은 천사와 사람들이 소개했으나 복음은 "주로 말씀하신 바"(2:3)이고 주께서 직접 보내신 자들이 다시 전하고 성령께서 친히 우리에게 확증하신 것이다.

이 구절은 기독교 시대 초기의 표적과 기사를 언급하는 것이다. 뿐만 아니라 하나님께서 하나님의 위대한 메시지의 거룩한 진실를 믿지 않는 세상에 확증하기 위해 하나님의 섭리하시는 모든 시대와 단계에 베풀겠다고 약속하신 초자연적인 능력도 언급하는 것이다. 성령은 지금도 교회 안에 계시면서 사람들의 마음에 은혜의 기적으로써 확증하는 표적들을 주고 계신다. 그뿐 아니라 교회와 세상에는 섭리의 기적으로써 그리고 자기를 의뢰하는 자들에게는 능력의 기적으로써 확증하는 표적들을 주고 계신다.

친애하는 형제들이여, 우리는 이 표적들을 알고 있고, 그 표적들을 세상에 증거하고 있는가? 복음이 지금도 생생한 능력으로 작용하고 스스로를 위대하게 증거하고 있는가? 우리 가운데 복음이 하나님의 능력임을 알고 느낄 만큼 충분히 표적을 보지 못한 사람이 있는가? "우리가 이같이 큰 구원을 등한히 여기면 어찌 그 보응을 피하리요"(2:3).

하나님을 위한 즉각적인 결정과 관련된 성령의 역할

"그러므로 성령이 이르신 바와 같이 오늘 너희가 그의 음성을 듣거든 광야에서 시험하던 날에 거역하던 것 같이 너희 마음을 완고하게 하지 말라"(3:7-8).

490

이것이 언제나 성령이 사람들에게 전하시는 메시지이다. 그것은 언제나 현재의 메시지요 절박한 메시지로서 즉각적인 결정을 요구한다. 이러한 메시지 이면에서 성령은 언제나 광야의 엄숙한 이야기를 가리키고 계신다. 이 광야 시절에 하나님의 택한 백성들은 강한 손 아래 속박에서 벗어났고 영광스런 인도 아래 가나안 입구까지 나아갔다. 그 다음 결정적인 순간에 하나님의 백성은 주저하고 의심하고 불순종하여, 거의 반 세기 까까이 뒤로 물러나 낙심하고 불명예스런 죽음을 맞이하였다. 그들은 단 하룻동안 좁은 파나마 해협에 섰고 그 다음에는 잘못 걸음을 내디뎠고 우유부단한 태도 때문에 모든 것을 잃었다. 항상 이동하지만 아무것도 이루는 것이 없고 그냥 시간만 보내며 자신들의 불순종하는 삶을 끝낼 수밖에 없는 그 마지막 때를 기다리며 지내는 이 광야 생활은 참으로 슬프고 처량하다!

그러한 삶이 지금도 있고, 기회를 잃어버린 사람들이 이때도 있다. 이들은 자신들의 높은 소명을 거역하고 약속의 문 앞에서 물러가 버렸다. 이들은 단지 시간을 보내기만 하면서 "아, 애통하게도 다르게 살 수도 있었을 텐데"라는 슬픈 메아리만 영원히 울려 퍼질 인생을 살아가고 있다.

이것은 죄인에게 해당되는 사실이다. 결심해야 하고, 그렇지 않으면 망할 수밖에 없는 때가 있다. 죄인에게 말씀하시는 성령의 메시지는 언제나 "오직 오늘이라 일컫는 동안에"(3:13) 유효한 것이다. 왜냐하면 성령의 메시지가 하루 종일 있지 않을 수 있고, 그날이 영원이 걸린 중요한 순간일 수 있기 때문이다. "오늘날" 곧 오늘이라 일컫는 동안 "오늘 너희가 그의 음성을 듣거든 너희 마음을 완고하게 하지 말라"(3:7-8).

그것은 또한 제자들에게 전하시는 성령의 메시지이기도 하다. 왜냐하면 우리 각 사람이 약속의 땅 입구에, 즉 중대한 결심의 순간에, 전적인 헌신의 위치에 이르기 때문이다. 다시 말해서 우리가 자아의 죽음과 자기 헌신의 물 속으로 감히 발을 들여놓으려고 한다면 성령께서 우리 위에 임하실 성령이 기다리고 계시는 요단 강가에 이르기 때문이다. 낭비할 시간이 없는 때가 온다. 그것은 지금 아니면 영원히 할 수 없는 때이다. 아, 친애하는 형제들이여, 그것이 여러분에게 오늘, 곧 "오늘이라 일컫는 동안"인 그런 순간이라면, 마음을 완고하게 먹지 말라!

그렇다. 우리가 성령을 받은 후에라도 헌신된 생활에 위기의 시간들이 있다. 중요한 봉사의 기회가 제공되고, 희생을 감수해야 할 때가 있고, 진보를 이룰 기회가 있으며, 주장할 약속들이 있고, 승리를 거두고 성취를 이룰 기회들이 있지만, 그러나 이런 것들이 우리를 기다려 주지는 않을 것이다. 추수 때처럼 이 시기들은 지나가고 있다. 그래서 성령이 우리에게 말씀하시는 메시지는 "세월을 아끼라 때가 악하니라"(엡 5:16)이다.

그것은 단순히 시간을 말하는 것이 아니라 특정한 시점, 곧 꼭 알맞은 어떤 때를 가리킨다. 우리에게는 그 특정한 기회에 대해 넉넉하게 많은 날을 확보하고 있는 것이 아니라 단지 순간들밖에 없는 것이다. 때가 악하지만 순간순간은 귀중하다. 그 순간을 붙잡을 수 있는 동안에는 굳게 붙잡자. 친애하는 형제들이여, 하나님께서는 우리가 성령의 그 메시지를 이해하도록 돕고, 그 복되신 인도자요 친구인 성령께서 우리를 승리에서 승리로 이끌고 마침내는 말할 수 없는 기쁨으로 하나님의 영광스런 보좌 앞에 우리를 흠없이 드리도록 도우신다.

성령과 타락한 자들의 관계

히브리서에는 타락한 자들에 대한 엄숙한 두 말씀이 나온다.

한 번 빛을 받고 하늘의 은사를 맛보고 성령에 참여한 바 되고 하나님의 선한 말씀과 내세의 능력을 맛보고도 타락한 자들은 다시 새롭게 하여 회개하게 할 수 없나니 이는 그들이 하나님의 아들을 다시 십자가에 못 박아 드러내 놓고 욕되게 함이라(히 6:4-6).

하물며 하나님의 아들을 짓밟고 자기를 거룩하게 한 언약의 피를 부정한 것으로 여기고 은혜의 성령을 욕되게 하는 자가 당연히 받을 형벌은 얼마나 더 무겁겠느냐 너희는 생각하라(10:29).

이 구절을 충분히 해석하기에는 시간과 지면이 허락지 않지만 한두 가지 설명을 통해서 이 구절이 두려워 떠는 진지한 심령들에게 걸림돌이 되지 않도록 하기에 충분한 빛을 던져 줄 수 있을 것이다.

첫째로, 예수 그리스도로 말미암아 오는 하나님의 자비를 기꺼이 받으려고 하는 죄인은 모두 자비와 사죄함을 받는다는 사실은 성경의 명백한 가르침이다. 회개하는 죄인에 대해 하나님의 무한한 자비를 베푸신다는 사실은 몇 번이고 거듭거듭 주장되었으므로, 진정으로 회개하는 자는 누구든지 은혜의 보좌로 나아가는 일이 환영을 받는다는 것을 조금도 의심할 필요가 없었다. 우리 주님은 "사람에 대한 모든 죄와 모독은 사하심을 얻되 성령을 모독하는 것은 사하심을 얻지"(마 12:31) 못한다고 말씀하셨다.

다음으로, 여기서 언급한 사람의 죄는 일반적인 죄가 아니다. 그것은 단순히 넘어지는 것이 아니라 "배반하는 것"이다. 아주 철저히 배반하여 타락한 자가 죄 사함을 가져다 줄 수 있는 그리스도의 보혈을 완전히 거절하고 유일한 자비의 제사와 소망을 내던져 버리는 것이다. 그는 스스로 하나님의 아들을 다시 못 박고, 하나님의 아들을 공공연하게 모욕을 주는 것이다. 그리스도의 피를 짓밟고 은혜의 성령을 공공연히 반대하고 멸시하는 것이다.

그가 구원받기 어렵다는 사실은 하나님의 자비가 조금이라도 제한이 있는 데서 생기는 것이 아니라 그 자신이 하나님의 자비를 전적으로 거절하고 주 예수 그리스도로 말미암아 구원에 이를 수 있는 유일한 길을 철저히 거부하는 데서 생기는 것이다.

셋째, 여기서 가정하고 있는 경우가 반드시 실제적인 경우는 아니다. 그것은 경고와 가정의 성격이 있고, 그 일이 현실이 되는 것을 막기 위해 엄한 경고를 보내는 것이다. 어머니는 아이에게 "낭떠러지에서 돌아와, 그렇지 않으면 죽는다"고 외치지만 그렇다고 해서 이것이 그 아이가 죽게 되어 있다는 것을 의미하지는 않는다. 그 외침은 아이가 죽음에서 건짐을 받도록 하는 수단일 뿐이다. 하나님의 경고는 예언이 아니고 내버려두면 일어날 수 있는 일을 억제하는 하나님의 애정어린 방법인 것이다. 그래서 사도는 이 같은 말씀을 덧붙인다. "사랑하는 자들아 우리가 이같이 말하나 너희에게는 이보다 더 좋은 것 곧 구원에 속한 것이 있음을 확신하노라"(히 6:9).

마지막으로, 개역성경(RV)에는 6절에 약간의 위로와 희망을 암시하는 말씀이 있다. "이는 자기가 하나님의 아들을 다시 십자가에 못 박아 현저히 욕을 보임이라"고 하지 않고, "그가 하나님의 아들을 십자가에 못 박는 동안에 는"이라고 번역하고 있다. 이 번역은 어떤 영적 상태에 있는 경우에 그들은 구원받지도 사죄 받지도 못하지만 그들이 그 상태를 재빨리 버리고 회개하 며 그리스도의 피를 받아들이면 하나님의 자비가 여전히 값없이 충만히 베 풀어진다는 것을 암시하기 때문이다.

그러므로 이 엄숙한 경고를 보고서 두려운 생각이 들 때 회개할지라도 사 죄 받을 길이 없다고 추론할 이유는 없다. 또한 이 경고는 매우 엄숙하므로 우리가 단 한 순간이라도 이 경고의 두려운 취지를 약화시키려고 해서는 안 될 것이다. 왜냐하면 우리는 자신이 언제부터 타락하거나 뒤를 돌아보기 시 작하는지, 어디에서 멈추려고 하는지를 결코 알 수 없기 때문이다. 사소한 죄처럼 보이는 것이 하나님을 "배반하는 것"이 될 수 있고 결국에는 그리스 도를 거부하고 하나님께 반항하는 일이 될 수도 있다. 우리의 안전은 이 엄 숙한 경고에 주의하는데 있다. "나의 의인은 믿음으로 말미암아 살리라 또 한 뒤로 물러가면 내 마음이 그를 기뻐하지 아니하리라 하셨느니라 우리는 뒤로 물러가 멸망할 자가 아니요 오직 영혼을 구원함에 이르는 믿음을 가진 자니라"(히 10:38-39).

마부를 구한다는 광고를 낸 한 사람에 대한 이야기가 있다. 마부가 되겠다 고 온 사람들 가운데 두 사람이 아주 똑똑해 보였다. 주인이 두 사람을 불러 낭떠러지로 떨어지지 않으면서 얼마나 낭떠러지 가장자리까지 마차를 몰 수 있는지 물어보았다. 첫 번째 후보자는 낭떠러지 끝 약 2-3센티미터까지 마차를 몰 수 있고 자주 그렇게 했지만 낭떠러지 끝을 스치면서도 아주 안전 하게 몰았다고 대답했다. 그 다음에 두 번째 후보자에게 똑같은 질문을 던졌 다. 그러자 그 사람은 얌전하게 답변하였다.

"글쎄요, 선생님. 사실 뭐라고 말씀드리기 어렵습니다. 저는 결코 그처럼 낭떠러지 끄트머리까지 마차를 몰아본 적이 없기 때문입니다. 저는 항상 최 대한 위험으로부터 떨어져서 달리는 것을 원칙으로 삼았고, 주인님과 가족 들이 위험과 해로부터 안전하게 보호받았다는 것을 아는 것으로 만족했습 니다."

주인은 두 후보 중 한 사람을 선택하는데 별 어려움이 없었다. 그 사람은 말했다.

"당신이 나한테 필요한 사람이오. 저 친구는 매우 영리할 수도 있지만 안전한 사람은 당신이오."

친구들이여, 위험스러운 것을 가지고 놀거나 죄를 만지작 거리지 말며 한번 들어가면 결코 돌아올 수 없는 불연못에 아주 가까이까지 가는 모험을 결코 하지 않도록 하자. 우리를 사랑하여 질투하는 어머니이신 성령은 이러한 경고의 말씀으로 우리가 해를 당하지 않도록 보호하고 계신다. 아름다운 궁전에 들어선 순례자들이 길을 가면서 궁전의 아름다운 광경을 보고 "이 광경을 보니 희망이 생기기도 하고 두렵기도 하다"고 말한 것처럼, 밝고 복된 소망뿐 아니라 지혜롭고 거룩한 두려움에 안전의 균형과 지혜의 위치가 있다. 그와 같이 성령께 대한 사랑과 두려움을 가지고 행할 때 우리는 또한 영원하신 성령으로 말미암아 한 점 흠없이 하나님께 자신을 드리는 즐거운 시간에 이르기까지 지키심을 받을 수 있다.

제 22 장

하나님의 시기하시는 사랑
(야고보서)

너희는 하나님이 우리 속에 거하게 하신 성령이 시기하기까지 사모한다 하신 말씀을 헛된 줄로 생각하느냐(약 4:5).

개역 성경 난외주에는 이 구절이 다음과 같이 번역되어 있다. "하나님께서 우리 속에 거하게 하신 성령께서 우리를 시기하기까지 불쌍히 여기신다." 훨씬 더 즐거운 번역은 "우리 안에 거하시는 성령이 시기하기까지 우리를 사랑하신다"는 것이다. 이것은 바위투성이 속에 있는 작은 보석이고, 광야에 핀 작은 꽃이며 상식으로 쓰여진 위대한 편지 속에서 발견되는 한 편의 작은 시이자 거룩한 정서이다. 사람들이 모든 사도들 가운데 가장 실제적인 사도가 쓴 편지에서 간단하지만 더없이 훌륭한 이 정취를 발견하는 것은 광야에서 장미를 혹은 빙하에서 꽃을 보는 것만큼이나 귀하다.

왜냐하면 사실 야고보 사도는 전체 계시의 주요 요지를 언급하였기 때문이다. 이것은 하와의 혼인으로부터 어린양의 혼인잔치에 이르기까지 성경 전체를 꿰뚫고 흐르는 중대한 맥락이다. 주님의 사랑하시는 생명, 바로 이것이 성경의 로맨스이며 계시의 귀중한 연결사슬이다.

리브가의 이야기는 그녀의 낭만적인 구애와 결혼에서 전체 개념이 드러나는 일종의 목가시이다. 아브라함은 이삭을 위한 신부를 데려오기 위해 자신이 신뢰하는 종을 보냈다. 늙은 종 엘리에셀은 맡은 책무, 곧 아름다운 리브가를 찾아 구혼하고 그 다음에 집으로 데려오는 일을 충성스럽게 이행하였다. 엘리에셀은 저녁 무렵 신부를 기다리고 있던 이삭의 품에 리브가를 넘겨

주었다. 그와 같이 성령은 이 죄악된 세상에서 아버지 하나님의 사랑하시는 아들을 위한 신부를 불러내기 위해 하나님의 보내심을 받았다. 신부를 불러 낸 성령은 집으로 데려와 가르치고 신부에게 옷을 입히며 신부의 주인과 만 날 영광스런 날, 곧 시대의 정점이 될 장대한 사건, 어린양의 혼인 잔치를 위 해 점차 신부를 준비시킬 것이다.

그런데, 이 구절에서 성령은 우리를 시기하기까지 사랑하고, 우리를 굳게 붙들어 우리의 복되신 신랑이자 주님이신 그리스도에게 데려가시는 분으로 묘사된다. 이 문맥에서 우리는 세상과 교제하는 것과 간음이라는 죄에 대해 읽는다. "간음한 여인들아"(4:4). 이것은 전적으로 여성형으로 사용된 말이 다. 야고보 사도는 지금 세상의 결혼 관계에 대해 말하는 것이 아니라 어린 양의 신부가 하늘에 계신 자기의 주님에 대해 지키는 정절에 대해 말하고 있 는 것이다. 교회는 성경 전체를 통해서 아내로 표현되고, 그리스도께 신실하 지 못한 죄는 영적 간음으로 표현된다. 그러므로 여기서 언급하는 것은 간음 하는 여자들이며, 그녀에게 아주 엄숙한 말로 이같이 묻고 있는 것이다. "세 상과 벗된 것이 하나님과 원수 됨을 알지 못하느냐 그런즉 누구든지 세상과 벗이 되고자 하는 자는 스스로 하나님과 원수 되는 것이니라"(4:4).

세상과 타협하는 것은 그리스도께 신실하지 못한 것이고 그리스도께서 보 실 때 그것은 간음이다. 본문에 소개된 것이 바로 이런 문맥에서이다. "하나 님이 우리 속에 거하게 하신 성령이 시기하기까지 사모한다"(약 4:5). 성령은 끊임없이 우리 마음의 충성과 오직 그리스도께만 드리는 일편단심의 절대 적인 헌신을 살피고 계신다.

이처럼, 우리 각 사람에게 주신 성령께서 우리가 그리스도께 충성하도록 붙들고 계신다. 성령은 먼저 우리를 찾고 그리스도께 데려간 다음, 우리가 그리스도께 충성하도록 붙드시고 그리스도께서 영광 중에 오실 때 그를 맞 이할 준비가 될 때까지 우리를 인도하신다.

이 비유는 동양에서 그리고 지금보다는 고대에 훨씬 더 잘 이해할 수 있을 것이다. 거의 모든 동양의 결혼 풍습에는 신랑과 신부의 친구인 중매인이 다 리를 놓는다. 이 중매인이 맞선을 주선하고 엘리에셀이 리브가를 이삭에게 데려왔듯이 두 사람을 맺어준다. 바로 이것이 성령의 고귀한 사명이다. 이 사명을 수행하는 데에 성령은 그리스도께 아주 충성스러워서 우리의 거룩한 품성에 조금이라도 흠이 있거나 우리의 충성과 헌신에 조금이라도 타협하는 태도가 있으면 그의 마음에 거룩한 질투심이 일어난다. 성령은 우리를 그리스도와 연합시키는 일과 우리를 그 연합에 가장 적합하도록 준비시키는 일에 전념해 오셨다.

이것이 성령께서 우리에게 행하시는 모든 사역의 목적이고, 생활의 모든 훈련, 곧 우리를 그리스도에게로 불러모으고 어린양의 신부라는 고귀한 소명에 합당하도록 준비시키는 일의 의미이다.

구원의 사역

첫째로, 성령은 우리를 찾고 회개하게 하여 그리스도께 데려가신다. 성령은 하나님이 자신을 위하여 창조하셨고, 사탄은 우리를 부끄럽게 하고 파멸시키는데 악용하고 있는 자질들을 우리 안에서 보고 우리를 구원하여 하늘에 계신 주님께 데려가는 일에 전념하신다.

바로 이 점이 그동안 우리 중 많은 사람들에게 종종 일어났을 사실, 곧 하나님께서 우리가 하나님을 구주와 아버지로 알기 전에도 아주 많은 경우에 자비 가운데 우리에게 당신 자신을 계시하셨고, 하나님의 약속을 요구할 권리가 전혀 없었던 때에도 우리의 많은 기도를 들어주신 사실을 설명해 줄 것이다. 그때 성령께서는 우리가 당신의 사랑을 받아들이도록 우리에게 구애하고 계셨던 것이다. 성령께서 우리를 찾고 계시다는 것을 우리가 알게 하려고 하셨던 것이다.

그때 성령은 우리에게 이삭의 선물을 주고 계셨다. 그렇게 선물을 줌으로써 우리를 선물 주시는 자에게 데려가고 성령의 은혜의 서곡에 귀를 기울이게 하려고 하셨던 것이다. 그때 성령은 우리를 그의 친구요 자녀로 미리 대하고 계셨었다. 그때 성령께서는 하나님과 우리 사이를 가로막고 있는 죄와 불신앙의 세월을 넘어서서 우리가 하나님을 사랑하고, 그래서 우리에 대한 하나님의 사랑을 좀더 일찍 알고 받아들이지 못한 것을 크게 슬퍼할 때를 고대하고 계셨던 것이다.

지금 성령께서 여러분을 부르고 계신다! 시기하는 사랑으로 사모하고 계신다. 여러분은 하나님의 영원하신 목적에 의해 성령께 속해 있다. 그러므로 여러분은 언젠가 하나님을 사랑하고 전심으로 하나님을 위해 살게 될 것이다. 그때 여러분은 죄와 어리석음으로 보낸 현재 시간을 되돌릴 수만 있다면 어떤 일도 서슴지 않을 것이다. 아, 성령께서 여러분의 마음에 이르도록 하고서 여러분의 애정을 얻고 여러분을 성령의 품으로 이끌고 그의 사랑하시는 자로 삼으시게 하라!

더 깊은 연합과 교제

그러나 둘째로, 우리가 그리스도를 구주로 알게 된 후에도 주님은 우리가 더 깊은 연합과 교제에 이르도록 우리를 밀어붙이고 계신다. 우리는 심판과 죄책으로부터 피난처를 찾아 그리스도께 왔다. 정죄와 두려움에서 우리를 구출하실 분으로 그리스도를 영접하였다. 폭풍우에 쫓겨 지나가는 증기선 갑판으로 내려온 새처럼 우리는 피난처를 찾아 도망온 것이다. 그러나 주님은 우리가 더 가까이 다가가기를 원하신다. 의심과 두려움을 던져버리고 주님에 대한 확신과 친교 가운데 들어오기를 바라신다. 그래서 성령께서 우리를 사랑하여 예수님과 온전히 연합시키고 그에게 전적으로 헌신하는 생활로 인도하고 계신다.

수많은 그리스도인들이 성령을 단순히 자신들의 죄책과 위험으로부터 보호하시는 피난처로만 알고 있다. 성령은 신자들을 데리고 당신의 더 깊은 마음의 방으로 데려가 당신의 깊고 깊은 사랑을 나누어 주시기 바란다. 그래서 성령은 지금 하나님의 자녀들에게 구애하며 그들을 이끌고 예수님의 품으로 가고 계시는 것이다. 지금 많은 신자들에게 이같이 말씀하고 계신다. "딸이여 듣고 보고 귀를 기울일지어다 네 백성과 네 아버지의 집을 잊어버릴지어다 그리하면 왕이 네 아름다움을 사모하실지라 그는 네 주인이시니 너는 그를 경배할지어다"(시 45:10-11).

성령께서는 우리가 모든 우상에서 돌아서고 자기에게 온 마음을 드리기를 원하신다. 그러면 성령께서 우리에게 자신의 마음을 주고 그의 모든 부와 영광을 상속하고 나누어 갖도록 하실 것이다. 바로 이것이 헌신의 의미이다. 바로 이것이 성령 세례가 의미하는 바이다. 이렇게 성령의 시기하는 사랑이 바로 이 글을 읽는 사람들 가운데 어떤 이들을 부르고 계시는 것이다.

우리를 끝까지 인도하심

그러나 이와 같이 우리가 그리스도께 자기 전부를 드리고 내주하시는 주님인 성령으로 말미암아 그리스도를 영접하는 때에도 우리는 리브가가 이삭의 집으로 가는 여행을 막 시작한 것에 불과하다. 엘리에셀처럼 성령은 길 가는 동안 내내 우리를 교육하고 주님을 만날 수 있도록 준비시키며 인도하셔야 하는 것이다.

이와 같은 훈련과 경험의 생활 내내, 성령은 지칠 줄 모르는 끊임없는 애정으로 우리를 여전히 사랑하고, 시기하는 열망으로 우리가 하나님의 가장 귀하고 선한 뜻에 이르도록 이끌고 나가신다. 이렇게 해서 성령께서 우리를 거룩하게 하시는 자가 되신다. 성령께서는 지금 우리의 결혼 예복을 준비하여 우리에게 맞추고 계신다. 그렇게 함으로써 왕의 딸이 "궁중에서 모든 영화를 누리니 … 수 놓은 옷을 입은 그는 왕께로 인도함을 받을"(시 45:13-14) 것이다. 그 딸은 흰 옷을 입을 뿐만 아니라 빛나는 옷, 곧 어린양의 혼인 잔치를 위한 결혼 예복을 입을 것이다.

우리가 그리스도를 성결하게 하시는 분으로 영접할 때 어떤 의미에서 우리는 처음부터 전적으로 거룩하게 되는 것이다. 우리가 하나님의 모든 뜻을 받아들였으므로 하나님은 우리가 전적으로 순종하는 것으로 여기신다. 우리의 뜻을 완전히 버리고 절대적으로 하나님의 뜻만을 선택한 것으로 보시는 것이다. 이 모든 일들이 합력하여 우리 존재를 이루게 된 것이다! 젊은 여성이 옷감에 아주 세밀하게 찍힌 자수 무늬를 정할 때 어떤 의미에서 그 여성은 처음부터 전체 무늬를 정한 것이다. 그러나 이제 그 여성은 소모사와 명주실, 금색실을 가지고 작은 바늘로 인내심 있게 한 땀 한 땀 수를 놓기 시작한다. 그녀는 옷감의 무늬에 맞춰 빛깔과 색상을 집어넣고 값비싼 재료들을 붙여서, 마침내 그것이 올이 굵은 천이나 비단에 찍힌 무늬가 아니라 온갖 무지개 색깔이 어우러지고 공단과 비단, 은빛, 금빛의 밝은 광채가 나는, 어쩌면 귀한 진주를 기술적으로 달아 반짝이도록 디자인한 작품이 될 것이다. 그와 같이 성령도 처음부터 우리에게 그리스도의 형상을 찍으신다. 그 다음에는 그 형상을 불로 달구어 찍고 세공하여 넣어서 마침내 우리의 의복이 금장식이 달린 정교한 세공품이 될 것이다. 그와 같이 성령께서는 한 점 흠이 없도록 우리 속에 하나님의 크신 은혜의 목적의 충만함과 완전함을 손상시킬 만한 어떤 실수와 실패도 용납하지 않으면서 우리를 거룩하게 하시는 은혜의 깊은 사역에서 우리를 시기하기까지 사랑하고 계신다.

언젠가 우리는 그의 사랑 때문에 성령께 감사할 것이다. 그때 우리는 말할 수 없는 기쁨과 함께 하나님 앞에 흠없는 자로 세움을 받은 어린양의 신부로 나아갈 것이다. 이때 세상의 어떤 보석과 색깔보다 빛나고, 수많은 무지개가 태양보다 영광스런 옷을 입은 신부, 곧 어린양의 아내를 보게 될 것이다.

사려깊은 사람이라면 누구나 성령의 이 깊은 사역의 중요함과 현실을 올바르게 인식할 수 있을 것이다. 그냥 사랑을 받는 것과 오래 참고 온유하고, 중단되지 않고 성내지 아니하는 사랑(고전 13:4-7)을 받는 것은 별개의 일이다. 그냥 인내하는 것과 "너희로 온전하고 구비하여 조금도 부족함이 없게 하는"(약 1:4) 인내를 보이는 것은 다르다. 참고 또 참는 것과 "그의 영광의 힘을 따라 모든 능력으로 능하게 하시며 기쁨으로 모든 견딤과 오래 참음에 이르는"(골 1:11) 것은 별개의 일이다. 정당하고 올바른 일을 하는 것과 "무엇에든지 사랑받을 만하며 무엇에든지 칭찬 받을 만한"(빌 4:8) 일을 하는 것은 다르다. 그런 사람들은 유익하고 필요한 존재일 뿐만 아니라 아름답고 장식적인 그리스도 생명의 자질을 갖춘 사람들이다. 외형적으로 성령의 은혜를 받는 것과 성령의 은혜를 성숙하게 받는 것은 다른 일이다. 초여름에 풋과일을 따는 것과 수확할 만큼 충분히 익은 열매를 따는 것은 다른 것이다.

이와 같이 성령께서 계속해서 인도하시되 여기서는 손길을 더하고, 저기서는 남는 것을 빼고, 여기서는 선을 더 깊게 하고 저기서는 특성을 더 무르익고 원숙하게 하시면서 계속 영혼을 인도하신다는 것을 살펴보았다. 조용히, 점진적으로, 날마다, 순간순간 그림이 점점 더 완성되고 균형이 잡히고 색이 짙어지는 것을 보았다. 마침내 우리는 성령의 이런 활동이 삶을 더욱 깊이 있게 만들고 영혼이 주님을 맞이하도록 준비되었다는 것을 느꼈다.

성별과 십자가에 못 박힘

이러한 성화의 사역과 더불어, 성별과 십자가에 못박는 사역도 있다. 자라는 것은 어떤 것이든 마침내 죽고 만다. 성령께서는 우리를 성령의 은혜로운 목적에서 빗나가게 하거나 방해할 만한 영향력과 이방 세계의 영향력에서 우리를 구별해내고 계신다. 성령의 시기하는 사랑이 가장 분명하게 나타나는 곳이 바로 이 부분이다. 성령께서 종종 우리의 우상을 깨트리고 우리를 묶고 있는 끈을 끊어야만 하시는 것이 바로 이 부분이다. 이런 것들은 우리의 성품을 약화시키거나 우리의 고귀한 성장을 방해하기 때문이다. 우리가 더 깊고 높게 자랄수록 그만큼 더 세상적인 영향력의 범위는 좁아질 수밖에 없다. 그와 같이 성령께서는 우리를 죄로부터, 불경건하고 거룩하지 않은 세상으로부터 구별할 뿐만 아니라 자아를 부추기고 우리에 대한 주님의 지극히 고귀한 목적을 방해하는 수많은 것들로부터 우리를 구별하신다.

우리 자신은 그런 장애물을 볼 수 없을지라도 성령께서는 보신다. 성령은 우리를 아주 지혜롭게 사랑하시므로 그것이 우리를 해치지 못하게 하신다. 그 장애물은 우리의 소중한 친구일 수도 있고, 그 자체로 순수하고 그래서 우리가 절대적으로 거룩한 애정이라고 간주할 수도 있는 것이다. 그러나 성령께서는 그런 사랑이나 친구가 성령의 자리를 대신 차지하고 우리와 우리의 살아 계신 머리 사이에 끼어들어 장애물이 된다는 것을 보실 수 있다. 그 장애물은 열매 맺는 가지가 되기보다는 우리의 생명을 좀먹는 기생충이 될 수 있고 혹은 성령께 깊이 뿌리를 내리기보다는 오히려 거기에 의지하는 버팀목이 될 수 있으므로 성령께서 부드러운 손길로 우리를 떼어내신다.

야망이나 문학적 취향 혹은 예술적 기쁨, 아름다운 가정, 세련된 우정, 고상한 예술적 추구는 우리 생활에서 많은 힘을 빼앗아가며 그럼으로써 성령과 성령의 사역을 약화시킬 수 있다. 그래서 성령께서 빛을 비추고 청진기를 대고 X-레이를 찍어 거기에 숨어 있는 위험 요소를 밝혀낸다. 이때 성령은 우리의 충성과 사랑을 시험하고 당신에게 충성과 사랑을 바치도록 요구하신다.

그렇다. 심지어는 그것이 우리의 애정과 열심을 빨아들이고 성령을 무시하게 만드는 기독교적 활동이 될 수도 있다. 그것이 바로 우리 주님을 위한 것이 아니라 우리 자신을 위한 이상이나 야망이 될 수도 있다. 그래서 때때로 우리를 시기하기까지 하는 사랑이 당신의 자녀를 구하기 위해 그 이상을 깨트리실 수밖에 없는 것이다.

한 도제 소년의 이야기가 생각난다. 소년의 선생이 이제 막 그림을 끝낸 아름다운 프레스코 벽화를 뚫어지게 쳐다보고 탄복하면서 점점 더 뒷걸음질해 가다가 마침내 작업대 바로 끝부분에 이르렀다. 한 걸음만 더 옮기면 선생은 밑바닥으로 떨어지고 말 것이었다. 충실한 선생의 도제가 갑자기 앞으로 달려가 화가의 붓을 집어들고는 물감을 흠뻑 묻혀 아름다운 프레스코 벽화에 대고 마구 휘둘러 벽화를 망쳤다.

선생은 비명 소리와 함께 앞으로 뛰어왔다. 그러나 그는 소년이 자기가 조금 전에 서 있던 작업대 끝을 가리키며 떨고 있는 것을 보았다. 그제야 그는 모든 상황을 알게 되었다. 그는 소년을 끌어안고 눈물을 펑펑 쏟으며 아이가 자기 작품을 망쳐가며 자기 목숨을 구해 준 것에 대해 감사했다.

그처럼 복되신 성령은 더 나은 것에 이르도록 구원하기 위해 우리가 과거에 가졌던 이상을 손상시키고 미래의 희망을 깨트리셨다. 그러므로 끝까지 성령을 의뢰하자. 성령께서 원하시는 만큼 우리를 사랑하시도록 하자. 성령의 신실한 뜻을 결코 의심하거나 "항상 복을 누리게 하기 위하심"(신 6:24)인 계명들을 의심하지 말자.

우리의 이상을 크게 하심

성령의 시기하는 사랑은 우리를 교육하시는 중이다. 성령은 우리의 이상과 생각을 크게 넓히려고 하신다. 그렇게 함으로써 우리의 영광스런 신랑의 영원한 동반자가 되기에 더 적합하게 만드실 수 있다. 성령께서는 우리가 그의 장엄한 목적을 알고 세상을 구원하려는 하나님의 영광스런 계획에 성령님과 협력하도록 하려고 하신다. 오는 시대에 성령께서는 자신의 구속받은 사람들이 우주를 위한 지극히 고귀하고 장엄한 봉사를 수행하도록 인도하실 것이다. 종종 성령께서는 우리가 너무 마음이 편협하고 자기중심적이어서 성령의 영광스런 목적과 영원하신 계획에 참여할 수 없는 것을 보고 슬퍼하고 낙심하신다.

어린 나이에 약혼한 젊은 약혼자들에 대한 슬픈 이야기가 있다. 약혼한 젊은 청년은 대학에 들어가 자유로운 교육을 받은 다음 해외로 나가 수년 동안 여행하면서 인생과 사람들에 대한 견문을 넓혔다. 그동안 이 두 젊은이는 편지를 주고받으며 약혼 관계를 지속하였다. 마침내 어느날 젊은이가 돌아와 사랑하는 사람에게 자신의 신부가 되어 줄 것을 요청하였다. 그러나 슬프게도 그는 자신이 성장하는 동안 그녀는 아무런 변화 없이 그대로 머물러 있는 것을 발견하였다. 그 젊은이는 여전히 약혼녀를 사랑하였고, 그녀의 모든 삶은 그에게 쏠려 있었다. 그러나 그녀는 그 젊은이의 말을 알아들을 수 없었다. 남자의 고상한 사상과 계획을 공감할 수 없었고, 따라서 그의 숭고한 지성의 동반자가 될 수 없었다. 남자는 여자와 결혼하였지만 점점 더 두 사람 사이에 틈이 벌어지는 것을 보았다. 아내의 사고는 이웃집 담장과 이웃 사람의 농장을 벗어나지 못하였다. 그녀의 세계는 벽난로 곁에 앉아 있는 새끼고양이나 들판에 뛰어다니는 양 혹은 주방의 그릇이나 화덕보다 크지 못했다.

남자는 아내에게 아무 말도 하지 않았고 아내는 남편의 생활에 드리운 그림자를 이해하지 못하였다. 날마다 남자는 파리하고 수척해 갔으며 마침내 낙담으로 죽고 말았다.

친구들이여, 영광스런 지성을 지니고 계시고 온 우주를 한눈에 훑어보는 시각이 있고, 이 세상을 구속할 뿐만 아니라 머지않아 그의 구속받은 자들을 통해서 저 멀리 있는 우주의 모든 별과 성운에서 아버지 하나님의 이름을 영광스럽게 하려는 거대한 목적을 지니신 우리의 사랑하는 신랑께서는 종종 우리가 주님을 이해하는 것이 그처럼 더딘 것을 발견하고 참으로 슬퍼하실 것이다!

여러분이 돈을 좀 벌어보려고 모퉁이 식품점에 앉아 있다고 생각해 보자. 여러분은 빠듯한 생계를 유지하려고, 그리고 언젠가 아이들에게 땅뙈기라도 얼마 물려주려고 부지런히 일하고 있다. 작은 울타리 안에, 그리고 어쩌면 교회라는 조그만 범위에 온통 마음을 쏟고 있다. 구원받기를 기다리고 있는 거대한 세상에 대해서, 예수 그리스도에 대해서 혹은 여러분을 천년 왕국에서뿐만 아니라 구속받은 온 우주에서 왕비로 삼으려고 하는 주님의 고귀한 목적에 대해 한 번도 들어본 적이 없는 수 백만 명의 사람들에 대해서는 전혀 생각해 보지 않는다. 이제 눈을 들어 주님의 생각을 이해하도록 하자. 자기 중심적이고 세상 중심적인 생활을 벗어나서 온 세상을 위한 주님의 계획에 공감하고 주님의 영광스런 재림과 온 인류를 위한 주님의 거대한 목적이 속히 이루어지도록 하자.

더 고귀한 생활을 할 수 있도록 우리를 준비시킴

다시 한 번 말하지만, 이와 같이 성령은 우리를 끌어내어 인도하시고 우리의 믿음을 향상시킴으로써 장차 올 세상의 더 고귀한 삶을 누릴 수 있도록 우리를 준비시키고 계신다. 왜냐하면 믿음이야말로 우리가 언젠가 심연을 넘어가며 장차 올 시대의 고지들 사이를 높이 날아오르는데 쓰이는 날개이기 때문이다. 성령을 받은 후에라도 우리는 작은 평면과 범위 안에서 움직이는 것에 만족하고 동요되거나 더 단단하고 더 고귀한 일들을 하는 데로 떠밀려 가는 것을 원치 않는다. 그러므로 성령이 오셔서 그의 사랑으로 우리를 강권하여 우리 스스로는 가질 수 없는 영적 힘과 에너지를 발휘하실 수 있도록 해야 한다.

"여호와께서 … 자기의 눈동자 같이 지키셨도다 마치 독수리가 자기의 보금자리를 어지럽게 하며 자기의 새끼 위에 너풀거리며 그의 날개를 펴서 새끼를 받으며 그의 날개 위에 그것을 업는 것 같이 여호와께서 홀로 그를 인도하셨고"(신 32:10-12). 그와 같이 성령은 우리의 보금자리를 흐트러트리며 제 힘으로 어찌할 수 없고 아무런 방비가 없는 고아처럼 우리를 공중에 내던지신다. 우리는 그것이 우리를 망하게 하려는 것이라고 생각하나 사실 그것은 억지로라도 우리가 믿음의 작은 날개로 힘차게 나아가며 보이지 않는 큰 세계에서 나는 법을 배우도록 하기 위한 것일 뿐이다.

우리가 조금 지치면 성령은 강한 날개를 펼쳐 우리를 받고 수업 받을 준비가 될 때까지 날개에 태우고 다니신다. 그와 같이 고난을 겪고, 시련의 훈련을 거치고 성령께서 우리를 데려다 놓으시는 새로운 환경을 거치며, 우리가 감당할 수 없다고 느끼는 어려움을 겪게 하시면서 성령은 우리를 발달시키고 계시는 것이다. 성령은 우리가 당신을 의지하게 함으로써 성령의 은혜를 구하도록 가르치고, 장차 올 생명의 더 높고 고귀한 인격에 부응하도록 우리를 교육하신다. 우리가 성령께 순종할 때 성령께서 얼마나 기뻐하시는지! 우리가 성령의 뜻을 거절하면 성령께서 얼마나 낙담하시는지! 진흙이 토기장이가 원하는 대로 빚어지지 않으므로 진흙덩이를 던져 버려야 할 때 얼마나 슬퍼하시는지! 친애하는 형제들이여, 성령의 사랑을 신뢰하고 성령의 거룩하고 고귀한 사랑과 복의 목적에 순종하자.

봉사할 수 있도록 우리를 훈련함

성령께서는 우리가 더 고귀하고 유용하게 쓰이기를 열망하시므로 봉사를 감당할 수 있도록 우리를 훈련시키고 계신다. 하나님의 생명은 이기적인 생명이 아니다. 장차 올 시대에 우리는 전적으로 남을 위하고 자신을 잊는 일에 고용될 것이다. 오늘날 그리스도를 위한 봉사는 크나큰 투자이다. 이 투자로 말미암아 우리는 영원한 부와 상급이 될 보물을 하나님 나라에 쌓고 있는 것이다. 그래서 성령은 우리가 현재의 기회를 최대한 활용하도록 밀어붙이고 계시는 것이다. 우리가 유용함의 씨앗을 심고 소중히 여기는 것들을 제사와 봉사로 투자하도록 권하고 계시는 것이다. 이 투자로 불멸의 꽃이 피어나 천국이 의로운 나무와 영광의 열매로 꾸며지게 될 것이다.

제 23 장

베드로서에 나타난 성령

너희가 그리스도의 이름으로 치욕을 당하면 복 있는 자로다 영광의 영 곧 하나님의 영이 너희 위에 계심이라(벧전 4:14).

베드로서에는 성령에 관하여 중요한 세 가지 진리가 소개된다.

감동의 성령

베드로후서 1:21에 이 말씀이 나온다. "예언은 언제든지 사람의 뜻으로 낸 것이 아니요 오직 성령의 감동하심을 받은 사람들이 하나님께 받아 말한 것임이라." 이것은 성령 영감의 교리에 대한 매우 분명한 진술이다. 성경의 저자들은 개인적인 의견을 제시하는 것이 아니며 스스로의 충동으로 글을 쓴 것이 아니다. 때때로 이들은 자신의 모든 선천적인 성향과 애착에 반대되는 것들을 말하였다. 예를 들면, 사무엘이 엘리 집에 심판을 선언하였을 때나 예레미야가 자신의 사랑하는 백성과 나라에 대해 두려운 경고의 말을 전하였을 때가 그렇다.

이들은 자신의 견해를 말한 것이 아니라 "성령의 감동하심을 입어 말하였다." '감동함을 입다'로 번역된 헬라어는 매우 강한 어휘를 담고 있다. 개역 성경(RV)에서는 "태어났다"는 말로 번역하였다. 이들은 자신을 훨씬 뛰어넘어 멀리까지 데려간 강한 충동에 휩쓸렸다. 이들이 항상 자신의 예언을 명확히 이해했던 것은 아니다. 베드로전서 1:10-11의 말씀을 보자. "이 구원에 대하여는 너희에게 임할 은혜를 예언하던 선지자들이 연구하고 부지런히 살펴서 자기 속에 계신 그리스도의 영이 그 받으실 고난과 후에 받으실 영광을 미리 증언하여 누구를 또는 어떠한 때를 지시하시는지 상고하니라."

다니엘은 자신이 이상을 들었으나 이해하지는 못했다고 말한다. 성경 저자들은 영광스런 왕의 이상을 보고, 때로는 피 흘리는 어린양을 보았다. 하지만 이들이 이 모든 이상이 의미하는 바나 그 예언이 언제 온전히 이루어지는지를 항상 충분히 이해했던 것은 아니다. 그 이상은 원대한 약속의 영광스런 전망으로 그들 앞에 갑자기 나타났지만 많은 구름이 가리고 있어서 분명히 아는 것이라고는 "이 섬긴 바가 자기를 위한 것이 아니요 너희를 위한 것임"(벧전 1:12)이라는 사실뿐이었다.

다음 구절에서 사도는 선지자들의 메시지뿐만 아니라 복음 전하는 자들의 메시지에서도 성령을 말하는데, 이 진리들은 그리스도의 대사들이 "하늘로부터 보내신 성령을 힘입어"(벧전 1:12) 우리에게 전파하는 것이라고 한다. 구약 시대의 선지자는 성령의 기관이었으나 복음 전하는 자는 "하늘로부터 보내신 성령"의 임재와 인격을 지니고 있으며, 이 성령께서 복음 전하는 자의 메시지에 함께 하고 그의 말에 권위와 능력을 부여하셨다. 그래서 우리가 하나님의 메시지를 전할 때 하나님의 이름으로 말하는 것이다. 그리고 듣는 자들은 사람의 말이 아니라 바로 살아 계신 하나님의 말씀으로 받든지 아니면 거절하든지에 대해 책임을 지게 되는 것이다.

성화의 영

베드로서는 "하나님 아버지의 미리 아심을 따라 성령이 거룩하게 하심으로 순종함과 예수 그리스도의 피 뿌림을 얻기 위하여 택하심을 받은"(1:2) 자들에게 쓴 편지이다. 사도 베드로는 하나님의 주권과 거룩한 선택의 목적을 충분히 믿었다. 그러나 개인적인 성화를 떠나서는 어떤 예정도 믿지 않았다. 사실 하나님의 뜻에는 두 가지 목적이 있다. 저편에서는 끈이 하나님의 보좌에 묶여 있지만 하나님의 가까이 할 수 없고 헤아릴 수 없는 빛 때문에 그것을 볼 수 없다. 그러나 이편에서 하나님의 자비의 끈은 우리가 붙잡을 수 있는 위치에 있다. 우리는 주 예수 그리스도에 대한 믿음과 성령의 내주하심을 통해 그 끈을 우리 마음에 묶을 수 있다. 그렇게 함으로써 우리의 소명과 택하심을 확실히 하고 우리가 하늘의 권속에 속해 있음을 알 수 있다.

508

거룩하게 "하심으로"라는 말은 "하심 안에"로 번역하는 것이 낫다. 거룩함은 하나님의 부르심의 요소와 환경이다. 따라서 부르심을 받았을 때 우리는 반드시 성령과 분리할 수 없이 연결되어 있는 것이다. 이 영적 조건을 떠나서 우리가 어떤 신학적 교리나 교회의 형태에 안주할 권리가 없다. 선택에 대한 신학은 하나님께 맡기고 우리는 실제적인 적용을 확실히 하도록 하자.

여기서 사용된 표현의 형태를 주의해서 살펴보자. 그것은 성령에 의한 거룩하게 하심이 아니라 성령의 거룩하게 하심이다. 여기에는 큰 차이가 있다. 성령에 의한 성화는 도장을 찍고 났을 때의 밀랍처럼 혹은 기계적인 장치에 의해 움직이도록 태엽을 감아놓은 시계처럼 우리를 성화된 상태 그대로 지속하는 것이다. 그러나 성령의 성화는 스스로 결정한 상태가 아니라 우리가 성령과 연합하고, 성령의 내주하시는 생명과 능력을 매순간 의지하고 계속해서 의지함으로 이루어지는 성화이다. 우리는 성령을 떠나서 거룩해질 수 없고 오직 성령으로 충만해지고 끊임없이 성령 안에 거할 때에만 거룩해진다. 우리는 성령께서 채우셔야 하고, 계속해서 "성령의 새롭게 하심으로"(딛 3:5) 채우셔야 하는 비어 있는 그릇일 뿐이다.

' … 에 의한'이라는 전치사로 표현된 헬라어 속격은 우리의 성화와 우리가 성령을 소유함 사이의 지극히 밀접한 관계를 나타낸다. 우리는 성령을 거룩하게 하시는 분이자 우리의 생명으로 모시고 있는가? 우리에게는 거룩함 이상의 것, 곧 우리 "가운데 거하며 두루 행하며"(고후 6:16) 그의 "율례를 행하며 규례를 지켜 행하게 하는"(겔 36:27) 성령을 모시고 있는가?

다시 한 번 말하지만, 성령의 거룩하게 하심은 우리에게 "예수 그리스도의 피 뿌림"(벧전 1:2)을 가져온다. 그런데, 예수 그리스도의 피는 예수 그리스도의 생명을 의미하고, 그리스도의 생명은 언제나 이중적으로 적용된다. 첫째, 그리스도의 생명은 갈보리에서 그의 피흘리심과 대속의 죽음으로 말미암아 우리에게 주어졌다. 그러나 또한 그리스도의 생명은 성령께서 우리와 연합하고 우리 안에 거하심으로 말미암아 우리에게 주어진다.

이 후자의 의미는 "그리스도의 피뿌림"으로 얻는 것이다. 출애굽기 24장에서 모세가 이스라엘 지도자들을 데리고 산으로 올라가려고 할 때 소를 잡아 그 피의 절반을 제단에 쏟으며 제사를 드린 기록이 나온다. 이를 통해서 모세는 그리스도께서 십자가에서 자신을 희생제사로 드림으로 우리를 위해 피 흘리심을 나타냈다. 그러나 모세는 나머지 절반의 피는 양푼에 담아 함께 올라갈 사람과 언약서에 뿌리고 산으로 올라갔다. 그 피로 뿌림을 받은 사람들은 바로 하나님 앞으로 올라갔고 하나님의 사랑과 은총을 받았다. 시내 산을 두려운 광경으로 만들었던 천둥과 번개 대신에 구름 한 점 없이 푸른 하늘이 천상의 돔처럼 그들 위에 드리웠다. 여호와께서 그들을 왕의 잔치에 초대받은 왕처럼 어전으로 들어오게 하여 먹이셨다. 여기에 덧붙여 이 말씀이 나온다. "하나님이 이스라엘 자손들의 존귀한 자들에게 손을 대지 아니하셨고 그들은 하나님을 뵙고 먹고 마셨더라"(출 24:11).

그런데 이렇게 아름다운 표상을 지닌 뿌린 피는 제단에 쏟은 흘린 피와는 아주 다르다. 그것은 우리에게 나누어진 그리스도의 생명으로서, 그리스도의 임재와 그와의 교제에 맞게 우리를 준비시키는 그리스도의 생명을 나타낸다. 이것이 성령의 사역이다. 성령은 우리를 이끌어 예수 그리스도와 생생한 연합을 이루게 하고 우리 속에 바로 그리스도의 생명을 재현시킨다.

우리는 이것이 예수의 생명과 피에 관하여 그처럼 자주 사용되는 강한 표현의 의미라고 믿는다. 우리는 "그의 살아나심으로 말미암아 구원을 받을 것"(롬 5:10)이라는 말을 듣는다. 다시 말하지만, "그 아들 예수의 피가 우리를 모든 죄에서 깨끗하게 하실 것"(요일 1:7)이다. 그와 같이 요한복음 6장에서도 우리가 영생을 얻는 것은 그리고 그 생명이 날마다 자양을 얻는 것은 그의 살을 먹고 피를 마심으로써 되는 일이다. 형제들이여, 우리는 이 예수의 피 뿌리심을 알고 그의 생명으로 살고 있는가?

구약에는 이 '뿌린다'는 표현을 이해하는데 귀한 빛을 비쳐 주는 아름다운 표상이 하나 더 있다. 그것은 민수기 19장에 나오는 붉은 암송아지에 대한 설명이다. 이 주목할 만한 표상의 다른 적용들에 대해서는 그냥 지나가고 구별하는 표시로 물을 뿌리는 것에 대해서만 언급하기로 한다.

이스라엘 진 가운데 있는 사람 중 누구든지 사체를 만지거나 어떤 연유로든 부정한 것에 접촉되어 부정하게 되었을 때는 그 사람은 구별하는 물로 뿌려서 깨끗이 되고 다시 정상으로 회복되어야 하는 규례가 있었다. 이 물은 제사로 드리고 불사른 붉은 암송아지의 재로 만든 것으로 이 목적을 위해서 거룩한 곳에 보관해 둔 것이다. 재에 물을 붓고 우슬초에 물을 찍어서 부정한 사람에게 뿌려 깨끗하게 하였다.

우리는 재로 만든 물은 잿물로 알고 있는데, 잿물은 세척하는 작용을 할 때 부식제처럼 쓰라리다. 이런 식으로 부정한 자에게 실행하는 뿌림은 좀처럼 잊을 수 없는 경험이 될 것이다. 속까지 베고 뼈까지 불태우는 것은 바로 이 정결 의식이었다. 그와 같이 성령의 사역이 언제나 부드럽고 만족스러운 것은 아니다. 오히려 많은 경우에 엄중하고 불로 태우는 것 같다. 성령께서는 우리 마음에 그리스도의 죽음이 우리에게 적용된다는 사실을 확신시켜 마침내 우리가 그리스도의 죽음과 실제적인 연합을 이루고 그래서 성령께서 우리 자연적인 본성에 계시하신 죄 되고 이기적인 일에 대해 기꺼이 죽으려는 마음을 일으키신다.

그러므로 어떤 의미에서 성령의 거룩하게 하시는 사역은 즉각적이면서도 점진적이다. 우리가 실제로 예수 그리스도와 인격적으로 연합하고 성령의 세례를 받는 순간이 있다. 그 순간에 우리는 하나님께 완전히 용납되고 온전한 빛에 이를 수 있도록 충분히 성화된다. 그러나 빛이 더 짙고 밝아질수록 성령은, 견딜 수 있는 한 우리를 더 밑으로 이끌고 가서 하나님의 온전하신 뜻에 어긋나는 은밀한 모든 일을 드러내고 치료하며, 그리스도의 본성과 생명에 일치하는데 이르기까지 인도하신다.

그것은 석회암반으로 흐르는 물 속에 가라앉아 있는 나뭇가지에 석회수가 미치는 작용과 다소 흡사하다. 날마다 용해된 석회암이 나무의 벌어진 조직에 침전되어 한동안 시간이 지나고 나면 나무는 돌로 변해서 형태는 그대로 있지만 본질은 돌의 속성으로 변화된다. 그처럼 어떤 의미에서 성령은 예수 그리스도의 생명을 용해시켜 우리에게 나누어 주어 마침내 우리가 영광스런 모범이시며 머리이신 그리스도의 형상에 온전히 일치되기까지 한다.

다시 한 번 이야기하지만, 성령의 거룩하게 하심은 우리가 "순종함"(벧전 1:2)에 이르도록 인도한다. 그것은 순전히 이론과 경험이 아니라 매우 실천적이고 현실적인 일이다. 성령의 거룩하게 하심은 가정과 사무실, 공장, 가게에서 일어나는 매일의 생활과 관계가 있다. 성령의 거룩하게 하심은 우리를 더 나은 사람으로 만들고 세상이 그 사역의 진실된 사실임을 증거하게 만든다. 그렇게 되면 성령의 거룩하게 하시는 일은 매우 쉬워진다. 그것은 노력하는 순종이 아니라 생명과 사랑에서 자발적으로 즐겁게 흘러나오는 결과이다. 성령은 우리 안에 계실 뿐만 아니라 우리 안에서 또한 행하신다. "율법이 육신으로 말미암아 연약하여 할 수 없는 그것을 하나님은 하시나니"(롬 8:3) "이는 그리스도 예수 안에 있는 생명의 성령의 법이"(8:2) "죄와 사망의 법에서 너를 해방하여"(8:2) "육신을 따르지 않고 그 영을 따라 행하는 우리에게 율법의 요구가 이루어지게 하려 하심이니라"(8:4).

영광의 영

"너희가 그리스도의 이름으로 치욕을 당하면 복 있는 자로다 영광의 영 곧 하나님의 영이 너희 위에 계심이라"(벧전 4:14). 성령의 사역은 단순히 깨끗하게 하는 일만이 아니다. 그것은 영광스럽게 하는 사역이다. 성령께서는 우리의 의복을 희게 하기 위해서만이 아니라 변화산상의 빛과 혼인 예복처럼 빛나게 하기 위해서도 오셨다.

고대 성막에는 세 부분의 구역이 있었다. 첫째 구역은 구원을 나타냈다. 그것은 예배하는 자들이 속죄하는 피와 정결케 하는 물을 위한 제단과 놋대야가 있는 데로 오는 성막 뜰이었다. 두 번째 구역은 성소로서, 그곳은 제사장들이 거하면서 금촛대의 불빛 가운데 하나님과 함께 지내며 진설병을 먹고 유향을 바르며 중보의 금제단에서 피어오르는 향내를 맡으며 지내는 곳이었다. 이 구역은 성화, 친교, 교제, 주 예수 그리스도와 인격적인 연합 가운데 거하는 생명을 나타내었다. 그러나 더 들어가게 되는 구역이 있었다. 그곳은 지성소로 하나님의 거룩한 어전이었다. 그곳에는 셰키나의 영광이 거룩한 그룹들의 펼친 날개 사이로 빛나는 곳이었다. 물론 이는 우리의 하늘 가정과, 지금 우리가 기다리고 있는 천년왕국의 미래 영광을 나타낸다. 그러나 이는 또한 우리가 이제 경험할 수 있는 영광의 시작을 표시하기도 한다. 왜냐하면 성령은 장래의 기업의 보증이시며, 그 기업의 영광을 이곳에 있는 우리에게 잠깐 그 섬광을 보여 주며 미리 맛보게 하시기 때문이다.

모세 시대에 지성소는 볼 수 없도록 휘장으로 가려 있었다. 오직 대제사장만이 들어갈 수 있고, 그것도 일년에 단 한 차례만 들어갈 수 있었다. 그런데 그 휘장이 예수께서 죽으실 때 둘로 갈라졌고, 그 영광이 밝게 드러나 우리가 그 속으로 들어갈 수 있게 되었다. 우리는 이 사실에서 하나님의 초대를 보게 된다.

그러므로 형제들아 우리가 예수의 피를 힘입어 성소에 들어갈 담력을 얻었나니 그 길은 우리를 위하여 휘장 가운데로 열어 놓으신 새로운 살 길이요 휘장은 곧 그의 육체니라 또 하나님의 집 다스리는 큰 제사장이 계시매 우리가 마음에 뿌림을 받아 악한 양심으로부터 벗어나고 몸은 맑은 물로 씻음을 받았으니 참 마음과 온전한 믿음으로 하나님께 나아가자(히 10:19-22).

그렇다. 우리는 바로 여기에서도 이 영광에 참여할 수 있다. "내게 주신 영광을 내가 그들에게 주었사오니"(요 17:22)라는 말씀은 구주께서 작별시 우리에게 주신 유산이다. 주님은 우리에게 당신의 평안과 사랑을 주실 뿐만 아니라 자신의 영광과 우리가 참여할 수 있는 하늘의 영광도 주신다.

예수를 너희가 보지 못하였으나 사랑하는도다 이제도 보지 못하나 믿고 말할 수 없는 영광스러운 즐거움으로 기뻐하니(벧전 1:8).

다만 이뿐 아니라 우리가 환난 중에도 즐거워하나니(롬 5:3).

너희가 그리스도의 이름으로 치욕을 당하면 복 있는 자로다 영광의 영 곧 하나님의 영이 너희 위에 계심이라(벧전 4:14).

거룩한 일들의 초보를 배우지 못한 사람이 이 말씀을 이해하기는 불가능하지는 않지만 어려운 일이다. 이 사실을 이해하려면 영적 의식과 직관이 필요하다. 그러나 하나님의 자녀는 거의 모두가 한 번 이상 영광의 성령으로부터 감동을 받은 적이 있다. 어쩌면 그 감동이 기도의 골방에 불을 밝혀 골방이 천국문이 되기까지 하였을 것이다. 어쩌면 그 감동이 밤을 아침으로 만들

고 죽음의 그림자를 하늘의 빛으로 변화시킨 광채로써 여러분의 슬픔을 누
그러뜨렸을 것이다. 그 영광은 예수께서 여러분의 몸을 고치고 부활의 첫열
매를 여러분에게 주셨을 때 왔을 것이다. 때로 앉아서 여러분 뒤에 있는 십
자가와 여러분 속에 있는 그리스도에 대해, 여러분 앞에 있는 본향에 대해
생각할 때, 여러분이 몸 안에 있는지 몸 밖에 있는지 거의 알 수 없을 때 오
기도 할 것이다. 복되신 성령께서는 그 감동이 필요한 때에는 언제든지 우리
에게 가져다주실 수 있다.

영광을 받는 자리가 마치 고난과 박해와 비난의 자리인 것처럼 보일 것이
다. 그것은 마치 지상의 기압계가 낮은 수치를 가리킬 때도 하늘의 강렬한
햇살은 언제나 폭풍우의 구름을 뚫고 지극히 밝게 빛나는 것과 같다. "우리
가 즐거워하는" 것은 "환난 중에"(롬 5:3)이며, "영광의 영 곧 하나님의 영이
너희 위에 계심"은 우리가 "그리스도의 이름으로 욕을 받을"(벧전 4:14) 때
이다.

그러나 우리가 "그리스도의 이름으로" 욕을 당한다는 사실을 확실히 해두
자. 이 구절이 암시하듯이 우리 자신의 어리석음이나 죄 때문에 죄인이나 남
의 일에 참견 잘 하는 사람으로서 고난받는 일은 없도록 하자. 그리스도의
이름으로 서고, 그의 고귀하고 거룩한 성품으로 살며, 그리스도를 존중하고
닮으며, 시험이 오고 슬픔의 폭풍이 몰아칠지라도 두려워하지 말자. 그러면
구름은 무지개를 만들기 위한 배경에 지나지 않을 것이다. 낮에 대기를 뒤덮
는 안개처럼 희미하게 보이는 불기둥이 밤에는 천상의 불처럼 밝게 타오를
것이다.

슬픔도 하나님께서 손을 대시면
환희의 빛보다 밝게 타오르며
어둠은 낮에는 결코 보지 못한
빛의 세계를 우리에게 보여 준다.

제 24 장

요한일서에 나타난 성령

그의 계명을 지키는 자는 주 안에 거하고 주는 그의 안에 거하시나니 우리에
게 주신 성령으로 말미암아 그가 우리 안에 거하시는 줄을 우리가 아느니라
(요일 3:24).

사람들은 주님의 사랑하시는 제자가 쓴 이 편지에서 주 예수 그리스도의
인격에 대한 언급에 비해 성령에 대한 직접적인 언급이 매우 적다는 사실에
깊은 인상을 받는다.

이 긴 편지에서 겨우 너다섯 군데밖에 성령에 대한 언급이 나오지 않는다.
그 구절들에서도 복되신 보혜사의 이름이 나오기는 하지만 거듭거듭 언급
되는 분은 그리스도이시다. 왜 사도는 이같이 하는 것일까? 그 답변은 깊고
아름다운 진리를 우리에게 알려 줄 것이다. 사도 요한은 성령에 충만해 있어
서 결코 자신을 드러내지 않으시는 성령처럼 끊임없이 예수 그리스도를 생
각하고 증거하고 있었던 것이다. 요한이 성령을 직접적으로 언급하지 않고
있었다는 사실은 그가 성령 안에 있었고, 성령께서 언제나 그렇듯이 요한도
예수를 생각하고 하나님의 아들을 영화롭게 하는 일에 몰두해 있었다는 것
에 대한 최상의 증거이다.

그와 같이 성령에 충만해 있으면 우리는 예수 그리스도에 몰두하게 되므
로 자신의 경험이나 우리 속에 계신 영광스런 친구에 대해서보다는 예수님
의 얼굴과 그의 마음의 깊은 사랑에 대해서 많이 생각하게 될 것이다.

그러나 이 편지에도 성령에 관한 매우 중요한 언급이 몇 군데 나온다. 그
구절들을 자세히 살펴보기 전에 이 서신에서 성령에 관해 아주 직접적으로

증거하는 구절들 가운데 한 구절을 다루지 않고 넘어가는 것에 대해 설명하는 것이 필요하다.

요한일서 5:7의 말씀은 잘 알려져 있다. "증언하는 이가 셋이니 성령과 물과 피라 또한 이 셋은 합하여 하나이니라." 삼위일체 교리에 대한 그처럼 직접적이고 신학적인 증거를 담고 있는 이 구절은 확실히 비논리적이다. 이 구절이 초기 사본들에서는 어디에서도 발견되지 않는다. 우리 시대 최고의 학자들의 동의하에 이 구절이 개역성경(RV)에는 빠져있다. 이 구절은 이 장에 나오는 성령의 마음과 사상의 순서를 분별하기보다는 신학에 더 열심이 있는 몇몇 필사자들이 덧붙였음에 틀림없다. 이 구절은 문맥으로 볼 때 관계가 없다. 하나님의 아들에 대해서든 성령에 대해서든 그 신성을 증거하는 데에 이 구절은 결코 없다.

하나님의 기름 부으심인 성령

"너희는 거룩하신 자에게서 기름 부음을 받고 모든 것을 아느니라 … 너희는 주께 받은 바 기름 부음이 너희 안에 거하나니 아무도 너희를 가르칠 필요가 없고 오직 그의 기름 부음이 모든 것을 너희에게 가르치며 또 참되고 거짓이 없으니 너희를 가르치신 그대로 주 안에 거하라"(요일 2:20,27).

앞에서 우리는 성령과 관련하여 기름의 상징과 기름 부음의 표상에 대해 말한 바 있다. 이 구절의 개념은 앞에서 언급한 구절의 개념과 본질적으로 같다. 사용된 단어는 약간 다르다. 그것은 기름을 붓는 것이라기보다는 기름을 바르는 것, 즉 여기서 언급하는 대로 도유(unction)이다.

기름 바름 혹은 기름 부음을 뜻하는 이 단어에서 바로 그리스도라는 명칭이 나왔다. 그래서 "기름 부음 받은 자"란 바로 그리스도를 가리킨다. 우리는 앞절들에서 적그리스도에 대해, 장차 올 많은 적그리스도들에 대해 읽는다. 이 적그리스도들과 대조를 이루어 기름 부음을 받은 자들(the Christ)이 있다. 성령께서 그리스도들을 일으키고 계신다. 그리스도인(Christian)이라는 단어도 이 뿌리에서 파생되었지만, 만족스러운 말은 아니다. 그리스도인이란 어떻든 그리스도와 연결되어 있는 사람이지만 한 그리스도(Christ one)란 그리스도와 연합되어 있고 그리스도를 대표하는 사람으로, 사실상 그리스도의 재판으로 사람들 가운데서 그리스도의 생명을 나타내는 존재이다.

그런데 이는 성령의 위대한 임무였다. 즉 그리스도를 구별하여 장래 모든 사람들을 위한 큰 모범으로 삼는 것이었다. 이 사역을 예수의 영화 가운데서 성취한 후에 성령께서는 이제 그리스도들 안에서 그리스도를 재생산하고 있으며, 예수의 제자들을 불러 주님을 나타내고 기독교 시대를 통해 그리스도의 생명을 되풀이하도록 훈련하고 계신다.

우리는 선지자와 제사장, 왕을 따로 구별하여 세울 때 기름을 부었다는 사실을 이미 살펴보았다. 그리스도라는 이름이 선지자와 제사장과 왕으로서 그리스도의 삼중직과 관련하여 갖고 있는 특별한 의미가 있다. 마찬가지로 우리도 기름 부음을 받아 하나님의 교회의 선지자와 제사장과 왕이 되는 것이다. 우리는 사람들에게 하나님의 뜻과 사역을 증거하는 자로서 사람들을 위한 하나님의 중재자가 되는 것이다. 하나님의 왕들로서 우리는 우리의 복되신 머리인 그리스도와 함께 하나님 나라와 천년 왕국을 나눌 것을 기다리며 자아와 죄에 대하여 싸워 이긴다.

이렇게 성령은 우리를 불러 이 고귀한 사역을 맡기며 그 일을 감당할 수 있도록 준비시키신다. 여기서 말하는 기름 부음은 하나님의 선물로 묘사된다. "너희는 거룩하신 자에게서 기름 부음을 받고"(2.20). 여기서 사용된 동사는 어조가 매우 강하다. 그 뜻은 우리가 특별한 선물을 받았으며, 또 그 사실을 우리가 안다는 것이다. 형제들이여, 우리는 하나님의 기름 부으심, 곧 성령을 받았는가?

성령의 사역이 여기서는 특별히 두 가지 면으로 언급된다. 즉 가르치는 자와 지키는 자로서 언급된다. 우리의 선생이신 성령은 성경을 통해 우리에게 하나님의 마음을 가르치신다. 여기서 사용된 언어는 우리가 주님의 사도와 선지자로 영감을 받아 성경과 별개로 하나님의 뜻을 안다는 것을 의미하지 않는다. 그것은 우리가 사람의 입을 통해서 하나님의 메시지를 받지 않아도 된다는 것을 의미하지 않는다. 그보다는 어떤 메시지든 사람의 말로 받아서는 안 되고, 그리스도의 사역자들로부터 가르침을 받을 때에라도 하나님의 사자로서 그들의 말을 받되 하나님의 거룩한 말씀에 비추어 보고 성령 안에서 우리 양심에 말씀하시는 하나님의 목소리로 받아야만 한다는 의미이다.

그런데 이 기름 부으심은 우리를 가르칠 뿐만 아니라 우리가 성령 안에 거하도록 지키기도 한다. 성령께서 우리 마음 속에 거하시는 이 복된 내주하심의 큰 목적은 우리를 그리스도께 연합시키고 항상 성령을 의지하고 성령께 가까이 있도록 지켜, "그가 강림하실 때에 우리로 담대함을 얻어 그 앞에서 부끄럽지 않게 하려 하는"(요일 2:28) 것이다. 그와 같이 성령을 받고, 성령 안에 거하며 그래서 우리가 복되신 주님을 나타내도록 하자. 그리고 적그리스도 시대에 그리스도인들이 될 뿐만 아니라 주님이 천국에서 항상 우리를 대표하듯이 우리도 세상에서 우리 주님을 대표하자.

내주하시는 성령

"우리에게 주신 성령으로 말미암아 그가 우리 안에 거하시는 줄을 우리가 아느니라"(요일 3:24). "그의 성령을 우리에게 주시므로 우리가 그 안에 거하고 그가 우리 안에 거하시는 줄을 아느니라"(4:13).

그러나 여기서 언급하는 것은 성령의 내주하심이라기보다는 성령으로 말미암은 그리스도의 내주하심이다. 성령을 주신 목적은 예수 그리스도를 계시하고 영화롭게 하며 신자의 생활에서 예수께서 인격적이고 현실적으로 계시도록 하는 것이다.

이것은 신앙의 문제가 아니라 지식의 문제이다. "그가 우리 안에 거하시는 줄을 아느니라." 그것은 우리가 의식적으로 인지하는 사실이고, 우리 마음에 만족을 주는 것이다. 성령께서 우리를 위해 그리스도를 섬기며 우리가 영과 혼과 몸을 위한 우리의 모든 생활의 원천이자 본질이신 성령 안에 거하며 성령과 교제하도록 보호하시는 동안, 그리스도는 우리의 사랑을 요구하고 우리의 모든 필요를 채워 주시는 인격적인 임재이시다.

성령에 대한 생각을 지속하지 않는 한은 성령을 결코 제대로 이해하지 못할 것이다. 성경은 언제나 우리를 모든 주관적인 경험을 넘어서서 바로 주 예수 그리스도 자신에게 이르도록 인도하신다.

속이는 영들

"사랑하는 자들아 영을 다 믿지 말고 오직 영들이 하나님께 속하였나 분별하라 많은 거짓 선지자가 세상에 나왔음이라"(4:1). 마귀의 큰 야심은 성령을 흉내내는 것이다. 속이는 영들과 적그리스도가 항상 많이 있었는데, 시대가 가까우면서 "하늘에 있는 악의 영들"(엡 6:12)은 더욱 번성하고 "마귀의 간계"(6:11)는 더욱 교묘하고 더욱 사람들을 기만할 것이다.

이미 우리는 현 시대를 마감하고 "하나님 곧 전능하신 이의 큰 날에 전쟁을 위하여"(계 16:14) 악한 영들을 모으는 사탄의 속임의 시대가 시작되었음을 알 수 있다. 종종 사탄은 선한 모습으로, 광명의 천사로 온다. 그래서 하나님께서는 깨어 있고 "스스로 속이지 말라"(갈 6:7)고 경고하셨다.

사도 요한은 우리에게 최고의 시금석을 제시한다. 그것은 이 영들이 주 예수 그리스도를 어떻게 증거하는가를 보는 것이다. 어떤 영적 영향력이든 그 자체로 끝이 나고 우리를 직접 주 예수 그리스도에게로 인도하지 않고 그리스도를 영화롭게 하지 않고 생생하게 증거하지도 않는다면 그 영향력을 의심해볼 만한 충분한 이유가 된다. 주로 경험과 분별력 있는 즐거움, 혹은 의미를 강조하는 영적 경험은 또 다른 영으로 판명되기가 아주 쉽다. 성령은 언제나 그리스도를 증거한다.

본문에서 우리는 우리 시대에 속이는 영들을 간파할 수 있게 하는 훨씬 더 분별력있는 기준을 보게 된다. "예수를 시인하지 아니하는 영마다 하나님께 속한 것이 아니니 이것이 곧 적그리스도의 영이니라 오리라 한 말을 너희가 들었거니와"(요일 4:3). 적그리스도의 영은 요한의 시대부터도 있었다.

이것은 물질적인 세계를 부인하고, 주 예수 그리스도의 육체적 성육신을 부인하는 영이며 창조의 이야기를 아름다운 우화, 그리스도에 대한 기사를 허구로 보며 죄와 구속의 교리를 버리고, 죄인을 위한 대속물로서 그리스도의 십자가의 못 박히심을 버리는 영이다.

물질적인 세계와 물질적인 육체는 없다고 하는, 오늘날 널리 퍼져 있는 그럴듯한 오류의 구체적인 이름을 굳이 언급할 필요는 없다. 이 사상에 근거해서 사람들은 질병이 물질적인 원인 때문에 발생하는 것이 아니라 모든 것이 개념이고 마음이라고 생각한다. 그래서 우리가 바르게 생각하면 다른 모든 것이 옳다고 믿는다. 고통은 개념에 불과한 것이므로, 고통을 믿기를 거부한다면 고통은 더 이상 지속되지 않을 것이라고 그들은 말한다. 치유는 당연한 일로서 뒤따른다. 이것(크리스천 사이언스)은 기독교가 과학도 아니고, 사도 요한이 18세기 전에 예언한 거짓 영이며 마지막 적그리스도에 앞서 오는 선구자들 가운데 하나이다.

일반적으로는 거짓 영들이 훨씬 더 많이 퍼져 있다. 성령을 아는 자들 가운데, 자의식에 열중하거나 마음이 고양되어서 그리스도와 진리로부터 떨어져 나갈 실제적인 위험이 있다. 사탄은 우리를 무모한 광신이나 주제넘은 생각에 빠지도록 하기 위해 성전 꼭대기에 세우려고 노력하고 있다. 우리가 하나님의 참된 자녀라면 사탄이 우리를 죽일 수 없지만 등을 다치게 하여 주님의 전쟁을 치르지 못하게 할 수 있다. 사탄은 우리의 증거를 훼손하고 우리의 선을 비방할 수 있고, 우리를 아주 터무니없고 우스꽝스럽게 만들어 사려 깊고 상식 있는 사람들에게 복음을 증거하지 못하게 만들 수 있다. 하나님께서 우리에게 "능력과 사랑의 마음"뿐 아니라 "건전한 지성의 영"(딤후 1:7, 한글개역은 '근신하는 마음')도 주시기를 구한다.

승리의 영

"자녀들아 너희는 하나님께 속하였고 또 그들을 이기었나니 이는 너희 안에 계신 이가 세상에 있는 자보다 크심이라"(요일 4:4).

승리의 비결은 우리 안에 정복자가 계시고 적은 이미 정복당한 존재라는 것을 깨닫는데 있다. 요한은 우리가 이길 것이라고 하지 않고 우리 안에 계신 이가 "세상에 있는 이보다 크시기" 때문에 이미 우리가 이겼다고 말한다. 우리 "안에 계신 이가" 이미 이겼고, 그분이 우리를 그 자신의 승리에 가담하도록 이끄신다. 우리는 거인들의 목을 밟고 그들의 얼굴을 의기양양한 눈초리로 본 여호수아와 이스라엘 군대처럼 적을 이미 정복당한 적으로 대해야 한다. 사탄은 우리가 그를 두려워할 때에만 능력을 갖는다. 사탄은 당당한 믿음과 거룩한 확신 앞에서는 도망한다.

또한 요한은 세상에 있는 사탄의 힘을 충분히 인정한다. "아는 것은 우리는 하나님께 속하고 온 세상은 악한 자 안에 처한 것"(5:19)이라고 말한다. 세상은 사탄의 뜻대로 산 채로 사로잡혀 무기력한 포로로 그의 팔에 누워 있다. 사탄은 세상을 통제하는 권세이다. 비록 세상이 때로는 아주 교양있고 아름다우며 세련된 것처럼 보일지라도 세상의 모든 진보와 능력의 뿌리에 놓여 있는 원칙은 인간적인 이기심이며 따라서 불경건한 것이다. 그리스도는 아직 온 세상의 통치자가 아니시다. 그리스도는 자기 백성들의 마음에 거하시며 그들을 통치하신다. 사탄은 세상에 있다. 그러나 그리스도께서 거하시는 마음은 이미 승리자이므로 이 같은 승리의 고함을 치며 모든 전투에 나간다. "우리 주 예수 그리스도로 말미암아 우리에게 승리를 주시는 하나님께 감사하노니"(고전 15:57).

증거하는 영

이것은 이 요한의 서신에서 성령을 소개하는 마지막 측면이다.

> 이는 물과 피로 임하신 이시니 곧 예수 그리스도시라 물로만 아니요 물과 피로 임하셨고 증언하는 이는 성령이시니 성령은 진리니라 증언하는 이가 셋이니 성령과 물과 피라 또한 이 셋은 합하여 하나이니라(요일 5:6-8).

지상에서 의견이 일치하는 세 증거자는 성령과 세례의 물과 예수 그리스도의 피이다. 우리는 이 세 가지를 성만찬에서 기념하고, 이것을 우리의 죗값에 대한 보상이자 우리 구속의 속전으로 인정한다. 우리가 여기서 이야기해야 할 것은 성령의 증거에 대해서이다.

1. 말씀을 통한 증거

성령은 먼저 말씀을 통해 증거하시는데, 바로 이것이 요한 사도가 이 구절에서 주장하는 바이다. 사도 요한은 이같이 말한다. "만일 우리가 사람들의 증언을 받을진대 하나님의 증거는 더욱 크도다 하나님의 증거는 이것이니 그의 아들에 대하여 증언하신 것이니라 … 또 증거는 이것이니 하나님이 우리에게 영생을 주신 것과 이 생명이 그의 아들 안에 있는 그것이니라"(5:9,11). 이어서 사도는 이같이 말한다. 우리가 이 증거를 받지 않는다면 "하나님을 거짓말하는 자로 만드나니 이는 하나님께서 그 아들에 대하여 증언하신 증거를 믿지 아니하였음이라"(5:10). 이것이 복음이 전하는 메시지이다. 말하는 분은 성령이시다. 그 메시지가 하나님의 증거로 사람에게 오는 것이다. 하나님께서는 죄인에게 영원한 생명을 주셨고, 이 생명은 그의 아들 안에 있으므로, 우리가 그 아들을 영접하면 우리에게 생명이 있다고 공표하는 것이다. 그러므로 우리의 의무는 이 증거를 믿되, 절대적으로 즉각 믿어야 한다. 이 증거를 믿는 순간 그 증거는 우리에게 참이 되며, 우리는 이 큰 구원의 대상에 포함된다. 바로 여기가 하나님의 증거를 받아들이고 예수 그리스도로 말미암은 우리의 구원에 관한 하나님의 말씀을 믿음으로써 믿음이 시작되는 부분이다.

2. 우리 마음 속의 증거

그 다음으로 성령은 우리가 믿은 것이 우리에게 참되고 사실이라는 것을 우리 마음 속에서 증거하신다. "하나님의 아들을 믿는 자는 자기 안에 증거가 있고"(5:10). 우리가 하나님의 말씀을 믿는 순간, 그 말씀이 우리 마음속에서 효과를 발휘하여 평안과 구원을 실제로 경험하게 한다. 말씀이 먼저 오고 그 다음에 내적 증거가 생기는 것이다. 단지 그리스도께서 명령하신 대로 우리가 그리스도께 왔기 때문에 받아들여지고 구원받으며 그가 약속하신 대로 버림받지 않는다는 단순한 하나님의 말씀을 믿을 때까지는 구원을 얻었다는 성령의 확신을 가질 수 없다. 영혼은 하나님의 말씀에 기초해서, 하나님의 성령께서 개인의 양심에 거듭 우리가 하나님의 자녀라는 사실을 확신시킴으로써 실제적인 평안과 즐거운 확신을 경험하게 된다.

3. 우리가 그리스도와 연합되었음에 대한 증거

성령은 우리가 그리스도와 더 깊은 연합을 이루었고 하나님의 아들 되었음을 증거하신다. 제자가 온전히 자신을 하나님께 드릴 때 그 제자는 성령으로 인치심을 받는다. 아들됨의 영이 마음속에 들어오시면 예수 그리스도가 사람의 영혼에 인격적이고 현실적으로 임하게 된다. 하나님의 성령이 우리가 그리스도와 연합되었음을 증거하신다. 그래서 그리스도께서 이같이 말씀하셨다. "그날에는" 즉 하나님의 성령이 오실 때에는 "내가 아버지 안에, 너희가 내 안에, 내가 너희 안에 있는 것을 너희가 알리라"(요 14:20). 이것이 성령의 인치심이다. 이것이 그 영혼이 그의 사랑하시는 자와 혼인한 것이 사실임을 영구히 증명하는 결혼반지인 것이다.

4. 하나님께서 우리의 기도를 들으심에 대한 증거

하나님께서 우리의 기도를 들으심을 성령이 증거하신다. 이 사실이 요한일서 5:14-15에 나온다. "그를 향하여 우리가 가진 바 담대함이 이것이니 그의 뜻대로 무엇을 구하면 들으심이라 우리가 무엇이든지 구하는 바를 들으시는 줄을 안즉 우리가 그에게 구한 그것을 얻은 줄을 또한 아느니라."

5. 우리의 봉사에 대한 증거

성령은 우리의 봉사를 증거하고 능력과 유용함의 보증을 주신다. "하나님도 표적들과 기사들과 여러 가지 능력과 및 자기의 뜻을 따라 성령이 나누어 주신 것으로써 그들과 함께 증언하셨느니라"(히 2:4). 우리는 그리스도를 봉사하는 데로 나아가며, 성령께서는 우리의 봉사를 증거하신다. 우리에게 봉사할 수 있는 능력을 주시는 분은 성령이시다. 성령께서는 우리 영혼에 보증을 주시고, 우리의 말이 효과를 발휘하도록 만드신다. 성령께서는 하나님의 영광과 우리의 영원한 기쁨을 위하여 열매가 "남아있도록" 하신다.

성령으로 세례받은 그리스도의 종은 누구나 자신의 사역에 대한 성령의 증거를 기대할 권한이 있다. 옛적에 "제자들이 나가 두루 전파할새 주께서 함께 역사하사 그 따르는 표적으로 말씀을 확실히 증언하신"(막 16:20) 것처럼 지금도 "그 따르는 표적"을 기대할 권리가 있다. 때로 이 표적들은 영혼의 회개에서 나타나는 영적 표적들이고, 때로는 몸을 치유하는데서 나타나는 물리적 표적들이며, 때로는 기도 응답에서, 난관이 제거되는 데서, 하나님의 뚜렷한 섭리와 하나님의 인정과 복이 나타나는데서 볼 수 있는 중요한 의미가 담긴 환경이기도 하다. 이와 같이 하나님은 오늘날의 선교 사역에 성령의 인을 치셨다. 그와 같이 하나님은 용기를 내어 충만한 복음을 선포하고 자신들의 풍성한 유업을 경험한 사람들의 증거에 성령의 인을 치신다. 전적으로 자신을 성별하여 하나님께 드리는 자의 모든 생명에 성령의 인을 치실 것이다.

친애하는 형제들이여, 성령의 증거를 요청하고 능력을 기대하라. 여러분의 증거에 성령의 증거가 따르지 않는데 만족하여 있지 않도록 하라.

우리를 통한 증거

성령은 우리에게 증거하실 뿐만 아니라 우리를 통해 증거하기도 하신다. 성령께서 우리에게 오시는 특별한 목적은 우리가 예수 그리스도의 증거자가 되도록 하기 위함이다. "오직 성령이 너희에게 임하시면 너희가 권능을 받고 예루살렘과 온 유대와 사마리아와 땅 끝까지 이르러 내 증인이 되리라 하시니라"(행 1:8).

이것이 그리스도의 제자들을 통해 교회에, 세상에 그리고 특별히 이방인들에게 증거하시는 성령의 위대한 사역이다.

이 말씀에서 보는 대로, 증거에 충실했다고 생각하는가? 우리는 가정에서 그리스도를 나타냈는가? 가정의 모든 사람들에게 두려움 없이 충분하게 그리스도 예수에 대해 증거하였는가? "모든 사람의 피에 대하여 깨끗하다"(20:26)고 말할 수 있는가? 우리는 일터와 사회에서 그리스도의 타협하지 않는 친구로 알려져 있는가? 그리스도의 교회에서 주님의 메시지와 증거를 적절한 모든 방법을 동원하여 전하였는가? 우리의 입장이 사람들에게 알려져 있는가? 우리는 철저히 그리스도를 위하여 살고, 기회가 주어지는 대로 구원받지 못한 사람들에게 온전히 구원하실 수 있는 분에 대해 증거하는 것을 기쁨과 특전으로 삼고 있는가? 언젠가 우리의 영원한 면류관과 보증이 될 사랑하는 마음들의 합창이 우리를 맞이할 것이라고 기대할 수 있는가?

한 번은 많은 회중 앞에 서서 그 교회의 목사가 이십여 년 전에 지금 자기 옆에 서 있는 사람의 인도로 그리스도를 믿게 되었다는 말을 듣는 큰 기쁨을 경험한 적이 있었다. 이 사실을 나는 전혀 몰랐는데, 그 목사는 나를 자기 교인들에게 하나님께서 그의 구원과 유용함의 도구로 사용한 사람이라고 소개하였다. 그런 특전으로 인해 하나님께 겸손히 감사한 마음으로 감동이 되었을 때, 나는 저편 천국에서 몇 사람이 나아와 나에게 인사하며 나를 하나님의 보좌 앞으로 데려가서 복되신 주님께 말하기를 주께서 자기들을 하나님께 데려오는 일에 나를 사용하셨다고 하며, 나는 처음으로 성령께서 내 사역의 보증으로 삼으신 많은 나라에서 온 자녀들을 만나고 알게 되는 이상을 보는 것 같았다. 여러분 보기를 기다리는 사람이 하나라도 있을 것인가? 여러분이 "수고를 그치고 쉴"(계 14:13) 때 하나님 우편에 놀라운 일을 준비해 두었는가?

먼저 성령의 충만함을 받자. 그러면 우리가 성령을 주지 않을 수 없을 것이다. 성령이 여러분 안에서 여러분에게 증거하시도록 하라. 그러면 성령께서 확실히 여러분을 통해 증거하실 것이다. 우리를 온전히 성령께 드려 성령께서 우리를 소유하고 통제하실 수 있도록 하자. 그러면 성령께서 우리가 받은 복을 다른 사람들 속에 재현하는 일에 우리를 사용하실 수 있을 것이다.

인도 국경에 있는 선교기지에 어느 날 한 여자아이가 와서 말했다.

"선생님, 제가 무슨 일을 좀 하도록 해 주시겠어요?"

선생이 여자아이에게 무슨 일을 하고 싶으냐고 물었다.

"저를 선생님께 그냥 드리고 싶어요. 선생님을 사랑하거든요."

그 아이는 선생님 곁에 무릎 꿇고 자신의 손을 선생님 손에 주며 말했다.

"저를 선생님께 드립니다. 선생님을 사랑하기 때문이에요."

그 아이가 자신을 선생님 품에 내맡겼을 때 자신이 선생님의 소유가 되고 선생님의 사랑을 받는다는 것이 너무 기뻐 가슴이 기쁨으로 벅차올랐다.

며칠 후에 그 아이는 선생님에게 어떻게 하면 자신을 그리스도께 드릴 수 있는지를 물었다. 그 아이는 그에 관한 말을 들었지만 그 뜻을 이해하지 못하였다. 선생님이 말했다.

"얘야, 네가 나한테 네 자신을 주었듯이 그대로 예수님께 너를 드려라."

아이의 작은 얼굴에 잠깐 빛이 스치고 지나갔다. 아이는 다시 한 번 선생님 곁에 무릎을 꿇고 두 손을 모으고 거룩한 존경심으로 하늘을 우러러보며 말했다.

"예수님, 저를 예수님께 드립니다. 예수님을 사랑하기 때문입니다." 그때 성령께서 내려오셨고 아이는 자신이 영원히 성령의 소유로 확정되었다는 것을 알았다.

그 아이에게는 아주 악한 아버지가 멀리 떨어진 기지에 있었는데, 그는 복음 듣기를 거절한 무정하고 난폭한 사람이었다. 여자아이는 아버지를 위해 기도했다. 어느 날 그 아이는 선생님에게 아버지를 구원하기 위해 어떤 일을 할 수 있는지 물었다.

"아버지한테 편지를 써서 네가 네 자신을 예수님께 드렸다고 말하고 아버지도 그같이 해 보시라고 하렴."

많은 눈물과 기도로 쓴 작은 편지를 아버지에게 보냈다. 몇 날 몇 주일이 지났지만 아무 일도 일어나지 않은 것처럼 보였다. 여자아이는 몰랐지만 아버지는 몹시 화가 났고 혹독하게 복수하려고 기다리고 있었다. 어느 날 아버지가 선교국에 나타났다. 그는 100킬로미터나 걸어와서 지치고 풀이 죽어 있었으며 얼굴에는 눈물이 흐르고 있었다. 그는 선생을 찾았고 세례를 베풀어 줄 것을 요청하였다. 그는 "저를 예수님께 다 드리려고" 왔다고 말했고, 그의 어린 딸과 선교기지에 있는 모든 사람의 환호 가운데 거칠고 난폭하고 악한 이 사람은 예수께 자신을 드리고 겸손한 제자가 되어 전에는 미워하고 멸시했던 구주를 두려움 없이 증거하는 사람이 되었다.

친애하는 형제들이여, 우리는 성령께서 우리를 그처럼 사용하시도록 하려고 하는가?

제 25 장

유다서에 나타난 성령

이 사람들은 분열을 일으키는 자며 육에 속한 자며 성령이 없는 자니라 사랑하는 자들아 너희는 너희의 지극히 거룩한 믿음 위에 자신을 세우며 성령으로 기도하며 하나님의 사랑 안에서 자신을 지키며 영생에 이르도록 우리 주 예수 그리스도의 긍휼을 기다리라(유 19-21절).

유다서는 다음에 나오는 계시록처럼 마지막 시대를 대비하도록 하기 위하여 쓰여졌다. 유다서는 인간 역사의 첫 장과 마지막 장 사이에 현저한 대조를 이끌어내는데, 특별히 인간 역사 초기에 만연했고 다시 나타날 악한 형태의 관점에서 인간 역사를 대조한다. 그리고 유다서는 노아 홍수 이전 시대에 에녹이 말하였고 우리가 살아야 할 시대에 곧 성취될 주님의 재림에 대한 예언을 기록하고 있다.

본문에서 유다는 두 부류의 사람을 기술하고 둘 사이에 뚜렷한 대조를 보여 준다. 이 둘은 서로 닮았지만 하나는 다른 사람을 흉내낸 사이비적인 존재이다. 마지막 시대에 이르러서는 지극히 위험한 악의 형태는 하나님에 대한 공개적인 도전이 아니라 능력은 없이 경건의 모양만 갖추어 자신을 속이는 악이고, 성령을 흉내내는 사탄의 거짓 영들이 될 것이다. 먼저 이 거짓 사람들을 보고 그 다음에 참된 백성들을 살펴보도록 하자.

사탄의 거짓 사람들

"이 사람들은 분열을 일으키는 자며 육에 속한 자며 성령이 없는 자니라"

(유 19절). 이것은 적절하지 못한 번역이다. 현대어에서 사용되는 육욕적인 이라는 단어는 비도덕적이고 천하며 방탕하고 공개적으로 악을 행한다는 의미를 지니고 있다. 헬라어는 그런 인상을 전달하지 않는다. 감각적이라는 말이 원어에 더 가까울 것이지만 그것도 뜻이 매우 강하다. 자연적이라는 말이 더 나을 것이다. 이 말은 고린도전서 2장에서 "자연적인 사람"(2:14 한글 개역은 '육에 속한 사람')으로 번역되었다. 이 원어의 참된 개념을 전달하는 길은 헬라어를 영어식으로 표현하여 "영혼의"(psychical)라고 번역하는 수밖에 없다. 이 단어는 헬라어 프쉬케(psyche)에서 나왔는데, 영혼(soul)을 의미한다.

이 단어는 인간 본성의 중간 부분을 가리킨다. 성경 철학에 따르면 사람은 창조주처럼 영(spirit)과 혼(soul)과 몸으로 구성된 삼위일체적 존재이다. 영은 더 높은 본성으로, 하나님을 알고 옳고 그른 것을 분별하며 종교적인 기질과 정서, 행위를 할 수 있게 하는 부분이다. 물질적인 것은 이것과 정반대에 있는 극단이다. 이것은 영과 혼이 내재해 있는 물질적 기관이며, 영과 혼의 욕구, 결심, 활동을 수행하는 도구이다. 이 둘 사이에 영혼이 있다. 즉 애정과 이해, 취향, 사랑하고 미워하는 것, 생각하는 것, 좀 더 낮은 열정이 있으면서 또한 세련된 취향이 있어서 계발할 수 있는 것 등이 자리잡고 있는 곳, 즉 선천적인 마음이 있다. 이 영혼의 사람(한글개역은 '육에 속한 사람')은 존재의 이 부분에 의해 지배되는 사람이다.

사람이 살 수 있는 조건에는 세 가지가 있다. 첫째로, 우리는 우리의 낮은 본성, 동물적인 생명, 몸과 몸의 천한 욕망에 지배 받을 수 있다. 이것은 순전히 육욕적인 생활이다. 둘째로, 우리는 자신의 취향이나, 지성, 애정, 열정, 심리적인 성격에 지배를 받을 수 있다. 셋째로 우리는 영적 본성에 지배 받을 수도 있다.

이 영혼의 사람은 그 경향이 고상하든 천하든 간에 그의 선천적 본성에 지배를 받는 사람이다. 그는 아담의 자손의 모친에게서 태어나고 타락한 인간 본성을 물려받고 전적으로 그 타락한 본성의 자극에 따라 행동한다. 그는 매우 세련된 사람일 수 있고, 매우 지적이고 이성적인 사람일 수 있고, 아주 다정다감한 사람이거나 매우 가정적이고 애국심이 투철한 사람일 수 있다. 그러나 그는 자연적인 사람이다.

그런데 우리 본성의 이 세 부분이 모두 타락하였고 저주 아래 있다. 우리 몸은 질병과 죽음에 지배를 받는다. 우리 영혼은 자기 중심적이 되었고 영혼의 자아와 그 자아를 만족시키는 일에도 상처를 입었다. 우리의 영마저도 타락하였고 양심은 혼란스러워졌으며 의지는 약하여졌고 잘못 인도받는다. 가장 고상한 열망과 직관마저도 악한 영들과 부정한 동기에 영향을 받는다.

우리가 본성의 각 부분이나 모든 부분을 이들 가운데 어느 하나에게 복종시키는 것으로는 충분하지 않다. 심지어 영에 복종시키는 것으로도 충분하지 않다. 우리의 자연적인 영도 타락하였기 때문이다. 우리에게 필요한 일은 몸을 십자가에 못박고 옥에 가두며 풀과 나무뿌리로 연명하게 하고 몸에 만족을 주는 일을 일체 금하기만 하면 때로 몸이 그 악한 경향을 버릴 수 있을 것이라고 생각하는 사람들이 있다. 이 생각은 엄청난 실패였다는 것이 입증되었다. 금지 조치를 철회하는 순간 몸은 재빨리 이전 성향으로 돌아갔다. 몸을 밟아 뭉갤 수는 있어도 그 악한 성향을 말살시킬 수는 없다.

또 어떤 사람은 우리에게 필요한 일은 영혼을 끝장 내는 일, 즉 우리의 인간적 열정과 세상적 애정, 선천적 취향과 욕망을 십자가에 못박고, 냉정하고 관념적이 되며 영적으로 되는 것뿐이라고 말한다. 그런데 마귀는 영이며, 영들 가운데서도 가장 악한 영이다. 세상적인 모든 생각과 욕망, 애정에서 차단된 채 수도원 독방에 있는 수도사라도 사악함과 음흉함, 잔혹함과 부정한 야망의 화신이 될 수 있다.

이에 대한 하나님의 치료책은 전인, 곧 영과 혼과 몸을 하나님께 드려, 죽음에 넘겨준 다음에 새로운 피조물, 곧 완전한 회심의 영광스런 역사 가운데서 변화된 몸과 중생한 영혼, 새로운 영을 받는 것이다. 그러나 이것도 충분치 않다. 왜냐하면 회개하였을지라도 우리 자신에게 그대로 맡겨두면 우리는 다시 타락하고 말 것이기 때문이다. 그래서 우리는 새로운 마음과 새 영이 필요할 뿐만 아니라 새사람에게 들어와 지키고 마음과 머리에 주둔군을 보내고 성채를 지키며 우리 속에 거하고 행하며 그의 "율례를 행하게 할"(겔 36:27) 성령이 또한 필요한 것이다.

그런데 사도는 이 사람들에 대해 말하기를 그들에게는 성령이 없다고 한다. 이들은 성령을 대신하는 다른 대체물이 있는데, 그것은 그들 자신의 혼이라기보다는 그들 자신의 영이다. 즉 육적인 마음, 인간적인 지혜, 교화된 본성이 있는 것이다. 이들이 바로 영혼의 사람이다.

그런데, 그 세대는 사라져 버린 것이 아니라 세상은 여전히 그런 사람들로 가득 차 있다. 신지학이란 무엇인가? 크리스천 사이언스는 무엇인가? 무엇이 현대 설교의 중요한 부분을 차지하는가? 문화 종교란 무엇인가? 문화 종교 하에서 사람들은 설교자의 애절한 호소와 웅변에 울 수 있고, 설교자는 사람들이 울 때까지 열렬한 웅변의 충동으로 설교할 수 있다. 그러나 설교자나 듣는 사람들이나 모두 결국은 영혼의 사람들일 수밖에 없다. 어쩌면 오늘은 예배당에서 울지만 내일은 극장에서 울지도 모른다. 프랑스 사람들이 100여 년 전에 일어난 끔찍한 혁명에서 사람들의 피를 시내같이 흘리고 있을 때 그들은 밤마다 극장에서 감상적인 연극을 보며 눈물을 흘리고 있었다. 현대 종교에서도 이처럼 속이는 감정은 훨씬 더 많다.

장엄한 오라트리오는 여러분의 영혼을 고양시켜 기쁨의 환희를 맛보게 할 수 있다. 고전적인 시의 완벽한 조화에 여러분의 교양 있는 취향이 한껏 매료될 수 있지만 이것이 종교적인 감정은 아니다. 여러분은 저쪽에 있는 대성당의 웅장한 아치에 고개를 숙이기까지 하고 침침한 신비스런 불빛 아래서 여러분이 생각하는 일종의 두려운 심정이 예배라고 느낄 수도 있지만 그것은 순전히 감상적인 느낌이다. 그러므로 여러분은 이 모든 것에서 벗어나면 여전히 자신과 죄를 위해 살게 되는 것이다. 그것은 단순히 심리상태일 뿐이다. 사람의 마음에 불을 붙이는 것에 지나지 않는다. 그래서 이방의 우상숭배는 그 예배자를 강렬한 감정과 압도적인 열광에 이르도록 부추긴다.

이와 같이 어느 시대에나 시와 미술, 음악과 웅변은 사람의 마음을 감동시켰다. 그러나 결국 그것은 사람의 감정에 지나지 않고, 성령의 역사와는 상관이 없다. 성령의 능력은 사람의 양심에 이르러 죄를 깨닫게 하고 이해력을 밝혀 옳고 그른 것의 차이를 보여 주며 하나님의 뜻의 아름다움과 권위를 드러낸다. 성령의 능력은 사람의 의지에 이르러 자신의 이기적인 선택을 버리고 하나님의 뜻에 즐거이 순종하도록 만든다. 생애 전체를 단순하고 실제적인 순종과 봉사로 일관한다. 여기에는 감상적인 기분과 느낌이 훨씬 덜할 수 있지만 "그들의 열매로 그들을 앎"(마 7:16) 것이다.

우리는 거짓 것을 조심하고 혼적인 것을 영적인 것으로 오해하지 않아야 한다. 이는 영혼의 사람 곧 "육에 속한 사람은 하나님의 성령의 일들을 받지 아니하나니 이는 그것들이 그에게는 어리석게 보임이요, 또 그는 그것들을 알 수도 없나니 그러한 일은 영적으로 분별되기"(고전 2:14) 때문이다.

자연적인 사람을 이루는 "혈과 육은 하나님 나라를 이어 받을 수 없다" (15:50). 아담의 후손은 영원한 집에 들어갈 수 없고 생명에 대해 죽음으로써 그리스도의 부활에 이르고 두 번째 사람 곧 하늘로부터 오신 주님으로부터 태어나 그리스도의 영적 생명을 경험함으로 그의 영원하신 기업을 나누어 받는다.

"누구든지 제 목숨을 구원하고자 하면 잃을 것이요 누구든지 나를 위하여 제 목숨을 잃으면 구원하리라"(눅 9:24). 우리는 자신의 생명이 아무리 아름답고 고귀해 보일지라도 버려야 한다. 그러면 이 생명을 영원히 잃고 말겠는가? 그렇지 않다. 우리는 이 생명을 부활의 능력으로 다시 받고, 장차 올 시대에 더 위대한 문화와 더 고귀한 만족을 영원히 누리게 될 것이다. 머지않아 하나님께서는 우리를 무지개로 옷 입히고 아버지의 나라에서 해처럼 빛나게 하실 것이다. 우리에게 이 생명을 감사하고 즐길 마음과 능력도 주시지만 오직 하나님의 영광을 위하여 그 생명을 보존하실 것이다.

영의 사람

"사랑하는 자들아 너희는 너희의 지극히 거룩한 믿음 위에 자신을 세우며 성령으로 기도하며 하나님의 사랑 안에서 자신을 지키며 영생에 이르도록 우리 주 예수 그리스도의 긍휼을 기다리라"(유 20-21절).

1. 믿음의 사람

영의 사람은 믿음의 사람이다. 믿음은 그리스도인 생활과 성품의 기초이다. 이 기초 위에 자신을 건설하는 것이다. 우리는 이 기초보다 더 넓게 성장할 수 없다. 우리는 "믿음대로"(마 9:29)만 전진할 수 있을 뿐이다. 우리는 "너희가 더욱 힘써 너희 믿음에 덕을, 덕에 지식을, 지식에 절제를, 절제에 인내를, 인내에 경건을, 경건에 형제 우애를, 형제 우애에 사랑을"(벧후 1:5-7) 그리고 그리스도인 생활의 모든 은혜를 공급해야 한다. 이 모든 것을 믿음으로 얻되, 우리는 한 걸음 한 걸음 "믿음에서 믿음으로"(롬 1:17) 그리스도의 충만한 데서 성공적으로 받아 앞으로 나가야 한다.

2. 사랑의 사람

영의 사람은 사랑의 사람이다. "하나님의 사랑 안에서 자신을 지키라"(유 21절). 믿음은 기초이고, 사랑은 우리가 그 안에서 자라고 살아가는 요소이다. 그래서 그리스도께서 "나의 사랑 안에 거하라"(요 15:9)고 말씀하셨다. 사랑은 우리의 생명과 성장에 알맞은 환경이다. 그래서 우리가 하나님의 사랑 안에서 우리 자신을 지키고 하나님과의 투명한 친교 가운데 거할 때에만 자랄 수 있다.

3. 소망의 사람

영의 사람은 소망의 사람이다. 이 사람에게는 영광스런 전망이 있다. 그에게는 천국의 지평이 있고 무한한 미래상이 있다. 그 미래상은 날마다 더 커지고 그 영감은 더 웅대해진다. 희망이 없이 영광스러운 것은 있을 수 없다. 그래서 희망이 클수록 그 영감은 그만큼 더 강력해지는 법이다.

우리의 소망은 영원한 시대를 내다보며 하나님의 산에까지 이르는 영광스럽고 무한한 소망이다. 이 복된 소망 아래 사는 동안 세상의 모든 것들이 작아 보이게 하고 우리의 생활과 성품에 숭고함을 부여해 주는 위엄과 장엄함에 이르게 된다.

4. 성령의 기도로 지지를 받음

이 영의 사람은 믿음과 사랑과 소망의 생활에서 성령의 기도로 지지를 받는다. 이것이 그의 생활을 추진하는 능력이고, 그의 믿음과 사랑과 소망을 지탱하는 영감이다. 이것은 끊임없이 그의 전 존재에 힘을 공급하는 에너지이다.

성령은 우리의 헌신한 생명을 전체적으로 돌보고 책임 지기 위해 오셨다.

성령은 배를 항구로 인도하기 위해 갑판 위에 선 수로 안내인과 같은 위치를 맡고 계신다. 성령은 마치 건물의 건설과 준공에 필요한 모든 물품을 제공하는 건축업자와 같다. 성령은 또한 어린 학생들의 전체 훈련을 맡은 교사와 훈련자와 같은 일을 하신다. 성령은 자녀를 돌보고 감독하는 일을 하는 어머니와 같다. 전투의 세세한 모든 사항을 명령하는 대전투의 총사령관처럼 일하시는 때도 있다. 성령은 영적 생활의 창시자이자 완수자이시다. 성령께서는 영광스런 정점에 이르기까지 모든 순간을 내다보고 계신다.

우리는 알 수 없을지라도 성령께서는 우리를 위한 하나님의 영광스런 계획을 아셨다. 성령께서는 매 순간 우리를 보실 때 아버지의 나라에서 해와 같이 빛나는 모습으로 보신다. 우리를 둘러싸고 있는 위험과 우리 속에 있는 약점, 우리 밖에 있는 시험들, 우리 생명의 모든 가능성과 무능력을 알고 계신다. 그래서 성령은 이 모든 것에도 불구하고 우리를 영광스런 정점까지 이끌고 가시기로 결심하신 것이다.

그런데 성령은 기도의 사역을 통해 이 일을 행하신다. 성령은 우리 자신의 개발과 온전한 구원을 위한 활동에서 우리가 그와 협력하도록 하신다. 성령은 점토를 주무르는 토기장이처럼 우리에 대해 일하시지 않고 우리와 함께 일하며 자신의 일에 협력하기를 요구하신다. 그래서 필요한 일이 생길 때마다 성령께서는 조용히 그 필요를 우리 마음에 두시고 기도의 숨결로 혹은 바라는 소원처럼 그것을 우리에게 속삭이신다. 우리가 그 필요를 위해 주 예수 그리스도의 이름으로 아버지 하나님께 구하도록 인도하신다. 그와 같이 순간순간 성령께서는 우리 속에서 우리 활동의 모든 필요와 우리에게 맡기시는 다른 사람의 모든 필요를 기도하신다. 그리고 아버지 하나님께서는 주 예수 그리스도의 이름으로 그 답변을 주신다.

신자의 생활에서 성령께서 어머니의 보살핌보다 더 경계하고 온유하게 신자를 돌보시지 않는 순간이란 없다. 그래서 우리가 이해하는데 좀 더 민감해지고, 듣는 데 더 민첩해지며, 반응하는데 좀 더 준비가 되어 있기만 한다면 우리의 생활은 끊임없는 기도의 호흡이 될 것이고, 모든 것이 성령의 중보기도라는 복되신 채널을 통해 우리에게 올 것이다. 그때가 되면 우리는 참으로 "쉬지 않고 기도하고"(살전 5:17) "범사에 감사하고"(5:18) "항상 하나님을 바라볼"(호 12:6) 것이다. 그러면 우리는 기도에 대한 단 한 가지의 암시나 기미 혹은 사역을 결코 놓치지 않을 것이고, 우리의 복되신 안내자와 완벽한 교제를 나누며 성령의 인정하심을 항상 의식하고 성령의 지극히 고귀하고 충만한 생각을 교감하고 있다고 느끼게 될 것이다.

친애하는 형제들이여, 이것이 어쩌면 지금까지 이해하지 못하였을 많은 경험의 비결이다. 이것은 때때로 마음에 찾아와 눈물을 펑펑 쏟게 만들거나 얼굴을 손에 파묻고 스스로도 잘 이해할 수 없는 탄원을 간절히 드리게 만드는 낙망을 설명해 준다. 성령께서 여러분은 알지 못하는 어떤 필요와 위험을 아시고, 머지않아 여러분이 알게 될 악이 미치지 못하도록 기도하신다. 여러분이 이제 막 잘못된 걸음을 내딛거나 잘못된 길에 들어서므로 중요한 소명을 놓치게 되거나 사탄의 교묘한 간계에 속임을 당하려고 할 때 성령은 여러분 속에서 말로 표현하지 못하고 다만 탄식으로 기도하신다. 그러나 여러분이 지혜로운 사람이라면 그 기도에 따르고 성령의 접촉에 응답할 것이다. 종종 그것은 다른 어떤 사람을 위한 기도가 된다. 즉 위험 가운데 있는 어떤 영혼이나 무서운 재난이나 질병 중에 있는 사람을 위해, 혹은 도움이 필요한 대의명분, 저항이 필요한 죄에 대해, 주께서 지금 여러분과 함께 나누고자 하시는 어떤 필요를 위한 기도가 된다.

아, 주님의 목소리에 한층 민감하게 반응하고 성령의 기도에 잘 순종할 수 있게 되었으면! 그럴 때 우리는 성령의 지극히 고귀한 뜻을 하나도 놓치지 않을 것이고, 우리의 생활은 주님 앞에서 아주 밝게 빛날 것이다.

무엇이 성령의 기도인가? 성령은 우리에게 기도의 소원과 짐을 지우신다. 그것을 알 때가 있고 알지 못할 때가 있다. 때로는 그것이 영적으로 고양되는 즐거운 의식이 되지만, 때로는 말로 표현할 수 없고 말도 나오지 않는 신음이 되기도 한다. 때로는 그것이 뚜렷한 필요의식이 되기도 하고 개인적인 결함에 대한 인식이 되거나 자신의 헛됨과 실패에 대한 내적 반성이 되기도 한다. "의에 주리고 목마른"(마 5:6) 것은 복이다. 이 필요의식은 복의 그늘진 쪽이다. 성령께서 우리에게 기도의 부담을 주실 때 그에게 감사하자.

옛적에 다니엘이 "소원의 사람"이었다는 것이 그에 대한 하나님의 최고의 칭찬이었고, 주님을 기뻐하면 "그가 네 마음의 소원을 네게 이루어 주시리로다"(시 37:4)는 우리에 대한 하나님의 약속이다.

성령은 우리가 하나님의 뜻에 따라 기도하게 하신다. 성령은 우리의 기도를 지도해 주신다. 우리가 기도를 낭비하거나 제멋대로 구하는 일에서 구원하신다. 성령께서는 우리의 마음을 비추어 기도에 대한 성경적 기초를 알게하시고 하나님의 뜻에 맞는 일들을 깨닫게 하며 그것이 하나님의 뜻이며, 하나님께 소원하는 간구를 이미 받았다는 확신을 가지고 구할 수 있게 하신다.

조지 뮐러는 종종 하나님께 간구드릴 때 기도에 대한 응답을 받는 것보다무엇을 기도해야 할지를 결정하는데 훨씬 더 시간이 많이 든다고 하였다.

성령은 우리를 하나님 어전으로 데려가신다. 우리에게 기도의 분위기를형성해 주신다. 하나님의 임재를 느끼는 의식을 주신다. 성령께서는 우리를자비의 문으로 데려가시고 우리가 기도의 홀을 내밀 때 우리 손이 흔들리지않도록 굳게 붙잡아 주시고 그것을 느끼는 자 외에는 아무도 알지 못하는 거룩한 내적 세계를 계시해 주신다.

성령께서는 우리가 예수의 이름으로 기도할 수 있도록 해 주신다. 대중보자이신 그리스도로 말미암은 구속을 우리에게 보여 주시고, 그의 이름으로나올 때 주님처럼 구할 수 있으며 겸손하면서도 확신을 가지고 이같이 주장할 수 있다. "아버지여 내 말을 들으신 것을 감사하나이다 항상 내 말을 들으시는 줄을 내가 알았나이다"(요 11:41-42).

성령은 우리가 믿음으로 기도할 수 있도록 하신다. 이는 "하나님께 나아가는 자는 반드시 그가 계신 것과 또한 그가 자기를 찾는 자들에게 상 주시는 이심을 믿어야"(히 11:6) 하기 때문이다.

성령은 우리가 기도할 때 "무엇이든지 구하는 바를 그에게서 받고"(요일 3:22) 주님의 말씀 안에서 염려나 두려움 없이 쉴 수 있게 하신다. 또 우리 마음에 성령께서 우리를 받으셨다는 조용한 확신을 주고, 뒤따르는 믿음의 시련에서 우리를 지지하시며 우리가 여전히 두려워하지 않고 신뢰할 수 있게해 주신다.

성령께서는 우리가 믿음의 기도만이 아니라 사랑의 기도도 드릴 수 있게하신다. 성령께서는 우리가 거룩한 제사장직의 위엄과 능력을 입도록 인도하고 우리에게 대제사장이 부여하는 짐을 지우며 "그리스도의 남은 고난을 그의 몸된 교회를 위하여 채우는 "(골 1:24) 일에 참여하도록 허락하신다. 이 복된 사역에서 우리는 종종 다른 사람들의 필요를 생각하고, 위기의 시간에 그들이 고난이나 시험당하는 일을 막도록 허락 받는다. 언젠가 우리는 오직 성령의 방식으로만 우리의 사랑하는 사람을 도울 수 있는 이 신성한 사역을 통해 많은 사람이 구원받았고 많은 승리를 거두었음을 알게 될 것이다.

우리는 이기적인 관심사에서 완전히 해방될 때 주께서 부여하시는 짐을 질 여유가 생긴다. 성령께서는 수많은 하나님 백성들의 필요를 우리에게 맡기기를 기뻐하신다. 우리가 온 교회와 그리스도의 나라의 짐을 맡을 때 세상만큼 넓고 하나님의 보좌 앞에 계시는 대제사장의 사역만큼 고귀한 사역을 감당할 수 있다.

성령께서는 우리를 친교의 영 가운데로 이끌어 들이신다. 우리는 구할 것이 아무것도 없을지라도 하나님의 품 안에서 복된 침묵과 말없는 교제 가운데 지내게 된다. 바로 이것이 우리 존재가 처해 있는 환경이 되어야 한다.

이와 같이 "성령으로 기도할"(유 20절) 때 우리는 "하나님의 사랑 안에서 자신을 지킬" 수 있고 천국의 미래상을 보는 가운데 "영생에 이르도록 우리 주 예수 그리스도의 긍휼을 기다릴"(21절) 수 있다. 이 아름다운 편지의 축복 기도가 우리 생활 가운데서 이루어질 것이다. "능히 너희를 보호하사 거침이 없게 하시고 너희로 그 영광 앞에 흠이 없이 기쁨으로 서게 하실 이 곧 우리 구주 홀로 하나이신 하나님께 우리 주 예수 그리스도로 말미암아 영광과 위엄과 권력과 권세가 영원 전부터 이제와 영원토록 있을지어다 아멘"(24-25절).

제 26 장

일곱 겹의 성령

(요한계시록)

주의 날에 내가 성령에 감동되어(계 1:10).

그의 보좌 앞에 있는 일곱 영(1:4).

보좌 앞에 켠 등불 일곱이 있으니 이는 하나님의 일곱 영이라(4:5).

그에게 일곱 뿔과 일곱 눈이 있으니 이 눈들은 온 땅에 보내심을 받은 하나님
의 일곱 영이더라(5:6).

요한계시록은 성령이 그리스도의 교회에 전하는 마지막 메시지이다. 이
성경은 1세대의 그리스도인들이 사라지고, 주께서 직접 세우신 모든 제자들
가운데 오직 요한만 남아 있는 때에 주어졌다. 그리스도께서 하늘로 가신 지
반세기 정도 지났는데, 밧모 섬에 있는 이 사도를 만나기 위해 다시 한 번 오
셔서 이 시대의 마지막 날에 제자들에게 향하신 당신의 뜻을 마지막으로 보
여 주시는 것이었다. 그러므로 특별히 이것은 우리에게 주시는 그리스도의
메시지이며, 그 자체가 묵시록으로, 즉 "성령이 교회들에게 하시는"(2:29;
3:6,13,22) 말씀이라고 불린다.

이 앞의 구절들에서 우리는 묵시 가운데 요한 사도에게 오신 성령의 그림
을 보게 된다.

성령의 일곱 배의 충만함

보좌 앞에 있는 일곱 영들은 피조된 어떤 영을 의미할 수 없다. 이 구절에서 삼위일체께 드리는 영광과 예배의 송영에서 신적 존재보다 못한 존재들을 성부와 성자에 연합시키는 것은 불경스러운 일일 것이기 때문이다.

그것은 일곱 영으로 묘사된 성령이심이 분명하다. 완전수인 일곱은 그 속성과 사역에서 하나님의 영의 완전한 충만함을 가리키는데 사용되었다. 성령은 모든 능력과 지혜의 영이며, 모든 생명과 사랑의 영이고 모든 은혜와 충만함의 영, 곧 인생의 의무들을 이행하고 우리 각 사람에 대한 하나님의 온전하신 뜻을 성취하는데 항상 필요한 모든 것의 영이시다.

우리는 성령의 일곱 가지 큰 속성, 곧 빛의 영, 생명의 영, 거룩함의 영, 능력의 영, 기쁨의 영, 사랑의 영, 소망의 영을 상세히 언급하는 것을 그치는 것이 좋을 것이다. 여러분이 실패하였거나 다른 사람이 실패한 경우가 있는가? 바로 그때가 성령께서 결코 실패하지 않는 은혜를 공급하실 기회이다. "그의 신기한 능력으로 생명과 경건에 속한 모든 것을 우리에게 주셨으니" (벧후 1:3). "하나님이 능히 모든 은혜를 너희에게 넘치게 하시나니 이는 너희로 모든 일에 항상 모든 것이 넉넉하여 모든 착한 일을 넘치게 하게 하려 하심이라"(고후 9:8).

일곱 교회와 관련하여 일곱 영들을 언급한 것은 각 교회에 대한 성령의 개별적인 사역이 있다는 아름다운 진리를 제시하기 위한 것으로 보일 것이다. 성령은 모든 교회에 다 똑같지 않으시다. 성령께서는 당신의 교회와 백성들에 대한 관계에서 직접적이고 구체적이시다. 그래서 각 사람에게 하나님의 모든 사랑과 은혜를 구별되게 주신다. 열두 아이를 둔 다정한 어머니가 아이 하나하나에게 온 마음을 쏟듯이 성령께서는 특별히 우리 각 사람에게 자신을 주신다. 그러므로 여러분과 나는 요한 사도가 구주의 품에 기대어 있는 바로 그 위치에 나갈 수 있고, 감히 우리 자신을 "그가 사랑하시는 자"(요 13:23)라고 부를 수 있다.

우리는 성령께서 이같이 일곱 영으로 계심을 입증하고 있는가?

빛의 영의 충만함

"보좌 앞에 켠 등불 일곱이 있으니"(계 4:5).

이것은 빛의 영의 충만함을 보여 주는 그림이다. 이 그림은 장엄하고 두려운 장면 가운데서 나온다. 천국의 문이 열리고 요한은 위엄의 표지들과 하나님의 보수하시는 진노와 능력의 표시들로 둘러싸인 영원하신 여호와의 보좌를 본다.

심판이 악한 세상과 그토록 오랫동안 세상을 소유한 악한 영들에 대해 막 집행되려 하고 있다. 보좌 가운데로부터 번쩍이는 천둥 같은 목소리와 진노의 번개가 나오지만, 그러는 가운데서도 일곱 등불이 나와서 타는 듯한 붉은 장면에 따스한 빛을 비추자 즉시 모든 것이 변화된다. 보좌 앞에는 수정 같은 유리 바다가 있고, 심판의 장면은 평화의 장면으로 바뀐다. 그 다음에 "보좌와 네 생물과 장로들 사이에 서 있는 어린양"(5:6)이 나오고 온 피조물의 노래가 하나님과 어린양에게로 올라간다.

보좌 앞에 있는 이 일곱 등불은 우리에게 스가랴서 4장에 나오는 스가랴의 이상을 생각나게 하는데, 그 이상에서 성령은 교회의 일곱 등잔과 항상 타오르는 등불에 공급되는 기름으로 묘사되고 있다. 우리에게는 성령 외에 다른 빛이 없고, 성령의 빛은 일곱 배로 빛나며, 인생길에서 만나는 모든 신비와 곤혹스런 일, 모든 걸음에 빛을 비추는 온전한 빛이다.

성령께서는 우리에게 성경의 빛을 비추어, 구원을 위한 주 예수 그리스도의 자비와 생활에 대한 하나님의 뜻을 계시하여 주신다. 성령은 생명의 빛으로서, 우리의 가는 길에 지침을 제시하고 인생의 뒤엉킨 미로를 통과해 나가는 법을 가르쳐 주신다. 성령은 우리의 마음을 살피고 드러내며 우리를 깨끗하게 하는 귀한 피를 보여 주고 모든 곤경의 때에 적합한 약속을 알려 주는 빛이시다. 성령은 결코 속이지도 과장하지도 않는 온전한 빛이시며, 지극히 고통스런 진리를 피하거나 숨기지 않고, 결코 변하지도 부족하지도 않고, 우리를 어둠 가운데 내버려두지 않는 온전한 빛이시다.

그리고 성령은 빛이실 뿐만 아니라 평안이며 따뜻함이시다. 성령은 "빛"이실 뿐 아니라 "켜서 비추이는 등불"(요 5:35)이기도 하다. 성령께서는 빛뿐 아니라 생명도 주시며, 지침뿐 아니라 능력도 주시고, 진리뿐 아니라 사랑도 주신다. 그래서 성령의 빛을 받으면 우리는 "켜서 비취는 빛"이 되며 우리의 삶은 우리가 고백하는 진리와 견지하는 원칙들의 생생한 실례들이 될 것이다.

온전한 빛의 근원이신 성령

"그에게 일곱 뿔과 일곱 눈이 있으니 이 눈들은 온 땅에 보내심을 받은 하나님의 일곱 영이더라"(계 5:6).

이것은 요한계시록 전체에서 주 예수 그리스도에 대한 가장 장엄한 이상이다. 복음전도자가 서서 하늘을 바라볼 때, 봉인된 한 책을 보았는데, 거기에는 장래에 대한 하나님의 계획과 뜻이 담겨 있었다. 세상에서나 하늘에서나 어떤 사람도 그 책을 펼치거나 그 봉인을 뗄 수 없었다. 갑자기 한 천사가 요한에게 돌이켜 설명하기를 그 신비가 곧 풀릴 것이며, 그 봉인을 떼고 책을 펼칠 수 있는 사람을 만날 것이라고 하였다. 그 사람은 바로 유다 지파의 사자였는데, 그는 힘이 있어 봉인을 떼고 "책을 펼"(5:5) 수 있는 분이었다.

요한이 서서 사자를 바라보니, 아, 그분은 고난과 사망의 붉은 표지를 지닌 어린양이셨다. 그러나 더 면밀히 살펴보니 무한한 능력과 지혜의 표지들도 지니고 계셨다. 왜냐하면 그분은 완전한 능력과 완전한 지식의 표상인 일곱 뿔과 일곱 눈을 가지고 계셨기 때문이다.

여기서 일곱 눈이란 하나님의 일곱 영을 나타낸다. 즉 세상 모든 곳에 보내심을 받은 하나님의 일곱 겹의 영이시다. 우리에게는 빛 이상의 것이 필요하다. 빛을 볼 수 있는 시력, 즉 내적 조명의 능력이 필요하다. 성령께서는 성령이 계시하는 영적 사실들을 인식할 수 있는 영적 인식 체계를 창조하고 활동시키신다. 이 영적 인식 체계가 주 예수의 인격과 임재를 인식할 수 있게 한다. 주 예수를 밝히 드러내는 것이 성령의 큰 기쁨이다. 성령이 여기서는 그리스도의 눈으로, 즉 우리의 내적 조명을 위해 우리 속에 있는 하나님의 눈으로 묘사된다.

이 묘사는 시편에 나오는 아름다운 표현을 생각나게 한다. "내가 네 갈 길을 가르쳐 보이고 너를 주목하여 훈계하리로다"(시 32:8). 하나님께서는 우리에게 바로 자신의 눈을 주시므로 우리는 하나님의 빛 안에서 모든 영적 진리와 거룩한 모든 사실들을 볼 수 있다. 그러므로 우리 주 예수 그리스도께

540

서 요한복음에서 자신을 세상의 빛으로 계시하시고 나서 즉시 아름다운 가르침을 베풀고 이어서 소경의 눈을 고치셨는데, 이는 사람들에게 필요한 것은 단순한 진리가 아니라 그 이상의 것이라는 사실을 생각나게 한다. 그리고 나서 예수께서는 더 나아가 사람들에게 자신이 세상에 온 것은 "보지 못하는 자들은 보게 하고 보는 자들은 맹인이 되게 하려 함이라"(요 9:39)고 하시고 또 사람들이 자신의 지혜에 대한 확신 때문에 주님의 가르침을 보지 못하고 이해하지 못하게 한다고 말씀하셨다.

바로 이것이 성령께서 우리에게 가져다주시는 바이다. 즉 주님의 시력, 다시 말해 하나님께서 신성한 것을 보이실 때 볼 수 있는 능력을 주시는 것이다. 성령은 우리에게 진리의 지식을 주실 뿐만 아니라 깨닫게도 하신다. 성령은 우리에게 약속들을 계시하실 뿐만 아니라 받아 쓸 수 있게도 하신다. 성령께서는 우리에게 생명의 떡과 생수의 강을 보여 주실 뿐만 아니라 생수를 마시도록 우리 입을 열고 맛을 보게 하여 이런 복들을 알고 받게도 하신다. 성령께서는 우리에게 말씀하실 뿐만 아니라 우리를 통해서 말씀하시기도 한다. 또한 거룩한 본능과 직관, 능력을 주심으로써 우리 속에서 생각하신다.

우리 자신의 정화된 판단은 성령의 영향을 받아 작용하는 것이다. 그것은 바울 사도가 "너희 안에서 행하시는 이는 하나님이시니 자기의 기쁘신 뜻을 위하여 너희에게 소원을 두고 행하게 하신다"(빌 2:13)고 말한 것처럼 우리에게 말씀하고 계신다기보다는 우리를 통해 말씀하고 계시는 것이다.

이 일곱 눈이 성령의 눈일 뿐 아니라 어린양의 눈이기도 하다는 사실을 살펴보도록 하자. 성령과 성자 사이의 완벽한 통일성이 이 강력하고 장엄한 비유에서 아주 두드러지게 표현된다. 일곱 뿔은 보좌에 앉으신 그리스도의 권능을 표시하고, 일곱 눈은 성령의 내주하심의 지혜를 나타낸다. 이 뿔과 눈 사이에 있다면, 예수님의 무한한 능력과 성령의 무한한 지혜 사이에 있다면 어떻게 우리가 실패할 수 있겠는가?

우리는 항상 성령을 예수의 영으로 알고, 성령을 높이듯이 죽임 당하신 어린양을 또한 항상 높이자.

다시 한 번 하는 이야기이지만, 주님의 눈은 "온 땅에 보내심을 받은"(계

5:6) 것으로 표현된다. 성령은 하늘에서 활동하시는 것이 아니라 땅에서 활동하신다. 하나님의 무한한 지혜는 구속의 신비가 성취되고 책의 봉인 다 떼어질 때까지 하나님을 위한 성령의 모든 사역을 지도하고 경계하며 힘을 공급하기 위해 하나님의 교회와 함께 계신다. 이 미래상은 주 예수 그리스도께서 유다 지파의 사자로서 영광스럽게 재림하실 때 모두 성취될 것이다.

주님의 날에 성령 안에 거함

성령의 충만함에 대해 이같이 설명하고 나서 사도 요한은 우리와 성령의 관계에 대해 이야기한다. 요한은 이같이 말한다. "내가 성령에 감동되어" (1:10). 사도 요한이 성령이 내 안에 있었다고 말하지 않은 점에 유의하라. 이것 역시 옳은 말이다. 그러나 다른 표현은 더 위대한 진리이다. 성령은 일곱 영이시고, 그 자원과 속성이 참으로 광대하여 사람의 온 마음으로도 이해할 수 없을 만큼 크시다. 성령은 우리가 그 안에 잠기고 거하는 무한히 충만한 바다이시다. 그 표현에 귀를 기울일 때 그것은 마치 우리가 샘 곁에 서서 흡족할 때까지 샘에서 마시는 것처럼 보인다.

그 다음에 그 샘은 계속 흘러서 저수지가 되고 그 속에 뛰어들어 놀 수 있는 바다가 되고 그 깊이와 넓이를 헤아릴 수 없는 무한히 큰 물이 된다. 성령은 햇살 속의 티끌처럼, 공중의 새처럼, 바다 속의 물고기처럼, 우리가 폐로 들이마시는 산소처럼 우리가 사는데 없어서는 안 되는 바로 그 요소이며 환경이다. 우리가 단 한차례 숨을 들이마심으로 공기가 온 몸에 가득해질 뿐만 아니라 공기는 여전히 우리 주위를 온통 두르고 있다. 그래서 우리는 공기를 들이마시고 들이마시며 또 거듭 들이마신다. 그래서 공기는 우리의 끊임없는 생명의 원천이 되고 오직 공기를 받아들이는 우리의 능력에 의해서만 제한을 받는다.

이와 같이 성령으로 거룩한 환회와 특별한 고양의 순간을 맛보는 것뿐만 아니라 성령 안에 거하고 성령께서 우리 안에 거하시는 것도 우리의 특전이다. 특별한 의미에서 "우리가 그를 힘입어 살며 기동하며 존재하느니라"(행 17:28)는 말씀이 사실이 될 것이다. 그러면 모든 날이 "주님의 날"이 될 것이다. 그러면 모든 생활이 항상 거룩한 휴식과 천상의 교제를 누리는 안식일이

될 것이다. 모든 장소가 성소가 되고 모든 때가 안식일이 되며 모든 순간이
평안과 기쁨과 사랑의 천국이 될 것이다.

오소서 복되고 거룩한 하늘의 비둘기시여
빛과 생명과 사랑의 영이시여
우리의 영혼을 소생시켜 주시기를 기도하나이다
오소서 오순절의 능력으로
오소서 일곱 겹의 성령으로
오늘날 우리 마음을 채우소서.

제 27 장

교회들에 대한 성령의 메시지

(요한계시록)

귀 있는 자는 성령이 교회들에게 하시는 말씀을 들을지어다(계 3:22).

주 예수께서 아시아의 일곱 교회에게 보내시는 일곱 편지에는 기독교 시대의 교회들에게 성령께서 전하시는 마지막 메시지가 담겨 있다. 이 메시지는 사도시대의 교회에게 보낸 것이 아니었다. 왜냐하면 요한을 제외한 모든 사도는 이미 천국에 있고 처음 두 세대의 그리스도인들은 사라졌기 때문이다. 특별한 의미에서 이 편지는 부활하신 구주와 성령께서 마지막 시대와 우리 시대의 교회들에게 전하는 메시지를 나타낸다. 이 편지의 내용은 주 예수께서 친히 하신 말씀이지만 또한 그것은 성령과 성자 사이의 완벽한 통일 가운데서 성령이 교회들에게 하시는 말씀으로 나타난다.

소아시아의 서부 지역을 훑고 지나가는 짧은 언급은 이 편지가 에베소에서 서머나로 그 다음에는 버가모에서 두아디아라로 그리고 그 밖에 언급된 도시의 순서로 이어졌을 것이다. 사려 깊은 많은 주석가들은 이 교회들이 연대기적 순서에 따라 요한의 시대에서 시대의 종말까지 이르는 기독교의 연속적인 상태를 나타낸다고 생각하였다. 이 생각이 어느 정도 맞다는 것은 틀림없는 사실이다.

정통 신앙과 열심과 기독교적 사역에서 큰 힘을 발휘했던 에베소는 사도시대 직후의 교회를 나타냈다. 박해와 고난을 받고 있는 서머나 교회는 박해와 순교가 점철된 다음 시대를 표시하였다. 그 다음에는 버가모 교회, 즉 더 큰 위험과 시험이 따르는 번성하고 세속적인 교회의 반응이 왔다. 이것은 기독교가 국가 종교로 공인되고 세상이 박해하는 찡그린 표정을 그치고 유혹하는 미소를 짓기 시작한 콘스탄티누스 시대를 나타낸다.

두아디라의 교회는 다음 시대, 곧 영적 부패의 발생, 특별히 가톨릭 교회의 배교를 나타낸다. 이 뒤에는 자연스럽게 전반적인 영적 죽음의 상태가 뒤따른다. 이 말은 중세의 어둠과 죽음을 잘 표현하는 말이다.

그 다음에는 빌라델비아 교회가 나오는데, 이 교회는 연약하지만 그리스도의 말씀과 이름에 진실하고 충성되며, 그리스도의 인정과 축복을 받는다. 이것은 종교개혁 시대를 나타낸다. 즉 종교개혁의 대의명분, 그리고 루터, 크랜머, 녹스, 도드리지, 백스터 아래의 영적 생명과 능력의 부흥, 이 후기 시대에 그리스도 교회의 복된 소수 안에서 진행되었던 영적 생명과 더 깊은 영적 운동을 나타낸다.

이 외에도 한 가지 그림이 더 있다. 그것은 라오디게아 교회이다. 이 교회는 부자이고 번성하며, 자족하고 널리 존경받고 있지만 아주 미지근하고 무관심하며 그래서 주 예수 그리스도의 마음에 아주 거슬리는 교회이다. 예수께서는 문밖에 서서 다가오는 심판을 경고하며 곧 다시 돌아와 천년왕국의 보좌에 앉으실 것을 말씀하시며 들어가고자 문을 두드리고 계신다. 확실히 이 그림은 오늘날의 교회와, 가까운 미래의 훨씬 더 세속적인 교회 그리고 주님 오시기 전의 기독교의 마지막 시대를 표시한다.

이 그림은 연대기적으로 맞는 얘기지만 또한 이 교회들 각각은 마지막 시대까지 영속적이고 영구하는 상태를 표시하기도 한다. 에베소 교회는 기독교 1세기를 표시한 반면 그런 교회는 시대를 통하여 내내 발견된다. 빌라델비아 교회가 종교개혁의 여명을 표시하지만 또한 빌라델비아 교회의 영은 계속되고, 참된 부흥과 활기찬 기독교를 대표하는 교회들은 마지막 시대까지 발견된다. 따라서 이 모든 교회들은 연속적으로 일어날 뿐 아니라 어느 시대에든지 동시에 발생하기도 한다.

이들은 기독교 국가 어느 지역에서든 항상 발견될 수 있고, 성령께서 경고와 책망, 혹은 약속이 담겨있는 마지막 엄숙한 메시지를 전하고 있는 기독교의 일곱 상태를 나타낸다. 이런 관점에서 이 교회들을 살펴보자.

튼튼한 교회에 대한 성령의 메시지

에베소 교회는 튼튼한 교회였다. 선한 행실로 가득하였다. "내가 네 행위를 알고" 행위를 알 뿐만 아니라 "수고" 곧 어떤 희생을 치르는 행위를 알고 "네 인내" 즉 지속적인 행위를 안다(2:2). 에베소 교회는 정통 신앙과 열심이 있는 교회였다. 이 교회는 자신이 진리라고 믿고 있는 바에 확고하게 서 있었고 거짓과 속이는 것에 대해서는 일체 타협이 없이 저항하였다. "네가 자칭 사도라 하되 아닌 자들을 시험하여 그의 거짓된 것을 네가 드러내었다"(2:2). 이것은 매우 고귀한 증거이다. 그래서 사람들은 주님께서 그처럼 많은 칭찬을 할 수 있는 교회라면 틀림없이 일반적인 수준에서 상당히 앞섰을 것이라고 생각할 것이다. 그러나 주님은 에베소 교회에 만족하지 않으셨다. 성령의 메시지는 매우 엄격한 책망이자 비난이다. 영어 번역 성경에서는 이 비난의 단호한 의미를 잘 표현하지 못하고 있다. 그것은 "네게 다소 불만스러운 점이 있다"는 말이 아니라 "너를 싫어한다", 즉 말하자면 "너를 아주 싫어한다. 네가 내가 비난하고 책망하는 이 이유를 바꾸지 않는다면 너를 참고 견딜 수 없다"는 뜻이다. 그래서 "회개하지 아니하면 내가 네게 가서 네 촛대를 그 자리에서 옮기리라"(2:5)고 하신다.

그러면 이 무거운 비난은 무엇이었는가? 이 엄숙한 부작위의 죄는 무엇이었는가? "너의 처음 사랑을 버렸느니라"(2:4). 그것은 사랑이 부족하고 열정이 부족하며 주 예수 그리스도께 대한 헌신의 부족이다. 에베소 교회는 활동적이고 정통신앙적인 요소를 가졌지만 마음의 생명이 없었다. 이것이 없으면 이 모든 것은 껍데기이며 그리스도께서는 그것 대신에 다른 어떤 것도 받아들이지 않으실 것이다.

여러분이 아내와 결혼하는 것은 아내를 종으로 요리와 빨래를 시키기 위해서가 아니라 여러분의 동반자가 되고 여러분에게 마음으로 헌신하기를 바라서이다. 만일 아내가 자신은 할 일이 너무 많다는 사실을 들어서 사랑이 부족한 핑계를 대려고 한다면 여러분은 일은 종이 할 수 있고 오직 아내만이 여러분에게 간절히 바라는 사랑을 줄 수 있다고 말할 것이다. 이것이 바로 예수께서 자신의 교회에 요구하시는 것이며 이 대신에 다른 어떤 것도 받지 않으실 것이다.

그러면 이 처음 사랑이란 무엇인가? 그것은 우리가 회개할 때 보이는 강렬한 감정 표출인가? 즉 넘치는 기쁨, 어쩌면 어린 시절의 지나치게 열렬한 신앙심을 가리키는가? 나중에는 침착하고 진지하지만 조용한 믿음과 순종의 습관을 말하는 것인가? 언제나 처음 믿을 때의 흥분을 느끼지 못한다면 주님의 책망을 받아야 하는가? 분명 그렇지 않다. 처음 사랑이란 우리가 회심할 때 처음으로 가졌던 사랑을 의미하지 않는다. 성령께서는 우리가 날이 갈수록 더 나은 어떤 것을 갖기를 바라신다. 그것이 시간상 처음은 아니지만 중요도의 순서에서는 처음이다.

성령께서는 자신을 제일 첫 자리에 두는 사랑, 자신에게 최고의 자리를 드리는 사랑을 의미하신다. 이 사랑이 있으면 아침에 깰 때 제일 먼저 성령을 생각하고 밤에 잠자리에 들 때 가장 나중까지 성령을 생각하게 된다. 성령은 우리 전존재의 최고의 기쁨이며, 우리의 뜻과 모든 선택을 받아들이시는 주권자이시다. 성령을 떠나서는 우리에게 아무것도 없고 아무것도 원하는 것이 없다. 그리스도는 우리가 마음으로 사랑하는 것들과 인생의 목표에서 처음이자 마지막이다. 이것이 바로 그리스도께서 기대하시는 것이며, 이 사랑이 없으면 우리의 지극히 고귀한 관대함과 지극히 고상한 열심, 바쁜 활동도 소리나는 구리와 울리는 꽹과리이며 그리스도의 사랑하는 마음을 낙심시키는 냉소일 뿐이다.

이것이 성령께서 이 일곱 교회에 보내는 처음이자 마지막 메시지이다. 예수께서는 여러분의 사랑을 원하신다. 사랑하는 한 그리스도인 친구가 언젠가 특별한 경험을 한 적이 있었다. 그녀가 생각할 때 마치 그리스도께서 자신의 생활에 만족하시지 않는 것처럼 보였다. 그래서 그녀는 더 많은 활동을 계획했다. 주일학교 공부반을 더 많이 맡았고, 여전도회에 더 많이 참석하고, 더 많은 시간을 내어 수고하였다. 그런데도 그녀는 여전히 만족스럽지 않았다. 달이 갈수록 갈망은 더 깊어갔고 실망만 커져갔을 뿐이다.

마침내 그녀는 자신을 주님 앞에 내던지고 말했다. "주님, 당신이 원하시는 것이 무엇인지 알려 주시지 않겠습니까? 당신을 기쁘게 하기 위해서 무엇을 더 해야 합니까?" 그때 부드러운 음성이 그녀에게 이같이 속삭이는 것 같았다. "내가 원하는 것은 더 많은 일을 하는 것이 아니라 나를 더 사랑하는 것이다." 그리고 그녀는 자신을 주님의 사랑하시는 팔에 맡기고 주님의 가슴에 기대고, 마르다는 많은 일로 마음이 분주해 있을 때 주님의 발 앞에 앉아 있던 마리아처럼 앉아 있는 법을 배웠을 때 주께서 원하시는 것은 자신의 마음과 처음 사랑이었다는 것을 깨달았다. "귀 있는 자는 성령이 교회들에게 하시는 말씀을 들을지어다"(3:22).

고난받고 있는 교회에 전하시는 성령의 메시지

서머나 교회(2:8-11)는 순교의 교회였다. 이 교회는 모든 시대에 하나님의 고난받는 백성들을 대표한다. 여기서 고난이라고 할 때 항상 외적인 시련을 뜻하는 것은 아니다. 하얗게 타오르는 내적인 시련에서 더 예리한 고통이 있고, 사람의 마음으로 견뎌야 하는 순교의 때처럼 가슴을 도려내는 슬픔도 있는 것이다. 고난받는 교회에게 전하시는 성령의 메시지는 무엇인가? "네가 죽도록 충성하라 그리하면 내가 생명의 관을 네게 주리라"(2:10). 가능한 수단을 사용해서 할 수 있는 대로 쉽고 빠르게 네 고난에서 벗어나려고 하지 말고 오히려 네 고난 속에서 믿음을 지키되 심지어 죽기까지 믿음을 지키도록 하라. 죽기 전까지 신실하라는 것이 아니라 죽기까지, 즉 죽음이라는 대가를 치르면서 믿음을 지키라는 것이다. 시련당하는 자에게 오는 큰 시험은 고난으로부터 탈출하는 것을 제일 큰 일로 생각하는 것이다.

이와 대조적으로, 바벨론에 있던 사람들의 모범은 참으로 고귀하다! 그들은 이같이 말했다. "우리를 맹렬히 타는 풀무불 가운데에서 능히 건져내시겠고 왕의 손에서도 건져내시리이다 그렇게 하지 아니하실지라도 왕이여 우리가 왕의 신들을 섬기지도 아니하고 왕이 세우신 금 신상에게 절하지도 아니할 줄을 아옵소서"(단 3:17-18).

그것이 바로 신실함의 참된 태도, 곧 광야에서 하나님께서 친히 우리를 자유롭게 하시거나 완전한 대가를 치르며 드리는 제사를 받으실 때까지 마귀의 도움을 거부하신 그리스도처럼 서는 것이다. 이것이야말로 오늘날 가장 필요한 것이며, 용기이고 원칙과 하나님께 대한 자기 희생적인 충성이다. 성령께서 그런 사람을 찾으시면 그들을 쓰셔서 무슨 일이든 하실 수 있다.

548

세속적인 교회에 전하시는 성령의 메시지

세속적인 교회란 버가모 교회를 통해서 나타나는 모습이다(계 2:12-17). 이 교회는 사탄의 자리가 있는 곳에 거하였다. 사탄의 왕좌는 세상에 있다. 이 교회가 직면하고 있는 특별한 위험은 발람의 교리, 즉 크고 영향력 있고 높은 사람들과 함께 세상의 잔치에 가서 우상에 바친 음식을 먹고 부정한 쾌락에 빠지는 것, 경건의 모양을 강조하는 니골라당의 가르침과 방종하는 죄에 빠질 위험이다.

이것은 오늘날의 교회가 당하는 독특한 시험이다. 즉 한 손으로는 여전히 하나님을 잡고 있으며 다른 한 손으로는 세상을 붙잡고 있다. 다시 말해 영향력 있고 높은 사람들의 인정을 받기 위해 가치 있는 원칙을 쉽게 양보하는 것이다.

오늘날의 교회는 그들의 영향력과 인정을 그대로 유지하기 위해 세상 사람들의 잔치에 참석하고 계속해서 사회의 오락거리에 접촉하면서도 여전히 하나님께 충성하는 체한다. 이같이 금지된 떡과 오늘날의 이 악한 세상에 대한 금지된 사랑과 대조적으로 성령께서는 더 나은 것을 제시하신다. 즉 천상 잔치의 숨겨진 만나와 "흰 돌 위에 새 이름을 기록한 것이 있나니 받는 자 밖에는 그 이름을 알 사람이 없느니라"(2:17)는 말씀으로 표현되는 주 예수 그리스도에 대한 영원한 사랑이다.

세상의 떡과 세상의 우정으로부터 오는 시험을 거부하도록 하자. 머지않아 우리는 그리스도의 잔칫집에 앉게 될 것이다. 장차 성령께서 우리를 어린 양의 혼인잔치에 영접하실 때 우리 위에 나부끼는 성령의 깃발은 우리에 대한 그의 사랑이 될 것이다.

그리고 그 깃발은 성령의 사랑으로 말미암은 환희를 우리에게 줄 것이며 그 환희는 우리가 희생한 모든 세상적인 기쁨을 영원히 보상해 주고도 남을 것이다.

친애하는 형제들이여, 성령께서 여러분에게 이야기하고 계시는가? 세상이 그럴듯한 말로 여러분을 세속적인 생활로 이끌고 있는가? "귀 있는 자는 성령이 교회들에게 하시는 말씀을 들을지어다"(3:22).

타락한 교회에 전하시는 성령의 메시지

두아디라 교회는 타락과 악한 자의 속이는 생활의 시대를 묘사한다. 이 편지에서 볼 수 있는 두드러진 표현인 "사탄의 깊은 것"은 교황정치의 혐오스런 비밀들을 잘 묘사하며, 이 마지막 시대에 사탄의 속임과 두아디라 교회의 거짓된 생활을 통해서 교회 주변에 모이고 있는 그와 비슷한 위험들을 잘 나타내고 있다.

이것은 시대가 종말에 가까울수록 더 증가할 것이 틀림없다. 거짓 선지자들이 나올 것이고, 이상들과 해석과 계시, "철학"과 "주의"들이 더욱더 생길 것이다.

이것들과 반대로 성령은 우리에게 이 편지에서 안전한 기준을 주셨다. "다른 짐으로 너희에게 지울 것은 없노라 다만 너희에게 있는 것을 내가 올 때까지 굳게 잡으라"(2:24-25). 이 말씀이 모든 문제를 해결한다. 새로운 계시나 새로운 성경, 하늘로부터 오는 권위있는 새로운 목소리는 없을 것이다. 우리에게는 이미 그 모든 것이 성경에 있고 우리가 할 일이란 "우리에게 있는 것을 주께서 오실 때까지 굳게 잡는 것"뿐이다.

이들은 자신의 신지학과 계시를 가지고 우리에게 와서 뱀이 하와에게 말하였듯이 더 고귀한 생활과 더 고상한 영적 계획에 대해 말할 것이다. 그러나 그것은 웅덩이를 잘 비추지 못하는 거짓되고 희미한 불빛이다. 우리는 하나님의 말씀을 굳게 붙잡기만 하면 햇빛이 밤의 어둠을 쫓아낼 뿐만 아니라 희미한 횃불의 섬광을 가리듯이 이 모든 망상이 밝히 드러날 것이다.

이 모든 것과 대조적으로 성령께서 믿음으로 이기는 자에게 주시는 약속은 참으로 영광스럽다! 우리의 원수가 제공하는 마귀의 능력과 그의 계시의 거짓된 빛과 반대로 주 예수께서는 이같이 말씀하신다. "이기는 자와 끝까지 내 일을 지키는 그에게 만국을 다스리는 권세를 주리니 … 내가 또 그에게 새벽 별을 주리라"(2:26,28). 즉 위로부터 오는 영원히 존속할 능력과 빛을 주겠다고 하신다. 친애하는 형제들이여, 우리 가운데 어느 누가 눈을 돌이켜 오류와 광신, 미신과 신비주의의 거짓된 기만의 횃불을 볼 것인가? "귀 있는 자는 성령이 교회들에게 하시는 말씀을 들을지어다"(3:22).

죽은 교회에 전하시는 성령의 메시지

사데 교회는 이전에 사라진 모든 것의 정점을 표시한다. 즉 살았다는 이름은 가지고 있으나 실상은 죽은 교회를 묘사한다. 그런 교회에 대한 성령의 메시지는 무엇인가? 아, 슬프게도 죽은 교회에게 말하는 것은 소용없는 일이다. 성령께서는 그런 교회 속에서 여전히 살아 있는 남은 자들에게만 말씀하실 수 있다. 그래서 이들에게 이같이 말씀하신다. "그러나 사데에 그 옷을 더럽히지 아니한 자 몇 명이 네게 있어 흰 옷을 입고 나와 함께 다니리니 그들은 합당한 자인 연고라"(3:4).

하나님께서 당신을 그런 교회 안에 두셨다면 여러분은 믿음으로 서 있을 수 있고, 성령과 생명으로 연결되어 살 수 있으며 주변 모든 사람은 죽어 있는 곳에서 그리스도를 진실되게 고백하는 사람으로 설 수 있다. 성령은 우리에게 다음과 같이 영광스런 약속을 주신다. "이기는 자는 이와 같이 흰 옷을 입을 것이요 내가 그 이름을 생명책에서 결코 지우지 아니하고 그 이름을 내 아버지 앞과 그의 천사들 앞에서 시인하리라"(3:5). "귀 있는 자는 성령이 교회들에게 하시는 말씀을 들을지어다"(3:22).

홀로 서 있을지라도 진실하라. 머지않아 여러분의 이름이 아버지 하나님의 보좌 앞에서 시인되는 것을 듣게 될 것이다.

신실한 작은 무리들에게 전하시는 성령의 메시지

빌라델비아 교회는 주님으로부터 인정의 말씀만을 듣는다. 이 교회는 작은 교회이다. 힘도 별로 없지만 두 가지 면에서 신실하였다. 즉 그리스도의 말씀에 진실하였고 그의 이름에 충실했다. 하나님 말씀과 성경에 대해 분명하고 참된 증거를 갖고 있고, 교회의 이름이나 외적인 모양과 대조적으로 이 교회는 주 예수 그리스도의 이름을 인정하고 명예롭게 한다. 성경과 살아 계신 그리스도께서 이 교회의 진실됨을 증거한다. 모든 시대에 그리고 특별히 이 마지막 시대에 이런 표지들에 의해 그리스도의 참된 양무리로 인정받는 것은 쉬운 일이 아니다.

친애하는 형제들이여, 고등비평과 하나님 말씀의 권위를 깎아 내리는 자유주의적 견해들에 대조적으로 우리는 단순하고 권위있는 하나님 말씀을 지지하고 있는가? 다른 모든 이름과 대조적으로 우리는 살아 계신 그리스도의 인격과 신성, 영광, 충족한 은혜를 지지하고 예수라는 이름의 능력을 증명하고 있는가?

그렇다면 우리에 대해서도 성령은 강력한 세 가지 약속을 말씀하신다. 첫째는, 아무도 닫을 수 없는 봉사의 "열린 문"(3:8)이다. 둘째는, 주께서 오실 때 영광스런 신부로 변화하는 일에 참여하는 것이다. "내가 또한 너를 지켜 시험의 때를 면하게 하리니 이는 장차 온 세상에 임하여 땅에 거하는 자들을 시험할 때라"(3:10). 셋째로, 우리 주님이 다스리는 천년 왕국의 한 부분인 새 예루살렘에서 영구히 영광스런 위치를 누리게 될 것이다. 우리는 주님의 인격적인 사랑과 영광 안에서 그와 우리를 일치시키는 이름을 지니고 영원히 주님의 성전에서 기둥으로 서 있을 것이다.

이 고귀한 소명과 영광스런 이 진리들을 생각할 때 신실하도록 하자. "귀 있는 자는 성령이 교회들에게 하시는 말씀을 들을지어다"(3:22).

냉랭한 교회에 전하시는 성령의 메시지

라오디게아 교회에 대해서는 다른 교회들과는 아주 다르게 말씀하셨다는 사실에 매우 시사하는 점이 있다. 사데 교회도 그리스도의 교회로 인정되었지만 마지막에 언급된 이 교회는 그리스도의 교회가 아니라 사람들의 교회이다. 그것은 "라오디게아 교회"(3:14)이다. 그래서 주님은 옛적에 이스라엘에 대해 "보라 너희 집이 황폐하여 버려진 바 되리라"(마 23:38)고 말씀하셨듯이 이 교회에 그 말씀을 하시는 것처럼 보인다.

여러분은 내가 통제하는 것을 원하지 않았다. 그러나 여러분이 원한다면 여러분의 교회가 여러분을 통제하도록 허락할 수도 있다. 라오디게아인이라는 이름 자체가 "사람들을 기쁘게 한다"는 뜻을 지니고 있다. 그것은 대중적인 교회와 기회주의적인 시대를 나타낸다. 라오디게아 교회는 매우 크고 부유하며 힘이 있는 교회이다. 이 교회는 재산이 많은 부자로 필요한 것이 아무것도 없다. 또한 스스로 만족하는 교회이다. 이 교회의 교인들, 재정, 선교 조직에 대한 보고는 매우 유망해 보인다. 이 교회는 많은 활동을 하고 있다.

많은 돈을 사용하고, 교회 자체의 진보와 번영에 매우 만족하고 있다. 그러나 슬프게도 주님의 눈에 이 교회는 "네 곤고한 것과 가련한 것과 가난한 것과 눈 먼 것과 벌거벗은 것을 알지 못하는"(3:17) 교회이다. 여기서는 그리스도께서 교회 내부에서 쫓겨나 나그네처럼 밖에서 문을 두드리고 계시는 것으로 묘사된다. 주께서는 지금 마지막으로 엄숙한 경고와 호소의 말씀을 하며 이 교회에 곧 임할 징계와 심판을 이야기하고 계신다. 주님은 지금 이 교회에게 참된 믿음의 금과 신성한 거룩함의 흰옷, 영적 조명을 위한 안약을 주님으로부터 사라고 조언하고 계신다.

그러나 이 모든 그림의 가장 슬프고 엄숙한 부분은 이 교회가 보이는 교회의 마지막 단계, 곧 시대의 마지막과 주님 오실 때의 교회를 묘사하고 있다는 사실이다!

형제들이여, 우리 조상들의 교회, 곧 개혁자들의 교회, 순교자들의 교회가 도대체 그러한 교회가 된다는 것이 있을 수 있는 일인가? 여러분 자신에게 이 질문을 해 보라. 그러나 바울과 요한의 교회가 가톨릭 교회의 배교에 빠지지 않았는가?

이 모든 일의 실제적인 비밀은 무엇인가? "네가 미지근하여"(3:6). 즉 매우 냉랭하다는 것이다. 이것은 상태가 악화되기만 한 에베소 교회가 주님으로부터 거절당하게 된 바로 그 원인이다. 이 교회는 마음과 사랑과 열심이 부족한 것이다. 바로 예수님에 대한 열망이 없다. 이 교회는 부흥의 영과 단순한 열정을 잃어버린 것이다. 이 교회는 감상주의와 광신, 방종을 종교적 경험으로 보는 교회이다. 상당한 사회적 지위와 은근한 자기만족으로 옷입은 라오디게아 교회는 팔짱을 끼고 이렇게 말한다. "나는 부자라 부요하여 부족한 것이 없다"(3:17). 그러나 예수께서는 문 밖에 서 계시고, 마지막 심판이 곧 떨어질 상황이다.

이제 주님은 라오디게아 교회로부터 돌아서신다. 주님의 마지막 메시지는 교회에 대한 것이 아니라 교회 안에 있는 사람들 가운데 그 냉랭함에서 나와 영적 승리자가 되고자 하는 개인들에게 전하시는 것이다. "누구든지 내 음성을 듣고 문을 열면 내가 그에게로 들어가 그와 더불어 먹고 그는 나와 더불어 먹으리라 이기는 그에게는 내가 내 보좌에 함께 앉게 하여 주기를 내가 이기고 아버지 보좌에 함께 앉은 것과 같이 하리라"(3:20-21).

이 약속은 개인에게 주시는 것이다. 그렇다. 교회가 배교할지라도 우리 각 사람은 하나님께 충성하여 면류관을 얻을 수 있을 것이다.

약속에는 두 가지가 있다. 첫째, 우리는 마음 속에 그리스도를 영접해야 한다. 둘째, 우리는 그리스도와 함께 그의 보좌에 앉을 것이다. 이 왕께서는 오늘날 변장한 모습으로 우리에게 오신다. 머지않아 주께서 찬란한 영광 가운데 오셔서 시련과 배척의 이 시기에 자신과 함께 굳게 섰던 자들을 찾으실 것이다. 아, 그 위대한 날을 생각하자! 하나님은 우리가 신실하도록 도우신다!

러시아의 이반 황제는 때때로 변장하고서 백성들 가운데 들어가 백성들의 참모습을 알려고 했다고 한다.

어느 날 밤, 황제는 거지 차림을 하고서 모스크바 근교에서 집집마다 다니며 하룻밤 재워줄 것을 부탁하였다. 황제는 가는 집마다 퇴짜를 맞았고, 백성들의 이기심을 생각하고서 몹시 낙심하였다. 그런데 마침내, 한 집의 문을 두드렸을 때 그는 주인으로부터 즐거운 환대를 받았다. 가난한 남자가 황제를 집 안으로 들이고, 빵 한 조각과 물 한잔을 주고 짚으로 만든 침대로 안내하면서 말했다.

"이것밖에 드리지 못해서 죄송합니다. 아내는 병들어 있고, 이제 막 아이를 출산해서 제가 아이와 산모를 돌봐야 합니다."

황제는 잠자리에 누워 만족한 마음으로 잠을 잤다. 진실된 마음을 발견하였기 때문이다. 다음 날 아침, 황제는 깊이 감사의 뜻을 표하고 그 집을 떠났다.

그 가난한 남자는 그 일에 대해 까맣게 잊고서 며칠이 지났다. 황제의 마차가 그 집에 도착하고, 황제가 수행원을 대동하고 그 앞에 섰다.

그 가난한 남자는 깜짝 놀라 황제의 발 앞에 엎드려 물었다.

"제가 무슨 잘못이라도 했습니까?"

황제는 그 사람을 일으켜 세우고 그의 두 손을 잡고서 말했다.

"무슨 잘못을 했느냐고? 너는 황제를 즐겁게 한 일밖에 없다. 짚으로 만든 침대에서 잔 사람이 나였고, 보잘것없지만 진심어린 환대를 받은 사람이 나였다. 이제 네게 보상하려고 왔다. 너는 변장한 나를 영접하였으나 이제는 참모습으로 네 사랑에 보답하려고 왔다. 네 새 아기를 이리로 데려 오라.”

아이를 황제에게 데려오자 황제가 말했다.

“너는 이 아이에게 내 이름을 따서 이름 지으라. 아이가 크면 내가 그 아이를 교육시키고 궁정에서 일하도록 자리를 주겠다. 그리고 네 아내를 위해 이 돈을 사용하라. 무엇이든 필요한 것이 있으면 지난 밤에 저 구석에서 잠을 잔 가난한 뜨내기에게 연락하는 것을 잊지 않도록 하라.”

황제가 집을 떠나자 그 가난한 남자는 자신이 변장하고 온 황제를 환대했다는 것이 실로 기뻤다. 주께서 보좌에 앉아 계시는 가운데 우리가 왕의 눈으로부터 인정하는 단 한 번의 눈빛을 보고, 또 주께서 다음과 같이 말씀하시는 것을 듣기 위해 어떤 희생이라도 불사할 날이 오고 있다.

“오라, 내 아버지께 복받은 너는 내 보좌에 앉으라. 너는 내가 변장하고 네게 갔을 때 나를 부끄러워하지 않았다. 이제 내 아버지와 아버지의 거룩한 천사들 앞에서 네 이름을 인정하기 위해 왔다.”

“귀 있는 자는 성령이 교회들에게 하시는 말씀을 들을지어다”(3:22).

제 28 장

성령의 마지막 메시지

(요한계시록)

성령과 신부가 말씀하시기를 오라 하시는도다(계 22:17).

이것이 마지막 메시지이며, 신약에서 성령에 대해 마지막으로 나오는 언급이다. 보통은 이 구절을 그리스도께 오는 죄인에 대한 호소로 해석하지만 사실은 그리스도께서 두 번째 다시 오시겠다고 약속하신 대로 다시 오시기를 성령과 신부 편에서 드리는 기도이다. 이 기도는 주님의 은혜로운 메시지로 답변을 받는다. "내가 진실로 속히 오리라." 이에 대한 사도와 교회의 반응은 "아멘 주 예수여 오시옵소서"(22:20)이다.

주님의 재림을 이야기하는 이 위대한 묵시록에 나오는 성령에 대한 이 마지막 말씀이 주께서 오시기를 구하는 기도의 부르짖음이라는 것은 매우 주목할 만하고 아름답다. 그리스도께서 승천하신 후 성령의 하시는 큰 일은 주님의 재림을 준비하는 것이었다. 사도행전의 처음 10절에 기록되었듯이 세상을 떠나시는 주께서 말씀하신 마지막 두 가지 약속은 성령에 대한 것과 주님의 재림에 대한 것이었다. 이 두 약속 사이에 전 기독교 시대가 있고, 첫 번째 약속의 목적은 두 번째 약속을 성취하기 위한 것이다.

성령께서는 이제까지 예언적 이상을 펼쳐 보이셨다. 그리고 시대의 마지막에 이르러 그 이상을 닫으면서 열렬한 기도를 쏟으며 예수의 사랑하시는 신부와 함께 기도를 드린다. "주 예수여 오시옵소서"(22:20). 그 다음에 주변 모든 사람에게 그 메시지를 전하면서 이 말씀을 덧붙이신다. "듣는 자도 오라 할 것이요"(22:17). 성령께서는 세상과 죄인에게 돌이켜 예수께로 오라는 마지막 자비의 메시지를 말한다. "목마른 자도 올 것이요 또 원하는 자는 값 없이 생명수를 받으라 하시더라"(22:17).

이 구절은 우리 주님의 재림과 성령의 관계를 시사해 주고 있다.

재림에 대한 예언

성령께서는 그리스도의 재림에 대해 우리에게 여러 차례 예언하셨다. 노아 홍수 이전 시대에 그리스도의 강림에 관해 에녹에게 처음으로 증거하신 분이 성령이셨다. 죽어 가는 야곱에게 실로의 통치에 대한 이상을 보여 주신 분도 성령이셨다. 심지어 두 마음을 품은 발람에게 훗날의 영광을 보여 주고 마침내 그도 그 영광에 참여하기를 바라게 하신 분도 성령이셨다. 욥이 육체 가운데서 자신의 살아 계신 구속자를 보고, 그 구속자가 자신을 위해 일하시는 것을 보는 날을 말할 수 있게 하신 분도 성령이셨다. 다윗의 마음을 감동시켜 그토록 많은 시를 노래하게 하고 그 이름이 영구히 전해지고 그 통치가 온 땅에 미칠 평강의 왕을 그토록 장엄하게 노래하게 만드신 분이 바로 성령이셨다. 이사야에게 예언의 열정을 주고, 다니엘과 스가랴에게 여러 시대의 이상을 계시하여 주신 분이 바로 성령이셨다. 성령은 감람산에서 주님의 입을 통해 예루살렘의 멸망과 시대의 종말을 예언하셨다.

초대 교회에 슬픔에 대한 위로와 노고에 대한 격려로 이 복된 소망을 가르치신 분이 바로 성령이셨다. 예루살렘에서 열린 첫 번째 사도 회의에 기독교 시대의 교회의 대략적인 계획을 알려 주고 바울에게 큰 배교에 대해 그리고 고린도서와 데살로니가서에서 재림에 대한 영광스런 메시지를 계시하여 주신 분은 성령이셨다. 그리고 이제 사도들 가운데 마지막으로 남은 요한에게 성령은 이전의 그 어떤 이상보다도 뚜렷하게 주님의 재림에 대한 영광스런 진리를 보여 주셨다. 성령께서는 이 모든 계시를 요약하면서 눈을 하늘로 향하고 이 마지막 기도를 드리신다. "주 예수여 오시옵소서"(22:20).

잠시 후 하늘의 빛을 받아 이 책을 읽을 때 우리는 주님의 재림에 대한 모든 사건과 자세한 내용이 진술되었다는 것을 알게 될 것이다. 그동안 사람들은 이 내용의 많은 부분을 오해하였다. 그리고 그 가운데 많은 부분은 세상 끝날까지 다소 불분명한 채로 남아 있을 수 있다. 그러나 우리가 주님을 맞이하기 위해 알아야 할 필요가 있는 것 가운데 말하지 않은 것은 아무것도 없다. 성령께서는 그 증거를 분명하고 알기 쉽게 전하셨다. 신약 성경의 25권이 책마다 적어도 한마디 이상 이 대주제에 대해 언급하고 있다.

성경을 읽으면서도 그것을 보지 못하고 이 책에서 선언된 축복기도를 보지 못하는 사람은 어리석다. "이 예언의 말씀을 읽는 자와 듣는 자와 그 가운데에 기록한 것을 지키는 자는 복이 있나니 때가 가까움이라"(1:3).

예언적인 성경말씀을 해석하고 해명함

성령께서는 예언적인 성경 말씀을 해석하고 해명하셨다. 예언적인 말씀을 아는 것으로는 충분하지 않다. 우리에게는 그 말씀을 이해할 수 있게 해 주실 분이 필요하다.

다니엘이 주님의 강림에 대한 이상을 말하였지만 그 내용을 희미하게 이해하였고, 말일 때까지 그 이상을 봉인하라는 말씀을 들었다. 그러나 다니엘은 또한 끝날이 가까우면 지혜로운 자들은 깨달을 것이라는 말도 들었는데, 그 일이 바로 오늘날 일어나고 있다.

우리가 그 마지막 시기를 살고 있는 이 시대의 신비가 이제 곧 완성되려고 한다는 이 주목할 만한 표지는 성령께서 우리 시대에 예언의 해석에 놀라운 빛을 비추셨다는 사실이다.

물론 많은 실수가 있었다. 난해한 곳들이 여전히 있고, 아직도 많은 부분이 분명하게 해명되지 않았지만 미래에 대한 큰 경계표지들은 분명하고 평이하여서 그리스도의 교회는 맡은 직임에 충실하고 주님의 오심을 대비할 수 있을 만큼 충분히 알고 있다.

이 시대의 가장 탁월하고 건전한 학문은 천년왕국의 진리를 지지하고 있다. 과학의 빛은 성경 해석에 공헌해 왔고, 주님의 재림에 대한 진리는 아주 널리 출판되고 매우 단순하게 예증되고 선포되었다. 그래서 오늘날 진지한 그리스도인이라면 누구도 그날에 관해서 깜깜한 채로 있을 필요가 없다. 그리스도의 제자 가운데 아무리 무지하고 단순한 사람이라도 예언이 신비스럽고 불분명하다는 이유로 공부하기를 회피할 필요가 전혀 없다. 성령께서 예언을 알기 쉽게 하고 우리가 이 예언의 말씀을 진지하게 읽고 신실하게 지키는 한 예언에 대한 공부에서 우리에게 복을 주실 것이기 때문이다.

주님의 재림을 맞이할 소원을 일깨움

성령께서는 그리스도 제자들의 마음에 주님의 재림에 대한 소원과 기대를 일깨움으로써 주의 오심을 준비하고 계신다.

주 예수께서 첫 번째로 세상에 오려고 하실 때 주님의 신실한 백성들은 구속과 이스라엘의 위로를 기다리고 있었다. 그리고 때가 되자 그들은 주님을 환영하였다. 아기 예수께서 하나님 앞에 보이기 위해 성전에 왔을 때 시므온과 안나를 초대하기 위한 특별 통지가 필요 없었다. 성령의 단순하지만 틀림없는 인도를 통해 두 사람은 제때에 성전에 있었다. 시므온은 아기를 안고 축복하였으며, 안나는 그 즐거운 광경을 보고서 나가 "예루살렘의 속량을 바라는 모든 사람에게"(눅 2:38) 주의 오심에 대해 말하였다.

그리고 마지막 때에도 그와 같을 것이다. 시므온과 안나와 같은 그리스도의 사람들이 또한 주의 오심을 기다릴 것이다. 그리고 이미 그들은 새벽 여명의 첫 광선을 보았다. 즉 신랑이 가까이 오고 계시다는 것을 직감적으로 느낀다.

시간이 가까울수록 이것이 주님의 적은 무리들 가운데서 더욱 한결같고 보편적이 될 것이다. 주께서 오실 때 주님의 신부는 "어둠에 있지 아니하매 그날이 도둑 같이 너희에게 임하지 못할"(살전 5:4) 것이다. 신부는 준비하고 신랑을 맞이하러 나가기를 기다리고 있을 것이다.

우리 마음을 그토록 사로잡고 있는 이 복된 소망이 우리 시대의 표적들 가운데 하나이다. 심지어 거짓 종교의 신봉자들 가운데서도 이에 공감하는 감동을 느끼고 있다. 이들은 스스로 이해할 수도 설명할 수도 없지만 본능적으로 이 시대에 어떤 위대한 초인의 등장을 기다리고 있는 것이다.

때로 이 거룩한 직감이 오늘날의 과학과 철학의 결론들보다 더 참되고 오류가 없다. 작은 새가 겨울이 다가올 때 작은 가슴의 충동을 따라 날개를 펴고 남쪽 땅으로 날아갈 때 전혀 실수하지 않는다. 그 작은 새는 남쪽 땅은 봄철이라는 것을 알고 그 판단이 맞다는 것을 발견한다.

꼬마 아이가 연이 높은 창공에서 보이지 않는 곳까지 멀리 올라간 연줄을 굳게 붙잡고 있을 때 다른 아이들이 그를 비웃으며 연이 날아가 버렸다고 말하자 "그렇지 않아. 연은 괜찮아. 연줄이 팽팽하게 당기고 있거든." 아이의 판단은 옳았다. 여러분은 그 줄이 당기고 있는 것을 느낄 수 있는가? 세상적인 지혜는 비웃을 수 있고, 이 자기 중심의 세상이 굴러가는 한 인간의 야망은 다음 세대를 위해 계획을 세울지라도 우리 눈은 동편을 바라보고 있다. 우리 마음은 주의 오심이 가까웠다는 우리의 판단이 맞다는 것을 직관적으로 알고 있다.

그렇게 느끼게 하시는 분이 바로 복된 성령이시다. 성령의 속삭이는 소리에 귀를 기울이자. 성령께서 말씀하시는 충분한 의미를 이해하도록 하자. 날이 가까울수록 "몸을 젖히고 손을 높이 들도록" 하자. 나뭇가지에 앉아 날개를 퍼덕거리고 눈을 들어 짝이 보내는 신호를 기다리는 새처럼 신호가 들리자마자 바로 공중에서 주님을 맞이하기 위해 일어날 수 있도록 준비하자.

그리스도의 백성에게 영적 옷을 입힘

성령께서는 그리스도의 자녀들에게 영적 옷을 입힘으로써 주의 오심을 준비하고 계신다.

이 같은 호출을 내리고 계신다. "어린 양의 혼인 기약이 이르렀고 그의 아내가 자신을 준비하였으므로 그에게 빛나고 깨끗한 세마포 옷을 입도록 허락하셨으니"('이 세마포 옷은 성도들의 옳은 행실이로다.' 계 19:7-8).

성령께서는 오늘날 그리스도의 오심을 위해 사람들을 준비시키고 계신다. 기독교 세계의 모든 분야에서 우리가 성령의 세례를 받고 변화를 받아 그리스도께 순종하도록 하는 두드러진 운동이 있다.

이때는 신랑이 가까이 와 있는 바로 그 시간이다. 신부가 옷을 입고 준비하고 있음을 알면 신부의 주께서 오래 지체하지 않으실 것이다. 이것이 우리 시대의 특별한 신앙 운동 가운데 하나이다. 여러분이 그것을 성화라고 하든지 아니면 제2의 축복, 더 고귀한 그리스도인의 생활, 성령 세례, 전적인 헌신 등, 어떤 이름으로 부르든 상관없이 그것은 오늘날 하나님께서 자기 백성에게 말씀하시는 호출이며, 주의 오심을 준비시키는 전조이다.

혼인 예복과 열 처녀에 대한 우리 주님의 아름다운 비유는 위대한 진리,

560

즉 주의 오심을 위해 특별히 준비할 필요성을 말씀하신 것이다. 이 비유의 앞부분에서 암시하는 것은 인격적인 거룩함이고, 비유의 뒷부분에서 의미하는 것은 성령 세례의 필요성이다. 이 두 가지 자질 모두 하나님의 은혜로 값 없이 주신다. 신부에게 "그에게 빛나고 깨끗한 세마포 옷을 입도록 허락하신"(19:8) 것이다. 신부는 스스로 옷을 준비할 필요가 없고 다만 자신의 왕이 마련한 아름다운 옷을 입고, 옛적에 리브가처럼 왕이 마련해 준 옷을 차려 입고 얼굴에 베일을 가리고 주께서 오실 때 맞으러 나가기만 하면 된다.

친애하는 형제들이여, 우리는 이 혼인 예복을 받았는가? 우리는 등불과 함께 등잔에 채울 기름을 확실히 준비하였는가? 우리는 "깨끗할" 뿐만 아니라 또한 "빛나는" 옷을 입었는가? 즉 죄의 얼룩이 없을 뿐만 아니라 제사장 복의 아름다움과 영광도 입고 있는가? 속옷과 겉옷이 있다. 속옷은 더럽지 않아야 하고 겉옷은 영광스러워야 한다. 이 때문에 성령께서 우리가 생활의 훈련을 받도록 인도하신다.

요한계시록에서 "깨끗하다"(19:8)는 단어는 빛난다는 의미이다. 이것은 변화산상에서 우리 주님이 입으신 옷에 대해 사용된 바로 그 단어이다. 친애하는 형제들이여, 흰옷과 아름다운 의복을 입자. 성령의 은혜로 옷을 입고 주님의 오심을 맞이할 준비를 하도록 하자.

부활의 보증

성령께서는 부활의 보증을 주신다. 우리는 이미 앞장들에서 성령으로 말미암아 신자들에게서 나타나는 그리스도의 육체적 생명과 관련하여 이 점을 언급한 바 있다. 이것은 부활의 생명에 대한 기대 속에 있다. 이것은 주께서 오실 때 우리에게 임할 신체적 영광의 첫열매로서 미리 맛보는 것이다.

제대로 이해한다면, 신적인 치유란 죽을 수밖에 없는 우리 육체 가운데 있는 그리스도 예수의 생명이고 부활을 미리 맛보는 경험이다. 우리 속에 거하실 뿐 아니라 우리 "죽을 몸도 살리시는"(롬 8:11) 것은 성령의 사역이다. 이 초자연적인 생명을 알고 있는가? 그리고 그와 같이 그 다함이 없는 샘으로부터 영원히 생명을 공급할 불멸의 샘을 이미 맛보고 있는가?

하나님의 섭리 안에서 활동함

성령께서는 여러 민족들 가운데서 그리스도의 오심을 준비하는 일을 하나님의 섭리 안에서 행하신다.

우리 시대의 놀라운 사건들은 그리스도의 나라와 그의 천년 통치를 가져오는 그런 변혁의 시작이다. 옛적부터 항상 계신 이께서 언제나 민족들 가운데서 일하고 계시며 하나님의 성령의 능력으로 장벽을 허물고 그리스도의 재림을 위한 도로를 내고 계신다. 옛적에 이방 왕들의 마음을 감동시키고 하나님의 계획을 이루는 일에 하나님의 도구로 삼으신 바로 그 성령께서 오늘날 다가오는 시대의 종말을 위한 하나님 계획의 부분일 뿐인 다양한 섭리의 시행자들을 불러모으고 계신다. 지구 곳곳에서 우리 주변에 그처럼 빠르게 일어나고 있는 특별한 사건들은 두려운 의미로 가득 차 있다.

시대의 끝을 보여 주는 표지 가운데는 지식의 진보, 사람들이 상업적인 일로 운송과 통신의 많은 방법들을 사용하여 분주하게 다니는 현상이 있다. 정치계는 전쟁과 전쟁의 소문으로 혼란스러워져 있다. 이런 사건들을 통해서 성령의 확고한 계획은 진행된다. "여호와의 눈은 온 땅을 두루 감찰하사"(대하 16:9). 하나님의 손은 사람을 이끌어 하나님의 더 고귀한 뜻을 성취하도록 하신다.

세계를 복음화함

성령께서는 지금 그리스도의 제자들을 힘 주시고 보내어 그리스도를 증거하고 세계를 복음화하는 가운데 자기들이 맡은 위대한 직임을 성취하도록 하고 계신다.

이것이 그리스도의 오심을 준비하는 일 가운데 가장 큰 사역이다. 대사명은 성령의 약속과 직접적인 관계가 있다. "오직 성령이 너희에게 임하시면 너희가 권능을 받고 … 땅 끝까지 이르러 내 증인이 되리라 하시니라"(행 1:8).

그래서 오늘날 우리는 고국에 있는 소외된 자들과 해외에 있는 이교도들에게 복음의 메시지를 전하는 일에서 성령의 이 강력한 사역이 시행되고 있음을 증거한다. 성령은 단순히 신자의 마음 속에 있는 기쁜 감정만이 아니다. 성령은 실천적이고 선교적인 열심과 세계 복음화의 강력한 영향력이시다. 성령께서 그 마음 속에서 "주 예수여 오시옵소서"라고 말씀하시는 사람은 "목마른 자도 올 것이요 또 원하는 자는 값없이 생명수를 받으라 하시더라"(계 22:17)고 외치는 음성을 항상 들을 것이다.

친애하는 형제들이여, 우리가 진정으로 성령으로 충만하고 그리스도의 오심을 갈망한다면, 그리스도를 적극적으로 증거하고 주의 재림을 준비하는 일에 열심을 낼 것이다. 하나님께서 우리를 어디에 두셨든지 우리에게 맡기신 일을 충성스럽게 감당할 것이다. 국내에서는 영혼을 구원하는 일을 할 것이다. 해외에 나갈 수 없다면 다른 사람들이 가서 온 세상에 복음을 신속히 전하는 일을 도울 것이다.

우리 신앙 생활 가운데 얼마나 많은 부분이 즐거운 역할을 취하고 이기적인 사치를 누리는 편안한 감상주의에 젖어 있는지! 사람들이 기독교 활동 가운데 유쾌한 일은 많이 하지만 그리스도의 사역을 완성하고 반역한 이 세상을 아버지 하나님께 되돌리기 위해 끊임없이 자기를 희생하고 철저히 주 예수 그리스도에게 헌신하는 일에 대해서는 별로 혹은 거의 알고 있지 않다!

오, 친애하는 형제들이여, 우리는 그런 일에 열심을 내고 있는가? 우리에게도 "받을 세례"가 있고 우리도 "그것이 이루어지기까지 답답하게"(눅 12:50) 생각하는가? 세상 끝이 빨리 오도록 하기 위해 "할 수 있거든"(롬 12:18) 나가서 온 족속에게 복음을 전하려고 하는가?

어쩌면 이 글을 읽고 있을 때 하나님께서 여러분에게 나가서 신부의 수를 채울 마지막 제자를 집으로 초청하고 그 다음에 우리의 경외하는 구주에게 인도하라고 부르고 계신지도 모른다.

아니, 어쩌면 죄인이여, 당신이 이 글을 읽고 있을 때 "원하는 자는 값없이 생명수를 받으라"(계 22:17)고 부르시듯이 여러분은 그리스도께서 자신의 영광스런 신부를 완성하기 위해 기다리고 있는 그 영혼일 수도 있다.

여기서 아름답게 연결된 간단한 세 마디 말씀이 있다. 첫 번째는 "주 예수여 오시옵소서"(22:20)이다. 그것은 성령의 외침으로, 또한 성령으로 충만한 모든 사람의 외침이 될 것이다. "듣는 자도 오라 할 것이요!"(22:17)

둘째는 "가라"는 말씀이다. 우리가 진심으로 "주 예수여 오시옵소서"라고 말하고 있다면, 우리는 구원의 복음을 들고 나라 안의 잃어버린 자들에게와 해외의 이교도들에게로 갈 것이다. 그리고 세 번째는 다시 한 번 같은 말씀인 "오라"는 것이다. 왜냐하면 이것이 성령의 메시지이듯이 또한 길 잃고 죽어가고 있는 세상에 대한 우리의 메시지가 될 것이다. "목마른 자도 올 것이요 또 원하는 자는 값없이 생명수를 받으라 하시더라"(22:17).

빅토리아 여왕이 처음으로 스코틀랜드를 방문했을 때 영왕의 도착 소식을 에든버러에서부터 신호로 알리도록 준비되었다고 한다. 산꼭대기에 있는 봉 홧불이 레이스에서 스털링으로, 스털링에서 인버네스로, 인버네스에서 멀리 떨어진 케이스니로, 그리고 산에서 산으로 이어져 온 땅에서 불을 피워 올림으로 "여왕이 도착하셨다"는 즐거운 환영인사를 널리 퍼트렸다.

그와 같이 이 본문은 망대로부터 들리는 외침같다. 우리는 서둘러서 세상의 모든 산꼭대기에 횃불을 피워 올리자. 파수꾼을 아침까지 망대에 있도록 하자. 봉화를 밝힐 준비를 하자. 어느 즐거운 아침, 가장 가까이 있는 파수꾼이 신호를 보고 재빨리 그 신호를 초소에서 초소로, 망대에서 망대로, 나라에서 나라로 전하여 지구의 모든 곳에 전파되어 듣는 자가 "오시옵소서" 하고 말하고, 하늘과 땅의 모든 군대들이 "주께서 오셨다"고 큰 소리로 외칠 것이다. 바로 그와 같이 주 예수여 속히 오시옵소서. 아멘.

● **독자 여러분들께 알립니다!**

'CH북스'는 기존 '크리스천다이제스트'의 영문명 앞 2글자와
도서를 의미하는 '북스'를 결합한 출판사의 새로운 이름입니다.

세계기독교고전 36

성령, 위로부터 오는 능력

1판 1쇄 발행 2005년 1월 5일
2판 1쇄 발행 2020년 7월 17일

발행인 박명곤
사업총괄 박지성
편집 임여진, 이은빈
디자인 구경표, 한승주
마케팅 김민지, 유진선, 이호
재무 김영은
펴낸곳 CH북스
출판등록 제406-1999-000038호
대표전화 070-7791-2136 **팩스** 031-944-9820
주소 경기도 파주시 회동길 37-20
홈페이지 www.hdjisung.com **이메일** main@hdjisung.com
제작처 영신사 월드페이퍼

"크리스천의 영적 성장을 돕는 고전"
세계기독교고전 목록